JESUSÜBERLIEFERUNG
UND CHRISTOLOGIE

SUPPLEMENTS TO
NOVUM TESTAMENTUM

VOLUME LXVII

JESUSÜBERLIEFERUNG UND CHRISTOLOGIE

Neutestamentliche Aufsätze 1970 – 1990

VON

GERHARD SCHNEIDER

E.J. BRILL

LEIDEN · NEW YORK · KØBENHAVN · KÖLN

1992

The paper in this book meets the guidelines for permanence and durability of the Committee on Production Guidelines for Book Longevity of the Council on Library Resources.

BS
2555.2
.S275
1992

Library of Congress Cataloging-in-Publication Data

Schneider, Gerhard, 1926-
    Jesusüberlieferung und Christologie : neutestamentliche Aufsätze, 1970-1990 / von Gerhard Schneider.
        p.   cm. -- (Supplements to Novum Testamentum, ISSN 0167-9732 ; v. 67)
    Includes bibliographical references and index.
    ISBN 9004095551 (alk. paper)
    1. Bible. N.T. Gospels--Criticism, interpretation, etc.
    2. Jesus Christ--Teachings. I. Title. II. Series.
BS2555.2.S275   1992
225.6--dc20   91-37197
                                                                                              CIP

ISSN 0167-9732
ISBN 90 04 09555 1

PRINTED IN THE NETHERLANDS

INHALT

Vorwort   vii

JESU BOTSCHAFT UND WEISUNGEN

1. Gott, der Vater Jesu Christi, in der Verkündigung Jesu und
   im urchristlichen Bekenntnis   3
2. Das Gebet des Herrn, ein "jüdisches" Gebet?   39
3. Das Vaterunser des Matthäus   52
4. Die Bitte um das Kommen des Geistes im lukanischen
   Vaterunser (Lk 11,2 v.l.)   86
5. Das Bildwort von der Lampe. Zur Traditionsgeschichte
   eines Jesus-Wortes   116
6. In der "Nachfolge Christi"   143
7. Imitatio Dei als Motiv der "Ethik Jesu"   155
8. Die Neuheit der christlichen Nächstenliebe   168
9. Jesu Wort über die Ehescheidung in der Überlieferung des
   Neuen Testaments   187

DER WEG ZUM KREUZ

10. Das Problem einer vorkanonischen Passionserzählung   213
11. Die Verhaftung Jesu. Traditionsgeschichte von Mk 14,43 –
    52   236
12. Gab es eine vorsynoptische Szene "Jesus vor dem Syn-
    edrium"?   258
13. Das Verfahren gegen Jesus in der Sicht des dritten Evange-
    liums (Lk 22,54 – 23,25). Redaktionskritik und historische
    Rückfrage   276
14. Die theologische Sicht des Todes Jesu in den Kreuzigungs-
    berichten der Evangelien   296

JESUS, DER CHRISTUS

15. Die Davidssohnfrage (Mk 12,35 – 37) 307
16. Präexistenz Christi. Der Ursprung einer neutestamentlichen
    Vorstellung und das Problem ihrer Auslegung 333
17. Christologische Präexistenzaussagen im Neuen Testament 347
18. "Neuschöpfung" in Christus. Zur Auslegung einer bibli-
    schen Leitidee 357

Quellennachweis 372
Literatur-Nachträge 373
Bibelstellen-Register 381
Autoren-Register 385

VORWORT

Die hier vorgelegten Aufsätze sind in den Jahren von 1970 bis 1990 geschrieben worden. Sechzehn von ihnen wurden in der vorliegenden Fassung bereits veröffentlicht: in Zeitschriften, Sammelwerken und Festschriften. Nur der einleitende Beitrag "Gott, der Vater Jesu Christi" (Nr. 1) blieb bisher unveröffentlicht. Der Aufsatz "In der 'Nachfolge Christi'" (Nr. 6) ist die aktualisierte Neufassung einer Studie aus dem Jahr 1971.

Der Gesamttitel der Aufsatzsammlung gibt annäherungsweise den gemeinsamen Nenner der Beiträge an: Es handelt sich um verschiedenartige Versuche, die vor allem in den Evangelien greifbare Jesusüberlieferung einerseits als Zeugnis des Christusglaubens zu begreifen, sie jedoch andererseits auf ihren Ursprung in Jesus von Nazaret und seiner Botschaft hin zu befragen. Insofern steht neben dem theologischen Interesse des Exegeten das historisch rekonstruierende Bemühen der kritischen "Rückfrage nach Jesus". Nach meinem Verständnis von wissenschaftlicher Exegese ist dem Neutestamentler beides aufgegeben, und er kann wohl auch nur im ständigen Durchhalten beider Fragerichtungen verhängnisvolle Einseitigkeiten vermeiden. Wer den Text nur "synchron" liest, nähert sich einer nahezu gnostischen und letztlich unverbindlichen Auslegung. Wer die historische Rückfrage allein gelten läßt, wird leicht den einen oder anderen Text als "spätere Bildung" beiseiteschieben und unbeachtet lassen wollen. Das Beharren auf beiden Fragerichtungen wird es sogar am ehesten ermöglichen, daß der Text auch "für uns heute" zum Sprechen kommt.

Unter der Überschrift JESU BOTSCHAFT UND WEISUNGEN steht eine Gruppe von Aufsätzen, die der Verkündigung Jesu und ihren ethischen Implikationen gewidmet sind. Innerhalb der Botschaft vom anbrechenden Gottesreich hat die Gottesverkündigung Jesu einen besonderen Rang. Gott wird als Vater Jesu Christi vorgestellt und bezeugt (Nr. 1). Am Anfang dieser für die Evangelien-Überlieferung bedeutsamen Aussage steht die Abba-Anrede Jesu. Auch Jesu Jünger werden ermächtigt, Gott als Vater anzurufen (Nr. 2). Das Gebet des Herrn hat zwar in den Einzelbitten jüdische Parallelen, ist aber doch im ganzen charakteristisch jesuanisch und entspricht Jesu Gottesreichs-Verkündigung. Die Evangelien nach Matthäus und nach Lukas geben dem Vater-unser eine ihrer Gemeindesituation und wohl auch ihrer Theologie entsprechende neue Akzentuierung (Nrn. 3 und 4). Die Bitte um das Kommen des Heiligen Geistes in einer Seitenlinie der Textüberlieferung ist wegen ihres "un-lukanischen" Profils wahrscheinlich nicht dem Urtext des Herrengebets im dritten Evangelium zuzurechnen. Die Traditionsgeschichte des Bildwortes von der Lampe, die man nicht unter den Scheffel stellt, zeigt in aufschlußreicher Weise, wie ein Jesuswort von der ursprünglichen Situation ausgehend schließlich ekklesiologisch interpretiert werden konnte (Nr. 5). Dabei ergibt sich, daß wörtlich getreue Weitergabe nicht unbedingt auch den ursprünglichen Sinn bewahren muß (wenn z.B. der Kontext eine Sinnverschiebung bewirkt), daß der Sinn jedoch bewahrt werden kann, obgleich man am Wortlaut Retuschen vornimmt. Die "Nachfolge Christi", zu der Jesus aufruft, begründet die Jüngerexistenz und den christlichen Lebensvollzug. Die Untersuchung zu Jesu Ruf in die Nachfolge (Nr. 6) bildet die Brücke zu drei Aufsätzen, die "Jesu Ethik" betreffen. Zunächst stehen zwei Anliegen des Verkündigers im Vordergrund, deren Motivation immer wieder zu Fragen Anlaß gab. Man erörtert gern, inwieweit Jesu sittliche Forderung "spezifisch christlich" oder auch nur "neu" sei. In dem Verweis auf Gottes Handeln als "Vorbild" des Jüngerverhaltens (Nr. 7) und in Jesu Hauptgebot der Nächstenliebe (Nr. 8) kommt in unterschiedlicher Weise die Einbettung der Ethik Jesu in die religiös-sittliche Umwelt des zeitgenössischen Judentums, ja auch des Hellenismus zum Vorschein. Das Verbot der Ehescheidung nimmt in der Überlieferung des Neuen Testaments eine Entwicklung, die zugleich der Unerbittlichkeit der Forderung Jesu und der Praktikabilität des Gebots Rechnung tragen möchte (Nr. 9).

Nicht nur die Botschaft Jesu, sondern auch sein Weg, insonderheit sein WEG ZUM KREUZ, ist für die Evangelien und ihre Jesusdarstellung konstitutiv. Die Passionsberichte am Ende aller vier Evangelien laden wegen ihrer grundlegend gleichen Struktur und ihrer gleichzeitig zu beobachtenden beträchtlichen Differenzen zu synoptischer Betrachtung ein. Dabei stellt sich natürlich die Frage nach einer Urüberlieferung der Jesuspassion, die wohl schon vor dem ältesten Evangelienbericht existiert haben muß. Die Frage nach einer vorsynoptischen Leidensgeschichte, der die Studie aus dem Jahr 1972 nachgeht (Nr. 10), ist auch heute noch nicht zur Ruhe gekommen, wie der relativ umfangreiche Literatur-Nachtrag zu diesem Thema zeigt. Die Problematik vor-kanonischer Überlieferungen der Passionsgeschichte wird an zwei Perikopen konkret vorgeführt: "Die Verhaftung Jesu" (Nr. 11) und "Jesus vor dem Synedrium" (Nr. 12). Schon in der Szene, wo Jesus vor dem Hohen Rat steht und Zeugnis gibt, stellte sich die Frage nach einer lukanischen Sonderüberlieferung der Leidensgeschichte. In dem Aufsatz des Jahres 1970 war ich – unter dem Eindruck meiner Würzburger Habilitationsschrift – eher geneigt, die Existenz einer nicht-markinischen Vorlage des dritten Evangelisten zu postulieren. Als ich mich 1988 noch einmal der Frage stellte, fiel die Antwort eher negativ aus: in dem Beitrag über das jüdische und das römische Verfahren gegen Jesus (Nr. 13). Die Kreuzigungsberichte der vier Evangelien zeigen in unterschiedlicher Weise, wie die Evangelienverfasser das gleiche Ereignis theologisch verarbeitet und in seiner Heilsbedeutung dargestellt haben (Nr. 14).

Im engeren Sinne "christologisch" bzw. "soteriologisch" orientiert sind die vier Aufsätze der letzten Gruppierung: JESUS, DER CHRISTUS. In der Perikope von der Davidssohn-Frage wird – schon innerhalb der Evangelienüberlieferung – das Verhältnis christologischer Titulaturen zueinander diskutiert (Nr. 15). Gegenüber der Davidssohnschaft Jesu wird dem Kyrios-Titel eindeutig der Vorrang zugesprochen. Ein Topos der neutestamentlichen Christologie ist jene Aussage, die den Christus vor seinem irdischen Auftreten bei Gott existieren läßt: die Prä-existenz-Aussage. Hierbei wird meist – in Verbindung mit einer vorausgesetzten Schöpfungsmittlerschaft – eine Existenz von Ewigkeit her angenommen. Die Präexistenzchristologie wird in zwei Studien angegangen, einmal auf ihren Ursprung hin befragt (Nr. 16), ein anderes Mal in ihrer neutestamentlichen Entfaltung dargestellt (Nr. 17). Am Ende der Sammlung steht ein Thema, das auf die Trierer Dissertation des Verfassers (1959) zurückverweist und die soteriologische Tragweite der Christologie bei Paulus und in der paulinischen Tradition demonstrieren kann. Es spricht von der Neuschöpfung des Menschen und der Welt in Christus (Nr. 18).

Hinweise auf den ursprünglichen Fundort der Einzelbeiträge finden sich am Schluß dieses Bandes. Zugleich findet der Leser dort weiterführende Literatur-Nachträge zu den einzelnen Themen.

Mein Dank für die verlegerische Betreuung dieses Sammelbandes gilt Herrn Hans van der Meij und dem Verlag E.J. Brill in Leiden, nicht zuletzt aber auch dem Herausgeberkollegium von Novum Testamentum, namentlich Herrn Kollegen Dr. M.J.J. Menken.

Bochum, Ruhr-Universität,
Katholisch-Theol. Fakultät,
den 15. Juni 1991 GERHARD SCHNEIDER

JESU BOTSCHAFT UND WEISUNGEN

1
GOTT, DER VATER JESU CHRISTI,
IN DER VERKÜNDIGUNG JESU UND IM
URCHRISTLICHEN BEKENNTNIS

Wenn Christen von Gott, dem Vater, sprechen, denken sie wohl meist daran, daß Gott – wie wir es im Gebet des Herrn bekennen – "*unser Vater*" ist. Doch im Neuen Testament begegnet nicht gerade häufig die Formulierung von Gott als "unserem Vater"[1]. Auch das dieser Wendung entsprechende "euer Vater", das wir im Munde Jesu[2] finden, ist nicht so oft bezeugt wie die Aussagen über Gott, in denen Jesus "mein Vater" sagt[3]. Es ist bekannt, daß in den Evangelien "mein Vater" und "euer Vater" streng unterschieden werden, daß also Jesu Gottesverhältnis von dem seiner Jünger durchaus abgehoben wird (Joh 20,17).

Eine Formulierung, die das urchristliche Bekenntnis widerspiegelt, kommt in den paulinischen Briefen mehrfach vor: Gott wird als "der Vater unseres Herrn Jesus Christus" bezeichnet: Röm 15,6; 2 Kor 1,3; Eph 1,3; Kol 1,3; ferner 1 Petr 1,3[4]. Wird in dieser "Formel" die Rede Jesu von seinem Vater (*ho patēr mou*) aufgenommen? Dabei hat der Genitiv "unseres Herrn Jesus Christus" nicht nur den Sinn, daß es sich um den Gott handelt, den Jesus von Nazaret verkündigte, sondern es wird auch intendiert, daß in und an Jesus Christus Gott ganz einzigartig gehandelt hat[5].

Als Einstieg in unser Thema kann ein Überblick dienen, der den Befund der Konkordanz und der Synopse zum Stichwort "Vater" (*ho patēr*) vorführt (I). Ein Schwerpunkt der Darstellung wird dann die Gottesverkündigung Jesu über Gott-Vater sein; dabei ist vor allem die Frage der Authentizität an jene Logien zu stellen, die "mein Vater" sagen (II). Die Welt der Paulusbriefe und der sogenannten Spät-

---

[1] Außer Mt 6,9 (im Vater-unser) noch: Röm 1,7; 1 Kor 1,3; 2 Kor 1,2; Gal 1,3.4; Eph 1,2; Phil 1,2; 4,20; Kol 1,2; 1 Thess 1,3; 3,11.13; 2 Thess 1,1.2.16; Phlm 3, also nur im paulinischen Brief-Corpus.

[2] Mt 14, Mk 2, Lk 3, Joh 2 Belege.

[3] Mt 16, Mk 0 (vgl. indessen 8,38: "Vater" des Menschensohnes), Lk 4, Joh 25 Belege.

[4] Zum "paulinischen" Charakter des 1 Petr siehe *N. Brox*, Der erste Petrusbrief (EKK 21), Zürich/Neukirchen 1979, 45f. 47–51.

[5] Vgl. Röm 6,4; 2 Kor 1,3–5; Gal 1,1; Eph 1,3–14.

schriften des Neuen Testaments wird einen kürzeren dritten Teil der Ausführungen beanspruchen (III). Am Ende soll ein Ausblick auf die "trinitarische" Relevanz der neutestamentlichen Texte stehen (IV).

I. Der Befund der Konkordanz und der Synopse

Im gesamten NT steht das griechische Wort für "Vater" (*patēr* in allen seinen Formen) an 261 Stellen in bezug auf Gott[6]. Von diesen Belegstellen interessieren in unserem Zusammenhang besonders jene, in denen Jesus spricht. Sie finden sich in den vier Evangelien. Dabei verteilen sich die Äußerungen Jesu auf folgende Kategorien: a. "mein Vater", b. "euer Vater", c. das absolute "(der) Vater" und – nur an einer Stelle – d. "unser Vater". Eine statistische Übersicht kann zu weiteren Beobachtungen führen:

	a	b	c	d	gesamt
Mk[7]	–	1	2	–	3
Lk	4	3	10	–	17
Mt[8]	16	14	6	1	37
Joh	25	2	83	–	110
	45	20	101	1	167

Wenn man in Betracht zieht, daß Mk das älteste und Joh das jüngste unserer Evangelien ist, kann man folgendes ausmachen: Die Belege für "mein Vater" (a) steigen von 0 bis 25 (im vierten Evangelium) an. Die besondere Häufigkeit der Aussagen hängt bei Joh ohne Zweifel mit dem eigenen theologischen Akzent dieses Evangelisten zusammen. Ähnliches kann für Mt gelten, weshalb wir ihn in der Liste auch *nach* Lk plazieren, ohne ihn deswegen nach Lk datieren zu wollen. "Mein Vater" und "euer Vater" (a und b) halten sich bei Mt noch fast die Waage, während "euer Vater" im vierten Evangelium gegenüber "mein Vater" gänzlich zurücktritt. Das absolute "Vater" (c) steigt von 2 Belegen des Mk auf 83 des Joh an; damit setzt sich eine Gottesbezeichnung durch, die beim Blick in die Konkordanz fast zwei Drittel

---

[6] Ohne Textvarianten! Zählung nach *Nestle/Aland*, NT graece (26. Auflage).

[7] Hinzu kommt Mk 8,38 (*patēr autou*, d.h. des Menschensohnes). Die Stelle kann gegebenenfalls unter a eingeordnet werden.

[8] Hinzuzurechnen sind unter b fünf Stellen mit dem singularischen Pronomen der 2. Person "dein Vater" innerhalb der Bergpredigt Mt 6, ferner Mt 13,43 (*patēr autōn*). Mt 16,27 (*patēr autou*) ist unter a zusätzlich zu berücksichtigen ("Vater" des Menschensohnes).

aller Gott-Vater-Aussagen Jesu ausmacht. Sie kommt dann bei den sogenannten Apostolischen Vätern, insbesondere in den Ignatius-Briefen, zum vollen Durchbruch[9].

Will man Tendenzen der Jesusüberlieferung bis zum vierten Evangelium hin ausmachen, so empfiehlt es sich, mit Joachim Jeremias synoptische Parallelstellen zwischen Mt und Lk als Q-Überlieferung gesondert herauszustellen[10], weil sie ein älteres Traditionsstadium repräsentieren als die Endfassung dieser beiden Evangelienschriften. Der Logienquelle sind zuzuordnen (die Buchstaben a–d zeigen die "Kategorie" der Aussage an; in Klammern stehen abweichende Formulierungen des Lk):

					Lk und Mt
Feldrede					
Lk 6,35	(*hypsistos*)	par Mt	5,45	b	
6,36			5,48		b
6,46	–		7,21	a	
Jubelruf					
10,21b			11,25	c	
10,21d			11,26	c	
10,22a			11,27a	a	
10,22b			11,27b	c	
10,22c			11,27c	c	
Vom Beten					
11,2 c			6,9	d	
11,13 c			7,11	b	
Spruch vom Bekennen					
12,6	(*ho theos*)		10,29	b	
12,8	(Engel Gottes)		10,32	a	
12,9	(Engel Gottes)		10,33	a	
Vom Sorgen					
12,24	(*ho theos*)		6,26	b	
12,30			6,32		b
Vom verlorenen Schaf					
15,7	–		18,14	b	

---

[9] Ignatius, Eph 3,2; 4,2; Magn 13,2; Trall 13,3; Röm 2,2; 3,3; 7,2; 8,2; Philad 9,1; Smyrn 3,3; 7,1; 8,1. Weitere Belege: Barn 14,6; Herm vis 3,9,10; Did 1,5; Diogn 12,9; MartPolyc 22,3.

[10] *J. Jeremias*, Abba, in: ders., Abba. Studien zur neutestamentlichen Theologie und Zeitgeschichte, Göttingen 1966, 15–67, näherhin 33–58.

Ein entsprechender Überblick über die Mk-Stellen und ihre synoptischen Parallelen sieht folgendermaßen aus:

Mk	8,38[11]	(*autou*)	par Mt	16,27	(*autou*)	par Lk	9,26	c
	11,25	b		6,14	b		–	
	13,32	c		24,36	c		–	
	14,36[12]	c		26,39	a		22,42	c

Wenn wir die beiden Listen (mit Q-Überlieferung und Mk-Stoff) zusammenfassen, können wir – nach Kategorien geordnet – die vermutlich ältesten synoptischen Jesusworte über Gott-Vater auflisten. Ihre jesuanische Authentizität bleibt freilich noch zu überprüfen (bei jeder der Kategorien a–d wird die gesicherte Q-Bezeugung von der möglichen unterschieden):

a. Q: Lk 10,22a par Mt;
    Q ?: Mt 7,21; 10,32.33;
    Mk: Mk 8,38 ("Vater" des Menschensohnes).
b. Q: Lk 6,36 par Mt; Lk 12,30 par Mt;
    Q ?: Mt 5,45; 6,26; 7,11; 10,29; 18,14;
    Mk: Mk 11,25.
c. Q: Lk 10,21b.d par Mt; Lk 10,22b.c par Mt;
    Q ?: Lk 10,2.13;
    Mk: Mk 13,32; 14,36.
d. Q ?: Mt 6,9.

Die Anzahl der Vorkommen in den einzelnen Kategorien stellt sich, wie folgt, dar: a. "mein Vater" 5mal; b. "euer Vater" 8mal; c. "(der) Vater" 8mal; d. "unser Vater" 1mal. Im Hinblick auf unser eigentliches Thema muß natürlich den "Mein-Vater"-Belegen besondere Aufmerksamkeit geschenkt werden. Doch auch innerhalb der Kategorie c (absolutes *ho patēr*) können sich, zumal hier auch die Vokativ-Formen mitgezählt sind, Anreden an Gott finden, die das "mein Vater" implizieren. Es empfiehlt sich daher, auch die Vokativ-Belege näher zu untersuchen, die nicht Mk oder der Logienquelle angehören. Insgesamt – unter Einbeziehung der bisherigen Zusammenstellungen – kommt der Vokativ *pater* (oder *ho patēr*) in Jesusworten der Evangelien 16mal vor:

Mt 11,25 par Lk 10,21b; 11,26 par Lk 10,21d; 26,39 par Mk
    14,36 par Lk 22,42; 26,42.

---

[11] Das Pronomen *autou* bezieht sich auf den "Menschensohn", so daß im Grunde die Kategorie a ("mein Vater") tangiert ist.
[12] Mk 14,36: *abba ho patēr*, Mt: *pater mou*, Lk: *pater*.

Lk 11,2; 23,34,46.
Joh 11,41; 12,27.28; 17,1.5.11.21.24.25.

Die Vokativformen sind allerdings unterschiedlich. Es kommen Variationen vor. Abgesehen von dem aramäischen *abba*, das nur Mk 14,36 bezeugt (ferner freilich auch Röm 8,15 und Gal 4,6), finden sich folgende Typen:

1. Der "griechische" Vokativ *pater*: Mt 11,25 par Lk 10,21b; Mt 26,39.42; Lk 11,2; 22,42; 23,34.46, ferner an allen 9 Stellen des Joh.
2. Der "semitisierende" Vokativ *ho patēr*[13]: Mt 11,26 par Lk 10,21d; Mk 14,36 (ferner Röm 8,15; Gal 4,6: als Übersetzung des aramäischen *abba*).
3. Die Form *pater mou* ("mein Vater!") findet sich (als Spezialfall von 1) nur Mt 26,39.42 (vgl. *pater hēmōn* Mt 6,9).

Neben den Vokativ-Formen interessieren in unserem Zusammenhang selbstverständlich auch jene "Mein-Vater"-Worte Jesu, die bislang noch nicht in Listen notiert wurden und die sich als Sondergut der Evangelien nach Mt und nach Lk darstellen. Bei Mt sind hierbei allerdings nicht wenige redaktionelle Bildungen[14] auszuklammern: Mt 7,21; 10,32.33; 12,50; 15,13; 18,35; 20,23; 25,34; 26,29.39.42.53. Es bleiben dann noch relativ wenige Stellen des matthäischen und des lukanischen Sonderguts, die ältere Überlieferung enthalten können:

Mt 16,17; 18,10; 18,19;
Lk 2,49; 22,29; 24,49.

Für die anschließend notwendige historische Rückfrage nach der jesuanischen Authentizität der Vater-Aussagen, die im folgenden Teil II zu leisten ist, bleiben nach dem Gesagten die folgenden Stellen aus unterschiedlicher Überlieferung:

A. *Mk-Tradition* (alle "Vater"-Aussagen):
   Mk 8,38; 11,25; 13,32; 14,36.
B. *Logienquelle* (alle "Vater"-Aussagen):
   Lk 6,36 par Mt; 10,21–22 par Mt; 12,30 par Mt;
   ferner: Lk 11,2; 11,13; Mt 5,45; 6,26; 10,29; 18,14.
C. *Sondergut des Mt* (nur "Mein-Vater"-Aussagen und Vokative):
   Mt 16,17; 18,10; 18,19.
D. *Sondergut des Lk* (nur "Mein-Vater"-Aussagen und Vokative):
   Lk 2,49; 22,29; 23,34.46; 24,49.

---

[13] Siehe *Blaß/Debrunner/Rehkopf*, Grammatik des neutestamentlichen Griechisch, 14. Auflage Göttingen 1976, § 147.2.
[14] Siehe dazu *J. Schlosser*, Le Dieu de Jésus. Etude exégétique (LeDiv 129), Paris 1987, 44–51.

II. Gott-Vater in den Jesus-Worten der Evangelien

Die Tatsache, daß Gott in vier älteren Traditionsschichten von Jesus als "Vater" bezeichnet wird, kann als ein Indiz dafür gewertet werden, daß Jesus tatsächlich diese Gottesbezeichnung verwendet hat[15].

A. "Abba, Vater!" – Die Mk-Überlieferung

Der Verleugnerspruch, Mk 8,38 (par Mt 16,27/Lk 9,26)
Der Spruch ist gegenüber der Fassung der Logienquelle (Lk 12,9 par Mt) sekundär weiterentwickelt und offenbar auf den Zusammenhang der Spruchfolge Mk 8,34–38 hin formuliert[16]: "Wer sich meiner und meiner Worte schämt . . ., dessen wird sich auch der Menschensohn schämen, wenn er kommt in der Herrlichkeit *seines Vaters* mit den heiligen Engeln." Vom Vater des Menschensohnes ist außer der von unserer Stelle abhängigen Aussage Mt 16,27 nur noch Mt 25,34 die Rede. Die Wendung setzt die Identifizierung des "Sohnes" Jesus mit dem Menschensohn voraus[17], dürfte somit sekundäre Bildung sein. Die Zusammenstellung von Vater, (Menschen-)Sohn und Engeln erinnert an Mk 13,32. Wird 8,38 Jesus als der in Gottes Herrlichkeit zum Endgericht Kommende bezeichnet, so stellt 13,32 Gottes Souveränität im Vollzug des Heilsplanes heraus.

Unkenntnis hinsichtlich des Termins, Mk 13,32 (par Mt 24,36)
Das vor-markinische Logion sprach wahrscheinlich nur von der Unkenntnis hinsichtlich "jenes Tages". Markus hat auch wohl schon *ei mē ho patēr* ("sondern nur der Vater") gelesen. "Sohn" kann die Stelle eines ursprünglichen "Menschensohn" ersetzen[18]. Das Logion lautet: "Jenen Tag aber oder die Stunde kennt niemand, weder die Engel im Himmel noch der Sohn, sondern nur *der Vater*." Es besteht kaum ein Grund, das Wort Jesus abzusprechen, zumal der "Sohn" hier dem "Vater" subordiniert erscheint. Der dritte Evangelist hat das Logion gestrichen.

---

[15] Vgl. *J. Jeremias*, Abba 33–38; *J. Schlosser*, Le Dieu de Jésus 51.

[16] Siehe *R. Pesch*, Das Markusevangelium. II. Teil (HThK II/2), Freiburg 1977, 64.

[17] *R. Pesch*, a.a.O. 65. Nach *J. Schlosser*, Le Dieu de Jésus 125, bereitet Markus als Redaktor mit 8,38 das folgende 9,7 (Himmelsstimme bei der Verklärung) vor. Das Logion sei nach-österlich.

[18] *R. Pesch*, a.a.O. 310.

Spruch von der Vergebung, Mk 11,25 (par Mt 6,14)

Das Logion lautet: "Und wenn ihr hintretet zum Beten, vergebt, wenn ihr etwas gegen jemand habt, damit auch *euer Vater* in den Himmeln euch eure Verfehlungen vergibt." Der Spruch ist ursprünglich selbständig überliefert und will sagen, daß ein Gebet, das der Vatergüte Gottes angemessen ist, zwischenmenschliche Vergebungsbereitschaft voraussetzt. Dieser Gedanke findet sich auch im Vaterunser (Lk 11,4 par Mt 6,12)[19]. Das weisheitliche Wort Jesu hat in Sir 28,2 eine genaue Parallele, in der allerdings Gott nicht Vater genannt wird. "Euer Vater" ist eine feste Wendung der Jüngerunterweisung Jesu, kommt jedoch im ältesten Evangelium nur hier vor. Die Echtheit des Logions kann kaum in Frage gestellt werden, zumal seine Fassung älter ist als die der Parallele Mt 6,14f. Zum Bild von Gott-Vater gehört seine Vergebungs- und Erhörungsbereitschaft gegenüber den Jüngern Jesu.

"Abba, Vater!, Mk 14,36 (par Mt 26,39/Lk 22,42)[20]

Das Getsemani-Gebet Jesu lautet: "*Abba, Vater!* Alles ist dir möglich. Laß diesen Becher an mir vorübergehen; doch nicht, was ich will, sondern was du willst (soll geschehen)!" Die aramäische Gebetsanrede wird von den Übersetzern in der Leidensgeschichte Jesu unterschiedlich wiedergegeben: Mk bezeugt den "semitisierenden" Vokativ *ho patēr*, Mt wählt, ohne *abba* zu erwähnen, die Übersetzung "Mein Vater!", Lukas schreibt den "griechischen" Vokativ *pater*. Die Gebetsanrede *abba* ist von Matthäus durchaus sinngemäß übertragen, indem er das Pronomen der ersten Person hinzusetzt. Hinter dem Vokativ *pater*, der sich auch an weiteren Stellen findet (Lk 10,21b.c par Mt; Lk 11,2; 23,34.46; ferner Joh 11,41; 12,27f; 17,1.5.11.21.24.25), kann entfernt das aramäische *abba* oder wenigstens die Erinnerung daran stehen. Nach Joachim Jeremias kann es als erwiesen gelten, daß Jesus Gott stets mit "Mein Vater!" (= *abba*) angeredet hat[21]. Unser Text läßt erkennen, daß Jesus sich vertrauensvoll seinem Vater unterwirft, seinen Willen gelten läßt. Er stellt den Willen des "Vaters" über seinen eigenen Wunsch, vor dem "Leidenskelch" bewahrt zu bleiben. Das Bekenntnis zur Allmacht Gottes (*panta dynata soi*) geht einher mit

---

[19] *R. Pesch*, a.a.O. 206f.
[20] Siehe dazu *J. Jeremias*, Abba 58–67; *R. Pesch*, Markusevangelium II 390f; *J.A. Fitzmyer*, Abba and Jesus' Relation to God, in: A cause de l'Evangile (Mélanges Dom J. Dupont) (LeDiv 123), Paris 1985, 15–38; *J. Schlosser*, Le Dieu de Jésus 130–139.
[21] *J. Jeremias*, Abba 58.

dem Vertrauen auf die Fürsorge des Vaters. – Da es keinen Ohrenzeugen für das Getsemani-Gebet Jesu geben dürfte, kann man die Authentizität von Mk 14,36 anfechten. Jedoch hält der aramäische Wortlaut der Anrede an Gott offensichtlich die Erinnerung an den "historischen Jesus" fest. Jacques Schlosser kommt zu dem Ergebnis, daß zwar sämtliche Jesusworte, die das "mein Vater" bezeugen, wahrscheinlich "einen nachösterlichen Ursprung" besitzen, daß aber die Anrede *abba* einen Hinweis auf Jesu äußerst nahes Gottesverhältnis darstellt[22].

B. *"Ich preise dich, Vater, Herr des Himmels und der Erde"* – *Die Gott-Vater- Aussagen der Logienquelle*

Der barmherzige Vater, Lk 6,36 (par Mt 5,48)
In der lukanischen Feldrede begegnet als abschließende Forderung zum Thema Feindesliebe (Lk 6,27 – 36) der Satz: "Seid barmherzig, wie *euer Vater* barmherzig (*oiktirmōn*) ist!" Die Parallele Mt 5,48 sagt: "wie euer himmlischer Vater" und ersetzt "barmherzig" durch "vollkommen" (*teleios*). Beide Änderungen sind sekundär und gehen wohl auf die Hand des Evangelisten zurück[23]. Mit dem Adjektiv "barmherzig" werden die im vorausgehenden Vers geforderte Feindesliebe, das Gutes-Tun und das Verleihen ohne Aussicht auf Entgelt zusammengefaßt und erläutert. Da *oiktirmōn* im lukanischen Werk sonst nicht vorkommt, darf der Spruch vom barmherzigen Vater als vor-lukanische Fassung der Redenquelle angesehen werden, die auf Jesus zurückgeht.

"Vater, Herr des Himmels und der Erde!", Lk 10,21f par Mt 11,25 – 27[24]
Der sogenannte Jubelruf ist nicht nur aus sachlichen Gründen ("jo-

---

[22] *J. Schlosser*, Le Dieu de Jésus 209. Siehe auch *H. Schürmann*, Das Gebet des Herrn als Schlüssel zum Verstehen Jesu, 4. Auflage, Freiburg 1981, 29–31.

[23] Siehe neben Mt 5,48 ("euer himmlischer Vater") auch 6,14.26.32. *teleios* steht 19,21 diff Mk.

[24] Siehe dazu vor allem folgende neuere Literatur: *B.M.F. van Iersel*, "Der Sohn" in den synoptischen Jesusworten. Christusbezeichnung der Gemeinde oder Selbstbezeichnung Jesu? (NT.S 3), 2. Auflage Leiden 1964, 146–161; *J. Jeremias*, Abba 47–54; *P. Hoffmann*, Die Offenbarung des Sohnes: Kairos 12 (1970) 270–288; *S. Schulz*, Q. Die Spruchquelle der Evangelisten, Zürich 1972, 213–228; *W. Grimm*, Der Dank für die empfangene Offenbarung bei Jesus und Josephus: BZ 17 (1973) 249–256; *S. Légasse*, Le logion sur le Fils révélateur (Mt. xi, 27 par. Lc X,22), in: La notion biblique de Dieu, ed. J. Coppens (BEThL 41), Gembloux 1976, 245–274; *J. Wanke*, "Bezugs- und Kommentarworte". Beobachtungen zur Interpretationsgeschichte der Herrenworte in der vorevangelischen Überlieferung (EThSt 44), Leipzig 1981, 45–51; *M. Sabbe*, Can Mt 11,27 and Lk 10,22 Be Called a Johannine

hanneische" Stelle bei den Synoptikern), sondern auch wegen seiner
traditionsgeschichtlichen Bedeutung (fast wörtliche Übereinstimmung
zwischen Lk und Mt) von besonderer Wichtigkeit für unser Thema.
Wir zitieren die Lk-Fassung des Doppelspruchs und machen zu den
Abweichungen des Mt die notwendigen Anmerkungen:

Lk 10,21.22	*Mt 11,25−27*
21a "In dieser Stunde jubelte Jesus im heiligen Geist und sprach:	25a
21b Ich preise dich, *Vater*, Herr des Himmels und der Erde,	25b
21c weil du das vor den Weisen und Klugen verborgen, den Unmündigen aber offenbart hast.	25c
21d Ja, *Vater*, so hat es dir gefallen.	26
22a Alles ist mir von *meinem Vater* übergeben worden;	27a
22b niemand weiß, wer der Sohn ist, nur *der Vater*,	27b
22c und niemand weiß, wer *der Vater* ist, nur der Sohn und der, dem es der Sohn offenbaren will."	27c

In der Mt-Fassung fehlt bei der Einleitung (Mt V. 25a) die Wendung
vom Jubel "im heiligen Geist". In der Schlußzeile (Mt V. 27) lautet
die Formulierung: "und niemand kennt (*epiginōskei*) den Sohn" sowie
"niemand kennt den Vater". In beiden Fällen dürfte der Mt-Text die
ursprüngliche Q-Fassung beibehalten haben[25].

Die Texteinheit Lk 10,21.22 par Mt besteht aus zwei Logien, die
traditionsgeschichtlich in einer noch näher zu bestimmenden Weise
zusammengefügt wurden. Wahrscheinlich "kommentiert" das "johanneische" Logion den eigentlichen Jubelruf. Lk 10,21 par Mt
11,25f kann mit der Mehrheit der heutigen Forscher als authentisch
jesuanisch angesehen werden. Das Jesuswort wendet sich gegen die
gängige zeitgenössische Ansicht, daß den "Weisen und Klugen" die
Offenbarung geschenkt sei. Dem widerspricht Jesus. Er dankt Gott,
daß er im Jetzt (in Jesu Wirken und dem Anbruch der Gottesherrschaft) die entscheidende Offenbarung (*tauta* läßt sich kaum noch in
seinem ursprünglichen Bezug deuten) an die "Unmündigen" ergehen
läßt. Gott wird mit "Vater" angeredet; die zugefügte traditionell-
jüdische Wendung läßt zugleich Gottes Souveränität und heilschaf-

---

Logion?, in: Logia, ed. by J. Delobel (BEThL 59), Löwen 1982, 363−371; *J. Gnilka*,
Das Matthäusevangelium. I. Teil (HThK I/1), Freiburg 1986, 431−442; *J. Schlosser*,
Le Dieu de Jésus 142−145.
[25] Siehe *S. Schulz*, Q. Die Spruchquelle 213f.

fende Initiative erkennen[26]. Auch der Schlußvers 10,21d bezeugt
wieder die "Vater"-Anrede und erinnert zugleich in semitisierender
Redeweise[27] an die göttliche *eudokia*, den souveränen und wohlwollen-
den Heilsratschluß Gottes.

Lk 10,22 par Mt erläutert die Offenbarung, von der im vorausgehenden Logion die Rede ist, nicht nur die Beziehung Jesu zu seinem
himmlischen Vater, sondern auch die der Jünger zu Jesus, der allein
"diese Dinge" (*tauta* V. 21c) offenbart, und zwar als "der Sohn". Im
lukanischen Kontext bezieht sich *tauta* auf die verborgene Bedeutung
dessen, was die Jünger in Jesu Wirken und Botschaft gesehen und gehört haben. Das einleitende *panta* in Vers 22 bezieht sich im Kontext
des dritten Evangeliums (und nach Mt) auf das Wissen, das der Sohn
von seinem Vater besitzt, und auf das Wissen, das nur Jesus seinen
Jüngern vermitteln kann[28]. Mit der abschließenden Wendung in Vers
22c "und der, dem es der Sohn offenbaren will," wird die Gnaden-
haftigkeit des Offenbarungsempfangs der Jünger unterstrichen, in
dem sich der im vorausgehenden Logion abschließend mit *eudokia*
bezeichnete göttliche Heilswille gleichsam manifestiert.

Der Offenbarerspruch Lk 10,22 par Mt 11,27 ist, wie Joachim
Wanke zeigen konnte, ein "Kommentarwort" zum voranstehenden
Jubelruf. Den Aussageskopus dieses Kommentars sieht Wanke in fol-
gendem: "Die exklusive Legitimierung des Sohnes durch den Vater
findet ihren Ausdruck in der exklusiven Offenbarungsmittlerschaft des
Sohnes. Gegenüber apokalyptischem Denken, das eine derartige
Offenbarungstätigkeit des Menschensohnes für die Endzeit erwartete,
ist hier eine Offenbarungsvermittlung in der Gegenwart ausgesagt.
Wir können das wohl so interpretieren, daß der Sprecher auf die (in
Jesu Predigt gründende) Verkündigung der Gemeinde(n) schaut, die
in der Gegenwart erfolgt und der eschatologische Qualität zugesprochen wird."[29] Damit wird deutlich, daß es sich um ein nachöster-
liches Logion handelt[30]. Es ist mit großer Wahrscheinlichkeit nicht
selbständig entstanden und überliefert worden, sondern nachösterlich
als "Kommentar" zum Jubelruf Jesus in den Mund gelegt worden.

---

[26] *J. Schlosser*, Le Dieu de Jésus 142.
[27] Lk 10,21d: *houtōs eudokia egeneto emprosthen sou*. Zu vergleichen ist *eudokia* in Lk
2,14.
[28] Siehe *J.A. Fitzmyer, Abba* 36.
[29] *J. Wanke*, "Bezugs- und Kommentarworte" 49.
[30] *J. Schlosser*, Le Dieu de Jésus 144f.

Euer Vater weiß, daß ihr das braucht, Lk 12,30 par Mt 6,32
Innerhalb der größeren Q-Einheit Lk 12,22 – 34 par Mt läßt sich ein
Kern ausmachen, um den der übrige Komplex gebildet wurde. Dieser
Kern besteht aus den Versen 29 – 31, wie Heinz Schürmann zeigen
konnte[31]. In diesem Kernstück wiederum steht Vers 30 in der Mitte:
"Denn um all das geht es den Heiden in der Welt. *Euer Vater* weiß, daß
ihr das braucht." Mit "denn" zeigt sich am Versanfang, daß mit ihm
die vorausgehende Forderung begründet wird: "Fragt nicht, was ihr
essen und was ihr trinken sollt, und ängstigt euch nicht! (V. 29)" Mit
tauta panta in Vers 30 sind Essen und Trinken sowie das Sich-Sorgen
gemeint, desgleichen mit "das" (*toutōn*) am Ende des Verses. Schließlich wird auch mit der folgenden grundlegenden Forderung, das Reich
Gottes zu "suchen", die Verheißung verbunden: "dann wird euch
dies (*tauta*) dazugegeben werden" (V. 31). Daß das Jesuswort (wenigstens im Umfang von 12,29a.30b.31) "innerlich weitgehend dem zentralen Basileia-Wunsch und der diesen flankierenden Brotbitte Lk
11,2c.3 par entspricht, spricht für die Möglichkeit schon vorösterlicher
Tradition, zumal diese Forderung ihren 'Sitz im Leben' im eschato-
logisch-alternativen Leben des Jüngerkreises und in dessen Basileia-
Auftrag gehabt haben kann. Daß hier zumindest die *vox Jesu* weiter-
klingt, macht Lk 11,2ff sicher."[32] Schürmann sieht also in der sachlichen Nähe zum Vaterunser einen Hinweis auf die jesuanische
Echtheit unseres Spruches vom Wissen des Vaters um den menschlichen Bedarf an Lebensunterhalt. Die Anrede Gottes im Gebet des
Herrn ist ohnehin als nächster Text zu besprechen.

Die Anrede "Vater!", Lk 11,2 (par Mt 6,9)
Die Frage, ob Lukas das Vaterunser Lk 11,2 – 4 der Logienquelle oder
dem Gebrauch der gottesdienstlichen Gemeinde entnommen hat, mag
strittig sein, nicht aber die Tatsache, daß er das Gebet des Herrn –
wenigstens seinem Umfang nach – in der älteren Form (gegenüber Mt
6,9 – 13) bietet. Das muß auch in bezug auf die einleitende Vater-
Anrede gelten. Ihr liegt wahrscheinlich das aramäische *abba* zugrunde,
so daß man sagen kann, Jesus habe nach der älteren Überlieferung
seine Jünger ermächtigt, Gott mit dem schlichten und unfeierlich ein-

---

[31] *H. Schürmann,* Gottes Reich – Jesu Geschick. Jesu ureigener Tod im Licht seiner Basileia-Verkündigung, Freiburg 1983, 109 – 111, übernommen im wesentlichen
von *J. Schlosser,* Le Dieu de Jésus 149f.
[32] *H. Schürmann,* a.a.O. 111.

fachen "Vater" anzureden, wie ein Kind seinen Vater vertraulich als "Papa" anspricht[33].

Auf die Vater-Anrede folgt der Eröffnungswunsch – wir verstehen ihn als Parallelismus, dessen Glieder einander erläutern – um die Heiligung des göttlichen "Namens" und um das Kommen des "Reiches" (11,2c.d). Wenn die Mt-Fassung diesem doppelten Eröffnungswunsch eine dritte Zeile hinzufügt, die Bitte um den Vollzug des "Willens" Gottes, so lehnt sie sich dabei an das Getsemani-Gebet Jesu an (vgl. Mk 14,36 par Mt 26,39). Der Jünger betet somit wie sein Meister! Das vorrangige Anliegen des Jüngergebets, die Bitte um das Kommen der Basileia an den Vater-Gott, kommt in ähnlich betonter Weise Lk 12,31 zum Ausdruck. Bei dem Zusammenhang von Vater-Anrede und Gottes gnädig-nahem Reich stoßen wir "mit größter Wahrscheinlichkeit auf ein *ipsissimum verbum Jesu*"[34].

"Um wieviel mehr der Vater!", Lk 11,13 par Mt 7,11

Es ist möglich, daß in dem Spruch von der Gebetserhörung die Vater-Anrede des Herrengebets nachwirkt, vielleicht sogar in der (gegenüber Lk erweiterten) Mt-Fassung Mt 6,9[35]. Möglich ist aber auch, daß Matthäus sowohl in 6,9 als auch 7,11 ein einfaches "Vater" um die Wendung "der in den Himmeln" erweiterte und Lukas an beiden Stellen mit dem einfachen "Vater" die ursprüngliche Version beibehielt[36]. In 11,13 hätte er dann, weil er das *agatha* ("Güter") der Logienquelle (so Mt) durch *pneuma hagion* ersetzte, den Herkunftsort des Hl. Geistes mit *ex ouranou* von sich aus benannt (vgl. 3,22 diff Mk 1,10f). Das *argumentum a fortiori* schließt vom Verhalten "böser" Menschen gegenüber ihren Kindern auf den gütigen Gott-Vater, der seine Kinder gewiß erhören wird (Lk 11,13 par Mt 7,11). Die "substantielle Authentizität" unseres Textes kann mit guten Gründen vertreten werden[37].

"Daß ihr Söhne eures Vaters in den Himmeln werdet ...", Mt 5, 45 (par Lk 6,35)

Wir haben es mit einer Texteinheit der Logienquelle zur Feindesliebe

---

[33] Siehe dazu G. *Schneider*, Der Herr, unser Gott (Werkhefte zur Bibelarbeit 5), Stuttgart 1965, 137–141; spanische Übersetzung: El Señor nuestro Dios (Biblica 10), Madrid 1968, 183–190; *ders.*, Das Vaterunser des Matthäus, in: A cause de'l Evangile (Mélanges Dom J. Dupont) (LeDiv 123), Paris 1985, 57–90 (zur Vater-Anrede näherhin 64–66. 70–74).

[34] H. *Schürmann*, Gottes Reich 103.

[35] H. *Schürmann*, a.a.O. 102.

[36] Siehe G. *Schneider*, Das Vaterunser 70–74.

[37] J. *Schlosser*, Le Dieu de Jésus 148.

zu tun (Mt 5,43 – 48 par Lk 6,27 – 36), die wir schon bei der Be-
sprechung von Lk 6,36 herangezogen hatten. Auf die Forderung der
Feindesliebe folgt Mt 5,45 die Verheißung "damit ihr Söhne *eures
Vaters* in den Himmeln werdet; denn er läßt seine Sonne aufgehen über
Bösen und Guten, und er läßt regnen über Gerechte und Ungerechte."
Die Lk-Parallele (Lk 6,35b) formuliert die Verheißung anders: "und
euer Lohn wird groß sein, und ihr werdet Söhne des Höchsten sein;
denn auch er ist gütig gegenüber den Undankbaren und Bösen." Die
Rede vom "Höchsten" (*hypsistos*) ist der lukanischen Redaktion zu-
zuschreiben[38]. Die Formulierung des Spruches mit "Söhne eures
Vaters in den Himmeln" ist gegenüber Lk primär und kann der Rede
Jesu kaum abgesprochen werden[39].

"Euer himmlischer Vater ernährt sie", Mt 6,26 (par Lk 12,24)
Der weisheitliche Spruch lautet: "Schaut auf die Vögel des Himmels:
Sie säen und ernten nicht, sie sammeln auch nicht in Scheunen. Doch
euer himmlischer *Vater* ernährt sie. Seid ihr nicht viel mehr wert als
sie?" In der Lk-Fassung ist von den Raben die Rede, was wohl der Q-
Fassung entspricht. Wichtiger ist in unserem Zusammenhang, daß im
Versteil c Lukas *ho theos* "Gott" liest. Wahrscheinlich ist diese Version
ursprünglich[40]. Denn beide Evangelien bezeugen im Kontext (V. 30
bzw. V. 28) in einem ähnlichen Schluß *a fortiori* übereinstimmend *ho
theos*. Matthäus hätte dann in Vers 26 den Text an Vers 32 angeglichen, wo er von sich aus "euer himmlischer Vater" schreibt.

Mahnung zu furchtlosem Bekennen, Mt 10,29 (par Lk 12,6)
In der Mahnung zur Furchtlosigkeit Mt 10,28 – 31 par Lk steht der
Spruch von den Sperlingen. Mt liest: "Verkauft man nicht zwei Sper-
linge um ein As (Lk: fünf Sperlinge um zwei As), und doch fällt nicht
einer von ihnen zur Erde ohne *euren Vater*!" Im folgenden schließt der
Text von den Sperlingen, um die Gott weiß, auf Gottes Wissen um die
Menschen, deren "Haupthaare gezählt sind" (V. 30): "Ihr seid viel
mehr wert als viele Sperlinge" (V. 31). Wiederum liest Lk in dem
Spruch von den Sperlingen statt des mt "euer Vater" das einfache *ho*

---

[38] *J. Schlosser*, a.a.O. 24.
[39] Zur jesuanischen Authentizität von Mt 5,45 par Lk 6,35 siehe neuerdings *G.
Schneider*, Imitatio Dei als Motiv der "Ethik Jesu", in: Neues Testament und Ethik
(Festschrift R. Schnackenburg), Freiburg 1989, 71 – 83, näherhin 81 – 83.
[40] *S. Schulz*, Q. Die Spruchquelle 150; *D. Zeller*, Die weisheitlichen Mahnsprüche
bei den Synoptikern (fzb 17), Würzburg 1977, 82.

theos. Ob die Mt-Fassung hier ursprünglich ist[41] oder Lk die Version
der Logienquelle beibehielt[42], ist strittig. Mt 10,29–31 par Lk will
jedenfalls besagen: Jesus "wußte sein Leben bestimmt von der
Allmacht des Schöpfers und fühlte sich in der väterlichen Obhut des
Bundesgottes Israels geborgen. Die mit Mt 6, 26ff. verwandten Worte
haben aber auch Platz in der Verkündigung Jesu …"[43]

Vom Heilswillen des Vaters im Himmel, Mt 18,14 (par Lk 15,7)
Das Gleichnis vom verlorenen Schaf wird von beiden Evangelien mit
einer abschließenden "Anwendung" versehen. Deren Q-Vorlage läßt
sich kaum noch rekonstruieren, falls es eine solche überhaupt schon
gab. Die Mt-Fassung lautet in wörtlicher Übersetzung: "So ist es auch
nicht Wille bei *eurem Vater* im Himmel, daß verlorengehe eins von
diesen Kleinen." Lk spricht von der Freude, die "im Himmel" aus-
bricht über einen einzigen Sünder, der umkehrt. Die "Anwendung"
ist in beiden Evangelien stark redaktionell geprägt. Mit dem Ausdruck
"eins von diesen Kleinen" weist Matthäus auf 18,6.10 zurück[44]. Und
auch die Rede vom "Willen des Vaters" geht auf die Hand des Evangelisten zurück[45].

Zur Bezeugung der Aussage von Gott als "Vater" in der *Logienquelle*
kann zusammenfassend festgestellt werden:

1) Die Aussagen von Mt 6,26 und 18,14 sind als nicht in Q bezeugt
   auszuscheiden.
2) Von den verbleibenden acht Vater-Aussagen im Munde Jesu gehen – abgesehen von Lk 10,22 par Mt 11,27 – wahrscheinlich sieben auf *Jesu Verkündigung* zurück: Lk 6,36 par Mt 5,48; Lk 10,21 par Mt 11,25f; Lk 11,2
   par Mt 6,9; Lk 11,13 par Mt 7,11; Lk 12,30 par Mt 6,32; Mt 5,45; 10,29.

Von den Gott-Vater-Aussagen des *ältesten Evangeliums* mußte eine Stelle
als nicht authentisch jesuanisch ausgeschieden werden (Mk 8,38),
während drei Aussagen auf Jesus zurückgeführt werden konnten: Mk
11,25; 13,32; 14,36. Die wahrscheinlich authentischen Aussagen Jesu
können in folgende Gruppen eingeordnet werden:

Vokativ-Formen: Mk 14,36; Lk 10,21 par Mt; Lk 11,2 par Mt.
"Vater" ohne Pronomen (im Genitiv): Mk 13,32; Lk 11,13 par Mt.
"Euer Vater": Mk 11,25; Lk 6,36 par Mt; Lk 12,30 par Mt; Mt 5,45; 10,29.

---

[41] So *S. Schulz*, a.a.O. 159, und *D. Zeller*, a.a.O. 95.
[42] So *J. Schlosser*, Le Dieu de Jésus 43.
[43] *D. Zeller*, Die weisheitlichen Mahnsprüche 100.
[44] Siehe *S. Schulz*, Q. Die Spruchquelle 388.
[45] Der "Wille" (*thelēma*) Gottes wird bei Mt stets als der des "Vaters" gekennzeichnet: 6,9f; 7,21; 12,50; 18,14; 21,31; 26,42.

Festzuhalten ist, daß die älteste Jesus-Überlieferung das ''mein Vater'' im Munde Jesu nicht zu kennen scheint. Allerdings zeigt das ''Kommentarwort'' Lk 10,22 par Mt, daß die Gebetsanrede Jesu (Vater!) im Jubelruf (V. 21) den sachlichen Ansatzpunkt für das ''mein Vater'' bilden kann.

C. *''Vater!'' und ''mein Vater'' im Sondergut des Mt*

Der Evangelist Matthäus hat ohne Zweifel von sich aus die Gott-Vater-Aussagen seiner Quellen beträchtlich vermehrt. Das läßt sich an jenen Stellen erkennen, wo er den Stoff der Mk-Vorlage um das Stichwort ''Vater'' erweiterte:

Mt 10,20	diff	Mk 13,11	der Geist ''eures Vaters''
12,50		3,35	der Wille ''meines Vaters''
15,13		7,17	''mein himmlischer Vater''
20,23		10,40	''mein Vater''
26,29		14,25	das Reich ''meines Vaters''
26,42		14,39	''Mein Vater!''
26,53		14,47	''mein Vater''

Als wirkliches Sondergut sind die Vater-Aussagen in folgenden Texten anzusehen, bei denen freilich von vornherein der Verdacht matthäischer Bildung besteht[46]:

Mt 5,16	''euer Vater in den Himmeln''
6,1	''euer Vater in den Himmeln''
6,4.6.18	''dein Vater'' (5mal)
6,8	''euer Vater''
13,43	das Reich ''ihres Vaters'' (*autōn* = der Gerechten)
16,17	''mein Vater in den Himmeln''
18,10	''mein Vater in den Himmeln''
18,19	''mein Vater in den Himmeln''
23,9	''euer himmlischer Vater''
28,19	der Name ''des Vaters und des Sohnes und des heiligen Geistes''

Das besondere Interesse des Evangelisten an der Jesus-Aussage ''mein Vater'' geht aus den Stellen hervor, wo er Mk bearbeitete: sechs von

---

[46] In dieser Hinsicht ist Mt 26,42 aufschlußreich. Der Evangelist greift die Angabe von Mk 14,39 über einen zweiten Gebetsgang Jesu auf, formuliert jedoch das Gebet Jesu in direkter Rede. Dabei lehnt er sich an 26,39 par Mk 14,36 an und stellt gleichzeitig eine Entsprechung zu seiner (dritten) Vaterunser-Bitte her: ''so geschehe dein Wille''. Ein ähnliches Verfahren des Matthäus liegt 26,52–54 vor (siehe *J. Schlosser*, Le Dieu de Jésus 49f): Einschaltung in den Mk-Stoff.

sieben Stellen bezeugen das "mein Vater". Deswegen unterliegen die drei eigentlichen Sondergut-Zeugnisse für "mein Vater" (jeweils mit Zufügung: "in den Himmeln") der Notwendigkeit einer kritischen Betrachtung[47].

Mt 16,17: Der Vater offenbart die Gottessohnschaft Jesu
Für die Beurteilung von Mt 16,17 können wir uns auf die grundlegenden Untersuchungen von Anton Vögtle stützen[48]. Zunächst ist festzustellen, daß es kaum eine selbständig überlieferte Einheit im Umfang von Mt 16,17 – 19 gegeben hat, die der Evangelist in den Rahmen der Mk-Perikope vom Messiasbekenntnis des Petrus (Mk 8,27 – 30) eingefügt hätte[49]. Die Sondergut-Verse des Mt enthalten einen Makarismus (V. 17), ein Erwählungs- (V. 18) und ein Investitur-Wort (V. 19) an Petrus. Während die beiden letzten Worte Verheißungen sind (im Futur), bezieht sich die Seligpreisung auf ein vergangenes Geschehen: "denn nicht Fleisch und Blut hat dir Offenbarung geschenkt (*apokalypsen*), sondern *mein Vater*, der in den Himmeln" (V. 17c). Das objektlose "hat offenbart" schließt offensichtlich aus, daß eine Überlieferungseinheit mit einer solchen Aussage begonnen haben kann[50]; es deutet darauf hin, daß es an das vorliegende Messiasbekenntnis aus Mk 8,29 anknüpft, also *ad hoc* – wohl zur Überleitung vom Messiasbekenntnis zur Verheißung an Petrus, die auf einer nachösterlichen Protophanieszene beruhen kann, – gebildet wurde und daß Vers 17 somit im wesentlichen matthäisch-redaktionell ist[51]. Die Offenbarung, von der Jesus spricht, ist von Gott-Vater ausgegangen und ermöglichte dem Simon sein Bekenntnis, daß Jesus der Messias und der Sohn Gottes ist. Matthäus hatte schon an das Messiasbekenntnis der

---

[47] Zu den übrigen Stellen siehe die Erörterung bei *J. Schlosser*, a.a.O. (mit jeweiliger Angabe der Seitenzahl): Mt 5,16 (157f); 6,1 (46); 6,4.6.18 (158 – 161); 6,8 (56. 161 – 164); 13,43 (46f); 28,19 (129. 157). Einen starken Anteil matthäischer Redaktion sieht Schlosser in den Aussagen von 5,16; 6,1; 13,43. Die Stellen 6,4.6.18 bieten mit "dein Vater" die Form der klassischen weisheitlichen Ermahnung, gehen in der vorliegenden Textgestalt auf einen vor-mt Redaktor, jedenfalls nicht direkt auf Jesus, zurück. 6,8 ist vielleicht eine Variante von Lk 12,30 par Mt. Schließlich entstammt die triadische "Taufformel" in 28,19 dem nachösterlichen liturgischen Gebrauch.
[48] *A. Vögtle*, Messiasbekenntnis und Petrusverheißung, in: ders. Das Evangelium und die Evangelien, Düsseldorf 1971, 137 – 170; *ders.*, Das Problem der Herkunft von "Mt 16,17 – 19", in: ders., Offenbarungsgeschehen und Wirkungsgeschichte, Freiburg 1985, 109 – 140.
[49] *A. Vögtle*, Messiasbekenntnis 161.
[50] *A. Vögtle*, Das Problem 110.
[51] *A. Vögtle*, Messiasbekenntnis 166f.

Vorlage die Titulatur "der Sohn des lebendigen Gottes" angefügt (V. 16b): Jesus, der Sohn Gottes, spricht konsequenter Weise im Makarismus an Simon Barjona von *seinem* Vater im Himmel. Mit dem Stichwort *apokalyptō* erinnert der Evangelist zudem an die Logienfolge Mt 11,25 – 27 par Lk. Dort war gesagt, daß der Vater den Inhalt der Predigt Jesu offenbart, darunter auch das Geheimnis seiner eigenen Messiaswürde (11,25f). Jesus sagt ferner ausdrücklich, daß "niemand den Sohn kennt als nur der Vater" (11,27). Vögtle schreibt dazu: "Der Katechet Matthäus mußte gewissermaßen zu diesen Jesuslogien greifen, um damit das von Petrus ausgesprochene Vollbekenntnis der nachösterlichen Verkündigung zu rechtfertigen. Dabei liegt die auf dem Erkennen beruhende Korrelation zwischen dem Vater und dem Sohn von Mt 11,27 auch dem Bekenntniszusammenhang 16,16f. zugrunde."[52]

Mt 18,10: Ihre Engel schauen das Angesicht meines Vaters

Es handelt sich um ein Wort, das das Gleichnis vom verlorenen Schaf (18,12f par Lk) einleitet. Ihm entspricht übrigens 18,14 als Folgerung aus dem Gleichnis. In beiden "Rahmen-Worten" begegnet der Ausdruck "eins von diesen Kleinen" und die Rede vom "Vater in den Himmeln". Trotzdem hat Vers 10 eine Traditionsgrundlage und ist nicht – wie wir oben für Vers 14 vermutet haben – matthäisch-redaktionell. Er lautet: "Seht, daß ihr nicht mißachtet eins von diesen Kleinen! Denn ich sage euch: Ihre Engel im Himmel schauen allezeit das Angesicht *meines Vaters* in den Himmeln." Die Engelvorstellung entspricht der jüdischen Umwelt Jesu, wenn es auch ungewöhnlich erscheint, daß die Engel hier nicht als auf Erden handelnde Wesen auftreten. Die Rede von "diesen Kleinen" kann, wie Mk 9,42 par Mt nahelegt, der Sprache Jesu zugeordnet werden. So spricht nichts entscheidend gegen die Hypothese substantieller jesuanischer Authentizität[53]. Freilich wird die für unser Thema wichtige Wendung "mein Vater in den Himmeln" vom Inhalt des Spruches her nicht gefordert; man würde eher "das Angesicht *ihres* Vaters im Himmel" erwarten. So legt sich die Folgerung nahe, Matthäus habe seinen "Lieblingsausdruck" (siehe 7,21; 12,50; 18,35) von sich aus eingebracht[54].

Mt 18,19: Erhörung des Gemeinde-Gebets durch den Vater

In einem Neuansatz der Gemeindeparänese von Mt 18 sagt unser

---

[52] *A. Vögtle*, a.a.O. 165f.
[53] So *J. Schlosser*, Le Dieu de Jésus 168.
[54] Ebd.

Logion (vgl. die ähnliche Redeeinführung in 18,10): ''Ferner sage ich euch: Wenn zwei von euch auf Erden über irgendein Anliegen, das sie erbitten wollen, übereinkommen, wird es ihnen von *meinem Vater* in den Himmeln gewährt werden.'' Mit dem anschließenden Logion (V. 20: ''Wo zwei oder drei in meinem Namen versammelt sind ...'') ist unser Spruch nur lose verbunden, und zwar durch das Stichwort ''zwei'' und den Gedanken der versammelten Gemeinde. Unser Logion kann somit separat überliefert worden sein. Es gibt indessen eine Reihe von matthäischen Spracheigentümlichkeiten, die für ''Redaktion'' sprechen könnten, ebenso Berührungspunkte mit dem Kontext. Eine neuere Rekonstruktion des vor-matthäischen Wortlauts streicht immerhin die uns interessierende Wendung ''von meinem Vater in den Himmeln''[55]. Wenn es auch fraglich ist, ob man eine solche Rekonstruktion wagen darf, kann man diese Wendung doch für ''matthäisch'' halten[56].

D. *''Vater!'' und ''mein Vater'' im Sondergut des Lk*

Das Sondergut des dritten Evangeliums enthält folgende Aussagen Jesu über Gott als ''Vater'':

Lk 2,49 : Daß ich in dem sein muß, was meines Vaters ist
     12,32 : Es hat eurem Vater gefallen, euch das Reich zu geben
     22,29 : Wie wir mein Vater das Reich vermacht hat
     23,34 : Vater, vergib ihnen!
     23,46 : Vater, in deine Hände ...
     24,49 : Die Verheißung meines Vaters

Abgesehen von dem Logion an die ''kleine Herde'' (12,32), das allerdings ''euer Vater'' bezeugt, sind wohl alle übrigen Zeugnisse nicht authentisch jesuanisch[57]. Es soll kurz auf die Problematik der einzelnen Logien eingegangen werden, die den Vokativ oder ''mein Vater'' bieten.

Lk 2,49: *''in dem, was meinem Vater gehört''*
Ob das erste Jesuswort des dritten Evangelium schon vor-lukanisch ist oder erst vom Evangelisten gebildet wurde, stellt das eigentliche

---

[55] *J. Lange*, Das Erscheinen des Auferstandenen im Evangelium nach Mattäus. Eine traditions- und redaktionsgeschichtliche Untersuchung zu Mt 28,16–20 (fzb 11), Würzburg 1973, 140: ''Wenn zwei übereinstimmen in irgendeiner Sache, in der sie bitten wollen, so wird es ihnen zuteil werden (pass. div.).''
[56] Mit *J. Schlosser*, Le Dieu de Jésus 171.
[57] Zu Lk 12,32 siehe die Ausführungen von *J. Schlosser*, a.a.O. 152f.

Problem dar. Der zwölfjährige Jesus sagt zu seinen Eltern, als sie ihn im Tempel finden: "Wußtet ihr nicht, daß ich in dem sein muß, was *meinem Vater* gehört?" (2,49b) Der Ausdruck *en tois tou patros mou* bezieht sich nach dem Kontext eindeutig auf den Tempel, in dem Jesus lehrt, ist aber auch offen für eine Deutung auf den Bereich des Heilsplanes und Willens Gottes, in den sich Jesus bewußt stellt. Denn er ist der Sohn Gottes (vgl. 1,32.35). Eine jesuanische Authentizität dieses Wortes kommt nicht in Betracht.

Lk 22,29: "wie mir mein Vater das Reich vermacht hat"
Der Vers hat eine – wenn auch wesentlich abweichende – Parallele in Mt 19,28. Lukas hat offenbar das Q-Logion stark bearbeitet. Allerdings war in der Vorlage das "mein Vater" nicht vorhanden. Die christologische Orientierung des Themas von der Basileia (siehe hingegen Lk 12,32) zeigt, daß es sich um einen relativ "späten" Text handelt, der wahrscheinlich weitgehend von Lukas komponiert wurde[58].

Lk 23,34: "Vater, vergib ihnen!"
In der Passionsgeschichte folgt Lukas der Vorlage des ältesten Evangeliums. Bei der Kreuzigungsszene schaltet er innerhalb von Mk 15,24 das Logion 23,34a ein, das im übrigen textkritisch nicht völlig gesichert ist[59]: "Jesus aber sprach: *Vater*, vergib ihnen, denn sie wissen nicht, was sie tun!" Der Text ist für das dritte Evangelium u.a. darum gut bezeugt, weil das Ignoranz-Motiv gut lukanisch ist (siehe Apg 3,17; 13,27). Die Vergebungsbitte Jesu kann von juden-feindlichen Christen getilgt worden sein. Bei der Argumentation ist zu beachten, daß der Text, je mehr er sich als lukanisch (und echt) erweist, umso eher auch Jesus abgesprochen werden muß. Er ist in der Tat als "élargissement rédactionnel"[60] zu erklären.

Lk 23,46: "Vater, in deine Hände übergebe ich meinen Geist"
In der Szene vom Sterben Jesu Lk 23,44–48 weicht das dritte Evangelium in mehreren Zügen von der Vorlage Mk 15,33–39 ab. Alle diese Differenzen finden als lukanische Bearbeitung des Mk ihre hinreichende Erklärung[61]. An die Stelle des Verlassenheitsrufes (Mk

---

[58] Siehe *J. Schlosser*, a.a.O. 151.
[59] Die Bitte fehlt in den Textzeugen P[75] B und D, wird aber z.B. vom Codex Sinaiticus bezeugt.
[60] *J. Schlosser*, Le Dieu de Jésus 154f.
[61] Siehe *G. Schneider*, Das Evangelium nach Lukas (ÖTK 3), 2. Auflage Gütersloh 1984, II 486f; *J. Schlosser*, a.a.O. 156.

15,34 = Ps 22,2) tritt bei Lk unmittelbar vor dem Sterben Jesu das Ps 31,6 entnommene Gebet: "*Vater*, in deine Hände übergebe ich meinen Geist" (Lk 23,46b). Die Vater-Anrede stammt indessen nicht aus dem Psalm, sondern wurde vom Evangelisten gewählt, der sich bei dieser Gebetsanrede Jesu an das Vorbild von Mk 14,36 par Lk 22,42 hält, wie es schon 23,34 der Fall war. Das Sterbegebet Jesu wird Apg 7,59 in abgewandelter Form dem Stephanus in den Mund gelegt, allerdings als Gebet an den "Kyrios Jesus".

Lk 24,49: "die Verheißung meines Vaters"
Mit der österlichen Verheißung des Heiligen Geistes schließt die Perikope vom Erscheinen des auferstandenen Christus vor dem Jüngerkreis Lk 24,44–49: "Und ich sende die Verheißung *meines Vaters* auf euch. Bleibt in der Stadt, bis ihr angetan werdet mit Kraft aus der Höhe!" Der Ausdruck "die Verheißung meines Vaters" kommt auch Apg 1,4 vor; dabei entfällt allerdings das Pronomen der 1. Person singularis, weil es sich um indirekte Rede handelt[62]. Lk 24,44 zeigt an, daß die in Vers 49 gebotene Geistverheißung nicht mehr als Wort des "irdischen Jesus" verstanden ist[63].

Eine *Zusammenfassung* der Ergebnisse zum matthäischen (C) und lukanischen Sondergut (D) kann folgende Beobachtungen zusammenstellen:
1) Beide Evangelien zeigen im Sondergut eine Reihe von Belegen für das "mein Vater" im Munde Jesu: Mt 3, Lk 3 Vorkommen. Bei Lk steht ferner zweimal der Vokativ "Vater!".
2) *Bei Mt* lautet die Form jeweils "mein Vater in den Himmeln". In keinem dieser drei Fälle ließ sich die Wendung als vor-matthäische Überlieferung erweisen. Der Evangelist hat, wie sich auch bei seiner Bearbeitung des Mk-Stoffes zeigte (Mt 12,50; 15,13; 20,23; 26,29.42.53), dem "mein Vater" ein besonderes Gewicht verliehen.
3) *Bei Lk* lautet der Vokativ einfach "Vater!" (Lk 23,34.46). Das "mein Vater" steht ohne Zusatz (2,49; 22,29; 24,49). Auch die genannten Vater-Aussagen des dritten Evangeliums sind noch nicht

---

[62] Vgl. auch Apg 2,33.
[63] Lk 24,44b lautet: "Diese sind meine Worte, die ich zu euch gesprochen habe, als ich noch mit euch war." Spätestens mit Vers 48 ("Ihr seid Zeugen davon") ist die Serie der Ankündigungen des "irdischen Jesus" zu ihrem Ende gekommen. Vers 49 markiert am Anfang einen Neuansatz, der in vielen Textzeugen sogar mit "siehe!" unterstrichen wird.

in Vorlagen des Evangelisten auszumachen, sondern gehen auf die Hand des Lukas zurück.

4) Wenn wir diese Ergebnisse mit denen zur *Mk-Tradition* und zur *Logienquelle* (A und B) zusammensehen, zeigt sich: Auch diese beiden Überlieferungskomplexe kennen das "mein Vater" im Munde Jesu nicht, wohl aber an je einer Stelle den Vokativ in einem Gebet Jesu: Mk 14,36 sowie Lk 10,21 par Mt[64]. Im Getsemani-Gebet, das auch das aramäische *abba* bezeugt, und im sogenannten Jubelruf liegt wohl *der jesuanische Ursprungsort* einer Entwicklung, die das "mein Vater" im Munde Jesu immer stärker hervortreten ließ[65].

5) Da im Munde Jesu "euer Vater" bestens bezeugt ist (siehe A und B), kann auch diese Redeweise letztlich als Indiz für ein einzigartiges Gottesverhältnis Jesu gelten. Denn das "euer Vater" impliziert eine Distanz zwischen Jesus als Sprecher und den von ihm Angeredeten.

E. Der "Vater" Jesu Christi in den Evangelien nach Mt und nach Joh

Nachdem wir in den bisherigen Abschnitten A – D die historische Rückfrage nach der *vox Jesu* in den Vordergrund gestellt haben, sollen nun die beiden Evangelienschriften (in "synchroner" Sicht) eigens besprochen werden, deren Verfasser das "mein Vater" im Munde Jesu stark unterstreichen und auch rein statistisch beträchtlich vermehren. Es soll noch einmal daran erinnert werden, daß "mein Vater" bei Mt 16mal[66] und bei Joh 25mal bezeugt wird. Bei Mt ist noch 16,27 ("Vater" des Menschensohnes) hinzuzurechnen. Für das vierte Evangelium muß beachtet werden, daß auch die absolute Verwendung von "der Vater", die auf 83 Belegstellen ansteigt, in den meisten Fällen durch den Kontext ausweist, daß der Vater hier dem "Sohn" gegenübersteht, also der Vater Jesu Christi gemeint ist. Da der Vokativ im Munde Jesu als Gebetsanrede gut bezeugt ist (siehe Mk 14,36; Mt 11,25.26 par Lk 10,21b.d), kann er als "Ausgangspunkt" für das implizit christologische "mein Vater" und für das absolute "Vater" gelten.

---

[64] Lk 11,2 (par Mt) meint *pater*, wie Mt 6,9 zutreffend auslegt, im Munde der Jünger: "unser Vater!"

[65] Siehe oben den Überblick am Anfang von Teil I (Spalte a).

[66] Von diesen 16 Belegen sind wahrscheinlich nur zwei durch Quellen bzw. Traditionen als vor-mt auszuweisen: Mt 11,27a par Lk; 26,39 par Mk.

Zwei Beispiele können das erläutern: Die Anrede "Abba, Vater!" (Mk 14,36) wird von Mt 26,39 durch "Mein Vater!" wiedergegeben. Während im Jubelruf Mt 11,25.26 par Lk zweimal der Vokativ "Vater!" vorkommt, geht das folgende Kommentar-Wort 11,27 par Lk 10,22 zu "mein Vater" sowie zur Verwendung von "der Vater" über. Dabei steht "der Vater" in Korrelation zu dem absoluten "der Sohn".

1. Die Sicht der Matthäus-Evangeliums [67]

Für den Evangelisten Matthäus konnte schon gezeigt werden, daß der Jubelruf mit seinem Kommentar-Wort auch andere Texte beeinflußte (siehe unter C, zu Mt 16,17). Die Erkenntnis des Simon, daß Jesus "der Sohn des lebendigen Gottes" ist (16,16), kann nicht menschlich-irdisch vermittelt ("Fleisch und Blut"), sondern nur vom Vater Jesu Christi "offenbart" sein (16,17). Denn nur der Vater kennt den Sohn (11,27). Es handelt sich somit um eine "Offenbarung", wie sie der Vater den Klugen und Weisen versagt, aber den Unmündigen schenkt (11,25). Innerhalb des Doppel-Spruches Mt 11,25–26.27 (par Lk) wird jedoch eine sachliche Verschiebung deutlich, die mit dem Über-gang von der vor- zur nach-österlichen Situation zusammenhängt. Der Jubelruf preist Gott für die Offenbarung "dieser Dinge" (*tauta*) an die Unmündigen. Damit ist die in Jesu Wirksamkeit sich realisierende Gottesherrschaft gemeint, in der sich Gott als Vater kundtut (vgl. 26,29). Das nach-österliche Kommentar-Wort jedoch stellt die Rolle des Sohnes als Offenbarungsmittler heraus: Ihm ist vom Vater "alles" (*panta*) – vgl. "diese Dinge" in Vers 25 – übergeben worden. In die-sem *panta* ist nun auch ausdrücklich die Offenbarung der Sohnschaft Jesu enthalten, die der Sohn schenken kann, "wem er will". In der nach-österlichen Situation geht es vordringlich um die Apokalypsis *des Sohnes Gottes*, wie neben der matthäischen Szene vom Bekenntnis des Simon-Petrus (16,16f) auch Gal 1,15f im Zusammenhang mit dem Damaskus-Erlebnis des Paulus formuliert: "Als es aber (Gott) ge-fiel, ... mir seinen Sohn zu offenbaren, ... da ging ich nicht mit Fleisch und Blut zu Rate ..."

Wahrscheinlich erklärt sich aus der für Matthäus zentralen Bedeu-tung des Jubelrufes (einschließlich des zugehörigen Kommentar-Wortes) das Gewicht, das er auf die Vaterschaft Gottes legt. Er sieht in ihr, ebenso wie in der Gottessohnschaft Jesu, einen Hauptinhalt der

---

[67] Zu diesem Abschnitt sei hingewiesen auf: *H. Frankemölle*, Jahwebund und Kirche Christi (NTA 10), Münster 1974, 159–167; *A. Sand*, Das Evangelium nach Matthäus (RNT 1), Regensburg 1986, 129–133.

in Jesus ergangenen Offenbarung. Die Offenbarung hat ihren Ursprung im Vater, dem "Herrn des Himmels und der Erde" (11,25;
16,17); sie wird durch den Sohn – in freier Gnadenwahl – vermittelt
(11,27). Vom auferstandenen Jesus gilt dann, daß ihm "alle
Vollmacht" geschenkt ist "im Himmel und auf Erden" (28,18). Die
Taufe wird daher gespendet "auf den Namen des Vaters und des
Sohnes und des heiligen Geistes" (28,19). Die Erweiterung der älteren
"Taufformel" ("auf den Namen Jesu") um den Namen des "Vaters"
(und des heiligen Geistes) stammt nicht erst von Matthäus. Doch im
Zusammenhang seiner Evangelienschrift gehören Vater und Sohn als
wesentlicher Inhalt der Offenbarung zusammen. Die Einbeziehung
des Hl. Geistes kann von den Lesern des Mt freilich ebenfalls verstanden werden, wenngleich sie zur tradierten triadischen Taufformel gehört. Denn bei der Taufe Jesu kam auf ihn der Hl. Geist herab (3,16),
und die christliche Taufe wurde schon von Johannes dem Täufer als
Geisttaufe gekennzeichnet (3,11).

Das Gebet Jesu in Getsemani, in dem er sich dem Vaterwillen
Gottes unterwirft (26,39.42), hat seinen Einfluß gleichfalls auf die
Gestaltung anderer matthäischer Jesuslogien ausgeübt, insbesondere
auf paränetische Aussagen. Der Jünger soll wie Jesus beten (6,10). Die
Unterwerfung unter den Willen des Vaters im Gehorsam der christ-
lichen Lebensführung ist heilsentscheidend (7,21) und macht den
Jünger zum "Bruder" (und zur "Schwester") Jesu (12,50).

2. Die Schwerpunkte des vierten Evangeliums [68]
Das vierte Evangelium lehnt sich in einigen Jesus-Worten[69] an die
synoptische Tradition an, nicht zuletzt auch in solchen, die Gott als
Vater bezeichnen. Allerdings bedeutet das nicht, daß man bestimmte
Logien der Synopse als Vorlage nennen könnte. Beispielsweise sei die
Wendung "den Willen dessen tun, der mich gesandt hat" genannt

---

[68] Zu den johanneischen "Vater"-Aussagen gibt es einige Untersuchungen aus
neuerer Zeit: *W. Grundmann*, Zur Rede Jesu vom Vater im Johannes-Evangelium:
ZNW 52 (1961) 213–230; *R. Schnackenburg*, Das Johannesevangelium. II. Teil (HThK
IV/2), Freiburg 1971, 154–157; *J.P. Miranda*, Der Vater, der mich gesandt hat.
Religionsgeschichtliche Untersuchungen zu den johanneischen Sendungsformeln (EH
XXIII/7), Bern/Frankfurt 1972; *T.E. Pollard*, The Father-Son and God-Believer Rela-
tionships according to St. John, in: L'Evangile de Jean, éd. M. de Jonge (BEThL 44),
Gembloux 1977, 363–369; *D.A. Fennema*, Jesus and God according to John. An Analy-
sis of the Fourth Gospel's Father/Son Christology, Diss. Duke University 1979.
[69] Zum folgenden ist herangezogen: *R. Schnackenburg*, Tradition und Interpretation
im Spruchgut des Johannesevangeliums, in: Begegnung mit dem Wort (Festschrift für
H. Zimmermann) (BBB 53), Bonn 1980, 141–159.

(Joh 4,34; 5,30; 6,38; vgl. Mk 14,36 par), ferner das Gebet: "Vater, rette mich aus dieser Stunde!" (Joh 12,27c; vgl. Mk 14,35 par) oder das Logion: "oder soll ich den Kelch nicht trinken, den mir der Vater gegeben hat?" (Joh 18,11b; vgl. Mk 14,36 par). Geringere Abhängigkeit dürfte Joh 10,15a vorliegen, obgleich dort auf den ersten Blick das Offenbarer-Wort Mt 11,27 par Lk anzuklingen scheint: ". . . wie mich der Vater kennt und ich den Vater kenne". Bei Johannes hebt das Logion eher auf "die enge Vertrautheit und Verbundenheit des Sohnes mit dem Vater" ab, während es in der Logienquelle unter dem Gedanken "einer Vollmachtsübertragung an den Sohn durch den Vater" steht[70]. Vielleicht kann man in Joh 12,28a ("Vater, verherrliche deinen Namen!") einen Anklang an den Eröffnungswunsch des Vaterunsers sehen (Lk 11,2 par Mt). Doch die stärker profilierten johanneischen Worte über das Verhältnis Jesu zum Vater "wird man ganz dem Evangelisten zuschreiben, der in ihnen seine Christologie von dem in die Welt gesandten Sohn Gottes entfaltet"[71]. Es handelt sich vor allem um Joh 3,35f; 5,19 – 26; 6,40; 10,30; 14,2; 17,1b. Für den Evangelisten ist ferner die Wendung "der Vater, der mich gesandt hat" charakteristisch (5,37; 6,44; 8,16.18; 12,49; 14,24); denn die Sendungs-Christologie (vgl. Mk 12,6; Gal 4,4) schließt im vierten Evangelium den Präexistenz-Gedanken ein.

Am Anfang seines Evangeliums stellt der Evangelist deutlich heraus, daß der präexistente Logos (1,1 – 3), der "Fleisch geworden ist und unter uns gewohnt hat" (1,14), die Offenbarung brachte: "Gott hat niemand je gesehen. Doch der Einzige, der Gott ist und am Herzen des Vaters ruht, er hat Kunde gebracht" (1,18)[72]. Die tiefere Begründung für die Befähigung zum Offenbarer schlechthin liegt in der Präexistenz beim Vater von Ewigkeit her. "Der Vater" bezeichnet den Ausgang und das Ziel des Weges Jesu: 13,1; 14,12.28; 16,10.27.28; 17,11.13; 20,17[73].

Im Gespräch mit Nikodemus sagt Jesus: "Der Vater liebt den Sohn und hat alles in seine Hand gegeben. Wer an den Sohn glaubt, hat das ewige Leben . . ." (3,35f). Ihm als Offenbarer ist von Gott alles anver-

---

[70] *R. Schnackenburg*, Johannesevangelium II 159.
[71] *R. Schnackenburg*, Tradition und Interpretation 156.
[72] Das Prädikat des Satzes, ein absolutes *exēgēsato*, wird neuerdings diskutiert. Siehe *I. de la Potterie*, "C'est lui qui a ouvert la voie". La finale du prologue johannique: Biblica 69 (1988) 340 – 370. Er möchte im Sinne von Joh 14,6 übersetzen: "er hat den Weg erschlossen/eröffnet".
[73] *R. Schnackenburg*, Johannesevangelium II 156.

traut (vgl. Mt 11,27 par Lk). Wer den Sohn sieht und an ihn glaubt, hat das ewige Leben (Joh 3,36; 6,40), er sieht in ihm aber zugleich den Vater (vgl. 12,45; 14,9). Sowenig der Sohn etwas von sich aus tut, so sehr tut er alles, was Wille und Werk des Vaters ist: "Der Sohn kann nichts von sich aus tun, sondern nur, wenn er den Vater etwas tun sieht. Was nämlich der Vater tut, das tut in gleicher Weise der Sohn" (5,19). Die weiteren heranzuziehenden Aussagen seien wenigstens zitiert:

> 6,40: "Denn es ist der Wille meines Vaters, daß alle, die den Sohn sehen und an ihn glauben, das ewige Leben haben und daß ich sie auferwecke am Jüngsten Tag."
> 10,30: "Ich und der Vater sind eins."
> 14,2: "Im Haus meines Vaters gibt es viele Wohnungen ... Ich gehe, um einen Platz für euch vorzubereiten."
> 17,1b: "Vater, die Stunde ist da. Verherrliche deinen Sohn, damit der Sohn dich verherrliche!"

Im vierten Evangelium sind Christologie und Soteriologie engstens verbunden. "Es geht um die Betonung der ausschließlichen Offenbarungsvollmacht und der uneingeschränkten Heilsmittlerschaft. Die Gottessohnschaft Jesu ist Ausdruck seines göttlichen Wesens, ohne daß hier schon metaphysische Reflexionen eine Rolle spielen."[74]

3. Der Vater Jesu Christi

Im vorausgehenden knappen Überblick über die Gott-Vater-Aussagen des Matthäus- und des Johannes-Evangeliums hat sich fast von selbst eine Schwerpunktverlagerung ergeben: Wenn Jesus vom "Vater" spricht, steht letztlich die Christologie (und die Soteriologie) im Vordergrund.

1) Der "Vater" ist es, der dem Sohn "alles" übergeben, ihn umfassend bevollmächtigt hat (Mt 11,27; 28,18; Joh 3,35). Der "Vater" ist der Ursprung der Offenbarung und des durch den Sohn vermittelten Heils, weil er es ist, der den von Ewigkeit her existierenden Logos als Sohn auf die Erde sendet (Joh 4,34; 5,30; 6,38).

2) Der Sohn steht unter dem Willen des "Vaters" und unterwirft sich diesem Vater-Willen (Mt 26,39.42). Es ist seine "Speise", "den Willen dessen zu tun", der ihn gesandt hat (Joh 4,34).

---

[74] *F. Hahn*, Artikel *hyios*, in: Exegetisches Wörterbuch zum NT, Bd. III, Stuttgart 1983, 912–937, näherhin 923.

Es kann keine Frage sein, daß sich mit diesen beiden durch die gesamte Jesus-Tradition durchgehaltenen Aussagen Grundzüge der Botschaft Jesu durchgesetzt haben. Von der vor-synoptischen Überlieferung bis hin zum vierten Evangelium bleiben grundlegende Aussagen Jesu selbst, die sein Gottesverhältnis spiegeln, als zentrale Schwerpunkte erhalten.

III. DER "VATER JESU CHRISTI" IN DEN PAULUSBRIEFEN UND IM ÜBRIGEN NEUEN TESTAMENT

In diesem Abschnitt sollen drei Schriftengruppen des Neuen Testaments unterschieden werden: A. Die vermutlich "echten" Paulusbriefe; B. Die weiteren unter dem Namen des Paulus veröffentlichten Briefe; C. Das übrige Neue Testament (Katholische Briefe, Hebr und Apk).

Am Anfang soll wiederum eine statistische Übersicht stehen, die auf wichtige Gesichtspunkte aufmerksam machen kann. Entsprechend der Übersicht unter I werden bestimmte Kategorien der Aussagen erfaßt. "Mein Vater" kommt nur in Christus-Worten der Apk vor (2,28; 3,5.21) und wird nicht eigens notiert[75]. Wir unterscheiden: c. den "absoluten" Gebrauch, d.h. den ohne genitivische Bestimmung von "Vater" durch Pronomina oder personale Nomina; d. das sich vermehrt einstellende "unser Vater"; e. den "Vater Jesu Christi, Jesu (o.ä.)".

In den einzelnen Kategorien sind folgende Vorkommenszahlen zu vermerken:

	c	d	e	Summe
A. Paulus-Briefe				
Röm	2	1	1	4
1 Kor	2	1		3
2 Kor	2	1	2	5
Gal	2	2		4
Phil	1	2		3
1 Thess	1	3		4
Phlm		1		1
	10	11	3	24

---

[75] Auch die Vorkommen der Apg werden nicht eigens aufgeführt: Apg 1,4.7; 2,33. Sie wären der Kategorie c zuzuordnen.

	c	d	e	Summe
B. Deutero-paulinische Briefe				
Kol	2	1	1	4
Eph	6	1	1	8
2 Thess		3		3
1 Tim	1			1
2 Tim	1			1
Tit	1			1
	11	5	2	18
C. Übriges NT				
Hebr	2			2
Jak	3			3
1 Petr	2		1	3
2 Petr	1			1
1 Joh	12			12
2 Joh	4			4
3 Joh				–
Jud	1			1
Apk			2	2
	25	–	3	28

1) Schon ein erster Blick auf die Tabellen zeigt, daß der "absolute" Gebrauch von "Vater" stark vordringt. Kategorie c macht mit 46 von insgesamt 70 Belegstellen weit mehr als die Hälfte aus. Das Vordringen von c entspricht dem Befund im Joh sowie im lukanischen Werk: Joh 83, Lk 10, Apg 3 Vorkommen. Unser weiteres Interesse richtet sich auf die Kategorien d und e.

2) Bei Paulus dominieren die Kategorien c und d, während in den deuteropaulinischen Briefen "unser Vater" (d) merklich zurücktritt. Im übrigen NT kommt "unser Vater" nicht mehr vor.

3) Die Stellen, die vom Vater Jesu Christi sprechen (e), sind nicht sehr zahlreich. Sie sind jedoch in allen drei Schriftengruppen vertreten. Die dritte Gruppe kennt diesen Topos nur in "paulinisch" (1 Petr) und "johanneisch" (Apk) beeinflußten Schriften. Hebr, Jak, 1–3 Joh bieten ebensowenig wie die Pastoralbriefe einen Beleg.

4) Die paulinischen und deuteropaulinischen Briefe zeigen ein weiteres Charakteristikum, das freilich in den Übersichten nicht vermerkt ist. Die Erwähnung des "Vaters" wird nahezu stets mit (ho) theos verbunden, was im übrigen NT nur selten vorkommt[76]. Ausnah-

---

[76] Jak 1,27; 1 Petr 1,2.3; 2 Petr 1,17; 2 Joh 3a; Jud 1; Apk 1,6.

men im Corpus Paulinum sind: Röm 6,4; 8,15; 2 Kor 6,18; Gal 4,6; ferner Kol 1,12; Eph 2,18; 3,14. Sie lassen sich wahrscheinlich plausibel begründen. Röm 8,15 und Gal 4,6 bieten den Vokativ "Abba, Vater!". 2 Kor 6,18 ist angepaßtes Zitat von 2 Sam 7,14 (2 Kön 7,14 LXX). Kol 1,12 schließt an "Vater" eine partizipiale Bestimmung an [77]. Der Epheserbrief zieht das absolute "Vater" (ähnlich wie Joh und 1/2 Joh) anderen Verwendungsarten vor[78]. Eine wirkliche Ausnahme ist einzig Röm 6,4. Doch vielleicht ist Paulus hier an traditionell-formelhafte Redeweise über die Auferweckung Jesu gebunden[79].

A. Die (echten) Paulus-Briefe

An erster Stelle ist die doxologische "Formel" zu nennen, die Gott als den "Vater unseres Herrn Jesus Christus" bezeichnet. Sie ist bei Paulus 2 Kor 1,3a und 11,31, ferner Röm 15,6 bezeugt. In nachpaulinischen Briefen hat sie sich erhalten (Kol 1,3; Eph 1,3; 1 Petr 1,3), wo sie in Eulogien des Briefeingangs ihren Platz findet. Es handelt sich bei der "Formel" um traditionelles, wahrscheinlich gottesdienstliches Gut, das der Apostel aufgreift[80]. Dafür spricht schon der "Sitz" der Formel in der Doxologie bzw. Eulogie und Eucharistie[81].

Anschließend an den Briefkopf mit der *salutatio* setzt mit 2 Kor 1,3 ein Abschnitt ein, in dem Paulus Dank abstattet für den Trost, den er von Gott in schwerer Bedrängnis erhielt (1,3 – 11): "Gepriesen (ist) der Gott und Vater unseres Herrn Jesus Christus, der Vater der Barmherzigkeit und Gott allen Trostes!" Die Eulogie des ersten Halbverses (V. 3a) wird Röm 15,6 wörtlich aufgegriffen, natürlich ohne das einleitende *eulogētos*. Dabei ist die Formel von *hina doxazēte* ("damit ihr einträchtig und mit einem Mund preist") abhängig, und sie steht deshalb

---

[77] Partizipiale Anfügungen an "Vater" auch Gal 1,1 und 2 Thess 2,16.
[78] Siehe auch Eph 1,17 (*ho patēr tēs doxēs*); 4,6 (*patēr pantōn*).
[79] Vgl. *U. Wilckens*, Der Brief an die Römer. 2. Teilband (EKK VI/2), Zürich/Neukirchen 1980, 12: "Der traditionelle Charakter zeigt sich an dem Passiv *ēgerthē*, an der singulären Näherbestimmung der Auferstehung durch die Kraft der Herrlichkeit Gottes, sowie an der ebenfalls singulären Nennung Gottes als 'des Vaters' (vgl. 8,15; Gal 4,6)."
[80] Siehe *W. Kramer*, Christos, Kyrios, Gottessohn (AThANT 44), Zürich/Stuttgart 1963, 90: "formelhafte Wendung ..., die von Paulus samt ihrem ursprünglichen Haftpunkt übernommen wurde".
[81] Siehe das vorwiegend verwendete *eulogētos* (2 Kor 1,3; 11,31; Eph 1,3; 1 Petr 1,3). Röm 15,6 verwendet *doxazō* und Kol 1,3 *eucharisteō*. Zum "Sitz im Leben" siehe *W. Kramer*, Christos 89f.

im Akkusativ. Es handelt sich um einen Aufruf zur Eintracht in der
Gemeinde (15,1 – 6), den Paulus mit einem Hinweis auf das gemeinsame Gotteslob abschließt. Auch an anderer Stelle greift Paulus die
Formel auf. In der sogenannten ''Narrenrede'' (2 Kor 11,16 – 12,13)
schaltet der Apostel eine Eidesformel ein: ''Der Gott und Vater des
Herrn Jesus, er, der gepriesen ist (*eulogētos*) in Ewigkeit, weiß, daß ich
nicht lüge'' (11,31).

Die Bezeichnung *ho theos kai patēr* wird bei Paulus sonst nicht mit dem
Genitiv ''unseres Herrn Jesus Christus'' verbunden, wohl aber mit
hēmōn (''der Gott und unser Vater''): Gal 1,4; Phil 4,20; 1 Thess 1,3;
3,11.13. Auch hier dürfte eine Gebetsformel aufgegriffen sein[82].

In der doxologischen Formel wird Jesus Christus zu Gott in Beziehung gesetzt. Die Bezeichnung Gottes als ''Vater des Kyrios'' setzt
wahrscheinlich eine Zeit voraus, in der der Kyrios-Titel bereits
gebräuchlich war. Man wollte Gott und den Kyrios zueinander in
Beziehung setzen, ''wobei die Vaterbezeichnung dieses Verhältnis
umschreibt''[83]. Es galt, die Vaterbezeichnung Gottes, an den sich der
von jüdischer Tradition beeinflußte Lobpreis richtete, zu ''verchrist-
lichen''. Dazu benutzte man den Kyrios-Titel, den man nicht einfach
mit Gott parallel stellen wollte. Mithin wählte man für Gott die Vater-
Bezeichnung, die man auf den Kyrios bezog. ''Damit kam der Kyrios-
titel sachlich in die Nähe des Sohnestitels.''[84] Die doxologische Formel
verwendet ''Jesus Christus'' bereits wie einen Doppelnamen. Damit
wird für die Entstehung der Formel eine hellenistische, d.h. griechisch-
sprechende Christengemeinde wahrscheinlich.

Ein zweiter Topos stellt ''Gott, unseren Vater'' und den ''Herrn Jesus Christus'' in einer Parallelkonstruktion nebeneinander. Es handelt
sich um die *salutatio* in allen Paulusbriefen, die nach dem 1.
Thessalonicher-Brief herauskamen. Sie wird auch in den Deuteropaulinen (außer den Pastoralbriefen) verwendet. Hier ist nicht wie bei der
von der jüdischen *Beraka* bzw. *Hodaja* hergeleiteten Eulogie Gott der
Adressat, sondern es geht um die Heilsgaben ''Gnade und Friede'', die
der Absender den Briefadressaten *von Gott und dem Kyrios her* übermittelt
(nicht bloß: wünscht): Röm 1,7; 1 Kor 1,3; 2 Kor 1,2; Gal 1,3; Phil
1,2; Phlm 3.

---

[82] Siehe Gal 1,5 (''ihm die Ehre . . .! Amen.''); Phil 4,20 (''die Ehre in alle Ewigkeit! Amen.''); 1 Thess 1,2 (''Wir danken Gott allezeit . . .''); 3,11 – 13 (Segens-
wunsch des Paulus für die Gemeinde).
[83] *W. Kramer*, Christos 90.
[84] *W. Kramer*, a.a.O. 91.

Der Segensgruß lautet stereotyp: "Gnade euch und Friede von Gott, unserem Vater, und dem Herrn Jesus Christus!" Lediglich der älteste Paulusbrief wünscht einfach: "Gnade euch und Friede!" (1 Thess 1,1b). Doch wird zuvor (1,1a) der Adressat genannt: "Gemeinde der Thessalonicher in Gott-Vater und dem Herrn Jesus Christus"[85].

Gnade und Friede als Segensgüter haben einen zweifachen Ursprung und zwei Segensspender: Gott und den Kyrios. Paulus wahrt dennoch das monotheistische Grundbekenntnis. Mit ihm verbindet er spannungsreich die Christusaussage. "In Gott und seinem Vatersein liegt der Ursprung allen Heils, in Christus kommt es zur Auswirkung."[86]

Es ist schwer vorstellbar, daß Paulus die Grußformel erst nach Abfassung seines ersten Briefes kennengelernt habe. Da sie sich nachpaulinisch nur in paulinisch geprägten Briefen findet (siehe dazu unten unter B, ferner 1 Petr 1,3), wird sie kaum in anderen Christengemeinden bekannt gewesen sein. Außerdem läßt sich überzeugend die mögliche Ausbildung der Formel durch den Apostel demonstrieren[87].

Im Blick auf 1 Thess kann man damit rechnen, daß die Doppelung "in Gott-Vater und dem Herrn Jesus Christus" (1,1a) später zu dem kurzen Segensgruß "Gnade euch und Friede!" (1,1b) gewandert ist[88]. Denn auch das mit der Präposition "in" angezeigte Wirken an der Gemeinde der Thessalonicher war als Segenswirken Gottes und des Kyrios verstanden. Ferner ist auffallend, daß die Wendungen "unser Herr Jesus Christus" sowie "der Gott und unser Vater" von Paulus im Vers 3 wiederum nebeneinander verwendet werden.

Das Nebeneinander von Gott-Vater und dem Kyrios Jesus Christus, das sich in der paulinischen Grußformel findet, ist – für sich betrachtet – traditionell[89]. Dies zeigt u.a. die Bekenntnisformel 1 Kor 8,6 oder auch das Christuslied Phil 2,6–11.

---

[85] Die präpositionale Wendung *en theō* usw. ist in dem Sinn zu verstehen, daß die Gemeinde *durch* Gott und den Kyrios existiert und lebt.

[86] W. *Trilling*, Der zweite Brief an die Thessalonicher (EKK XIV), Zürich/Neukirchen 1980, 38, unter Hinweis auf W. *Thüsing*, Per Christum in Deum. Studien zum Verhältnis von Christozentrik und Theozentrik in den paulinischen Hauptbriefen (NTA 1), Münster 1965.

[87] Vgl. W. *Kramer*, Christos 149–153; T. *Holtz*, Der erste Brief an die Thessalonicher (EKK XIII), Zürich/Neukirchen 1986, 35–40.

[88] W. *Kramer*, Christos 151. Er kommt (ebd.) zu dem Resultat: "So sehen wir in ihr (d.h. der Segensgruß-Formel) das Werk des Paulus, das auf Grund ausserchristlicher Vorbilder und unter Aufnahme einer bestimmten Gottes- und Christusbezeichnung geschaffen wurde."

[89] Auch die Bezeichnungen "Gott, (unser) Vater" sowie "(unser) Herr Jesus

Die zweigliedrige Formel lautet: "Für uns (existiert) *ein* Gott, der Vater, aus dem das All und wir auf ihn hin, und *ein* Herr Jesus Christus, durch den das All und wir durch ihn" (1 Kor 8,6). Diese Formel impliziert, da sie die Schöpfungsmittlerschaft des Kyrios aussagt, auch dessen Präexistenz. Ähnlich setzt auch das Christuslied in den Versen 6–7 die Existenz Christi vor der Menschwerdung voraus. Während die "erste Strophe" (VV. 6–8) von Initiativen des Christus spricht, erzählt die "zweite" (VV. 9–11) von dem (antwortenden) Handeln Gottes. Der Schluß (V. 11) sagt, daß das Bekenntnis "Kyrios (ist) Jesus Christus" zur Ehre Gottes, des Vaters, erfolgt. Hier bleibt insofern die Superiorität des Vaters gewahrt, als er auch angesichts des Erhöhten, des universalen Herrn, der letzte Empfänger der Huldigung ist.

Entsprechend wird 1 Kor 15,24 gezeigt, daß nach der Parusie Christus die Herrschaft "dem Gott und Vater übergibt". Wenn dem Christus alle widergöttlichen Mächte unterworfen sein werden, dann "wird auch er, der Sohn, sich dem unterwerfen, der ihm alles unterworfen hat" (15,28).

B. Die deuteropaulinischen Briefe

Hier sind zwei Gruppen zu unterscheiden: die drei Gemeinde-Briefe Kol, Eph und 2 Thess einerseits und die Pastoralbriefe auf der anderen Seite.

Unterschiede zwischen beiden Gruppen zeigen sich bereits in der Grußformel am Anfang der Briefe. Die ersten drei greifen den Segensgruß des Paulus auf: "Gnade euch und Friede von Gott, unserem Vater, und dem Herrn Jesus Christus!" (Eph 1,2; 2 Thess 1,2). Kol 1,2 läßt das zweite Glied der Doppelung weg (nach B D K). Doch ist die volle Formel gleichfalls textlich gut bezeugt (Sinaiticus, Alexandrinus u.a.m.). Wahrscheinlich ist die kürzere Form dadurch bedingt, daß "unser Herr Jesus Christus" in der folgenden Danksagung (1,3) genannt wird.

Die Pastoralbriefe haben eindeutig eine verkürzte und leicht veränderte Grußformel: "Gnade, Erbarmen, Friede von Gott Vater und Christus Jesus, unserem Herrn!" (1 Tim 1,2; 2 Tim 1,2). Der Brief

---

Christus" sind nicht erst von Paulus entworfen. Im Gottesdienst erging die Akklamation "Abba, Vater!" (Röm 8,15; Gal 4,6). Siehe dazu orientierend *U. Wilckens*, Der Brief an die Römer II 136f. Zur Bezeichnung Jesu Christi als "(unser) Herr" siehe beispielsweise Röm 5,1.11.21; 7,25; 15,30; 1 Kor 15,57; 2 Kor 13,13; 1 Thess 4,2; 5,9.

an Titus läßt das Heilsgut "Erbarmen" aus[90]. Ferner ersetzt er Kyrios durch Sotēr (Tit 1,4). Das "unser" ist in den Pastoralbriefen von Gott-Vater zu Christus Jesus "gewandert".

Die Form der paulinischen Eulogie (2 Kor 1,3a) wird vom Kolosser- und Epheser-Brief aufgenommen. Kol 1,3 bietet sie im Anschluß an *eucharistoumen* im Dativ, Eph 1,3 nach *eulogētos* im Nominativ (so auch 1 Petr 1,3). Die Formel gewinnt somit ihren festen Platz im Briefeingang. Das ist wegen ihrer "liturgischen" Herkunft nicht verwunderlich, zumal die Briefe im Gottesdienst zur Verlesung kommen.

In allen sechs Briefen behauptet sich die Verbindung von *theos* und *patēr*. In den Pastoralbriefen jedoch begegnet sie nur im Segensgruß, wie überhaupt die Vater-Bezeichnung für Gott in dieser Briefgruppe sonst fehlt. Auch 2 Thess verwendet die genannte Verbindung nur in Abhängigkeit von Vorbildern (1,1.2) oder Vorlagen (2,16, von 1 Thess 3,11 abhängig[91]). Auch in diesem Brief wird Gott sonst nicht Vater genannt.

Der Epheser-Brief hingegen stellt die Vater-Bezeichnung deutlich heraus. Mit acht Vorkommen überflügelt er damit alle übrigen Briefe des Corpus Paulinum. Neben den Vorkommen im Briefeingang (1,2.3) sind folgende Texte zu nennen. Die Gebetsbitte für die Adressaten lautet: "daß der Gott unseres Herrn Jesus Christus, der Vater der Herrlichkeit, euch schenke den Geist der Weisheit und Offenbarung, damit ihr ihn erkennt" (1,17). Das Stichwort "Vater" ist hier aus der Wendung "Gott, der Vater unseres Herrn Jesus Christus" (so 1,3) herausgenommen und wird durch den Genitiv "der Herrlichkeit" näher bestimmt[92]. Ein absolutes "Vater" steht 2,18 und 3,14 (so auch Kol 1,12), und zwar ohne vorausgehendes *theos*.

Eph 4,6 steht eine All-Formel: "*Ein* Gott und Vater aller, der über allem und durch alles und in allem." Sie steht als Schlußglied in einer formelhaften Aufzählung, die 4,4 beginnt: *ein* Leib, *ein* Geist, *eine* Hoffnung, *ein* Herr, *ein* Glaube, *eine* Taufe, *ein* Gott. Die All-formel hat ihre Parallelen Röm 11,36 und 1 Kor 15,28. Sie dürfte also traditionell sein. Außerdem wird eine Formel wie 1 Kor 8,6 (*ein* Gott, der Vater – *ein* Herr Jesus Christus) im Hintergrund stehen, vielleicht sogar

---

[90] So der Sinaiticus (ferner C* D). Andere Textzeugen lesen jedoch auch hier *eleos*: A C[2] K.

[91] Siehe *W. Trilling*, Der zweite Brief an die Thessalonicher 131. 2 Thess stellt hier "unser Herr Jesus Christus" *vor* "Gott, unser Vater"; er fügt an *patēr hēmōn* eine partizipiale Wendung an.

[92] Der Grund dürfte im weiteren Inhalt des Gebets liegen (siehe VV. 18.20).

Eph 4,5f inspiriert haben. Im ganzen ist 4,4–6 jedoch nicht schon Traditionsgut[93]. Eph 5,18–20 ermahnt zur Nüchternheit. Die Christen sollen sich "vom Geist erfüllen" lassen. Die Geistwirkung, auf die der Verfasser abhebt, ist der vom Geist getragene Gottesdienst der Gemeinden[94]. In diesem Zusammenhang sagt Vers 20: "Dankt allezeit für alles im Namen unseres Herrn Jesus Christus Gott, dem Vater!" Hier wird mit *eucharistountes* an die gottesdienstliche Eulogie (vgl. 1,3) erinnert. Die Stelle ist indessen von Kol 3,17 abhängig, wo es hieß: "Tut alles im Namen des Herrn Jesus, und dankt Gott, dem Vater, durch ihn!" Der Schlußgruß des Epheser-Briefes hingegen lehnt sich an die paulinische *salutatio* (vgl. 1,2) an: "Friede den Brüdern und Liebe mit Glauben von Gott-Vater und dem Herrn Jesus Christus!" (6,23)[95].

C. Das übrige Neue Testament

Was wir unter dieser Überschrift zusammenfassen, läßt sich nicht als Einheit erfassen. Neben dem Hebräerbrief und der Johannes-Apokalypse sind die Katholischen Briefe zu besprechen. Doch auch diese Gruppe von sieben Briefen ist nicht einheitlich. Abgesehen von wenigen Einzelbelegen wird Gott nicht als der Vater Jesu Christi bezeichnet oder gesehen. Das "unser Vater" kommt überhaupt nicht mehr vor. Wir gehen auf die Zusammenhänge ein, in denen der Vater Jesu Christi angesprochen wird.

Hebr 1,5 zitiert 2 Kön 7,14 LXX (2 Sam 7,14): "Ich will für ihn Vater sein, und er wird für mich Sohn sein." Die Zitation der Natan-Weissagung steht im Dienste der christologischen Argumentation. Das Interesse richtet sich nicht auf das Vater-Sein Gottes, sondern auf Christus als den "Sohn" (vgl. Hebr 1,2.5).

1 Petr 1,3 bietet die Eulogie, die schon 2 Kor 1,3 (und Kol 1,3 par Eph 1,3) im Briefeingang stand (dazu oben unter A und B): "Gepriesen (ist) der Gott und Vater unseres Herrn Jesus Christus."

In den *Johannesbriefen* wird ausschließlich vom "Vater" gesprochen. Der absolute Gebrauch, den vor allem auch das vierte Evangelium bezeugt, setzt sich zunehmend durch[96]. Natürlich machen die Brief-

---

[93] Siehe *R. Schnackenburg*, Der Brief an die Epheser (EKK X), Zürich/Neukirchen 1982, 162.
[94] *R. Schnackenburg*, a.a.O. 242.
[95] Eph 6,24 greift das Stichwort "Gnade" der *salutatio* auf.
[96] Siehe oben unter I, mit Anmerkung 9.

eingänge klar, daß der Vater Jesu Christi gemeint ist (1 Joh 1,3; 2 Joh 3). Der 2 Joh scheint sich dabei an die paulinische Grußformel anzulehnen, wenn es heißt: "Gnade, Erbarmen, Friede wird mit uns sein von Gott, dem Vater, und von Jesus Christus, dem Sohn des Vaters, in Wahrheit und Liebe." Die drei genannten Segensgüter werden auch 1 Tim 1,2 und 2 Tim 1,2 in der *salutatio* genannt. *eleos* wird wohl dem Einfluß jüdischer Sprache zu verdanken sein (vgl. Gal 6,16; Jud 2). Der Verfasser verwendet für Jesus Christus nicht den Kyrios-Titel, sondern spricht ("johanneisch") vom "Sohn des Vaters".

Die *Johannes-Apokalypse* läßt den Sohn Gottes (Apk 2,18) dreimal von seinem Vater (*ho patēr mou*) sprechen: Er redet von der Macht, die er von seinem Vater empfing (2,28); er sagt, daß er sich vor seinem Vater zu den Seinen bekennen wird (3,5) und daß er bei seinem Vater auf dem Gottesthron Platz genommen hat (3,21). Die beiden ersten Worte haben in der Logien-Überlieferung der Synopse ihr Vorbild: Mt 11,27 par Lk und Mt 10,32 par Lk. Apk 3,21 erinnert an das Logion Mt 19,28. – Ein starker Akzent liegt auf den Aussagen, in denen das "sein Vater" (*patēr autou*) auf den Vater Jesu Christi bezogen ist: Jesus Christus "hat uns zu Königen gemacht und zu Priestern vor Gott, seinem Vater" (Apk 1,6). Bei dem "Lamm", das der Seher auf dem Berg Zion sieht, befindet sich dessen Gefolge (die 144 000): "Auf ihrer Stirn trugen sie seinen Namen und den Namen seines Vaters" (14,1).

IV. TRINITARISCHER AUSBLICK

Bei der Behandlung des Themas "Gott, der Vater Jesu Christi" sind uns bisher ganz wenige Texte begegnet, die man als triadisch geformt oder gar als "trinitarisch" orientiert einstufen konnte. Der sogenannte Taufbefehl Mt 28,19 war der einzige Text, der Vater, Sohn und Heiligen Geist parataktisch anordnet. Wie dieser Text entstand, muß weithin offen bleiben. Man darf allerdings vermuten, daß seine Wurzel in der Taufe "auf den Namen Jesu"[97] zu suchen ist.

Verschiedentlich konnten wir *zweigliedrige formelhafte Texte* registrieren, in denen Jesus Christus neben seinem Vater oder wenigstens in Beziehung zu Gott-Vater erwähnt wurde. Hier war das Kommentarwort zum Jubelruf (Mt 11,27 par Lk) ebenso aufschlußreich wie das Logion Mk 13,32 vom Wissen um den Zeitpunkt des Weltendes. In beiden Fällen war die Superiorität des Vaters unverkennbar zum Aus-

---

[97] Siehe Apg 2,38; 10,48; 19,5; Röm 6,3; 1 Kor 1,13; Gal 3,27.

druck gebracht. Eine wirklich Parataxe war in der paulinischen Grußformel (1 Kor 1,3 usw.) zu erkennen, die auch nach-paulinisch noch
Verwendung fand. Eine duale Formel der vor-paulinischen Tradition
ist 1 Kor 8,6. Ferner ist in diesem Zusammenhang an die Zuordnung
Jesu Christi zu Gott-Vater an den Stellen 2 Kor 1,3a und Parallelen
(Eulogie am Brief-Eingang) sowie Phil 2,11 zu erinnern, ganz zu
schweigen von den einschlägigen Texten des vierten Evangeliums[98].

Angesichts dieser im Neuen Testament breit gestreuten Zeugnisse
ist es kaum berechtigt zu urteilen, daß die "trinitarischen Stellen" des
Neuen Testaments, näherhin die "trinitarischen Formeln", so selbstverständlich auftreten, daß man eine "binitarische Vorstufe Vater-
Sohn" als zeitlich früher nicht nachweisen könne[99].

Wir gehen zum Abschluß unserer Darstellung, die das gesamte
Neue Testament in einem traditionsgeschichtlich orientierten Überblick berücksichtigen wollte, auf die Texte ein, die einerseits "triadisch" geformt sind und die andererseits Gott als "Vater" prädizieren.

Der Taufbefehl Mt 28,19 kann traditionsgeschichtlich nur insofern
beurteilt werden, als seine Wurzel die Taufe auf den Namen Jesu darstellt. Der Heilige Geist ist die durch die Taufe mitgeteilte Gabe
Gottes. Für den Leser des Evangeliums ist dafür die Szene der Taufe
Jesu aufschlußreich: Der Geist Gottes kommt auf den Getauften herab,
und dieser wird von Gott als sein Sohn proklamiert (Mt 3,16f).

Am Schluß des dritten Evangeliums sagt der Auferstandene, er werde
seinen Jüngern "die Verheißung meines Vaters" senden (Lk 24,49;
vgl. Apg 1,4; 2,33). Apg 2,33 verdeutlicht: Der erhöhte Jesus empfing
den Heiligen Geist vom Vater und goß ihn über die Pfingstgemeinde
aus.

Das vierte Evangelium läßt vor allem an folgenden Stellen trinitarische
Aspekte erkennen: Joh 14,16f.26; 15,26; 16,7–15. Es handelt sich um
die Parakletsprüche, die den Heiligen Geist als göttliche Person erscheinen lassen.

Gal 4,4–6 läßt die paulinische Struktur der Trinität erkennen:
Gott sandte seinen Sohn in der Fülle der Zeit, um uns zu Söhnen zu
machen. Er sandte "den Geist seines Sohnes in unsere Herzen"; und
dieser Geist befähigt und ermächtigt uns zu der Akklamation: "Abba,
Vater!"

---

[98] Siehe oben unter II.E.2.
[99] Gegen H. de Lavalette, Dreifaltigkeit. II. Die Lehre der Schrift, in: LThK² III
(1959) 546–548, näherhin 547.

Eine ausgesprochen trinitarische Ausrichtung zeigt der *Epheser-Brief*. Ohne im einzelnen darauf einzugehen, seien folgende Abschnitte erwähnt: Eph 1,3–14; 1,17; 2,18–22; 3,14–19; 4,4–6; 5,15–24.

Im Brief-Eingang des *1. Petrusbriefes* bezeichnet sich Petrus, der Apostel Jesu Christi, als "von Gott, dem Vater, von jeher ausersehen und durch den Geist geheiligt, um Jesus Christus gehorsam zu sein und mit seinem Blut besprengt zu werden" (1 Petr 1,2).

Schließlich sagt der *1. Johannesbrief*: "Daran erkennen wir, daß wir in ihm (Gott) bleiben und er in uns bleibt: Er hat uns von seinem Geist gegeben. Wir haben gesehen und bezeugen, daß der Vater den Sohn gesandt hat als den Retter der Welt" (1 Joh 4,13f)[100].

Bei den übrigen neutestamentlichen Zeugnissen für trinitarische Reihungen ist stets von "Gott" (und dem "Geist") die Rede, während die christologische Titulatur variiert. Die meisten Stellen sprechen vom *Kyrios*: Röm 15,30; 1 Kor 12,4–6; 2 Kor 13,13; 2 Thess 2,13; Hebr 2,3f; Jud 20f. Der *Christus*-Titel steht Röm 15,15f; 2 Kor 1,21f; 1 Petr 1,2, während Tit 3,4–6 den *Sotēr*-Titel bevorzugt.

Die Folge bei der Reihung ist noch sehr unterschiedlich. Bei den hier genannten Texten steht "Gott" nur zweimal an erster Stelle (Tit 3,4–6; 1 Petr 1,2).

Ein Blick auf die altkirchlichen Symbola zeigt, daß diese in zweifacher Hinsicht dem neutestamentlichen Befund entsprechen. Sie rücken die *Vater*-Bezeichnung Gottes betont an die erste Stelle der Prädikate. Und sie stellen den *Kyrios*-Titel neben das Sohnesprädikat Jesu Christi. Als Beispiel seien hier vier Bekenntnisse genannt, von denen bekannt ist, daß sie letztlich Tauf-Bekenntnisse sind. Auch in diesem Punkt entsprechen sie dem Befund des Neuen Testament, das sein wichtigstes trinitarisches Zeugnis im Taufbefehl des Auferstandenen bietet.

Das Symbolum Apostolicum lautet in den beiden ersten "Artikeln" bei *Ambrosius* und *Augustinus* (D 13.14): Credo in Deum Patrem omnipotentem, et in Jesum Christum, Filium eius unicum, Dominum nostrum. *Eusebius von Caesarea* und das *Nicaenum* (D 40. 125) stellen das Kyrios-Prädikat sogar vor die Gottessohn-Titulatur: "Wir glauben an den einen Gott den Vater, den Allmächtigen, ... und an den einen Herrn, Jesus Christus, den Sohn Gottes (Eusebius: den Logos Gottes)."

---

[100] Einen Versuch, die "Göttliche Dreiheit" im Rahmen einer Theologie des Neuen Testaments darzustellen, bietet *K.H. Schelkle*, Theologie des Neuen Testaments. II. Gott war in Christus, Düsseldorf 1973, 310–322.

2

DAS GEBET DES HERRN, EIN "JÜDISCHES" GEBET?

1. Gebet des »Juden« Jesus

Schon in der Mitte des 18. Jahrhunderts vertrat Johann Jakob Wettstein die These, das Gebet des Herrn sei *ex formulis Hebraeorum* zusammengestellt[1].Im Zusammenhang damit erwähnte er die jüdischen Gebete, die auch heute noch genannt werden, um den jüdischen Charakter des Vaterunsers zu erweisen, unter anderem das Kaddisch und Gebete aus dem Traktat Berakhot des Talmud[2]. Franz Mußner stellt in seinem »Traktat über die Juden« die Besprechung des Herrengebets unter die Überschrift:»Das Vaterunser als Gebet des Juden Jesus«[3].

Nun duldet aber die Tradition der Evangelien keinen Zweifel daran, daß die früheste Christenheit im Vaterunser ein für Jesus charakteristisches Gebet sah, das einer besonderen Belehrung zu verdanken war und das man erst aufgrund der »Ermächtigung« durch den Herrn zu sprechen »wagen« durfte. Wenn Tertullian im Vaterunser eine »Kurzfassung des ganzen Evangeliums« sah[4], so meinte er, daß es gegenüber anderen Gebeten etwas Neues darstellt: ein Beten entsprechend dem Evangelium. Dasselbe meint Heinz Schürmann, wenn er das Gebet des Herrn »als Schlüssel zum Verstehen Jesu« bezeichnet[5]. Er will sagen, daß man das Vaterunser von der Verkündigung Jesu her aufschlüsseln muß, daß aber umgekehrt das Gebet des Herrn »auch der passende Schlüssel ist, die Verkündigung Jesu aufzuschließen«[6].

---

[1] J.J. Wettstein, Novum Testamentum Graecum I (1751), Neudruck Graz 1962, 323 (zu Mt 6,9-13): *Tota haec oratio ex formulis Hebraeorum concinnata est.*

[2] Wettstein, a.a.O. 323-326. Spätere Zusammenstellungen von Parallelen finden sich bei H.L. Strack/P. Billerbeck, Kommentar zum Neuen Testament aus Talmud und Midrasch [abgekürzt zitiert: Bill.] I-IV, München (1922-1928) [5]1956, I 406-424; P. Fiebig, Jesu Bergpredigt. Rabbinische Texte zum Verständnis der Bergpredigt, ins Deutsche übersetzt, Göttingen 1924, 103-122; ders., Das Vaterunser. Ursprung, Sinn und Bedeutung des christlichen Hauptgebetes (BFChTh.M 30/3), Gütersloh 1927; G. Dalman, Die Worte Jesu ([2]1930), Darmstadt 1965, 283-365; K.G. Kuhn, Achtzehngebet und Vaterunser und der Reim (WUNT 1), Tübingen 1950; J. Carmignac, Recherches sur le »Notre Père«, Paris 1969 (bes. 354-360.376-382); J. Jeremias, Neutestamentliche Theologie I. Die Verkündigung Jesu, Gütersloh 1971, 180-196; A. Vögtle, Das Vaterunser — ein Gebet für Juden und Christen?, in: Das Vaterunser. Gemeinsames im Beten von Juden und Christen, hrsg. von M. Brocke/J.J. Petuchowski/W. Strolz, Freiburg 1974, 165-195.272-278; F. Mußner, Traktat über die Juden, München 1979, 198-208.

[3] Mußner, Traktat 198.

[4] Tertullian, De oratione 1,4: *breviarium totius Evangelii.* Vgl. Cyprian, De Dominica Oratione 9: *caelestis doctrinae compendium.*

[5] H. Schürmann, Das Gebet des Herrn als Schlüssel zum Verstehen Jesu, Freiburg [4]1981.

[6] Schürmann, a.a.O. 9; vgl. 13-16.

2. Wachsende Distanz zwischen Christen und Juden

Die Ansicht, daß die Christenheit im Vaterunser ein Gebet besitze, das sich charakteristisch von jüdischem (und heidnischem) Beten abhebt, kam nicht erst da zum Ausdruck, wo man das Herrengebet der Arkandisziplin unterwarf und es den Taufbewerbern erst kurz vor der Taufe »übergab«[7]. Sie wird schon in den beiden Evangelienschriften bezeugt, die den Text des Vaterunsers bieten. Freilich ist hier zu berücksichtigen,daß diese Evangelien aus der Zeit nach 70 n. Chr. stammen und möglicherweise schon die wachsende Distanz zwischen Kirche und Synagoge widerspiegeln.

Das Herrengebet findet sich in der uns gewohnten längeren Fassung Mt 6,9-13, in einer kürzeren Lk 11,2-4.Beide Evangelien geben an, warum und wozu Jesus seine Jünger das Vaterunser gelehrt habe. Nach Matthäus wendet sich Jesus gegen das öffentlich zur Schau gestellte Beten der »Heuchler«, die »gern in den Synagogen und an den Straßenecken stehen und beten, um vor den Menschen angesehen zu sein« (6,5)[8]. Der Jesus-Jünger soll »im Verborgenen« beten (6,6). Das 6,9-13 folgende Herrengebet wird deutlich *jüdischem* Beten entgegengesetzt, aber nicht dem *Inhalt* nach, sondern im Blick auf die *Weise* des Betens. Deutlicher stellt Matthäus das Vaterunser den Gebeten der *Heiden* entgegen, die beim Beten »viele Worte machen« (6,7).In beiden Fällen gibt der Hinweis auf den himmlischen »Vater« die differentia specifica (6,6.8) an. Sie verweist auf das »Unser Vater im Himmel« am Anfang des Herrengebets.

Bei Lukas geht der Gebetsanweisung Jesu mit der Übergabe des Vaterunsers eine Bitte der Jünger voraus. Sie hatten erlebt, wie Jesus selbst betete, und ließen daraufhin einen der ihren an ihn die Bitte richten:»Herr, lehre uns beten, wie auch Johannes seine Jünger lehrte! (11,1). Der Anlaß zu dieser Bitte an Jesus ist, daß er selbst betete. Diese Angabe wird sich eher auf die *Weise* des Betens als auf den Inhalt beziehen: Jesus betete für sich allein! Die Jünger gehen indessen davon aus, daß auch der *Inhalt* des Gebets der Jesus-Jüngerschaft zu entsprechen habe, so wie das Beten der Johannes-Jünger der Botschaft des Täufers entsprach[9]. Ein Gegensatz des folgenden Herrengebets zu jüdischem (oder heidnischem) Beten ist offensichtlich nicht ins Auge gefaßt.Aber der Kontext geht davon aus, daß das Vaterunser ein für Jesus und seine Jünger charakteristisches Gebet ist.

---

[7] Siehe dazu J.A. Jungmann, Vaterunser II. In der Liturgie, in: LThK[2] X 627-629: Im Abendland bezeugt Augustin mehrfach den Brauch, das Vaterunser kurz vor der Taufe den Täuflingen anzuvertrauen; es fiel unter die Arkandisziplin. Seit dem 7. Jh. war die *traditio orationis dominicae* zusammen mit der des Symbolums ein feierlicher Ritus.

[8] Übersetzung nach U. Luz, Das Evangelium nach Matthäus I (EKK 1/1), Zürich/Neukirchen 1985, 320. — In der Didache werden die »Heuchler« eindeutig mit den Juden gleichgesetzt (8,1), und die Einführung des Vaterunsers erfolgt mit den Worten: »Betet auch nicht wie die Heuchler, sondern wie es der Herr in seinem Evangelium geboten hat, so betet« (8,2).

[9] Der neueste Lk-Kommentar von J.A. Fitzmyer, The Gospel According to Luke II (X-XXIV) (Anchor Bible 28A), Garden City NY 1985, sagt zu Lk 11,1: »The Lucan form of the prayer is introduced by a narrative statement providing a twofold setting for the teaching of it, Jesus himself at prayer and a disciple's request« (897). Fitzmyer hält diese Einführung zum Vaterunser für lukanisch-redaktionell (897f).

Nicht nur die lukanischen Angaben zur Situation, in der Jesus das Vaterunser lehrte, unterliegen dem Verdacht, redaktionell zu sein[10], sondern auch die des Matthäus. Denn Mt 6,1-4.5-6.16-18 (Almosen, Beten, Fasten) ist als ursprüngliche Einheit auszumachen[11]. In diese Einheit ist sekundär 6,7-15 eingeschaltet. Dabei ist als Möglichkeit zu erwägen, ob nicht die das Vaterunser (6,9-13) »rahmenden« Stücke 6,7f (»nicht wie Heiden«) sowie 6,14f (Erläuterung zur 5. Vaterunser-Bitte) schon vor-matthäisch mit dem Herrengebet verbunden waren. In diesem Fall wäre das Vaterunser vor-matthäisch dem *heidnischen* Beten gegenübergestellt worden. Doch stammt Mt 6,7f wohl ursprünglich nicht aus einem Zusammenhang, der das Vaterunser enthielt[12]. Somit hat wohl erst Matthäus das Vaterunser den wortreichen heidnischen Gebeten gegenübergestellt.

Aus den weitgehend redaktionellen Kontextangaben zum Vaterunser geht hervor, daß man das Gebet der Jüngerbelehrung zuweist[13]. Das Vaterunser wird bei Matthäus vor allem dem wortreichen heidnischen Beten gegenübergestellt (6,7f). Bei Lukas wird es mit dem Beten der Johannes-Jünger (11,1) verglichen, nicht jedoch im Sinne eines Gegensatzes, sondern in dem Sinn, daß das Gebet des Jüngers der Botschaft des Meisters zu entsprechen habe. Immerhin bedeutet das letztlich, daß das Beten des Jesus-Jüngers der Botschaft Jesu, also dem Evangelium, entsprechen muß.

Wenn man die unterschiedlichen Vaterunser-Fassungen der Evangelisten miteinander vergleicht, stellt sich die Frage, ob Jesus dieses Gebet in verschiedenen Fassungen gelehrt hat. Man vertritt heute fast allgemein die These, daß Lukas das ursprüngliche Gebet Jesu »dem Umfang nach«, Matthäus aber »dem Wortlaut nach« am besten bewahrt habe, es also nur *eine* ursprüngliche Fassung gegeben hat[14]. Für unsere Fragestellung ist verständlicherweise die ursprünglich jesuanische Fassung des Gebets ausschlaggebend, nicht dessen sekundäre Bearbeitungen oder Ergänzungen.

3. Das Vaterunser in der Fassung Jesu

Die neutestamentliche Exegese ist seit Jahren zu einem weitgehenden Konsens darüber gelangt, wie die älteste erreichbare Gestalt des Vaterunsers lautet[15]. Und sie ist auch — bei ganz wenigen Ausnahmen[16] — bereit, diese Gestalt auf Jesus zurückzuführen. Frei-

---

[10] Siehe Fitzmyer, Luke II 897f.
[11] Siehe Luz, Matthäus I 319f.
[12] Luz, a.a.O. 330, hält 6,7f für »ein selbständiges Logion, das sprachlich so eigenständig ist, daß der Evangelist kaum als sein Verfasser gelten kann«.
[13] Siehe vor allem Mt 6,9: »So nun sollt ihr beten.«, par. Lk 11,2: »Wenn ihr betet, sprecht.«
[14] Siehe Jeremias, Theologie I 188-190. Vgl. auch ders., Abba. Studien zur neutestamentlichen Theologie und Zeitgeschichte, Göttingen 1966, 155-160.
[15] Repräsentativ dafür die Übereinstimmungen bei Fitzmyer, Luke II 896-901; Jeremias, Abba 155-160; ders., Theologie I 188-191; Luz, Matthäus I 335f; Schürmann, Gebet des Herrn 17-20; Vögtle, Vaterunser 165-168.
[16] Siehe dazu Vögtle, a.a.O. 272f.

lich muß man dabei im Auge behalten, daß diese Gestalt schon früh aus der Sprache Jesu ins Griechische übertragen wurde[17].

Die älteste erreichbare Gestalt, die sich aus dem Vergleich der Fassungen Mt 6,9-13 und Lk 11,2-4 ergibt, lautet in deutscher Übersetzung:

I. Vater!

II. Geheiligt werde dein Name, es komme dein Reich!

III. Unser notwendiges[18] Brot gib uns heute, und vergib uns unsere Schulden[19], und führe uns nicht in Versuchung!

Die Struktur des Gebets kann folgendermaßen verdeutlicht werden: I. Am Anfang steht die schlichte Vater-Anrede an Gott. Von ihr aus bekommen die folgenden Bitten ihr »Vorzeichen« und ihr »Licht«[20]. II. Die Du-Bitten bilden einen synonymen Parallelismus, d.h. sie interpretieren sich gegenseitig. Sie sind nicht Imperative der 2.Person (wie die Wir-Bitten), sondern drücken einen Wunsch aus: Gott möge seinen Namen als heilig erweisen, indem er sein Reich kommen läßt. III. Die drei Wir-Bitten sind als echte Imperative formuliert. Sie sind — im Unterschied zu den asyndetisch verbundenen Du-Bitten — durch »und« miteinander verknüpft. Während die drei Imperative an das Du des Vaters gerichtet sind (gib — vergib — führe nicht!), ist der Bezug auf den/die Beter durch eine dreifache Verwendung von ἡμεῖς ausgedrückt (unser Brot — unsere Schulden — uns in Versuchung).

Die nähere Deutung des von Jesus geformten Gebets soll nun nach den drei genannten Gliederungsstufen erfolgen. Dabei müssen die jeweils relevanten »Parallelen« oder »Analoga« aus dem Judentum in Betracht gezogen werden.

---

[17] Wahrscheinlich hat Jesus das Gebet auf aramäisch (nicht hebräisch) formuliert; siehe dazu Jeremias, Abba 160; Fitzmyer, Luke II 901; Luz, Matthäus I 336.

[18] Das zu »Brot« hinzugefügte Adjektiv ἐπιούσιος ist in seiner Bedeutung umstritten. Die Diskussion um seinen Sinn kann hier nicht geführt werden. Wenn wir mit »notwendig« übersetzen, greifen wir auf den Vorschlag des Origenes zurück, der das Adjektiv aus ἐπί und οὐσία ableitete (»für die Existenz bestimmt/lebensnotwendig«). Dabei folgen wir freilich dem Kirchenvater nicht in seiner allegorischen Deutung, sondern beziehen τὸν ἄρτον ἡμῶν τὸν ἐπιούσιον auf die für den täglichen Lebensunterhalt notwendige Nahrung. Siehe A. Vögtle, Der »eschatologische« Bezug der Wir-Bitten des Vaterunser, in: Jesus und Paulus (FS für W.G. Kümmel), Göttingen 1975, 344-362. Vgl. Vögtle, Vaterunser 175; Schürmann, Gebet des Herrn 80-92; Fitzmyer, Luke II 905; ferner Ch. Müller, ἐπιούσιος, in: EWNT II 79-81.

[19] Aus formalen Gründen lassen wir bei der zweiten Wir-Bitte den Satz »wie auch wir vergeben haben unseren Schuldnern« (Mt 6,12b; vgl. Lk 11,4b) weg. Da Lk 11,4b eine Entsprechung bietet, ist es nicht ausgeschlossen, daß dieser Satz schon zum Vaterunser Jesu gehörte. Schürmann, Gebet des Herrn 106, bemerkt: »Aussöhnung und Vergebung ist eine häufige Bedingung, an die Jesus das Vergeben Gottes knüpft.«

[20] Vgl. Mußner, Traktat 199: »Die Anrede ›Vater‹ versteht sich darin als ›Eröffnungstext‹, der eine semantisch-hermeneutische ›Isotopie‹ schafft, die für die Auslegung des Vaterunsers äußerst wichtig ist ... Auf die Anrede ›Vater‹ bezieht sich alles zurück: Dein Name, Dein Reich, (Dein Wille), und die ebenso folgenden Bitt-Imperative ›gib‹, ›vergib‹, ›führe nicht‹. Andererseits werfen alle Bitten des Vaterunsers ein Licht auf den ›Vater‹, d.h. auf den ›Gottesbegriff‹ des Vaterunsers« (199f).

4. Abba-Vater!

Hinter der griechischen Vater-Anrede (Vokativ πάτερ) steht gewiß das für Jesus kennzeichnende aramäische *abba*, mit dem er Gott im Gebet anredete (Mk 14,36)[21]. Joachim Jeremias sah in der Gottesanrede *abba* ein Kennzeichen der ipsissima vox Jesu und zugleich ein Anzeichen für das besondere Gottesverhältnis des »Sohnes« Jesu[22]. Wenn man heute auch die »jesulogische« Exklusivität in der genannten These bestreitet[23], bleibt doch gültig, daß das *abba* der Gottesanrede »das Herzstück seines Gottesverhältnisses« enthüllt[24]. Die *abba*-Anrede drückt Nähe, Vertraulichkeit, aber auch Autorität aus; sie zeigt den kindlichen Gehorsam des Beters an[25]. Diese Gottesanrede ist nach den Evangelien zunächst Jesu »Privileg«; durch Jesus wird sie seinen Jüngern vermittelt. Doch schließt sich Jesus niemals mit ihnen zu einer Gottesanrede »unser Vater« zusammen[26]. Die Einfachheit der Gebetsanrede »Vater« enthält im Kontext der Botschaft Jesu somit »indirekte Christologie«[27]. Sie hebt sich zudem kontrastierend — vielleicht sogar bewußt anstößig und widersprechend — von den »prunkvollen, pathetischen, oft liturgisch schönen, oft auch überladenen Gebetsanreden des Judentums« ab, wie Rudolf Bultmann sich ausdrückte[28].

Wie ungewohnt die einfache Vater-Anrede jüdischen Ohren geklungen hat, kann man übrigens daran ersehen, daß die frühe judenchristliche Gemeinde die Anrede des Herrengebets an jüdische Redeweise anpaßte: Man sprach Gott nun mit »Unser Vater in den Himmeln!« an[29]. Jesus redet vom »Vater« besonders dann, »wenn er das neue Heilshandeln Gottes beschreibt, das nunmehr mit dem Kommen Jesu anhebt: Das Reich Gottes ist das des ›Vaters‹ (Lk 12,30f par)«[30]. Es läßt sich ohne Mühe zeigen, daß nicht nur die Du-

---

[21] Die Parallelstellen Mt 26,39/Lk 22,41 geben ἀββὰ ὁ πατήρ des Mk mit dem Vokativ πάτερ wieder. Siehe dazu auch H.-W. Kuhn, ἀββά, in: EWNT I 1-3.

[22] Jeremias, Abba 15-67.145-152. Seine »jesulogische« Exklusivitätsthese stützt Jeremias vor allem auf Mt 11,27 par. Lk 10,22 (siehe a.a.O. 47-54).

[23] Vgl. Luz, Matthäus I 340. Zur neueren Diskussion siehe G. Schelbert, Sprachgeschichtliches zu »abba«, in: Mélanges D. Barthélemy (OBO 38), Fribourg/Göttingen 1981, 395-447; J.A. Fitzmyer, *Abba* and Jesus' Relation to God, in: A cause de l'évangile (FS für J. Dupont) (LeDiv 123), Paris 1985, 15-38.

[24] Jeremias, Abba 63; vgl. Fitzmyer, Luke II 903.

[25] Vgl. Jeremias, Abba 64.

[26] Siehe z.B. G. Bornkamm, Jesus von Nazareth, Stuttgart 91971, 118.

[27] Gegen Luz, Matthäus I 340, der (als Frage formuliert) vermutet, Jesu *abba*-Anrede sei »Ausdruck eines besonderen ... aber für jedermann geltenden Gottesverständnisses Jesu«.

[28] R. Bultmann, Theologie des Neuen Testaments (UTB 630), Tübingen 71977 (hrsg. von O. Merk), 24, wo auf das 18-Bitten-Gebet verwiesen wird: »Gott Abrahams, Gott Isaaks, Gott Jakobs! Höchster Gott, Gründer von Himmel und Erde! Unser Schild und Schild unserer Väter!« — Bultmanns Äußerung wird von Fitzmyer, Luke II 903, zustimmend zitiert. — Das 18-Bitten-Gebet reicht in seinen Anfängen vielleicht schon in vorchristliche Zeit zurück, erhielt aber seine endgültige Gestalt erst nach der Tempelzerstörung. Der hebräische Text findet sich bei W. Staerk, Altjüdische liturgische Gebete (KlT 58), Berlin 21930, 11-19. Eine deutsche Übersetzung bietet Bill. IV 211-214.

[29] So Mt 6,9b diff. Lk 11,2c. Siehe dazu Schürmann, Gebet des Herrn 25, auch 162 Anm. 18; Luz, Matthäus I 341 mit Anm. 60.

[30] Schürmann, a.a.O. 27. Er nennt als Belege für diese These neben Lk 12,30f z.B. noch 11,13; 12,32; 22,29; außerdem Mt 10,29-31; 15,13 und Mk 11,25.

Bitten im Lichte der Vater-Anrede stehen, sondern auch die drei Wir-Bitten[31]: Von der Sorge des Vaters um *Nahrung und Kleidung* handelt z.B. Lk 12,22-32 par. Mt 6,25-34; von seinem Erbarmen und *Vergeben* spricht nicht nur Mk 11,25; der Vater wird den, der sich im Gebet an ihn wendet, vor *Versuchung bewahren*, wie die Getsemani-Szene verdeutlicht.

5. Die beiden Du-Bitten

Heinz Schürmann versteht die Bitte um Heiligung des Namens Gottes als »Eröffnungswunsch« und die um das Kommen des Reiches als den *einen* »großen Gebetswunsch«[32]. Schürmann gibt dem »Eröffnungswunsch« Eigenbedeutung und sieht sich dazu u.a. durch jüdische Gebete berechtigt, die gleichfalls »mit einem Gott preisenden Lobspruch« beginnen[33]. Doch ist eine solche formale Analogie wohl kaum ausschlaggebend. Da Gott seinen Namen in verschiedenen konkreten Aktionen »heiligen« kann, ist eine konkretisierende Auslegung dieses »Heiligens« ohnehin stets angebracht. Joachim Jeremias sieht in den beiden Du-Bitten wohl zutreffend einen »synonymen Parallelismus«, in dem zweimal das Zeitwort voransteht und der eigentliche Imperativ vermieden wird[34]. Der Anfang des Kaddisch lautet in der Übersetzung von Jeremias[35]:

> »Verherrlicht und geheiligt werde sein großer Name in der Welt, die er nach seinem Willen schuf.
> Er lasse herrschen seine Königsherrschaft zu euren Lebzeiten und zu euren Tagen und zu Lebzeiten des ganzen Hauses Israel in Eile und Bälde.
> Gepriesen sei sein großer Name von Ewigkeit zu Ewigkeit.
> Und darauf saget: Amen.«

Wenn man dieses Gebet mit den Du-Bitten im Gebet des Herrn vergleicht, fällt nicht nur das Nacheinander von Namens- und Reichs-Bitte auf, sondern auch, daß beide Bitten asyndetisch nebeneinander stehen[36]. Es gibt auch Unterschiede. Beide Gebete sind zwar

---

[31] Siehe dazu H. Merklein, Jesu Botschaft von der Gottesherrschaft. Eine Skizze (SBS 111), Stuttgart 1983, 85f.

[32] Schürmann, a.a.O. 7.31-46.49-77.

[33] Schürmann, a.a.O. 32. Er nennt allerdings nur das Kaddisch-Gebet und verweist (164 Anm. 40) auf Literatur, u.a. auf Bill. I 408-418; Jeremias, Theologie I 192.

[34] Jeremias, a.a.O. 192.

[35] Ebd. Der aramäische Text des Kaddisch findet sich bei Staerk, Gebete (s.o. Anm. 28) 29-32. Dieses Gebet existiert in fünf verschiedenen Formen; die 1. Bitte, die oben zitiert wird, ist eschatologisch gemeint. Das Gebet kann in der Zeit Jesu schon in der Synagoge vorgetragen worden sein (am Schluß der Hauptgottesdienste), ist aber erst im 6. christlichen Jh. bezeugt; siehe I. Elbogen, Der jüdische Gottesdienst in seiner geschichtlichen Entwicklung, Hildesheim ⁴1962, 94.

[36] Beobachtung von Jeremias, a.a.O. 192 Anm. 87. Er sieht darin ein Indiz dafür, daß Jesus an das Kaddisch anknüpfte. Das Gebet sei ihm »von Kindheit an vertraut« gewesen (192). — Schon J.-B. Frey, Le Pater est-il juif ou chrétien?: RB 12 (1915) 556-563, hatte das Verhältnis des Vaterunsers zum Kaddisch untersucht. Auch er beachtet den Parallelismus von Namens- und Reichsbitte in beiden Gebeten, macht aber darauf aufmerksam, daß ein Nebeneinander von Königtum und Name Jahwes bereits Sach 14,9 bezeugt ist (560). Im ganzen betont Frey,

aramäisch abgefaßt, doch nur das Vaterunser war ursprünglich für das Gebet des einzel-nen bestimmt[37], während das Kaddisch den Synagogengottesdienst beschloß. Es ent-wickelte sich wahrscheinlich aus einer frei geformten Eulogie[38]. Auf eine einleitende Anrede Gottes konnte man verzichten. Nach dem »Parallelismus« von Namens- und Reichs-Bitte folgt im Kaddisch eine Eulogie des »Namens« Gottes. Während die »Namens-Bitten« passivisch formuliert sind, ist die Bitte um das Herrschen des König-tums Gottes aktivisch gehalten[39].

Wie ist sie im Kaddisch gemeint? Während Jesus vom »Kommen« der Königsherrschaft spricht[40], bittet das Kaddisch darum, daß Gott »seine Herrschaft walten lasse«, d.h. zur Geltung bringe und durchsetze[41]. Das 18-Bitten-Gebet bittet um die Rückkehr der Rich-ter und die Vernichtung Roms (Bitten 11/12). Das Kaddisch bittet um Durchsetzung der Gottesherrschaft in drängender Eile[42]. Für Jesus ist das Reich Gottes »etwas Dynami-sches«, das nicht einfach sichtbar aufscheint[43].

Außerdem ist zu beachten, daß das ursprüngliche Vaterunser das Gegenüber von Him-mel und Erde nicht erwähnt und somit Gott und sein Reich gleichsam in greifbare Nähe rückt: Es fehlt nicht nur die dritte Bitte (nach Mt) mit der Wendung »wie im Himmel so auch auf Erden«, sondern auch der Zusatz zur Vater-Anrede »in den Himmeln«. Das Ge-genüber von Himmel und Erde ist auch im Kaddisch angedeutet, wenn es um Durchset-zung der Gottesherrschaft im gegenwärtigen Israel bittet. Das entspricht dem sekundären Zusatz »zu uns« zur zweiten Vaterunser-Bitte[44], mit dem auch das *adveniat* (*regnum tuum*) der Vulgata korrespondiert.

Der ursprüngliche Sinn der Bitte um das Kommen der *Basileia* ist nicht, daß sie vom Himmel auf die Erde kommen möge. Nach der Botschaft Jesu *ist* sie schon auf Erden an-gebrochen (in seinem Wirken). Die Bitte richtet sich wohl auch nicht auf »eine weitere Teilerfüllung der sich schon realisierenden Gottesherrschaft«, sondern auf »die letzte To-talerfüllung, also aufs Ganze«[45]. Und selbstverständlich muß die erbetene Gottesherr-

---

es sei nicht ausgemacht, daß das Kaddisch schon in vorchristlicher Zeit existierte (559). Man sei nicht berech-tigt, das Kaddisch als Ahnen des Vaterunsers anzusehen, zumal der »Geist« des Herrengebets sich von dem des jüdischen Gebets unterscheide (562f).

[37] Vgl. die Weisung der Didache (aus dem 2. Jh.), es dreimal am Tag zu beten (8,3).

[38] Vgl. Elbogen, Der jüdische Gottesdienst 95.

[39] Siehe Schürmann, Gebet des Herrn 32.

[40] Vgl. in Jesusworten weiterhin Mk 1,15; 9,1; Mt 10,7 par. Lk; 12,28 par. Lk; Lk 17,20; 22,18. Siehe dazu Schürmann, a.a.O. 49-69.

[41] Um die Königsherrschaft Gottes bitten auch andere jüdische Gebetstexte; vgl. Dalman, Worte Jesu (s.o. Anm. 2) 310-314.

[42] Bezeichnend ist auch der sephardische »Ersatz« für die Gottesreich-Bitte des Kaddisch: »Er lasse seine Er-lösung aufsprießen und seinen Messias nahen (zu euren Lebzeiten ...)«; siehe Brocke/Petuchowski/Strolz (Hrsg.), Das Vaterunser (s.o. Anm. 2) 43f.111.

[43] Luz, Matthäus I 342, mit Hinweis auf J. Schlosser, Le règne de Dieu dans les dits de Jésus, Paris 1980, 261-284.

[44] Codex Bezae (D) fügt Lk 11,2 ἐφ' ἡμᾶς an, nachdem er schon bei der Vater-Anrede »in den Himmeln« zugefügt hatte. Er liest auch im Lk-Text die 3. Bitte (Mt 6,10b) mit der Wendung »wie im Himmel so auf Erden«.

[45] Schürmann, Gebet des Herrn 57f. Vgl. auch ebd. 67: Der Wunsch nach dem Kommen des Reiches »ist

schaft im Sinne der Botschaft Jesu und der Auslegung dieser Botschaft durch sein Wirken verstanden werden: Gott überwindet endgültig Hunger, Krankheit und Tod, die Macht des Bösen; er vergibt unsere Schuld und bewahrt (dann endgültig) vor »Versuchung«. Die auf die ersten Bitten des Vaterunsers folgenden Wir-Bitten legen nicht nur die Vater-Anrede, sondern auch die Reichs-Bitte aus.

6. Die drei Wir-Bitten

Wir haben die drei Wir-Bitten oben folgendermaßen rekonstruiert:

1. Unser notwendiges Brot gib uns heute,
2. und vergib uns unsere Schulden,
3. und führe uns nicht in Versuchung!

Bei diesem Rekonstruktionsversuch wurde — aus formalen Gründen vor allem — bei der zweiten Bitte der Satz »wie auch wir vergeben (haben) unsern Schuldnern« weggelassen, obgleich er bei Matthäus und (etwas abgewandelt) bei Lukas bezeugt ist. Da er sich gut in die Botschaft Jesu einfügt[46], wird er von vielen Exegeten dem jesuanischen Vaterunser zugerechnet. Aber, was der Sache nach von Jesus stammt, muß deswegen noch nicht auch im Herrengebet gestanden haben. Auch formale Argumente können nicht so geführt werden, wie es Joachim Jeremias tat, der bei der 1. und 2. Wir-Bitte einen Parallelismus erkennen wollte, der die Bitten eng miteinander verbindet: »Beide Bitten bestehen je aus zwei Halbzeilen, die einander gegenüberstehen.«[47] Eine solche Zweigliedrigkeit ist für die Brot-Bitte zu bezweifeln[48]; auch die 3. Wir-Bitte ist eingliedrig gewesen. Allerdings kann man bei der nun folgenden Deutung der Wir-Bitten von der Beobachtung ausgehen, daß die Brot-Bitte und die Bitte um Vergebung wegen ihrer positiven Fassung zusammengehören; denn die 3. Bitte ist negativ formuliert. Anderseits gehören die 2. und die 3. Bitte sachlich-inhaltlich eng zusammen, weil es zuerst um Vergebung von Schuld und dann um Bewahrung vor Versuchung (und neuer Schuld) geht.

---

gänzlich durchseelt von dem sieghaften Wissen, daß Heilszeit ist und daß das Reich nun kommen wird ... Das Wissen, daß bereits Erfüllungszeit ist und daß wir schon den Anbruch des Reiches erleben, gibt der Bitte um sein Kommen ihre eigenartige Aktualität.«

[46] Siehe dazu etwa Vögtle, Der »eschatologische« Bezug (s.o. Anm. 18) 345-347. Freilich kann man auch argumentieren, Sir 28,2-4 habe in judenchristlichen Kreisen auf das Gebet Jesu eingewirkt; man habe sozusagen die »ethische« und »soziale« Verpflichtung des Beters zum Ausdruck bringen wollen. Vgl. den ähnlichen Gedankengang in Joma 8,9: »Sünden des Menschen gegen Gott sühnt der Versöhnungstag, Sünden des Menschen gegen seinen Nächsten sühnt der Versöhnungstag nicht eher, als bis man seinen Nächsten besänftigt hat.«

[47] Jeremias, Theologie I 193. Vgl. ebd. 195: Die 2. Wir-Bitte »ist wie die Brotbitte zweigliedrig«. Ähnlich Luz, Matthäus I 334 mit Anm. 3.

[48] Bei Lukas (Lk 11,3) hat freilich die Brot-Bitte — durch lukanische Redaktion — 3 Silben mehr als Mt 6,11. Siehe auch die Stichen bei Nestle/Aland, Novum Testamentum Graece, 26. Aufl., wo die Brot-Bitte als eingliedrig aufgefaßt wird.

In jüdischen Gebeten gibt es übrigens Belege für beide Zusammenhänge. Das 18-Bitten-Gebet bittet um Vergebung der Schuld und Gewährung der Nahrung: »Vergib uns, unser Vater, denn wir haben gesündigt gegen dich; tilge unsre Verfehlungen vor deinen Augen weg!«[49] »Segne an uns, Jahwe unser Gott, [dieses] Jahr [zum Guten bei allen Arten seiner Gewächse und bringe eilends herbei das Jahr des Termins unserer Erlösung und gib Tau und Regen auf den Erdboden] und sättige die Welt aus den Schätzen deines Guten (deiner Güter) ...«[50] Der Zusammenhang ist hier allerdings kein direkter, und auch das Stichwort »Brot« fällt nicht.

Daß im Judentum der Zeit Jesu um Vergebung der Schuld und Bewahrung vor Versuchung (und neuer Schuld) gebetet wurde, zeigen zwei Texte aus Qumran, auf die Jean Carmignac hinwies. Es handelt sich um Psalmen-Fragmente[51]. In einem jüdischen Morgen- und Abendgebet, das allerdings erst im Talmudtraktat Berakhot (bBer 60b) bezeugt ist[52], heißt es: »Bring mich nicht in die Gewalt der Sünde, nicht in die Gewalt der *Schuld* und nicht in die Gewalt der *Versuchung* und nicht in die Gewalt von Schändlichem!«[53] Hier stehen zwar die Stichworte »Schuld« und »Versuchung« nebeneinander; es wird aber nicht um *Vergebung* der Schuld gebetet, sondern um Bewahrung vor Sünde und Schuld. Bei der Bitte um Vergebung der Schuld spricht das Judentum übrigens wie das Vaterunser Gott als »Vater« an[54].

Was nun das »jesuanische« Verständnis der Wir-Bitten angeht, hat Anton Vögtle gegenüber der pointiert eschatologischen Deutung durch Joachim Jeremias[55] einen entscheidenden und wohl auch überzeugenden Durchbruch gebracht. Vögtle versteht die Wir-Bitten in einem nicht ausschließlich eschatologischen Sinn: »Daß alle Wir-Bitten einen Bezug zu der als Inbegriff des Heils verstandenen Endoffenbarung haben müssen, ist vorweg zu präsumieren. Wie ist dieser Bezug aber näherhin zu bestimmen?«[56] Vögtle kommt, vor allem durch eine Untersuchung zur Brot-Bitte[57], zu der Antwort: »Nachdem Jesus in den beiden Du-Bitten die Beter um die Endoffenbarung des heilwirkenden Handelns Gottes flehen ließ, richtet er mit den drei Wir-Bitten den Blick auf die Situation der zur Heilserlangung berufenen Menschen bzw. Israeliten.«[58]

---

[49] 6. Benediktion nach der palästinischen Rezension bei Bill. IV 212.

[50] 9. Benekiktion (paläst. Rez.): Bill. IV 212. — Eine Bitte um »Brot« steht Spr 30,8: »Falschheit und Lügenwort halte fern von mir; gib mir weder Armut noch Reichtum, nähre mich mit dem Brot, das mir nötig ist ...«

[51] Carmignac, Recherches (s.o. Anm. 2) 287f. Siehe auch Vögtle, Vaterunser 172, der die englische Übersetzung bietet. Die Textstellen finden sich 11 Q Ps^a 24,11f und 19, 13-16.

[52] Der Traktat Berakhot des Babylonischen Talmuds stammt aus amoräischer Zeit (4./5. Jh. n. Chr.); die Gebete können daher auch vom NT her beeinflußt sein; vgl. Fitzmyer, Luke II 901. Jeremias, Theologie I 195, hingegen meint, daß Jesus an dieses Gebet »vielleicht sogar direkt anknüpft«. Er räumt allerdings ein, daß es zur 3. Wir-Bitte keine Parallele im AT gibt (a.a.O. 196).

[53] Übersetzung bei Jeremias, a.a.O. 195f; siehe auch Bill. I 422; Fiebig, Jesu Bergpredigt 118f.

[54] Siehe 18-Bitten-Gebet 6 (s.o. bei Anm. 49); ferner das Gebet Abinu Malkenu (Bill. I 421; Staerk, Gebete 27-29).

[55] Vgl. Jeremias, Theologie I 193-196.

[56] Vögtle, Der »eschatologische« Bezug 358.

[57] Vögtle, a.a.O. 348-353.

[58] Vögtle, a.a.O. 359; fast wörtlich ebenso ders., Vaterunser 179.

Jeremias hingegen hatte die Wir-Bitten auf das Eschaton, das Hereinbrechen der endgültigen Gottesherrschaft, bezogen. Das erbetene *Brot* ist dann das zukünftige Himmels-
brot, das Brot des eschatologischen Mahles im Reich Gottes[59]. Doch gegen diese Deutung spricht nicht nur das ἡμῶν, das von »unserem Brot« redet, sondern auch das »heute«,
das an »extreme Naherwartung« denken läßt[60].

Die *Vergebungs-Bitte* blickt nach Jeremias »auf die große Abrechnung, der die Welt entgegengeht«, bei der »nur der Freispruch Gottes« die Jesus-Jünger zu retten vermag; darum
erbitten sie diese Gabe schon jetzt, »nicht erst für die Stunde des letzten Gerichts«[61].
Somit seien die beiden ersten Wir-Bitten »die Aktualisierung der beiden Du-Bitten«[62].
Entsprechend deutet Jeremias die *Schlußbitte* nicht auf »Versuchungen des Alltags«, sondern auf »die letzte große Endanfechtung«, als »Bitte um Bewahrung vor dem Erliegen
in der eschatologischen Anfechtung«, »also ... vor dem Abfall«[63].

Worum geht es Jesus in den Wir-Bitten? Die Brotbitte sagt pointiert, daß wir unser Brot
unbedingt schon *heute* bekommen müssen. Es ist offenbar für heute notwendig, wenn wir
nicht Hunger leiden wollen[64]. Auch der Hunger kann Hindernis für die Erlangung des
Heils sein: wenn er den Menschen völlig beschlagnahmt durch das Sorgen um Nahrung
und Kleidung, durch ein Sorgen, das ihn die einzig heilswichtige Sorge nicht wahrnehmen
läßt[65]. Nicht ohne Grund endet die Warnung Jesu vor solchem Sorgen mit dem Satz:
»Vielmehr suchet sein Reich, und dies alles wird euch hinzugefügt werden!« (Lk 12,31 par.
Mt 6,33).

Die Vergebungs-Bitte impliziert — darin ist Jeremias Recht zu geben — den Gedanken
an das Endgericht[66], bittet aber doch schon um hier und heute gewährte Vergebung der
»Schulden«. Auch die Schlußbitte um Bewahrung vor »Versuchung« hat möglicherweise
einen »ideellen Bezug« auf das Eschaton[67]. Aber es muß doch gegen eine rein escha-
tologisch-zukünftige Deutung von πειρασμός eingewandt werden, daß es diesen Begriff
als Terminus für die Drangsal der Endzeit z.Zt. Jesu im Judentum nicht gab, was im übrigen das Fehlen des Artikels vor πειρασμόν anzeigt[68].

Faßt man das jesuanische Verständnis der drei Wir-Bitten zusammen und fragt nach
dem inneren Zusammenhang der Bitten untereinander, so kann man in Anlehnung an

---

[59] Jeremias, Theologie I 193f.
[60] Luz, Matthäus I 346.
[61] Jeremias, a.a.O. 194.
[62] Jeremias, a.a.O. 195.
[63] Jeremias, a.a.O. 195f.
[64] Schürmann, Gebet des Herrn 82.
[65] Vögtle, Der »eschatologische« Bezug 353.359.
[66] Vgl. auch Mt 6,14f; 18,23-34; Lk 6,37.
[67] Siehe z.B. Schürmann, Gebet des Herrn 103-105; Vögtle, a.a.O. 355.
[68] Vögtle, a.a.O. 355, mit Hinweis auf Carmignac, Recherches 244f. Luz, Matthäus I 348, weist auf die jüdischen Parallelen hin, die an im täglichen Leben begegnende Versuchungen denken: bBer 60b; 11 Q Psᵃ 24,11f
(vgl. oben bei Anm. 51.52).

Anton Vögtle[69] sagen: Der Beter hat — von Jesus belehrt (nicht ohne weiteres und von sich aus) — *drei Hindernisse* für die endgültige Heilserlangung im Auge und bittet den »Vater« um Abhilfe. Diese Hindernisse sind:

1. Völlige Beschlagnahme durch die Sorge um das Existenzminimum;
2. Sünden, durch die der Mensch sich vor Gott schuldig machte;
3. Gefahr, in neue Sündenschuld zu fallen.

Ein jüdisches Gebet hätte wohl kaum mit dem »Hilferuf« enden können, mit dem sich der Jünger Jesu, um seine Gefährdung wissend, an Gott, den Vater, wendet. Jüdische Gebete enden mit einem Lobspruch[70]. Und die judenchristliche Gemeinde hat dem Gebet des Herrn schon früh einen solchen doxologischen Schluß angefügt. In der Didache ist er noch zweigliedrig: »Denn dein ist die Kraft und die Herrlichkeit in Ewigkeit« (8,2). Das von Jesus gelehrte Jüngergebet hingegen endet ebenso »unfeierlich«, dem Juden seiner Zeit mindestens »ungewohnt«, wie es begonnen hatte.

7. »Jüdisches« Gebet?

1) Das Vaterunser als Gebet »des Juden Jesus« muß nicht notwendig auch ein »jüdisches Gebet« sein. Es ist zwar — wie Wettstein schrieb — *ex formulis Hebraeorum* zusammengefügt. Doch es hebt sich jesuanisch-charakteristisch von jüdischem Beten ab. Mit seiner jesuanischen Eigenart und Neuheit fällt es zwar nicht »aus dem Rahmen des Judentums«[71], schon weil sich »überraschend viele Verbindungslinien zwischen dem Glauben und Beten Israels einerseits« (nach dem Zeugnis des Alten Testament!) und dem »Gebet des Herrn« andererseits ausmachen lassen[72]. Man wird aber beachten müssen, daß *alttestamentliche* Bezugspunkte nicht einfachhin als *jüdische* angesehen werden dürfen. Es läßt sich zwar zeigen, daß es im jüdischen Beten die Zusammenstellung jeweils zweier Motive gab, die ähnlich in zwei aufeinanderfolgenden Vaterunser-Bitten begegnen: Name und Königtum Gottes, Bitte um Vergebung der Sünden und Bewahrung vor Versuchung[73]. Doch das Ganze ist mehr als die Summe seiner Teile!

2) Wenn es *gemeinsame Wurzeln* jüdischer Gebete und des Vaterunsers gibt, so ist zu fragen, ob Jesus nicht auch von jüdischen Gebeten abhängig ist, ob er z.B. — wie Joachim

---

[69] Vögtle, a.a.O. 359; vgl. ders., Vaterunser 179.
[70] Schürmann, Gebet des Herrn 113.
[71] Mußner, Traktat 200.202.
[72] A. Deissler, Der Geist des Vaterunsers im alttestamentlichen Glauben und Beten, in: Brocke/Petuchowski/Strolz (Hrsg.), Das Vaterunser (s.o. Anm. 2) 131-150.
[73] Der Nachsatz zur Vergebungsbitte, den man vielleicht doch schon dem Gebet Jesu zurechnen darf, hat in Sir 28,2-4 eine Analogie; vgl. dazu oben Anm. 46.

Jeremias meinte — das Kaddisch-Gebet schon als Kind kennenlernte und in sein Gebet aufnahm[74]. Hat Jesus etwa mit den Du-Bitten das Kaddisch aufgegriffen und von sich aus die Wir-Bitten (als das »Neue«) bloß hinzugefügt?[75] Da wir die zum Herrengebet herangezogenen jüdischen Paralleltexte nicht sicher datieren können[76], muß die Frage nach einer »Abhängigkeit« Jesu von jüdischen Gebeten offen bleiben.

3) Die entscheidende Beobachtung ist, daß Jesu Vaterunser sich in mehrfacher Hinsicht von (zeitgenössischen oder späteren) jüdischen Gebeten *abhebt*. Hier ist vor allem die einfache und »unfeierliche« Vater-Anrede zu nennen, die zusammen mit dem für Jesu Botschaft zentralen Gottesreichsbegriff dem Vaterunser von vornherein den Stempel des Eigenen verleiht[77]. »Die Bitte um die Verwirklichung der Gottesherrschaft ist ... der Cantus firmus, alles andere ist Erläuterung. Auch die Anrede gehört hierher; denn der, der von Jesus als Vater angerufen wird, ist kein anderer als der, der seine Herrschaft sichtbar heraufführen wird.«[78] Der Wunsch nach dem Kommen der *Basileia* wird gesprochen aus der Überzeugung, daß das Heil mit Jesus schon angebrochen ist und das Reich nun kommen wird[79].

4) Das Vaterunser gilt den Evangelisten als *Gebet für die Jesus-Jünger*, für Menschen also, die Jesus »nachfolgen«. Ihnen hat es Jesus anvertraut, sie hat er zu diesem Gebet »ermächtigt«. Je nachdem, wie man die Brot-Bitte versteht, kann man zu der Auffassung gelangen, das ganze Gebet spiegele die »Wandersituation des Jüngerkreises« wider, der das tägliche Brot stets neu erbitten mußte[80]. Doch ist dieser Vermutung neuerdings durch Ulrich Luz widersprochen worden. Er vertritt die These: »Es geht nicht um besondere Anliegen des Jüngerkreises Jesu.«[81] Wie dem auch sei, die neue »Situation« der Jesus-Jünger nach Ostern gab dem Gebet des Herrn neue Dimensionen. Sie ließ Gott als den Vater Jesu Christi verstehen, der ihn von den Toten erweckte und durch ihn Sündenvergebung schenkte. Die nachösterliche Situation der betenden Jünger führte dazu, daß man dem Herrengebet nicht nur eine »feierliche« Rahmung gab (in Anrede und Doxologie), sondern (z.B. im Nachsatz zu der zweiten Wir-Bitte und in der Bitte um den Vollzug des Willens Gottes auf Erden) auch »ethische« sowie »soziale« Komponenten einbrach-

---

[74] Jeremias, Theologie I 192f.
[75] Das war die Meinung von Jeremias, a.a.O. 193.
[76] Siehe dazu Fitzmyer, Luke II 901.
[77] Dazu kann man vertiefende Ausführungen lesen bei G. Strecker, Vaterunser und Glaube, in: F. Hahn/H. Klein (Hrsg.), Glaube im Neuen Testament, Neukirchen 1982, 11-28, bes. 24f; ders., Die Bergpredigt. Ein exegetischer Kommentar, Göttingen 1984, 115-119.
[78] Strecker, Vaterunser und Glaube 24f. Vgl. Schürmann, Gebet des Herrn 66: »Der Ausblick auf das Kommende setzt den Aufblick zum Vater voraus.«
[79] Vgl. Schürmann, a.a.O. 67.
[80] Mußner, Traktat 199; Schürmann, a.a.O. 85f.
[81] Luz, Matthäus I 347; vgl. 351: Das Vaterunser »ist offen formuliert. In seinen Formulierungen können sich viele Menschen wiederfinden ...«

te[82]. Die Zusätze, die sich bei Matthäus finden, lassen einen starken ethischen Akzent erkennen[83], der später in Gregor von Nyssa einen der prägnantesten Vertreter fand[84].

5) Man war sich — wie die Ergänzungen zum Vaterunser Jesu naheIegen — dessen bewußt, daß das Gebet nicht die *ganze* Botschaft Jesu enthielt. Das Gebet Jesu ist also nicht *compendium* oder *summa Evangelii*. Wenn man aber die charakteristisch jesuanischen Züge, die einfache Vater-Anrede in Verbindung mit der Reichs-Bitte, als Leitmotiv des Gebets erkennt, kann man mit Tertullian sagen: Es bietet ein *breviarium totius Evangelii*.

6) Vielfach wird, um den jesuanischen Ursprung des Vaterunsers nachzuweisen, auf das *Fehlen von Christologie* aufmerksam gemacht. Das Gebet enthält tatsächlich keine »direkten« Aussagen über den Messias Jesus. Doch muß man — vor allem bei Berücksichtigung der Vater-Anrede und der Bitte um das Kommen des Reiches sowie bei der Einbettung der Einzelbitten in die Verkündigung Jesu eindeutig »indirekte« Christologie konstatieren. Das Gebet impliziert, daß der, der es lehrt, in einem einzigartigen Verhältnis zu Gott-Vater steht. Deshalb ist es auch fraglich, ob es in dem Sinn ein »ökumenisches Gebet« ist, daß ein Jude es so sprechen kann, wie es vom Ursprung her gemeint ist[85].

7) Eine bedeutsame *Gemeinsamkeit* im Beten von Juden und Christen liegt darin, daß beide um die Endoffenbarung der Gottesherrschaft beten, die weder als Frucht des Gebets noch als Ereignis menschlicher Aktivität, sondern allein vom souveränen Heilshandeln Gottes her erwartet wird. Juden wie Christen wissen auch, daß diese Gottesherrschaft das ureigenste Ziel Gottes selbst ist. Und darum ist der Beter einer solchen Bitte mehr als ein Bittsteller. Er ist ein Glaubender, der sich zu seinem Gott bekennt.

[82] Zu dem Nachsatz zur Vergebungsbitte siehe oben Anm. 46. Vgl. die wohl voneinander unabhängigen Jesusworte Mt 6,14f; Mk 11,25.
[83] Zum Verständnis der dritten Du-Bitte bei Matthäus siehe Luz, Matthäus I 344: »Unsere Bitte zielt also auf ein aktives Verhalten des Menschen. Sie ist aber nicht einfach ein verkappter Imperativ, sondern sie legt Gott das Handeln des Menschen in Gestalt einer Bitte zu Füßen.« Ganz ähnlich ist der Nachsatz zur Vergebungsbitte zu beurteilen.
[84] Siehe Luz, Matthäus I 339, mit Hinweis auf Gregor von Nyssa, De Oratione Dominica 5,3.
[85] Vgl. den vorsichtig formulierten Untertitel des Sammelbandes von Brocke/Petuchowski/Strolz (s.o. Anm.2): »Gemeinsames im Beten von Juden und Christen«.

3

DAS VATERUNSER DES MATTHÄUS

In seinem großangelegten Werk *Les Béatitudes* vertritt Jacques Dupont die Auffasung, daß die von den Endredaktoren der Evangelien nach Matthäus und nach Lukas benutzte Logienquelle (Q) diesen wohl nicht in unterschiedlicher Fassung (Q^Mt und Q^Lk) vorgelegen hat[1]. Wenngleich Dupont nicht absolut ausschließen möchte, daß es Q in zweifacher Gestalt gegeben habe, hält er doch die entsprechende Hypothese methodisch für unnötig und praktisch für unbrauchbar[2]. Die Differenzen zwischen Mt und Lk im Q-Stoff lassen sich nämlich generell als redaktionelle Bearbeitung durch den einen oder den anderen Evangelisten erklären, und die Rekonstruktion von zwei Fassungen (Q^Mt und Q^Lk) belastet die Forschung mit zu vielen unbekannten Größen[3].

So unbefriedigend auch manchen Exegeten diese Position Duponts erscheinen mag[4], sie ist unseres Erachtens gerechtfertigt unter der Voraussetzung, daß nicht die Rekonstruktion von Vorlagen oder gar vorliterarischen Traditionen das eigentliche

---

1. J. DUPONT, *Les Béatitudes*, III, Paris, 1973, 12f.
2. J. DUPONT, *Les Béatitudes*, I, Neudruck, Paris, 1969 (= ²1958), 343-345.
3. DUPONT, *Les Béatitudes*, III, 13 mit Anm. 1. Siehe auch : C. M. TUCKETT, «The Beatitudes : A Source-Critical Study (With a Reply by M. D. Goulder)», in *NT* 25 (1983), 193-207 (207-216). — Eine zweifache Gestalt von Q wird z. B. vertreten von G. STRECKER, «Die Makarismen der Bergpredigt», in *NTS* 17 (1970-1971), 255-275.
4. Vgl. die Rezension von DUPONT, *Les Béatitudes*, III, durch D. LÜHRMANN, in *TR* 71 (1975), 29f., der mit einer «Zwischenstufe zwischen der Logienquelle und der mt. Redaktion» rechnen zu müssen glaubt (30).

Ziel der Erörterung ist, sondern die Auslegung der uns vorliegenden Evangelientexte[5].

Was Jacques Dupont in bezug auf die Seligpreisungen der Bergpredigt in seinem exegetischen Hauptwerk erfolgreich durchführte, nämlich die von einem konkreten Textstück ausgehende Verdeutlichung der theologischen Grundgedanken «des Matthäus» und «des Lukas», das möchte die folgende Studie im Blick auf «das Vaterunser des Matthäus» durchführen[6]. Vorab sei als Ausgangsposition betont : Wir gehen davon aus, daß die Mt-Lk-Differenzen im «Gebet des Herrn» aus unterschiedlicher Bearbeitung der Q-Vorlage erklärt werden *können* und nicht auf verschiedenen Vorlagen oder Traditionen beruhen *müssen*. Allerdings soll nicht ausgeschlossen werden, daß die «matthäische Redaktion» Elemente der Gemeinde-Überlieferung aufnahm und in das Vaterunser der Evangelienschrift einbrachte.

---

5. Siehe meine Rezension von Dupont, *Les Béatitudes*, III, in *Bib* 56 (1975), 281-284, näherhin 281f.

6. Wichtigste Literatur zum Vaterunser seit 1946 : E. Lohmeyer, *Das Vater-unser*, Göttingen, 1946 (= [5]1962) ; J. Jeremias, «Das Vater-Unser im Lichte der neueren Forschung» (1962), in Ders., *Abba*, Göttingen, 1966, 152-171 ; J. Carmignac, *Recherches sur le «Notre Père»*, Paris, 1969 ; J. Jeremias, *Neutestamentliche Theologie*, I, *Die Verkündigung Jesu*, Gütersloh, 1971, 188-196 ; S. Schulz, *Q. Die Spruchquelle der Evangelisten*, Zürich, 1972, 84-93 ; Brocke/Petuchowski/Strolz (Hrsg.), *Das Vaterunser. Gemeinsames im Beten von Juden und Christen*, Freiburg, 1974 ; Ph. B. Harner, *Understanding the Lord's Prayer*, Philadelphia, 1975 ; H. Schürmann, *Das Gebet des Herrn als Schlüssel zum Verstehen Jesu*, Freiburg, [4]1981.

Außerdem folgende Aufsätze : R. Leaney, «The Lucan Text of the Lord's Prayer (Lk XI 2-4)», in *NT* 1 (1956), 103-111 ; J. Dupont-P. Bonnard, «Le Notre Père. Notes exégétiques», in *Maison Dieu* 85 (1966), 7-35 ; A. Vögtle, «Der "eschatologische" Bezug der Wir-Bitten des Vaterunser», in *Jesus und Paulus, Fs. für W. G. Kümmel*, Göttingen, 1975, 344-362 ; G. Strecker, «Vaterunser und Glaube», in Hahn/Klein (Hrsg.), *Glaube im Neuen Testament*, Neukirchen, 1982, 11-28 ; W. O. Walker, Jr., «The Lord's Prayer in Matthew and John», in *NTS* 28 (1982), 237-256 ; S. Sabugal, «La redacción mateana del Padrenuestro (Mt 6, 9-13)», in *EstE* 58 (1983), 307-329. Erst nach Fertigstellung dieser Studie erschien : B. Gerhardsson, «The Matthaean Version of the Lord's Prayer (Matt 6, 9b-13) — Some Observations», in *The New Testament Age. Essays in Honor of Bo Reicke I-II*, Macon, GA, 1984, I, 207-220.

I. DER WACHSENDE « UMFANG »
DES VATERUNSERS

In den Evangelien kommt das Vaterunser in zwei Fassungen vor, in einer längeren Mt 6, 9-13 und in einer kürzeren Lk 11, 2-4. Die lukanische Kurzform ist in der matthäischen Langform enthalten[7]. Letztere Feststellung betrifft freilich nur den « Umfang », nicht jedoch den genauen Wortlaut des Gebets. In der Kurzform des Lk fehlen im wesentlichen folgende drei Elemente : die an die Vateranrede angeschlossene Wendung : « unser, der in den Himmeln » (in Mt 6, 9b), die (3.) Bitte : « Es geschehe dein Wille, wie im Himmel, so auch auf Erden ! » (6, 10b.c) und die an die Schlußbitte angehängte positive Bitte « sondern rette uns von dem Bösen ! ».

E. Lohmeyer wollte die doppelte Form des Vaterunsers « aus dem doppelten Ursprung der Urchristenheit und ihrer Überlieferung » erklären. Er lehnte es ab, nach einer « Urform » des Vaterunsers zu fragen, sondern begnügte sich mit der Vermutung, die Langform des Mt stamme aus Galiläa, während die Kurzform des Lk in Jerusalem zu lokalisieren sei[8]. Auch J. Jeremias wollte die Abweichungen zwischen Mt und Lk im Vaterunser nicht « auf die Eigenwilligkeit der Evangelisten » zurückführen, sondern mit einem unterschiedlichen « Sitz im Leben » erklären : « Wir haben den Gebetswortlaut zweier Kirchen vor uns »[9]. Jeremias beantwortete die Frage nach der « ursprünglichen Fassung » so, daß — aufs Ganze gesehen —

---

7. JEREMIAS, *Das Vater-Unser*, 158 : « die lukanische Kurzform ist in der Matthäus-Fassung vollständig enthalten ». Siehe auch JEREMIAS, *Theologie*, I, 189f.

8. LOHMEYER, *Das Vater-unser*, 210. Er wagt das Urteil, daß « die lukanische Form durch ihre kleineren sprachlichen Abweichungen im ganzen ihre jüngere Herkunft beweist » (210). So müsse man auch annehmen, « daß die Doppelform des Vater-unsers in den ersten Jahren des gemeinsamen Lebens beider Richtungen und Überlieferungen gebildet worden ist, als Galiläa die wahre Heimat des Evangeliums und seiner Jünger war » (210f.).

9. JEREMIAS, *Das Vater-Unser*, 157. Er fügt hinzu : « Jeder der Evangelisten überliefert uns den Wortlaut des Vater-Unsers so, wie es zu seiner Zeit in seiner Kirche gebetet wurde. »

«die Lukas-Fassung in bezug auf die *Länge* die älteste Form erhalten hat, daß der Matthäus-Text jedoch hinsichtlich des gemeinsamen *Wortlautes* ursprünglicher ist»[10].

. A. Vögtle meint nun allerdings, man dürfe noch einen Schritt weiter zurückgehen, um das von Jesus selbst als Gebetsanweisung gesprochene Vaterunser zu erreichen. Er rechnet in bezug auf den Nachsatz zur zweiten Wir-Bitte («wie auch wir vergeben...») mit einer frühen Einschaltung[11]. Bleibt man indessen bei der aus Mt und Lk gewonnenen Q-Fassung des Vaterunsers und klammert die Frage der von Jesus gesprochenen Urform hier einmal aus, so kann man mit Vögtle folgende Übersetzung der ältesten erreichbaren Fassung geben[12] :

Anrede :
  Vater!
Du-Bitten :
  1. Geheiligt werde dein Name,
  2. es komme deine Herrschaft!
Wir-Bitten :
  1. Unser Brot *ton epiousion* gib uns heute,
  2. und vergib uns unsere Schulden,
     wie auch wir vergeben (haben) unseren Schuldigern,
  3. und laß uns nicht in Versuchung geraten!

Vögtle hält die Wendungen und Bitten, die nur im Mt-Text des Vaterunsers stehen, für Erweiterungen des Herrengebets, die «in der judenchristlichen Gemeinde» vorgenommen wurden[13], führt sie also nicht auf freie Redaktionstätigkeit des Matthäus-

---

10. JEREMIAS, *Das Vater-Unser*, 160 ; vgl. die deutsche Übersetzung nach dem «vermutlich ältesten Wortlaut» (161). Entsprechend dieser Rekonstruktion gibt A. POLAG, *Fragmenta Q*, Neukirchen, 1979, 48f., die Q- Fassung des Vaterunsers wieder. Nach A. VÖGTLE, «Das Vaterunser — ein Gebet für Juden und Christen?», in BROCKE-PETUCHOWSKI-STROLZ, *Das Vaterunser* (siehe oben Anm. 6), 165-195, ist die These von Jeremias heute «die meist vertretene Auffassung» (167).
11. VÖGTLE, *Das Vaterunser*, 168 ; vgl. 185. Siehe auch die nähere Erörterung bei VÖGTLE, *Der «eschatologische» Bezug*, 345-347, wo er allerdings den Satz «wie auch wir vergeben unseren Schuldigern» in Klammern in den rekonstruierten Wortlaut aufnimmt (347).
12. VÖGTLE, *Der «eschatologische» Bezug*, 347.
13. VÖGTLE, *Das Vaterunser*, 184-186.

Evangelisten zurück [14]. Eine dem ganz entsprechende Auffassung vertritt H. Schürmann, wenn er schreibt : « Eingehendere Untersuchungen können zeigen, daß Lukas und Matthäus das Gebet in einer gemeinsamen, schon in die griechische Sprache übersetzten Sammlung von Redenkompositionen, der sogenannten "Redequelle"..., vorfanden, wobei gezeigt werden kann, daß sowohl Lukas wie auch Matthäus die in der Vorlage gefundene Fassung dem ihnen jeweils bekannten Gemeindegebrauch angepaßt haben » [15].

Einerseits zeigt der in der deutschsprachigen Vaterunser-Forschung weitgehend erreichte Konsens, daß man die « Überschüsse » der Mt-Fassung als « Erweiterungen » zu deuten geneigt ist — daß die Lk-Fassung durch Streichungen entstanden sei, wird kaum noch vertreten [16] —, man andererseits aber nicht bereit ist, diese Erweiterungen einfachhin dem Evangelisten Matthäus zuzuschreiben [17]. Man argumentiert gern in dem Sinn, daß es Matthäus kaum gewagt haben dürfte, seiner Gemeinde einen Vaterunserwortlaut zuzumuten, der nicht schon bekannt gewesen sei [18]. Wenn man so argumentiert, übergeht man leicht

---

14. VÖGTLE, Der « eschatologische » Bezug, 344f.

15. SCHÜRMANN, Gebet des Herrn, 160, Anm. 8. Ähnlich STRECKER, Vaterunser und Glaube, 13 : Die Evangelienverfasser « überliefern jeweils die Fassung des Vaterunsers, wie sie in ihren Gemeinden bekannt war. Die entscheidenden Erweiterungen des Urtextes haben daher schon vor der Zeit des Matthäus stattgefunden ».

16. Daß die Lk-Fassung Abkürzung der Langform sei, behaupten M. D. GOULDER, « The Composition of the Lord's Prayer », in JTS 14 (1963), 32-45 ; S.. VAN TILBORG, « A Form-Criticism of the Lord's Prayer », in NT 14 (1972), 94-105. Beide nehmen an, daß das Vaterunser urchristliche Komposition aufgrund der Jesusworte und jüdischer Gebete sei. Eine gute Diskussion der Argumente, die für die Ursprünglichkeit der Mt-Fassung vorgebracht werden, bietet HARNER, Lord's Prayer, 12-17. Er hält diese Argumente nicht für durchschlagend.

17. Siehe etwa die Kritik von E. SCHWEIZER an dem von ihm besprochenen Buch H. FRANKEMÖLLE, Jahwebund und Kirche Christi, Münster, 1974, in TR 70 (1974), 368-370, näherhin 369. SABUGAL, La redacción mateana, 311f., spricht hinsichtlich der mt « Überschüsse » ganz unbefangen von einer « redacción literaria del Evangelista », für Mt 6, 9b nimmt er sogar eine « redaccional creación literaria » des Matthäus an. In ähnlicher Weise äußert sich G. STANTON, « Matthew as a Creative Interpreter of the Sayings of Jesus », in Das Evangelium und die Evangelien, hrsg. von P. Stuhlmacher, Wiss UnNT 28, Tübingen, 1983, 273-287, 279.

18. Vgl. SCHWEIZER, a. Anm. 17 a. O., angeführt von VÖGTLE, Der « eschatologische » Bezug, 345.

die Tatsache, daß das, was man den Evangelienverfassern nicht zutrauen möchte, konsequenterweise der vorliterarischen Gemeindetradition zugeschrieben werden muß. Irgendwann *muß* ja die Langform aus der Kurzform entstanden sein. Warum sollten die Abweichungen von der Q-Fassung nicht erst durch die Hand des jeweiligen Evangelienverfassers entstanden sein?

Zunächst soll diese Frage im Hinblick auf den «Umfang» des Vaterunsers erörtert werden. Die Traditionsgeschichte des Herrengebets zeigt, daß wir es mit einem *Anwachsen* des Umfangs zu tun haben, wie es analog z. B. auch in jüdischen Gebeten der Jesuszeit zu beobachten ist [19]. In der Fassung, die oben im Anschluß an A. Vögtle notiert wurde, ist vielleicht schon der Satz «wie auch wir vergeben (haben) unseren Schuldigern» früh (wenn auch ganz im Sinne der Botschaft Jesu) zugefügt worden, und zwar — das bleibt das Motiv auch bei späteren «Zusätzen» — im Sinne eines kommentierenden oder verdeutlichenden *Nachtrags*.

Es ist schon immer aufgefallen, daß in «liturgischen» Texten eher ein Anwachsen zu beobachten ist als eine Tendenz zur Abkürzung. So läßt sich die Mt-Fassung des Vaterunsers auch deswegen als Erweiterung einer älteren Kurzfassung verstehen, weil das Plus jeweils *am Ende* einer von der Form und Gliederung her erkennbaren Einheit steht: als Erweiterung der Vater-Anrede («unser, der in den Himmeln»), am Schluß der Du-Bitten («Dein Wille geschehe...»), am Schluß der Wir-Bitten («sondern rette uns von dem Bösen»).

Dieses traditionsgeschichtliche Anwachsen ging nach der Abfassung der Evangelienschriften weiter. Die *Didache* (8,2) greift die Langform auf, die sich Mt 6,9-13 findet, — möglicherweise unabhängig vom kanonischen Mt-Evangelium; doch sie bietet eine Erweiterung, die wiederum an die traditionelle Fassung «angehängt» ist: «Denn dein ist die Kraft und die Herrlichkeit in Ewigkeit.» Die gleiche Tendenz, das Gebet mit

---

19. Vgl. die beiden «Rezensionen» des 18-Bitten-Gebets bei W. STAERK, *Altjüdische liturgische Gebete*, Kleine Texte 58, Berlin, [2]1930, 9-19, und die deutsche Übersetzung bei (STRACK/) BILLERBECK, *Kommentar zum Neuen Testament aus Talmud und Midrasch*, I-IV, München, [2]1956, IV, 1, 210-214 (unter anderem die Zufügung der Birkath ha-minim), sowie das Kaddisch (STAERK, a.a.O., 29-32). Zur Komposition der beiden Gebete siehe I. ELBOGEN, *Der jüdische Gottesdienst in seiner geschichtlichen Entwicklung*, Hildesheim, [4]1962, 27-41.92-98.

einer Doxologie abzuschließen — ein Erbe jüdischer
Gebetspraxis [20] —, bezeugt auch die Textgeschichte von Mt 6,
13 [21]. Im allgemeinen nimmt man heute an, daß die Didache nicht
direkt («literarisch») von Mt abhängig ist [22]. Wenn dies auch
zutreffend sein mag, so ist es doch möglich zu zeigen, daß die
Vaterunser-Fassung der Didache gegenüber der Mt-Fassung
sekundär und somit später anzusetzen ist [23].

II. DER «WORTLAUT» DES VATERUNSERS IN Q

Wenn eben vom Anwachsen des Umfangs in der Überlieferungsgeschichte des Vaterunsers die Rede war, so ist nun auf den
Wortlaut einzugehen, den Matthäus in seiner Vorlage, der

---

20. Siehe das 18-Bitten-Gebet, das am Ende jeder einzelnen Benediktion
einen Lobspruch bietet. Zum Kaddisch siehe die rekonstruierte älteste Fassung
bei JEREMIAS, *Theologie*, 192. Vgl. neben BILLERBECK, *Kommentar*, I, 423f., auch
ELBOGEN, *Der jüdische Gottesdienst*, 41-60.

21. Siehe die wohl im Anschluß an 1 Chr 29, 11-13 gebildete dreigliedrige
Doxologie in den Textzeugen L W 038.0233 Koine u. a.

22. Siehe H. KÖSTER, *Synoptische Überlieferung bei den Apostolischen Vätern*,
TU 65, Berlin, 1957, 159-241; J.P. AUDET, *La Didachè*, ÉtB, Paris, 1958,
166-186.370f.; R. GLOVER, «The Didache's Quotations and the Synoptic
Gospels», in *NTS* 5 (1958-1959), 12-29; F. E. VOKES, «The Didache and the
Canon of the New Testament», in *Studia evangelica*, III, Berlin, 1964, 427-436;
PH. VIELHAUER, *Geschichte der urchristlichen Literatur*, Berlin, 1975, 719-737;
W. RORDORF-A. TUILIER, *La Doctrine des Douze Apôtres (Didachè)*, SChr 248,
Paris, 1978, 36-38.86f.; J.-M. COURT, «The Didache and St. Matthew's Gospel»,
in *ScotJT* 34 (1981), 109-120. — Neuerdings weicht K. Wengst von dieser Linie
ab und vertritt die Auffassung, das Mt-Evangelium sei in der Gemeinde des
Didachisten bekannt gewesen und von ihm für seine Schrift benutzt worden:
K. WENGST (Hrsg.), *Didache (Apostellehre), Barnabasbrief, Zweiter Klemens-
brief, Schrift an Diognet*, Schriften des Urchristentums 2, Darmstadt, 1984,
24-32, näherhin 30 (zum Vaterunser vgl. 26f.).

23. *Did* 8, 2 liest in der Anrede statt «in den Himmeln» den Singular «im
Himmel», was als Angleichung an die 3. Du-Bitte verstanden werden kann. —
Statt «Schulden» liest *Did* in der 5. Bitte *tèn opheilèn*, — wahrscheinlich, um an
die singularischen Stichwörter «Brot» und «Versuchung» in den übrigen
Wir-Bitten anzugleichen; vgl. die übliche deutsche Übersetzung des lateinischen
debita nostra mit «unsere Schuld». — Die Präsensform «wir vergeben» (anstelle
der Aoristform bei Mt «wir vergeben haben») entspricht der Fassung in Lk 11,
4b und kommt auch in der späteren Textgeschichte von Mt 6, 12 vor.

Logienquelle, vorfand. Hierbei ist zu berücksichtigen, daß die dritte Bitte («Dein Wille geschehe...») und die Erweiterung der abschließenden Bitte («sondern rette uns ...») in Q nicht enthalten waren. Bei der Erweiterung der Vater-Anrede muß die Bezeugung in Q noch erörtert werden, da manche Autoren damit rechnen, Lukas habe die erweiterte Anrede schon vorgefunden, aber nur das einfache *pater* stehengelassen [24]. Somit sind bei der Frage nach dem «Wortlaut» der Q-Fassung folgende Versteile zu erörtern :

A. Mt 6, 9b : Vater unser, der in den Himmeln!
   Lk 11, 2c : Vater!
B. Mt 6, 11 : gib uns heute!
   Lk 11, 3 : gib uns täglich!
C. Mt 6, 12a : Schulden
   Lk 11, 4a : Sünden
D. Mt 6, 12b : wie auch wir vergeben haben
   Lk 11, 4b : denn auch wir vergeben
E. Mt 6, 12b : unseren Schuldnern
   Lk 11, 4b : jedem, der uns (etwas) schuldet

A. Es fällt auf, daß die Rede vom «Vater, der in den Himmeln [ist]» im Munde Jesu vor allem in Verbindung mit den Pronomina «mein» und «euer» bezeugt ist. Es handelt sich um eine Redeweise, die fast ausschließlich Mt bezeugt [25]. Die

---

24. DUPONT, *Les Béatitudes*, I, 65 : «*Matthieu a probablement bien conservé l'invocation initiale : "Notre Père, qui es dans les cieux".*» Unter der Argumenten, die er für die Priorität der längeren Anrede anführt, fungiert auch Mk 11, 25, welche Stelle an eine Kenntnis des Vaterunsers (mit der Langform der Anrede) bei Markus denken lasse. Ferner bezeuge Lukas eine Abneigung gegen die ergänzende Wendung «der in den Himmeln», die ihm wohl zu «jüdisch» vorgekommen sei (I, 65f., Anm. 1). — Die Langform der Vater-Anrede wird auch von anderen frankophonen Autoren für älter (bzw. für jesuanisch) gehalten : CARMIGNAC, *Recherches*, 74-76 ; W. MARCHEL, *Abba, Père! La Prière du Christ et des Chrétiens*, AnBib 19 A, Rom, ²1971, 185-189.
25. Die Formulierung *ho patèr mou ho en [tois] ouranois* steht im NT an folgenden Stellen (nur um Munde Jesu) :
Mt 7, 21 diff Lk 6, 46
   10, 32 diff Lk 12, 8 («die Engel Gottes»)
   10, 33 Sg. (vgl. 10, 32)
   12, 50 diff Mk 3, 35 *(ho theos)*
   16, 17 Sg. diff Mk (8, 29)

singuläre Verbindung mit «unser» Mt 6, 9b kann daher als mit
«euer Vater, der in den Himmeln» zusammenhängend bzw.
davon abgeleitet gelten, zumal hier Jesus nicht zusammen mit
seinen Jüngern Gott anredet, sondern die Jünger beten lehrt.

Die Rede vom «Vater, der im Himmel [ist]» war im
zeitgenössischen Judentum verbreitet[26], und es lag nahe, sie mit
der einfachen Vateranrede des Herrengebets zu verknüpfen.
Aber es kann nicht bewiesen werden, daß dies schon vor
Abfassung des Mt-Evangeliums geschah. An den Stellen Mt 5,
16 ; 6, 1 ; 7, 11 ; 18, 14 dürfte die Wendung mit «euer»
redaktionell sein ; das gleiche gilt für die Verbindung mit «mein»
Mt 7, 21 ; 10, 32.33 ; 12, 50 ; 16, 17 ; 18, 10.19[27]. Die Gegenprobe
kann darin bestehen, daß man nach einer eventuellen Vorliebe
des Lukas für einfaches *ho patèr* bzw. für absolutes *pater* als
Anrede fragt. Hier läßt sich zwar erkennen, daß der auf Gott
bezogene Vokativ *pater* bei Lukas relativ häufig vorkommt[28].
Man kann aber nicht beweisen, daß er dabei Erweiterungen wie

18, 10 Sg. diff Lk (15,3)
18, 19 Sg.
Ho patèr hymôn ho en [tois] ouranois findet sich im NT gleichfalls nur in
Jesusworten :
Mt 5, 16 Sg. diff Lk (8, 16)
   5, 45 diff Lk 6, 35 *(hypsistos)*
   6, 1 Sg.
   7, 11 diff Lk 11, 13 *(ho patèr)*
  18, 14 diff Lk 15, 7 («Himmel»)
Mk 11, 25 diff Mt 6, 14 *(ho patèr hymôn ho ouranios)*.

26. Siehe G. SCHRENK, *patèr*, usw. C. «Der Vaterbegriff im Spätjudentum»,
in *TWNT* V, 974-981, näherhin 979-981. — Deswegen setzt das Vorkommen in
Mk 11, 25 weder eine Existenz der Langform der Vaterunser-Anrede voraus
noch kann die Mk-Stelle als (von Mt abhängige) Interpolation angesehen werden,
wie R. BULTMANN, *Die Geschichte der synoptischen Tradition*, Göttingen, [5]1961,
65, meinte.

27. Vgl. dazu G. STRECKER, *Der Weg der Gerechtigkeit*, FRLANT 82,
Göttingen, [2]1966, 17f., 152, 160, 201 ; SCHULZ, *Q* 68, 128, 162, 428 ;
H. FRANKEMÖLLE, *Jahwebund und Kirche Christi*, NeutestAbh NF 10, Münster,
1974, 161-165.

28. Absolutes *pater* (Vokativ) steht als Gottesanrede :
Lk 10, 21b par Mt 11, 25
  10, 21d *(ho patèr* als Vokativ) par Mt 11, 26
  11, 2c diff Mt 6, 9b
  22, 42 diff Mk 14, 36 *(abba ho patèr)*
  23, 34a Sg. diff Mk (15, 24)
  23, 46 Sg. diff Mk (15, 37).

« der in den Himmeln » (hier kämen Lk 6, 36 ; 11, 13 ; 12, 20 in Betracht) oder Verbindungen mit Pronomina[29] vermeidet. Die Stellen Lk 6, 36 ; 11, 13 ; 12, 30, an deren Parallelen das Mt-Evangelium einen längeren Text bezeugt, reichen nicht hin, um in dieser Hinsicht eine Kürzung der Q-Vorlage von seiten des Lukas zu beweisen.

Somit bleibt als wahrscheinlichere Lösung des Problems, daß Matthäus die einfache Vater-Anrede seiner Q-Vorlage erweiterte, wobei er sich entweder an den Vaterunser-Text seiner Gemeinde anlehnte oder einfach eine für jüdisches Empfinden und liturgisches Stilgefühl passende traditionelle Wendung aufgriff. Die mit der Erweiterung gegebene inhaltliche Komponente wird noch bei der späteren Behandlung der dritten Du-Bitte (« ... wie im Himmel so auf Erden ») zur Sprache kommen müssen (unten III.B).

B. Bei der Brotbitte ist relativ leicht zu entscheiden, welcher der beiden Evangelisten die Q-Fassung beibehalten hat. Wir dürfen zunächst von der Annahme ausgehen, daß mit *ton arton hèmôn ton epiousion* (Mt 6, 11 par Lk 11, 3) das « für uns notwendige Brot » gemeint ist, das Brot, das wir als irdische Nahrung benötigen[30]. Während bei Mt dieses Brot für « heute » erbeten wird (wahrscheinlich im Morgengebet), bittet die

---

29. *Ho patèr* wird an folgenden Stellen aus Lk/Apg (z. T. in Verbindung mit Pronomina) auf Gott bezogen :

Lk 2, 49 *mou* Sg.
    6, 36 *hymôn* diff Mt 5, 48 (add *ho ouranios*)
    9, 26 absolut diff Mk 8, 38 (add *autou*)
    10, 21d absolut als Vokativ ; siehe oben Anm. 28.
    10, 22a *mou* par Mt 11, 27a
    10, 22b absolut par Mt 11, 27b
    10, 22c absolut par Mt 11, 27c
    11, 13 absolut diff Mt 7, 11 *(hymôn ho en tois ouranois)*
    12, 20 *hymôn* vorangestellt, diff Mt 6, 32 *(ho patèr hymôn ho ouranios)*
    12, 32 *hymôn* diff Mt 6, 34
    22, 29 *mou* Sg.
    24, 49 *mou* Sg.
Apg 1, 4 absolut
    1, 7 absolut
    2, 33 absolut.

30. In dieser Hinsicht ist der Konsens bemerkenswert, der zwischen VÖGTLE, *Der « eschatologische » Bezug*, 348-353, und SCHÜRMANN, *Gebet des Herrn*, 80-92, besteht. Siehe auch CH. MÜLLER *« epiousios »*, in *EWNT* 2 (1981), 79-81.

Lk-Fassung um die (wiederholte [31]) Gewährung des Brotes « Tag für Tag ». Da *to kath' hèmeran* lukanische Redaktion verrät [32] und die Präsensform *didou* sachlich mit dieser Änderung zusammenhängt, wird man die Mt-Fassung in diesem Punkt für ursprünglich halten dürfen. Ob die lukanische Redaktion an den Text der Gemeinde angeglichen hat, wird man bezweifeln dürfen. Der Mt-Text spricht indirekt von der Fürsorge des himmlischen Vaters (vgl. Mt 6, 26.31f.), während bei Lk eher der Gedanke einer — auf längere Zeit angelegten — göttlichen Vorsehung vorliegt. Den letzteren Gedanken enthält auch die in den abendländischen Kirchen übliche Fassung, die vom « täglichen Brot » spricht.

C. Während Mt 6, 12a bildhaft von den « Schulden » des Menschen gegenüber Gott spricht, löst Lk 11, 4a das Bild auf, setzt dafür die « theologische » Begrifflichkeit ein und spricht von unseren « Sünden ». Dabei mag der Begriff der « Sündenvergebung » [33] eingewirkt haben, vielleicht schon in der Tradition des Herrengebets der lukanischen Gemeinde. Origenes liest in der Mt-Fassung *ta paraptômata* und entschlüsselt damit gleichfalls den Vergleich mit materiellen « Schulden ». Daß Lukas in seiner Vorlage *ta opheilèmata* gelesen hat, läßt auch die Verwendung von *opheilôn* Lk 11, 4b erkennen. Bei Mt schaffen die Stichwörter *opheiletès* und *opheilèma* (6, 12) eine Verbindung zum Gleichnis vom unbarmherzigen Gläubiger (18, 23-35), das mit seinem Schlußsatz (V. 35) auf die Vergebungsbitte des Vaterunsers sowie auf 6, 14f. zurückverweist. Im Gleichnis selbst begegnen sowohl *opheiletès* (V. 24) als auch *opheilè* (V. 32) und *opheilô* (VV. 28a.b.30.34).

---

31. *Didou* (Lk) ist als iteratives Präsens zu verstehen, im Unterschied zu dem Aorist *dos* (Mt), der das einmalige Geben (für « heute ») erbittet.
32. *To kath' hèmeran* steht im NT nur im lukanischen Werk : Lk 11, 3 diff Mt ; 19, 47 diff Mk ; Apg 17, 11 v. l. — Einfaches *kath' hèmeran* findet sich häufiger, jedoch überwiegend im lukanischen Werk : Mt 26, 55 par Mk 14, 49 par Lk 22, 53 ; Lk 9, 23 diff Mk ; Lk 16, 19 Sg. ; Apg 2, 46.47 ; 3, 2 ; 16, 5 ; 17, 11 ; 19, 9 ; 1 Kor 15, 31 ; 2 Kor 11, 28 ; Hebr 7, 27 ; 10, 11.
33. Vgl. die Wendung *aphienai hamartias (-ian)* Mt 9, 2.5.6 ; 12 31 ; Mk 2, 5.7.9.10 ; Lk 5, 20.21.23.24 ; 7, 47.48.49 ; 11, 4 ; Joh 20, 23, und *aphesis hamartiôn* Mt 26, 28 ; Mk 1, 4 ; Lk 1, 77 ; 3, 3 ; 24, 47 ; Apg 2, 38 ; 5, 31 ; 10, 43 ; 13, 38 ; 26, 18.

D. Mt 6, 12b setzt mit *aphèkamen* voraus, daß die Beter ihrerseits schon ihren Schuldnern vergeben haben, wenn sie Gott um Vergebung bitten. Mag der Aorist auch, wie J. Jeremias meinte, auf das aramäische Perfectum praesens zurückgehen, das eine eintretende Handlung bezeichnet[34], so wird man doch die griechische Verbform nicht mit «wir vergeben *hiermit*» übersetzen dürfen. Der Aorist spricht von einem bereits vollzogenen zwischenmenschlichen Vergeben, wie — wenigstens für das matthäische Verständnis — Mt 6, 14f. und 18, 35 anzeigen. Der zwischenmenschliche Vergebungsakt ist Voraussetzung für ein ehrliches Gebet um die Vergebung Gottes[35].

Die lukanische präsentische Fassung Lk 11, 4b läßt den Beter hingegen ein Versprechen für die Gegenwart und für alle Zukunft machen. Er erklärt seine Bereitschaft, *immer* und *jedem* zu vergeben. Der lukanisch-redaktionelle Charakter dieser Verschärfung der ethischen Komponente in dem Zusatz zur Vergebungsbitte geht im übrigen aus der Verwendung von *kai gar*[36] sowie von *pas* mit Partizip[37] hervor.

---

34. Siehe JEREMIAS, *Das Vater-Unser*, 160; DERS., *Theologie*, I, 195.

35. In diesem Sinn deutet u. a. SCHÜRMANN, *Gebet des Herrn*, 106-110 mit Anmerkungen 164-170, der im übrigen hier auch auf Mk 11, 25 verweist.

36. *Kai gar* begegnet bei Lukas an folgenden Stellen : Lk 1, 66; 6, 32b.33a [33b v. 1.34b v. 1.]; 7, 8; 11, 4; 22, 37.59; Apg 19, 40. Da Matthäus *kai gar* in Abhängigkeit von Vorlagen und von sich aus (redaktionell) schreibt (Mt 8, 9 par Lk; 15, 27 diff Mk; 26, 73 par Mk), wird man kaum annehmen, daß er es im Vaterunser getilgt hätte, falls es ihm in Q vorlag. Immerhin kann auch beobachtet werden, daß Matthäus *kai gar* in Mk 10, 45 zu *hôsper* abgeändert hat (Mt 20, 28).

Das Mt 6, 12 stehende *hôs kai*, das noch zweimal bei Mt vorkommt (18,33 Sg. ; 20, 14 Sg.), fehlt im dritten Evangelium ganz (abgesehen von Lk 9,54 v. l.). Es findet sich indessen an 6 Stellen der Apg und wird somit von Lukas nicht grundsätzlich gemieden. Die Abänderung von *hôs kai* zu *kai gar* im Vaterunser hängt wohl damit zusammen, daß Lukas an die ständige Vergebungsbereitschaft der Betenden denkt (vgl. Lk 17, 4 par Mt 18, 21f.). Schließlich ist zu erwägen, ob nicht in Q ein einfaches *kai* den Nachsatz parataktisch einleitete (was auf eine semitische Vorlage hinweisen könnte). Dann hätten Matthäus und Lukas auf je verschiedene Weise die Parataxe aufgelöst und den Nachsatz eindeutig subordiniert : Matthäus mit begründend-vergleichendem *hôs kai* (vgl. BLAß/ DEBRUNNER, *Grammatik des neutestamentlichen Griechisch*, Göttingen, [14]1976, § 453, 2), Lukas mit begründendem *kai gar* (vgl. ebd., § 452, 3).

37. *Pas* mit folgendem substantiviertem Partizip (ohne Artikel) steht im NT selten. BLAß/DEBRUNNER, *Grammatik*, § 413, 2, nennen als Beispiele nur Mt 13, 19 (diff Mk 4, 15); Lk 6, 30 (diff Mt 5, 42 ; siehe dazu SCHULZ, *Q*, 123); Lk 11, 4b (diff Mt 6, 12b); Apk 22, 15. Beide Evangelisten verwenden die Konstruktion offensichtlich redaktionell. Nur an den beiden Lk-Stellen folgt auf die besagte Konstruktion ein personal-pronominales Objekt.

E. Damit sind wir aber schon bei der letzten Wortlautdivergenz zwischen Mt und Lk. Mt 6, 12b erwähnt der Beter, daß er zuvor seinen « Schuldnern » vergeben hat. Da in der Wir-Form gesprochen ist, kann das heißen : Jeder für sich hat seinem Schuldner vergeben. Lk 11, 4b ist in seinen Abweichungen von Mt 6, 12b im ganzen sekundär[38]. Die Verschärfung bezieht sich auf die *immerwährende* sowie *alle* Schuldner betreffende Vergebungsbereitschaft.

Als Fazit der Untersuchungen unter II.A-E kann festgestellt werden, daß Matthäus durchweg die Q-Fassung des Wortlauts festgehalten hat, während Lukas diesen abänderte. Nicht ganz sicher war die Entscheidung in diesem Sinn bei Punkt A : Die Langform der Vater-Anrede kann nicht mit Sicherheit Matthäus zugeschrieben werden.

Ehe wir uns den Sondergut-Bitten des Mt-Textes zuwenden (Mt 6, 10b.13b), erscheint es zweckmäßig, die rekonstruierte Q-Vorlage des Matthäus in Übersetzung zu bieten. Was nicht mit Sicherheit dieser Vorlage zugeschrieben werden kann und möglicherweise auf matthäische Redaktion zurückgeht, steht dabei in Klammern :

Anrede :
Vater [unser in den Himmeln[39]] !

Du-Bitten :
Geheiligt werde dein Name,
es komme deine Herrschaft.

Wir-Bitten :
Unser Brot, das notwendige[40], gib uns heute,
und vergib uns unsere Schulden,
[wie[41]] auch wir vergeben haben unseren Schuldnern,
und laß uns nicht in Versuchung geraten !

---

38. Vgl. oben unter II. D. mit den Anmerkungen 36, 37.
39. Siehe oben unter II. A. mit Anmerkungen 25 - 29.
40. Zur Wiedergabe von *ton epiousion* siehe oben unter II.B mit Anm. 30.
41. Siehe oben unter II.D mit Anm. 36.

III. DIE ERWEITERUNGEN DES VATERUNSERS
IN DER MT-FASSUNG

Die drei Erweiterungen, die Mt 6,9-13 gegenüber der kürzeren Fassung des Herrengebets Lk 11,2-4 bietet, gehen möglicherweise sämtlich auf die Hand des Evangelienverfassers zurück. Es kann aber auch sein, daß das Plus gegenüber Lk schon im Vaterunser der « Matthäusgemeinde » vorhanden war. Sollte letzteres zutreffen, so wären die Erweiterungen für die Theologie des Matthäus eventuell weniger ausschlaggebend und signifikant. Da die Langform der Vater-Anrede durch Erweiterung der Q-Fassung entstanden sein kann, ist sie hier ebenfalls zu erörtern. Es ist zu fragen, inwieweit folgende drei Stücke des Herrengebets nach Sprache, Stil und Theologie « matthäisch » (oder auch un-matthäisch) sind :

A. Mt 6, 9b   : [Vater] unser, der in den Himmeln!
B. Mt 6, 10b.c : Es geschehe dein Wille,
                          wie im Himmel so auf Erden!
C. Mt 6, 13b   : sondern rette uns von dem Bösen!

A. Die Langform der Vateranrede ist bereits unter II.A vom Sprachgebrauch der betreffenden Evangelienverfasser her erörtert worden. Hier müssen noch zwei Argumente überprüft werden. Sie werden von Mk 11, 25 [42] und von Lk 11, 13 [43] aus

---

42. Vgl. DUPONT, *Les Béatitudes*, I, 65f. (siehe oben Anm. 24) ; FRANKEMÖLLE, *Jahwebund*, 161f., der sich dagegen wendet, vom Vorkommen der Wendung « euer Vater in den Himmeln » Mk 11, 25 auf einen vor-mt Ursprung der betreffenden « Formel » im Mt-Evangelium zu schließen. Vielmehr « dürfte Mk 11, 25 wohl nicht ursprünglich sein, sondern aus der Tendenz, ein Herrenwort zu erweitern, dem sicherlich bekannten, liturgisch-geprägten Vaterunser-Text des Mt entnommen sein ». — G. BIGUZZI, « Mc. 11, 23-25 e il Pater », in *RivB* 27 (1979), 57-68, sieht in den drei Mk-Versen einen frühen Kommentar zur (mt) Langform des Vaterunsers. 11, 25, ein « charakteristisch matthäisches Logion » (59), sei dabei Echo auf die Vergebungsbitte (58-60).
43. Siehe DUPONT, *Les Béatitudes*, I, 65f., der auf die Korrespondenz zwischen Mt 6, 9 und 7, 11 hinsichtlich der Rede vom « Vater im Himmel » verweist. In einer späteren Arbeit zeigt er, daß die lukanischen Parallelen Lk 11, 2 und 11, 13 (an denen die Vaterbezeichnung V. 2 absolut steht und V. 13 abgeändert

gegen die Ursprünglichkeit der einfachen Anrede *pater* angeführt, die seit J. Jeremias[44] vor allem mit dem Rückgriff auf die
typisch-jesuanische Gebetsanrede *'abb'ā* begründet wird.

Mk 11, 25 bietet die der Langform der Vater-Anrede (im
Vaterunser des Mt) entsprechende Wendung « euer Vater in den
Himmeln ». Wir haben schon vermerkt, daß das Vorkommen
dieser Wendung für sich noch keinen Anhalt dazu bietet, daß sie
dem « Vaterunser » (des Mt oder einer vor-mt Tradition)
entnommen sei[45]. Da es aber Indizien dafür gibt, daß Mk 11, 24f.
auf das Herrengebet bezogen ist, darf man vielleicht mit einer
Beeinflussung der Vaterbezeichnung in Vers 25 durch das
Vaterunser rechnen. Anzeichen, die auf das Vaterunser verweisen, sind u. a. folgende : Das einleitende, auf die Jesusjünger
bezogene Partizip *proseuchomenoi*, die an die mt Vergebungsbitte erinnernde doppelte (auf die Jünger und auf Gott
bezogene) Verwendung von *aphièmi* und die Tatsache, daß Mt 6,
14 (15) das Jesuslogion erläuternd an den Vaterunsertext
anschließt. Doch das weisheitliche Wort Mk 11, 25[46] « hat in Sir
28, 2 eine genaue Parallele und in Sir 28, 3-12 deren konkrete
Explikation », und es gibt keinen Grund, « das Wort Jesus
abzusprechen, das mit dem Gesamtduktus seiner Verkündigung
vorzüglich harmoniert »[47]. Von daher besteht auch keine Veran-
lassung, das Logion nicht als jesuanische Sachparallele zur
Vergebungsbitte des Vaterunsers anzusehen, die unabhängig
vom Vaterunser Jesu formuliert worden ist. Zur Sprechweise
Jesu wird « euer Vater in den Himmeln » durchaus gehört
haben[48]; doch ist diese Tatsache von der Frage nach der
Vater-*Anrede* Jesu zu unterscheiden. Das traditionsgeschichtlich

---

erscheint : *ho patèr [ho] ex ouranou dôsei…*) an eine Inklusion mit der einfachen
Vater-Bezeichnung denken lassen (am Anfang und am Ende der überlieferten
Gebetsinstruktion 11, (1-13) : J. DUPONT, « La prière et son efficacité dans
l'évangile de Luc », in *RechSR* 69 (1981), 45-55, näherhin 50f.

44. Siehe J. JEREMIAS, « Kennzeichen der ipsissima vox Jesu » (1954), in DERS.,
Abba, Göttingen, 1966, 145-152, näherhin 145-148 ; DERS., *Das Vater-Unser*,
162-164.

45. Gegen MARCHEL, *Abba, Père !*, 188f.

46. Siehe D. ZELLER, *Die weisheitlichen Mahnsprüche bei den Synoptikern*,
ForBib 17, Würzburg, 1977, 132f.

47. R. PESCH, *Das Markusevangelium*, II, HerdTKom, NT 2, 2, Freiburg,
1977 (²1980), 207.

48. Siehe SCHRENK, *patèr*, 979f. (Judentum), 985f. (Jesusüberlieferung);
PESCH, *Markusevangelium*, II, 207.

alte Jesuswort Mk 11, 25[49] kann vielleicht seinerseits die Erweiterung der Vergebungsbitte Mt 6,12b par Lk 11,4b mitbedingt haben. Jene Erweiterung unterliegt im übrigen genauso dem Verdacht, ein judenchristlicher Zusatz zu sein[50], wie die erweiterte Vater-Anrede.

Lk 11, 13 wird wegen der merkwürdigen (und textkritisch nicht sicher bezeugten) Formulierung *ho patèr [ho] ex ouranou dôsei pneuma hagion* für die Behauptung in Anspruch genommen, Lukas habe hier die für Q vermutete Wendung «euer Vater, der in den Himmeln» (so Mt 7, 11) abgeändert. Das wiederum spreche für ein analoges Abkürzungsverfahren des Lukas bei der Vater-Anrede Lk 11, 2 par Mt 6, 9[51]. Bei der Erörterung dieser These muß auf den näheren Kontext des Vaterunsers in der Logienquelle eingegangen werden[52]. Mit großer Wahrscheinlichkeit bot die Q-Vorlage des Mt und des Lk folgende Anordnung der Logien-Stoffe[53] :

Mt		Lk
6, 7-8	Redaktionelle Einleitung	
6, 9-13	Vaterunser	11, 2-4
(7, 7)	Gleichnis vom bittenden Freund	11, 5-9[54]
7, 8	Sekundäre Erweiterung («Jeder, der bittet...»)	11, 10
7, 9-11	Schluß vom irdischen Vater auf den himmlischen	11, 11-13
6, 25-33	Vom Sorgen	12, 22-31

---

49. Zur Sprachform siehe K. BEYER, *Semitische Syntax im Neuen Testament*, I, 1, Göttingen, 1962, 228, 253f. Vgl. auch N. PERRIN, *Was lehrte Jesus wirklich?* Göttingen, 1972, 166-169.

50. Siehe dazu oben unter I mit Anm. 11.

51. Vgl. oben Anm. 43.

52. Siehe H. SCHÜRMANN, *Traditionsgeschichtliche Untersuchungen zu den synoptischen Evangelien*, Düsseldorf, 1968, 119; DUPONT, *Les Béatitudes*, I, 63-73; D. R. CATCHPOLE, «Q and "The Friend at Midnight" (Luke XI.5-8/9)», in *JTS* 34 (1983), 407-424, näherhin 419-424.

53. CATCHPOLE, a. a. O., 423f.

54. CATCHPOLE, a. a. O., 424, möchte innerhalb des Gleichnisses den Passus *ei kai* bis *anaideian autou* (V. 8) der lukanischen Redaktion zuschreiben. So lautete dieser Vers in Q : «Ich sage euch : Er wird aufstehen und ihm geben, was er benötigt.» Vgl. auch POLAG, *Fragmenta Q*, 86.

In dieser Gebetsunterweisung Jesu für seine Jünger fällt neben der geradezu rahmenden Funktion der Forderung, vorrangig um die *basileia* zu bitten bzw. diese zu suchen (Lk 11, 2 ; 12, 31 par Mt), auch die Verwendung von *patèr* in bezug auf Gott auf. In der näheren Formulierung unterscheiden sich die beiden Synoptiker :

Mt		Lk	
6, 8	*oiden gar ho patèr hymôn*		
6, 9	Unser Vater in den Himmeln !	11, 2	Vater !
7, 11	euer Vater in den Himmeln wird geben	11, 13	der Vater [der] vom Himmel wird geben [55]
6, 26	euer himmlischer Vater	12, 23	*ho theos*
6, 30	*ho theos*	12, 28	*ho theos*
6, 32	*oiden gar ho patèr hymôn ho ouranios* [56]	12, 29	*hymôn de ho patèr oiden*

Die obige Übersicht kann zeigen, daß in der Logienquelle die Gebetsunterweisung Jesu von einer Inklusion mit dem Ausdruck « euer Vater » (Mt 6, 8 ; 6, 32 par Lk 12, 29) zusammengefaßt wird. Außerdem wird ersichtlich, daß Mt 6, 26.30 im Unterschied von Lk 12, 23.28 statt « Gott » den Ausdruck « euer *himmlischer* Vater » einbrachte. So liegt die Schlußfolgerung nahe, daß die lukanische Verwendung des einfachen *patèr* (Lk 11, 2.13.29) den Text der Logienquelle wiedergibt. Die erweiterte Vater-Anrede Mt 6, 9 wird man folglich als « redaktionell » ansehen dürfen, wobei es offen bleibt, ob Matthäus von

---

55. Wenn man die Wendung *ex ouranou* nicht zu *ho patèr* sondern zu *dôsei* zieht, liegt bei Lukas keine Gottesbezeichnung « der Vater aus dem Himmel » vor. Die Wendung mit *ex ouranou* wird als die in Q vorliegende angesehen von CATCHPOLE, a. a. O., 414, und von POLAG, a. a. O., 50. Die Lesart *ho ex ouranou* ist zwar lectio difficilior, jedoch ist auch das Fehlen von *ho* (P[75] Sinaiticus L 33.892 al) gut bezeugt. Vgl. B. M. METZGER, *A Textual Commentary on the Greek New Testament*, London-New York, 1971, 157f.

56. POLAG, a. a. O., 62f., hält *ho ouranios* hier für matthäische Addition. Die Wendung ist im übrigen auch textkritisch nicht völlig eindeutig bezeugt ; sie fehlt im Sinaiticus und in der bohairischen Übersetzung von Mt 6, 32.

sich aus in freier Redaktion die jüdische Redeweise übernahm oder die Formulierung des Herrengebets aufgriff, die in seiner Gemeinde bekannt und in Übung war.

B. Die dritte Du-Bitte um den Vollzug des göttlichen Vaterwillens ist aus mehreren Gründen als typisch « matthäisch » auszumachen. Dabei ist wiederum die Alternative zu berücksichtigen, daß der Evangelienverfasser entweder von sich aus die Erweiterung vornahm oder daß er die Bitte dem Vaterunser seiner Gemeinde entnehmen konnte. Im zweiten Fall müßte man freilich die Schlußfolgerung ziehen, daß diese (traditionelle) Bitte die Theologie des Matthäus in ungewöhnlich starkem Ausmaß geprägt haben muß. Ausschließlich bei Mt sind bezeugt : die Rede vom *thelèma* Gottes als dem Willen des himmlischen Vaters [57], ferner die Verwendung der Verbform *genèthètô* [58]. Die Bitte um das «Geschehen» des göttlichen Vater-Willens ist primär auf Gottes eigenes endgültiges Handeln bezogen, hat aber eine auf das gehorsame Tun des göttlichen Willens bezogene Komponente [59]. Echt « matthäisch » ist endlich auch die Idee einer Entsprechung von himmlischem und irdischem Geschehen (vgl. Mt 16, 19 ; 18, 18 ; 28, 18) [60]. Mt 6,

---

57. *Thelèma* steht in den synoptischen Evangelien nur bei Mt in engem Bezug zum Willen Gottes als des *Vaters* : Mt 6, 10 und 26, 42 gleichlautend *genèthètô to thelèma sou*, an weiteren Stellen ist vom *Tun* des Vaterwillens Gottes die Rede : 7, 21 ; 12, 50 ; bezogen auf den Vater des Gleichnisses 21, 31 ; siehe ferner 18, 14 *(ouk estin thelèma)*.

58. Der Imperativ Aorist *genèthètô* kommt neben Röm 11, 9 (LXX-Zitat) im NT nur bei Mt vor : Mt 6, 10 und 8, 13 diff Lk, Mt 9, 29 ; 15, 28 ; 26, 42 diff Mk. Die Imperativ-Form geht also auf mt Redaktion zurück. Lukas schreibt hingegen zweimal *to thelèma [...] ginesthô* (Lk 22, 42 ; Apg 21, 14). Daß *Did* 8, 2 *genèthètô* bezeugt, ist ein gutes Argument für (literarische) Abhängigkeit von Mt 6, 10. *Mart Polyc* 7, 1 hat den Imperativ *(to thelèma tou theou) genesthô*, spielt aber vielleicht auf Apg 21, 14 an.

59. Den ethischen Aspekt erkennen mehr oder weniger deutlich : W. TRILLING, *Das wahre Israel. Studien zur Theologie des Matthäus-Evangeliums*, StANT 10, München, [3]1964, 187-211 ; FRANKEMÖLLE, *Jahwebund*, 275-307 ; A. SAND, *Das Gesetz und die Propheten*, BibUnt 11, Regensburg, 1974, 120-124 ; H. GIESEN, *Christliches Handeln. Eine redaktionkritische Untersuchung zum dikaiosyne-Begriff im Matthäus-Evangelium*, EurHS 23, 181, Frankfurt-Bern, 1982, 224-230.

60. Bei Mt lassen folgende Stellen die Doppelung «im Himmel [...] auf Erden» (mit den Präpositionen *en [...] epi*) als «redaktionell» vermuten : Mt 6, 10 diff Lk ; 6, 19f. diff Lk ; 16, 19b diff Mk ; 16, 19c diff Mk ; 18, 18a Sg. ; 18, 18b Sg. ; 18, 19 Sg. ; 28, 18 Sg. Vgl. dazu auch TRILLING, *Das wahre Israel*, 24f.

10b.c setzt voraus, daß Gottes Wille — als heilsgeschichtliches Wollen wie als Forderung an die Geschöpfe — im Himmel seit jeher vollzogen[61], auf Erden jedoch (weil menschliche Freiheit mißbraucht werden kann) allenfalls unvollkommen realisiert wird. Wenn Gott auf Erden seinen Willen « durchsetzt » — für das Eschaton wird solches erhofft[62] — , erhalten die Menschen « ein neues Herz » und « einen neuen Geist », so daß sie vollkommen gehorsam sind (Ez 36, 26f.). Von Ez 36 aus kann die Trias der Du-Bitten erläutert werden : Gott selbst heiligt seinen Namen (36, 20-24), indem er die Zerstreuten sammelt. Indem Gott sein Volk neu schafft, « bricht auch das Reich Gottes an »[63]. Die Neuschöpfung des Menschen ermöglicht dann die vollkommene Erfüllung des Vaterwillens Gottes (vgl. auch Jr 31, 33f.).

An zwei Stellen scheint Lukas eine Kenntnis der dritten Vaterunser-Bitte zu verraten : Lk 22, 42 diff Mk 14, 36 ; Apg 21, 14[64]. Doch zeigen diese Verse ebenso wie das Getsemani-Gebet Jesu (Mk 14, 36[65]) nur an, daß das *Motiv* des Gehorsams gegenüber dem Willen Gottes nicht nur (und nicht erst) im Rahmen des Vaterunser-Gebets belegt ist. Ein wesentlicher Unterschied zwischen Mt 6, 10b.c und dem Getsemani-Gebet Jesu (sowie Apg 21, 14) liegt darin, daß im ersten Fall die aktive Verwirklichung des Willens, im zweiten aber « die ertragende Ergebung in den Willen Gottes » gemeint ist[66].

Wir dürfen also zu dem Schluß kommen, daß die Bitte um den Vollzug und die Verwirklichung des Vaterwillens Gottes vom

---

61. Vgl. Ps 102, 20-22, LXX : Die « Engel » Gottes und seine himmlischen « Mächte » vollziehen den Willen Gottes *(to thelèma autou)*. Jedoch auch die Erde (mit den Menschen !) wird als *topos tès despoteias autou* bezeichnet.

62. Siehe Jr 31, 33f. ; Ez 36, 26f.

63. G. Lohfink, *Wie hat Jesus Gemeinde gewollt?* Freiburg, 1982, 28 ; H. Merklein, *Jesu Botschaft von der Gottesherrschaft*, SBS 111, Stuttgart, 1983, 41f., 85f.

64. Siehe oben Anm. 58. — Apg 21, 14 läßt Paulus vor seiner letzten Jerusalem-Reise das Beispiel Jesu in Getsemani (Lk 22, 42) nachahmen.

65. Mk 14, 36a enthält zwar die Anrede « Abba, Vater ! », die an das Vaterunser erinnert. Doch ist 14, 36c nur dem Motiv nach, nicht aber in der Formulierung mit der dritten Du-Bitte verwandt : « Aber nicht, was ich will, sondern was du. » Erst Mt 26, 42 hat das Gebet Jesu an die betreffende Vaterunser-Bitte angeglichen : « Es geschehe dein Wille ! » Vgl. oben Anmerkungen 57, 58.

66. Siehe Schürmann, *Gebet des Herrn*, 172, Anm. 114.

Evangelisten Matthäus in die Q-Fassung des Herrengebets eingefügt wurde, möglicherweise entsprechend dem Text seiner judenchristlichen Gemeindeüberlieferung, vielleicht jedoch in direkter Anlehnung an jüdisches Beten[67]. Auffallend ist z.B. der rabbinische Denkhorizont, der Himmel und Erde nicht im Sinne apokalyptischer Vollendungsvorstellung sieht, sondern beide Bereiche als schöpfungsmäßig getrennt und weiterhin getrennt bleibend betrachtet[68]. Im Rahmen der « matthäischen » Theologie verdient neben der Korrespondenz des Vaterunsers mit dem Getsemani-Gebet Jesu (Mt 26, 42) Beachtung, wie der Spruch vom Herr-Sagen am Ende der Bergpredigt modifiziert erscheint : so, daß der Inhalt dieser Jesus-Rede als Wille des « Vaters in den Himmeln » bezeichnet wird (Mt 7, 21 diff Lk 6, 46)[69]. Diesen Willen gilt es zu « tun », und zwar entsprechend der Weisung *Jesu*. Im Kontext des Mt-Evangeliums kann somit von einer implizierten christologischen Komponente des Vaterunsers gesprochen werden, die den Rahmen jüdischer Gebetsbitten sprengt.

C. Mt 6, 13b ist sekundär an die dritte Wir-Bitte der Q-Fassung angeschlossen. Damit bietet der neue Schluß des Vaterunsers eine positive Bitte, wenngleich man Vers 13b im Sinne des Matthäus nicht als eigenständige (siebente) Bitte bezeichnen sollte. Der sechsten Bitte geht es um Bewahrung vor Versuchung[70]. Da ihre positiv formulierte Ergänzung dem « Hineinführen *in* Versuchung » gegenläufig das « Erretten *von* dem Bösen » anfügt — die Präpositionen *eis* und *apo* drücken gegensätzliche Richtungen aus —, darf man annehmen, daß eher an *das* Böse als an *den* Bösen gedacht ist[71]. Die substantivierte

---

67. Vgl. vor allem das Kaddisch-Gebet, das im Eingang Gottes *Namen, Willen* und *Königsherrschaft* nennt. Siehe dazu neben Anm. 19 auch G. DALMAN, *Die Worte Jesu* (²1930), Neudruck Darmstadt, 1965, 314-321 ; JEREMIAS, *Theologie*, I, 192.

68. Siehe M. DIBELIUS, « Die dritte Bitte des Vaterunsers » (1940), in DERS., *Botschaft und Geschichte*, I, Tübingen, 1953, 175-177.

69. Vgl. dazu G. SCHNEIDER, « Christusbekenntnis und christliches Handeln. Lk 6, 46 und Mt 7, 21 im Kontext der Evangelien », in *Die Kirche des Anfangs, (Fs. für H. Schürmann)*, Leipzig, 1977, 9-24, näherhin 15f.

70. Siehe J. CARMIGNAC, « Fais que nous n'entrions pas dans la tentation », in *RB* 72 (1965), 218-226 ; VÖGTLE, *Der « eschatologische » Bezug*, 355-358.

71. Siehe den Parallelismus *hèmas eis peirasmon — hèmas apo tou ponèrou*. Vgl. SCHÜRMANN, *Gebet des Herrn*, 123 : Der Vordersatz zeigt « als Gefahr etwas Sachliches ».

Verwendung von *ponèros* wird im Neuen Testament bevorzugt
von Mt bezeugt [72], was vielfach als Indiz für matthäische
Redaktion angesehen wird. Da der substantivische Gebrauch *(ho
ponèros/to ponèron)* an den meisten Mt-Stellen hinsichtlich des
Genus schwebend bleibt, kann man sich der Auffassung
anschließen : « Die Entscheidung für die eine oder andere Seite
ändert die mt Intention nur unwesentlich ; denn es geht hier um
die bedrängend-gegenwartsnahe wie bevorstehend-endzeitliche
Wirklichkeit und Wirksamkeit des Bösen, dem der Mensch nicht
wehrlos ausgeliefert ist [73]... ». Der auf den Satan bezogene
Gebrauch ist dem johanneischen Schrifttum bzw. den sogenannten Spätschriften des Neuen Testaments eigen, während die
neutrische Verwendung eher frühem Sprachgebrauch entspricht.
Von den insgesamt 15 gezählten Vorkommen des substantivier-
ten *ponèros* mit Artikel gehören immerhin vier dem Mt-
Evangelium an, was hinsichtlich der Substantivierung an matthäische Redaktion denken läßt [74].

Die nächsten Sachparallelen zu Mt 6, 13b dürften Joh 17, 15
und 2 Thess 3, 2f. darstellen. Die Joh-Stelle läßt Jesus um
Bewahrung *(tèreô)* seiner Jünger « vor dem Bösen » bitten : Der
Böse « soll keine Gewalt über die Jünger Jesu gewinnen (vgl. 1
Joh 2, 13f) » [75]. An der zweiten Stelle fordert der Briefautor

---

72. Zur Verwendung von *ponèros* siehe : A. KRETZER, *ponèros*, in *EWNT* 3,
321-324. Greift man die ntl. Stellen heraus, an denen das Adjektiv substantiviert
und mit Artikel vorkommt, ergibt sich der folgende Befund (bei dem auf böse
Menschen bezogenes *ho ponèros/hoi ponèroi* ausgeklammert bleibt) :
An 8 Stellen (besonders 1 Jo) ist eindeutig *ho ponèros (der* Böse) gemeint :
Mt 13, 19 diff Mk ; Joh 17, 15 ; Eph 6, 16 ; 1 Joh 2, 13.14 ; 3, 12 ; 5, 18.19.
Neutrischer Gebrauch *(das* Böse) liegt an 3 Stellen vor : Mk 7, 23 *(ta ponèra)* ;
Lk 6, 45 diff Mt ; Röm 12, 9.
Ob maskulinischer oder neutrischer Gebrauch vorliegt, bleibt an 4 Stellen
unentschieden ; von diesen finden sich drei in Mt : Mt 5, 37 Sg. *(ek tou p.)* ; Mt 6,
13 diff Lk *(apo tou p.)* ; Mt 13, 38 Sg. *(tou p.)* ; 2 Thess 3, 3 *(apo tou p.)*.
Die These von SABUGAL, *La redacción mateana,* 327 f., *rhyomai apo* beziehe
sich im NT stets auf Personen (und nicht auf Sachen), scheitert an 2 Tim 4, 18
(siehe dazu unten Anm. 76).
73. KRETZER, *ponèros*, 324.
74. Abgesehen von den Stellen im Sondergut (Mt 5, 37 ; 13, 38) sind Mt 6, 13b
diff Lk und Mt 13, 19 diff Mk « redaktionell ». STRECKER « Vaterunser und
Glaube », 19, vertritt die Ansicht, daß Mt 6, 13b schon vor-mathäisch angefügt
worden sei.
75. Siehe R. SCHNACKENBURG, *Das Johannesevangelium,* III, HerdTKom,
NT 4, 3, Freiburg, 1975, 209 ; vgl. W. THÜSING, « Die Bitten des johanneischen

(unter dem Namen des Paulus) seine Adressaten auf, zu beten, «damit wir errettet werden *(rhyomai)* von den schlechten und bösen Menschen» (V. 2). Dabei wird auf die Treue des Kyrios zu den Adressaten verwiesen : «Treu aber ist der Herr, der euch stärken und vor dem Bösen bewahren wird *(phylassô)*» (V. 3) [76].

Die *Didache* bezeugt ebenso wie Mt 6, 13 die sechste Vaterunser-Bitte *(Did* 8, 2) einschließlich des positiv formulierten Schlußsatzes. Einen Nachhall der Bitte um Erretung von dem Bösen bietet — innerhalb eines Dankgebets an Gott-Vater — *Did* 10, 5 : «Gedenke, Herr, deiner Kirche, sie *zu retten von* allem *Bösen* [77] und zu vollenden in deiner Liebe...!»

Nimmt man die Zeugnisse von Joh 17, 15 ; 2 Thess 3, 2f. ; *Did* 10, 5 zusammen, so kann man der Folgerung kaum ausweichen, daß die positive Zusatzbitte Mt 6, 13b — was ihren Inhalt betrifft — eine tiefe Verankerung im urchristlichen Beten besaß.

Sie ist außerdem jüdischer Gebetstradition nicht völlig fremd. J. Jeremias führt als Analogie zu Mt 6, 13a (par Lk 11, 4c) das im Talmud (bBer 6ob) zitierte Morgen- und Abendgebet an. Er vermutet, Jesus könne an diese Gebete angeknüpft haben [78]. In beiden Gebeten heißt es : «*Bring mich nicht* in die Gewalt der Sünde, nicht in die Gewalt der Schuld und nicht *in die Gewalt der Versuchung* und nicht in die Gewalt von Schändlichem!» An diese — negativ formulierte — Bitte werden weitere Sätze angeschlossen, die in mehrfachem Ansatz um Bewahrung vor dem Bösen bitten. Im Morgengebet heißt es : «Und beuge meinen Trieb, sich dir zu unterwerfen ; und halte mich fern von einem *bösen* Menschen und von einem *bösen* Genossen!» Im

---

Jesus in dem Gebet Joh 17 und die Intentionen Jesu von Nazaret», in *Die Kirche des Anfangs,* (*Fs. für H. Schürmann),* Leipzig, 1977, 307-337, näherhin 320f.

76. Vgl. dazu W. TRILLING, *Der zweite Brief an die Thessalonicher,* EKK 14, Zürich-Neukirchen, 1980, 137, der zu 3, 3 vermerkt, der Satz klinge «etwas mager und konventionell». — Eine Verbindung von *rhyomai* und *ponèros* findet sich 2 Tim 4, 17f. : «Der Herr stand mir bei und stärkte mich [...] und *ich wurde entrissen* dem [*ek*] Rachen des Löwen. Der Herr *wird* mich *entreißen* [*apo*] jeglichem bösen Werk und mich retten in sein himmlisches Reich» (mit Anklängen an Ps 22, 21f.). Zu beachten ist auch die Verwendung von *rhyomai ek* 1 Thess 1, 10 ; Kol 1, 13 ; 2 Petr 2, 9.

77. Der Infinitiv *tou rhysasthai (autèn apo pantos ponèrou)* ist final verstanden ; vgl. BLAß/DEBRUNNER, *Grammatik,* §§ 389f. 400.

78. Der Passus aus bBer 60b wird zitiert bei JEREMIAS, *Theologie,* I, 195f. ; früher schon bei P. FIEBIG, *Jesu Bergpredigt,* Göttingen, 1924, 118f.

Abendgebet findet sich eine entsprechende Bittenfolge : «Und es herrsche über mich der gute Trieb, und nicht herrsche über mich der *böse* Trieb ; und hilf mir vor einem *bösen* Begegnis und vor *bösen* Krankheiten ; und nicht mögen mich beunruhigen *böse* Träume und *böse* Gedanken!»[79]

Die Erweiterung der sechsten Vaterunser-Bitte um Mt 6, 13b wird somit in judenchristlichen Kreisen erfolgt sein[80], wenn sie auch erst durch Matthäus in seine Q-Vorlage eingefügt worden ist.

IV. DAS VATERUNSER IM KONTEXT
DES MATTHÄUS-EVANGELIUMS

A. Die einführende Weisung Mt 6,7f. und der Anhang 6,14f.

Die drei gleichartig aufgebauten Weisungen der Bergpredigt über Almosen (Mt 6, 2-4), Gebet (6, 5f.) und Fasten (6,16-18) können als zusammenhängende Didache[81] verstanden werden, die mit 6, 7-8.9-13.14-15 einen sekundären Einschub erhielt : Sub voce *proseuchomai* ist das Vaterunser (6, 9-13) samt einer Einleitung und einem Anhang in diese Didache eingefügt worden. Matthäus hat 6, 7-8 wohl schon in wesentlichen Bestandteilen vorgefunden, jedoch die Form an die der drei Didache-Stücke angeglichen, die zunächst ein negativ bewertetes Verhalten vor Augen stellen (6, 7f.)[82] und dann die positive Weisung folgen lassen[83] : hier das Vaterunser (6, 9-13.14f.)[84].

79. FIEBIG, *Jesu Bergpredigt*, 119.

80. Auch für die Kombination von Vergebungsbitte und Bitte um Bewahrung vor Versuchung gibt es jüdische Analogien (11 Q Ps^a 19, 13-16 ; 24, 11f.) ; siehe CARMIGNAC, *Recherches*, 287f. ; VÖGTLE, *Das Vaterunser*, 172. — H. LICHTENBERGER, « *rhyomai* », in *EWNT*, 3, 514-516, vermutet, daß im Hintergrund von Mt 6, 13b die siebte Beracha des 18-Bitten-Gebets stehe (516) ; vgl. BILLERBECK, *Kommentar*, I, 422f.

81. Vgl. H. D. BETZ, « Eine judenchristliche Kult-Didache in Matthäus 6, 1-18 », in *Jesus Christus in Historie und Theologie, Fs. für H. Conzelmann*, Tübingen, 1975, 445-457.

82. Mt 6, 2.5.16.

83. Mt 6, 3f.6.17f.

84. Siehe BETZ, a.a.O., 451f. ; J. DUPONT, « Pregando, non siate come i pagani (Mt 6, 7-8) », in *Silenzio e parola. Miscellanea in onore del Card. M. Pellegrino*, Leumann, Turin, 1983, 55-63.

Wenn Matthäus das Vaterunser schon mit einer Einleitung vorfand, die Mt 6, 7f. im wesentlichen entsprach und das Jüngergebet dem heidnischen Beten gegenüberstellte[85], dann wird man sowohl für das vor-matthäische als auch für das matthäische Verständnis des Herrengebets feststellen dürfen : Es wird als Gebet der Jünger Jesu der Gebetspraxis der Heiden *(battalogein)* entgegengesetzt. Während die Heiden durch ihren Wortschwall *(polylogia)* Erhörung erlangen wollen, weiß der Jesusjünger, daß Gott seine Bedürfnisse kennt, ehe er überhaupt zu beten beginnt[86].

Da die Einführung des Vaterunsers das vorausgehende Wissen des Vaters im Himmel betont, kann es im Jüngergebet nicht darum gehen, Gott über menschliche Bedürfnisse zu informieren. Vielmehr weiß der Beter, durch Jesus belehrt, was Gott als Vater für seine Kinder als « notwendig » erachtet, und er ist sich der Erhörung seiner « Bitten » insofern gewiß, als er an erster Stelle die Anliegen vorbringt, die Gott selbst für vordringlich und wirklich wichtig hält. Die Gebetsbitten sind *mehr* als Bitten ; sie können geradezu als Bekenntnis zu Gottes (durch Jesus kundgegebenen) Willen verstanden werden[87]. Es ist wohl kein Zufall, daß Matthäus im weiteren Kontext den Topos vom Wissen des himmlichen Vaters um die Bedürfnisse der Jesusjünger wiederholt (6, 32) und dabei — in Anlehnung an die Q-Vorlage[88] — den Satz anfügt : « Suchet also zuerst das Reich [Gottes] und seine Gerechtigkeit, und dies alles wird euch dazugegeben werden ! » (6, 33).

Beim Vergleich der drei Didache-Stücke Mt 6, 2-4.5-6.16-18 mit dem Vaterunser-Komplex 6, 7-15 wurde deutlich, daß 6, 7f. als negatives Teilstück, 6, 9-15 aber insgesamt als positive Weisung zu verstehen ist. Zum positiven Teil der Didache-Stücke gehört aber auch eine abschließende Zusage (im Futur), was Gott als der himmlische Vater seinen Kindern gegenüber tun werde : « Er wird [es] dir vergelten » *(apodôsei,* VV. 4b.6b.18b).

---

85. Vgl. oben mit Anm. 53.

86. Mt 6, 7b (*en tè polylogia autôn* « durch ihren Wortschwall ») steht formal und sachlich 6, 8b (*pro tou hymas aitèsai auton* « ehe ihr ihn bittet ») gegenüber ; siehe DUPONT, a. a. O., 56.

87. SABUGAL, *La redacción mateana*, 314f., nennt die drei ersten Bitten « *súplicas de alabanza* » und die drei Wir-Bitten « *súplicas de petición* ».

88. Zur Q-Vorlage siehe oben bei Anm. 53.

Eine entsprechende Zusage Jesu erhält nun — durch matthäische Redaktion — auch der Vaterunser-Komplex mit der Anfügung der Verse 14.15 an den eigentlichen Gebetstext[89]. Der himmlische Vater wird den Jesusjüngern, sofern sie « den Menschen » ihre Verfehlungen vergeben, Vergebung gewähren (*aphèsei*, VV. 14b.15b). 6, 14f. ist offensichtlich mehr als ein angehängter Kommentar[90] zur Vergebungsbitte des Vaterunsers (6, 12). Es ist eine die Gebetsunterweisung formgerecht abschließende Zusage Jesu. Diese bekräftigt nicht nur, daß Gott die Bitte um Vergebung erhören wird, sondern sie macht auch deutlich, daß es für die Erhörung der Gebetsbitten eine Voraussetzung gibt.

Der Jesusjünger soll nicht nur die Gebetsbitten und deren Rangordnung an Gottes eigener « Wertordnung » orientieren, sondern sich auch im eigenen Verhalten gegenüber den Mitmenschen so verhalten, wie es dem himmlischen Vater entspricht. Matthäus unterstreicht diese Verhaltens-Korrespondenz (5, 45.48), und zwar besonders im Hinblick auf das Vergeben (6, 14f. ; 18, 32-35) und das Erbarmen (5, 7 ; 18, 33).

B. Mt 6,19 — 7,12, ein Kommentar zum Vaterunser?

G. Bornkamm hat den Vorschlag gemacht, den Mittelteil der Bergpredigt, Mt 6, 19 - 7, 12, als Kommentierung des Herrengebets zu verstehen. Von dieser Funktion her erkläre sich der eigenwillige Aufbau der Redekomposition[91]. Die Worte vom Schätzesammeln und die ihnen angefügten Sprüche (6, 19-24) bezögen sich auf die drei Du-Bitten (dein Name, deine Herrschaft, dein Wille), die damit « zur bestimmenden Norm und zum treibenden Motiv für das Gesamtverhalten der Jünger inmitten der Welt » gemacht würden[92]. Die Sprüche vom Sorgen

---

89. Zum sekundären Charakter von Mt 6, 14f. im Vergleich zu Mk 11, 25 siehe PESCH, *Markusevangelium*, II, 207f. — In Mt 6, 14.15 stehen den Jüngern « die Menschen » gegenüber, was der Bergpredigt entspricht, die an Jünger gerichtet ist ; vgl. 5, 13.16 ; 6, 1.18 ; 7, 12.

90. G. BORNKAMM, « Der Aufbau der Bergpredigt », in *NTS* 24 (1977-1978), 419-432, nennt Mt 6, 14f. einen erläuternden Spruch zur 5. Bitte (424).

91. BORNKAMM, a. a. O., 424-431. Diesem Vorschlag folgt bis in Einzelheiten R. A. GUELICH, *The Sermon on the Mount. A Foundation for Understanding*, Waco, Texas, 1982, 321-381.

92. BORNKAMM, a. a.O., 427.

(6, 25-34) reflektierten die Brotbitte, die Sprüche vom Richten
(7, 1-5) hingegen die Bitte um Vergebung[93]. Wird man schon
hier einwenden wollen, daß doch bereits 6, 14f. eindeutig die
Vergebungsbitte kommentiere, so kann man der weiteren These
Bornkamms nur widersprechen, der Spruch von der Entweihung
des Heiligen (7, 6) erläutere die Schlußbitte des Herrengebets[94] :
Der letzte Spruch der matthäischen Vaterunser-Kommentierung
lasse die Jünger beispielhaft erkennen, welche « Versuchung »
ihnen drohe und welchem « Bösen » es zu entgehen gelte,
nämlich der Entweihung des Heiligen, das den Jüngern zumal im
Vaterunser anvertraut sei[95].

Bei aller Fragwürdigkeit der These Bornkamms bleibt doch
bestehen, daß das Vaterunser nicht nur seiner kompositionsbe-
dingten Stellung nach, sondern auch seiner thematisch-
inhaltlichen Bedeutung wegen als « Mitte » der Bergpredigt
bezeichnet werden darf[96]. Bevor (unter D) gezeigt werden kann,
wie das Vaterunser auf andere Mt-Texte einwirkte, soll jedoch
der Aufbau des matthäischen Vaterunsertextes besprochen
werden.

C. Der Aufbau des Vaterunsers

Geht man von der den Evangelien nach Matthäus und nach
Lukas zugrunde liegenden Gestalt des Herrengebets[97] aus, so ist
das Charakteristikum des matthäischen Vaterunsers, daß es die
Vater-Anrede in feierlich erweiterter Form bietet, die Du-Bitten
um eine dritte erweitert und schließlich die dritte Wir-Bitte mit
einem positiven Schluß enden läßt[98]. Mit diesen « Erweiterungen » erhält das Gebet — sei es durch den Evangelisten, sei es in
der vor-mt Überlieferung — eine beachtliche formale Symmetrie
und zugleich eine Neuorientierung[99].

---

93. Ebd.
94. BORNKAMM, a. a. O., 428f.; übernommen von GUELICH, a. a. O.,
353-356.376f.
95. BORNKAMM, a. a. O., 429.
96. BORNKAMM, a. a. O., 430f., verweist dazu auf die Mt-Kommentare von
W. Grundmann und E. Schweizer.
97. Siehe oben bei Anm. 12.
98. Siehe oben unter III.A-C.
99. Dazu SABUGAL, *La redacción mateana*, 312-315, der hinsichtlich der
literarischen Struktur des Gebets von einer « *composición interna* » spricht (312).

Auf drei Du-Bitten folgen nun drei Wir-Bitten. Es ist wohl zutreffend, wenn man die erste Gruppe eher als Lobpreis und die zweite stärker als Bitte charakterisiert [100]. Dazu kann (abgesehen vom Inhalt) die grammatikalische Differenz der Verbformen berechtigen. Während *hagiasthètô, elthetô* und *genèthètô* verhaltener klingen und eher einen Gebetswunsch äußern, sind die Imperative der 2. Person direkter gehalten und stellen in unserem Zusammenhang echte Bitten dar : *dos, aphes, (mè eisenegkès/alla) rhysai* [101]. Daß Matthäus der zweiten Wir-Bitte einen besonderen Rang zuerkannte, zeigt die Anfügung der Verse 14f. an das Vaterunser. Darf man den Parallelismus zwischen Du-Bitten und Wir-Bitten ferner unter der Rücksicht gegeben sehen, daß auch bei den Du-Bitten die mittlere von besonderem Gewicht ist ? S. Sabugal sieht jedenfalls in der Bitte um Heiligung des göttlichen Namens die « *premisa* » zur Reichs-Bitte und in der Bitte um den Vollzug des Vaterwillens Gottes deren « *complemento* » [102]. Entsprechend möchte er bei den Wir-Bitten die Brotbitte als « *premisa* » und die Schlußbitte um Bewahrung vor Versuchung als « *complemento* » verstehen [103]. Für die zentrale Bedeutung der Vergebungsbitte spricht unseres Erachtens die Anfügung von 6, 14f. an das Herrengebet. Für einen besonderen Schwerpunkt bei der Reichsbitte spricht nicht nur deren vor-mt Bedeutung [104], sondern auch die Erkenntnis, daß die Bitte um den Vollzug des Willens Gottes letztlich eine kommentierende Ergänzung der Reichsbitte darstellt [105].

---

100. Vgl. SABUGAL, a. a. O., 315.

101. Abgesehen davon, daß in der Q-Fassung die dritte Bitte negativ formuliert war, enthielt sie auch keinen echten Imperativ (*mè eisenegkès* ist Konjunktiv des Aorist 2).

102. SABUGAL, a. a. O., 313.

103. SABUGAL, a. a. O., 314.

104. Vgl. SCHÜRMANN, *Gebet des Herrn*, 49-69, der die Reichsbitte als *den* großen Wunsch des Herrengebets versteht.

105. Siehe TRILLING, *Das wahre Israel*, 191 : Mt 6, 10b als interpretierender Zusatz zu 6, 10a. Ähnlich SCHÜRMANN, a. a. O., 69-77 ; er sieht in der dritten Du-Bitte eine « Erläuterung » zur Reichsbitte. Vgl. jedoch auch TRILLING, a. a. O., 191 : « Wenn man in 6, 10b [Dein Wille geschehe... !] nur eine Exegese zu 6, 10a [Reichsbitte] ohne jede neue Bedeutungsnuance sieht, wird man auch diesen Versteil streng eschatologisch wie 6, 10a deuten, wie. es weithin geschieht. Sieht man in dem Interpretament aber eine auch sachlich weiterführende Anwendung von 6, 10a, wird man diese strenge Deutung nicht übernehmen. Matthäus zeigt den Weg, auf dem sich Gottes Königtum "auf Erden", das heißt hier und jetzt,

Die Vater-Anrede, die Gott als den Vater «im Himmel» anredet, stellt das Herrengebet von vornherein unter den Aspekt, daß die himmlische Welt Gottes sich auch auf die Erde auswirken möge. Der Wille Gottes möge sich «wie im Himmel so auch auf Erden» durchsetzen (6, 10b.c). Bei der dritten Du-Bitte steht im Vordergrund, daß Gott selbst seinem Willen zum Durchbruch verhilft. Im Zusammenhang des matthaïschen Verständnisses ist dabei aber auch an den Gehorsam des Menschen gegenüber dem Vaterwillen Gottes gedacht [106]. Mt 6, 10b.c hat den Einklang des Willens Gottes mit dem Gehorsam des Menschen gegenüber diesem Willen im Auge. Hinter dieser Konzeption steht wahrscheinlich der Erfüllungsgedanke, daß sich in der Jesusjüngerschaft die Prophetie von Ez 36, 16-32 verwirklicht : Die Heiligung des göttlichen Namens, durch die die Entweihung dieses Namens aufgehoben wird (36, 20f.22f.), indem Gott seinen Namen als heilig erweist (36, 23), bringt zugleich die Reinigung von aller Unreinheit (36, 25 ; vgl. Mt 6, 12a) wie auch ein neues Herz und einen neuen Geist (Ez 36, 26). Damit wird ein ungebrochener Gehorsam gegenüber dem Willen Gottes ermöglicht (36, 27 ; vgl. 11, 20). Gottes Wille wird «auch auf Erden» erfüllt. Die Gottesherrschaft — nach Matthäus die *basileia tôn ouranôn* — bricht «auch auf Erden» an (vgl. Mt 6, 10a). Mit 6, 10b.c zeigt Matthäus den Weg, auf dem sich Gottes Königtum «auf Erden», hier und jetzt, schon realisieren soll [107].

Für die Auffassung, daß bei den drei Wir-Bitten die Bitte um Vergebung eine zentrale Rolle spielt, kann man nicht nur deren unterstreichende «Kommentierung» Mt 6, 14f. anführen [108]. Es kann auch darauf verwiesen werden, daß sich die Schlußbitte

---

schon verwirklichen soll. Gottes Ratschlüsse sollen nicht nur durch Gottes, sondern auch des Menschen Wirken "geschehen". Der Vers 6, 10b würde so das matthäische Verständnis der drei ersten Bitten des Vaterunsers überhaupt erschließen. »

106. Vgl. TRILLING, a. a. O., 191 : « Gott ist der primär Handelnde. Doch darf man weiter fortsetzen : der sekundär Handelnde ist der Mensch. Matthäus will sagen, daß Gottes Königtum sich eben dann verwirklicht, wenn der Mensch sich dem Willen Gottes nicht in den Weg stellt, sondern sich ihm in Demut und Gehorsam beugt. » VÖGTLE, *Der « eschatologische » Bezug*, 361f., vermutet, daß « die judenchristliche Zusatzbitte Mt 6, 10b den Gedanken an das menschliche Tun, an die jetzt schon geltende Forderung der Erfüllung des Willens Gottes [...] miteinbringen » wolle.

107. TRILLING, a. a. O., 191.

108. Siehe ferner Mt 18, 21-22.23-35.

« Laß uns nicht in Versuchung geraten !» sachlich folgerichtig an die Vergebungsbitte anschließt : Wenn Gott uns unsere Schuld vergeben hat, gilt es, vor Versuchung und vor dem Bösen bewahrt zu bleiben [109]. Die Vergebungsbitte ist außerdem die einzige, die ausdrücklich ein Tun des Betenden nennt : «wie auch wir vergeben haben unsern Schuldnern». Gerade die den Mitmenschen gewährte Vergebung oder Barmherzigkeit aber ist es, die dem Willen Gottes entspricht. Mt 9, 13 zitiert Hos 6, 6 : «Barmherzigkeit *will ich (thelô)*, nicht Opfer.» Die gleiche Schriftstelle wird Mt 12, 7 wiederholt [110]. Das Vaterunser hat somit nicht nur die «vertikale» Beziehung zu Gott im Auge, sondern auch die «horizontale» der Betenden zu ihren Mitmenschen. Der mit «wie» eingeleitete zweite Teil der Vergebungsbitte (6, 12b) erinnert an das einleitende «wie» der dritten Du-Bitte (6, 10c). War dort die Entsprechung von irdischem und himmlischem Vollzug des *Willens* Gottes intendiert, so hier die von göttlichem und zwischenmenschlichem *Vergeben*.

D. Das Vaterunser im Rahmen des gesamten Matthäus-Evangeliums

Bei der Frage, in welchem Umfang die Abweichungen des Mt-Evangeliums von der Lk-Fassung des Vaterunsers auf die Hand des «Redaktors Matthäus» zurückzuführen sind, wird man notwendigerweise auf «Parallelen» verwiesen, die zwischen dem matthäischen Vaterunsertext und anderen Texten des Mt-Evangeliums bestehen. Es geht im folgenden nicht darum, diese Parallelen vollständig zu erfassen, sondern um die Frage, wie die Korrelation beider Seiten zu verstehen ist. Hat das Vaterunser

---

109. VÖGTLE, *Der «eschatologische» Bezug*, 358. Mit Recht vertritt Vögtle — gegen JEREMIAS (*Theologie*, I, 196) und SCHULZ (*Q* 92) — die Auffassung, daß sich die Schlußbitte nicht allein (oder primär) auf das Erliegen in der eschatologischen Anfechtung bzw. den Abfall bezieht, sondern «an die Anreizung zur Sünde denkt, in die die Angesprochenen hier und jetzt, schon vor dem Eintreten der sogenannten messianischen Wehen, geraten können».
110. Mt 9, 13 steht das Zitat diff Mk 2, 17 und wird auf Jesu Handeln bezogen : Indem er «Sünder» beruft, vollzieht er den ureigensten Willen Gottes. Mt 12, 7 diff Mk 2, 27 ist das Zitat den pharisäischen Kritikern entgegengehalten, die in den Jesusjüngern «Unschuldige verurteilten». Die sachliche Nähe von «Vergebung» und «Barmherzigkeit» ergibt sich aus Mt 18, 32f.

(als vorgegebener Text) auf den Makrokontext (Mt-Evangelium) eingewirkt? Oder hat letzterer den mt Vaterunsertext geprägt? Freilich muß hier keine Alternative vorliegen; es ist wohl auch mit komplizierteren Sachverhalten zu rechnen.

1. Die Vater-Anrede

Die erweiterte Vater-Anrede Mt 6, 9b ist in zweifacher Hinsicht bemerkenswert. Zunächt ist dem Vokativ *pater* das Pronomen *hèmôn* angefügt. Von Gott als «unserem Vater» zu sprechen, weiß sich die Gemeinde der Jesusjünger ermächtigt, weil Jesus selbst zu ihnen von «eurem Vater» gesprochen hat [111]. Das sich darin ausdrückende besonders nahe Gottesverhältnis der Jünger [112] ist offensichtlich von Jesus vermittelt, der Gott seinen Vater nennen konnte [113]. Rückt das Personalpronomen «unser» Gott in die besondere Nähe, so macht die zweite Erweiterung der Anrede auf die «himmlische» Erhabenheit dieses unseres Vaters aufmerksam. Es wird zutreffen, daß damit auf jüdisch-traditionelle Denk- und Sprechweise zurückgegriffen wird [114]. Dennoch sah Matthäus in dieser feierlich klingenden Anrede keinen Widerspruch zur Forderung Jesu, beim Beten jede «Wortmacherei» zu vermeiden (Mt 6, 7f.).

Die Vater-Anrede bringt nicht nur das kindliche Vertrauen und die Zuversicht zum Ausdruck, daß Gott unsere Bedürfnisse im voraus kennt (Mt 6, 8) und uns schenken wird, was wir brauchen. Sie weiß auch um die besondere Nähe Gottes zu den Brüdern Jesu Christi. Zugleich anerkennt sie, daß Gott von

---

111. Das auf Gott bezogene *patèr* ist an folgenden Stellen mit *hymôn* verbunden: Mt 5, 16.45.48; 6, 1.8.14.15.26.32; 7, 11; 10, 20.29; 18, 14; 23, 9; vgl. 13.43 (Vater der *dikaioi*). Nur an wenigen Stellen fehlt das Adjektiv *ouranios* oder die Wendung «der im Himmel»: Mt 6, 8.15; 10, 20.29.

112. Allerdings ist Gottessohnschaft nach Mt 5, 9 nicht gegenwärtig realisiert, sondern wird eschatologisch in Aussicht gestellt; anders 5, 45, dazu FRANKE-MÖLLE, *Jahwebund*, 172-177.

113. Siehe Mt 7, 21; 10, 32.33; 11, 27; 12, 50; 15, 13; 16, 17; 18, 10.19.35; 20, 23; 25, 34; 26, 29.39.42.53. Lediglich an 7 Stellen fehlt das zugefügte «himmlischer (Vater)» oder «(Vater) im Himmel»: Mt 11, 27; 20, 23; 25, 34; 26, 29.39.42.53.

114. Siehe dazu oben unter III.A.

allem Irdischen verschieden ist und vom Himmel her seine Königsherrschaft ausübt über die Welt[115].

2. Die Du-Bitten

Die Du-Bitten erhalten von ihrem Abschluß her den grundlegenden Aspekt : wie im Himmel so auf Erden. Man wird zwar nicht sagen können, diese Wendung (Mt 6, 10c) beziehe sich auf alle drei Du-Bitten[116]. Aber sie gibt doch den Horizont ab für das erbetene eschatologische Handeln Gottes. Die drei Aorist-Formen *hagiasthètô, elthetô* und *genèthètô* (6, 9c.10a.b) haben kein allmählich sich durchsetzendes Handeln Gottes im Auge, sondern jenen endgültigen Anbruch seiner *Königsherrschaft*, durch den sich sein *Name* als heilig erweisen und sich sein *Wille* durchsetzen wird[117]. Dieser zugleich das Jetzt und das eschatologische Dann anzielende Aspekt schließt zugleich das Gegenüber von himmlischer und irdischer Welt ein. Es liegt nicht das eschatologische Vollendungsbild der Apokalyptik vor[118].

Wenn Matthäus auch weiß, daß mit Jesu Wirken das Himmelreich nahe herbeigekommen ist (4, 17 ; 10, 7), so versteht er die Bitte um das Kommen des « Reiches » doch nicht in dem (pharisäisch-jüdischen) Sinn, als könne dessen Anbruch durch treue Erfüllung des Gotteswillens herbeigeführt oder wenigstens beschleunigt werden. Dennoch hat die Erfüllung des Vater-Willens Gottes mit dem Kommen des Reiches zu tun. Der Jesusjünger macht sich Gottes Sache zu eigen und « sucht das Reich » (7, 21) ; er macht Gottes Willen, wie ihn Jesus kundgetan hat, zu seiner grundlegenden Lebenseinstellung (6, 33)[119].

---

115. Vgl. DUPONT/BONNARD, « Le Notre Père », 8 : « *Confiants en son amour, nous ne pouvons oublier sa toute-puissance, dont ses enfants ne sauraient manquer d'être les premiers bénéficiaires.* »

116. Gegen SABUGAL, *La redacción mateana*, 312. Kritisch auch SCHÜRMANN, *Gebet des Herrn*, 171, Anm. 110.

117. Siehe J. SCHMID, *Das Evangelium nach Matthäus*, Regensburger NT 1, Regensburg, ³1956, 128-130.

118. SCHÜRMANN, *Gebet der Herrn*, 172, Anm. 112, im Anschluß an DIBELIUS, *Die dritte Bitte* (oben Anm. 68).

119. U. LUZ, « *basileia* », in *EWNT 1*, 481-491, spricht von einer bei Mt vorliegenden « Ethisierung » des Basileia-Begriffs (488). Im Rahmen dieser ethischen Orientierung des Begriffs sieht Luz auch die Interpretation der zweiten Vaterunserbitte durch die dritte ; er spricht von einer « gewissen formalen Nähe zum Rabbinat » (ebd.).

Mt 26, 42 konkretisiert (anders als Mk 14, 39) das Gebet Jesu und gleicht es an die dritte Vaterunserbitte (Mt 6, 10b) an[120] : « Mein Vater, ... es geschehe dein Wille! » So wird Jesus selbst zum Vorbild seiner Jünger. Und die Jünger wissen vom Schicksal Jesu her, was diese Bitte für das Geschick Jesu bedeutete. Die Bedeutung der Bitte im Getsemani-Gebet ist gegenüber der im Vaterunser vorliegenden eingeengt : auf die ertragende Ergebung in den Willen Gottes (wie Mk 14, 36)[121].

3. Die Wir-Bitten

Die Untersuchung A. Vögtles über den « eschatologischen » Bezug der Wir-Bitten hat wohl endgültig sichergestellt, daß die Wir-Bitten nicht « rein eschatologisch-zukünftig » zu deuten sind[122]. Vielmehr ist die Gruppe der drei Wir-Bitten folgendermaßen zu verstehen : Während die Du-Bitten um « die Endoffenbarung des heilwirkenden Handelns Gottes » flehen, richten die Wir-Bitten den Blick auf « die Situation der zur Heilserlangung berufenen Menschen »[123]. Die Erlangung des Endheils ist durch drei Hindernisse gefährdet[124] : Die völlige Beschlagnahme der Menschen durch ein Sorgen, das sie nicht die einzig notwendige Sorge wahrnehmen läßt (Brotbitte ; vgl. Mt 6, 25-34) ; die Sünden, durch die sie sich vor Gott schuldig gemacht haben (Vergebungsbitte) ; die Gefahr, in neue Sündenschuld zu fallen (Bitte um Bewahrung vor Versuchung). Im matthäischen Vaterunser leitet die dritte Du-Bitte vom strikten Eschaton der beiden ursprünglichen Du-Bitten zu den Wir-Bitten über, die die Situation der Jünger-Gegenwart ins Auge fassen[125].

---

120. Mit SCHÜRMANN, *Gebet des Herrn*, 171, Anm. 108 ; gegen DIBELIUS, a. a. O. (oben Anm. 68), der umgekehrt annahm, die dritte Vaterunserbitte sei von der Getsemani-Perikope her bestimmt.

121. Siehe oben unter III.B.

122. VÖGTLE, *Der « eschatologische » Bezug* (1975).

123. VÖGTLE, a. a. O., 359.

124. Ebd. — VÖGTLE deutet die älteste Fassung des Herrengebets, in der Mt 6, 13b fehlt. Dennoch kann die für Jesu Gebet gegebene Deutung im wesentlichen auch für die MT-Fassung gelten. Auf die Tragweite von 6, 13b (Errettung vor dem Bösen) ist unten noch einzugehen.

125. Vgl. VÖGTLE, a. a. O., 362 : « Wenn die erste Wir-Bitte [...] besagen will : unser notwendiges Brot gib uns heute, damit wir ganz um die Erfüllung des Willens Gottes besorgt sein können, sind die 3. Du-Bitte und die 1. Wir-Bitte durch den Gedanken der vollkommenen Erfüllung des Willens Gottes miteinander verknüpft. »

Zum Schluß sei wenigstens auf zwei matthäische Besonderheiten in den Wir-Bitten eingegangen : auf den Aorist *aphèkamen* in
6, 12b und auf die Erweiterung der Schlußbitte 6, 13b.

In der Bitte um Vergebung der « Schulden » weisen die Beter
darauf hin, daß sie zuvor[126] ihren mitmenschlichen Schuldnern
vergeben haben. Die gleiche « Reihenfolge » — erst gegenseitige
Vergebung, dann göttliches Vergeben — ist Mt 6, 14f.
(vgl. Mk 11, 25) vorausgesetzt. Im Fazit zum Gleichnis vom
unbarmherzigen Gläubiger jedoch geht die Vergebung der
großen Schuld (durch Gott) dem (nicht gewährten) Nachlaß der
kleinen (zwischenmenschlichen) Schuld voraus (Mt 18,
27.30.32f.35). Dennoch stehen die beiden Aussagen in einem
sachlichen Zusammenhang. Denn auch die Beter des Vaterunsers — auf der Traditionsstufe der vorösterlichen Jesusjünger wie
auf der der matthäischen Christengemeinde — wissen sich durch
Jesu Vermittlung der Vergebung Gottes teilhaftig. Diese Vergebung Gottes ging — das besagt das Gleichnis Mt 18, 23-34 —
allem menschlichen Tun voraus. Gott ist der « König », der auf
das flehentliche Bitten des Schuldners hin, einzig aufgrund der
Bitte und ohne jede Gegenleistung (VV. 26f.), die gesamte
Schuld erlassen hat. Das verpflichtet den Entlasteten und
Amnestierten! Der Beter des Herrengebets bekundet, daß er
diese Verpflichtung (18, 33 : *edei*) erkannt hat, ehe er Gott um
Vergebung angeht[127].

Der sekundäre Schluß des Vaterunsers (6, 13b) befriedigt
zunächst einmal zwei Desiderate : Er läßt das Gebet mit einer
positiven Bitte schließen, und er formuliert die Schlußbitte in
einem wirklichen *Imperativ*. Der « matthäische » Charakter der
Bitte um Errettung vor dem Bösen ergibt sich aus der
Verwendung des substantivischen *ponèros/ponèron* im übrigen
Mt-Evangelium[128]. Das Böse (oder : der Böse) ist eine Macht,
die Gott letztlich unterlegen ist. Dem Menschen, dem Gott alle
Schuld erlassen hat, droht neben der Versuchung die Macht des
Bösen. Der Jesusjünger (oder : der Christ) steht *vor* der
möglichen Versuchung und *vor* der Bedrohung des Bösen. Er ist

---

126. Siehe dazu oben unter II.D mit Anmerkungen 34, 35.

127. Vgl. W. TRILLING, *Hausordnung Gottes. Eine Auslegung von
Matthäus 18*, Leipzig, 1960, 55f. : In dem drohenden Wort Mt 18, 35 (das auf 6,
12.14.15 zurückblickt) « wird die endgültige Entscheidung über das menschliche
Leben und der Tag des Gerichtes beschworen ».

128. Vgl. oben unter III.C mit Anm. 72.

weder dem Peirasmos *ausgeliefert*, noch muß er *aus der Macht des Bösen befreit werden*. Er bittet — in der einen Richtung — , Gott möge ihn davor bewahren, «*in* Versuchung» zu geraten. Auf der anderen Seite geht seine Bitte dahin, «*von* dem Bösen *weg*» errettet zu werden. Vielleicht kann Mt 27, 43 (diff Mk) als Kommentar zu Mt 6, 13b angesehen werden : Ein «Sohn Gottes», der auf Gott sein Vertrauen setzt, kann darauf setzen, daß Gott ihn schließlich «errettet» (vgl. Ps 22, 9) [129].

4. Elemente der Gemeindeüberlieferung im matthäischen Vaterunser ?

Zum Schluß soll noch einmal die Frage gestellt werden, ob das matthäische Vaterunser das Gesamtwerk dieses Evangelisten geprägt hat, oder ob umgekehrt der Evangelist ein seiner Gemeinde bekanntes Gebet in seiner Evangelienschrift «redaktionell» auswertete. Die oben angestellten Überlegungen (IV.D.2) haben gezeigt, daß mit einem Einfluß der matthäischen Vaterunser-Fassung auf die Getsemani-Bitte Jesu gerechnet werden muß (Mt 6, 10b einerseits, 26, 42 andererseits). Doch braucht dies nicht zu bedeuten, daß Matthäus die dritte Du-Bitte bereits vorfand. In den Fällen der erweiterten Vater-Anrede (6, 9b) und der erweiterten dritten Wir-Bitte (6, 13b) [130] läßt sich vielleicht eher an einen Einfluß in umgekehrter Richtung denken : vom Kontext der Evangelienschrift (oder von Überlieferungen, die dieser zugrunde liegen) auf den Text des Herrengebets. Dennoch ist auch hier eine sichere Entscheidung nicht möglich (vgl. oben unter 3).

Die Interdependenz zwischen Vaterunser-Text und übrigem Mt-Evangelium zeigt auf jeden Fall, wie stark das Herrengebet in den Kontext des gesamten Evangeliums integriert ist und wie zentral seine Bedeutung veranschlagt werden muß.

---

129. Das Verbum *rhyomai* kommt bei Mt nur an zwei Stellen vor : 6, 13 (diff Lk) und 27, 43 (diff Mk).
130. Siehe oben unter II.A : III.A ; IV.D.1 und III.C ; IV.D.3.

4
DIE BITTE UM DAS KOMMEN DES GEISTES
IM LUKANISCHEN VATERUNSER (Lk 11,2 v.l.)

Die Diskussion um die Ursprünglichkeit jener Textvariante, die im lukanischen Vaterunser um das Kommen des Heiligen Geistes bitten läßt, setzte vor rund hundert Jahren ein. Im Jahre 1882 wurde die Minuskelhandschrift der Evangelien für das Britische Museum gekauft, die heute mit dem Sigel 700 bezeichnet wird. Sie stammt aus dem 11. Jahrhundert. Der Textforscher H. C. Hoskier hat sie kollationiert und das Ergebnis seiner Arbeit 1890 vorgelegt[1]. Die zweite Bitte des Herrengebets lautet in 700: ἐλθέτω τὸ πνεῦμά σου τὸ ἅγιον ἐφ᾽ ἡμᾶς, καὶ καθαρισάτω ἡμᾶς[2]. Diese Bitte steht hier an Stelle derjenigen um das Kommen des Reiches Gottes. Es gibt wahrscheinlich nur eine weitere Evangelienhandschrift, die eine entsprechende Lesart bezeugt, den Codex der Vatikanischen Bibliothek, der das Sigel 162 führt (geschrieben 1153)[3]. Die Minuskel 162 stellt in der Geist-Bitte σου vor τὸ πνεῦμα und läßt ἐφ᾽ ἡμᾶς weg[4].

Durch das Bekanntwerden der Minuskel 700[5] kam bald die Erörterung in Gang, welchen textkritischen Stellenwert die betreffende Lesart in Lk 11,2 beanspruchen könne. Vor allem A. v. Harnack regte mit seiner Akademie-Abhandlung von 1904 den Streit um das Für und Wider an. Denn er veranschlagte den textgeschichtlichen Rang der Geist-Bitte so hoch, daß er deren Ursprünglichkeit im Lk-Evangelium annahm. Er hielt es für wahrscheinlich, daß Lukas »dem Herrngebet durch Voranstellung

---

[1] Hoskier, Full Account, bes. 1–43. – N.B. Ein Verzeichnis der wichtigsten Literatur steht am Ende dieses Beitrages.

[2] Eine Abbildung von folio 184 verso (mit dem Text des Vaterunsers nach Lk) findet sich bei Hoskier (a.a.O.) zwischen *Introduction* und *Collation*.

[3] Harnack wurde durch Hans Frhr. v. Soden auf diese Minuskel aufmerksam gemacht; siehe Harnack, Über einige Worte 196.

[4] So liest auch Maximus Confessor: PG 90, 884 B.

[5] Sie hat bei Hoskier das Sigel 604 und wird im Britischen Museum unter der Nr. 2610 Egerton geführt. Die Lesart des Codex 700 mit der Geist-Bitte des Vaterunsers wurde schon früh beachtet; siehe Chase, Lord's Prayer (1891) 25; Scrivener, Introduction (1894) I 261. Auch in Deutschland fand sie (nicht erst durch Harnack) Beachtung: Resch, Paralleltexte (1895) 233f.; Blass, Evangelium sec. Lucam (1897) XLIII. 51.

der Bitte um den heiligen Geist den confessionellen Charakter gegenüber den Johannesjüngern[6] gegeben hat«[7].

H. Greeven hat in seiner wissenschaftlichen Erstlingsarbeit (1931) die Argumente Harnacks aufgegriffen und sich für die Ursprünglichkeit der Geist-Bitte im dritten Evangelium ausgesprochen[8]. Fünfzig Jahre später (1981) jedoch verweist Greeven in der von ihm erarbeiteten Synopse die Geist-Bitte Lk 11,2 in den kritischen Apparat und entscheidet sich für die Ursprünglichkeit der Reichs-Bitte im Lk-Text[9]. In der Synopse bot sich allerdings keine Gelegenheit, diese kritische Entscheidung zu begründen. Man fragt unwillkürlich, ob sich die Beurteilungsmaßstäbe der Textkritik in den dazwischenliegenden fünfzig Jahren geändert haben. Oder was führte dazu, daß heute die Ursprünglichkeit der Geist-Bitte im Lk-Evangelium nur noch selten behauptet wird?

Der vorliegende Beitrag stellt sich die Aufgabe, die nahezu hundertjährige Diskussion um die Geist-Bitte des Vaterunsers zu rekapitulieren. Dabei ist es nicht wichtig, die Vertreter des Pro und des Contra einfach zu registrieren. Es gilt vielmehr, deren Argumente zu würdigen. Zwar geht der Trend seit den dreißiger Jahren eher in Richtung einer Bestreitung der Ursprünglichkeit der Geist-Bitte im Urtext des dritten Evangeliums. Doch wird auch neuerdings noch deren lukanische Ursprünglichkeit verteidigt[10]. Die Zielsetzung der folgenden Berichterstattung liegt darin, die sich im Laufe der Diskussion herausbildenden methodischen Neuansätze aufzuweisen. Dann soll der Versuch gewagt werden, die schwierige Frage neu anzugehen und eine textkritische Entscheidung zu treffen.

1. Die Diskussion um die Geist-Bitte von Harnack (1904) bis Greeven (1931)

Noch vor der Publikation Hoskiers mit der Kollation des Codex 700 hatte A. Resch in der ersten Auflage seiner »Agrapha« (1889) die Geist-Bitte im lukanischen Vaterunser dem Evangelisten zugeschrieben und dazu auf Lk 11,13 (diff. Mt) verwiesen, um den »redaktionellen« Charakter der betreffenden Lesart zu unterstreichen[11]. Demgegenüber hielt F. H. Chase (1891), obwohl er die Kollation Hoskiers kannte[12], die Geist-Bitte für eine aus dem

---

[6] Vgl. Lk 11,1f.; Act 19,2—6.

[7] Harnack, Über einige Worte 206.

[8] Greeven, Gebet und Eschatologie 72—75.

[9] Greeven, Synopse 152.

[10] So z. B. von Gräßer, Problem (1956); Leaney, Lucan Text (1956) und Luke (1958); Ott, Gebet und Heil (1965); Freudenberger, Zum Text (1969).

[11] Resch, Agrapha (1889) 398f. Er beansprucht als Textzeugen neben Gregor von Nyssa und Maximus Confessor auch Marcion (nach Tertullian, Adv. Marc. IV 26). Resch, Paralleltexte 233f., wiederholt (nach Kenntnisnahme von Codex 700) die Auffassung, daß die Geist-Bitte vom Evangelisten stamme, bezeichnet dieses Urteil jedoch nur noch als »wahrscheinlich«. Nach Zahn, Vaterunser (1891), hat Marcion das Vaterunser des Lk-Evangeliums verfälscht, indem er die Geist-Bitte an die Stelle der Namens-Bitte stellte, die ihm unerträglich erschien (410f.).

[12] Chase, Lord's Prayer 25.

kirchlichen Gebrauch stammende Zutat zum dritten Evangelium[13]. Der einzige Forscher, der die Geist-Bitte von Lk 11,2 formell in den Lk-Text für aufnahm, war F. Blass[14].

A. v. Harnack konnte in seiner Akademie-Abhandlung am 21. 1. 1904 von der Kenntnis zweier Evangelien-Handschriften ausgehen, die die Geist-Bitte im dritten Evangelium bezeugen[15]. Er hält die Geist-Bitte im Lk-Text für ursprünglich[16] und führt dafür folgende Gründe an. Weil der Vaterunser-Text des Mt-Evangeliums im Lauf der Textgeschichte den des dritten Evangeliums nachweislich mehrfach beeinflußt hat, müsse man »auch den letzten Schritt thun« und die Reichs-Bitte Lk 11,2 als sekundär ansehen[17]. Ein Späterer habe doch wohl kaum den Mut aufbringen können, gegen einen gleichlautenden Mt-Lk-Text die Geist-Bitte einzusetzen, während umgekehrt leicht zu verstehen sei, daß man den Lk-Text auch hier mit Matthäus konformierte, »zumal, nachdem sich die von Matthäus gebotene Form in den Gottesdiensten durchgesetzt hatte«[18]. Weiterhin verweist Harnack auf den Kontext des lukanischen Vaterunsers, in dem der Evangelist die Folgerung »Um wieviel mehr wird euer himmlischer Vater denen, die ihn bitten, Gutes geben!« (so Mt 7,11b) abgeändert hat und liest: »... den heiligen Geist geben« (Lk 11,13b). Außerdem sei πνεῦμα ἅγιον ein Zentralbegriff in den Erzählungen der Apostelgeschichte, wo besonders Act 1,8; 11,15; 19,6 der Geist-Bitte des Herrengebets sehr nahe kämen[19].

Harnack kam zu seiner Einschätzung der Textüberlieferung, weil er den Befund nicht nur quantitativ bewertete, sondern bewußt wägte. Er vermutete, daß man bisher nur »ganz zufällig« auf zwei Zeugen gestoßen sei und man weitere Minuskel-Codices mit der betreffenden Lesart finden werde[20]. Doch hat sich diese Erwartung nicht erfüllt. Der Bestand an Textzeugen ist vielmehr bis heute jener geblieben, den schon Harnack kannte.

---

[13] Chase, a.a.O. 27f. Chase nimmt an, daß die Geist-Bitte in Handschriften vorhanden war, die sowohl Tertullian als auch Marcion vorlagen. Doch weist er (a.a.O. 28) darauf hin, daß die Geist-Bitte bei Marcion an die Stelle der Namens-Bitte des Vaterunsers tritt.

[14] Blass, Evangelium sec. Lucam 51.

[15] Harnack, Über einige Worte 196. Neben Codex 700 nimmt Harnack auch — auf Hinweis seines Schülers Hans Frhr. v. Soden — den Codex 162 zur Kenntnis.

[16] Harnack, a.a.O. 199: »Aus diesen Gründen darf man meines Erachtens nicht zweifeln, dass Lucas die Bitte um den heiligen Geist im Text des Vater-Unsers geboten hat.« Siehe auch a.a.O. 205f., ferner Harnack, Text (1923) 26—28; Marcion (²1924) 207*f.

[17] Harnack, Über einige Worte 198.

[18] Harnack, a.a.O. 199.

[19] Ebd. Auch zu dem mit der Geist-Bitte verbundenen καθαρισάτω finde sich eine »schlagende Parallele« in den Acta, nämlich 15,8f.

[20] Harnack meinte: »es können zehn oder zwanzig oder noch mehr sein, welche diese Lesart bieten« (a.a.O. 199).

Es gibt vier Textzeugen, die an Stelle der Reichs-Bitte Lk 11,2 die Bitte um das Kommen des Geistes lesen. Dies sind zwei Minuskel-Handschriften und zwei Kirchenväter: *Codex 700* (11. Jh.) liest:

ἐλθέτω τὸ πνεῦμά σου τὸ ἅγιον ἐφ᾽ ἡμᾶς,
καὶ καθαρισάτω ἡμᾶς.

Die *Handschrift 162* (geschrieben 1153) liest:

ἐλθέτω σου τὸ πνεῦμα τὸ ἅγιον,
καὶ καθαρισάτω ἡμᾶς.

Gregor von Nyssa († 394) liest[21]:

ἐλθέτω τὸ ἅγιον πνεῦμά σου ἐφ᾽ ἡμᾶς,
καὶ καθαρισάτω ἡμᾶς.

Maximus Confessor († 662) liest[22]:

ἐλθέτω σου τὸ πνεῦμα τὸ ἅγιον,
καὶ καθαρισάτω ἡμᾶς.

Während Maximus[23] mit der Minuskel 162 übereinstimmt, indem er »auf uns« wegläßt, besteht andererseits eine Übereinstimmung zwischen Gregor und dem Codex 700, die beide ἐφ᾽ ἡμᾶς lesen[24]. Neben diesen Zeugen ist noch der Vaterunsertext des *Marcion* heranzuziehen, den man im Anschluß an Tertullian, Adv. Marc. IV 26, rekonstruieren kann[25]. Bei Marcion lautete die Geist-Bitte vielleicht: ἐλθέτω τὸ ἅγιον πνεῦμά σου [ἐφ᾽ ἡμᾶς], καὶ καθαρισάτω ἡμᾶς. Allerdings stand diese Bitte bei Marcion unmittelbar hinter der Vater-Anrede; auf sie folgte die Reichs-Bitte, während »Dein Wille geschehe!« fehlte[26].

Harnack stellte, indem er die Diskrepanz zwischen Marcion und den übrigen Zeugen der Geist-Bitte wahrnahm, die Frage: »Wo stand nach Lucas ursprünglich die Bitte um den heiligen Geist?«[27] Er kam zu der Antwort, bei Lukas habe weder die Bitte um Heiligung des göttlichen Namens noch die um das Kommen des Reiches gestanden; auch die »dritte« Bitte (nach Mt) habe gefehlt. Diesem lukanischen Text sei »aus Matthäus bald die eine, bald die andere Bitte (d. h. die 1. oder die 2.) hinzugefügt worden, und zwar schon in frühester Zeit«. Zuletzt, aber noch im 2. Jahr-

---

[21] Gregor von Nyssa, De oratione dominica III 5 (PG 44,1157 C). An anderen Stellen dieses Abschnitts begegnet diese Lesart ohne ἐφ᾽ ἡμᾶς (44,1157 D) bzw. mit vorangestelltem ἐφ᾽ ἡμᾶς vor τὸ πνεῦμα τὸ ἅγιον (ohne σου) (44,1160 D).

[22] Maximus Confessor, Expositio orationis dominicae 350 (PG 90,884 B).

[23] Irrtümlich wird als Zeuge dieser Lesart verschiedentlich Maximus *von Turin* genannt: Streeter, Four Gospels 277; Leaney, Lucan Text 103; Luke 59; Metzger, Textual Commentary 155; Marshall, Luke 458.

[24] Daß man ein ἐφ᾽ ἡμᾶς gern mit den einleitenden Bitten des Vaterunsers verband, zeigt D in der Reichs-Bitte.

[25] Siehe Harnack, Über einige Worte 197.200. Dazu kritisch Freudenberger, Zum Text 420.

[26] Codex 700 enthält hingegen Lk 11,2 die »dritte« Bitte im Anschluß an die Geist-Bitte! Im Lk-Text haben folgende Zeugen die einfache Vater-Anrede mit zwei folgenden Du-Bitten (um Heiligung des Namens; um das Kommen des Reiches): P[75] B 1. 118. 131. 209. vg sy[s] Origenes (vgl. auch L).

[27] Harnack, a.a.O. 200.

hundert, sei »die Dreizahl der von Matthäus gebotenen Bitten *an die Stelle* der Bitte um den Geist gesetzt worden«[28].

Nicht nur die Auffassung Harnacks über die Entstehung der Vaterunsertexte, sondern speziell auch die über die Geist-Bitte ist bald auf Widerspruch gestoßen[29]. Harnack hat aber auch Zustimmung gefunden[30]. H. v. Soden bemerkt gegen Harnack kritisch, daß die beiden Minuskelhandschriften, die die Geist-Bitte bezeugen, auch sonst miteinander verwandt sind, »also wohl von einer und derselben Vorlage« stammen[31]. Außerdem vermutet er, »daß in jene beiden Kodices oder ihre gemeinsame Vorlage die Bitte aus der viel gelesenen Auslegung Gregors übertragen sei«; auch Maximus Confessor sei von Gregor abhängig[32]. Ob Marcion seinen Text mit der Geist-Bitte schon vorgefunden oder von sich aus hergestellt hat, läßt sich nach v. Soden nicht eindeutig entscheiden; möglich sei, daß er den ursprünglichen Lk-Text bewahrt hat[33]. H. v. Soden hält − gegen Harnack − die beiden mit dem Mt-Text übereinstimmenden ersten Bitten des lukanischen Vaterunsers für ursprünglich und die Geist-Bitte für eine sekundäre Einfügung[34]. Doch weiß er, daß man bei dieser Position erklären muß, wie Marcion und Gregor von Nyssa zu ihren Texten kamen[35].

H. v. Soden geht bei seiner Fragestellung nicht von den Textzeugen aus, sondern von inneren Gründen. Solche waren schon für Harnack ausschlaggebend. Die Nennung des Heiligen Geistes Lk 11,13 (diff. Mt) entspreche der hohen Wertung des πνεῦμα ἅγιον bei Lukas. Es sei jedoch nicht sicher, daß Lukas sich mit 11,13 auf das Vaterunser bezieht. Denn man muß sich fragen, warum hier »die Gegenstände der andern Bitten völlig ignoriert werden, die doch, auch nach Lukas, nicht in jener ersten

---

[28] Ebd.

[29] Siehe die Kritik v. Sodens, die schon am 3. 3. 1904 in der Zeitschrift »Die christliche Welt« unter dem Titel »Die ursprüngliche Gestalt des Vaterunsers« erschien.

[30] In bezug auf die Geist-Bitte im Lk-Text vgl. Spitta, Die älteste Form (1904) 337f.; Paslack, Bemerkungen (1905); Klein, Gestalt (1906) 35.40−50. Gegen Paslack wandte sich Schürer in seiner Rezension: ThLZ 30 (1905) 258f. Wellhausen, Evangelium Lucae (1904) 56, schreibt irrtümlich, daß bei Marcion die Geist-Bitte als *zweite* Bitte stehe. Die Frage, ob man sie als Korrektur dem Evangelisten Lukas zutrauen dürfe, lasse sich schwer beantworten. Die Geist-Bitte Lk 11,2 könne u. U. im Anschluß an 11,13 (als Korrektur) entstanden sein. Ähnlich unentschieden bleibt Wellhausen auch noch 1911: Einleitung 63f.

[31] v. Soden, Gestalt 219. Er vermerkt: »Obgleich jüngst alle, auch die spätesten Handschriften, welche Abweichungen von dem im Mittelalter herrschenden Text aufweisen, durchgesehen worden sind, ist die Bitte sonst nirgends aufgestoßen.«

[32] v. Soden, Gestalt 219.

[33] v. Soden, a.a.O. 220.

[34] v. Soden, a.a.O. 220f.

[35] v. Soden, a.a.O. 221.

Bitte aufgehen«. Zu Act 19 sei festzustellen, daß die Johannesjünger schon Christen seien (v. 2: sie sind »gläubig geworden«). Ihnen fehlte »nur die Taufe auf den Namen Jesu und die Handauflegung eines Apostels« und das damit vermittelte Kommen des Heiligen Geistes. In der Bitte der Jünger Lk 11,1, Jesus möge sie beten lehren wie Johannes seine Jünger lehrte, dürfe man keine »gegensätzliche Spitze« vermuten[36]. καθὼς καί beziehe sich »auf des Johannes bewährte Schulmethode«[37]. Somit sind nach v. Soden die von Harnack aufgezeigten Beziehungen der Geist-Bitte zu anderen Stellen des lukanischen Werkes unsicher. Zudem passe diese Bitte schlecht zur Anschauung des Lukas, insbesondere als tägliche Bitte[38]. Die Bitte um das Kommen des Geistes passe hingegen gut in ein Gebet der Johannesjünger[39]. Die Christen hätten diese Bitte »als Taufgebet« aus der Täuferschule übernommen und späterhin auch wohl in Verbindung mit dem Vaterunser gesprochen. »Marcion paßte diese Randnotiz vorzüglich; er sah sie als eine andere und glücklichere Fassung der ersten Bitte an ... und verbesserte seinen Lukastext danach mit dem Mut, der ihm bei seinen Textänderungen nie versagte.«[40] Im Evangelienexemplar Gregors von Nyssa sei die gleiche Randglosse dann an die Stelle der zweiten Bitte gerückt worden[41].

G. Klein knüpfte an v. Sodens Hypothese an, daß die Geist-Bitte aus dem Kreis um Johannes den Täufer stammt[42]. Christliche Kreise könnten sich das Taufgebet des Johannes angeeignet und ins Vaterunser eingebracht haben[43]. Später habe man — aus dogmatischen Gründen (vgl. Joh 20,21–23; Act 2) — die Geist-Bitte wieder getilgt. Sie habe sich im Lk-Text Marcions am längsten erhalten[44].

Th. Zahn behandelte in seinem Lk-Kommentar noch einmal das Vaterunser Marcions[45], diesmal unter Einbeziehung des Textes, den die Minuskel 700 bietet[46]. Zahn erkennt drei Möglichkeiten, den Befund der Textzeugen zu erklären: Entweder hat Marcion 1) den ursprünglichen Lk-Text bewahrt oder 2) seinen Text von sich aus geschaffen (er wäre von dort in kirchliche Handschriften übergegangen). Oder Marcion hat 3) seinen Text in einer kirchlichen Handschrift vorgefunden (vielleicht nur als Randglosse) und ihn dem vor-

---

[36] Ebd.
[37] v. Soden, a.a.O. 221f.
[38] v. Soden, a.a.O. 222.
[39] v. Soden, a.a.O. 223. Neben die Wendung »wie Johannes seine Jünger beten lehrte« (Lk 11,1), habe jemand die Geist-Bitte an den Rand notiert, der diesen Zusammenhang noch kannte!
[40] Ebd. Auch Hönnicke, Forschungen 114, vermutete, daß die Geist-Bitte als Randglosse entstanden sei. Der Glossator habe die Reichs-Bitte erläutern wollen.
[41] v. Soden, a.a.O. 223.
[42] Klein, Gestalt 44.
[43] Klein, a.a.O. 46f.
[44] Klein, a.a.O. 47.
[45] Zahn, Lucas 767–772. Vgl. Zahn, Vaterunser (1891).
[46] Zahn, Lucas 768.

herrschenden Lk-Text vorgezogen[47]. Nach Diskussion der Möglichkeiten[48] entscheidet sich
Zahn für die dritte Annahme: »Mn muß die Bitte um den hl. Geist in einem kirchlichen
Lctext vorgefunden haben.«[49] Das Schwanken zweifelhafter Textbestandteile in bezug auf
ihre Stellung (hier: als 1. oder 2. Bitte) ist »ein sehr häufiges Schicksal von Glossen, die
zuerst am Rand geschrieben standen, dann aber ... in den Text eingefügt wurden. So wird es
also auch hier geschehen sein.«[50]

Die schon 1909 abgeschlossene Straßburger Dissertation über das Vaterunser von J.
Hensler nahm ausführlich zu den Gründen Stellung, die Harnack für seine These über die
Geist-Bitte im Gebet des Herrn genannt hatte[51]. Hensler selbst hält die Geist-Bitte des Lk-
Textes für handschriftlich mangelhaft bezeugt[52]. Er macht auf die Störung der Struktur in
den Du-Bitten des Gebets aufmerksam[53] und vermutet − entsprechend der Argumentation
v. Sodens −, daß die Geist-Bitte, ein Taufgebet der Johannes-Jünger, als Randglosse zu Lk
11,1 notiert war. Danach habe Marcion seinen Evangelientext geändert[54]. Im Evangelienexemplar Gregors von Nyssa sei diese Glosse schon in den Text selbst geraten, und zwar als
zweite Bitte[55].

J. Weiß[56] neigte dazu, die Geist-Bitte im Lk-Text für ursprünglich zu halten. Er weist
zwar auf die Diskrepanz zwischen Marcion und den späteren Zeugen hinsichtlich der Stellung dieser Bitte gegenüber den anderen Bitten hin, hält es aber trotzdem für »nicht unwahrscheinlich«, daß schon Lukas die Geist-Bitte gelesen hat. Deutlich hebt er von der Frage der
lukanischen Ursprünglichkeit die der *jesuanischen* Authentizität ab. Letztere hält er offensichtlich für unwahrscheinlich (weil der Heilige Geist im Rahmen der Verkündigung Jesu
eine geringe Rolle gespielt habe). Die Geist-Bitte im Vaterunser entstamme also eher der
christlichen Gemeinde.

In den zwanziger Jahren haben sich vier weitere Autoren für die Ursprünglichkeit der
Geist-Bitte im dritten Evangelium ausgesprochen: H. Leisegang, A. Loisy, B. H. Streeter
und E. Klostermann[57]. Gegen die Verankerung dieser Bitte schon im Lk-Text argumentier-

---

[47] Zahn, a.a.O. 769.

[48] Nach Zahn (a.a.O. 769) spricht gegen 1), daß die Geist-Bitte, falls sie ursprünglich ist,
doch nicht fast überall verdrängt worden wäre, zumal sie für niemand religiös anstößig
sein konnte. »Auch die Neigung, die beiden ev Berichte über das VU einander gleichzu-
machen, ... würde nicht dazu taugen, die allgemeine Einführung der 1. Bitte des Mt anstatt der angeblich von Mt bewahrten ursprünglichen 1. Bitte des Lc zu erklären; denn
die ältesten und besten Zeugen für die wesentliche Identität der 1. Bitte bei beiden Evv:
Orig., ℵ B L, Ss, Vulg haben den Text des Lc vom ersten bis zum letzten Wort von allen
oder so gut wie allen Beimischungen aus Mt reingehalten.« Gegen 2): Die kirchlichen
Zeugen für die Geist-Bitte bezeugen diese (gegen Marcion!) als Ersatz für die Reichs-
Bitte.

[49] Zahn, a.a.O. 770.   [50] Ebd.

[51] Hensler, Vaterunser (1914) 33−37.

[52] Hensler, a.a.O. 33f.37.

[53] Hensler, a.a.O. 37−42. Besonders die Zweiteiligkeit der Geist-Bitte spreche gegen ihre
Ursprünglichkeit (39).

[54] Hensler, a.a.O. 43.

[55] Hensler, a.a.O. 45; vgl. v. Soden, Gestalt 223.

[56] Weiß, Schriften des NT I 450.

[57] Leisegang, Pneuma Hagion 109 (Lukas vermißte »in einem Kernstück christlicher Lehre, im Vaterunser«, den Heiligen Geist); Loisy, Luc 315f. (übernimmt die Geist-Bitte −

ten A. Plummer, H. v. Baer, P. Fiebig und M.-J. Lagrange[58], ferner J. M. Creed (1930) und F. Hauck (1934)[59].

H. Greeven behandelt die Geist-Bitte in einem »Exkurs über die ursprüngliche Form des Vaterunsers«. Er hält sie bei Lukas für ursprünglich: Dies werde schon dadurch sehr wahrscheinlich gemacht, »daß die Matthäus-Form des Vaterunsers alsbald die im Kult gebräuchliche wurde und schwerlich eine so stark abweichende Variante hätte neben sich aufkommen lassen, wenn diese ihren Anspruch nicht auf zuverlässige Überlieferung gründen konnte«[60]. Zweitens beruft sich Greeven auf den — wie wir heute sagen würden — lukanisch-redaktionellen Zusammenhang zwischen dem Bildwort Lk 11,11–13 (diff. Mt) und der Geist-Bitte 11,2. Das Wort erscheine 11,13 nicht mehr »allgemein gemünzt auf beharrliches Bitten«, sondern »auf beharrliches Bitten um den Heiligen Geist«[61]. Schließlich spreche auch 11,1 für die Echtheit der Geist-Bitte, »wenn man sie mit Act. 19,2f. vergleicht«[62]: Nach Lk 11,1 solle das folgende Gebet (11,2–4) »ein Spezifikum der Jesus-Jünger sein, wie es entsprechend auch die Johannes-Jünger hatten«[63].

Die Übereinstimmung Greevens mit Harnack erstreckt sich allerdings nur auf die Beurteilung der Geist-Bitte selbst, nicht aber auf die Rekonstruktion des Herrengebets im ältesten Lk-Text. Nach Harnacks Auffassung folgte hier auf die Vateranrede direkt die Geist-Bitte, dann sogleich die Brot-Bitte. Greeven sucht zu beweisen, daß die Bitte um das Kommen des Reiches bei Lukas auf die Geist-Bitte folgte[64]. Marcion habe m. a. W. den Urtext des dritten Evangeliums bewahrt. Indessen hält

---

wie Marcion — in den Lk-Text, d. h. vor der Reichs-Bitte); Streeter, Four Gospels 277; Klostermann, Lk 124 (»wohl authentischer Text des Lc«. Es frage sich nur, »ob Text der 2. Bitte allein, oder vielleicht für die 1. *und* 2. Bitte«).

[58] Plummer, Luke 295 Anm. 1 (Die Geist-Bitte sei vielleicht geschaffen worden für den Gebrauch des Vaterunsers bei der Handauflegung; so könne sie in einige Lk-Texte geraten sein.); v. Baer, Der Heilige Geist 152 (argumentiert gegen Leisegang); Fiebig, Vaterunser 21f. (Geist-Bitte stammt von Marcion; er hat sie geschaffen, weil ihm die Bitte um Heiligung des göttlichen Namens »zu ausgesprochen jüdisch« erschien); Lagrange, Luc 322f.(323: »Ce changement vient probablement de Marcion, qui aurait remplacé l'idée biblique du règne par celle de l'Esprit.« Doch bemerkt Lagrange selbst, daß Marcion, laut Tertullian, die Reichs-Bitte beibehielt!).

[59] Creed, Luke 156, betont, "the textual evidence is less homogeneous than Streeter [Four Gospels 277] states". Vielleicht stamme die Geist-Bitte aus dem liturgischen Gebrauch der Marcioniten. Hauck, Lk 149, hält die Geist-Bitte für eine Taufbitte, die irrig (vielleicht durch Marcion) Aufnahme ins Vaterunser fand.

[60] Greeven, Gebet und Eschatologie (1931) 73.

[61] Ebd.

[62] Greeven, a.a.O. 73f.

[63] Greeven, a.a.O. 74.

[64] Greeven, a.a.O. 74.76.

Greeven bei seiner Rückfrage nach dem Vaterunser *Jesu* im Gegensatz zu Harnack die Reichs-Bitte für echt. Bei den übrigen Bitten im ersten Teil des Herrengebets (um die Heiligung des Namens, um das Kommen des Geistes, um den Vollzug des Willens Gottes) »werden wir es allerdings mit Erweiterungen zu tun haben, die die Bitte um das Kommen des Reiches jeweils ausdeuten«[65].

2. Die Argumentation seit Lohmeyer (1946)

Bis in die dreißiger Jahre hinein war die Diskussion um die Geist-Bitte im Lk-Text des Vaterunsers weitgehend durch A. v. Harnack bestimmt[66]. Erst nach dem Zweiten Weltkrieg ist mit E. Lohmeyers Monographie über das Vaterunser[67] die Auseinandersetzung weitergeführt worden. Lohmeyer hält es für fraglich, ob die Geist-Bitte schon im ursprünglichen Lk-Text stand, meint aber doch, »daß schon die älteste Christenheit sie gekannt und verwandt hat«[68]. Marcion, der sie an den Anfang des Vaterunsers rückte, handelte dabei »willkürlich und künstlich«; »denn nun beginnen die beiden ersten Bitten auf fast unmögliche Weise mit einem ›es komme‹«[69]. Daß die Geist-Bitte selbst nicht von Marcion geformt ist, gehe daraus hervor, daß ihr Wortlaut aus alttestamentlichen Begriffen gebildet ist, z. B. »dein heiliger Geist« (Ps 51,13; 143,10; Weish 9,17); die Redeweise vom »Kommen« des Gottesgeistes (Ez 2,2; 3,24); »Reinigung« und heiliger Geist (Ez 36,25−27)[70].

Von den alttestamentlichen Zusammenhängen aus möchte Lohmeyer denn auch den Sinn der Geist-Bitte deuten. »Sie richtet sich auf eine eschatologische Gabe: Mit dem Kommen des heiligen Geistes soll der Tag der Vollendung ›für uns‹ anheben und sich damit erfüllen, was Gott seinem Volke einst verheißen hat.«[71] Wie aber konnte eine Gemeinde diese Bitte sprechen, die überzeugt war, den verheißenen Gottesgeist zu besitzen? Die Bitte stellt nach Lohmeyer kein »Initiationsgebet« dar; denn sie

---

[65] Greeven, a. a. O. 76.

[66] In der Zeit zwischen 1931 (Greeven) und 1946 (Lohmeyer) hat sich m. W. nur Hauck, Lk (1934) 149, zur Geist-Bitte geäußert; vgl. oben Anm. 59.

[67] Lohmeyer, Vater-unser (¹1946; ²1947). Das Buch enthält ein eigenes Kapitel (XI.) über »Die lukanischen Formen (!) des Vater-unsers« (⁵1962: 174−192). Lohmeyer ist der Ansicht, daß das Vaterunser von Anfang an in zwei verschiedenen Formen überliefert wurde und daß kein literarischer Zusammenhang zwischen beiden Fassungen besteht. Die Mt-Fassung gehöre nach Galiläa, die lukanische nach Jerusalem. Zur Kritik an Lohmeyer, die aber nicht auf seine Ausführungen zur Geist-Bitte eingeht, siehe vor allem Vielhauer, Vaterunser-Probleme.

[68] Lohmeyer, Vater-unser (⁵1962) 186.

[69] Ebd.

[70] Lohmeyer, a. a. O. 186f.

[71] Lohmeyer, a. a. O. 188.

spreche nicht von der Begründung des Christenstandes, sondern vom Anbruch der Heilzeit »für uns«[72]. Sie sei »nicht das Gebet des Einzelnen vor seiner Taufe, sondern das einer Gemeinschaft, das sie täglich betet«[73]. Der Boden, auf dem die Geist-Bitte »möglich und begründet ist«, sei »ein Urchristentum, das eng an alttestamentliche Hoffnungen gebunden ist und in Johannes und Jesus die Wegbereiter des Herrn oder seines eschatologischen Werkes erblickt«[74].

In den fünfziger Jahren traten wiederum einige Forscher für die Ursprünglichkeit der Geist-Bitte ein. Während J. Schmid, H. J. Vogels und W. L. Knox die Verankerung der Bitte im lukanischen Vaterunser bestritten[75], haben neben G. W. H. Lampe[76] vor allem Gräßer und Leaney für ihre Ursprünglichkeit plädiert.

E. Gräßer meint beobachten zu können, daß Lukas das überlieferte Vaterunser »im Sinne der ausgebliebenen Parusie modifiziert hat«[77], und glaubt, diese an der Abweichung des Lk-Textes von der matthäischen 4. Bitte (Brot-Bitte) gewonnene »Beobachtung«[78] durch die Geist-Bitte stützen zu können[79]. »Daß die Geistbitte sekundäre Variation der Reichsbitte ist, scheint sicher.«[80] »Im Zuge der *Parusieverzögerung* tritt die Bitte um das Reich zurück hinter die um den Geist, der das Unterpfand dafür ist, daß Gott − wenn auch mit Verzug − doch zu seiner Verheißung steht!«[81] Lk 11,13 (diff. Mt 7,11) spreche dafür, daß *Lukas* diese Korrek-

---

[72] Lohmeyer, a.a.O. 188f.

[73] Lohmeyer, a.a.O. 189. Dieses Urteil gilt indessen nur, wenn die Geist-Bitte in das Vaterunser integriert ist!

[74] Lohmeyer, a.a.O. 191.

[75] Schmid, Lk 197 (Die Geist-Bitte »muß schon auf Grund der Textbezeugung als späterer Einschub gelten«. Wahrscheinlich war sie ursprünglich eine Taufbitte, »die dann aus dem Gebrauch des Vaterunsers bei der Taufe in den Text eingedrungen ist«.); Vogels, Handbuch 68 (Marcion hat den Text des Vaterunsers »gefälscht«)» Knox, Sources 26 Anm. 1 (Hinweis auf Creed, Luke; ferner: καθαρίζειν werde im NT nie in rein ethischem Sinn verwendet).

[76] Lampe, Holy Spirit 170, stellt die Geist-Bitte in den weiteren Rahmen der lukanischen Auffassung vom Heiligen Geist: Der Heilige Geist ist nach Lukas die vornehmliche Antwort auf das Gebet (Lk 11,13). Die Geist-Bitte gehört wahrscheinlich zum Vaterunser des Lukas. Für die lukanische Verwendung von καθαρίζειν verweist Lampe auf Act 15,9. Er vermutet für Lukas einen engen sachlichen Zusammenhang zwischen πνεῦμα und βασιλεία τοῦ θεοῦ (»identification of the Kingdom of God with the operation of the Spirit«, a.a.O. 184). Auf letzteren Zusammenhang gehen auch ein: Samain, L'Esprit (mir nicht erreichbar); Dunn, Spirit and Kingdom; Smalley, Spirit, bes. 69: »Spirit and kingdom are interchangeably associated in the context of petitionary prayer.« Siehe ferner George, L'Esprit Saint, der aber nicht auf Lk 11,2 v. l. eingeht.

[77] Gräßer, Problem (1956; ³1977) 109.

[78] Gräßer, a.a.O. 107f.

[79] Gräßer, a.a.O. 109−111.

[80] Gräßer, a.a.O. 109.

[81] Gräßer, a.a.O. 110.

tur des Vaterunsers vornahm. Act 1,6−8 zeige, »daß sich Lukas des Geistphänomens zur Bewältigung des Parusieproblemes bedient, und zwar im Sinne des *Ersatzes*«[82].

A. R. C. Leaney verweist gleichfalls auf Lk 11,13, ferner (für καθα-ρίζω in einem geistig-metaphorischen Sinn) auf Act 10,15; 11,8; 15,9[83]. Besonders die letztgenannte Stelle, die von einer Reinigung der Herzen bei den Empfängern des heiligen Geistes spricht (15,8f.), wird als »ein Echo auf die lukanische Fassung des Vaterunsers« angesehen[84]. Ohne Harnack zu erwähnen, nimmt Leaney dann auch jene Tendenz der Textgeschichte für seine These in Anspruch, die vom Mt-Text her das lukanische Vaterunser beeinflußte[85]. Der Text Gregors von Nyssa könne infolgedessen der ursprüngliche des dritten Evangeliums sein. Allerdings sieht Leaney im Kommen des Geistes nicht den »Ersatz« des Lukas für das ausgebliebene Kommen der Basileia. Eher sei der Heilige Geist jene Kraft, durch die die Apostel das volle »Kommen« des Reiches herbeiführen[86]. Doch die Geist-Bitte habe Lukas schon vorgefunden; sie habe ihrerseits möglicherweise seine Konzeption vom Heiligen Geist geprägt[87]. Lukas habe die Geist-Bitte wohl im Vaterunser der Liturgie seiner Zeit gelesen, und diese Form des Gebets könne sogar »vom Herrn selbst« stammen[88].

Eine Kritik der auf die Geist-Bitte bezogenen Ursprünglichkeitsthese− besonders in der Form Harnacks − legt J. de Fraine vor[89]. Harnack folgt nach de Fraine dem Grundsatz, daß die lectio difficilior vorzuziehen sei. Aber im Fall der Geist-Bitte verliere die schwierigere Lesart hier ihren Wert, weil sie zu schwach bezeugt ist. Der erste sichere Zeuge sei Gregor von Nyssa[90]. Wenn Harnack behauptet, die Geist-Bitte könne nicht sekundär eingeschaltet worden sein, so müsse man dagegen auf Marcion hinweisen. Wenn nämlich diese Bitte auf ihn zurückgehe, brauche man sich nicht zu wundern; denn dieser »Häresiarch« habe sich nachweislich erkühnt, das Lk-Evangelium zu »korrigieren«[91]. Auch der Hinweis auf Lk 11,13 schlage nicht durch, weil hier »*ein* guter Geist« erwähnt werde[92].

---

[82] Gräßer, a.a.O. 111, mit Hinweis auf H. Conzelmann (Die Mitte der Zeit, Tübingen 1954, 100 Anm. 2 [siehe ⁴1962, 127 mit Anm. 2]).

[83] Leaney, Lucan Text 104.

[84] Ebd. Vgl. ders., Luke 60f.

[85] Leaney, Lucan Text 105.

[86] Ebd. Conzelmann (vgl. oben Anm. 82) wird von Leaney nicht erwähnt. Siehe auch Leaney, Luke 61f.

[87] Leaney, Lucan Text 105.

[88] Leaney, a.a.O. 111; ders., Luke 68.   [89] de Fraine, Oraison Dominicale 789f.

[90] de Fraine, a.a.O. 789.

[91] de Fraine, a.a.O. 790, mit Hinweis auf Tertullian, Adv. Marc. IV 1−2; Cyrill von Jerusalem, Catech. VI 16 (PG 33,565).

[92] de Fraine, a.a.O. 790. Er bezieht sich wohl auf die Textvarianten zu Lk 11,13, die πνεῦμα ἀγαθόν lesen (P⁴⁵ L vg).

Eine spätere Einfügung der Geist-Bitte in den Lk-Text erkläre sich leicht: Die Anspielung auf den Täufer (Lk 11,1) konnte an dessen Verheißung (laut Mt 3,11) erinnern: »Der nach mir kommt . . . wird euch mit heiligem Geist und Feuer taufen.« Andererseits scheine es sicher, daß man das Kommen des Heiligen Geistes als den Inhalt des Gottesreichs ansah[93].

Im Lauf der sechziger Jahre sprachen sich die Lk-Kommentare W. Grundmanns und K. H. Rengstorfs[94] sowie der Lexikon-Artikel J. Gnilkas und die Untersuchung J. Carmignacs[95] gegen die Ursprünglichkeit der Geist-Bitte aus. Auf der anderen Seite traten Ott und Freudenberger − wenn auch nicht mit völlig neuen Argumenten − für diese Bitte ein.

Die Würzburger Dissertation von W. Ott behandelt die Gebetsparänese bei Lukas und ihre Bedeutung für die lukanische Theologie. Dem auf das Bittgebet bezogenen Abschnitt Lk 11,11−13 sowie der lukanischen Form des Vaterunsers (11,2−4) ist jeweils ein eigener Paragraph gewidmet[96]. Ott glaubt (nach Registrierung der Textzeugen für die Geist-Bitte) feststellen zu können: »Seit einiger Zeit mehren sich die Stimmen, die hier die ursprüngliche lukanische Lesart erhalten sehen oder dies für wahrscheinlich halten − trotz der schwachen Textbezeugung.«[97] Zunächst referiert Ott über Harnacks Argumente und über die Gegenargumente v. Sodens[98]. Seine eigene Auffassung begründet er vor allem mit dem Hin-

---

[93] Ebd., mit Hinweis auf Gregor von Nyssa (PG 44,1157 C): τὸ δὲ πνεῦμα τὸ ἅγιον βασιλεία ἐστίν. Doch dies ist bei Gregor nicht am Kontext des lukanischen Werkes abgelesen (vgl. dazu oben Anm. 76), sondern an der Geist-Bitte, die er an der Stelle der Reichs-Bitte fand.

[94] Grundmann, Lk (1963) 232, fügt zu Lohmeyers Beobachtungen über atl. Paralleltexte noch den Hinweis auf 1 QH III 21 hinzu. Doch spricht dieser Text nicht von der Reinigung durch den Geist Gottes, sondern von einer Reinigung des verkehrten Geistes! Dagegen spricht 1 QS IV 21 von der Reinigung durch heiligen Geist. − Rengstorf, Lk ([10]1965) 145 f. (»Ergebnis der Verknüpfung von Vaterunser und Taufe im Blick auf den mit dieser verbundenen Empfang des Geistes«; mögliche Wurzeln in Lk 11,13).

[95] Siehe Gnilka, Vaterunser 625. Carmignac, Recherches 89−91, denkt daran, daß die Geist-Bitte eine liturgische Formel darstellt, die Marcion seinem Vaterunsertext einfügte (90). Sie paßt formal nicht zur Bitte um Heiligung des Namens Gottes und zu der um das Kommen seines Reiches (91).

[96] Ott, Gebet und Heil 102−112. 112−123 (§§ 16.17).

[97] Ott, a.a.O. 113. Er beginnt mit Harnack, Über einige Worte (1904), und endet mit Gräßer, Problem (1956), und Leaney, Lucan Text (1956). In der Aufzählung der Anwälte für die lukanische Echtheit der Geist-Bitte fehlen: Paslack, Bemerkungen; Streeter, Four Gospels; Klostermann, Lk, und Lampe, Holy Spirit. Wellhausen (Evangelium Lucae; Einleitung) kann − gegen Ott, a.a.O. 113 − nicht als Zeuge benannt werden; siehe oben Anm. 30. − Bei den Gegenstimmen, die Ott, a.a.O. 111 Anm. 44, aufführt, vermißt man folgende Autoren: Schürer, Rezension Paslack; Hönnicke, Forschungen; Plummer, Luke; Creed, Luke; Hauck, Lk; Lohmeyer, Vater-unser; Vogels, Handbuch; Knox, Sources; Rengstorf, Lk.

[98] Ott, a.a.O. 113−115.

weis auf Gräßers Auffassung über den Heiligen Geist als »Ersatz« für die
ausgebliebene Parusie[99]. Als Problem empfindet Ott eigentlich nur die
Frage: »Wenn Lukas aber die Reichsbitte durch die Geistbitte ersetzt hat,
wie erklärt sich dann die Tatsache, daß Marcion die Geistbitte und die
Reichsbitte nebeneinander hat?«[100] Die Antwort lautet: Die Abweichung
geht auf Marcion selbst zurück, der alles Jüdische aus dem Neuen Testament entfernen wollte. Er verschob daher die Geist-Bitte nach vorn, an
die Stelle der Bitte um Heiligung des göttlichen Namens[101]. Marcion bezeugt somit nicht eine eigene Überlieferung, »sondern diese Stellung der
Geistbitte an erster Stelle bei Marcion geht auf seine antijüdischen Tendenzen . . . zurück«[102].

Wenn der ursprüngliche Lk-Text die Reichs-Bitte und nicht die
Geist-Bitte geboten hätte, wäre nach Ott das spätere Aufkommen einer
Geist-Bitte an Stelle der Reichs-Bitte »völlig unerklärlich«[103]. Lukas habe »die Naherwartung aufgegeben und überwunden«; daher habe er an
die Stelle der »Bitte um die Ankunft des Reiches die Bitte um das πνεῦμα
ἅγιον als um das Gut der Zwischenzeit eingefügt«[104]. Ott hält — im Gegensatz zu dem maßgeblichen Konsens der heutigen Vaterunser-Forschung[105] — das lukanische Vaterunser »mit großer Sicherheit« für »eine
Überarbeitung und Verkürzung des Vaterunsers in der matthäischen
Form«[106].

R. Freudenberger wendet sich gegen Autoren, die die Geist-Bitte als
»unjüdisch, ja als typisch christlich« empfanden und infolgedessen den
Häretiker Marcion als ihren Verfasser ansehen konnten[107]. Skeptisch äußert sich Freudenberger auch gegenüber der Vermutung, die Geist-Bitte
sei durch die Verwendung des Herrengebets anläßlich der Taufe entstanden[108]. Auch die Ansicht, daß Lk 11,13 oder Act 1,6−8 hinter der Geist-
Bitte stehe und diese somit von Lukas selbst stamme, läßt er nicht gelten;
Lukas habe keinen Grund gehabt, die Reichs-Bitte zu streichen[109]. Viel-

---

[99] Ott, a.a.O. 115f.; vgl. Gräßer, Problem 111; dazu oben Anm. 82.

[100] Ott, a.a.O. 116.

[101] Ebd.

[102] Ott, a.a.O. 117. Ott, a.a.O. 116 Anm. 50, beruft sich dafür auf folgende Vorgänger: v. Soden, Hensler, Fiebig. Er erwähnt ferner v. Baer und Harnack.

[103] Ott, a.a.O. 118.

[104] Ott, a.a.O. 119, unter Berufung auf Gräßer, Problem 110.

[105] Dieser wird z. B. repräsentiert von Jeremias, Vater-Unser 157−160; Vögtle, Der »eschatologische« Bezug 344−347, und Schürmann, Gebet des Herrn 17−20.

[106] Ott, Gebet und Heil 122.

[107] Freudenberger, Zum Text 427. Er nennt hierzu neben v. Baer, Der Heilige Geist 149−152, auch G. Dalman, Die Worte Jesu ([2]1930), Darmstadt 1965, 319f.

[108] Freudenberger, a.a.O. 427.

[109] Freudenberger, a.a.O. 429f.

mehr müsse der Evangelist »die Bitte um das Kommen des Geistes und die Reinigung« bereits in seiner Quelle gefunden haben[110]. Wenn auch die Geist-Bitte schon »in der Logienquelle« (!) stand, sei sie doch nicht ursprünglich. Zuvor habe das Vaterunser – entsprechend der Harnackschen Hypothese – nur aus der Anrede, der Brot-Bitte und den beiden folgenden Bitten (Vergebung, Bewahrung vor Versuchung) bestanden[111].

Die siebziger Jahre brachten – abgesehen von dem Textual Commentary Metzgers – nur kurze Stellungnahmen zum Problem der Geist-Bitte in einigen neuen Lk-Kommentaren. Sie sprachen sich ohne Unterschied gegen die lukanische Echtheit der Geist-Bitte aus. F. W. Danker[112] zeigt einerseits, daß die Reichs-Bitte sich gut vereinbart mit des Lukas »two-stage view of the Kingdom«: Das Reich ist gegenwärtig in der Person Jesu und in der Verkündigung der Botschaft; aber der Jünger muß dennoch beten um dessen Verwirklichung in seiner eigenen Existenz und um dessen Vollendung am Ende der Endzeit. Auf der anderen Seite paßt auch die Geist-Bitte zu der Auffassung des Lukas über die Bedeutung der Geist-Gabe (Lk 11,13). Doch die Geist-Bitte ist eher eine postlukanische Verdeutlichung, die später liturgischen Rang erhielt und die Reichs-Bitte verdrängte. – J. Ernst[113] hält die Geist-Bitte im Lk-Text für unecht. Ihre Einfügung sei allerdings ein interessantes Zeugnis für die liturgische Verwendung des Herrengebets (wahrscheinlich als Initiationsgebet bei der Taufe). – I. H. Marshall[114] meint, die Formulierung der Geist-Bitte sei gut lukanisch; er nennt dazu Lk 11,13; Act 4,31; 10,15; 11,8; 15,9. Die Bitte habe aber auch einen alttestamentlichen und jüdischen Hintergrund. Doch könnten alle Argumente zugunsten der Geist-Bitte nicht gegen das einmütige Zeugnis der griechischen Handschriften aufkommen, in denen die Geist-Bitte fehlt. Sie erkläre sich aus liturgischem Gebrauch, der den Lk-Text kontaminierte. – W. Schmithals[115] sieht in der Bitte um den Geist eine spätere Änderung des Lk-Textes, die »den für Lukas wichtigen Unterschied der gegenwärtigen Zeit des Geistes von der kommenden Gottesherrschaft« verwische.

Der Kommentar, den B. M. Metzger zum Greek New Testament schrieb, hält – wie die neueren Lk-Kommentare – die Geist-Bitte Lk 11,2 für eine nach-lukanische Änderung[116]. Er zeigt, daß das ἐφ᾽ ἡμᾶς des Codex Bezae (in v. 2 vor der Reichs-Bitte) nicht als Argument zugunsten einer früher vorhandenen Geist-Bitte gewertet werden darf[117]. Die Bitte um den Geist sei aus dem liturgischen Gebrauch (bei Taufe oder Handauflegung) in das Vaterunser eingedrungen. Hätte die Bitte um Reinigung durch den Geist Gottes ursprünglich im Vaterunser gestanden, dann habe man keinen Grund gehabt, sie in den meisten Textzeugen zu beseitigen[118].

---

[110] Freudenberger, a.a.O. 430.
[111] Freudenberger, a.a.O. 431. Vgl. Harnack, Über einige Worte 208; siehe dagegen Greeven, Gebet und Eschatologie 75–77.
[112] Danker, Luke 135.
[113] Ernst, Lk 362.
[114] Marshall, Luke 458.
[115] Schmithals, Lk 132f.
[116] Metzger, Textual Commentary 154–156.
[117] Metzger, a.a.O. 155.
[118] Metzger, a.a.O. 156.

3. Zusammenfassung und methodische Überlegungen

Die unterschiedlichen Argumente, die seit hundert Jahren für und gegen die lukanische Ursprünglichkeit der Geist-Bitte vorgebracht wurden, haben zwar inzwischen dazu geführt, daß die Ursprünglichkeitsthese kaum noch vertreten wird. Die Argumente sind aber doch nicht dergestalt ins Spiel gekommen, daß man von der einen oder anderen Position gänzlich überzeugt worden wäre.

Zunächst sei in einer Übersicht zusammengestellt, wer sich *für* die Verankerung der Geist-Bitte im dritten Evangelium aussprach (linke Spalte) und wer sich *gegen* die Zugehörigkeit zum Lk-Text wandte (rechte Spalte):

Resch	1889	
	1891	Chase, Zahn
Resch	1895	
Blass	1897	
Harnack, Spitta	1904	v. Soden
Paslack	1905	Schürer
G. Klein	1906	Hönnicke
	1913	Zahn
	1914	Hensler
J. Weiß	1917	
Leisegang	1922	Plummer
Loisy, Streeter	1924	
	1926	v. Baer
	1927	Fiebig, Lagrange
Klostermann	1929	
	1930	Creed
Greeven	1931	
	1934	Hauck
	1946	Lohmeyer
Lampe	1955	Schmid, Vogels
Gräßer, Leaney	1956	
	1957	W. L. Knox
	1960	de Fraine
	1963	Grundmann
Ott	1965	Gnilka, Rengstorf
Freudenberger	1969	Carmignac
	1971	Metzger
	1972	Danker
	1977	Ernst
	1978	Marshall
	1980	Schmithals
	1981	Greeven

In methodischer Hinsicht ist zunächst einmal festzuhalten, daß die »äußeren« Kriterien für die Echtheit der Geist-Bitte im Lk-Text schwach sind. Zwar können für eine Geist-Bitte außerhalb des Herrengebets verschiedene Zeugnisse angeführt werden[119]. Doch gibt es für die Verankerung dieser Bitte im Vaterunser nur vier Textzeugen, von denen wiederum nur zwei Evangelienhandschriften sind. Die vier Zeugen (Gregor von Nyssa, Maximus Confessor sowie die Codices 700 und 162) sind außerdem vermutlich von einander nicht unabhängig[120]. Der rekonstruierbare Vaterunsertext Marcions zeigt zwar, daß man die Geist-Bitte schon früh mit dem Gebet des Herrn verband. Jedoch lag ihre Stellung im Gesamtgefüge der Einzelbitten offensichtlich noch nicht fest. Die Hypothese einer ursprünglich am Rande notierten Glosse, die schließlich als Textkorrektur (und nicht als Kommentierung) verstanden und in den Text selbst aufgenommen wurde[121], kann den Befund der Textzeugen erklären. Gegen die Möglichkeit, daß Gregor von Nyssa und die späteren Zeugen der Geist-Bitte von Marcion abhängig sein könnten, spricht zunächst die Vermutung, daß man kirchlicherseits kaum dem Erzhäretiker gefolgt sein würde.

Geht man einmal von der Hypothese einer ursprünglichen Randglosse aus, so fragt es sich, wie die Geist-Bitte – für sich genommen – entstand, wo sie selbständig existierte und wann sie möglicherweise als Glosse neben den Vaterunsertext geriet (4). Dennoch bleibt zu erörtern, ob sie nicht doch im Rahmen der lukanischen Geist-Theologie (auf »lukanisch-redaktionellem Wege«) entstanden sein kann (5). Die letztere Fragestellung ist zwar nicht neu, sie kann aber mit neuen redaktionskritischen Argumenten erörtert werden.

4. Zur Entstehung der Geist-Bitte

Schon Harnack erwähnte als Parallelen zur Geist-Bitte im lukanischen Vaterunser neben Acta Thomae 27 (ed. Bonnet) auch die Liturgie von Konstantinopel[122]. Die Thomasakten enthalten die Geist-Bitte in ei-

---

[119] Bisher wurden dafür vor allem folgende Zeugnisse angeführt: Acta Thomae 27 (ed. Bonnet); Liturgie von Konstantinopel (nach einem Ms. des 6. Jh.s; bei Chase, Lord's Prayer 29). Einen Hinweis gibt auch Tertullian, De bapt. 8: *Dehinc manus imponitur per benedictionem advocans et invitans spiritum sanctum.*

[120] Vgl. v. Soden, Gestalt 219. – Carmignac, Recherches 89, zählt zu den Zeugen für die Geist-Bitte auch »Anspielungen« bei Euagrios Pontikos († 399) und Severus von Antiochia († 538). Dazu verweist er auf koptische Übersetzungen bei A. Mallon, Grammaire copte ... Chrestomathie, Beirut ²1907, 80 bzw. 77. Euagrios hat das Ideengut des Origenes und des Gregor von Nyssa »eigenständig für eine Theorie der Vollkommenheit verarbeitet«; für Maximus Confessor war er der eigentliche Meister (K. Baus in: LThK² III 1140).

[121] Siehe v. Soden, a.a.O. 223.

[122] Harnack, Über einige Worte 197. Er spricht von »indirekten Zeugen«.

nem Initiationsgebet, und zwar als an den Heiligen Geist gerichteten Imperativ:

ἐλθὲ τὸ ἅγιον πνεῦμα
καὶ καθάρισον τοὺς νεφροὺς αὐτῶν καὶ τὴν καρδίαν,
καὶ ἐπισφράγισον αὐτοὺς
εἰς ὄνομα πατρὸς καὶ υἱοῦ καὶ ἁγίου πνεύματος.

In der Chrysostomus-Liturgie[123] wird bei der Eucharistie um das Kommen des Geistes gerufen:

Βασιλεῦ οὐράνιε, παράκλητε, τὸ πνεῦμα τῆς ἀληθείας ...
ἐλθὲ καὶ σκήνωσον ἐν ἡμῖν,
καὶ καθάρισον ἡμᾶς ἀπὸ πάσης κηλῖδος,
καὶ σῶσον, ἀγαθέ, τὰς ψυχὰς ἡμῶν.

In beiden Fällen wird der Heilige Geist direkt angerufen, um sein »Kommen« sowie um »Reinigung« gebeten. Diese drei Punkte sind beachtenswert.

1. Gegenüber der Geist-Bitte des Vaterunsers ist die direkt an das Pneuma gerichtete Bitte wahrscheinlich späteren Datums[124]. In den Thomasakten zeigt der trinitarische Schluß[125] und in der Liturgie von Konstantinopel die Paraklet-Bezeichnung[126], daß der Heilige Geist eindeutig »personal« verstanden ist und daher vom Beter »eingeladen« werden kann[127].

---

[123] Zitiert bei Chase, Lord's Prayer 29 (im Anschluß an C. A. Swainson, The Greek Liturgies, Cambridge 1884, 109).

[124] Vgl. dazu auch den mittelalterlichen Pfingsthymnus »*Veni Creator Spiritus*« (Hrabanus Maurus zugeschrieben, der 856 starb) sowie die Pfingstsequenz des Stephan Langton († 1228) *Veni Sancte Spiritus,* die erst 1570 (Pius V.) in das römische Missale Eingang fand. Zu vergleichen ist auch das wohl ältere *Veni, Sancte Spiritus, reple tuorum corda fidelium, et tui amoris in eis ignem accende,* das sich in folgenden Meßbüchern findet: Troyes (12. Jh.); Langres (13. Jh.); Agde (14. Jh.), siehe J. O. Bragança, L'Esprit Saint dans l'euchologie médiévale, in: Le Saint-Esprit dans la liturgie. XVIᵉ Semaine d'études liturgiques (1969) (BEL. S 8), Rom 1977, 39–53, 41 Anm. 8. Siehe ferner das gleiche Gebet in der Liturgie der Priesterweihe und der Altarweihe im Pontificale des Durandus: M. Andrieu, Le Pontifical Romain au moyen-age III. Le Pontifical de G. Durand (StT 88), Rom 1940, 369,2; 492,1f.; 502,17 [Freundlicher Hinweis meines Bochumer Kollegen Dr. A. Gerhards].

[125] Vgl. dazu den »Taufbefehl« Mt 28,19b. In den Thomasakten (50) findet sich ein weiteres Gebet, in dem wenigstens der syrische Text die Zeile »Komm, heiliger Geist« liest.

[126] Siehe dazu Joh 15,26 und 16,13, wo nicht nur vom Parakleten, sondern auch von seinem künftigen »Kommen« (ἔρχομαι) die Rede ist. An beiden Stellen wird er τὸ πνεῦμα τῆς ἀληθείας genannt.

[127] Vgl. Tertullian, De bapt. 8; siehe oben Anm. 119. Zu beachten ist auch die gegen die Pneumatomachen geführte Argumentation zugunsten der Gottheit des Heiligen Geistes, bei der die ihm gebührende »Anbetung« und »Verehrung« hervorgehoben wird: Atha-

2. Vom ἔρχεσθαι des Gottesgeistes reden — außer Joh 15,26; 16,7.13[128] — im Neuen Testament nur noch Mt 3,16[129] und Act 19,6[130]. Jedoch sind auch noch jene Stellen einzubeziehen, die in diesem Zusammenhang ἐπέρχομαι verwenden: Lk 1,35; Act 1,8[131]. Die Redeweise vom Kommen des Geistes über/auf einen Menschen begegnet im Alten Testament z. B. Ez 2,2; 3,24[132]. An keiner dieser Stellen wird jedoch um das »Kommen« des Geistes *gebetet*[133].

3. Die Bitte um »Reinigung« (von »Herz und Nieren« bzw. »von jeglichem Schandfleck«) geht wahrscheinlich letztlich auf Ez 36,25–27 zurück, wo nach der Zusage καθαρισθήσεσθε (v. 25) die Gaben eines neuen Herzens und eines neuen Geistes (v. 26) sowie des Geistes Gottes (v. 27: τὸ πνεῦμά μου δώσω ἐν ὑμῖν) verheißen werden[134]. Die Geist-Bitte des Vaterunsers mit der Bitte um »Reinigung« wird verschiedentlich mit Act 15,8f. in Verbindung gebracht[135]. An dieser Stelle spricht Petrus aus, daß Gott für die Heiden Partei ergriffen hat, indem er ihnen den Heiligen Geist schenkte (v. 9; vgl. 11,17). Im Zusammenhang damit stellt er fest,

---

nasius, Vier Briefe an Serapion von Thmuis (358/62; SCh 15); Gregor von Nazianz, Fünf theologische Reden (380 in Konstantinopel; PG 36,9–172), z. B. V 28 (PG 36,165); Symbolum »Constantinopolitanum« (DS 150; vgl. Epiphanius von Salamis, DS 42). – Ein Beispiel für die m. E. »ältere« Bitte *an Gott* um den Heiligen Geist findet sich in den Homilien, die Makarios dem Ägypter († um 390) zugeschrieben wurden, deren Autor vielleicht jedoch Symeon von Mesopotamien, ein Schüler der Kappadokier, ist (H. C. Graef in: LThK² VI 1309f.): Macarius Aeg., Hom. XVIII 2. 11 (PG 34, 636 B. 641 B).

[128] Vgl. oben Anm. 126.

[129] Die Stelle spricht (diff. Mk 1,10) vom »Kommen« des Geistes Gottes auf Jesus (ἐπ᾽ αὐτόν) bei der Taufe.

[130] Durch die Handauflegung des Paulus »kam der heilige Geist« auf die Johannesjünger (ἐπ᾽ αὐτούς).

[131] Die beiden Stellen, die Maria und den Aposteln das Kommen des Heiligen Geistes ankündigen, sind nach Lukas wohl aufeinander bezogen (vgl. die Stellung am Anfang von Lk bzw. Act).

[132] Das hat schon Lohmeyer, Vater-unser 186, beobachtet. Siehe auch Herm, m XI 43,17.21, wo jedoch vom ἔρχεσθαι im Hinblick auf den Ausgangspunkt (ἀπὸ τοῦ θεοῦ, ἄνωθεν) die Rede ist.

[133] Siehe indessen den indirekten Zusammenhang Act 1,8 (mit 1,14); 19,6 (mit 8,15–17); ferner Lk 3,21f. (mit καταβαίνω).

[134] Zu vergleichen ist auch Ps 50 LXX mit der Bitte καθάρισόν με (v. 4), dem zuversichtlichen καθαρισθήσομαι (v. 9), der Bitte um »ein reines Herz« und »einen bereitwilligen Geist« (v. 12), schließlich der Bitte: »deinen heiligen Geist nimm nicht von mir!« (v. 13).

[135] Harnack, Über einige Worte 199, sah in Act 15,8f. »eine schlagende Parallele« zur Geist-Bitte. Dagegen schon v. Soden, Gestalt 222: Act 15,8f. »erscheint die Reinigung in der Nähe des heiligen Geistes, aber doch nicht als durch ihn, sondern als durch den Glauben bewirkt. Daß der heilige Geist reinige, ist nirgends im Neuen Testament gesagt, so viel von seinen Wirkungen geredet wird.«

daß Gott τῇ πίστει »ihre [der Heiden] Herzen gereinigt hat (καθαρίσας)«
(v. 10). Da nun das Neue Testament davon überzeugt ist, daß die Getauften den Heiligen Geist *empfangen haben* und durch den Glauben *gereinigt
sind,* ist es schwer vorstellbar, daß ein Christ im Zusammenhang mit dem
täglich gesprochenen Gebet des Herrn[136] um das Kommen des Geistes
und die Reinigung gebetet haben soll. Der Beter, der so spricht, hat eine
nach-neutestamentliche Auffassung über das Kommen des Geistes, das
sich je neu bei ihm ereignen kann[137]. Nimmt man aber die Bitte um den
Geist für sich und nicht als das Gebet eines Christen, so kommen Beter in
Betracht, die – wie die Johannesjünger[138] – das endzeitliche Kommen
des Heiligen Geistes erflehen, oder solche, die anderen die Taufe spenden
(Acta Thomae 27) oder selbst vor dem Empfang der Taufe stehen.

H. v. Soden wollte den Ursprung der Geist-Bitte in der Taufbewegung des Johannes
finden. Der Heilige Geist sei »Gegenstand der Sehnsucht und der Verheißung des Täufers«,
seine Taufe »nur ein Sinnbild der Buße«[139]. Erst der Messias, »der mit dem heiligen Geist
und mit Feuer tauft« (Lk 3,16), bringe »Reinigung«[140]. Somit passe die Geist-Bitte trefflich
»für die durch die Taufe sich für die messianische Zeit Rüstenden«[141]. Demgegenüber wird
man die »messianische« Verkündigung des Täufers nicht einfach für sein Selbstverständnis
und seine Taufauffassung beanspruchen dürfen. Die von ihm gespendete einmalige Bußtaufe
zur Sündenvergebung bot in seinem Verständnis vielmehr die »allerletzte, einzige und einmalige Möglichkeit, ... eventuell vor dem Feuer bewahrt zu bleiben«[142]. Nur durch seine
Taufe, verbunden mit der Umkehr, ist überhaupt noch Sündenvergebung möglich[143]. Ein
Gebet um das Kommen des Gottesgeistes (in messianischer Zeit) zur »Reinigung« hat in
einem solchen Horizont der Naherwartung des Gerichts kaum einen Platz.

Wenn man auch Johannes dem Täufer die Ankündigung einer Taufe »mit heiligem
Geist« (Mk 1,8 par. Mt 3,11/Lk 3,16), die durch den »Kommenden« vollzogen werden soll,
wird absprechen müssen, so ist doch klar, daß man in der christlichen Jesusüberlieferung den
Unterschied zwischen Johannes und Jesus in jenem Logion von der künftigen Geist-Taufe
charakterisiert sah. Es ist daher nicht auszuschließen, daß man im Anschluß an ein solches
Wort dem Täuferkreis eine Bitte um das Kommen des Gottesgeistes zur Reinigung zuschrieb
und diese dann als »Kommentar« neben Lk 11,1 notierte[144]. Doch scheint es eher so zu sein,
daß die gleiche christliche Sicht über das Charakteristikum der christlichen Taufe (als einer

---

[136] Vgl. die Brotbitte Lk 11,3 par. Mt 6,11; ferner Did 8,3.
[137] Siehe z. B. die oben Anm. 124 erwähnten Gebete um das Kommen des Heiligen Geistes.
[138] Vgl. v. Soden, Gestalt 222 f.; Klein, Gestalt 44. Letzterer vermutet, daß man in christlichen Kreisen »bezugnehmend auf Ez 36,25 das Taufgebet des Johannes sich aneignete«
(46).
[139] v. Soden, Gestalt 222.
[140] Ebd., mit Hinweis auf Mt 3,12 par. Lk 3,17 »er wird seine Tenne reinigen«. Zu Mk 1,8
(par. Mt 3,11/Lk 3,16) siehe R. Pesch, Das Markusevangelium I (HThK II 1), Freiburg
1976, 83–85.
[141] v. Soden, a.a.O. 222.
[142] J. Becker, Johannes der Täufer und Jesus von Nazareth (BSt 63), Neukirchen 1972, 40.
[143] Ebd.
[144] Vgl. v. Soden, a.a.O. 223.

Geist-Taufe) sowohl dem Johannes zugeschriebenen Logion (Mk 1,8 par.) als auch einer christlichen Bitte anläßlich der Taufspendung zugrunde liegt.

Es gibt Hinweise darauf, daß man auf christlicher Seite dem bei der Taufe kommenden Heiligen Geist gerade die »Reinigung« von den Sünden zuschrieb. Zwei Beispiele dafür bieten die »Konstitutionen der ägyptischen Kirche« (um 500), die u. a. das nach der Taufe auf Befragung abzulegende Glaubensbekenntnis formulieren. In der koptischen und der äthiopischen Rezension der Konstitutionen wird dabei vom Heiligen Geist gesagt: *qui omnia purificat* bzw. *et qui purificat*[145].

Leider wissen wir nicht genau, seit wann anläßlich der Taufe das Vaterunser gebetet oder dem Täufling »übergeben« wurde. In liturgischem Zusammenhang scheint jedoch das Gebet des Herrn zuerst bei der Taufspendung verwendet worden zu sein[146]. Im Abendland bezeugt Augustinus den Brauch der Übergabe des Herrengebets kurz vor der Taufe[147]. Diese *traditio orationis dominicae* wurde etwa im 7. Jahrhundert zu einem feierlichen Ritus[148].

Nach dem Gesagten darf man wohl einen Ursprung der Geist-Bitte im Zusammenhang mit der Taufspendung als Möglichkeit in Rechnung stellen. Da wir nicht wissen, wann erstmals bei der Taufe das Vaterunser Verwendung fand, bleibt es zunächst noch offen, wann eine Geist-Bitte in das Herrengebet Eingang fand. Abgesehen davon, daß man die Bitte um das Kommen des Geistes kaum Jesus selbst zuschreiben kann[149], ist es auch unwahrscheinlich, daß man sie schon zur Zeit des Lukas mit dem Vaterunser verband. Trotzdem dürfen wir eine solche Möglichkeit nicht von vornherein ausschließen; ebensowenig darf es als unmöglich gelten, daß Lukas selbst die Geist-Bitte gebildet habe[150]. Hier ist indessen – von der möglichen Voraussetzung aus, daß diese Bitte separat existierte – zu fragen, wie sie in das lukanische Vaterunser eindrang, vor allem auch, wie es zu ihrer unterschiedlichen Einordnung in den Zusammenhang des Vaterunsers kommen konnte.

Bei der Frage, wann und aus welchen Gründen eine Bitte um das Kommen des Heiligen Geistes in das Vaterunser eingefügt worden sein

---

[145] Siehe DS 62f. Vgl. Augustinus, Sermo 215 in redditione symboli (PL 38, 1072−1076).
[146] Vgl. Const. apost. VII 45 (ed. F. X. Funk).
[147] Siehe z. B. Augustinus, Sermones 56−59 (PL 38, 377−402); dazu F. van der Meer, Augustinus der Seelsorger, Köln 1951, 423; G. Kretschmar, Die Geschichte des Taufgottesdienstes in der alten Kirche, in: Leiturgia V, Kassel 1970, 1−348, näherhin 157f.
[148] J. A. Jungmann, Vaterunser II, in: LThK² X 627−629.
[149] Siehe E. Schweizer, Heiliger Geist, Stuttgart/Berlin 1978, 69: »Jesus hat kaum je vom Geist gesprochen.« Vgl. ders. in: ThWNT VI 400: »Matthäus und Markus enthalten erstaunlich wenige Geistaussagen. Nur eine einzige (Mk 13,11 Par) ist mit einiger Gewißheit in ihrer Substanz auf Jesus zurückzuführen.«
[150] Diese Frage soll unten unter 5. behandelt werden.

könnte, ist von der ältesten erreichbaren Fassung dieses Gebets auszuge-
hen, wie sie aus den Formen der Evangelien nach Matthäus und nach Lukas gewonnen werden kann. Diese Fassung hatte drei Abschnitte: die Anrede, zwei Du-Bitten und drei Wir-Bitten. Nach der Rekonstruktion von
A. Vögtle ist etwa mit folgendem Wortlaut zu rechnen[151]:

I   Vater!
II   1. Geheiligt werde dein Name,
     2. es komme dein Reich!
III 1. Unser Brot ... gib uns heute
     2. und vergib uns unsere Schulden
        (wie auch wir vergeben unseren Schuldigern)
     3. und laß uns nicht in Versuchung geraten!

Dieser Aufbau entspricht der bestbezeugten Lk-Fassung. Im Mt-
Evangelium begegnet demgegenüber eine erweiterte Form. Daß es sich
um wirkliche Erweiterungen handelt, geht aus zwei Beobachtungen hervor: Die Lk-Fassung ist in der des Mt-Evangeliums voll enthalten; die
»Erweiterungen« stehen jeweils am Ende der Abschnitte: I. »unser, der in
den Himmeln«; II. »es geschehe dein Wille (wie im Himmel so auch auf
Erden)«; III. »sondern errette uns vor dem Bösen«. Dieses Verfahren, ein
Gebet durch Zusätze oder Einschaltungen aufzufüllen, entspricht *liturgischem Gebrauch,* wie z. B. auch die in manchen Textzeugen angehängte
Doxologie zeigt[152]. Ein anderes Verfahren wenden hingegen jene Textzeugen an, die im Vaterunser die Geist-Bitte bieten. Denn sie »ersetzen«
jeweils eine der Du-Bitten. Ein derartiges Verfahren scheint eher auf das
individuelle Bemühen eines Redaktors zurückzugehen.

Hinsichtlich der Frage, ob Marcion die Geist-Bitte in das Gebet des
Herrn eingefügt haben könne — sei es, daß er sie als Einzelbitte schon
vorfand, oder, daß er sie von sich aus schuf —, gehen die Auffassungen
auseinander. Th. Zahn vertrat die Ansicht, daß Marcion die Bitte um Heiligung des göttlichen Namens »unerträglich« fand, weil Marcions Gott die
Welt nicht geschaffen habe und nicht regiere. Seine Heiligkeit sei daher
»auch durch das, was in der Welt des Demiurgen geschieht, gar nicht in

---

[151] Vögtle, Der »eschatologische« Bezug 347 (»als von Jesus selbst gesprochene Gebetsanweisung«). Siehe auch Jeremias, Vater-Unser 155, und Schürmann, Gebet des Herrn
17–20.
[152] Mt 6,13c nach L W Θ 0233 usw. (Didache 8,2). Vielleicht ist auch das »wie im Himmel
...« nach der dritten Du-Bitte als frühe sekundäre Erweiterung zu verstehen. Weil man
die Erweiterungen in Mt 6,9–13 als solche des liturgischen Gebrauchs ansehen muß,
entstammen sie wohl kaum der »Redaktion« des Evangelisten. — Zur Erweiterung von
Gebeten im Judentum siehe z. B. Bill. IV 208–220 (18-Bitten-Gebet); I. Elbogen, Der
jüdische Gottesdienst in seiner geschichtlichen Entwicklung, Hildesheim 1962 (=
³1931), 92–98 (Kaddisch).

Frage gestellt«[153]. Zahn erkennt an, daß bei dieser Überlegung Marcion konsequenterweise auch die Reichs-Bitte hätte tilgen müssen[154]. Bei der Brot-Bitte hat Marcion nachweislich in den Text eingegriffen, indem er ἡμῶν durch σοῦ ersetzte. Geist-Bitte und Brot-Bitte geben der Reichs-Bitte (und dem Vaterunser insgesamt) eine geistliche, auf das himmlische Reich bezogene Note[155]. Dennoch kann man nicht sagen, daß die Geist-Bitte als solche und ihrem Inhalt nach spezifisch marcionitisch sei[156].

Geht man von der Voraussetzung aus, daß die Geist-Bitte schon (als Täufergebet?) am Rande des Lk-Textes stand, den Marcion »korrigierte«, so wird man nur bei Annahme eines Irrtums vermuten können, Marcion habe diese Bitte an die erste Stelle des Herrengebets gestellt. Geht man aber davon aus, daß es die Geist-Bitte (als christliche Taufbitte) schon gab, und daß Marcion sie von sich aus in das Vaterunser einfügte, so muß man ein Motiv dafür suchen, warum sie an die erste Stelle der Bitten rückte. Die gleiche Frage nach dem Motiv ist zu stellen, falls bei Marcion mit der Geist-Bitte nicht die Wendungen ἐφ' ἡμᾶς sowie καὶ καθαρισάτω ἡμᾶς verbunden waren[157]. Dieses Motiv konnte für Marcion Lk 11,13 bieten. Wenn es dort heißt, der himmlische Vater werde denen, die ihn bitten, »den heiligen Geist geben«, so wird Marcion daraus gefolgert haben, daß man als erste Bitte die um den Heiligen Geist aussprechen müsse. Bei diesem Verfahren wäre es möglich gewesen, die Geist-Bitte einfach vor die beiden vorhandenen Du-Bitten zu stellen. Doch wollte Marcion wohl das doppelte ἐλθέτω, das uns heute von der Form her stören mag, als Signal verstanden wissen: Das Kommen des Geistes ist mit dem des Reiches *identisch* oder geht diesem unmittelbar voraus. *Für uns* bedeutet das Kommen der Basileia, daß uns der Geist geschenkt wird. Eine derartige Hypothese kann sich darauf stützen, daß Marcion bei Paulus die Stichworte für seine Änderungen vorfinden konnte: »Das Reich Gottes ist

---

153 Zahn, Vaterunser 410. Nach v. Soden, Gestalt 223, erinnerte die erste Bitte Marcion »zu sehr an den Jehova der Juden«.

154 Zahn, a.a.O. 410f. So auch Harnack, Über einige Worte 200.

155 Vgl. Zahn, a.a.O. 411: »daß die Bitte um das Kommen des Reiches Gottes nun nicht mehr von irgend welcher Umwälzung der irdischen Welt, sondern nur noch von dem geistlichen und himmlischen Reiche verstanden werde, dessen einzige Güter [laut Röm 14,17!] ›Gerechtigkeit und Friede und Freude im heiligen Geist‹ sind«.

156 Spitta, Die älteste Form 336, meinte: »Die Theologie des Marcion gibt keinen Erklärungsgrund für eine Ersetzung der rezipierten Form der ersten Bitte durch dieses Gebet um den heiligen Geist.« Zu beachten ist auch, daß Tertullian gegen die Vaterunser-Fassung Marcions nicht polemisiert (Adv. Marc. IV 26). Doch will Tertullian nachweisen, daß sich sogar das verstümmelte Evangelium Marcions gegen die Unterscheidung des guten Gottes vom Schöpfergott sträubt; siehe Freudenberger, Zum Text 420.

157 Zur Rekonstruktion siehe außer Harnack, Marcion ([2]1924) 207*, auch Freudenberger, a.a.O. 420.

nicht Essen und Trinken, sondern Gerechtigkeit, Friede und Freude *im heiligen Geist*« (Röm 14,17).

Bei Gregor von Nyssa, der die Geist-Bitte in seinem Lk-Text des Vaterunsers las, stand diese Bitte an der Stelle der Reichs-Bitte. Sie folgte als zweite Du-Bitte auf die Bitte um Heiligung des Namens[158]. Falls man der Hypothese von einer Geist-Bitte als Randglosse zu Lk 11,1 oder 11,2 folgt, kann man vermuten, daß diese Glosse schon in der Lk-Handschrift Gregors in den Text selbst geraten war und dort die Reichs-Bitte ersetzte. Doch müßte man in diesem Fall eher annehmen, daß die Geist-Bitte zu den übrigen Bitten *hinzugetreten* wäre. Falls sie hingegen die Reichs-Bitte verdrängte, kann hinter einem solchen Vorgehen nur Absicht gestanden haben. Wenn Marcion für seine »Korrektur« möglicherweise Lk 11,13 (und Röm 14,17) beanspruchen konnte, so konnte ein vor Gregor lebender Abschreiber des Lk-Evangeliums außer Lk 11,13 auch Act 1,6−8 mit in Betracht ziehen[159] und sich von dieser Stelle aus für berechtigt halten, die Reichs-Bitte durch die Geist-Bitte zu ersetzen[160].

Gregor kommt in seiner dritten Rede über das Gebet des Herrn[161] auf die Geist-Bitte des Lk-Textes zu sprechen. Die Geist-Bitte kommt ihm in seinem Kampf gegen die Pneumatomachen zustatten. Was Lukas Heiligen Geist nennt, heiße bei Matthäus das Reich. Wie können es da die Gegner verantworten, den Heiligen Geist zu einer Kreatur zu degradieren »und ihn statt mit der herrschenden mit der beherrschten Natur« auf gleiche Linie zu stellen? Aus dem Vergleich des ersten und des dritten Evangeliums ergebe sich die Gleichbedeutung von Heiligem Geist und Reich Gottes. Ist aber »Geist« gleich »Basileia«, »so folgt notwendig, daß er herrscht und nicht beherrscht wird«. Dem Heiligen Geist als besonderer Kraft und Wirksamkeit sei die Fähigkeit eigen, zu läutern (καθαίρειν) und die Sünden nachzulassen. Gregor, der im übrigen das matthäische Vaterunser erklärt, greift auf den Lk-Text zurück, weil er dort die Bitte um das Kommen des Geistes findet. Was er aus der Ersetzung der Reichs-Bitte durch die Geist-Bitte folgert, kann auch schon zuvor ein biblisch versierter Abschreiber des dritten Evangeliums − im Anschluß an Act 1,6−8 − durch eine »Korrektur« im Lk-Text verankert haben. Woher er seine Geist-Bitte bezog − aus der Überlieferung einer Taufbitte oder aus

---

[158] Sieh oben Anm. 21.

[159] Vgl. dazu die Argumentation bei Gräßer, Problem 111 (zugunsten eines *lukanischen* Ursprungs der Geist-Bitte).

[160] Act 1,6 läßt die Jünger nach dem Zeitpunkt der Errichtung der βασιλεία fragen. V. 8 antwortet Jesus positiv (mit einem ἀλλά eingeführt), daß die Jünger »den heiligen Geist empfangen« werden, »der auf sie kommt« (ἐπελθόντος . . . ἐφ᾽ ὑμᾶς). Zur Verwendung von ἔρχομαι und ἐφ᾽ ἡμᾶς in der Geist-Bitte, die Gregor von Nyssa vorfand (siehe oben Anm. 21), siehe auch Act 19,6: ἦλθε τὸ πνεῦμα τὸ ἅγιον ἐπ᾽ αὐτούς.

[161] Gregor von Nyssa, De oratione dominica III 5 (PG 44, 1157−1162).

dem Text Marcions —, wissen wir nicht. Sollte er von Marcion abhängig sein, so hätte er diesem gegenüber die erste Bitte wieder an ihren Platz gerückt. Diesem Abschreiber, dessen Text in der Minuskel 700 erhalten blieb[162], müßte man freilich eine hervorragende Kenntnis des lukanischen Doppelwerks zutrauen. Liegt es da nicht näher, in diesem »Kenner« des lukanischen Werkes dessen Verfasser selbst zu sehen und somit die Geist-Bitte doch für die ursprüngliche Lesart des Lukas zu halten?

5. Geht die Geist-Bitte auf lukanische »Redaktion« zurück?

Die unter 4. vorgeschlagene Hypothese, daß die Geist-Bitte des Vaterunsers auf bewußte »Redaktion« des Marcion oder eines späteren Abschreibers des Lk-Textes zurückgehe, wurde hauptsächlich auf zwei Beobachtungen gestützt. Zum ersten sprach für einen absichtlich »korrigierenden« Redaktor, daß sowohl Marcion als auch die späteren Zeugen Gregor von Nyssa und Codex 700 mit der Geist-Bitte eine andere Bitte verdrängen. Hinzu kam, daß die Fassung des Marcion vom dritten Evangelium her (Lk 11,13) inspiriert sein kann, die späteren Zeugen der Geist-Bitte jedoch wahrscheinlich das lukanische Gesamtwerk (vor allem auch Act 1,6−8) berücksichtigen, was einerseits dem Kanon Marcions, andererseits dem seit etwa 200 n. Chr. üblichen Kanon entspricht[163].

Obgleich die so begründete Hypothese angesichts der relativ schwachen »äußeren« Bezeugung der Geist-Bitte in Lk 11,2 an sich plausibel ist — zumal man für die Entstehung der Bitte um das Kommen des Geistes die Situation des Taufempfangs veranschlagen kann —, bleibt doch zu prüfen, ob nicht schon Lukas selbst diese Bitte in das Vaterunser einfügte. Bei dieser Prüfung sind zwei Möglichkeiten in Betracht zu ziehen: a) Die Geist-Bitte ersetzt die *erste* Vaterunserbitte (so Marcion); b) sie steht an Stelle der *Reichs*-Bitte (so die späteren Textzeugen).

a) Wo die Geist-Bitte als erste Vaterunser-Bitte erscheint, kann man vermuten, dies hänge mit dem lukanisch-redaktionellen Versteil 11,13b zusammen, wo Lukas das Textstück über die Gebetserhörung (aus Q) 11,9−13 (par. Mt 7,7−11) mit der Folgerung beschließt: Gott wird als Vater vom Himmel her »denen den heiligen Geist geben, die ihn bitten«[164]. Sieht man genauer hin, spricht Lukas hier nicht davon, daß man

---

162 Siehe dazu oben Anm. 2. Der Vaterunser-Text von 700 enthält indessen bei Lk auch die »dritte« Bitte nach Mt; vgl. oben Anm. 26.

163 Vgl. dazu Wikenhauser/Schmid, Einleitung in das Neue Testament, Freiburg ⁶1973, 36−39 (zu Marcion); 39−44 (Abendland um 200 n. Chr.); 44−53 (kirchlicher Osten).

164 Zum lukanischen Redaktionsverfahren, das ἀγαθά durch πνεῦμα ἅγιον ersetzt, siehe z. B. S. Schulz, Q. Die Spruchquelle der Evangelisten, Zürich 1972, 162; R. A. Piper, Matthew 7,7−11 par. Luke 11,9−13. Evidence of Design and Argument in the Collection of

um den Geist bitten solle, sondern er ersetzt die ἀγαθά des Q-Textes durch die größte Gabe, die Gott zu verschenken hat: den Heiligen Geist (vgl. Röm 5,5). Gott wird den Bittenden nicht nur das schenken, was sie erbitten, sondern *das* Geschenk Gottes *schlechthin*. Im lukanischen Werk wird denn auch nirgends eine Bitte um den Heiligen Geist formuliert (vgl. Lk 3,21 f.; Act 1,14 mit 2,4; 4,24−30 mit 4,31). Die einzige Analogie zur Geist-Bitte kann in Act 8,15 gesehen werden: Die beiden Apostel »beteten für sie (προσηύξαντο περὶ αὐτῶν), daß (ὅπως) sie den heiligen Geist empfangen möchten«. Doch beten hier nicht die getauften Samariter, sondern die Apostel Petrus und Johannes »für sie«[165]. Die Geistverleihung erfolgt näherhin durch Handauflegung (8,17.18.19; vgl. 19,6). Gegen die Auffassung, Lukas habe wegen Lk 11,13b die erste Bitte des Herrengebets durch eine Bitte um den Geist ersetzt, spricht auch der zweite Teil der Geist-Bitte, d. h. die Bitte um »Reinigung«. Falls Marcion diesen Teil der Geist-Bitte las[166], wird er ihn kaum dem ursprünglichen Lk-Text verdanken. Denn Lukas verbindet den Gedanken der Reinigung nicht mit dem Geistempfang[167].

Es fragt sich weiterhin, ob die Zusammenstellung von Geist-Bitte und folgender Reichs-Bitte ihren Grund im Makrokontext des Lk-Evangeliums haben kann. Diese Frage ist zu bejahen. Lk 11,13b sieht im Heiligen Geist das Geschenk Gottes schlechthin an die Bittenden; 12,31 betont abschließend: »Vielmehr suchet sein Reich, und dieses wird euch dazugegeben werden!« Vielleicht bildete diese Aufforderung (par. Mt 6,33) ursprünglich den Abschluß einer Reihe von Texten, die in der Logienquelle zur Gebetsparänese zusammengefaßt waren[168]. Im Mt-Text steht die genannte Aufforderung noch näher beim Vaterunser als im heutigen Lk-Text. Dazu paßt, daß Mt 6,33 πρῶτον liest (mit Q[169]): Matthäus (Q) sieht in der Reichs-Bitte des Herrengebets die vorrangige Bitte[170]. Im dritten

---

Jesus' Sayings, in: Logia, hrsg. von J. Delobel (BEThL 59), Löwen 1982, 411−418, näherhin 414 f.; D. R. Catchpole, Q and "The Friend at Midnight" (Luke XI. 5−8/9): JThS 34 (1983) 407−424, näherhin 414−416.

[165] Zum Gebrauch von προσεύχομαι siehe H. Greeven, προσεύχομαι, προσευχή, in: ThWNT II 806−808; H. Balz, προσεύχομαι κτλ., in: EWNT III 396−409. − Greeven (a. a. O. 806) bemerkt mit Recht, daß προσεύχομαι »immer da bevorzugt ist, wo der Tatbestand des Betens ohne nähere Inhaltsangabe dargestellt werden soll«. Bei Lukas wird nach προσεύχομαι ein konkreter *Inhalt* des Gebets mit einem zusätzlichen verbum dicendi (Lk 11,2; 22,41; Act 1,24), durch ταῦτα (Lk 18,11) oder durch einen Infinitiv (Lk 22,40) eingeführt. Der Gedanke der Fürbitte wird durch περί mit Genitiv plur. (Lk 6,28; Act 8,15) ausgedrückt. Von einem αἰτεῖν/αἰτεῖσθαι gegenüber *Gott* spricht Lukas nur dann, wenn er von Quellen abhängig ist: Lk 11,9−13; Act 7,46; 13,21.

[166] Zur Problematik siehe oben mit Anm. 157.

[167] Zu Act 15,8 f. siehe oben mit Anm. 84.135.

[168] Siehe dazu Catchpole, a. Anm. 164 a. O. 423 f.

[169] So Schulz, a. Anm. 164 a. O. 152.

[170] Die Bitte um Heiligung des göttlichen Namens kann als »Eröffnungswunsch« und die Reichs-Bitte als »der eine große Gebetswunsch« verstanden werden; siehe Schürmann, Gebet des Herrn 32.47 f.

Evangelium steht der aus Q stammende Abschnitt über das Sorgen (Lk 11,22–31 par. Mt 6,25–33) nicht wie bei Matthäus im unmittelbaren Kontext des Vaterunsers, sondern in einem Kontext, der von der Einstellung zum Besitz handelt (Lk 12,13–15.16–21. 22–32.33 f.)[171]. Es ist also nicht sehr wahrscheinlich, daß Lukas das von ihm 11,13 erwähnte Gottesgeschenk des Heiligen Geistes mit der Aufforderung zum Suchen der Basileia in Verbindung brachte und beides zum Vaterunser in Beziehung setzte. Eine solche Kombination kann man aber einem nach-lukanischen Redaktor des Lk-Textes zutrauen, wie es Marcion nachweislich war. Er hätte dann die vom dritten Evangelium hervorgehobenen »höchsten Güter«, den Gottesgeist und das Gottesreich (Lk 11,13; 12,31[172]), auch im Vaterunser verankern wollen.

Die für Marcion anzunehmende Fassung der Geist-Bitte (eher ohne als mit Zusatz: »und reinige uns«) kann also eher der korrigierenden Hand des nach-lukanischen Redaktors als dem dritten Evangelisten selbst zugeschrieben werden.

b) Ist eine entsprechende Erklärung auch im Falle der späteren Zeugen für die Geist-Bitte zu vertreten? Oder geht deren Geist-Bitte (mit der Bitte um »Reinigung«) als *zweite* Vaterunser-Bitte eher auf den Evangelisten zurück? Hier ist vor allem die Beweiskraft von Act 1,6–8 zu prüfen. Nach E. Gräßer, der H. Conzelmann folgt, ist beim dritten Evangelisten der Heilige Geist »Ersatz« für das eschatologische Wissen um die Parusie bzw. das Kommen des Reiches[173]. Dieser Konzeption könnte dann die Verdrängung der Reichs-Bitte des Vaterunsers durch die Bitte um den Geist entsprechen[174]. Gräßer geht davon aus, daß die Geist-Bitte »sekundäre Variation der Reichsbitte ist«[175].

Act 1,6–8 ist ein von Lukas mit Hilfe von Mk 13,10.32 gebildetes Apophthegma[176], in dem Jesus die Frage der Jünger nach dem *Termin* der

---

[171] Siehe dazu H.-J. Degenhardt, Lukas, Evangelist der Armen, Stuttgart 1965, 68–97, der Lk 12,13–34 unter der Überschrift »Die rechte Einstellung zum Besitz« zusammenfaßt.

[172] Lk 12,31 liest Marcion (mit anderen Textzeugen) statt τὴν βασιλείαν αὐτοῦ den Ausdruck »das Reich *Gottes*«.

[173] Siehe H. Conzelmann, Die Mitte der Zeit. Studien zur Theologie des Lukas (BHTh 17), Tübingen (1954) [4]1962, 127; Gräßer, Problem 111.206.

[174] Gräßer, a.a.O. 110f.: »Im Zuge der *Parusieverzögerung* tritt die Bitte um das Reich zurück hinter die um den Geist ... Die Frage, ob *Lukas* diese Korrektur zugetraut werden darf, läßt sich nicht mit letzter Sicherheit entscheiden; es spricht aber doch einiges dafür.« Als Argumente führt Gräßer dann Lk 11,13 (diff. Mt) und Act 1,6ff. an (111); zur Acta-Stelle siehe auch 205–207.

[175] Gräßer, a.a.O. 109: »Erstens wegen des Übergewichtes der alten Zeugen, die alle die Bitte um das Reich lesen. Zweitens, weil die ältesten Christen sich des Geistes als eines dauernden Besitzes rühmten ...«. – Vielleicht darf man für die Ursprünglichkeit der beiden ersten Bitten (Name – Reich) auch das Kaddisch-Gebet anführen, in dem die gleiche Abfolge bezeugt ist; siehe J. Jeremias, Neutestamentliche Theologie I, Gütersloh 1971, 192f. Auch im Kaddisch stehen die beiden Bitten asyndetisch nebeneinander.

[176] Siehe dazu G. Schneider, Die Apostelgeschichte I (HThK V 1), Freiburg 1980,

Basileia-Aufrichtung zurückweist und die Fragesteller (positiv) auf die durch den Geistempfang ermöglichte Zeugenaufgabe – von Jerusalem bis ans Ende der Erde – verweist. Damit ist indessen nicht die Erwartung des Reiches als solche zurückgewiesen. Vielmehr wird der missionarischen Zeugenaufgabe die aktuelle Vordringlichkeit zugesprochen. Man kann freilich sehr wohl davon sprechen, daß Lukas damit die Naherwartung der Basileia dämpfte. Da das Kommen des Geistes in Vers 8 durch ἐπέρχομαι ἐπί angekündigt wird, kann man sich an Lk 1,35[177] sowie an Act 19,6 und die Geist-Bitte (ἔρχομαι ἐπί) erinnert fühlen[178]. Doch wird man weder annehmen dürfen, daß Lukas Act 1,8a aufgrund einer schon vorhandenen Vaterunserbitte um den Geist entwarf, noch, daß er die Geist-Bitte Lk 11,2 im Hinblick auf Act 1,8 formulierte. Denn die Geist-Verheißung ist mit den »Pfingstwundern« der Juden (Act 2,1–4), der Samariter (8,14–17) und der Heiden (10,44–48) im wesentlichen bereits erfüllt. Im übrigen ist zu beachten, daß Lk 1,35 sowie Act 1,8 und 19,6 das Kommen des Heiligen Geistes auf bestimmte Menschen stets mit einer *besonderen* Wirkung – jedenfalls nicht mit einer »Reinigung« – verbunden wird: Maria wird als Jungfrau den Sohn Gottes gebären; die Apostel werden weltweit Auferstehungszeugen sein; die Johannesjünger reden »in Zungen« und weissagen.

Da Act 1,6–8 an exponierter Stelle steht und der Kontext außerdem die Geistverheißung des Auferstandenen mit der Wassertaufe des Johannes konfrontiert (1,4f.)[179], konnte es für einen nach-lukanischen Abschreiber-Redaktor naheliegen, die Geist-Bitte an die Stelle der Reichs-Bitte Lk 11,2 zu stellen. Möglicherweise knüpfte er dabei an den Marcion-Text an und »korrigierte« ihn in seinem Sinn, den er für besser »lukanisch« hielt. *Er* hätte dann den Heiligen Geist gewissermaßen als »Ersatz« für die ausgebliebene Basileia interpretiert. Es ist aber auch denkbar, daß er die Basileia als schon verwirklicht ansah[180]. Die »Reini-

---

201–204; ders., Jesu überraschende Antworten. Beobachtungen zu den Apophthegmen des dritten Evangeliums: NTS 29 (1983) 321–336, 331.

[177] Beide Aussagen über das Kommen des Geistes (über Maria, über den Jüngerkreis) stehen am Anfang des betreffenden Buches, also an exponierter Stelle. Siehe auch oben Anm. 131.

[178] Vgl. indessen auch Mt 3,16.

[179] Vgl. dazu Lk 11,1 als Einleitung zum Vaterunser.

[180] Vgl. Lk 10,9.11; 11,20; 12,32; 17,21. Siehe indessen neben 11,2 auch das Jesuswort 22,18 (»… bis das Reich Gottes kommt«). – Zu beachten ist auf jeden Fall, daß im Kontext des lukanischen Vaterunsers mehrere Aussagen stehen, die (wenigstens indirekt) von der *Gegenwart* des Gottesreiches sprechen: Lk 10,18.23f.; 11,20.21f.31f. Vgl. dazu H. Merklein, Die Gottesherrschaft als Handlungsprinzip (FzB 34), Würzburg 1978, 158–165. Siehe außerdem O. Merk, Das Reich Gottes in den lukanischen Schriften, in: Jesus und Paulus (FS W. G. Kümmel), Göttingen 1975, 201–220, näherhin 210–212.

gung«, die der Geist Gottes bei den Betern dieser Bitte bewirken soll, ent-
spricht nicht der theologischen Konzeption des Lukas, sondern dürfte aus
Ez 36,22−32 LXX herausgelesen sein. Da Ez 36,23 von der *Heiligung des
Namens* Gottes spricht, lag es nahe, auch die Ankündigung der *Reinigung*
(v. 25) und des *Geistempfangs* (v. 27) zu einer Gebetsbitte zu gestalten.
Da Codex 700 nach der Geist-Bitte auch die »matthäische« Bitte um den
Vollzug des Willens Gottes liest − möglicherweise las auch Gregor von
Nyssa diese Bitte in seinem Lk-Text −, kann man damit rechnen, daß der
Schöpfer dieser Abfolge von Vaterunser-Bitten bei der angenommenen
Anlehnung an Ez 36 die Erfüllung der Anordnungen (d. h. des *Willens*)
Gottes durch die Menschen mit Ez 36,27 als Folge der Geistmitteilung
ansah. Ez 36 spricht nicht von der *Basileia*; somit konnte auch von daher
dem angenommenen Redaktor eine Streichung der Reichs-Bitte als ver-
tretbar erscheinen.

Als Ergebnis der Untersuchung kann festgehalten werden, daß die
Vaterunser-Bitte um das Kommen des Heiligen Geistes im Lk-Text eher
nach-lukanischen Abschreibern oder »Redaktoren« zugeschrieben werden darf als dem Verfasser des dritten Evangeliums.

Abgekürzt angeführte Literatur

v. Baer, H., Der Heilige Geist in den Lukasschriften (BWANT 39), Stuttgart 1926.
Blass, F., Evangelium secundum Lucam sive Lucae ad Theophilum liber prior secundum for-
    mam quae videtur Romanam, Leipzig 1897.
Carmignac, J., Recherches sur le «Notre Père», Paris 1969.
Chase, F. H., The Lord's Prayer in the Early Church (TaS I 3), Cambridge 1891.
Creed, J. M., The Gospel according to St. Luke, London 1930 (Neudruck 1965).
Danker, F. W., Jesus and the New Age. According to St. Luke. A Commentary on the Third
    Gospel, St. Louis (Missouri) (1972) ²1974.
Dunn, J. D. G., Spirit and Kingdom: ET 82(1970/71) 36−40.
Ernst, J., Das Evangelium nach Lukas (RNT), Regensburg 1977.
Fiebig, P., Das Vaterunser (BFChTh.M 30,3), Gütersloh 1927.
de Fraine, J., Oraison Dominicale: DBS VI (1960) 788−800.
Freudenberger, R., Zum Text der zweiten Vaterunserbitte: NTS 15(1968/69) 419−432.
George, A. (†), L'Esprit Saint dans l'œuvre de Luc: RB 85 (1978) 500−542.
Gnilka, J., Vaterunser I. Biblisch: LThK² X (1965) 624−627.
Gräßer, E., Das Problem der Parusieverzögerung in den synoptischen Evangelien und in der
    Apostelgeschichte (BZNW 22), Berlin (1956) ³1977.
Greeven, H., Gebet und Eschatologie im Neuen Testament (NTF III 1), Gütersloh 1931.
−, Synopse der drei ersten Evangelien mit Beigabe der johanneischen Parallelstellen [13.
    Aufl. der Synopse von A. Huck], Tübingen 1981.
Grundmann, W., Das Evangelium nach Lukas (ThHK 3), Berlin 1963.
(v.) Harnack, A., Über einige Worte Jesu, die nicht in den kanonischen Evangelien stehen,
    nebst einem Anhang über die ursprüngliche Gestalt des Vaterunsers: SPAW 1904 (Ber-
    lin 1904) I 170−208.

—, Der ursprüngliche Text des Vater-Unsers und seine älteste Gestalt, in: ders., Erforschtes und Erlebtes. Reden und Aufsätze, NF IV, Gießen 1923, 24–35.

—, Marcion. Das Evangelium vom fremden Gott, Leipzig ²1924 (Neudruck Darmstadt 1960).

Hauck, F., Das Evangelium des Lukas (ThHK 3), Leipzig 1934.

Hensler, J., Das Vaterunser. Text- und literarkritische Untersuchungen (NTA IV 5), Münster 1914.

Hönnicke, G., Neuere Forschungen zum Vaterunser bei Matthäus und Lukas: NKZ 17 (1906) 57–67. 106–120. 169–180.

Hoskier, H. C., A Full Account and Collation of the Greek Cursive Codex Evangelium 604, London 1890.

Jeremias, J., Das Vater-Unser im Lichte der neueren Forschung (1962), in: ders., Abba. Studien zur neutestamentlichen Theologie und Zeitgeschichte, Göttingen 1966, 152–171.

Klein, G., Die ursprüngliche Gestalt des Vaterunsers: ZNW 7 (1906) 34–50.

Klostermann, E., Das Lukasevangelium (HNT 5), Tübingen ²1929.

Knox, W. L. (†), The Sources of the Synoptic Gospels II, Cambridge 1957.

Lagrange, M.-J., Évangile selon Saint Luc (EtB), Paris ³1927 (Neudruck 1948).

Lampe, G. W. H., The Holy Spirit in the Writings of St. Luke, in: Studies in the Gospels. Essays in Memory of R. H. Lightfoot, Oxford 1955, 159–200.

Leaney, A. R. C., The Lucan Text of the Lord's Prayer (Lk XI 2–4): NT 1 (1956) 103–111.

—, A Commentary on the Gospel according to St. Luke (BNTC), London 1958.

Leisegang, H., Pneuma Hagion. Der Ursprung des Geistbegriffs der synoptischen Evangelien aus der griechischen Mystik, Leipzig 1922.

Lohmeyer, E., Das Vater-unser, Göttingen (1946) ⁵1962.

Loisy, A., L'évangile selon Luc, Paris 1924.

Marshall, I. H., The Gospel of Luke, Exeter 1978.

Metzger, B. M., A Textual Commentary on the Greek New Testament, London/New York 1971.

Ott, W., Gebet und Heil. Die Bedeutung der Gebetsparänese in der lukanischen Theologie (StANT 12), München 1965.

Paslack, H. E., Exegetische Bemerkungen zu Matth. 6,9–13 und Luk. 11,2–4, Straßburg 1905.

Plummer, A., A Critical and Exegetical Commentary on the Gospel according to S. Luke (ICC), Edinburgh ⁵1922 (Neudruck 1960).

Rengstorf, K. H., Das Evangelium nach Lukas (NTD 3), Göttingen ¹⁰1965.

Resch, A., Agrapha. Außercanonische Evangelienfragmente (TU V 4), Leipzig 1889 (2. Aufl. 1906).

—, Außercanonische Paralleltexte zu den Evangelien III. Paralleltexte zu Lucas (TU X 3), Leipzig 1895.

Samain, P., L'Esprit et le royaume de Dieu d'après saint Luc: RDT 2 (1947) 481–492.

Schmid, J., Das Evangelium nach Lukas (RNT 3), Regensburg ³1955.

Schmithals, W., Das Evangelium nach Lukas (ZB 3,1), Zürich 1980.

Schürer, E., Rezension: H. E. Paslack, Exegetische Bemerkungen (1905): ThLZ 30 (1905) 258f.

Schürmann, H., Das Gebet des Herrn als Schlüssel zum Verstehen Jesu, Freiburg ⁴1981.

Scrivener, F. H. A., A Plain Introduction to the Criticism of the New Testament, 2 Bde., London ⁴1894.

Smalley, St. S., Spirit, Kingdom and Prayer in Luke-Acts: NT 15 (1973) 59–71.

v. Soden, H., Die ursprüngliche Gestalt des Vaterunsers: ChW 18 (1904) 218–224.

Spitta, F., Die älteste Form des Vaterunsers: MGKK 9 (1904) 333–345.

Streeter, B. H., The Four Gospels. A Study in Origins, London 1924 (Neudruck 1964).

Vielhauer, Ph., Vaterunser-Probleme [zu E. Lohmeyer, Das Vater-unser]: VF (München 1949/50) 219–224.

Vögtle, A., Der »eschatologische« Bezug der Wir-Bitten des Vaterunser, in: Jesus und Paulus (FS W. G. Kümmel), Göttingen 1975, 344–362.

Vogels, H. J., Handbuch der Textkritik des Neuen Testaments, Bonn [2]1955.

Weiß, J., Die Schriften des Neuen Testaments I, Göttingen [3]1917.

Wellhausen, J., Das Evangelium Lucae, Berlin 1904.

–, Einleitung in die drei ersten Evangelien, Berlin [2]1911.

Zahn, Th., Das Vaterunser eines Kritikers: NKZ 2 (1891) 408–416.

–, Das Evangelium des Lucas (KNT 3) ([1.2]1913), Leipzig/Erlangen [3.4]1920.

5

DAS BILDWORT VON DER LAMPE.
ZUR TRADITIONSGESCHICHTE EINES JESUS-WORTES

Jesu Bildwort von der Lampe unter dem Scheffel ist uns an vier Stellen der synoptischen Evangelien überliefert: Mc 4 21 par. Lc 8 16 und Mt 5 15 par. Lc 11 33. Die meisten Erklärer stimmen darin überein, daß diese vier Vorkommen auf zwei Traditionsvarianten zurückgehen, nämlich auf eine markinische und eine der sogenannten Logienquelle (Q). Joachim Jeremias hat seinerzeit versucht, der Urform des Wortes nahezukommen, also die Form zu rekonstruieren, die der historischen Situation im Leben Jesu entspricht[1]. Da eine Rekonstruktion der ipsissima verba Jesu stets hypothetisch sein wird, sollte geprüft werden, ob man in diesem Fall mit Jeremias davon ausgehen kann, daß die bei Matthäus bezeugte Form der Urform am nächsten steht[2]. Die Evangelienexegese hat aber nicht primär die Aufgabe, den historischen Jesus und seine Worte wiederzugewinnen, sondern sie hat in erster Linie den vorliegenden Evangelientext zu erklären. Freilich kann sie das um so besser, als sie die Traditionsgeschichte ins Licht zu rücken vermag. Sind wir hinsichtlich des Bildwortes von der Lampe in der günstigen Ausgangsposition, von einer Urform her die Traditionsgeschichte des Wortes beleuchten zu können?

Die folgenden Fragenkomplexe sollen hier erörtert werden: 1. Läßt sich eine einzige der Urform nahekommende Gestalt des Bildwortes gewinnen? Dabei können wir weitgehend auf die Untersuchung von Jeremias zurückgreifen. Es wird in diesem Zusammenhang nach vorsynoptischen Traditionstypen zu fragen sein. Dann sind die Absichten der Evangelisten bei ihrer Prägung und Anordnung des Bildwortes zu erörtern (2. Markus, 3. Matthäus, 4. Lukas). Schließlich soll 5. auch die nachkanonische Form besprochen werden, die im Logion 33b des koptischen Thomasevangeliums begegnet.

---

[1] J. Jeremias, Die Lampe unter dem Scheffel: ZNW 39 (1940) 237—240; im folgenden zitiert nach: Ders., **Abba.** Studien zur neutestamentlichen Theologie und Zeitgeschichte, Göttingen 1966, 99—102.

[2] So Jeremias, a. a. O. 100. Zu dem gleichen Ergebnis kam bereits A. Jülicher, Die Gleichnisreden Jesu (Tübingen 1910), Neudruck Darmstadt 1963, II 83: »Ziehen wir die stilistischen Eigenheiten der Referenten ab, so ist die Überlieferung des Spruches ganz einhellig; Mt 5, 15 dürfte der Urform am nächsten stehen; aber überall handelt es sich um ein und dasselbe Wort.«

1. Zur Rekonstruktion der Urform und der beiden Traditionsvarianten

Ausgangspunkt des Rekonstruktionsversuchs ist die vierfache Form des Spruches in den synoptischen Evangelien. Die Zuweisung der vorliegenden Formen zu den genannten zwei Traditionen (Mc und Q) ist zunächst von der Akoluthie her berechtigt. Sie ergibt sich aber auch aus Übereinstimmungen im Wortlaut, wenn zwei Evangelisten gegen einen dritten zusammengehen.

Lc 8 16 (innerhalb des Stückes Lc 8 4-18) steht in einer Folge von Mc-Stoff (entsprechend Mc 4 1-25). Lc 11 33 hingegen findet sich innerhalb von Q-Stoff; denn die Reihe Lc 11 29-32. 33. 34-36 entspricht dem bei Matthäus umgruppierten Stoff Mt 12 38-42 5 15 6 22f.

Im Wortlaut finden sich Übereinstimmungen zwischen Mc 4 21 und Lc 8 16: ἥ leitet eine Alternative zu dem Scheffelgefäß ein; als solche wird die κλίνη genannt, unter die man die Lampe stellen könnte. Mit ἵνα wird die wahre Zweckbestimmung der Lampe eingeführt, daß man sie auf den Leuchter stelle. Letzteres ἵνα hat Lukas aber auch in Lc 11 33 (zur Einleitung des Nachsatzes) wahrscheinlich aus Mc 4 21 übernommen. Die Kontakte zwischen Mt 5 15 und Lc 11 33, die als Übernahme aus Q gelten müssen, weil sie sich in Mc 4 21 nicht finden, sind folgende: a) Zunächst fehlt die Frageform. b) Damit hängt die negierende Einleitung des Logions mit οὐδείς bzw. οὐδέ zusammen. c) Es ist vom Brennen bzw. Anzünden der Lampe die Rede (bei Mc vom »Kommen«). d) Daher ergibt sich die Akkusativform λύχνον. e) ἀλλ᾽ leitet den Nebensatz ein, der von der rechten Verwendung der Lampe spricht. f) Endlich wird die Zweckbestimmung angegeben: die Lampe soll hell machen bzw. »Licht«[3] ausstrahlen. — Die Mt-Fassung des Spruches stimmt nur insoweit mit Mc überein, als sie sich auch mit der lukanischen Form deckt. Der ganze Passus ὑπὸ τὸν μόδιον, ἀλλ᾽ ἐπὶ τὴν λυχνίαν steht bei Mt und bei Lc[4]. Allerdings ist auch Lc 8 16 vielfach an die Q-Fassung angeglichen worden (in den Punkten a—f), so daß man vom Wortlaut her fast sagen kann, die Stelle habe mehr die Q-Fassung als die des Mc bewahrt[5].

Kann also kein Zweifel darüber bestehen, daß in der Synopse eine zweifache Traditionsform des Spruches begegnet, so sind die beiden Traditionstypen zu rekonstruieren und auf eine einheitliche Grundform hin zu befragen.

Es ist nicht schwer zu zeigen, daß Lc 11 33 gegenüber Mt 5 15 sekundär ist. Damit ist aber nicht gesagt, daß alle Einzelzüge der matthäischen Form die Q-Fassung wiedergeben.

a) Hier sind zunächst Aramaismen des Mt zu nennen, die Lukas aufgegeben hat, um den Spruch in besserem Griechisch zu bieten[6]. Die dritte Person pluralis steht im

---

[3] Lc 8 16: τὸ φῶς; 11 33: τὸ φέγγος (Die Lesart von 𝔓⁷⁵ usw. [φῶς] ist als lectio facilior auszuscheiden).

[4] Falls nicht 𝔓⁴⁵·⁷⁵ usw. die ursprüngliche Lesart bieten, in der οὐδὲ ὑπὸ τὸν μόδιον als Alternative fehlt. Dann hätte Lukas das Wort μόδιος stets gemieden (Lc 8 16: σκεῦος); vgl. Jülicher, a. a. O. II 81f.

[5] In Lc 8 16 stimmt außerdem αὐτόν mit Mt 5 15 überein. Der Nachsatz (f) mit ἵνα fehlt in 𝔓⁷⁵ und B.

[6] Siehe Jülicher, a. a. O. II 80f.; Jeremias, a. a. O. 100.

Sinne des Passivs[7]: καίουσιν (Lc: οὐδείς ... ἄψας). Statt Hypotaxe steht bei Mt die Parataxe: καὶ τιθέασιν, καὶ λάμπει (Lc: wenn jemand eine Lampe angezündet hat, so stellt er sie ... auf den Leuchter, damit ...).

b) Weitere Abweichungen zwischen Mt und Lc sind zu erörtern. Matthäus gibt durch δέ (οὐδέ) zu erkennen, daß er das Logion logisch an Mt 5 14b anschließen will: »Es kann nicht verborgen bleiben eine Stadt, die auf dem Berge liegt. Auch zünden sie nicht eine Lampe an ...«. Bei Lukas fehlt (in 11 33) das verbindende δέ. Wenn Lukas mit οὐδείς beginnt, dann hat er — wegen der Hypotaxe mit ἄψας — einfaches »nicht« durch »niemand« ersetzt. In Q wird demnach οὐ gestanden haben.

c) Die Frage, ob es hieß οὐ καίουσιν oder οὐχ ἅπτουσιν, wird dahin zu beantworten sein, daß die Verwendung von ἅπτω auf Lukas zurückgeht. καίω kommt bei Mt nur an unserer Stelle vor. Lukas hat an sich keine Abneigung gegen dieses Verbum (vgl. Lc 12 35 24 32). Lc 12 35 redet entsprechend unserem Bildwort von »brennenden Lampen«. Wenn diese Stelle, die im lukanischen Sondergut steht, von Matthäus übergangener Q-Stoff sein sollte, so wäre das ein Beleg dafür, daß die Logienquelle an zwei Stellen von »brennenden Lampen« sprach. Es läßt sich nun positiv zeigen, daß die Verwendung von ἅπτω im Zusammenhang mit der »Lampe« bzw. mit dem »Feuer« in der Synopse nur lukanisch bezeugt ist und somit auf den dritten Evangelisten zurückgeht: Lc 8 16 11 33; 15 8 (Sondergut); vgl. Act 28 2 (ἅψαντες als untergeordnetes Partizip!).

d) Lukas bietet im Unterschied zu Matthäus eine Alternative zum Scheffelmaß. Lc 11 33 nennt als solche den Keller (εἰς κρύπτην), Lc 8 16 — im Anschluß an Mc — das Bett (κλίνη). Ganz abgesehen davon, daß Lukas mit der Vorstellung vom Keller eher an das außerpalästinische Haus denkt und damit die Alternative als sekundär erscheint, ist nach der möglichen Vorliebe des Lukas für das betreffende Wort zu fragen. κρύπτη steht im NT nur an dieser lukanischen Stelle. Es ist vorchristlich schwach bezeugt[8]. Von daher wird man zwar keine Vorliebe des dritten Evangelisten für das Wort behaupten können, wohl aber bestreiten dürfen, daß in Q ein solch seltenes Wort gestanden habe.

e) Der Nachsatz redet von der Zweckbestimmung dessen, daß man die Lampe auf den Leuchter stellt. Bei Matthäus wird dieser Zweck parataktisch ausgesprochen: »und sie leuchtet allen, die im Hause sind«. Hier ist, wie längst bemerkt, das palästinische Bauernhaus vorausgesetzt, das nur einen Raum hatte[9]. Lukas hat demgegenüber das außerpalästinische Wohnhaus mit Vestibül im Auge, wenn er schreibt: »damit die Eintretenden den Lichtschein sehen«[10]. Da Lukas auf diesen Nachsatz besonderen

---

[7] Vgl. M. Black, An Aramaic Approach to the Gospels and Acts, Oxford ³1967, 126 f.

[8] Liddell/Scott bieten s. v. nur einen Beleg beim Historiker Callixinus (3. Jh. v. Chr.?). Moulton/Milligan haben zwei Belege aus Papyri des 3. Jh. v. Chr. beigebracht. W. Bauer verweist auf: Strabo 17, 1, 37; Athenaeus 5 p. 205 A; Fl. Josephus, Bellum 5, 330. (Athenaeus gehört dem 3. Jh. n. Chr. an.)

[9] Siehe J. Jeremias, Die Gleichnisse Jesu, Göttingen ⁶1962, 120; Ders., Die Lampe, 100; vgl. Jülicher, a. a. O. II 80; ferner G. Dalman, Arbeit und Sitte in Palästina (Gütersloh 1928—1942), Neudruck Hildesheim 1964, VII 1—246 (mit Abbildungen und Grundrissen).

[10] Vgl. Jeremias, Die Lampe, 100; Ders., Gleichnisse, 22 Anm. 1. 63. Siehe auch den Artikel »Haus« (G. Gruben: Griechenland; C. Krause: Italien und Rom) in: Lexikon der alten Welt, Zürich/Stuttgart 1965, 1196—1208 (Grundrißskizzen).

Wert zu legen scheint — er bietet ihn auch 8 16 in leichter Abwandlung[11] —, wird man erwarten dürfen, daß die »Eintretenden«, die das Licht sehen sollen, nicht nur in der »Bildhälfte« eine Funktion haben, sondern daß der dritte Evangelist mit dem Nachsatz auch besondere Akzente in der unausgesprochenen »Sachhälfte« setzen wollte. Darüber ist unter 4. zu handeln.

Unter Berücksichtigung der lukanischen Abweichungen von der matthäischen Fassung des Logions — nur in Punkt b wurde Mt teilweise als sekundär erkannt — kann nun die Q-Fassung des Spruches folgendermaßen wiedergegeben werden:

> »Nicht brennen sie eine Lampe
> und stellen sie unter den Scheffel,
> sondern auf den Leuchter,
> und sie leuchtet allen, die im Hause (sind).«

Demgegenüber lautet die Fassung des Spruches bei Markus:

> »Kommt etwa die Lampe,
> daß sie unter den Scheffel gestellt werde oder unter das Bett?
> Nicht (vielmehr),
> daß sie auf den Leuchter gestellt werde?«

Naturgemäß ist es bezüglich der Mc-Fassung schwieriger, eine vorsynoptische Form zu erarbeiten, da ein Vergleichstext fehlt. Wir dürfen nämlich voraussetzen, daß Lc 8 16 den kanonischen Markustext und nicht eine vormarkinische Vorlage aufgreift. Vielleicht kann man zeigen, daß der Mc-Text Aramaismen enthält, die Anzeichen für relatives Alter sein können. Andererseits besteht Verdacht, daß redaktionelle Elemente vorhanden sind, die erst auf die Hand des Markusevangelisten zurückgehen.

Nach J. Jeremias[12] finden sich drei Anzeichen für palästinische Redeweise in Mc 4 21:

a) Artikelsetzung trotz indeterminierter Bedeutung (die Lampe, den Scheffel, das Bett, den Leuchter). Während Jeremias die Redeweise auf das Aramäische zurückführte, meint Black[13], diese Eigenart sei zwar im Hebräischen (und in LXX) gebräuchlich, es sei jedoch zweifelhaft, ob hier aramäisches Idiom vorliege. Lc 11 33 hat jedenfalls (im Unterschied zu 8 16) zweimal den Artikel stehenlassen (»unter den Scheffel«, »auf den Leuchter«).

---

[11] Da der ἵνα-Nachsatz Lc 8 16 in den Handschriften 𝔓[75] und B fehlt, erhebt sich die Frage, ob diese Lesart den Anspruch auf Ursprünglichkeit erheben kann. Die Frage ist unter 4. zu erörtern. Jülicher (a. a. O. II 82) hielt den Nachsatz auch Lc 8 16 für ursprünglich.

[12] Jeremias, Die Lampe, 100.

[13] Black, a. a. O. 93 (mit Anm. 4).

b) Bei Mc liegt (zweimalige) Frageform vor. Jeremias verweist hierfür auf Bultmann[14], der unter den Logien, die Jesus als Weisheitslehrer kennzeichnen, unsere Stelle in einer Liste von Fragen aufführt. Hier bemerkt Bultmann beim Vergleich zwischen Mc 4 21 und Mt 5 15 par. Lc 11 33: »Selbst wenn die Mk-Form verkürzt sein sollte, so wird doch die Frageform jedenfalls ursprünglich sein«[15]. Nun wird man nicht generell sagen können, Frageform sei schon ein Kriterium zur Scheidung zwischen palästinischer und hellenistischer Redeweise. Aber es sprechen doch zwei traditionsgeschichtliche Beobachtungen für eine (relative) Ursprünglichkeit der Frageform in unserem Logion. Einmal kann auf die formale Parallele einer Doppelfrage (mit μήτι und οὐχ[16]) in Lc 6 39 (par. Mt 15 14) verwiesen werden, also auf ein Q-Logion. Wenn wir auch nicht sagen können, diese Form der Doppelfrage sei Kriterum für die authentische Redeweise Jesu, so wird man immerhin zugeben müssen, daß sie kennzeichnend ist für die Form gewisser Weisheitsworte in der Jesusüberlieferung der frühen Kirche. Die zweite Beobachtung geht dahin, daß in der synoptischen Tradition die Frageform häufiger in die Aussageform gewandelt worden ist, als man das umgekehrte Verfahren registrieren kann. Matthäus hat von 108 markinischen direkten Fragesätzen 80mal den betreffenden Mc-Stoff übernommen. Davon haben 66 Mt-Stellen die Frageform beibehalten, 14 hingegen die direkte Frage aufgehoben[17]. Demgegenüber hat Matthäus von den gesamten Fragen seines Mc-Stoffes nur sieben von sich aus gebildet[18]. Ähnlich ist der Befund bei Lukas. Für 65 von 108 markinischen Fragesätzen hat das Lukasevangelium eine Entsprechung. Davon haben 50 Stellen die Frageform beibehalten. 15 Stellen haben sie ersetzt[19]. Hingegen hat Lukas in seinem Evangelium bei den Fragen, die im Mc-Stoff stehen, nur zweimal die Frageform von sich aus (gegenüber einer markinischen Aussage) gesetzt[20]. Insgesamt kann demzufolge gesagt werden, daß die Aufhebung einer Frageform in der synoptischen Traditionsgeschichte häufiger ist als die Neueinführung der direkten Frage für eine Aussage der Vorlage[21].

---

[14] R. Bultmann, Die Geschichte der synoptischen Tradition, Göttingen ⁵1961, 82.

[15] Ebd.

[16] Vgl. Blaß/Debrunner § 427, 2. 440.

[17] Mt hat direkte Fragesätze getilgt gegenüber: Mc 2 7. 24 3 4 4 13. 30. 38 5 39 8 12 11 3. 17. 32 12 24 14 14. 61.

[18] Mt 12 29 15 3 18 1 19 4 21 20 22 43f. 26 15.

[19] Lukas hat markinische direkte Fragesätze abgeändert gegenüber: Mc 2 18 4 13. 21 (bis). 38 5 31. 35. 39 9 33 11 17. 32 12 26 13 2 14 61 15 12. Vgl. dazu H. Schürmann, Jesu Abschiedsrede Lk 22, 21—38, Münster 1957, 11. 80f.

[20] Lc 9 9 24 5.

[21] Demgegenüber bleibt freilich zu erwägen, ob nicht die rhetorische Frage und die Doppelfrage spezifische Eigenarten des Markusevangelisten sind; vgl. M. Zerwick,

c) Die Belebung unbelebter Gegenstände (»kommt etwa die Lampe ...?«). Hier wird man gegenüber Jeremias sagen müssen, daß diese Ausdrucksweise palästinisch sein kann[22]. Es erheben sich aber Bedenken, ob an unserer Stelle palästinischer Ursprung der Redeweise gegeben ist[23]. Wir werden unter 2. noch zu prüfen haben, ob nicht das quasi-personale ἔρχομαι auf die Hand des Evangelisten Markus zurückgeht und ob er nicht damit seiner besonderen Christologie Ausdruck verleihen will[24]. Jedenfalls muß gesagt werden, daß Markus ἔρχεται in betonter Weise von Jesus aussagt[25].

Wenn man die drei als »Kennzeichen semitischer Redeweise« beanspruchten Redeweisen[26] kritisch prüft, kann offensichtlich zunächst nur b (zweimalige Frageform) eine relative Altertümlichkeit der Mc-Fassung nahelegen[27]. Damit ergibt sich nun die neue Frage, ob die oben rekonstruierte Q-Fassung gegenüber der (vor-)markinischen Frageform des Spruches sekundär sei. Bevor dieser Frage weiter nachgegangen wird, müssen zwei Wendungen überprüft werden, die die Mc-Fassung von der Q-Form unterscheiden: a) Mc bietet (zum Scheffel) die Alternative »oder unter das Bett«; b) Mt (bzw. Q) hat gegenüber Mc den Nachsatz »und sie leuchtet allen, die im Hause (sind)«. Wie sind diese Unterschiede zu beurteilen?

Untersuchungen zum Markus-Stil, Rom 1937, 24f. 27f. Zur weiteren Diskussion siehe unter 2.

[22] Jeremias, Die Lampe, 100 Anm. 3, nennt als weitere Beispiele Mc 4 22 (ἔλθῃ) und Mt 26 39 (παρελθάτω). Merkwürdig ist, daß Jeremias (a. a. O. 100) zur Stützung seiner These (»Kennzeichen semitischer Redeweise«) nur Megillath Taʿanith 8 (vgl. Billerbeck IV 346f.) anführt, die von Jülicher (a. a. O. II 81) beigebrachten griechischen Belege (Baruch 3 33 und Heliodor VIII 12) aber wegläßt.

[23] Siehe J. Schneider, Artikel ἔρχομαι, in: ThW II 662—672, 663: ἔρχομαι »wird [im klassischen Griechisch] von Personen ebenso wie von leblosen Gegenständen ausgesagt«.

[24] Vgl. W. Grundmann, Das Evangelium nach Markus, Berlin 1959 (Neudruck 1962), 96: »Möglich bleibt aber auch, daß 'Kommen' bewußt gesetzt ist und auf Jesus Christus als das Licht der Welt anspielen soll.« E. Schweizer, Das Evangelium nach Markus, Göttingen 1967, 55, meint: »Dabei ist die merkwürdige Formulierung vom 'Kommen' des Lichtes wohl schon beeinflußt von der Deutung auf das Kommen Jesu.«

[25] Vgl. die Mc-Stellen, in denen Jesus Subjekt von ἔρχομαι ist, soweit sie vor Mc 4 21 stehen: 1 7. 9. 14. 24. 39 2 17 3 20. Mt und Lc haben gegenüber Mc 1 9. 14. 39 ἔρχομαι nicht beibehalten. Zu beachten sind insbesondere die ἦλθον-Sprüche Mc 1 38 2 17 vgl. 10 45.

[26] So Jeremias, Die Lampe, 100.

[27] Obwohl sich unter 2. zeigen wird, daß die Frageform möglicherweise auf Markus zurückgeht, soll hier betont werden, daß von den Argumenten a—c das der Frageform für relatives Alter (weniger für semitischen Charakter) sprechen kann. Von dieser letzteren Möglichkeit wird zunächst einmal ausgegangen.

a) Die Alternative kann verhältnismäßig leicht als sekundär erwiesen werden. Zunächst kann darauf hingewiesen werden, daß die Alternative »oder unter das Bett« den intendierten Gegensatz »Kommen bzw. Anzünden der Lampe« und »Auslöschen der Lampe mit dem Scheffel« entschärft[28], indem nun noch die Möglichkeit ins Auge gefaßt wird, daß man der Lampe teilweise ihre Bestimmung nimmt bzw. das Licht nicht voll zur Auswirkung kommen läßt. Ferner hat das Mc-Logion ohne die Alternative den strengeren — und für die mündliche Traditionsstufe eher zu postulierenden — Parallelismus:

μήτι ... ἵνα ὑπὸ τὸν μόδιον τεθῇ;
οὐχ ἵνα ἐπὶ τὴν λυχνίαν τεθῇ;

Auch das entsprechende lukanische Verfahren gegenüber der Q-Fassung des Bildwortes (vgl. Lc 11 33 mit Mt 5 15) kann — einmal abgesehen von der lukanischen Vorliebe für Doppelungen — zeigen, daß in der Tradition ein Gefälle in Richtung auf Doppelungen bestand. Vielleicht hängt dieses Gefälle mit der Absicht zusammen, die Herrenworte auf neue Situationen zu applizieren. Endlich kann mit Jülicher und Jeremias angemerkt werden, daß zum Hausrat einfacher Leute das Bett nicht ebenso selbstverständlich gehörte wie das Scheffelmaß[29].

---

[28] Jeremias, Die Lampe, 102 Anm. 13: »Der Zusatz ... rechnet mit der weiteren Möglichkeit, daß ein Licht so aufgestellt wird, daß es nur wenig leuchtet. Dadurch wird die Schärfe des Gegensatzes Anzünden — Auslöschen verwischt.«

[29] Jülicher, a. a. O. II 81: »Hinter dem das Licht gänzlich wegfangenden Modius wirkt das Sofa nüchtern; gehört es in den Hausrat kleiner Leute so sicher hinein wie der Scheffel? Es wird da wohl ein ausmalender Zug vorliegen und die einfachste Form (des Mt) die ursprüngliche sein.« — Jeremias, Die Lampe, 99 Anm. 1: »Übrigens ist das Bett kein unentbehrliches Stück des Hausrats wie bei uns; der einfache Mann schläft, in den Mantel gehüllt, auf dem Boden, im Sommer auf dem Dach (Mk. 13, 15).« Vgl. ebd. 100f.: Der modius »ist ein Getreidemaß, das in keinem Haushalt unter den Geräten fehlte und schon für die Abmessung des Zehnten unentbehrlich war ...«. Die opinio communis hält daran fest, daß modius nicht nur Maßeinheit ist, sondern auch den entsprechend großen Meßbehälter bezeichnen kann (siehe etwa W. Bauer und Liddell/Scott, s. v. μόδιος). Demgegenüber hat A. Dupont-Sommer im Anschluß an einige antike Abbildungen die These vertreten, der Scheffel sei »un petit meuble, une espèce de baquet, de forme tronc-conique, dont le fond était porté par trois ou quatre pieds: la contenance correspondait à un certain nombre de modii, par exemple trois ou dix, comme le montrent des textes de Plaute et de Columelle (corbulae trimodiae, decemmodiae) ...« (Note archéologique sur le proverbe évangélique: Mettre la lampe sous le boisseau, in: Mélanges Syriens offerts à Monsieur René Dussaud, 2 Bde., Paris 1939, II 789—794; 790). Jedoch zeigen die literarischen Belege, daß die gemeinten Behälter nicht modii genannt werden. Die archäologischen Zeugnisse wiederum bilden ohne Zweifel Getreidebehälter ab, bezeichnen sie aber nicht als modii. Auch Beispiel 4 aus dem British Museum beweist nichts. Die Aufschrift MODI ist sekundär, vielleicht erst aus dem 18. Jh.; vgl. A. H. Smith, L. Ampudius Philomusus: The Journal of Roman

b) Der Nachsatz, den wir für die Q-Fassung postulierten, hat
bei Markus nur insofern eine Entsprechung, als hier mit ἵνα die Zweckbestimmung der Lampe negativ wie positiv angegeben wird. Hat etwa
Lukas von sich aus dieses markinische ἵνα in neuer Weise verwendet,
indem er nun mit ihm den Nachsatz einleitete, der von der beabsichtigten Wirkung des rechten Lampengebrauchs spricht? Und hat dann
Matthäus zufällig einen entsprechenden Nachsatz gebildet? Ist also
der Nachsatz in der Logienquellen bereits vorhanden gewesen? Wir
müssen das vor allem darum annehmen, weil die matthäische Form des
Nachsatzes palästinisches Kolorit besitzt und weil auch Lukas einen
entsprechenden Nachsatz bietet. Ob der Nachsatz in einem früheren
Stadium von Q bereits vorlag, ist nicht sicher. Er kann ursprünglich
gefehlt haben. Wir brauchen also nicht zu postulieren, daß Markus
einen solchen Nachsatz seiner Vorlage abgebrochen habe. Vielmehr
verbietet die Frageform seines Spruches geradezu, den Zweck der
rechten Lampenverwendung auch in einer besonderen Aussage zu
nennen. Damit wird deutlich, daß das Fehlen des Nachsatzes bei
Markus keineswegs anzeigt, die (vor-)markinische Form des Spruches
sei gegenüber der Q-Fassung im ganzen sekundär. Wir müssen aufgrund dieser Überlegung zugestehen, daß es offenbar nicht mehr
möglich ist, die beiden vorsynoptischen Traditionstypen des Spruches
von der Lampe auf eine einzige Vorform zurückzuführen, die dann
möglicherweise die Urform sein könnte. Vielmehr stehen sich die beiden
erreichbaren Fassungen in bemerkenswerter Weise gegenüber:

Q-Fassung:

»Nicht brennen sie eine *Lampe*
und stellen sie *unter den Scheffel*,
sondern *auf den Leuchter*,
und sie leuchtet allen, die im Hause (sind).«

Vor-markinische Fassung:

»Kommt (brennt[30]) etwa die *Lampe*,
daß sie *unter den Scheffel* gestellt werde?

Studies 8 [1918] 179—182]. Immerhin ist von Dupont-Sommer beachtet worden, daß
»die Lampe unter den Scheffel stellen« nicht dasselbe ist wie »den Scheffel über die
Lampe stülpen«. Allenfalls kann man — falls die abgebildeten Behälter tatsächlich
modii sein sollten — daran denken, daß sich Markus den μόδιος so vorgestellt
hat. Bei ihm steht neben »unter den Scheffel« »unter das Bett«. Lukas (8 16) wollte
dann vielleicht nicht die Auffassung dulden, in ein und demselben Raum befinde
sich der Getreidevorrat und das Bett. Darum hätte er dann σκεῦος im Sinne von
»Gegenstand« für modius eingesetzt (vgl. Dupont-Sommer, a. a. O. 793f.). Doch
spricht Lc 8 16 eher dafür, daß der dritte Evangelist in Mc 4 21 μόδιος als das Scheffelmaß
verstanden hat, mit dem man — wenn man es umkehrt — die Lampe verdecken kann.

[30] Daß ἔρχεται markinisch-redaktionell sein kann, zeigen die Varianten: καίεται (W)
und ἅπτεται (D it). Natürlich sind sie aus Mt bzw. Lc in den Mc-Text gekommen.

Nicht (vielmehr),
daß sie *auf den Leuchter* gestellt werde ? «

Es wird nicht möglich sein, von der Abfassungszeit der synoptischen
Evangelien her auf das absolute Alter der beiden Traditionsvarianten
zu schließen. Es ist auch von der Form der doppelten Überlieferung
her nicht eindeutig, welchem Typus die Priorität zukommt. Da es ein
traditionsgeschichtliches »Gefälle« von der Frageform zur Aussageform gibt, kann man die vormarkinische Form für älter halten. Die
Auffassung, »daß die Matthäus-Form der Urform am nächsten steht«[31],
kann jedenfalls bestritten werden. Wenn man nicht damit rechnen
will, daß Jesus den Spruch in jeder der gewonnenen Fassungen gebraucht hat[32], kann vielleicht die Auslegung jeder der beiden Fassungen über die Prioritätsfrage Auskunft geben. Dabei ist streng von der
Interpretation abzusehen, die der synoptische Kontext den Spruch-
typen gegeben hat.

Will man die Gemeinsamkeit der gewonnenen Fassungen unterstreichen, so kann man vor allem auf die drei entscheidenden Stichworte »Lampe« — »(unter den) Scheffel« — »(auf den) Leuchter«
verweisen. Es handelt sich wahrscheinlich um die kleine Öllampe aus
Ton, die in keinem Haus gefehlt haben wird[33]. Der Scheffel gehörte
als Getreidemaß ebenfalls in jedes palästinische Bauernhaus. Übrigens
ist μόδιος Latinismus (von: modius); auch im Rabbinischen findet
sich מוֹדְיָא als Fremdwort[34]. Der Leuchter ist vermutlich ein eiserner
Halter mit hohem Fuß, auf den man das angezündete Lämpchen
stellte[35]. Wer die Lampe unter den Scheffel stellt, bringt sie zum Verlöschen. Dieses Tun mag beabsichtigt sein — man verhindert die
unangenehme Qualmbildung —, es ist aber sinnwidrig, wenn man die
Lampe gerade angezündet hat. Kann man deswegen die Grundaus-
sage des Bildwortes auf den Gegensatz »Anzünden — Auslöschen«
konzentrieren?[36] Aus zwei Gründen scheint das nicht statthaft zu sein.
Einmal fällt auf, daß hier nicht — wie in den rabbinischen Paralle-

---

Aber sie beweisen doch, daß ein solches Äquivalent ursprünglich für ἔρχεται gestanden haben kann und daß der Redaktor, der möglicherweise ἔρχεται einsetzte,
nur ein Wort zu ändern brauchte.

[31] So Jeremias, Die Lampe, 100; vgl. Jülicher, a. a. O. II 83 (zitiert oben Anm. 2).
Daß die Mc-Fassung älter sein könne, erwägen V. Taylor (The Gospel according
to St. Mark, London 1952, repr. 1963, 263) und E. Schweizer (a. a. O. 55).

[32] So etwa W. Michaelis, Artikel λύχνος, λυχνία, in: ThW IV 325—329, 327.

[33] Siehe Jeremias, Die Lampe, 100; ferner Dalman, Arbeit und Sitte, IV 269—273.
415f. (mit Abbildung Nr. 84); VII 230—232 (mit Abbildungen 112. 113).

[34] Siehe W. Bauer, s. v. μόδιος; Jeremias, Die Lampe, 100f.

[35] So Jeremias, a. a. O. 101; vgl. Dalman, a. a. O. VII 232.

[36] So Jeremias, a. a. O. 102: »der eigentliche Nerv des Gedankens ... liegt vielmehr
ohne Frage in dem scharfen Gegensatz: Anzünden — Auslöschen.«

len[37] — vom Überstülpen eines Gefäßes über die Lampe gesprochen wird (vgl. Lc 8 16), sondern umgekehrt davon, daß man die Lampe unter den Scheffel stellt. Für letztere Formulierung gibt es wohl keine Parallele. Die zweite Schwierigkeit ist die, daß gerade in der Q-Fassung und vielleicht auch in der vormarkinischen Form des Spruches nicht vom Anzünden[38] der Lampe die Rede ist, sondern von deren Brennen[39]. Dann aber ist nicht der Gegensatz Anzünden — Auslöschen intendiert, sondern es wird davon ausgegangen, daß die Lampe brennt. Die Frage, auf die der Spruch abhebt, ist die der rechten Verwendung. Wer die Lampe unter den Scheffel stellt, läßt sie nicht zu ihrer Sinnbestimmung kommen, läßt sie nicht leuchten. Möglicherweise ist mit-intendiert, daß die Lampe schließlich unter dem Scheffel zum Verlöschen kommt. Die rechte Verwendung der brennenden Lampe ist, daß man sie auf den hohen Leuchter stellt. So erreicht sie ihre optimale Wirkung. Wenn sich aber der Grundbestand, der den beiden Traditionstypen gemeinsam ist, so darstellt, dann ist es denkbar, daß das Bildwort ursprünglich ein volkstümlicher palästinischer Weisheitsspruch gewesen ist, den die urgemeindliche Predigt aufgegriffen und abgewandelt hat. So haben sich Bultmann und Loisy die Entstehung des Logions vorgestellt[40]. Doch muß man sagen, daß ein solches Sprichwort nicht belegt ist[41] und daß man seinen (absoluten) Aussagesinn anzugeben kaum in der Lage sein dürfte[42].

Will man aufgrund der genannten drei Stichworte (Lampe — Scheffel — Leuchter) ein Weisheitswort postulieren und dieses dann in die Situation Jesu verlegen, so kann man — wenn auch sehr hypothetisch — mit J. Jeremias vermuten, Jesus habe das Sprichwort von der Lampe auf sich selbst bezogen[43]. »Etwa in einer Lage, in der man ihm zuredete, sich nicht den Haß seiner Gegner zuzuziehen, ihn bat, sich zu schonen, ihn warnte (vgl. Lk. 13, 31—33), mag Jesus den Vergleich gebraucht haben: 'Man zündet doch nicht eine Lampe an, um sie gleich wieder auszulöschen. Auf den Leuchter gehört sie!'«[44]. Diese Deutung hängt wesentlich von der von Jeremias postu-

---

[37] Aufgeführt bei Jeremias, a. a. O. 101.

[38] So nur Lc 8 16 11 33; Mc 4 21 in der Lesart von D it.

[39] So Mt 5 15; Mc 4 21 in der Lesart von W φ sa bo^Pt. καίουσιν λύχνον heißt nicht» sie zünden eine Lampe an«, sondern »sie haben eine Lampe brennend«. Im Gegensatz zu ἄπτω liegt bei καίω der »Nachdruck weniger auf der Handlung des Anzündens, als auf dem brennend haben« (W. Bauer, s. v. καίω 1a); vgl. Jülicher, a. a. O. II 80. καίεται ὁ λύχνος bedeutet »die Lampe ist angezündet, brennt«; vgl. Bauer, a. a. O.

[40] Bultmann, a. a. O. 105—107; A. Loisy, L'évangile selon Luc, Paris 1924, 328.

[41] Jülicher, a. a. O. II 80.

[42] Volkstümlich-sprichwörtliche Bildworte erhalten »einen bestimmten Sinn erst in einer konkreten Situation« (Bultmann, a. a. O. 108).

[43] Jeremias, Die Lampe, 102.   [44] Ebd.

lierten Pointe »Anzünden — Auslöschen« des Spruches ab, die aber nicht als ursprünglich angesehen werden kann. Die Lampe ist als vorhanden gedacht, und es stellt sich die Frage, wie sie recht zur Wirkung gebracht werden kann. Die Antwort ist klar: Man stellt die Lampe auf den Leuchter. Die christologische Deutung widerspricht zwar nicht den beiden rekonstruierten Fassungen des Spruches. Aber sie darf wohl nicht ausschließlich auf die Person Jesu eingeschränkt werden[45]. Wenn auch mit der vorhandenen Lampe, die sich brennend und also in Funktion vorfindet, Jesus gemeint sein sollte, so ist in dem Spruch jedenfalls primär die Frage angeschnitten, wie er am besten zur Wirkung komme. Er darf sich nicht verbergen oder aus der Öffentlichkeit zurückziehen; er muß in die Öffentlichkeit. Der jüdische Hörer seiner Zeit wird bei dem Haus, das Empfänger des Lichtscheines sein soll, an Israel gedacht haben. Wenn aber das Wirken Jesu mit in den Vergleich einzubeziehen ist, dann kann vor allem die Botschaft Jesu nicht ausgeschlossen sein. Es ist an die gesamte Wirksamkeit Jesu in der Öffentlichkeit gedacht. Daß die Einheit von Verkündiger und Verkündigung vorauszusetzen ist, kann auch von anderen biblischen bzw. jüdischen Beispielen her nahegelegt werden. Zwar finden wir nicht die Einheit der Stichworte Lampe—Scheffel—Leuchter. Doch Prophet oder Gesetzeslehrer werden als Leuchte bezeichnet, selbstverständlich im Hinblick auf ihre Verkündigung und Lehre. Sir 48 1 (hebr. Text) wird von Elia gesagt: »Nun aber erstand ein Prophet, dem Feuer gleich (כאשׁ), und sein Wort war wie ein brennender Ofen«. Die LXX übersetzt das: »Und es erstand der Prophet Elias, wie ein Feuer (ὡς πῦρ), und sein Wort (λόγος) brannte wie eine Fackel (ὡς λαμπὰς ἐκαίετο)«. Nach W. Bauer[46] kann λαμπάς neben »Fackel« auch die »Lampe« (mit Docht und Ölbehälter) bezeichnen. Joh 5 35 spricht vom Zeugnis des Täufers: »Jener war die brennende und scheinende Lampe; ihr aber wolltet euch nur eine Zeitlang an ihrem Licht ergötzen.« Johannes der Täufer war zwar nicht das »Licht« (Joh 1 8) — das war vielmehr Jesus (Joh 8 12) —, aber er war ὁ λύχνος, und von ihm ging Lichtschein aus (φαίνων, ἐν τῷ φωτὶ αὐτοῦ). In beiden Belegen wird der Prophet als Leuchte und seine Botschaft als Lichtschein gesehen. Darum ist es nicht verwunderlich, wenn später auch der bedeutende rabbinische Lehrer als »Lampe« bezeichnet werden kann. Sanhedrin 14a heißt es von Rabbi Abbahu (um 300): »Wenn R. Abbahu aus dem Lehrhause zum Kaiser ging (in Caesarea), kamen

---

[45] Vgl. Jeremias, Gleichnisse, 121: Der Spruch ergebe den besten Sinn, »wenn Jesus das Wort im Blick auf seine Sendung sprach, etwa in einer Situation, in der man ihn vor Gefahren warnte und ihn bat, sich zu schonen (vgl. Lk 13, 31). Aber er darf sich nicht schonen. Die Lampe ist entzündet, das Licht scheint — doch nicht, um gleich wieder ausgelöscht zu werden! Nein, um zu leuchten!« Ähnlich Schweizer, a. a. O. 55.

[46] W. Bauer, s. v. λαμπάς 1. 2.

ihm die kaiserlichen Matronen entgegen und sangen vor ihm wie folgt:
Fürst seines Volkes, Leiter seiner Nation, strahlende Lampe
(בוֹצִינָא[47]), gesegnet sei dein Kommen in Frieden![48]« Wenn wir demnach
das Bildwort von der Lampe auf Jesus und sein Wirken beziehen, so
lassen sich die beiden gewonnenen Traditionstypen aus der Situation
Jesu verstehen. Sie haben indessen zwei verschiedene Nuancen. Das
»matthäische« Logion (Q-Fassung) spricht aus, daß Jesus für ganz
Israel gekommen ist[49]. Es wirbt um diese Erkenntnis, und zwar offensichtlich bei dem engeren Jüngerkreis. Das »markinische« Wort hingegen hat eher polemische Richtung. Es setzt wohl das Ansinnen
(der Jünger Jesu — im Unterschied zu Lc 13 31!) voraus, Jesus möge
sich nicht der gefährlichen Öffentlichkeit stellen. Die Frageform paßt
besser in eine solche Auseinandersetzung. Zugleich wird damit sichtbar, daß das Logion für eine spätere spezifisch christologische Deutung
und für eine deutlich missionarische Auslegung offen gewesen ist.

Die Rekonstruktion der beiden Traditionsvarianten ist bisher
von den Argumenten ausgegangen, die J. Jeremias[50] für das Vorliegen
palästinischer Redeweise in Mc 4 21 vorbrachte, obgleich diese Begründungen nicht voll durchschlagend sind. In Teil 2 dieser Untersuchung wird im Zusammenhang mit der markinischen Theologie
deutlich, daß alle Abweichungen des »markinischen« Spruches von der
postulierten Q-Fassung auf die Redaktion des Markusevangelisten
zurückgeführt werden können. Wenn auch diese Zuweisung der Abweichungen an den Evangelisten nicht über alle Zweifel erhaben ist,
so wird man dennoch dieser Zuweisung den Vorzug geben müssen.

1. Der Artikel (ὁ λύχνος) entspricht der Setzung von ἔρχεται
und dem Artikel in Mc 4 3 (ἐξῆλθεν ὁ σπείρων). 2. Die Frageform
kann mindestens markinischen Ursprungs sein. 3. ἔρχεται ist möglicherweise redaktionell. 4. In Übereinstimmung mit J. Jeremias kann
die Alternative (»oder unter das Bett«) als sekundäre Zutat (des
Evangelisten) bezeichnet werden. 5. Der Nachsatz (»und sie leuchtet
allen, die im Hause sind«) ist bei der Frageform des ganzen Spruches
und vor allem wegen der ἵνα-Nebensätze nicht gut möglich. Er kann
auch der theologischen Absicht des Markus — das Evangelium soll
nun aller Welt verkündigt werden — entgegengestanden haben.

---

[47] Vgl. dazu G. Dalman, Aramäisch-neuhebräisches Handwörterbuch zu Targum,
Talmud und Midrasch, Göttingen ³1938, s. v. 1 (an erster Stelle steht die Bedeutung
»Lampe«).

[48] Siehe Billerbeck II 466; vgl. Der Babylonische Talmud, neu übertragen durch
L. Goldschmidt, Berlin ²1964—1967, VIII 510.

[49] Jedoch bleibt — obwohl der Nachsatz (»und sie leuchtet allen, die im Hause sind«)
in Q jedenfalls ein Äquivalent hatte — die Frage, ob es für ein ipsissimum verbum
Iesu beansprucht werden kann.

[50] Jeremias, Die Lampe, 100.

6. Die Nebensätze gehen in ihrer finalen Form auf den Evangelisten zurück. Wenn sich alle diese Abweichungen von der Q-Fassung einheitlich durch die Konzeption des Markus erklären lassen, kommt man dennoch zu dem Ergebnis von Jülicher und Jeremias, daß die Mt-Fassung der Urform am nächsten steht.

2. Markus 4 21

Im Markusevangelium findet sich der Spruch von der Lampe innerhalb der Einheit Mc 4 21-25, die in dem Gleichniskapitel vier ursprünglich selbständige Sprüche (4 21. 22. 24c. 25) zu einer Spruchreihe verbindet. Diese Spruchreihe hat die vier Einzelsprüche zu je zweien verbunden (vgl. die Einleitung mit: καὶ ἔλεγεν αὐτοῖς; der jeweils zweite Spruch ist an den ersten mit γάρ angeschlossen). Zwischen den so entstandenen Zweiergruppen steht die zweimalige und hier wohl redaktionelle (vgl. 4 9) Aufforderung zum Hören (4 23. 24b). Wegen der Tatsache, daß die gleichen Sprüche in Varianten auch von Mt und Lc (aus Q) übernommen wurden, und weil καὶ ἔλεγεν αὐτοῖς auf die Hand des Evangelisten zurückgehen wird[51], darf die Einheit von 4 21-25 als eine markinische Komposition angesehen werden[52]. Dann stellt sich um so dringlicher die Frage, warum der Evangelist seine Gleichnisfolge durch diese Spruchreihe unterbrochen hat. Schließlich kann nur der erste Spruch (von der Lampe) als Gleichnis verstanden worden sein. Eine entsprechende »Unterbrechung« der Gleichnisfolge 4 2-9. 14-20. 26-29. 30-32. 33-34 liegt in den Versen 10-13 vor. Jesus erklärt hier den Sinn seiner Gleichnisrede. Die Stelle bietet die markinische Parabeltheorie. Die Erklärer stimmen weithin überein, daß auch die Spruchreihe 4 21-25 für die markinische Sicht der Gleichnisreden Jesu als verborgene Verkündigung des Geheimnisses der Gottesherrschaft bezeichnend ist[53]. »Was Jesus den Jüngern über das 'Geheimnis des Gottes-

---

[51] Siehe neuerdings G. Minette de Tillesse, Le secret messianique dans l'évangile de Marc, Paris 1968, 167; vgl. Zerwick, a. a. O. 60f.; W. G. Essame, καὶ ἔλεγεν in Mark IV. 21, 24, 26, 30: Expository Times 77 (1965/66) 121.

[52] So J. Huby, Sur un passage du second évangile. Marc, IV, 21—25: Recherches de Science Religieuse 1 (1910) 168—174; desgleichen R. Schnackenburg, Das Evangelium nach Markus I., Düsseldorf 1966, 110. Daß Markus eine vorliegende Komposition (schriftliche Spruchsammlung eher als mündliche Tradition) wiedergebe, meint Taylor (a. a. O. 262). J. Gnilka, Die Verstockung Israels, München 1961, 62 Anm. 99, urteilt sehr vorsichtig: »Vielleicht hat Markus eine bereits vorgeformte und selbständig (außerhalb der Parabelquelle) überlieferte Spruchgruppe neu geformt.«

[53] Vgl. Taylor, a. a. O. 262; E. Haenchen, Der Weg Jesu, Berlin 1966, 170; Schweizer a. a. O. 55. — Zur Parabeltheorie des Markus siehe in neuerer Zeit: W. Marxsen, Redaktionsgeschichtliche Erklärung der sogenannten Parabeltheorie des Markus: ZThK 52 (1955) 255—271; Gnilka, a. a. O. 23—86; J. Coutts, »Those Outside« (Mark 4, 10—12), in: Studia Evangelica II (TU 87), Berlin 1964, 155—157; A. M.

reiches' (v. 11) und die Aussaat des Wortes Gottes (v. 13-20) gesagt hat,
soll in diesen Sprüchen weitergeführt und auf die Verkündigung angewendet werden[54].« Ist es nicht mehr als wahrscheinlich, daß die
Spruchreihe nicht nur das Vorangehende ins rechte Licht setzen soll,
sondern auch mit den noch folgenden Parabeln von der selbstwachsen-
den Saat (4 26-29) und vom Senfkorn (4 30-32) in sachlicher Verbindung steht[55]? Insbesondere die markinische Fassung des Weisheits-
spruches 4 22, die sich bemerkenswert von der Q-Fassung unterscheidet[56], insofern sie vom Sinn des Verborgenseins (vgl. zweimaliges ἵνα)
spricht, geht mit der Pointe der beiden genannten Parabeln in die
gleiche Richtung. Dem verborgenen und unscheinbaren Anfangs-
stadium entspricht ein offenkundiges und von Gott herbeigeführtes
umfassendes Ende. Die markinische Aussagerichtung des Verses 22
geht auf die Notwendigkeit der (zeitweiligen) Verborgenheit hin. Da
nun der markinische Spruch 4 22 als allgemeine Sentenz das Lampen-
logion begründet, muß auch dieses in dem größeren Zusammenhang
des Kapitels 4 gedeutet werden. Schon W. Wrede hat das erkannt:
Mc 4 21f. bezieht sich »zurück auf den Gedanken, daß in den Parabeln
Geheimes mitgeteilt wird. Einstweilen erhalten das nur die Jünger.
Aber was sie erhalten, sollen sie einst — ich verdeutliche: nach der
Auferstehung — enthüllen und verbreiten. Denn alles Geheimnis
ist nur zeitweilig; es drängt auf eine Offenbarung hin«[57]. Markus hatte
4 10-13 seine Theorie vom messianischen Geheimnis dargestellt. Dem
Jüngerkreis ist im Unterschied zu »denen draußen« das Geheimnis
der Basileia gegeben. Die Verse 21-23 zeigen nun, daß diese Zeit des
Geheimnisses an ihr Ende kommen muß[58]. Die Worte κρυπτόν und
ἀπόκρυφον stehen in sachlicher Beziehung zu dem μυστήριον des
Verses 11[59]. Das Verborgene bzw. das Geheimnis muß und wird dereinst
offenbar werden. Dann ist auch der Lampenspruch in diesem Sinn
auszulegen: die Lampe der Basileia-Botschaft, des Evangeliums, ist
gekommen, daß sie auf den Leuchter gesetzt werde[60]. Wenn wir das

---

Ambrozic, Mark's Concept of the Parable: CBQ 29 (1967) 220—227; Minette de
  Tillesse, a. a. O. 168—180.

[54] Schnackenburg, a. a. O. (110).

[55] Vgl. E. Lohmeyer, Das Evangelium des Markus, Göttingen [13]1954, 85.

[56] Dazu J. M. Bover, »Nada hay encubierto que no se descubra«: Estudios Biblicos 13
  (1954) 319—323, der die Unterschiede deutlich herausstellt, aber der Eigenart des
  Mc-Textes nicht gerecht wird, weil er die beiden Fassungen des Spruches auf verschiedene Gelegenheiten im Leben Jesu zurückführt (323).

[57] W. Wrede, Das Messiasgeheimnis in den Evangelien, Göttingen [3]1963 (= [1]1901), 60.

[58] Siehe Minette de Tillesse, a. a. O. 281.

[59] Vgl. Gnilka, a. a. O. 40; Minette de Tillesse, a. a. O. 281.

[60] »Das 'Geheimnis des Reiches Gottes', das Wissen um das bereits gegenwärtige Wirken
  der Kräfte des Reiches, wird nicht für immer der kleinen Jüngerschar vorbehalten

zweimalige ἵνα in v. 22 auf die Hand des Evangelisten zurückführen dürfen, erhebt sich die Frage, ob nicht auch das doppelte ἵνα im Spruch von der Lampe (v. 21) von Markus stammt. Damit sind wir aber notwendig mit der Frage konfrontiert, inwieweit der Lampenspruch selbst — entsprechend seinem markinischen Kontext — vom Evangelisten neugeformt worden ist.

Hier haben wir noch einmal — nun im Lichte der vom Kontext her erkannten Gedankenrichtung — die schon oben erkannten Probleme zu nennen und zwar unter der Fragestellung, ob die genannten Charakteristika der Hand des Markus entstammen oder vormarkinisch sind. An erster Stelle geht es um die Frageform des Spruches. Dann ist ἔρχεται zu erörtern. Drittens ist das finale ἵνα zu besprechen. Anhangsweise ist nochmals zu fragen, ob das als sekundäre Addition vermutete »oder unter das Bett« sich als markinische Redaktion ausmachen läßt.

1. Für ein vormarkinisches Vorhandensein der Frageform spricht — wie oben vermerkt — das traditionsgeschichtliche Gefälle zur Aussageform hin. Da aber dieses Gefälle nur von der Mc-Stoff-Bearbeitung des Matthäus und des Lukas hergeleitet werden konnte, darf ebensosehr die Ansicht zutreffen, daß wir es einerseits bei der Frage mit einer markinischen Lieblingsform zu tun haben und daß andererseits gerade die beiden späteren Synoptiker eine Tendenz zur Aufhebung der Frageform bekunden. Markus liebt nicht nur die direkte Rede, sondern auch insbesondere die rhetorische Frage und die Doppelfrage[61]. Wahrscheinlich deuten die Fragen innerhalb von Mc 4 insgesamt darauf hin, daß der Evangelist hier von sich aus formuliert (Mc 4 13. 21. 30. 38)[62].

2. Die Verwendung von ἔρχομαι von einem leblosen bzw. nichtpersonalen Subjekt ist keineswegs bloß im Semitischen zu finden, sondern auch in der klassischen und vulgären Gräzität[63]. Es wird allgemein in volkstümlicher Rede gebraucht. Wenn man aber bedenkt, daß in diesem Gebrauch besonders das »Eintreten« von Ereignissen[64]

---

sein, sondern gerade diese ist beauftragt und gesendet, das ihr Anvertraute einmal öffentlich zu predigen« (Gnilka, a. a. O. 78).

[61] Vgl. Mc 1 24. 27 2 7 3 33 4 13. 21. 40 5 35. 39 8 12. 36f. 9 19 14 37. 63 (Rhetorische Frage). Mc 1 24 2 7. 9 4 21. 40 6 2. 3 7 18f. 8 17. 18f. 36f. 9 19 11 28 12 14 14 37. 63f. (Doppelfrage). Zu vergleichen ist insbesondere das Verfahren, nach einer rhetorischen Frage den gleichen Sprechenden mit einer Aussage fortfahren zu lassen: Mc 1 24. 27 2 7. 9f. 4 13f. 21f. 8 12. 36-38 9 19 12 15 14 37f. 63f. Siehe im übrigen Zerwick, a. a. O. 24f. 27f.

[62] Jedenfalls lassen sich mit guten Gründen 4 13. 30. 38 als vom Evangelisten geformt erachten.

[63] Vgl. Jülicher, a. a. O. II 81; Schneider, a. a. O. 662f.

[64] Siehe Schneider (a. a. O. 663, 4f.): »Das Wort wird von dem Eintreten von Naturereignissen, Geschicken, Verhängnissen, Ereignissen, auch von Gemütszuständen gebraucht.« Bei den Synoptikern kann Subjekt dieses »Kommens« z. B. sein: die

mit ἔρχομαι ausgesprochen wird, dann muß man im markinischen Zusammenhang die Rede vom »Kommen der Lampe« sehr passend empfinden, meint doch der Evangelist das dem Evangelium von Gott her bestimmte Geschick. Wie der Sämann »ausgeht zu säen« (4 3) und mit dem Samen »das Wort« (4 14) gemeint ist, so ist es 4 21 mit der Lampe[65]. Es geht um die Frage, ob sie zu ihrer eigentlichen Zweckbestimmung kommen. Zuerst werden die negativen Möglichkeiten der Verwendung genannt (4 4-7. 15-19; 4 21a: die Lampe wird unter den Scheffel gestellt oder unter das Bett). Dann erst wird — gewichtig am Ende — die wahre Bestimmung genannt (4 8. 20: hundertfältige Frucht; 4 21b: die Lampe wird auf den Leuchter gestellt). Wie im Gleichnis vom vielerlei Ackerboden das Geschick des Wortes (und nicht der Sämann) im Vordergrund steht, so auch im markinischen Spruch von der Lampe[66]. Die Verwendung von ἔρχεται dem Evangelisten zuzuschreiben, ist von hierher berechtigt, zumal wenn man auch die Setzung von ἔλθῃ in v. 22b (im Unterschied zu Mt 10 26 par. Lc 8 17) dem Markus zuzuschreiben hat. Trotz des zeitweiligen Geheimnischarakters der Botschaft Jesu ist deren letzte von Gott gesetzte Bestimmung, daß sie — in dieser Welt einmal angekommen — wie die Lampe auf den Leuchter gestellt wird und damit »ans Tageslicht kommt«. In diesem Zusammenhang bekommt das eigenartige ἐγένετο ἀπόκρυφον (v. 22 b) seine Erklärung. Es scheint vom Standort des Evangelisten und seiner Zeit gesprochen zu sein: das Evangelium ist in seiner ersten Zeit »verborgen worden«[67].

3. Wenn Markus dem Sprichwort des Verses 4 22 (im Gegensatz zu der Q-Fassung; vgl. Mt 10 26) seine relativischen Nebensätze genommen und sie durch finale Satzteile ersetzt hat[68], so wird man dem

---

Gottesherrschaft (Mt 6 10 par. Lc 11 2; Mc 9 1 11 10 Lc 17 20 22 18), ganz allgemein der Tag (Mc 2 20 par. Mt 9 15 und Lc 5 35; Lc 17 22 21 6 22 7 23 29), die Sintflut (Mt 24 39 par. Lc 17 27).

[65] Siehe oben Anm. 25. Im Zusammenhang mit der Verwendung von ἔρχεται kann durchaus auch die Setzung des Artikels (ὁ λύχνος) im Unterschied zur Q-Fassung erklärt werden; vgl. Taylor (a. a. O. 263): »The def. art . . . suggests the well-known object of the kind.« Zu dem Versuch, ἔρχεται als Übersetzungsfehler aus dem Aramäischen zu erklären, siehe M.-J. Lagrange, Évangile selon saint Marc, Paris ⁴1929 (Neudruck 1966), CIV. 113: Es ist eher wahrscheinlich, »que Mc., comme dans l'explication du semeur, pense au sens métaphorique de la lampe qui vient dans le monde« (113).

[66] Wenn in der Q-Fassung des Bildwortes Jesus selbst (ohne von seiner Botschaft abzusehen) im Vordergrund stand, so steht hier die Botschaft (ohne von ihrem Verkündiger abzusehen) im Mittelpunkt des Interesses.

[67] ἐγένετο ἀπόκρυφον ist dann nicht nur gnomisch gebraucht (vgl. L. Radermacher, Neutestamentliche Grammatik, Tübingen ²1925, 155).

[68] Dadurch verliert das Wort seinen Sprichwortcharakter und wird zum Paradox.

Evangelisten das entsprechende Verfahren (Parataxe wird ersetzt durch Finalsätze) auch im Spruch von der Lampe zutrauen dürfen[69].

Die Alternative »oder unter das Bett«, die gegenüber der Q-Fassung (und auch gegenüber einer rekonstruierten vormarkinischen Form) des Spruches als sekundär erkannt worden war, kann nun als markinische Addition zu der Grundgestalt des Spruches gesichert werden. Den Anlaß kann die Tatsache geboten haben, daß auch die negative Seite des vorangehenden Gleichnisses dreifach expliziert wurde gegenüber der einfachen Kennzeichnung der positiven Sinnbestimmung (auf den Weg, auf felsigen Boden, unter die Dornen — auf guten Boden). Der sachliche Anlaß wird für den Evangelisten gewesen sein, daß er die Verborgenheit des Evangeliums nicht nur in der einen (vergangenen und notwendigen) Weise (im Leben Jesu) gegeben sah, sondern gerade neue Weisen abwehren wollte, die Botschaft des Evangeliums in die Verborgenheit (esoterischer Kreise?) zu verbannen[70]. Das Evangelium soll in aller Welt verkündigt werden (Mc 13 10 14 9). Das will der Evangelist offenbar den Verkündigern[71] seiner Zeit sagen.

3. Matthäus 5 15

Unter den Synoptikern bietet das Matthäusevangelium den Spruch von der Lampe in seiner ältesten Form. Wahrscheinlich stammt nur das δέ in οὐδέ vom Evangelisten, der damit das Logion eng an Mt 5 14 (Stadt auf dem Berge) anschloß. Ob im dritten Versteil von 5 15 ebenfalls — wie im zweiten — τιθέασιν αὐτόν stand[72], kann man bezweifeln, obgleich Lc 8 16 zweimal τίθησιν bietet[73]. Der Nachsatz »und sie leuchtet allen, die im Hause sind« muß, wie aus dem abschließenden Finalsatz in Lc 8 16 und 11 33 hervorgeht, in Q wenigstens eine Entsprechung gehabt haben.

Die spezifisch matthäische Deutung des Bildwortes von der Lampe ergibt sich aus dem Kontext. Es steht hier in einer Einheit von mehreren Logien, die nur zum Teil synoptische Parallelen besitzen. Soweit sich Parallelen beibringen lassen, finden sich diese in verschiedenen

---

[69] Es sei nicht verschwiegen, daß M. Zerwick (Graecitas Biblica, Rom ²1949, Nr. 302) ἵνα auf eine Übersetzung des (mehrdeutigen) aramäischen דִי zurückführen will. Dann würde ἵνα an die Stelle eines relativischen דִי getreten sein und Mt 10 26 sowie Mc 4 22 wären ursprünglich identisch.

[70] Vgl. Gnilka, a. a. O. 78.

[71] So Schnackenburg, a. a. O. 110.

[72] Vgl. Lohmeyer/Schmauch, Das Evangelium des Matthäus, Göttingen ³1962, 100: Das Prädikat scheint ausgefallen zu sein, »Lk 8 16 liest es noch, der Syrer setzt es ein.«

[73] In der eigentlichen Parallele zu Mt 5 15 (aus Q) fehlt bezeichnenderweise das zweite τίθησιν (Lc 11 33).

Zusammenhängen. Das kann eine Übersicht verdeutlichen, die auch außersynoptische Parallelen berücksichtigt.

Mt 5 13:   Spruch vom Salz; par. Lc 14 34f.; vgl. Mc 9 50.

5 14a: Licht der Welt; vgl. Joh 8 12 (von Jesus).

5 14b: Stadt auf dem Berge; vgl. Thom 32[74]; Pap. Oxyrh. I 7[75].

5 15:   Spruch von der Lampe; par. Lc 11 33; vgl. Mc 4 21 Lc 8 16 Thom 33b[76].

5 16:   So leuchte euer Licht; vgl. Justin, Apol. I 16 2[77].

Man kann aus dieser Übersicht schließen, daß die Zusammenordnung der Logien auf Matthäus zurückgeht[78]. Die Ansicht, daß es sich um eine vorsynoptische Logiengruppe handle[79], kann nicht aufrechterhalten werden. Es erhebt sich nämlich insbesondere bei Mt 5 16 der dringende Verdacht, daß dieser zusammenfassende Vers auf die Hand des Evangelisten zurückgeht. Wenn das der Fall sein sollte, gewinnt dieser Vers für die matthäische Deutung des Lampen-Spruches verstärkte Bedeutung.

Zunächst läßt sich zeigen, daß einige Elemente von v. 16 Stichworte der vv. 13-15 aufgreifen[80]: λαμψάτω (v. 15: λάμπει); τὸ φῶς ὑμῶν (v. 14: ὑμεῖς ἐστε τὸ φῶς); (ἔμπροσθεν) τῶν ἀνθρώπων (v. 13: τῶν ἀνθρώπων). Die übrigen Elemente lassen sich als matthäische Eigenheiten erweisen. Vorzugswörter des Matthäusevangelisten sind οὕτως[81], ἔμπροσθεν[82], ὅπως[83]. Insbesondere die Wendung ἔμπροσθεν τῶν ἀνθρώπων ist dem Matthäus eigen (5 16 6 1 10 32. 33 23 13), wenn er sie auch aus Q kennt (10 32

---

[74] »Trotz der Abweichungen von Mt 5, 14 spricht auch hier alles dafür, daß Th den Spruch nicht unabhängig vom NT erhielt. Vielmehr scheint Log 32 eine Kombination von Mt 5, 14 mit Bildelementen aus Mt 7, 24f. . . . zu sein« (W. Schrage, Das Verhältnis des Thomas-Evangeliums zur synoptischen Tradition und zu den koptischen Evangelienübersetzungen, Berlin 1964, 78). Vgl. R. Schnackenburg, »Ihr seid das Salz der Erde, das Licht der Welt«. Zu Matthäus 5, 13—16, in: Evangelienforschung, hrsg. von J. B. Bauer, Graz 1968, 119—146 (erstmalig 1964); 128.

[75] Siehe J. Jeremias (in: Hennecke/Schneemelcher, Neutestamentliche Apokryphen in deutscher Übersetzung I., Tübingen 1959, 70): »Auch dieser Spruch ist aus den Synoptikern bekannt: Er ist eine Erweiterung von Mt. 5, 14b, wobei hier der Ton auf der Unüberwindlichkeit der Gemeinde liegt.«

[76] Auch dieses Logion beruht nicht auf einer neben den Synoptikern vorhandenen selbständigen Tradition; vgl. vorerst Schrage, a. a. O. 81—85, ferner die noch folgende Darlegung unter 5.

[77] Justin ist von Mt 5 16 abhängig; vgl. den Text in der Synopsis quattuor Evangeliorum, ed. K. Aland, Stuttgart 1964, 77, 20f.

[78] Vgl. J. Schmid, Das Evangelium nach Matthäus, Regensburg ³1956, 84; W. Grundmann, Das Evangelium nach Matthäus, Berlin 1968, 135.

[79] So etwa Lohmeyer/Schmauch, a. a. O. 100. 102. Vgl. C. F. Burney, The Poetry of Our Lord, Oxford 1925, 130. 171.

[80] Siehe schon Lohmeyer/Schmauch, a. a. O. 102.

[81] Vgl. nur die Statistik: Mt 32 Mc 10 Lc 21 Joh 14 Act 27 Vorkommen.

[82] Mt 18 Mc 2 Lc 10 Joh 5 Act 2 Vorkommen.

[83] Mt 17 Mc 1 Lc 7 Joh 1 Act 14 Vorkommen.

par. Lc 12 8); sonst kommt die Wendung im NT nicht vor. Ähnlich häufig ist ἔργον[84] bei Matthäus, desgleichen δοξάζω[85]. Schließlich ist die Wendung vom »Vater im Himmel«[86] (bzw. vom »himmlischen Vater«[87]) für den Evangelisten bezeichnend. Kann also kein Zweifel bestehen, daß der Vers sich ausschließlich aus matthäischen Besonderheiten zusammensetzt, so bleibt der Schluß unausweichlich, daß der Evangelist ihn gebildet hat.

Redaktionelles Element in der Logiengruppe Mt 5 13-16 ist außerdem die zweimal gebrauchte Einleitung ὑμεῖς ἐστε (vv. 13. 14)[88]. Sie stellt eine Parallelität her zwischen dem Spruch vom Salz (13) und den drei folgenden Worten (14-16). Das jedenfalls redaktionelle οὕτως am Anfang von v. 16 bezieht sich wahrscheinlich auf die ganze Einheit 5 13-15 und will die Deutung des Evangelisten klarstellen. Das erste Lichtwort bezeichnet die Jünger als »Licht der Welt«. Dieser Vers hat innerhalb der Lichtworte übergeordnete Bedeutung — das Stichwort φῶς wird denn auch in v. 16 aufgegriffen. Die beiden folgenden Worte wenden die Aussage vom Licht, das die Jünger darstellen, in verschiedener Weise an. Der Spruch von der Stadt auf dem Berge sagt, daß das Licht nicht verborgen bleiben k a n n. Der Spruch von der Lampe sagt hingegen, daß das Licht nicht verborgen werden d a r f; denn λαμψάτω in v. 16 greift λάμπει am Ende von v. 15 auf. Inwiefern die Jünger Licht sind, das nicht verborgen bleiben k a n n, darf man von Mt 4 12-17 ableiten, wo mit Hilfe eines Jesaja-Zitates Jesus als das Licht (in der Heidenwelt) vorgestellt ist[89]. Die Jünger nehmen gewissermaßen an dieser Lichtfunktion teil. Der Beistand Jesu ist ihnen bei ihrem Wirken nach außen zugesichert[90]. Die Stadt auf dem Berge kann nicht verborgen bleiben. Wenn aber dann der Evangelist den Lampenspruch auf die Jesusjünger anwendet, so tut er das näherhin im Hinblick auf das Handeln vor den Augen der Welt. Daß man

---

[84] Mt 6 Mc 2 Lc 2 Joh 27 Act 10 Vorkommen; vgl. besonders Mt 26 10 (par. Mc 14 6) »gutes Werk«; 23 3. 5 »Werke« im gleichen Sinne wie 5 16.

[85] Siehe das Vorkommen an den Stellen Mt 6 2 9 8 15 31 b. Die letztere Stelle ist mit Sicherheit Mc-Redaktion.

[86] So Mt 5 16. 45 6 1. 9 7 11. 21 allein in der Bergpredigt.

[87] So Mt 5 48 6 14. 26. 32 15 13 18 35 23 9.

[88] Vgl. Lohmeyer/Schmauch, a. a. O. 97: »formal knüpft das betonte: 'Ihr seid' an den letzten Makarismus an: 'Selig seid ihr'.« Ferner Grundmann, a. a. O. (Anm. 78) 136.

[89] Siehe Grundmann, a. a. O. 139. Mt 4 16: »Das Volk, das in der Finsternis saß, hat ein großes L i c h t g e s e h e n, und die im Lande und Schatten des Todes saßen, denen ist ein L i c h t a u f g e g a n g e n.«

[90] Siehe Mt 28 20. Hier bezieht sich der Beistand auf das missionarische Wirken (vgl. v. 19). Der Spruch von der Lampe wird jedoch von Matthäus nicht auf die V e r k ü n - d i g u n g der Jüngergemeinde bezogen (so J. Schniewind, Das Evangelium nach Matthäus, Göttingen ⁹1960, 52), sondern auf die Jünger, insofern sie die »guten Werke« vor den Menschen tun (vgl. 5 16).

das Licht vor den Menschen leuchten lassen soll, heißt konkret: man muß die Menschen die »guten Werke« sehen lassen. Aufgrund dessen, was die Menschen bei den Jesusjüngern sehen können, werden sie — das ist das Ziel dessen, daß die Jünger Lampe sind[91] — den Vater im Himmel verherrlichen.

Die Umwelt, in der die Jüngergemeinde als Lampe und Licht leuchten soll, sind »die Menschen«. Nach dem Kontext sind damit die Menschen gemeint, die nicht zur Jüngergemeinde gehören[92]. Wenn der übergeordnete Satz diese Gemeinde der Jünger als »Licht der Welt« bezeichnet, so kann damit nur die Lichtfunktion v o r der Welt und f ü r die Welt gemeint sein. Die in der Spruchgruppe nacheinander stehenden Termini κόσμος und οἰκία (vgl. auch Mt 12 25) zeigen, daß Matthäus die Jüngerschaft als Gemeinwesen der übrigen Menschenwelt gegenüberstellt[93]. Die Funktionen der Stadt auf dem Berge und der lichtspendenden Lampe werden darin als analog angesehen werden dürfen, daß Stadt und Lampe von ihrer erhobenen Stellung aus sichtbar sind. W. Trilling[94] hat den matthäischen Universalismus nach zwei Grundtypen unterscheiden wollen. Mt 5 15f. sei charakteristisch für den Typus der »zentripetalen« Bewegungsrichtung (»es ist ein Zentrum da, das das Licht birgt«). Die zweite (»zentrifugale«) Bewegungsrichtung »von innen nach außen« komme da zum Ausdruck, wo sich Matthäus an Deutero-Jesaja anlehnt und an dessen geschichtstheologischem Bild orientiert (besonders 28 19). Wenn es auch fraglich ist, ob der Evangelist eine solche Unterscheidung akzeptiert hätte — die Stadt auf dem Berge (vgl. Jes 2 2f.) und die Lampe im Haus bleiben zwar »an ihrem Platz«, dringen aber eben doch n a c h a u ß e n —, wird man dennoch sagen dürfen, daß für die Spruchgruppe 5 13-16 ein Universalismus kennzeichnend ist, der Mission darin sich vollziehen sieht, daß die Jüngergemeinde ihre Gerechtigkeit übt (6 1-6. 16-18), ohne von den Menschen gesehen werden zu wollen, das heißt ohne berechnende Propaganda.

---

[91] Die Jünger könnten ihre Aufgabe auch verfehlen; vgl. den faulen Knecht (Mt 25 18. 24-28). Die negative Möglichkeit spricht auch der Salzspruch an: »von d e n Men - sch en zertreten werden« korrespondiert der positiven Aufgabe, das Licht vor d e n Menschen leuchten zu lassen. — Die Anwendung des Lampenspruches auf die Jünger hat eine gewisse Vorstufe in Prov 4 18 Sap 5 6 Dan (Theod.) 12 3, wo die Gerechtigkeit bzw. die Gerechten als Licht bezeichnet sind; vgl. auch Iob 21 17.

[92] Vgl. K. Bornhäuser, Die Bergpredigt, Gütersloh 1923, 44—46: Jesus meint: »bringt euer Licht j e d e m, den Juden und Nichtjuden« (46). Freilich wird hier nicht zwischen dem Q-Logion und der matthäischen Deutung unterschieden.

[93] Siehe auch Mt 10 12f 13 57. οἰκία bezieht sich hier auch auf die Hausbewohner.

[94] W. Trilling, Das wahre Israel. Studien zur Theologie des Matthäusevangeliums, Leipzig 1959, 118.

4. Lukas 8 16 11 33

Der dritte Evangelist hat das Logion von der Lampe an zwei Stellen und aus zwei verschiedenen Traditionen. Lc 8 16 steht innerhalb des Stückes 8 16-18, das Mc 4 21-25 entspricht. Lediglich Mc 4 23. 24a. c fehlt bei Lukas. Für Mc 4 24c hatte der Evangelist aber bereits Lc 6 38 geboten (in einem Q-Zusammenhang). Wenn Markus in dem Zusammenhang seines Gleichniskapitels die Verse 4 21-25 an die Deutung des Gleichnisses vom vielerlei Acker anschloß, so ist das entsprechend bei Lc 8 16-18 (nach 8 11-15) der Fall. Bei Lukas wird die Deutung auf den λόγος τοῦ θεοῦ (vgl. 8 11. 15) erleichtert durch die formale Parallele:

> v. 15: οἵτινες . . . ἀκούσαντες τὸν λόγον κατέχουσιν
> v. 16: οὐδείς . . . λύχνον ἅψας καλύπτει αὐτόν.

Die beiden Verse sind nicht durch »Und er sprach zu ihnen« (wie bei Markus) verbunden, sondern folgen unmittelbar aufeinander. Lukas sagt demzufolge mit den drei Sprüchen 8 16-18, »wie die Jünger das Wort, das ihnen die Geheimnisse des Gottesreiches erschließt, brauchen sollen« (Grundmann[95]).

Nun hat Lukas in seinen Versen 8 16. 17 nicht nur die Mc-Vorlage variiert, sondern die beiden Sprüche zugleich von der Q-Tradition her bestimmt sein lassen. Wir müssen demnach annehmen, daß Lukas schon bei der Bearbeitung von Mc 4 21-25 seine Q-Vorlage im Auge hatte. Daß er — wie die Vertreter der Protolukashypothese folgern könnten — den Markus-Stoff erst nach Vorliegen des Protolukas (mit Einschluß von Lc 11 33) kennengelernt und Mc 4 21 mit Lc 11 33 angereichert hätte, kann man kaum anerkennen[96], obgleich das Fehlen von Mc 4 24c nach Lc 8 18a auf das bereits aus Q übernommene Analogon Lc 6 38 zurückgeführt werden könnte[97]. Lc 11 33 verrät jedenfalls nicht, daß es umgekehrt von Mc 4 21 beeinflußt ist; auch ἵνα zur Einleitung des Nachsatzes stammt nicht unbedingt aus Mc, denn es entspricht schon der Parataxe in Mt 5 15b. Ein besonderes Problem stellt die Textüberlieferung des lukanischen ἵνα-Satzes in 8 16 dar,

---

[95] W. Grundmann, Das Evangelium nach Lukas, Berlin 1961 (Neudruck 1963), 178; vgl. J. Schmid, Das Evangelium nach Lukas, Regensburg ³1955, 160. Zu den beiden lukanischen Formen des Spruches von der Lampe siehe neuerdings J. Dupont, La Lampe sur le lampadaire dans l'évangile de saint Luc (VIII, 16; XI, 33), in: Au service de la parole de Dieu (FS für A.-M. Charue), Gembloux 1969, 43—59. Leider war mir dieser Aufsatz noch nicht zugänglich.

[96] Der lukanische Zusatz εἰς κρύπτην (11 33) setzt voraus, daß Lukas bei der Niederschrift des Spruches nach der Q-Fassung bereits Mc 4 21f. (v. 22 κρυπτόν) kannte. Vielleicht setzt auch φέγγος in Lc 11 33 die Kenntnis von Mc 13 24 voraus.

[97] Zu Widerlegung der Proto-Lukas-Theorie siehe ganz allgemein: W. G. Kümmel, Einleitung in das Neue Testament, Heidelberg ³1965, 78—82.

der in 𝔓⁷⁵ und B fehlt. Auf dieses Problem ist zurückzukommen, wenn die lukanische Redaktion in 11 33 erkannt worden ist.

Lc 11 33 steht eindeutig in einem Q-Zusammenhang. Es folgt als Einzelspruch auf die Perikope vom Jonaszeichen 11 29-32. Wenn diese Perikope gewichtig mit dem Satz »und siehe, mehr als Salomo (Jonas) ist hier« schließt, so wird man die Lampe in v. 33 auf Jesus zu beziehen haben⁹⁸. Lukas hat dann den ursprünglichen Sinn des Bildwortes erhalten, wie er in Q (und wohl schon früher; vgl. unter 1) dem Logion zukam. Wenn Lc 11 34-36 das Wort vom Auge als dem Licht des Leibes (nach Q!) bringt, so zeigt sich, daß Lukas im ganzen die Abfolge von Q bewahrt haben dürfte.

Wie hat Lukas nun das Lampen-Logion selbst gestaltet? Er hat die zweimalige Parataxe durch Hypotaxe verbessert. (Dabei wurde auch der Semitismus der 3. Person pluralis durch die 3. Person singularis mit οὐδείς als Subjekt ersetzt.) Er hat vor der Nennung des Scheffels als Alternative den Keller eingesetzt. Lukas hat schließlich den Nachsatz neu gestaltet, wahrscheinlich nicht nur, um den Spruch an eine außerpalästinische Umwelt anzupassen⁹⁹.

Neben der Bedeutung »Keller, dunkles Gewölbe«¹⁰⁰ kann ἡ κρυπτή (sc. ἀρχή) auch den »Geheimdienst« in von den Athenern unterworfenen Staaten bezeichnen¹⁰¹. Lukas hat dieses Wort offenbar noch vor dem Scheffelmaß eingefügt, um die Deutung des Spruches zu erleichtern. Das Scheffelmaß hat nur in der Bildhälfte seinen Sinn, κρύπτη kann aber in der Sachhälfte ebensogut fungieren. Damit setzt fast schon eine allegorische Formung des Bildwortes ein (vgl. auch die Beziehung, die der Nachsatz herstellt). Jesus hat öffentlich gewirkt, seine Sache war keine »Winkelangelegenheit« und soll es auch in der Zeit des Evangelisten nicht sein¹⁰².

Der ἵνα-Nachsatz läßt sich als lukanisch erweisen. Das maskulinische εἰσπορευόμενος (-οι) findet sich im NT außer Mc 11 2 nur lukanisch: Lc 8 16 11 33 19 30 (par. Mc) Act 3 2 8 3 9 28 28 30. Ins-

---

⁹⁸ Siehe auch Schmid, a. a. O. 208: Lc 11 33 ist »auf Jesus zu beziehen und mit der vorangehenden Ablehnung der Zeichenforderung lose durch den (zu ergänzenden) Gedanken verbunden, daß Jesus das vom Vater selbst auf den Leuchter gestellte Licht ist, das alle sehen können (vgl. Joh 1, 5; 8, 12), weshalb es keines besonderen Zeichens mehr bedarf . . .«. Vgl. Grundmann, a. a. O. 243.

⁹⁹ Siehe Schmid, a. a. O. (208), mit Hinweis auf Lc 6 47-49 (gegenüber Mt 7 24-27). Einfache Häuser in Palästina hatten keinen Keller. Zur »Transponierung eines Bildes« siehe: H. Zimmermann, Neutestamentliche Methodenlehre, Stuttgart 1967, 225.

¹⁰⁰ Siehe W. Bauer, s. v. κρύπτη: »d. dunkle Gang, d. versteckte Winkel, d. Kellerloch«; Liddell/Scott, s. v. κρυπτή: »crypt, vault«.

¹⁰¹ Liddell/Scott, s. v. κρυπτός, verweisen für einen solchen Beleg auf: Anecdota Graeca, ed. I. Bekker, 3 Bde., Berlin 1814—1821, 273.

¹⁰² Vgl. Act 10 37-43.

besondere εἰσπορευόμενοι ist hierbei 5mal bezeugt[103]. βλέπωσιν wird möglicherweise auf Lc 10 23f. zurückblicken (»Selig die Augen, die sehen, was ihr seht!«). Dann intendiert Lukas tatsächlich in allegorischer Weise die Aussage: Auch diejenigen, die sich auf dem Weg in das (im Bild vorausgesetzte) Haus befinden, sollen den Lichtschein sehen, der von Jesus ausgeht. φέγγος ist sonst bei Lukas nicht bezeugt, wohl Mc 13 24 (par. Mt 24 29) vom Schein des Mondes. Will Lukas, der die Mc-Stelle nicht übernommen hat, den Lichtschein der Lampe als geheimnisvoll und wunderbar kennzeichnen?[104] Das geheimnisvolle und helle Licht Jesu soll denen, die auf dem Weg zur Gemeinde sind, das Eintreten erleichtern. Dazu würde passen, daß Lukas mit seinem Werk und insbesondere mit seiner Darstellung Jesu missionarisch werbende Absicht verfolgt. Jesus wird Lc 2 32 als Licht für die Heiden vorgestellt (vgl. 1 78f.). So darf es nicht verwundern, daß 𝔓75 ℵ B C D Θ (λ) φ für φέγγος das geläufigere φῶς einsetzen, das auch Lc 8 16 im gleichen Zusammenhang steht. Hier haben allerdings 𝔓75 und der Vaticanus den gesamten Nachsatz weggelassen, vielleicht weil er die formale Entsprechung zwischen 8 16 und 17 störte, weniger wahrscheinlich, weil die Schreiber »das Licht« nur auf Jesus beziehen wollten[105].

In Lc 11 33 lassen 𝔓45·75 L Ξ 0124 λ 700 sy⁵ sa die Worte οὐδὲ ὑπὸ τὸν μόδιον aus. Das kann die ursprüngliche Lesart sein, weil Lukas gerne lateinische Fremdwörter meidet[106] (was sich auch Lc 8 16 gegenüber Mc 4 21 belegen läßt). Die betreffenden Worte können dann durch Einfluß von Mt 5 15 (oder Mc 4 21) in den Lc-Text eingedrungen sein.

Es bleibt also festzuhalten, daß Lukas das Bildwort von der Lampe auf Jesus und auf seine Botschaft bezieht[107], und daß er durch einen finalen Nachsatz jedenfalls Jesus als das zum Eintritt in die Gemeinde werbende Licht vorstellt[108]. Wenn der Nachsatz in Lc 8 16

---

[103] Lc 8 16 11 33 19 30 (par. Mc); Act 3 2 28 30.

[104] φέγγος begegnet in hymnischer Sprache und kann besonders himmlischen Lichtschein bezeichnen; vgl. W. Bauer, s. v.

[105] Jülicher, a. a. O. II 82, vermutete, daß B aus Zufall eine Zeile fortgelassen habe.

[106] Siehe dazu Blaß/Debrunner, § 5, 1; ferner die Tabelle bei R. Morgenthaler, Statistik des neutestamentlichen Wortschatzes, Zürich 1958, 163. Wenn man von der Kaiser-Titulatur absieht, haben Mt 19 Mc 15 Lc 7 Joh 14 Act 8 lateinische Fremdwörter.

[107] Lukas hat demzufolge die jeweils (in Q und in Mc) vorgegebene Interpretation des Bildwortes übernommen.

[108] Lukas mag dabei vor allem die auf dem Weg zur Kirche befindliche Heidenwelt im Auge haben; vgl. A. Plummer, A Critical and Exegetical Commentary on the Gospel according to S. Luke, Edinburgh ⁵1922 (Neudruck 1960), 223; Loisy, a. a. O. (siehe Anm. 40) 328; J. M. Creed, The Gospel according to St. Luke, London 1930 (Neudruck 1965), 117.

nicht ursprünglich sein sollte, so würde hier noch schärfer die Zuversicht bekundet (durch 8 17), daß sich das »Wort Gottes« in der weiten Öffentlichkeit durchsetzen wird[109].

5. Thomasevangelium 33b

Das koptische Thomasevangelium (Thom) hat aus den Herrenworten mit Vorliebe Bildworte und Gleichnisse übernommen. Sie stehen hier weitgehend isoliert, entbehren also eines redaktionellen Rahmens. Dennoch ist für die Interpretation eines Logions der Kontext von Bedeutung, den das Einzelwort durch den (gnostischen) Horizont des ganzen Werkes erhält. Auch wenn ein Logion der synoptischen Überlieferung im Wortlaut weithin entspricht, kann es sein, daß es nach dem Zusammenhang anders interpretiert werden muß. Logion 33b ist hierfür ein sprechendes Beispiel[110].

> *»Niemand* nämlich (γάρ) *zündet eine Lampe an*
> (und) stellt sie *unter ein Scheffelgefäß*
> noch (οὐδέ) *stellt er sie an einen verborgenen Ort,*
> *sondern* (ἀλλά) er stellt sie *auf den Leuchter* (λυχνία),
> *damit alle, die hineinkommen* und hinausgehen,
> ihr *Licht sehen*«.

In einer eingehenden literarkritischen Analyse hat W. Schrage[111] gezeigt, daß diese Fassung des Spruches von der Lampe eindeutig die meisten Gemeinsamkeiten mit Lukas, insbesondere Lc 11 33, aufweist. Da aber die übernommenen lukanischen Züge weithin schon bei Lukas redaktionell sind, muß Logion 33b vom kanonischen Lukasevangelium abhängig sein[112]. Die oben gebotene Übersetzung des Wortes bietet die Übereinstimmungen mit Lc 11 33 in Kursivdruck. Wir nennen hier nur die Gemeinsamkeiten zwischen Thom 33b und Lc 8 16 11 33, die sich nicht auch in Mt oder Mc finden. Es handelt sich um die Einleitung »niemand zündet eine Lampe an«. Entsprechend

---

[109] Siehe das gewichtige ἀκωλύτως am Ende der Acta (28 31).

[110] Koptischer Text und deutsche Übersetzung finden sich bei J. Leipoldt, Das Evangelium nach Thomas, Berlin 1967; vgl. Guillaumont/Puech/Quispel u. a., Evangelium nach Thomas, Leiden 1959. Eine deutsche Übersetzung von E. Haenchen steht in der Synopsis quattuor Evangeliorum (siehe oben Anm. 77), 517—530 (dort auch eine lateinische und englische Übersetzung). Vgl. ferner E. Haenchen, Die Botschaft des Thomas-Evangeliums, Berlin 1961.

[111] Schrage, a. a. O. 81—85.

[112] Gegen H. W. Montefiore, A Comparison of the Parables of the Gospel according to Thomas and of the Synoptic Gospels: NTSt 7 (1960/61) 220—248. Unter anderem wegen des angeblichen Semitismus »those who come in and go out« soll das Thom die älteste Fassung des Lampenlogions bieten (241); dazu Schrage, a. a. O. 83 Anm. 1.

οὐδείς steht die 3. Person singularis: »er stellt« (aktivisch). Lc 11 33 und Thom 33b leiten die Alternativen mit οὐδέ ein. Der »Keller« bzw. der »verborgene Ort«[113] (Lc 11 33 und Thom 33b) erscheint als Alternative zum Scheffelmaß; er wird allerdings im Thom an zweiter Stelle genannt, bei Lc an erster. Der finale Nachsatz ist im wesentlichen gemeinsam vorhanden. Er nennt vor allem die »Hineinkommenden«, die »das Licht (bzw den Schein) sehen« sollen.

Mit Mt 5 15 hat Thom 33b nur das kleine Element »alle«[114] im Nachsatz gemeinsam (über die Mt-Lc-Übereinstimmung hinaus). Der Verfasser des Thom braucht dazu aber nicht das Matthäusevangelium benutzt zu haben. In seiner Quelle oder bei der Abfassung des Thom kann »alle (jeder)« redaktionell eingeflossen sein. Eine gewisse Mt-Thom-Übereinstimmung kann darin gesehen werden, daß beide das Logion von der Lampe eng an das vorangehende Herrenwort anschließen (Mt: οὐδέ; Thom: γάρ). Doch darin bekundet sich keine Abhängigkeit. Die Tatsache ist jedoch für die Interpretation des Spruches zu beachten. Mit Markus stimmt das Thom-Logion nur insofern überein, als es auch mit den beiden lukanischen Fassungen übereinstimmt.

Die Eigenheiten des Thom, die über Lc hinausgehen, sind auf den ersten Blick nicht bedeutend. Aber es wird sich doch zeigen, daß sie Beachtung verdienen.

a) Das Logion wird durch »nämlich« an Thom 33a angeschlossen. 33a lautet: »Jesus sprach: Was du mit deinem Ohr hören wirst, das verkündige in einem anderen Ohr über eure Dächer!« Man braucht hier keine Dittographie anzunehmen[115]. Vielmehr geht die seltsame Ausdrucksweise darauf zurück, daß der Verfasser den Versuch unternahm, gnostisch-esoterische Geheimhaltung mit dem Öffentlichkeitscharakter der Botschaft »von den Dächern« zu vereinbaren. Er denkt an eine Weitergabe der Offenbarung durch eine Art »Flüsterpropaganda«. In diesem Zusammenhang wird dann Logion 33b angeführt. Die Voraussetzung scheint die übliche gnostische Geheimlehre zu sein.

---

[113] »Verborgener Ort« und lukanisches κρύπτη (11 33) entsprechen sich; siehe Schrage, a. a. O. 82f.

[114] Schrage (a. a. O. 83) hat OYON NIM auf Mt 5 15 zurückgeführt unter Hinweis auf die bohairische Übersetzung des Mt-Verses.

[115] Guillaumont/Puech/Quispel, a. a. O. 21: »Was du mit deinem (einen) Ohr (und) mit dem anderen Ohr hörst, predige(t) es von euren Dächern.« Haenchen, Botschaft, 21: »Was du hören wirst mit deinem Ohr (mit dem anderen Ohr), predigt es auf euren Dächern.« Die Worte in der Klammer seien »als vermutliche Dittographie zu streichen«. Die Auffassung von Schrage (a. a. O. 80f.) hat sich offensichtlich auf die folgende Übersetzung bei Leipoldt (a. a. O. 35) ausgewirkt (vgl. die Vorbemerkung ebd. S. V): »Was du in deinem Ohre hören wirst, das predige (in das andere Ohr) auf euren Dächern.« — Übrigens sind die Logia 33a und 33b sub voce MAAXE miteinander verbunden, eine Stichwortverbindung, die nur im Koptischen möglich ist, da beide Male »unter MAAXE etwas völlig anderes verstanden ist: in Log 33a 'Ohr', in 33b ein 'Getreidemaß'« (Schrage, a. a. O. 82).

Aber dem Gnostiker wird doch durch 33a und 33b der Verkündigungs-
auftrag erteilt. Thom 33b soll 33a begründen. So können wir mit
Sicherheit die Deutung des Lampen-Logions auf die Verkündigung
der Gemeindeglieder beziehen. Wenn dem Verfasser Lc 11 33 vorgelegen hatte, so muß man eine Umdeutung von Jesus auf die Weitergabe seiner Botschaft registrieren. Wenn es dafür eine Anregung
gegeben hat, so wird man an Lc 8 16 zu denken haben.

b) In dem Nachsatz, der vom Sinn dessen spricht, daß man die
Lampe auf den Leuchter setzt, werden auch »Hinausgehende« genannt. Wir haben es vielleicht zunächst einfach mit einer Erweiterung
im Sinne der Redensart »Ein- und Ausgehen« zu tun[116]. Der im Thom
vorliegende gnostische Kontext läßt es aber mindestens als möglich
erscheinen, daß hier an die Menschen ganz allgemein gedacht ist (vgl.
»alle«), die in die Welt[117] eintreten und sie wieder verlassen. Ihnen
hat der Gnostiker wie die Lampe das Licht der Gnosis zu vermitteln.

— — —

Zusammenfassend kann zur Traditionsgeschichte des Bildwortes
von der Lampe gesagt werden:

1. Die älteste kanonische Fassung des Bildwortes liegt Mt 5 15
vor. Sie geht auf die Logienquelle zurück, in der das Logion — im
Unterschied zu Mt 5 15 — auf Jesus selbst bezogen wurde. Diese
älteste erreichbare Deutung, die vielleicht auch der Situation des
Spruches im Leben Jesu entspricht, hat Lc 11 33 beibehalten. Daß
über Mc 4 21 eine weitere vorsynoptische Fassung des Spruches zu
erreichen sei, die dann als Traditionsvariante der Vorlage von Mt 5 15
angesehen werden müßte, darf als unwahrscheinlich ausgeschlossen
werden.

2. In der synoptischen Tradition hat das Bildwort von der Lampe
verschiedene Deutungen erfahren. Die Logienquelle bezeugt die
Deutung auf Jesus (in bezug auf seine Wirksamkeit); sie wurde von
Lc 11 33 übernommen. Etwas später als Q ist die markinische Auslegung zu datieren, die den Spruch auf das Evangelium Jesu bezieht;
sie wird von Lc 8 16 aufgegriffen und findet sich gnostisch transfor-
miert im Thomasevangelium. Schließlich hat Matthäus das Bildwort
auf die Jüngergemeinde bezogen, die vor der Welt ihre »guten Werke«
leuchten lassen soll. Wenn es — mit aller Vorsicht — erlaubt ist, aus
diesem Befund einen »Richtungssinn« der Traditionsgeschichte abzu-
lesen, so kann gesagt werden, daß am Anfang die Einheit von Ver-

---

[116] Vgl. Act 2 21 9 28.
[117] Siehe dazu auch die Logien 24 (ein Lichtmensch leuchtet »der ganzen Welt«) und
50 (der Gnostiker stammt aus der göttlichen Lichtwelt). Weitere gnostische Parallelen und Anklänge bei Schrage, a. a. O. 84f.

kündiger und Verkündigung vorausgesetzt ist (Q, Mc), die später in verschiedener Weise aufgegeben wurde. Bei Lukas treten Jesus und seine Botschaft insofern auseinander, als die Dubletten Lc 11 33 und 8 16 jeweils nur eine der beiden Deutungen zulassen. Thom 33b kennt nur noch die Auslegung, die auf die Weitergabe der Gnosis geht. Am stärksten weicht Mt 5 15 von der ursprünglichen Sinngebung des Spruches ab, wenn nun die Lampe auf die Jüngerschaft bezogen wird.

3. Bemerkenswert ist, daß Mt 5 15 sich in der Deutung des Spruches am weitesten vom ursprünglichen Sinn entfernt, obgleich hier die älteste Fassung des Bildwortes fast ohne Zutat und Retusche erhalten blieb. Vom K o n t e x t her hat der beinahe wörtlich übernommene Spruch eine neuartige Interpretation erfahren. Hingegen hat Lukas den Spruch zwar mit deutenden Zusätzen versehen, durch die Bewahrung des Kontextes aber die vorgegebenen Interpretationen beibehalten.

6
IN DER "NACHFOLGE CHRISTI"

Wenn von "Nachfolge Christi" gesprochen wird, kommt vielen Christen jenes Erbauungsbuch aus dem frühen 15. Jahrhundert in Erinnerung, das fast so weite Verbreitung fand wie die Bibel und das die geistliche Tradition stark beeinflußte[1]. Die deutsche Übersetzung "Nachfolge Christi" lehnt sich allerdings eher an den Eingangssatz des Werkes an als an den überlieferten lateinischen Buchtitel. Während dieser Titel von "Nachahmung Christi (*imitatio Christi*)" spricht, redet der erste Satz – ein Zitat aus Joh 8,12 – von "Nachfolge": "Wer mir nachfolgt, der wandelt nicht im Finstern." Dem wird die Feststellung angefügt: "Dies sind die Worte aus dem Munde Christi, die uns ermutigen, seinem Leben und seinem Wandel treu nachzuleben, wenn wir wahrhaftig erleuchtet und von aller Blindheit des Herzens geheilt werden wollen. Wir sollen also unser erstes Anliegen daraus machen, in dem Leben Jesu Christi zu forschen." Nachfolge und Nachahmung ist jedoch nicht dasselbe. In den Evangelien fordert Jesus bestimmte Menschen zur Nachfolge auf; sie sollen "hinter ihm hergehen"[2]. Der Gedanke der Nachahmung scheint jedoch eine Neuinterpretation des Nachfolgegedankens in der Zeit der Kirche zu sein. Er zieht offenbar die Konsequenz daraus, daß dem Jesusjünger nach Ostern nicht mehr die Möglichkeit eines physischen Hinterher-Gehens gegeben ist.

1. Nachfolge als Nachahmung?

Als in den dreißiger Jahren der Bonner Neutestamentler Fritz Tillmann das fällige biblisch orientierte Konzept einer christlichen Moraltheologie entwarf, gab er ihm den Titel "Die Idee der Nachfolge Christi"[3]. Wenn man allerdings näher zusieht, gewinnt man den Eindruck, daß auch er Nachfolge im Sinne von *imitatio* verstand: "Wenn das Wesen des Christenstandes Nachfolge des Herrn ist, so bewegt es sich zwischen den beiden Polen des gottmenschlichen Vorbildes und des menschlichen Nachbildes ... Wie die Nachfolge Christi, so schaut auch die sittliche Persönlichkeit in der Ferne ein Idealbild, dem ent-

---

[1] Siehe dazu *E. Iserloh*, Nachfolge Christi (III), in: LThK[2] VII 762–764.
[2] Vgl. Mk 1,17f.
[3] *F. Tillmann*, Die Idee der Nachfolge Christi (Handbuch der katholischen Sittenlehre III), Düsseldorf (1933) [3]1949.

gegenzuwandern und das zu erreichen Sinn, Inhalt und Aufgabe ihres irdischen Lebens ist.''[4]

Hier wird Nachfolge als die Verfolgung eines Vorbildes gesehen, dem der Christ entgegengeht. Wir stellen darum im folgenden die Frage, ob solche Auslegung des evangelischen Nachfolgegedankens die notwendige Konsequenz dessen ist, daß der Christ die Jesusnachfolge nicht mehr so vollziehen kann, wie es die vorösterlichen Jünger taten. Bedenken gegen eine derart verstandene Notwendigkeit erheben sich daraus, daß schon die Evangelisten, wenn sie die Nachfolge des ir- dischen Jesus – in Jesusworten und Berufungserzählungen – stark hervorhoben, in der Zeit der Kirche schrieben und somit auch für diese Situation eine Nachfolge Jesu für wesentlich hielten, ohne diese im Sinne einer *Nachahmung* des Herrn zu deuten.

Der Weg, den wir bei dieser Fragestellung einschlagen, beginnt mit der Frage, was Nachfolge Jesu vorösterlich bedeutete (2) und wie die einzigartige Forderung Jesu, ihm nachzufolgen, zu verstehen sei (3). Erst dann wird der Sinn der Jesusnachfolge zu erörtern sein, wie er sich durch das Osterereignis ergeben hat (4). Zugleich ist nach dem Ver- hältnis von Nachfolge, Glaube und Nachahmung Christi in den Schriften des Neuen Testaments zu fragen (5).

2. Vorösterliche Nachfolge Jesu

Den Zugang zu Jesu Ruf in die Nachfolge[5] eröffnet uns eine Spruch-

---

[4] *Tillmann*, a.a.O. 48.

[5] Zum Thema "Nachfolge Jesu" siehe vor allem: *W. Bieder*, Die Berufung im Neuen Testament (AThANT 38), Zürich 1961; *A. Schulz*, Nachfolgen und Nach- ahmen. Studien über das Verhältnis der neutestamentlichen Jüngerschaft zur urchrist- lichen Vorbildethik (StANT 6), München 1962; *ders.*, Jünger des Herrn. Nachfolge Christi nach dem Neuen Testament, München 1964; *H.D. Betz*, Nachfolge und Nachahmung Jesu Christi im Neuen Testament (BHTh 37), Tübingen 1967; *F. Hahn / A. Strobel / E. Schweizer*, Die Anfänge der Kirche im Neuen Testament, Göttingen 1967 (im folgenden zitiert: *Die Anfänge*); *R. Schnackenburg*, Nachfolge Christi, in: *ders.*, Christliche Existenz nach dem Neuen Testament, Bd. I, München 1967, 87–108; *M. Hengel*, Nachfolge und Charisma. Eine exegetisch-religionsgeschichtliche Studie zu Mt 8,21f. und Jesu Ruf in die Nachfolge (BZNW 34), Berlin 1968; *H. Merklein*, Der Jüngerkreis Jesu, in: Die Aktion Jesu und die Re-Aktion der Kirche, hrsg. von K. Müller, Würzburg/Gütersloh 1972, 65–100; *G. Theißen*, "Wir haben alles verlas- sen" (Mc. X 28): NT 19 (1977) 161–196; *G. Schneider, akoloutheō*, in: EWNT I 117– 125 (1978); *Seguimi!* (Parola, spirito e vita 2), hrsg. von A.S. Panimolle, Bologna 1980; *W. Schrage*, Ethik des Neuen Testaments (Grundrisse zum NT 4), Göttingen 1982, 49–54; *R. Schnackenburg*, Die sittliche Botschaft des Neuen Testaments, Bd. I (HThK Suppl.), Freiburg 1986 58–67 (§ 4. Der Ruf zur Nachfolge). *E. Bammel*, Jesu Nach- folger. Nachfolgeüberlieferungen in der Zeit des frühen Christentums (Studia Delitz- schiana 10), Heidelberg 1988.

reihe, die sich bereits in der Logienquelle fand. Sie ist uns noch Lk 9,57 – 62 erhalten. Die beiden ersten der drei Nachfolge-Sprüche werden auch Mt 8,19 – 22 geboten. Wenn wir den redaktionellen Anteil der beiden Evangelisten vom heutigen Text abheben[6], bleibt für die beiden zweifach bezeugten Einheiten folgender Wortlaut der Logienquelle:

> "Es sprach einer zu ihm (Jesus): Ich will dir folgen, wohin immer du gehst (vgl. Lk 9,57).
> Da sprach Jesus zu ihm: Die Füchse haben Höhlen und die Vögel des Himmels Nester; der Menschensohn aber hat nicht, wohin er sein Haupt legen kann (Vers 58).
> Ein anderer aber sprach: Erlaube mir, zuerst hinzugehen und meinen Vater zu begraben! (Vers 59)
> Er aber sprach zu ihm: Folge mir und laß die Toten ihre Toten begraben! (Vers 60)"

Der dritte Nachfolgespruch, der sich nur Lk 9,61f findet, hat die gleiche formale Struktur und lautet:

> "Und ein anderer sprach: Ich will dir nachfolgen, Herr. Zuerst aber erlaube mir, von den Leuten in meinem Hause Abschied zu nehmen!
> Jesus aber sprach zu ihm: Niemand, der die Hand an den Pflug legt und zurückschaut, ist tauglich für das Reich Gottes."

Hier werden – wie man leicht erkennen kann – Jesusworte in einer formal gleichen Weise überliefert und aneinandergereiht. Jemand kommt zu Jesus mit der Absicht, in seine Nachfolge einzutreten. Doch Jesus macht den Nachfolgewilligen auf die schwerwiegenden Konsequenzen der Nachfolge aufmerksam, er weist den Interessenten auf die Tragweite seiner Absicht hin. Die Erwartungen des Fragestellers werden zurückgewiesen. Ebenso wie der Nachfolgewillige anonym bleibt, wird auch keine nähere Situationsangabe geboten oder gar eine Reaktion auf Jesu Erwiderung berichtet. Es geht der Spruchsammlung also nicht um ein Referat über zurückliegende Begebenheiten, sondern um die harte Bedingungslosigkeit, die Jesu Ruf erfordert. Wenn man die Jesusworte mit alttestamentlichen Berufungsgeschichten vergleicht, kommen formale Parallelen in den Blick[7]. Schon die mündliche Über-

---

Zum Thema 'Nachahmung" siehe außer den oben genannten Arbeiten von A. Schulz und H.D. Betz: *E. Larsson*, Christus als Vorbild. Eine Untersuchung zu den paulinischen Tauf- und Eikon-Texten (ASNU 23), Uppsala 1962.

[6] Siehe dazu *Hengel*, Nachfolge und Charisma 3f.

[7] Vgl. die Berufung des Elischa 1 Kön 19,19 – 21.

lieferung der Nachfolgegespräche hat diese somit nach bestimmten Gesichtspunkten stilisiert. Es geht um ein aktuelles und gegenwärtiges Anliegen; der Ruf Jesu soll in seinem Wesen und in seinem verpflichtenden Charakter verdeutlicht werden. Bei der Stilisierung scheinen prophetische Berufungsszenen als Vorbild gedient zu haben. Der Jesusjünger begibt sich in die Ungesichertheit des Lebens Jesu, er hat mit der Familie zu brechen. Die Nachfolgesprüche haben exemplarischen Charakter. Daraus könnte man den Schluß ziehen, daß sie in dieser Form erst von der Tradition gebildet worden seien. Wenn man aber einmal den mittleren Spruch auf seinen Hintergrund hin befragt, wird man sagen müssen: Gerade das Wort, das die Beerdigung des Vaters verbietet, kann nicht als judenchristliche Gemeindeüberlieferung entstanden sein. Es wäre auch als Einzelwort (ohne die Bitte des Fragenden) wenig sinnvoll[8].

Der Fragesteller bittet an sich um eine notwendige Erlaubnis. Er will, bevor er die Nachfolge aufnimmt, den verstorbenen Vater begraben. Er möchte eine Pflicht der Liebe erfüllen. Doch Jesus will offenbar den entschiedenen Bruch mit Gesetz und Sitte. Es geht bei der Beerdigung des Vaters nicht nur um eine Sache der Pietät, es geht um die Erfüllung des vierten Gebots. Jüdische Frömmigkeit forderte ausdrücklich nicht nur Gesetzeserfüllung, sondern rechnete auch Gottesdienst und Liebeserweisungen zu den Dingen, "auf denen die Welt beruht"[9]. Der Dienst an den Toten war in der pharisäischen Frömmigkeit an die Spitze der guten Werke gerückt. Der Totendienst befreite vom täglichen Pflichtgebet und vom Torastudium[10]. Jesu Antwort bezeugt die besondere von ihm beanspruchte Freiheit gegenüber Gesetz und Sitte. Analogien zu solcher Freiheit lassen sich zwar bei den Propheten Jeremia und Ezechiel aufzeigen[11]. Bei ihnen dient das "asoziale" Verhalten der Ankündigung des bevorstehenden Gerichts. Diese Analogien erreichen indessen nicht die Schärfe der Jesusforderung. Vor allem ist der Unterschied zu beachten, daß die Propheten jeweils auf ausdrückliche Weisung Jahwes handelten. Jesus stellt seine Forderung hingegen souverän in der ihm eigenen Vollmacht. Das wird auch an anderen Stellen der Evangelien deutlich.

---

[8] Siehe dazu *Hengel*, Nachfolge und Charisma 6.
[9] Mischna, Abot 1,2.
[10] *Hengel*, Nachfolge und Charisma 9–12.
[11] Jeremia soll auf die Ehe verzichten (Jer 16,1–4); er darf nicht an Totenklage und Gastmählern teilnehmen (16,5–9). Ezechiel darf beim Tod seiner Frau die Totenklage und das Trauerritual nicht vollziehen (Ez 24,15–24).

Jesus fordert den Bruch der Familienbande (Mt 10,37 par. Lk 14,26).
Im Hintergrund steht der schon von den Propheten und der späteren
Apokalyptik bezeugte Gedanke, daß in der endzeitlichen Bedrängnis
die Familien zerbrechen. In diesen Zusammenhang gehört auch Jesu
Wort: "Meint nicht, daß ich gekommen sei, Frieden auf die Erde zu
bringen. Ich bin nicht gekommen, Frieden zu bringen, sondern das
Schwert" (Mt 10,34; vgl. Lk 12,51)[12].

Wenn man diesen Aspekt gebührend berücksichtigt, kann man sich
das Verhältnis der Jünger zu Jesus kaum mehr nach dem Vorbild der
Lehrgemeinschaft von Rabbi und Gesetzesschülern vorstellen[13]. Der
Ruf Jesu diente nicht in diesem Sinn der Herstellung eines Lehrer-
Schüler-Verhältnisses. Für eine jüdische Familie bedeutete es eine
Ehre, einen ihrer Söhne in der Schule eines Schriftgelehrten zu sehen.
Auch andere Unterschiede sind zu beachten. Der Rabbinenschüler
wählte von sich aus den Lehrer. Nach abgeschlossenem Studium wurde er selbst zum Rabbi, der seinerseits Schüler aufnehmen konnte.
Jesu Forderung, die mit Gesetz und Sitte bricht, kann nicht im Rahmen einer solchen Vorstellung vom rabbinischen Lehrhaus gesehen
werden. Sie resultiert vielmehr aus jener einzigartigen Vollmacht, die
er als Verkündiger der nahen Königsherrschaft Gottes besitzt. Darum
verlangt die Nachfolge, daß der Jünger ohne Aufschub und ohne
Rücksicht auf menschliche Bindungen Jesus nachgeht, und zwar ohne
zeitliche Begrenzung.

3. Jesu Ruf in die Nachfolge

Jesu Souveränität wird besonders in jenen Berufungserzählungen des
ältesten Evangeliums sichtbar, in denen die Initiative zur Jesusnachfolge nicht von einem Nachfolgewilligen ausgeht. Auch diese kurzen
Erzählungen sind stilisiert. Sie verzichten auf Schilderung und psycho-
logische Aspekte. Man denke an Mk 2,14, wo die Berufung des Levi
in einem einzigen Vers erzählt wird. In diesem ursprünglich selbständigen Textstück heißt es: "Und im Vorübergehen sah er (Jesus) Levi,

---

[12] Die Eigenart der Nachfolge Jesu und ihre Voraussetzungen sind bei *Hahn* (in:
Die Anfänge 17–21) gut herausgearbeitet. Wir nennen nur die Stichworte: Verweigerung eines Abschieds von den Angehörigen – Aufgeben des Berufs – Trennung
vom Besitz – Selbstpreisgabe (vgl. Lk 14,26).
[13] Vgl. hingegen die gegenteilige Ansicht bei *Schulz*, Jünger des Herrn 9–16; ähnlich *Betz*, Nachfolge und Nachahmung 3, der "die Wurzeln" der Nachfolge-
Vorstellung im Verhältnis von Toralehrer und Toraschüler sehen will. Dagegen vor
allem *Hengel*, Nachfolge und Charisma 15f. 46–63.97.

den Sohn des Alphäus, an der Zollstation sitzen. Er sprach zu ihm: Folge mir nach! Und er stand auf und folgte ihm nach.'' Die wesentlichen Merkmale der Jesusnachfolge werden – so wie sie noch für die nachösterliche Situation gültig sind – in äußerster Konzentration erwähnt: die Begegnung mit Jesus, das Berufungswort Jesu und die Nachfolgeentscheidung des Angesprochenen. Aus einer unvorbereiteten Lage ergeht das mächtige Wort Jesu. ''Im Vorübergehen'' wird ein Mensch von Jesus angerufen: ein (verachteter) Zöllner. Die Entscheidung fällt aus einer einzigen Voraussetzung heraus, nämlich aufgrund des Rufes Jesu. Wir dürfen hieraus nicht einfach historisch den Schluß ziehen, daß eine so oder so geartete Faszination von Jesus ausging. Der geraffte und unpsychologische Charakter der Erzählung läßt vielmehr eine theologische Absicht erkennen: Wenn es Jüngernachfolge gibt, dann nur, weil die Initiative dazu im Ruf Jesu gegeben ist.

Daß diese Wesenszüge der Nachfolge Jesu nicht zufällig von uns hervorgehoben wurden, geht aus Mk 1,16–20 hervor. Da wird die Berufung zweier Brüderpaare erzählt. ''Und im Vorübergehen ... sah er Simon und Andreas, den Bruder Simons, wie sie die Netze im See auswarfen; denn sie waren Fischer. Und Jesus sprach zu ihnen: Auf, mir nach, und ich will euch zu Menschenfischern machen! Und sogleich verließen sie die Netze und folgten ihm nach'' (1,16–18). Das Berufungswort enthält hier nicht nur die Aufforderung ''Auf, mir nach!'', sondern auch eine Zielangabe. Die Nachfolge dient letztlich einem neuen Beruf. An die Stelle des alten Berufs tritt (analog beschrieben) eine neuer. Nachfolge ist Indienstnahme zur Teilnahme an der Sendung Jesu.

Dann folgt Mk 1,19f die Berufungsgeschichte der Brüder Jakobus und Johannes, ohne daß das Berufungswort Jesu wiederholt würde. Es heißt hier – in Aufnahme eines theologischen Begriffs für den Ruf in die Nachfolge –, Jesus habe die beiden ''berufen''. Ein weiterer Punkt, den es zu beachten gilt, ist die Bemerkung, daß die beiden Fischer ''ihren Vater Zebedäus mit den Taglöhnern im Schiff zurückließen und weggingen''. Die gleiche Bedingung der Nachfolge kam bereits in den Nachfolgesprüchen der Logienquelle in den Blick. Nachfolge heißt Bruch mit den bisherigen familiären (und beruflichen) Bindungen![14] Wie die drei Nachfolgesprüche der Logienquelle stilisiert

---

[14] Die genannten Berufungsszenen stehen der Form nach 1 Kön 19,19–21 nahe (Berufung des Elischa durch Elija). Allerdings liegt ein wesentlicher Unterschied darin, daß der Jesusjünger nicht erst von Verwandten und Freunden Abschied nehmen

überliefert wurden, so wird auch in den Nachfolgeerzählungen ein bestimmtes Schema sichtbar. Das Vorliegen eines gewissen Schematismus der Erzählung schließt aber nicht aus, daß hier konkrete historische Tatsachen festgehalten wurden. Jedenfalls sind die drei markinischen Berufungsszenen im wesentlichen schon vormarkinisch überliefert worden. Sie halten die Unmittelbarkeit fest, mit der Jesus Menschen in seine Nachfolge gerufen hat.

4. Nachfolge Jesu nach Ostern

Wie aber haben die Evangelisten die Idee der Nachfolge Jesu nach Ostern für ihre Lesergemeinden aktualisiert? Wie haben sie die bleibende Gültigkeit des Rufes Jesu in die Jüngergemeinde der Kirche durch Nachfolgeworte und Nachfolgeerzählungen aus dem Leben Jesu begründet? Wir haben hier zwischen der redaktionellen Präsentation der Nachfolge*sprüche* und der der Nachfolge*erzählungen* zu unterscheiden[15].

a) Nachfolge-Sprüche
Eine der wichtigsten Weisen, die Jesustradition neu zu interpretieren, ist bei den Synoptikern die Stoffanordnung. Damit wird in einem

---

kann. Vgl. auch Lk 9,61f; dazu *Hahn* in: *Die Anfänge* (oben Anm. 5) 16f. *Theißen*, "Wir haben alles verlassen" (oben Anm. 5), stellt die Jesusnachfolge in den soziologischen Kontext "sozialer Entwurzelung" in der jüdisch-palästinischen Gesellschaft des 1. Jahrhunderts n. Chr.; so auch in dem Büchlein: Soziologie der Jesusbewegung (TEH 194), München (1977) ²1978.

[15] In jüngeren Arbeiten wird die besondere theologische Akzentuierung des Nachfolge-Themas bei den drei Synoptikern herausgearbeitet:
Zu Mk: W. *Bracht*, Jüngerschaft und Nachfolge, in: Kirche im Werden, hrsg. von J. Hainz, München/Paderborn 1976, 143–165; *J. Ernst*, Das Evangelium nach Markus (RNT), Regensburg 1981, 55–59; *C. Breytenbach*, Nachfolge und Zukunftserwartung nach Markus. Eine methodenkritische Studie (AThANT 71), Zürich 1984; *Th. Söding*, Die Nachfolgeforderung Jesu im Markusevangelium: TThZ 94 (1985) 292–310; *E. Best*, Disciples and Discipleship. Studies in the Gospel according to Mark, Edinburgh 1986.
Zu Mt: U. *Luz*, Die Jünger im Matthäusevangelium: ZNW 62 (1971) 141–171; H. *Frankemölle*, Jahwebund und Kirche Christi (NTA NF 10), Münster 1974 (²1984), bes. 84–158; *J.D. Kingsbury*, The Verb *Akolouthein* ("To Follow") as an Index of Matthew's View of His Community: JBL 97 (1978) 56–73; *J. Kilunen*, Der nachfolgewillige Schriftgelehrte. Matthäus 8,19–20 im Verständnis des Evangelisten: NTS 37 (1991) 268–279.
Zu Lk: G. *Schneider*, Das Evangelium nach Lukas, Bd. I (ÖTK 3/1), Gütersloh/Würzburg (1977) ²1984, 233f (Exkurs: Jesus-Nachfolge und Jüngerschaft); *J.A. Fitzmyer*, The Gospel According to Luke (I–IX) (AncB 28), Garden City NY 1981, 241–243. 783–790.

hohen Ausmaß der Kontext für die Auslegung einer Traditionseinheit maßgeblich. Der Evangelist Lukas hat die dreifache Reihe der Nachfolgeworte Jesu (Lk 9,57–62) sehr geschickt plaziert. Nach dem Aufbruch nach Jerusalem, der Stadt seiner Passion (9,51), befindet sich Jesus mit dem Jüngerkreis auf der Reise (9,57). Da stößt der Nachfolgewillige zu Jesus. Zwei andere schließen sich mit ihrer Bitte an. Lukas meint, daß auch bei diesen drei Menschen die (allgemeine) Aufforderung zur Nachfolge vorauszusetzen ist. Darum ändert er im Vers 59 den Text so, daß Jesus zuerst sagt: "Folge mir!" Für Lukas ist Jesu Ruf in die Nachfolge nicht an einzelne gerichtet, sondern, wie seine redaktionelle Änderung gegenüber Mk 8,34 zeigt, "an alle" (Lk 9,23a). Nun ist ferner zu bedenken, daß der dritte Evangelist dennoch nicht undifferenziert und nivellierend über die Nachfolgenden denkt. Die genannte Spruchreihe steht – und stand wohl schon in der Logienquelle – vor dem Jesuswort über die wenigen "Erntearbeiter" (Lk 10,2 par. Mt 9,37f). Die Nachfolgenden sind hier als diejenigen verstanden, die an der Ernteeinbringung durch Jesus teilnehmen sollen. Der lukanische Zusammenhang hat das verdeutlicht, indem er auf die Nachfolgeworte die Aussendung der siebzig Jünger durch Jesus folgen läßt (Lk 10,1–12). Ähnlich wie im Menschenfischer-Wort (Mk 1,17) gehört also zur Jesusnachfolge, die nicht Selbstzweck ist, daß sie auf missionarische Verkündigung (in Gemeinschaft mit Jesus bzw. in Fortsetzung der Sache Jesu) angelegt ist. Wenn man diese Überzeugung, daß Nachfolge im Dienste der Reich-Gottes-Verkündigung steht, ernst nimmt, kann man sie nur so verstehen, daß Lukas (ähnlich wie Markus) in seiner Zeit die Verkündiger des Evangeliums als diejenigen versteht, die in einem besonderen Sinn "Nachfolge Jesu" realisieren. Der Ruf in die Nachfolge Jesu ist sachlich identisch mit dem Auftrag: "Du aber geh hin und verkündige die Herrschaft Gottes" (Lk 9,60)!

Aufschlußreich für die nachösterliche Auslegung der Jesusnachfolge ist die Einleitung, die die drei Synoptiker dem Jesuswort über die Kreuzesnachfolge geben. Nach Markus (8,34) rief Jesus "die Menge samt den Jüngern" herbei und sagte: "Wenn jemand hinter mir hergehen will, verleugne er sich selbst, nehme sein Kreuz auf und folge mir!" Lukas (9,23) hat die Einleitung so abgeändert, daß Jesus "zu allen" spricht. Dieser Ausweitung des Hörerkreises entspricht eine andere Ausdehnung. Nach Lukas muß der Jünger "täglich" sein Kreuz aufnehmen. Kreuzesnachfolge ist somit nicht nur in Ausnahmesituationen gefordert, sondern von allen zu jeder Zeit. Man wird

sicher sagen dürfen, daß das Wort von der Kreuzesnachfolge im Lichte
der Passion und Kreuzigung Jesu gelesen wurde. "Nachfolgeworte des
irdischen Herrn haben in nachösterlicher Zeit eine Verschärfung und
Vertiefung erfahren im Sinne einer Berufung zur Schicksalsgemeinschaft mit dem Gekreuzigten und Auferstandenen."[16] Beim Evangelisten Matthäus wurde die Einleitung zum Wort vom Kreuztragen
so geändert, daß nur die "Jünger" Jesu angesprochen sind (16,24).
Aber bei Matthäus ist damit letztlich der nachösterliche Jüngerkreis
angesprochen, dem das Wort gilt. "Jünger" ist hier fast schon identisch mit "Christ", meint also nicht eine engere Gruppe in der Kirche.

b) Berufungserzählungen

Fragt man nach der Anordnung der Berufungsszenen innerhalb des
Markusevangeliums, so kann auch hier gezeigt werden, daß der Evangelist die Kirche seiner Gegenwart anreden will[17]. Mk 1,16–20 wird
durch die geographische Notiz "Galiläa" eng mit 1,14f verbunden.
Erstens ordnet der Evangelist der Botschaft Jesu wesentlich eine
Hörerschaft zu; es kommt gewissermaßen der anfängliche Kern der
späteren Gemeinde in den Blick. Zudem aber stehen die Jüngerberufungen betont am Anfang des ganzen Evangeliums. Die Botschaft
Jesu verhallt nicht ungehört, Jesus hat von nun an Begleiter (vgl.
1,21). Das Wort von den "Menschenfischern" ist auf eine künftige
Tätigkeit bezogen. Die Begleiter Jesu auf seinem irdischen Weg werden einst öffentlich die Botschaft vom Gottesreich verkündigen. Auch
die Vierzahl der in Mk 1,16–20 berufenen Jünger bringt den "kirchlichen" Aspekt der Erzählung in den Blick. Jesusnachfolge ist nicht
nur auf Verkündigung hin angelegt. Sie bringt, indem sie Lebens-
gemeinschaft mit Jesus begründet, auch die Jesusjünger untereinander
in Gemeinschaft. Am Anfang des Evangeliums steht nicht eine Einzel-
berufung, sondern die Berufung von vier namentlich genannten (und
in der frühen Kirche als maßgeblich bekannten) Jüngern. Jüngersein
heißt demzufolge nicht nur, einen besonderen Ruf von Jesus zu empfangen und zu beantworten, sondern auch, sich in die Gemeinschaft
der Jesusjünger einzuordnen. Für Markus sind die Jüngerberufungen
der Ausgangspunkt für die spätere Auswahl der Zwölf (Mk 3,13–19)

---

[16] *Strobel* in: *Die Anfänge* (oben Anm. 5) 71.
[17] Siehe *K.-G. Reploh*, Markus, Lehrer der Gemeinde. Eine redaktionsgeschichtliche Studie zu den Jüngerperikopen des Markus-Evangeliums (SBM 9), Stuttgart
1969, 30–35.

und deren Aussendung (6,7 – 13.30). Daß die vier namentlich genannten ersten Jesusjünger in der Kirche eine führende Rolle gespielt
haben, hat sicherlich mit dazu beigetragen, daß die – stilisierten – Erzählungen ihre Namen nennen. Auch das hat ''theologischen'' Sinn.
Indem die Gemeinde von der Berufung dieser Männer gleich am Anfang des Wirkens Jesu erfährt, schaut sie auf diesen Anfang als auf
ihren eigenen Ursprung zurück. Das ist letztlich nicht in einem
historisierenden Sinn gemeint, so daß die vier genannten Jünger auch
historisch die Erstberufenen gewesen sein müßten, sondern in dem
Sinn, daß die Gemeinde in Jesu Botschaft und Anruf ihren Ursprung
hat, einen Ursprung, an dem die gehorsame Nachfolge der ersten Jünger stand.

5. Nachfolge, Glaube und Nachahmung

Kamen in den wenigen erwähnten ''redaktionellen'' Akzenten und
Linien schon einige Hinweise zum Vorschein, wie Nachfolge Jesu in
der Zeit der Kirche realisiert werden kann, so ist über die Theologie
der synoptischen Evangelien hinaus in Kürze zu fragen, wie etwa im
Johannes-Evangelium und in den Paulus-Briefen von Christusnach-
folge gesprochen wird.

a) Nachfolge als Glaube (Johannes)

Das vierte Evangelium[18] (Joh 12,25) greift zunächst einen Spruch auf,
den auch die synoptische Tradition kennt: den vom Leben-Verlieren
und Leben-Gewinnen[19]. Dann (12,26a) sagt Jesus in johanneischer
Sprechweise: ''Wenn einer mir dient, so soll er mir folgen; und wo ich
bin, da soll auch mein Diener sein.'' Der Jüngerweg führt wie der des
Herrn über das Kreuz zur himmlischen Herrlichkeit (vgl. 13,36).
Nachfolge Christi ist – johanneisch gesprochen (vgl. 8,12) – nicht
mehr das Hinter-Jesus-Einhergehen, sondern im übertragenen Sinn
ein geistiges Sich-Anschließen, d.h. der Glaube, daß Jesus das Licht
der Welt ist. Der gläubige Anschluß an Jesus als das Licht der Welt
wird im vierten Evangelium durch unterschiedliche Wendungen
bezeichnet. Joh 8,12 ersetzt der Evangelist den Begriff ''Glauben'' der

---

[18] Vgl. *Schulz*, Nachfolgen und Nachahmen 172–176; *R. Schnackenburg*, Das Johannesevangelium, Bd. I (HThK IV 1), Freiburg 1965 (³1972), 514–516; *ders.*, Nachfolge Christi 98–100; *Schweizer* in: *Die Anfänge* (oben Anm. 5) 82–85.
[19] Mk 8,35 par. Mt 16,25/Lk 9,24.

Parallelaussage 12,46 durch "Nachfolgen". "Nachfolgen" bezeichnet auch in der Hirtenrede Joh 10 die gläubige Gemeinschaft mit Jesus, dem Offenbarer Gottes (10,1 – 5).

b) Nachfolge als Christusgemeinschaft (Paulus)

Der Nachfolgegedanke konnte nicht ohne Orientierung am Kreuzesschicksal Jesu bleiben. Freilich wurde dieses Schicksal Jesu nicht immer in der existentiellen Weise übernommen, die Paulus bezeugt. "Nachfolge" kann auch – wie 1 Petr 2,21 – auf den Gedanken der "Nachahmung" abgedrängt werden[20], wenn die Hausklaven zur stillen Geduld ermahnt werden im Blick auf den geduldig leidenden Jesus: "Christus hat für euch gelitten und euch ein Vorbild hinterlassen, damit ihr seinen Fußstapfen nachfolgt." Paulus hat den Gedanken der Nachfolge nicht in der Sprache der Synoptiker und des Johannes-Evangeliums geäußert. Aber man kann seine Idee von der Schicksalsgemeinschaft des Gläubigen mit dem gekreuzigten und auferstandenen Christus als das sachgemäße Äquivalent zur evangelischen "Nachfolge" bezeichnen. Denn hier geht es um mehr als Vorbild-Ethik. Freilich kennt Paulus auch diese, wenn er den ihm vorgegebenen Christushymnus Phil 2,6 – 11 anführt, um die Gemeinde zur Gesinnung Jesu Christi zu ermahnen. Obwohl also der Begriff "Nachfolge" bei Paulus fehlt, ist die Sache vorhanden, – "und zwar in einer theologisch noch viel tieferen Weise"[21]. Möglicherweise haben die Nachfolge-Aussagen der synoptischen Tradition auf Umwegen auch Paulus erreicht und seine Tauftheologie beeinflußt[22]. Wenn Paulus vom Mitsterben und Mitauferstehen (Röm 6,3 – 8), vom Mitleiden und Mitverherrlichtwerden (8,17) mit Christus redet, so ist hier tiefer als in den Kategorien Vorbild-Nachvollzug gedacht. Es kommt die ursächliche und grundlegende Tragweite des Todesschicksals Jesu für die christliche Existenz kräftig zur Sprache. Die durch Glauben und Taufe vermittelte Schicksalsgemeinschaft mit Christus kann sich verschiedenartig artikulieren, z.B. auch in der Rede vom "Sein-in-Christus" und vom "Christus-Anziehen"[23]. So kann die paulinische

---

[20] Vgl. *Schulz*, Nachfolgen und Nachahmen 176 – 179, der hinter dem Vorbild-Gedanken griechische Ethik wirksam sieht.

[21] *Schnackenburg*, Nachfolge Christi 102; vgl. *Schweizer*, a.a.O. 87.

[22] So *Larsson*, Christus als Vorbild (oben Anm. 5) 77.105.

[23] Siehe dazu vor allem Gal 3,26 – 29 und die noch immer beachtenswerte Arbeit von *A. Wikenhauser*, Die Christusmystik des Apostels Paulus, Freiburg ²1956. Vgl.

Prägung des Nachfolgemotivs etwas deutlich werden lassen, das im Begriff der Nachfolge leicht übersehen wird: ''Wir schreiten nicht nur hinter Jesus her, sondern sind auch in engster Weise mit ihm verbunden. Von Paulus lernen wir: Nachfolge Christi ist nur in der Christusgemeinschaft möglich, und sie ist die Verwirklichung der Christusgemeinschaft in der jetzigen christlichen Situation.''[24]

---

auch *H. Paulsen*, Einheit und Freiheit der Söhne Gottes – Gal 3,26–29: ZNW 71 (1980) 74–95.
[24] *Schnackenburg*, Nachfolge Christi 104.

7

IMITATIO DEI ALS MOTIV DER "ETHIK JESU"

Bereits in der ersten Auflage seines Werkes „Die sittliche Botschaft des Neuen Testamentes" bot *R. Schnackenburg* im I. Teil („Die sittlichen Forderungen Jesu") einen Paragraphen mit der Überschrift: „Das Vorbild Gottes und Jesu"[1]. Dort konnte er feststellen: „Es fällt auf, daß Jesus von der Nachahmung Gottes gerade bei seinem zentralen Anliegen, der Liebe und ihren höchsten Ausdrucksformen, spricht."[2] In der Neubearbeitung von 1986 steht im ersten Teil des Buches ein Abschnitt mit der Überschrift: „Nachahmung Gottes"[3]. Hier heißt es jetzt: „Es fällt auf, daß Jesus von der Nachahmung Gottes gerade bei seiner zentralen sittlichen Forderung erbarmender Liebe spricht." Und der Autor fügt hinzu: „Das jüdische Motiv gelangt bei ihm in der Verkündigung der Gottesherrschaft zu höchster Wirkkraft."[4] *Schnackenburg* deutet an, daß nach seiner Auffassung das Motiv der Imitatio Dei in den Kontext der Basileia-Verkündigung Jesu gehört und in ihrem Rahmen seine jesuanische Prägung erhält. Wir fragen im folgenden, ob sich eine solche Eigenart des Motivs innerhalb der „Ethik Jesu" erkennen läßt. Dabei sollen Vorkommen des Motivs der Imitatio Dei im griechischen Denken und im Judentum zum Vergleich herangezogen werden.

---

[1] *R. Schnackenburg*, Die sittliche Botschaft des Neuen Testamentes (= HMT 6) (München 1954), 108–112 [²1962: 124–128].
[2] Ebd. 111.
[3] *R. Schnackenburg*, Die sittliche Botschaft des Neuen Testaments. Bd. I. Von Jesus zur Urkirche (= HThK. Suppl. Bd. 1) (Freiburg 1986), 85 f. Der Abschnitt findet sich jetzt in einem Paragraphen „Grund und Beweggründe für das sittliche Handeln" (mit der Gliederung: 1. Der Wille Gottes als Richtschnur allen sittlichen Handelns. 2. Die Gottesherrschaft als grundlegende und motivierende Größe. 3. Das Lohnmotiv. 4. Nachahmung Gottes. 5. Weisheitliche Motive).
[4] Ebd. 86.

1. Von Platon bis zur Stoa[5]

Das Motiv der „Angleichung an Gott" findet sich in einem platonischen Text, den man als klassisch bezeichnen kann. Im Theaetet (176 a.b) spricht Sokrates vom Übel in der Welt:

Das Böse, o Theodoros, kann weder ausgerottet werden, denn es muß immer etwas dem Guten Entgegengesetztes geben, noch auch bei den Göttern seinen Sitz haben. Unter der sterblichen Natur aber und in dieser Gegend zieht es umher jener Notwendigkeit gemäß. Deshalb muß man auch trachten, von hier dorthin zu entfliehen aufs schleunigste. Der Fluchtweg dazu ist Angleichung an Gott so weit als möglich (ὁμοίωσις θεῷ κατὰ τὸ δυνατόν). Und diese Angleichung besteht darin, daß man gerecht und fromm (δίκαιον καὶ ὅσιον) sei mit Einsicht.

Nach Platon liegt der Sinn allen Philosophierens darin, daß der Mensch sich über diese Welt der (erkenntnismäßigen und sittlichen) Unvollkommenheiten zum wahren Sein erhebe. Die „Flucht" ist als Befreiung aus Torheit und Ungerechtigkeit verstanden. Will jemand sich dem Bösen entziehen, muß er sich aus dem Weltlichen fluchtartig aufmachen in die obere Welt. Die „Angleichung an Gott so weit als möglich" vollzieht der Mensch, indem er nach Kräften δίκαιος und ὅσιος wird. An anderer Stelle nennt Platon neben der Gerechtigkeit auch die Tugend (Resp. X 613 a)[6]. Wer bestrebt ist, gerecht und überhaupt tugendhaft zu werden, wird Gott ähnlich, ja er wird Gottes Freund (Leg. IV 716 a–d)[7].

Der Platoniker Areios Didymos behauptet[8], schon Pythagoras habe

---

[5] Siehe dazu: M. Buber, Nachahmung Gottes (1926), in: ders., Werke, Bd. II (München 1964), 1053–1065, näherhin 1055–1057. W. Michaelis, Art. μιμέομαι κτλ., in: ThWNT IV (1942) 661–678, näherhin 661–665. A. Heitmann, Imitatio Dei. Die ethische Nachahmung Gottes nach der Väterlehre der zwei ersten Jahrhunderte (= Studia Anselmiana 10) (Rom 1940), näherhin 20–47. H. Merki, ΟΜΟΙΩΣΙΣ ΘΕΩ. Von der platonischen Angleichung an Gott zur Gottähnlichkeit bei Gregor von Nyssa (= Paradosis 7) (Freiburg/Schweiz 1952), näherhin 1–35.65–72. A. Schulz, Nachfolgen und Nachahmen. Studien über das Verhältnis der neutestamentlichen Jüngerschaft zur urchristlichen Vorbildethik (= StANT 6) (München 1962), 201–251, näherhin 206–231. H. Kosmala, Nachfolge und Nachahmung Gottes. I. Im griechischen Denken (1963), in: ders., Studies, Essays and Reviews, Bd. II. New Testament (Leiden 1978), 138–185.

[6] Vgl. Plutarch, De sera num. vind. 5 (550e): „Nach Platon stellt sich Gott selbst uns als Vorbild alles Guten dar und verleiht denen, die Gott zu folgen vermögen, die Gabe menschlicher Tugend, die gewissermaßen im Gottähnlichwerden besteht."

[7] Bei Stobaeus, Anth. II (49, 8).

[8] Vgl. E. Peterson, Der Gottesfreund, in: ZKG 42 (1923) 161–202; F. Dirlmeier, Θεοφιλία – Φιλόθεια, in: Philologus 90 (1935) 57–77. 176–193; K. Treu, Gottesfreund, in: RAC XI (1981) 1043–1060.

dem Menschen als Ziel die ὁμοίωσις θεῷ gesetzt. Aelian präzisiert die Verähnlichungslehre des Pythagoras in dem Sinn, daß dieser die Ähnlichkeit mit Gott in der Wahrhaftigkeit (ἀληθεύειν) und im Wohltun (εὐεργετεῖν) gesehen habe (Var. hist. XII 59).

In der älteren Stoa scheint das Motiv der „Angleichung an Gott" keine Rolle zu spielen[9]. Später wird das Motiv mit dem Thema der Gotteserkenntnis verbunden. Cicero bezieht sich auf die Betrachtung des Alls und sagt:

> Quae contuens animus accedit ad cognitionem deorum, e qua oritur pietas, cui coniuncta iustitia est reliquaeque virtutes, e quibus vita beata exsistit par et similis deorum, nulla alia re nisi immortalitate, quae nihil ad bene vivendum pertinet, cedens caelestibus. (De nat. deorum II 153)

Die Verähnlichung mit den Göttern erfolgt nach Cicero durch die Tugenden. Unter ihnen sind *pietas* und *iustitia* besonders herausgehoben; sie gehen aus der Erkenntnis der Götter hervor. Mit der Angleichung an Gott ist die *vita beata* verbunden.

Nach Seneca (De ira II 16) erkennt von allen Lebewesen allein der Mensch Gott: *ut solus imitetur*. Nach dem Zusammenhang geht es um Angleichung an die Zornlosigkeit Gottes. Vielleicht ist dieses Zeugnis auf Poseidonios zurückzuführen[10]. Epiktet (Diss. II 14, 11–13) sagt, daß sich der Mensch durch Erkenntnis Gottes und Einsicht in sein Wesen mit ihm verähnlichen muß, um ihm zu gefallen. Bei dieser Verähnlichung werden göttliche Eigenschaften nachgebildet: Treue, Freiheit, Wohltätigkeit und Hochgemutheit.

Cicero bringt die Auffassung von der Gott-Verwandtschaft des Menschen mit der Angleichung an Gott in Verbindung:

> Est autem virtus nihil aliud nisi perfecta et ad summum producta natura; est igitur homini cum deo similitudo. (De leg. I 25)[11]

Offensichtlich ist die Ähnlichkeit des Menschen mit Gott eine naturhafte Gegebenheit. Die Tugend stellt diese heraus[12].

Eine Reihe stoischer Texte läßt die Lehre des Pythagoras wieder aufleben, nach der die Angleichung an Gott durch εὐεργετεῖν erfolgt:

---

[9] Siehe *H. Merki*, ΟΜΟΙΩΣΙΣ ΘΕΩ (s. Anm. 5) 7f.

[10] Vgl. auch Minucius Felix, Oct. 17,2: sermo et ratio, per quae deum adgnoscimus sentimus imitamur.

[11] Vgl. Seneca, Ep. 73,15, wonach der Mensch göttliche Keime bzw. Anlagen (semina divina) besitzt, durch deren Entwicklung er Gott ähnlich wird. Siehe auch Cicero, De nat. deorum I 91.

[12] *H. Merki*, ΟΜΟΙΩΣΙΣ ΘΕΩ (s. Anm. 5) 13.

Qui dat beneficia deos imitatur, qui repetit feneratores. (Seneca, De
benef. III 14,4)
Verwandt ist neben einem Seneca-Fragment[13] auch Cicero, Pro Ligario
37 f:

Nihil est tam populare quam bonitas, nulla de virtutibus tuis pluri-
mis nec admirabilior nec gratior misericordia est. Homines enim ad
deos nulla re propius accedunt quam salutem hominibus dando.

Seneca, De benef. I 1,9, ermahnt, man solle sich nicht durch Undankbar-
keit vom Wohltun abhalten lassen, entsprechend der Güte der Götter:

Hos sequamur duces quantum humana imbecillitas patitur; demus
beneficia, non feneremur.

2. Nachahmung Gottes im Judentum[14]

M. Buber bezeichnet die „Nachahmung Gottes" als „die zentrale Parado-
xie des Judentums", und er fragt, wie „der Mensch den Unsichtbaren,
Unfaßbaren, Gestaltlosen, nicht zu Gestaltenden nachzuahmen" ver-
möge[15]. Bei der Frage, worauf sich die Forderung, Gott nachzuahmen,
gründe – sie fehlt in der Bibel des Alten Testaments[16] –, antwortet der jüdische Philosoph: „Sie gründet sich darauf, daß wir bestimmt sind, ihm

---

[13] Seneca-Frgm. De mor. lib. 47 (S. 62 Hasse): Quid est dare beneficia? Deum imitari. Vgl.
Seneca, De benef. IV 26,1: „Wenn du die Götter nachahmen willst, dann gib auch den Undankbaren Wohltaten (da et ingratis beneficia)." Claudian, Car. VIII 276, behauptet, daß
die *clementia* uns Gott gleich mache. Auch Strabon, Geogr. X 3,9 bezeugt den Topos, daß
der Mensch durch εὐεργετεῖν die Götter nachahme (μιμέομαι).
[14] Siehe dazu folgende Arbeiten: Bill. I 372f; II 159. *I. Abrahams,* The Imitation of God, in:
ders., Studies in Pharisaism and the Gospels. Second Series (Cambridge 1924), 138–182.
M. Buber, Nachahmung Gottes (1926; s. Anm. 5) 1060–1065. *G. F. Moore,* Judaism in the
First Centuries of the Christian Era. The Age of the Tannaim, Bd. II (Cambridge Mass.
1927, Neudruck 1962), 109–111. *A. Marmorstein,* Die Nachahmung Gottes (Imitatio Dei) in
der Agada, in: Jüdische Studien. FS J. Wohlgemuth (Leipzig 1928), 144–159. *W. Michaelis,*
μιμέομαι (1942; s. Anm. 5) 665–669. *H. J. Schoeps,* Von der Imitatio Dei zur Nachfolge
Christi, in: ders., Aus frühchristlicher Zeit. Religionsgeschichtliche Untersuchungen (Tübingen 1950), 286–301, näherhin 286–290. *H. Merki,* ΟΜΟΙΩΣΙΣ ΘΕΩ (1952; s. Anm. 5)
35–44. 75–83 (Philo). *A. Schulz,* Nachfolgen und Nachahmen (1962; s. Anm. 5) 213–225.
H. Kosmala, Nachfolge und Nachahmung Gottes. II. Im jüdischen Denken (1964), in:
ders., Studies, Essays and Reviews II (1978; s. o. Anm. 5) 186–231. *F. J. Helfmeyer,* Die
Nachfolge Gottes im Alten Testament (= BBB 29) (Bonn 1968). *F. Böhl,* Das rabbinische
Verständnis des Handelns in der Nachahmung Gottes, in: ZM 58 (1974) 134–141.
M. Brocke, „Nachahmung Gottes" im Judentum, in: A. Falaturi u.a. (Hrsg.), Drei Wege zu
dem einen Gott (Freiburg 1976), 75–102.
[15] *M. Buber,* Nachahmung Gottes (s. Anm. 5) 1060.
[16] Siehe *F. J. Helfmeyer,* Die Nachfolge Gottes (s. Anm. 14) 216–221; *W. Michaelis,* μιμέομαι (s. Anm. 5) 665.

zu gleichen."[17] *Buber* sieht die Nachahmung Gottes in der Gottesebenbildlichkeit des Menschen (Gen 1,27) begründet: „Wir sind bestimmt, ihm zu ‚gleichen', das heißt: das Bild, in dem wir erschaffen sind und das wir in uns tragen, aus uns zu vollenden, um – nicht mehr in diesem Leben – seine Vollendung zu erfahren."[18]

Sieht man genauer zu, so begründet das rabbinische Judentum die Forderung der Nachahmung Gottes *nicht* mit der Gottesebenbildlichkeit des Menschen. Hier gilt offensichtlich nicht: „Sei, was du bist!"[19] Vielmehr scheint die Nachahmung Gottes im Handeln des Bundesgottes zu gründen. R. Chama b. Chanina (um 260) fragte angesichts der Stelle Dtn 13,5 („Jahwe, eurem Gott, sollt ihr folgen"):

Ist es denn einem Menschen möglich, der Schekhina zu folgen? Es heißt doch: Denn Jahwe, dein Gott, ist ein verzehrendes Feuer (Dtn 4,24). Vielmehr (ist es so gemeint), daß man den Wirkweisen *(middot)* Gottes folge: Wie er Nackte kleidet (Adam und Eva, Gen 3,21), so kleide auch du die Nackten. Wie er Kranke besucht (den Kranken Abraham, Gen 18,1), so besuche auch du die Kranken. Wie er Trauernde tröstet (Isaak nach Abrahams Tod, Gen 25,11), so tröste auch du die Trauernden. Wie er Tote begräbt (Bestattung des Mose, Dtn 34,6), so begrabe auch du die Toten. (bSota 14a)[20]

Zwei Rabbinen des 2. Jahrhunderts fordern dazu auf, den gnädigen und barmherzigen Gott Israels nachzuahmen: R. Meïr und Abba Scha'ul:

R. Meïr sagt: Was heißt „geh hin!" (Ex 17,5)? Gott sprach zu Mose: Sei mir gleich; wie ich Gutes für Böses vergelte, so vergilt auch du Gutes für Böses! Denn es heißt: „Wer ist ein Gott wie du, der da Schuld vergibt und über Sünde hinweggeht" (Mich 7,18). (ExR 26 [87ᵇ])

Abba Scha'ul sagte zu Ex 15,2 („Dieser ist mein Gott, ihn will ich rühmen"):

Wir sollen ihm gleichen; wie er barmherzig und gnädig ist, so sei auch du barmherzig und gnädig![21]

Sifre Dtn 11,22 § 49 (85a) heißt es:

„In all seinen Wegen zu wandeln" (Dtn 11,22). Damit ist das Verhalten Gottes gemeint, siehe Ex 34,6: „Jahwe, Jahwe ist ein barmherziger

---

[17] M. *Buber*, Nachahmung Gottes (s. Anm. 5) 1060. Ähnlich H. J. *Schoeps*, Von der Imitatio Dei (s. Anm. 14) 288f.

[18] M. *Buber*, Nachahmung Gottes (s. Anm. 5) 1061.

[19] Das entspräche eher der Auffassung der Stoa; siehe oben bei Anm. 12.

[20] Vgl. Tanch. *bchqtj* § 6 (56a): „Wer nach meinen Werken tut, der wird mir gleich sein." (bei H. J. *Schoeps*, Von der Imitatio Dei (s. Anm. 14) 290 Anm. 1).

[21] Mekh Ex 15,2. Parallelen bei Bill. I 372.

und gnädiger Gott, langmütig und reich an Huld und Treue, der Huld bewahrt Tausenden, der Unrecht, Missetat und Sünde vergibt." Ferner heißt es Joel 3,5: „Wer nach dem Namen Jahwes genannt wird, wird entrinnen." Aber ist es denn für den Menschen möglich, nach dem Namen Jahwes genannt zu werden? Es ist so gemeint: Wie Gott barmherzig und gnädig genannt wird, so sei auch du barmherzig und gnädig, und gib jedem ohne Entgelt.[22]

Targum Jeruschalmi I Lev 22,28 lautet:

Mein Volk, Kinder Israels – sprach Mose –, wie unser Vater barmherzig ist im Himmel, so sollt ihr barmherzig sein auf Erden: Ein Rind oder Schaf, es selbst mit seinem Jungen sollt ihr nicht an *einem* Tag schlachten.[23]

Neben den genannten Texten des schriftgelehrten Judentums sind allerdings auch solche aus der griechisch sprechenden Diaspora zu nennen. Der sogenannte Aristeasbrief will dem Leser die Überlegenheit der jüdischen Weisheit über die griechische Philosophie aufzeigen. Im Verlauf von Mahl-Gesprächen antworten Juden auf diverse Fragen des ägyptischen Königs. Sie erinnern dabei nicht selten an das vorbildliche Handeln Gottes und fordern den Herrscher auf, Gott nachzuahmen. Es sind vor allem die Güte und die Milde Gottes, die (ähnlich wie in der Stoa) herausgestellt werden: Arist 187f; 190; 192; 205; 207; 210; 281. Bemerkenswert ist, daß der Herrscher Zorn vermeiden[24] und Erbarmen walten lassen[25] soll. In anderen Sentenzen geht es um die Gerechtigkeit (209. 259), die Zurückhaltung in Strafgerichten (194), die Wahrheitsliebe (206) sowie die Bedürfnislosigkeit (211).

Ein weiteres Zeugnis für das Eindringen der ursprünglich griechischen Motivwelt vom Vorbild Gottes und von seiner sittlichen Nachahmung stellen die Werke Philons von Alexandria dar. Im philonischen Gedankengebäude kann allerdings nicht übersehen werden, daß das Motiv der ethischen Imitation mindestens „ganz in der Linie seiner die Gottes- und

---

[22] Der Midrasch fügt dann im Anschluß an Ps 145,17 die Forderung nach Gerechtigkeit und Güte an; siehe Bill. I 372.

[23] Diese Paraphrase der Lev-Stelle wird jedoch auch getadelt pMeg 4,75ᶜ, 11 (R. Jose b. Bun, um 350); siehe Bill. II 159.

[24] Arist 254: „... daß Gott die ganze Welt in Gnade und ohne jeden Zorn leitet. Dem aber ... mußt du, König, folgen."

[25] Arist 208: Auf die Frage, auf welche Art der König menschenfreundlich sein könne, kommt die Antwort: „Wenn du bedenkst, daß das Menschengeschlecht langsam und unter schweren Leiden aufwächst und geboren wird. Darum sollst du weder leichthin strafen noch Martern verhängen, in der Erkenntnis, daß das menschliche Leben in Schmerzen und Strafen besteht. Wenn du das alles erwägst, wirst du barmherzig gestimmt werden; denn auch Gott ist barmherzig (ἐλεήμων)."

Weltauffassung durchziehenden Eikonlehre" liegt[26]. In dem Werk De fuga et inventione (63) führt Philon im übrigen die Hauptquelle seiner Imitatio-Lehre an: Platons Theaetet 176[27]. Die Nachahmung Gottes im menschlichen Wohltun ist für Philon – wie für Griechen und Juden seiner Zeit – ein besonderes Anliegen. Die Formulierungen des Alexandriners zeigen, daß seine Gedankengänge dabei weniger von biblischen Vorstellungen als von den sozialethischen Erwägungen der Stoa geleitet sind[28].

Ein aufschlußreicher Zeuge für das Vorkommen und die Bedeutung des Nachahmungsmotivs im Judentum seiner Zeit (2. Jh.) ist Aristides von Athen. In seiner Apologie sagt er über die Juden: „Sie ahmen Gott nach durch die Menschenliebe, die sie pflegen; denn sie haben Mitleid mit den Armen, sie lösen die Gefangenen aus und beerdigen die Toten und tun dergleichen Dinge mehr. Diese Dinge sind Gott angenehm und gefallen den Menschen..."[29] Damit gibt Aristides wahrscheinlich ein Echo auf die rabbinischen Imitatio-Aussagen des 2. Jahrhunderts wieder[30].

3. Imitatio Dei bei Jesus[31]

Der grundlegende Text findet sich in der Logienquelle, die in diesem Fall aus Mt 5,38–48 par Lk 6,27–36 zu rekonstruieren ist. Wahrscheinlich hat das dritte Evangelium die ursprüngliche Abfolge der Jesusworte aus der

---

[26] A. Heitmann, Imitatio Dei (s. Anm. 5) 63. Zu Einzelaussagen Philons siehe H. Merki, ὉΜΟΙΩΣΙΣ ΘΕῼ (s. Anm. 5) 35–44.75–83; A. Schulz, Nachfolgen und Nachahmen (s. Anm. 5) 215–221.
[27] Siehe auch Philo, De virtutibus 168.
[28] Siehe A. Schulz, Nachfolgen und Nachahmen (s. Anm. 5) 220, der auf De spec. legibus IV 73 und De virtutibus 165–170 verweist.
[29] Aristides, Apol. 14,3.
[30] Siehe die Äußerungen von R. Meïr und Abba Scha'ul; vgl. R. Chama b. Chanina. Dazu oben Anm. 20.21. Auf jüdische Überlieferungen geht ausdrücklich ein: F. Manns, Les œuvres de miséricorde dans le quatrième évangile, in: BeO 27 (1985) 215–221.
[31] Siehe dazu vor allem: H. J. Schoeps, Von der Imitatio Dei (1950; s. Anm. 5) 290–294. R. Bultmann, οἰκτίρω κτλ., in: ThWNT V (1954) 161–163. E. Larsson, Christus als Vorbild. Eine Untersuchung zu den paulinischen Tauf- und Eikontexten (= ASNU 23) (Uppsala 1962), 29–32. A. Schulz, Nachfolgen und Nachahmen (1962; s. Anm. 5) 226–238. J. Dupont, L'appel à imiter Dieu en Mt 5,48 et Lc 6,36 (1966), in: ders., Etudes sur les évangiles synoptiques, Bd. II (= BEThL 70 B) (Löwen 1985), 529–550. H. Schürmann, Das Lukasevangelium. Erster Teil (HThK III 1) (Freiburg 1969; ²1982), 342–365. D. Lührmann, Liebet eure Feinde (Lk 6,27–36/Mt 5,39–48), in: ZThK 69 (1972) 412–438. H. Merklein, Die Gottesherrschaft als Handlungsprinzip. Untersuchung zur Ethik Jesu (= FzB 34) (Würzburg 1978), 222–237. G. Strecker, Die Bergpredigt. Ein exegetischer Kommentar (Göttingen 1984), 88–99. R. Schnackenburg, Die sittliche Botschaft I (s. Anm. 3) 85 f. J. Dupont, Le Dieu de Jésus, in: NRTh 109 (1987) 321–344, 330–332.

Spruchquelle besser erhalten als das Mt-Evangelium. Darum wird hier die Version von Lk 6,35 f wiedergegeben[32].

Lk 6,35 a Vielmehr: liebt eure Feinde
und tut Gutes und leiht,
ohne etwas (zurück) zu erhoffen!
b Und es wird euer Lohn groß sein,
c und ihr werdet Söhne des Höchsten werden;
denn er ist gütig gegenüber den Undankbaren und Bösen.
6,36 Werdet barmherzig,
wie euer Vater barmherzig ist!

Im Mt-Evangelium entsprechen die beiden Verse 5,44 f dem Vers Lk 6,35, und 5,48 ist die Parallele zu Lk 6,36. Während Mt 5,48 die Gesamtfolge der Antithesen abschließt und zur „Vollkommenheit" auffordert[33], hat man bei Lk 6,36 den Eindruck, daß sich die Aufforderung zur Barmherzigkeit näherhin auf die Feindesliebe bezieht. Doch ist dies nicht selbstverständlich. Denn wir dürfen nicht einfach der üblichen Einteilung unserer Evangeliensynopsen folgen, die den Vers auch bei Lukas als Abschluß des vorausgehenden Abschnitts ansehen. Innerhalb der Logienquelle leitete dieser Vers wahrscheinlich einen neuen Absatz ein, der Lk 6,36–38 umfaßte[34]. Einem „Lehrgedicht" über die Feindesliebe (im Umfang von Lk 6,27 f.32 f.35 a.c par Mt 5,44.46 f.45)[35] folgte ein solches über die Barmherzigkeit (innerhalb der Jüngergemeinde Jesu): Lk 6,36.37 f par Mt 5,48; 7,1 f. Würde Lk 6,27–35 die Liebe als „solche ge-

---

[32] Übersetzung nach *H. Schürmann*, Das Lukasevangelium (s. Anm. 31) 353.359.

[33] Siehe dazu *R. Schnackenburg*, Die Vollkommenheit des Christen nach Matthäus, in: ders., Christliche Existenz nach dem Neuen Testament, Bd. I (München 1967), 131–155. – Daß die Fassung mit τέλειος Mt 5,48 gegenüber der mit οἰκτίρμων (bei Lukas) sekundär ist, wird neuerdings fast allgemein vertreten: *J. Dupont*, L'appel (s. Anm. 31) 536–541.550; *H. Schürmann*, Das Lukasevangelium (s. Anm. 31) 360; *D. Lührmann*, Liebet eure Feinde (s. Anm. 31) 421; *H. Merklein*, Die Gottesherrschaft (s. Anm. 31) 227; *G. Strecker*, Die Bergpredigt (s. Anm. 31) 96; *R. Schnackenburg*, Die sittliche Botschaft I (s. Anm. 3) 85; *J. Dupont*, Le Dieu de Jésus (s. Anm. 31) 330.

[34] *H. Schürmann*, Das Lukasevangelium (s. Anm. 31) 358f, meint: „Unverkennbar beginnt im heutigen luk Text mit V 36 eine neue Traditionseinheit, der V 36 als Überschrift dienen soll: Von der Abschlußwendung V 35 c ist V 36 asyndetisch abgehoben, wogegen VV 37 f mit καί an V 36 anschließt. Auch der Neueinsatz V 39 rät, V 36 mit VV 37 f als Einheit zu lesen. Gefordert ist nunmehr eine Barmherzigkeit, die der Gottes gleicht." *D. Lührmann*, Liebet eure Feinde (s. Anm. 31) 421, hält Lk 6,36 für eine Überleitung zu 6,37 ff. Gegen eine Abtrennung des Verses 36 von Lk 6,35 spricht sich *H. Merklein*, Die Gottesherrschaft (s. Anm. 31) 223–225, aus.

[35] Vgl. *H. Schürmann*, Das Lukasevangelium (s. Anm. 31) 348.354.355.358.

gen jedermann" gesehen haben, so wäre sie 6,36–38 eher als „Bruderliebe" gekennzeichnet [36].

Für den lukanischen Kontext und wohl auch für die Logienquelle (und
die Situation Jesu) sind somit die beiden Lk-Verse, die das Motiv der
Imitatio Dei enthalten, gesondert zu betrachten. Lk 6,35 motiviert die
Feindesliebe und bezeugt das Motiv eher implizit; Vers 36 gilt als „Überschrift" zweier Mahnungen zur Bruderliebe [37] und bietet – im Anschluß
an die Form von Lev 19,2 – das Motiv ganz ausdrücklich [38]. Daß beide
Verse *sachlich* zusammengehören, zeigt Justin in seiner sekundären Kombination der jeweils genannten Eigenschaften Gottes: er ist χρηστός
(V. 35c) und οἰκτίρμων (V. 36) [39].

a) Die Forderung der Feindesliebe wird *Lk 6,35a* zunächst zweifach
konkretisiert. Es werden zwei Beispiele genannt: Man soll „Gutes tun"
und – wiederum konkreter gesagt – „Darlehen geben", auch ohne Aussicht auf dereinstige Rückerstattung [40]. ἀγαθοποιεῖν und δανίζειν waren
zuvor in den Versen 33f als Wohltun ohne Aussicht auf irdische Wieder-
gutmachung oder Erstattung gekennzeichnet. So läßt sich vermuten, daß
nicht nur die „Beispiele" in Vers 35a, sondern auch die Verheißung
himmlischen Lohnes (V. 35b) „Zusammenfassungen" und nicht Bestandteile ursprünglicher Jesuslogien sind. Vers 35c ist zunächst einmal eschatologische Verheißung. Der Lohn für die Feindesliebe besteht in der
Erhebung zu Gottessöhnen. Möglich ist, daß der lukanische Genitiv ὑψίστου in Anlehnung an Sir 4,10 geschrieben wurde: „Sei für die Waisen
wie ein Vater, vertritt des Gatten Stelle bei ihrer Mutter! Dann wirst du
wie ein Sohn des Höchsten (ὑψίστου) sein, und er wird dich lieben mehr
als deine eigene Mutter." [41] Wahrscheinlich versteht die mit καὶ ἔσεσθε
eingeführte Verheißung Jesu die Gottessohnschaft doch auch schon als

---

[36] Ebd. 363: „Nicht erst Luk hat 6,37f = Mt 7,1f an 6,36 = Mt 5,48 angefügt ..."
[37] Lk 6,37 verwehrt das aburteilende Richten, 6,38 mahnt zu großzügigem Geben.
H. Schürmann, Das Lukasevangelium (s. Anm. 31) 360f: „Was ‚Barmherzigkeit' ist, wird so
doppelt illustriert: durch ‚Verzeihen' und ‚Geben'."
[38] Lev 19,2: ἅγιοι ἔσεσθε, ὅτι ἐγὼ ἅγιος, ähnlich 11,44. Statt des begründenden ὅτι steht
Lk 6,36 καθώς (Mt 5,48 ὡς), wobei jedoch der Vergleich ebenfalls begründend gemeint ist;
siehe *Blaß-Debrunner-Rehkopf*, Grammatik des neutestamentlichen Griechisch (Göttingen
¹⁴1976), § 453,2.
[39] Justin, Apol. I 15,13: „Seid aber gütig und barmherzig, wie auch euer Vater gütig und
barmherzig ist ...", entsprechend auch Justin, Dial. 96,3.
[40] Mt 5,44 nennt ein anderes Beispiel: Beten für die Verfolger.
[41] Gotteskindschaft als eschatologisches Gut wird auch an anderen Stellen bezeugt: Jub
1,24f; PsSal 17,27; äthHen 62,11; AssMos 10,3.

gegenwärtige Realität[42]. Der abschließende ὅτι-Satz mahnt die, die Söhne Gottes werden wollen, es schon jetzt dem gütigen Gott gleichzutun[43]. Wer den gütigen Gott liebt, wird ihm ähnlich sein wollen. *H. Schürmann* paraphrasiert den Gedanken von Vers 35 c folgendermaßen: „Ihr werdet einst Söhne Gottes werden, wenn ihr auf Erden schon deren Art an euch habt und Feindesliebe übt nach der Art Gottes."[44]

b) Die Barmherzigkeit Gottes wird schon in der Bibel des Alten Testaments herausgestellt, in der Septuaginta häufig auch mit dem Adjektiv οἰκτίρμων, dem meist ἐλεήμων an die Seite tritt[45]. Im palästinischen Targum zu Lev 22, 28 steht eine genaue Parallele zu *Lk 6, 36* als Mahnung des Mose: „Wie unser Vater barmherzig ist im Himmel, so sollt ihr barmherzig sein auf Erden."[46] Der Vers Lk 6, 36 leitet die Einheit 6, 36–38 ein, ist sozusagen dessen Überschrift. Diese Einheit darf von 6, 27–35 nicht zu scharf abgetrennt werden; denn auch sie handelt noch vom Gebot der Liebe, allerdings eher von der Bruderliebe als der Feindesliebe[47]. Wenn man nach dem jesuanischen Sinn des Einzelspruches Vers 36 fragt, muß man wohl vom Kontext absehen, der von der Feindesliebe handelt. Am ehesten darf wohl Vers 37 als Interpretationshilfe herangezogen werden. Die Barmherzigkeit Gottes wird so auszulegen sein, daß „Gott nicht nach dem Maße der Gerechtigkeit, sondern nach dem der Barmherzigkeit ein ,Gnadengericht' veranstalten, daß er ihn [den Menschen] amnestieren will"[48]. Gott wird – so ist im Kontext der Verkündigung Jesu zu verstehen – den Schuldigen nur dann amnestieren, wenn dieser ebenfalls barmherzig war, wenn er seinem mitmenschlichen Schuldner vergeben hat[49].

---

[42] Vgl. Mt 5, 45; Eph 5, 1. Siehe auch *R. Schnackenburg,* Die sittliche Botschaft I (s. Anm. 3) 85.

[43] Der Hinweis auf Gottes Güte gegenüber „den Undankbaren und Bösen" erinnert auffallend an Seneca, De benef. IV 26, 1 (siehe oben Anm. 13).

[44] *H. Schürmann,* Das Lukasevangelium (s. Anm. 31) 357.

[45] Siehe LXX Ex 34, 6; Dtn 4, 31; 2 Chr 30, 9; Neh 9, 17.31; Ps 85, 15; 102, 8; 110, 4; 111, 4; 144, 8; Sir 2, 11; Joel 2, 13; Jon 4, 2; Vgl. auch *J. Dupont,* L'appel (s. Anm. 31) 533.

[46] Siehe oben bei Anm. 23. Da diese Mahnung im rabbinischen Judentum auch auf Kritik stieß (siehe Bill. II 159), offenbar, weil sie das Gottesbild zu einseitig festzulegen schien, kann man überlegen, ob nicht Matthäus diese Kritik abfangen wollte und deshalb Gott als den schlechthin „vollkommenen" bezeichnete.

[47] Vgl. *H. Schürmann,* Das Lukasevangelium (s. Anm. 31) 359.

[48] *H. Schürmann,* a. a. O. 361.

[49] Siehe z. B. Mt 5, 7; 6, 14f; 18, 23–34.35; 25, 31–46; Mk 11, 25; Lk 11, 4 par Mt 6, 12.

4. Ist das Motiv der Imitatio Dei authentisch jesuanisch?[50]

Das Motiv der Nachahmung Gottes fügt sich nach dem Gesagten gut in den Rahmen der sittlichen Botschaft Jesu ein. Schon für die Logienquelle und wahrscheinlich auch bereits für frühere Stufen der Überlieferung darf angenommen werden, daß die Verheißung der Gottessohnschaft Lk 6,35c zusammen mit dem (viergliedrigen) Gebot der Feindesliebe (Lk 6,27f) eine Einheit bildete[51]. Weniger gewiß ist die Position von Lk 6,36 im vor-lukanischen Zusammenhang. Für die hier vorliegende und Lev 19,2 nachgebildete Forderung nach einer Imitatio der göttlichen Barmherzigkeit wird eher angenommen werden müssen, daß sie isoliert überliefert[52] oder sekundär in eine vorliegende Spruchfolge eingefügt[53] wurde.

a) *Lk 6,35c(d)* gehört wahrscheinlich mit 6,27f zu einer Sprucheinheit, die nicht mehr weiter dekomponierbar ist:

(Lk 6,27a)	Ich sage euch:	Mt 5,44a
27b	Liebt eure Feinde,	(44b)
27c	tut Gutes denen, die euch hassen,	–
28a	segnet die, die euch verfluchen[54],	–
28b	betet für die, die euch mißhandeln,	(44c)
(35c)	damit ihr Söhne eures Vaters werdet[55];	45a

---

[50] Siehe dazu vor allem: *D. Lührmann*, Liebet eure Feinde (s. Anm. 31) 427–436. *D. Zeller*, Die weisheitlichen Mahnsprüche bei den Synoptikern (= FzB 17) (Würzburg 1977), 101–113. *H. Merklein*, Die Gottesherrschaft (s. Anm. 31) 229–237. *P. Hoffmann*, Tradition und Situation. Zur „Verbindlichkeit" des Gebots der Feindesliebe in der synoptischen Überlieferung und in der gegenwärtigen Friedensdiskussion, in: K. Kertelge (Hrsg.), Ethik im Neuen Testament (= QD 102) (Freiburg 1984), 50–118. *U. Luz*, Das Evangelium nach Matthäus, Bd. I (= EKK I 1) (Zürich/Neukirchen 1985), 304–318. *J. Sauer*, Traditionsgeschichtliche Erwägungen zu den synoptischen und paulinischen Aussagen über Feindesliebe und Wiedervergeltungsverzicht, in: ZNW 76 (1985) 1–28.
[51] Vgl. *D. Lührmann*, Liebet eure Feinde (s. Anm. 31) 425f; *H. Merklein*, Die Gottesherrschaft (s. Anm. 31) 229; *P. Hoffmann*, Tradition (s. Anm. 50) 72; *U. Luz*, Evangelium nach Matthäus (s. Anm. 50) 306f; siehe auch *H. Schürmann*, Das Lukasevangelium (s. Anm. 31) 346 u.ö.
[52] Vgl. *D. Zeller*, Mahnsprüche (s. Anm. 50) 110–113; *P. Hoffmann*, Tradition (s. Anm. 50) 57.72.
[53] So *J. Sauer*, Erwägungen (s. Anm. 50) 15.
[54] Da Lk 6,27c.28a keine Entsprechung bei Mt hat, kann man diese Versteile als Sekundär-Bildungen ansehen.
[55] Mit Mt 5,45a, wo ὅπως γένησθε steht, während Lk 6,35c καὶ ἔσεσθε liest.

(35 d)   denn[56] er läßt seine Sonne aufgehen   45 b
         über Bösen (und Guten)
         und läßt regnen über   45 c
         (Gerechte und) Ungerechte[57].

In dieser Sprucheinheit wird das Gebot der Feindesliebe dreifach *konkretisiert* und anschließend *motiviert*. Bei der Motivierung wird der Gedanke der *imitatio Dei* angedeutet und zugleich (durch den ὅτι-Satz) erläutert und begründet.

Daß das Gebot der Feindesliebe als solches auf Jesus zurückgeführt werden kann[58], sollte man nicht bezweifeln[59]. Gilt solches aber auch für die Motivation, die in der oben genannten Sprucheinheit vorliegt? H. *Merklein* bejaht die Frage, und er bezieht – entsprechend seiner Rekonstruktion der Spruchfolge[60] – auch Lk 6,36 (par Mt 5,48) in sein positives Urteil ein[61]. Das weisheitliche Theologumenon von der Gottessohnschaft des Gerechten (vgl. Sir 4,10) ist Mt 5,45a par Lk 6,35c aufgegriffen[62], möglicherweise (entsprechend der Mt-Fassung[63]) noch nicht im Sinne einer eschatologischen Verheißung[64]. Versteht man den Satz jedoch als Verheißung, so fügt sich die Zusage der Gottessohnschaft gut in die Botschaft Jesu ein. Der erläuternde und begründende Satz Mt 5,45b.c ist aus der Erfahrung gewonnen und mutet beinahe resignierend an[65]. Er preist nicht eigentlich Gottes schrankenlose Güte, wie man es im Kontext der Vater-Gott-Botschaft Jesu erwarten sollte[66].

---

[56] Mt 5,45b par Lk 6,35d: ὅτι.
[57] Die in Klammern stehenden Stichworte sind vielleicht nicht ursprünglich, wofür Lk 6,35d sprechen kann (nur „Undankbare und Böse" sind genannt).
[58] Siehe D. *Lührmann*, Liebet eure Feinde (s. Anm. 31) 436f; H. *Merklein*, Die Gottesherrschaft (s. Anm. 31) 230f; P. *Hoffmann*, Tradition (s. Anm. 50) 72.
[59] Neuerdings meint J. *Sauer*, Erwägungen (s. Anm. 50) 27, „daß das Gebot der Feindesliebe in Lk 6,27b nachträglich, in Analogie zu den älteren Gliedern dieser Reihe, gebildet wurde, und zwar vermutlich als deren Überschrift". Das „älteste Element" der viergliedrigen Reihe Lk 6,27f stelle „ein Röm 12,14 bereits voraussetzendes Logion dar (Lk 6,27c.28a)". Siehe indessen oben Anm. 54.
[60] Siehe H. *Merklein*, Die Gottesherrschaft (s. Anm. 31) 229.
[61] Ebd. 230f.
[62] D. *Lührmann*, Liebet eure Feinde (s. Anm. 31) 432.
[63] Anders Lk 6,35b und 6,35c (Hinweis auf zukünftig-jenseitige Vergeltung).
[64] Vgl. P. *Hoffmann*, Tradition (s. Anm. 50) 97.
[65] D. *Lührmann*, Liebet eure Feinde (s. Anm. 31) 432. Siehe hingegen den Lobpreis auf Gottes universale Güte Ps 145,9; Ijob 5,10f; Sir 18,13; PsSal 5,13. Vgl. auch Bill. I 376f.
[66] U. *Luz*, Evangelium nach Matthäus (s. Anm. 50) 309, urteilt, daß die Motivation Mt 5,45 „kaum sicher spezifisch jesuanisch zu deuten" sei, vielmehr „eine weisheitliche Argumentationsform" aufgreife. Siehe auch D. *Zeller*, Mahnsprüche (s. Anm. 50) 104–110.

b) Auch wenn man *Lk 6, 36* für die im Zusammenhang der Logienquelle bezeugte Überschrift bzw. Einleitung zu den Weisungen Lk 6,37 f (par Mt 7,1 f) hält [67], muß man einräumen, daß diese Einleitung eine ursprünglich selbständige Sentenz ist [68]:

Werdet barmherzig,
wie euer Vater barmherzig ist!

Je nachdem man den Satz auf Lk 6,35 zurückbezieht oder auf 6,37 f vorausblicken läßt, wird die Feindesliebe oder der Verzicht auf das „Richten" als „Barmherzigkeit" verstanden. Die wohl schon zur Zeit Jesu im Judentum bekannte Sentenz wurde offenbar von der Spruchreihe über die Feindesliebe oder von der Vorlage von Lk 6,37 f (par Mt) „angezogen" [69]. Daß nur Jesus im Rahmen seiner Botschaft (in der Überzeugung von Gottes erbarmender Güte) die genannte Sentenz sprechen konnte, wird man schwerlich behaupten können. Allerdings widerspricht sie auch nicht der Verkündigung Jesu [70]. So ist es – um mit D. *Zeller* zu sprechen – „am wahrscheinlichsten, daß Jesus V. 36 nicht eigens formulierte, sondern eine ... im damaligen Judentum verbreitete Maxime seiner Verkündigung integrierte" [71]. Wie die Goldene Regel (Lk 6,31 par Mt 7,12) kann auch die Forderung nach Imitatio der göttlichen Barmherzigkeit „nur mit einigem Vorbehalt als jesuanisch angesehen werden, wenngleich sie sich seiner Verkündigung gut einfügen" [72].

---

[67] Siehe oben Anm. 34.
[68] Das legen schon die Parallelen Targ. Jeruschalmi I Lev 22,28 (siehe oben bei Anm. 23) und bei Abba Scha'ul (siehe oben bei Anm. 21) nahe (vgl. Arist 208). Siehe auch D. *Zeller*, Mahnsprüche (s. Anm. 50) 110 f; P. *Hoffmann*, Tradition (s. Anm. 50) 57.
[69] So D. *Zeller*, Mahnsprüche (s. Anm. 50) 110.
[70] Vgl. etwa Mt 18,23–34.
[71] D. *Zeller*, Mahnsprüche (s. Anm. 50) 112 f (mit Hinweis auf J. Jeremias).
[72] P. *Hoffmann*, Tradition (s. Anm. 50) 72.

8

DIE NEUHEIT DER CHRISTLICHEN NÄCHSTENLIEBE

Das vierte Evangelium bezeichnet die Forderung der Nächstenliebe als das „neue Gebot" Jesu an seine Jünger (Joh 13, 34). Der erste Johannesbrief sieht in der christlichen Bruderliebe ebenfalls ein „neues Gebot", wenngleich er es nicht direkt auf Jesus zurückführt (1 Joh 2, 8—11). Die Frage, worin — abgesehen einmal von der besonderen Sicht der johanneischen Theologie — die „Neuheit" der christlichen Nächstenliebe besteht, ist sehr verschieden beantwortet worden.

1. Verschiedentlich sah man das eigentlich Neue in der Verbindung von Gottesliebe und Nächstenliebe durch Jesus (Mk 12, 28—34 parr. Mt 22, 34—40; Lk 10, 25—28). Man interpretierte diese Verknüpfung häufig als Verankerung der Sittlichkeit in der Religion[1].

2. Gegenüber der jüdischen Vielzahl der Forderungen Gottes, wie sie in Geboten und Verboten der Tora begegnet, habe Jesus — so meinen andere — in der Nächstenliebe (Mt 19, 19) oder im Doppelgebot der Gottes- und Nächstenliebe (Mk 12, 28—34 parr.) das entscheidende größte Gebot gesehen, hinter dessen Rang alles andere zweitrangig bleibe oder in dessen Befolgung alle anderen Forderungen Gottes eingeschlossen seien[2].

---

[1] A. H a r n a c k vertrat in seiner Vorlesung „Das Wesen des Christentums" (1900) die These, durch Jesus seien Moral und Religion verknüpft worden. „Von hier aus versteht man, wie Jesus Gottes- und Nächstenliebe bis zur Identifizierung aneinanderrücken konnte: die Nächstenliebe ist auf Erden die einzige Betätigung der in Demut lebendigen Gottesliebe" (Taschenbuchausgabe München/Hamburg 1964, 54). Vgl. F. W. M a i e r, Jesus, Lehrer der Gottesherrschaft, Würzburg 1965, 111: „Erst in dieser Verknüpfung und Verschmelzung empfängt das Doppelgebot seine eigentümliche, spezifisch christliche Bedeutung." Siehe auch R. S c h n a c k e n b u r g, Die sittliche Botschaft des Neuen Testamentes, München ²1962, 69, der zurückhaltender meint, daß die Verflochtenheit von Religion und Moral in dieser „Klarheit" von keinem jüdischen Lehrer erreicht wurde. Zu vergleichen sind: G. B o r n k a m m , Das Doppelgebot der Liebe (erstmalig 1954), in: Geschichte und Glaube I., München 1968, 37—45; J. C o p p e n s, La doctrine biblique sur l'amour de Dieu et du prochain: EThL 40 (1964) 252—299; J. E r n s t , Die Einheit von Gottes- und Nächstenliebe in der Verkündigung Jesu: ThGl 60 (1970) 3—14; K. B e r g e r , Die Gesetzesauslegung Jesu, Teil I: Markus und Parallelen, Neukirchen 1972, 56—257.

[2] Vgl. M a i e r, Jesus 101: „Jesus hat im Gegensatz zum Alten Testament, wo die zwei Einzelgebote neben sechshundertundelf mehr oder weniger gleichberechtigten anderen Geboten standen, sie als das eine Doppelgebot proklamiert. Es übertrifft an Wichtigkeit und Wert alle andern und ist deshalb allen andern als Spitzengebot voranzustellen (Mk 12, 28. 31)." Siehe hingegen S c h n a c k e n b u r g, Die sittliche Botschaft 67: „An Versuchen, die vielen Einzelvorschriften des jüdischen Gesetzes auf einige Grundprinzipien zurückzuführen, hat es schon im alten Judentum nicht gefehlt."

Hierbei kann auf Paulus (Gal 5, 14; Röm 13, 8—10) verwiesen werden, der in der Nächstenliebe das ganze Gesetz erfüllt sieht. Auch spätere neutestamentliche Aussagen lassen sich anführen (Kol 3, 14; 1 Tim 1, 5; Jak 2, 8).

3. Die Neuheit der Forderung Jesu wird ferner darin gesehen, daß der Begriff des „Nächsten" — im Vergleich zum zeitgenössischen Judentum — auf alle Menschen erweitert ist bis hin zum „Feind" (Mt 5, 43 f.; Lk 6, 27 f. 35; 10, 29—37)[3]. In der Feindesliebe werde selbst die „allgemeine Menschenliebe" der Stoa qualitativ überschritten[4].

4. Die Nächstenliebe wird außerdem als aktives Wohlwollen und positive Tat — im Gegensatz zum verbietenden Charakter von Lev 19, 18 und zur negativen Fassung der Goldenen Regel im hellenistischen Raum — qualifiziert, da die Goldene Regel sowohl Mt 7, 12 als auch Lk 6, 31 positiv formuliert ist[5].

5. Schließlich kann die Neuheit in der neuen Motivation gefunden werden, die von Jesus erschlossen bzw. im Blick auf ihn erkannt worden ist. Jesus begründet seine Forderung mit dem Verhalten Gottes (Mt 5, 44 f. 48; Lk 6, 35 f.; vgl. 1 Joh 4, 11. 19). Joh 13, 34 sieht die Bruderliebe in der Liebe Jesu selbst begründet und normiert (vgl. Joh 13, 1; 15, 12. 17)[6].

Vor einer Prüfung der genannten Thesen ist eine methodische Überlegung am Platze. Zu allen fünf genannten Aspekten lassen sich religionsgeschichtliche Analogien beibringen. Wir werden sie — so unvollständig

---

[3] So die jüdischen Autoren D. F l u s s e r , Jesus in Selbstzeugnissen und Bilddokumenten, Reinbek bei Hamburg 1968, 68 f. 72; Sch. B e n C h o r i n , Bruder Jesus. Der Nazarener in jüdischer Sicht, München [3]1970, 79 f. 101—110. Siehe jedoch auch H. B r a u n , Jesus. Der Mann aus Nazareth und seine Zeit, Stuttgart 1969, 130 f.; J. J e r e m i a s , Neutestamentliche Theologie I., Gütersloh 1971, 206. V. P. F u r n i s h , The Love Command in the New Testament, Nashville 1972, 66.

[4] Vgl. H. P r e i s k e r , Das Ethos des Urchristentums, Gütersloh [2]1949 (= Darmstadt 1968), 68—71; M a i e r , Jesus 132 f.; S c h n a c k e n b u r g , Die sittliche Botschaft 77.

[5] R. B u l t m a n n , Die Geschichte der synoptischen Tradition, Göttingen [5]1961, 107, war der Ansicht, die positive Formulierung der Goldenen Regel bei Jesus sei „bloßer Zufall"; „denn ob positiv oder negativ enthält das Wort, als Einzelwort genommen, die Moral eines naiven Egoismus". Ähnlich A. D i h l e , Die Goldene Regel, Göttingen 1962. Siehe hingegen H. S c h ü r m a n n , Das Lukasevangelium I., Freiburg 1969, 349—352; J e r e m i a s , Theologie I 205 Anm. 38.

[6] „Die Botschaft von der christlichen Agape.. hat etwas Neues in die Welt gebracht, einen Gedanken und eine Wirklichkeit, so groß und unfaßbar, daß dies die höchste Offenbarung Gottes und außerhalb der Offenbarung überhaupt nicht vorstellbar ist. Doch waren diese letzten Erkenntnisse erst nach dem Sühnetod Jesu möglich und konnten erst in der urchristlichen Theologie sichergestellt werden" (S c h n a c k e n b u r g , Die sittliche Botschaft 65).

das weithin bleiben muß — notieren und interpretieren. Entscheidend wird jeweils der Kontext sein, in dem die betreffende Forderung oder ihre Begründung steht. Hier werden sich dann gewiß Differenzen herausstellen, die freilich nicht ohne weiteres „Neuheit" begründen können. Die Neuheit der christlichen Nächstenliebe kann durchaus darin bestehen, daß verschiedene der genannten Aspekte in der christlichen Forderung zusammenfließen und damit die neue „Konstellation" das Spezifikum bildet[7]. In den Kontext der christlichen Forderung gehört auf jeden Fall Jesus selbst und sein Schicksal. Doch werden wir zu unterscheiden haben zwischen dem, was er selbst explizit sagte, und dem, was die frühe Kirche im Lichte der Botschaft und des Geschicks ihres Herrn als Gebot der Nächstenliebe formulierte. Auf der Ebene des „historischen Jesus" werden wir manchmal nur zu hypothetischen Urteilen kommen können. Deshalb wird zur Beantwortung dieser Fragestellung eine traditionsgeschichtliche Analyse der einschlägigen neutestamentlichen Aussagen notwendig sein. Doch geht es in den folgenden Überlegungen primär um die Frage, wieweit sich das Neue Testament als Glaubenszeugnis der frühen Kirche von der Umwelt und ihrer Sittlichkeit abhebt.

I. Nächstenliebe und Gottesliebe

Eine Zuordnung der Nächstenliebe zur Gottesliebe findet sich vorchristlich in den Testamenten der zwölf Partriarchen: „Liebet den Herren in eurem ganzen Leben und einander mit wahrhaftigem Herzen" (Test Dan 5, 3)! Diese Mahnung steht zwar am Ende einer Reihe von Einzelmahnungen des Dan an seine Söhne. Sie hat jedoch wegen ihrer Stellung am Schluß einer Aufzählung zusammenfassenden Charakter. Die „Gebote des Herrn und sein Gesetz" (vgl. 5, 1a) können gewissermaßen als die doppelte Forderung der Liebe zu Gott und dem Nächsten begriffen werden. Es besteht kein Grund, diesen Passus der Patriarchentestamente als christliche Interpolation auszuscheiden[8], zumal die Zuordnung der beiden Gebote

---

[7] Siehe dazu die Zusammenfassung bei H a r n a c k , Wesen des Christentums 53 f.: 1. Lösung der Ethik von äußerem Kult und technisch-religiösen Übungen; 2. Gesinnungsethik; 3. die Liebe als einziges Motiv des Sittlichen; 4. Ineinssetzung von Demut (als möglicher Gottesliebe) und Nächstenliebe. M a i e r , Jesus 101 f., verzeichnet sechs Punkte, in denen die oben genannten Thesen 1.—3. enthalten sind; S c h n a c k e n b u r g , Die sittliche Botschaft 68 f., nennt drei Punkte, im wesentlichen die obigen Thesen 1.—3.

[8] Test Dan 5, 1a. 3 gehört nach J. B e c k e r , Untersuchungen zur Entstehungsgeschichte der Testamente der zwölf Patriarchen, Leiden 1970, 349, zum älteren Grundstock der Testamente. Dieser stammt von einem hellenistischen Juden und ist auf den Anfang des zweiten vorchristlichen Jahrhunderts zu datieren (ebd. 375 f.).

auch Test Issachar 5, 2a und 7, 6 begegnet und Test Sebulon 5, 1 vorausgesetzt wird. Ferner ist zu beachten, daß eine ähnliche Zusammenfassung
im Testament Isaaks des Jubiläenbuches vorkommt.

Zunächst paraphrasiert Jub 36, 4 das Gebot der Nächstenliebe (Lev
19, 18): „Und liebt, meine Söhne, untereinder eure Brüder, wie einer sich
selbst liebt, und sucht einer dem anderen Gutes zu tun und gemeinsam
zu handeln auf der Erde, und sie sollen sich untereinander lieben wie sich
selbst." Dann jedoch beginnt Isaak, seine Söhne feierlich zu beschwören,
daß sie Gott „fürchten und ihm dienen" (36, 7). Er fährt unmittelbar fort:
„und daß ein jeglicher seinen Bruder liebe in Barmherzigkeit und Gerechtigkeit . . ." (36, 8). Zwar wird hier nicht von Gottesliebe gesprochen[9]. Doch
ist die Wendung „Gott fürchten und ihm dienen" im Sinne des Deuteronomiums in die Nähe der Gottesliebe gerückt (Dt 6, 2. 4. 13; 10, 20). Der
Patriarch erfüllt mit seiner Mahnung an die Kinder, was Dt 6, 7 (11, 19)
dem Israeliten aufträgt. Die Zweiteilung der Gesetzesforderungen, näherhin ihre Einteilung nach Forderungen des Gottesdienstes und der Nächstenliebe, legte sich vielleicht schon durch die Zweizahl der Gesetzestafeln
mit den zehn Geboten nahe (vgl. Dt 5, 22)[10].

Eine Tendenz, das Doppelgebot von Gottesdienst und Nächstenliebe als
Grundlage oder Prinzip der Gesetzesforderungen zu verstehen, findet sich
bei Philon von Alexandria. Hier zeigt nicht nur die Terminologie, sondern
auch die „nach außen" gerichtete Darlegung, daß dem Nichtjuden die Tora
nahegebracht werden soll. „Es gibt sozusagen zwei Grundlehren, denen
die zahllosen Einzel-Lehren und -Sätze untergeordnet sind: in bezug auf
Gott das Gebot der Gottesverehrung und Frömmigkeit (eusebeia kai hosio-
tes), in bezug auf den Menschen das der Nächstenliebe und Gerechtigkeit
(philanthropia kai dikaiosyne). Jedes dieser beiden zerfällt wieder in vielfache, durchweg rühmenswerte Unterarten" (De spec. leg. II 63). Man
wird betonen müssen, daß weder Dt 6, 4 noch Lev 19, 18 anklingt, sondern
der Versuch vorliegt, die Vielzahl der Toravorschriften auf eine Grundlage, auf Hauptstücke (kephalaia) zurückzuführen[11].

Liest man demgegenüber die synoptische Perikope über das Doppelgebot der Liebe, so wird der Abstand zu jüdischen Äußerungen deutlich.
Es werden nicht nur Dt 6, 4 und Lev 19, 18 ausdrücklich zitiert. Vielmehr

---

[9] Test Benjamin 3, 3 hat ähnlich: „Fürchtet den Herrn und liebt den Nächsten!"

[10] Vgl. B o r n k a m m , Das Doppelgebot 41.

[11] Siehe ferner De virt. 51 (eusebeia und philanthropia); De spec. leg. I 51 f.
Nach Flav. Josephus, Ant. XII 43, hatte der Hohepriester Simon den Beinamen
„Gerechter" wegen „seiner Frömmigkeit gegenüber Gott und seinem Wohlwollen
gegenüber den Stammesgenossen".

wird den beiden Geboten der Vorrang vor allen anderen (Mk 12, 31), insbesondere vor allen kultischen Vorschriften (Vers 33) zugesprochen. Nach
Mt 22, 40 „hängen in diesen beiden Geboten das ganze Gesetz und die Propheten", während nach Lk 10, 25. 28 die Erfüllung der beiden Gebote den
Weg zum ewigen Leben darstellt. Die synoptische Perikope bzw. die ihren
Fassungen zugrunde liegende Tradition hat spätere Zusammenfassungen
im Sinne des Doppelgebots der Liebe angeregt: Didache 1, 2 (in Verbindung mit der Goldenen Regel); Polykarp, Ad Phil. 3, 3; Barnabasbrief
19, 2—5; Justin, Dial. 93, 2.

Die Tatsache, daß im hellenistischen Judentum die Zusammenstellung
der beiden Liebesgebote bezeugt ist, läßt einerseits an die ursächliche
Funktion eines vom palästinisch-schriftgelehrten Judentum abweichenden
Gesetzesverständnisses denken, macht aber andererseits auch die Frage
dringlich, ob die synoptische Überlieferung darin historisch zutreffend ist,
daß sie die Zusammenfassung zu einem Doppelgebot Jesus zuschreibt.
Diese Frage wird noch notwendiger, wenn man beachtet, daß die Mk-Fas-
sung nicht nur wegen des monotheistischen Bekenntnisses (12, 29), sondern
auch wegen des Einverständnisses des „Schriftgelehrten" (12, 32 f.) an das
griechisch sprechende Judenchristentum als Tradenten denken läßt[12].

II. Die Frage nach einem Hauptgebot

Obgleich es vom Gesetzesverständnis des Palästina-Judentums aus
kaum möglich gewesen sein dürfte, eine einzige Forderung als Hauptgebot
zu verstehen, und obgleich es für die Frage nach dem Hauptgebot keinen
palästinisch-jüdischen Beleg gibt, ist es sinnvoll zu fragen, ob nicht doch
in einer analogen Weise nach vorrangigen Geboten gefragt worden ist. Es
gab zwar in diesem Judentum verschiedene Überlegungen über schwerere
und leichtere Gebote, über gewichtige und weniger wichtige Vorschriften[13]. Doch dienen solche Unterscheidungen der kasuistischen Reflexion.
Nicht nur die „Grundgebote", sondern auch die Einzelsatzungen verdienen
volle Achtung[14]. Wenn es in christlicher Zeit zu der Argumentation gekommen ist, die Rezitation des „Sch^ema Israel" enthalte den Dekalog, so wollte
man damit nur die Übung rechtfertigen, daß der Dekalog nicht mehr wie
zur Zeit des Tempels zusammen mit dem Sch^ema rezitiert wurde[15].

---

[12] Dazu B o r n k a m m , Das Doppelgebot 38—43. Vgl. B e r g e r, Gesetzesauslegung 143. 256, der an eine Beziehung zur „Initialfrage der Diasporakate-
chese" denkt.

[13] Siehe B i l l e r b e c k I 901—905.

[14] Vgl. ebd. III 36 f. B o r n k a m m , Das Doppelgebot 38: „Kein Jude darf
die ‚Satzungen' mit geringerem Respekt behandeln."

[15] B i l l e r b e c k IV 190 f.

In den hellenistisch-jüdischen Testamenten der zwölf Patriarchen wurden Gottes- und Nächstenliebe zweifellos miteinander verbunden, und das so entstandene Doppelgebot bekam unstreitig einen besonderen Rang. Aber, indem weitere Gebote im Zusammenhang genannt und eingeschärft wurden, erfuhr die Doppelforderung dennoch keine grundsätzliche Hervorhebung[16].

Anders jedoch liegt der Fall an zwei Belegstellen, in denen ein Nicht-Israelit einen Israeliten nach einer summarischen Zusammenfassung der Gesetzesforderungen fragt. Das ist einmal der Fall im sogenannten Aristeasbrief. Da fragt der ägyptische König in einer Audienz die anwesenden Juden nach der „Lehre der Weisheit". Die jüdische Antwort nennt die Goldene Regel: „Wie du wünschest, daß dich kein Übel befalle, sondern daß du an allem Guten teilhabest, so tue auch gegen deine Untertanen und die Sünder" (Arist 207)! Dabei ist offenbar an die spezifische Weise gedacht, in der der Herrscher das Gebot der Nächstenliebe erfüllen soll. Denn im griechischen Sirach-Buch ist die Goldene Regel zur Interpretation von Lev 19, 18 herangezogen (Sir 34, 15). Was der Aristeasbrief als Lehre der Weisheit summarisch formuliert, wird von Rabbi Hillel (um 20 v. Chr.) als Zusammenfassung der Tora genannt. Der Babylonische Talmud überliefert eine Begebenheit, in der ein Bekehrungswilliger den Rabbi um eine Kurzfassung der Tora bittet. Das scheint eine bezeichnende Situation bei denen gewesen zu sein, die Jude werden wollten. Sie möchten und können nicht sogleich die gesamte Tora mit ihren 613 Einzelvorschriften studieren. Hillel antwortet: „Was dir nicht lieb ist, das tue auch deinem Nächsten nicht! Das ist die ganze Tora, und alles andere ist (nur) die Erläuterung. Geh hin und lerne sie" (b Schabbat 31a)! Offensichtlich ist die Goldene Regel schon in vorchristlicher Zeit aus dem Hellenismus nach Palästina gelangt, vielleicht im Zusammenhang mit der stoischen Lehre vom ungeschriebenen Gesetz[17]. Zu beachten ist, daß das Hauptgebot bei Hillel das Studium und Einhalten der übrigen Toragebote nicht einfach einschließt oder gar überflüssig macht. Eine Entsprechung zur Hillelschen Position liegt bei Philon vor, wenn er die Gebote der Gottesverehrung und Frömmigkeit einerseits und der Menschenliebe und Gerechtigkeit andererseits als die beiden „Grundlehren" bezeichnet, denen „vielfache Unterarten" von Einzelgeboten untergeordnet sind (De spec. leg. II 63).

Wenn das älteste Evangelium von den beiden ersten und größten Geboten spricht (Mk 12, 28 f. 31), so ist dabei zwar ebenfalls nicht die Gel-

---

[16] Vgl. Test Issachar 5, 2; 7,6 (innerhalb 4—7); Test Sebulon 5,1 (innerhalb 5—10); Test Dan 5, 3 (innerhalb 2—6); Test Gad 6, 1 (innerhalb 3—8); Test Benjamin 3, 3 (innerhalb 3—12).

[17] So vermutet von J e r e m i a s , Theologie I 204 f.

tung der übrigen Gebote aufgehoben. Jedoch wird hier nicht an die weiteren Gebote erinnert, indem sie aufgezählt würden. Insofern hat Matthäus seine Vorlage recht verstanden, als nach ihm in dem Doppelgebot „das ganze Gesetz und die Propheten hängen" (Mt 22, 40). Die Liebe ist der Kanon, nach dem die ganze Tora auszulegen und zu realisieren ist[18]. In einem ähnlichen Sinn kann vielleicht eine spätere rabbinische Sentenz verstanden werden, die als Auslegung von Dt 11, 13 (Hören der Gebote als Ausdruck der Gottesliebe) sagt: „Alles, was ihr tut, sollt ihr (nur) aus Liebe tun" (Sifre Dt 11, 13 § 41)[19]! Rabbi Akiba († um 135) und Ben Azzai (um 110) bezeichneten das Gebot der Nächstenliebe als „das große allumfassende Prinzip in der Tora *(kelal gadol betorah)*" (Sifra Lev 19, 18)[20].

In der Didache wird das Doppelgebot — ähnlich wie Lk 10, 25. 28 — ausdrücklich der „Weg des Lebens" genannt (Did 1, 2). Das Doppelgebot eröffnet die Einzelparänese, an deren Anfang die Forderung der Feindesliebe steht (1, 3). Auf der gleichen Linie stehen Kol 3, 14; 1 Tim 1, 5 und Jak 2, 8. Im Anschluß an den paulinischen Gedanken der „Erfüllung des ganzen Gesetzes" in der Liebe (Gal 5, 14; Röm 13, 8—10) sieht später Justin in der Beobachtung der Gottes- und Nächstenliebe die Erfüllung „aller Forderungen der Gerechtigkeit und Frömmigkeit" (Dial. 93, 2). Er führt diese Aussage ausdrücklich auf Jesus Christus zurück.

III. Das Gebot der Feindesliebe

Die Forderung der Feindesliebe steht schon in einem babylonischen Text, der dem Bereich früher Weisheitsliteratur zuzuordnen ist. Er fand sich in der „Bibliothek" Assurbanipals und lautet: „Vergelte nicht Böses dem Menschen, der mit dir disputiert. Belohne mit Freundlichkeit deinen Übeltäter. Übe Gerechtigkeit gegenüber deinem Feind. Lächle gegenüber deinem Gegner. Wenn der, der dir übel will, ..., gib ihm Nahrung. Richte deinen [Sinn] nicht auf Böses" (Counsels of Wisdom, Zeilen 41—46)[21]! Bekanntlich hat Lao-tse mit seiner Forderung, auch gegen schlechte Menschen gut zu sein und Böses mit Gutem zu vergelten, in der außerchristlichen Ethik eine ähnliche Höhe erreicht. Das alttestamentliche Buch der Sprüche — ebenfalls ein Repräsentant der Weisheitsliteratur — erhebt die Forderung: „Hungert deinen Feind, so speise ihn mit Brot, dürstet ihn, so tränke ihn mit Wasser! Denn feurige Kohlen häufst du auf sein Haupt, und Jahwe wird dir's vergelten" (Spr 25, 21 f.).

---

[18] Siehe auch Mt 19, 19b: die Nächstenliebe als „Summe" der Gebote der zweiten Dekalogtafel.
[19] Bei B i l l e r b e c k III 306.
[20] Siehe ebd. I 357 f.
[21] Siehe die englische Übersetzung bei W. G. L a m b e r t (Hrsg.), Babylonian Wisdom Literature, Oxford 1960, 101.

Hinter dieser Forderung bleibt das Gebot der Nächstenliebe in Lev 19, 18 auf jeden Fall insofern zurück, als hier nur die Liebe zum Volksgenossen intendiert und nach dem Kontext die Verbotsrichtung vorherrschend ist: „Du sollst dich nicht rächen, auch nicht deinen Volksgenossen etwas nachtragen, sondern du sollst deinen Nächsten lieben wie dich selbst." Billerbeck hat nachgewiesen, daß zur Zeit Jesu dieses Gebot — trotz seiner Anwendung auf den „Fremdling" gemäß Lev 19, 34 — auf den Israeliten eingeschränkt blieb und nur insoweit auf den „Fremdling" erweitert wurde, als dieser sich der Beschneidung bzw. der Proselytentaufe unterzogen hatte[22]. Immerhin macht Lev 19, 18 die (natürliche) Selbstliebe zum Maßstab für das Verhalten gegenüber dem anderen. Dieses für das Gemeinschaftsleben grundlegende Gebot der Tora wurde im Judentum immer wieder eingeschärft (vgl. Jub 20, 2; 36, 4; Sir 17, 14; 18, 13; 34, 15; Test XII; Hillel, b Schabbat 31a; Akiba, Sifra Lev 19, 18).

Eine negative Grundhaltung wird im hebräischen Testamentum Naphthali sichtbar: „Keiner soll seinem Nächsten tun, was er nicht will, daß man es ihm tue" (1, 6). Die Qumrantexte machen deutlich, wie sehr die Geltung des Gebots auf den Volks- bzw. Sektengenossen eingeschränkt blieb. Der Gemeindeangehörige ist verpflichtet, „alle Söhne des Lichtes zu lieben, jeden nach seinem Los in der Ratsversammlung Gottes, aber alle Söhne der Finsternis zu hassen, jeden nach seiner Verschuldung in Gottes Rache" (1 QS I 9—11). Wo gelegentlich die Rache und Vergeltung verboten wird, geschieht das unter Hinweis auf Gottes Richterprivileg, doch ohne auf den persönlichen „Zorn" gegenüber dem Frevler zu verzichten: „Nicht will ich jemandem seine böse Tat vergelten, mit Gutem will ich jeden verfolgen. Denn bei Gott ist das Gericht über alles Lebendige, und er vergilt dem Mann seine Tat... Aber meinen Zorn will ich nicht wenden von den Männern des Frevels..., nicht will ich mich erbarmen über alle, die den Weg verlassen..." (1 QS X 17—21).

Im Unterschied zu der eng begrenzten Nächstenliebe der Qumranleute vertrat Hillel mit seinem Wahlspruch eine allgemeine Menschenliebe: „Gehöre zu den Schülern Aarons, den Frieden liebend und dem Frieden nachjagend, die Menschen liebend und sie (durch Belehrung) der Tora nahebringend" (Abot 1, 12)! Rabbi Eleazar ben Azarja (um 100) hebt den Rang der Nächstenliebe in charakteristischer Weise hervor: „Sünden des Menschen gegen Gott sühnt der Versöhnungstag. Sünden des Menschen gegen seinen Nächsten sühnt der Versöhnungstag nicht, bis man seinen Nächsten besänftigt hat" (Joma 8, 9). Der Zeitgenosse Rabbi Akibas Ben Azzai (um 110) dehnte gegenüber Akiba den „grundlegenden Satz der

---

[22] B i l l e r b e c k I 353—356.

Tora" über Lev 19, 18 (Nächstenliebe) hinausgehend auf alle Menschen
aus: „Als Gott den Menschen erschuf, machte er ihn nach der Ähnlichkeit
Gottes" (Gen 5, 1). Ben Azzai sagt dazu: „Das ist ein größerer allgemeiner
Grundsatz als jener [Akibas!]" (Sifra Lev 19, 18)[23]. Ben Azzai ist wohl der
erste Lehrer der Synagoge, der die Gottesebenbildlichkeit aller Menschen
für die Ethik berücksichtigt wissen wollte[24].

Für die griechische Ethik wird man Sokrates anführen dürfen, der
Unrecht-tun für schändlicher bezeichnet, als Unrecht-erleiden (Platon,
Gorgias 508c—509c). Der, dem Unrecht geschehen ist, darf es — entgegen
verbreiteter Ansicht — nicht wieder tun (Kriton 49b). „Aber wie, wieder
mißhandeln, nachdem man schlecht behandelt worden ist, ist das, wie die
meisten sagen, gerecht, oder nicht? Auf keine Weise" (ebd. 49c). Von
Liebe als einem geeigneten Mittel zum Machterwerb spricht in fast pein-
licher Weise Cicero: „Das geeignetste Mittel, Macht zu gewinnen und zu
behaupten, ist [empfangene] Liebe, das allerungeeignetste ist Furcht...
Denn Furcht ist eine schlechte Hüterin für dauernde Sicherheit, auf Liebe
aber kann man sich fest verlassen, sogar für immer" (De offic. II 22—24)[25].

Bei Philon wird die „Menschenliebe" als zweite Grundlehre der jüdischen Ethik neben die Gottesverehrung gestellt; dabei ist die biblische
Nächstenliebe ohne Zweifel auf den Menschen als solchen ausgedehnt
(De spec. leg. II 63). In dem ausführlichen Kapitel „Über die Menschenliebe" fordert der Alexandriner eine Liebe, die vom Volksgenossen bis
zum Feind reichen muß, bis zum Sklaven, ja bis zu jedem Lebewesen
(De virt. 51—174). Freilich ist hier nicht zu übersehen, daß die gute Tat
dem Feind gegenüber letztlich aus Eigennützigkeit, um einer edlen Tat
willen, vollbracht wird: Wenn du dem Feind einen herumirrenden Esel
zurückbringst, „wirst du mehr noch als deinem Feind dir selbst nützen,
denn er gewinnt nur ein vernunftloses Tier, du aber gewinnst das Größte
und Wertvollste von allem auf Erden, eine edle Tat *(kalokagathia)*" (117).

Daß die allgemeine Menschenliebe den Sklaven nicht ausschließen
dürfe, betont auch die Stoa. Von Seneca stammt das schöne Wort: „Wenn
du die Götter nachahmen willst, erweise auch Undankbaren Wohltaten;
denn auch über den Bösen geht die Sonne auf, und auch den Seeräubern
stehen die Meere offen" (De benef. IV 26, 1)[26]. Die Liebe zum Menschen
gründet im Verwandtschaftsverhältnis zwischen Gott und Mensch; darum

---

[23] Ebd. I 358.

[24] Vgl. Sir 18, 13: „Die Huld des Menschen gilt seinem Nächsten, die Huld des
Herrn gilt allem Fleisch."

[25] Die „Liebe der Massen" gewinnt man wie die des einzelnen Menschen:
durch Wohltaten (De offic. II 31 f.).

[26] Vgl. Mt 5, 44 f.

ist der Mitmensch einem Menschen heilig (Ep. 95, 33)[27]. „Die Natur hat uns als Verwandte hervorgebracht, da sie uns aus denselben Elementen schuf. Sie hat uns die gegenseitige Liebe verliehen und uns zu geselligen Wesen gemacht... Nach ihrer Ordnung ist es schlimmer, Schaden zuzufügen als zu erleiden. Nach ihrem Geheiß seien alle Hände zum Helfen bereit. Wir sollten den berühmten Vers [des Terenz] stets im Herzen und auf der Zunge haben: Ein Mensch bin ich, nichts Menschliches dünkt mir fremd" (Ep. 95, 52 f.). Wenn Seneca sich gegen den Haß wendet, den man einem Bösen entgegenbringen könnte, so begründet er dies mit der Klugheitsregel: Ein Kluger haßt Irrende nicht (De ira I 14, 2). Wo Seneca ausdrücklich gegenüber den Feinden Hilfsbereitschaft (De otio 1, 4) sowie Güte und Umgänglichkeit (De vita 20, 5) fordert, gründet dieser Anspruch letztlich im Humanitätsgedanken[28].

Das Neue Testament schreibt Jesus die Forderung einer Liebe zum Feind zu, und zwar eindeutig in der Tradition der Logienquelle (Mt 5, 39—48 par. Lk 6, 27—36)[29], vielleicht auch in der Beispiel-Erzählung vom Barmherzigen Samariter des lukanischen Sondergutes (Lk 10, 29—37). Schon in der Logienquelle wurde das Gebot der Feindesliebe offensichtlich mit dem gütigen Handeln Gottes gegen alle Menschen begründet, wenn auch in der zielweisenden oder verheißenden Form, daß sich in der Feindesliebe wahre Gotteskindschaft erweist (Mt 5, 44 f. par. Lk 6, 35 f.). Der Anspruch der Logienquelle, eine neue Forderung zu vertreten, kommt darin zum Ausdruck, daß nach Matthäus die Moral der Zöllner und Heiden, nach Lukas die der Sünder überboten werden soll (Mt 5, 46 f.; Lk 6, 32—34). In der Erzählung vom Samariter wird das Handeln eines „Volksfeindes" dem der Vertreter der jüdischen Kult- und Gesetzes-

---

[27] Siehe ferner Epiktet, Diss. I 3, 2; 9, 1—7; II 22, 3; IV 6, 11.

[28] So mit Recht R. B u l t m a n n , Jesus, München ²1965, 78: „Zum Ideal des Menschen gehört es, daß er sich durch Unrecht, das ihm widerfährt, nicht aus seiner Ruhe, aus der Harmonie seines seelischen Gleichgewichts bringen läßt."

[29] Dazu neuerdings D. L ü h r m a n n , Liebet eure Feinde! (Lk 6, 27—36 / Mt 5, 39—48): ZThK 69 (1972) 412—438. Wenn R. A u g s t e i n , Jesus Menschensohn, München 1972, 333, es für „glaubhaft" hält, daß Jesus „von seinem eigenen Gebot [der Feindesliebe] nichts wußte", so beruht diese These u. a. auf der falschen Voraussetzung, daß erst Matthäus und Lukas („lange nach der Zerstörung Jerusalems" [332]) dieses Gebot bezeugten. Von der Logienquelle spricht A. in diesem Zusammenhang nicht und kommt deswegen zu der Unterstellung: „nicht Jesus dehnt die Nächstenliebe auf alle Nichtjuden aus, die ersten Heidenchristen handeln so, und als ‚Underdogs' tun sie gut daran, die Feindesliebe zu predigen. Nur wo man die Oberhand hatte, ließ sich das Bedürfnis befriedigen, legitim zu hassen, legitim zu morden, legitim zu vernichten..." (333). „Der Missionar im fremden Land, konfrontiert mit übermäßiger Stärke der anderen Gruppen, kann die allgemeine Menschenliebe proklamieren, ohne um den Verlust seiner Aggressionspotenz fürchten zu müssen" (334).

frömmigkeit gegenübergestellt. Der Fast-Heide beschämt mit seinem Mehr die Juden. Er hat die Schranken einer national-religiösen Genossen-Liebe durchbrochen. So ist er dem hilfsbedürftigen „Feind" zum „Nächsten" geworden. Es verdient jedoch Beachtung, daß nicht nur diese Beispielerzählung die gängige jüdische Moral zu übertreffen beansprucht. Auch der matthäische und lukanische Kontext des ausdrücklichen Gebots Jesu erhebt im Grunde diesen Anspruch. Mt 5, 43 f. macht das durch die Antithese deutlich, die Jesus aufstellt. Durch ein betontes „Aber" wird Lk 6, 27 an die vier Weherufe angeschlossen (6, 24—26), die den Reichen und Geachteten galten. Die Forderung der Feindesliebe richtet sich also an Jesu Jünger und steht insofern indirekt im Gegensatz zur (jüdischen) Umweltmoral. Allerdings scheint Lukas nicht an diesem Gegensatz zu jüdischer Ethik interessiert zu sein. Er spielt durch seine redaktionelle Bearbeitung auf allgemeine hellenistische Ethik mit ihrem „Gegenseitigkeitsprinzip" an und stellt dieser die Feindesliebe in charakteristischer Weise entgegen[30].

Auffallend ist, daß Paulus die Feindesliebe als spezifische Forderung der Liebe nicht kennt. Wohl fordert er unter Hinweis auf Gottes Richtervorrecht den Verzicht auf eigenmächtige Vergeltung und beruft sich dabei auf Spr 25, 21 f. (Röm 12, 17—21). Von einem Gebot Jesu wird dabei nicht gesprochen. In der nach-neutestamentlichen Literatur wird die Feindesliebe verschiedentlich abgeschwächt zu der Mahnung, den Haß zu vermeiden (Did 2, 7; Ignatius, Eph 14, 2; vgl. Barn 19, 4) oder für die Feinde zu beten (Did 1, 3; Justin, Apol. I 15, 9; Dial. 96, 3). Es wird aber deutlich das Bewußtsein festgehalten, in der Feindesliebe die neue Ethik zu praktizieren (Justin, Apol. I 15, 9 f.). Tertullian sieht in der Feindesliebe das Proprium christlicher Sittlichkeit (*„perfecta et propria bonitas nostra, non communis"*): *„Amicos enim diligere omnium est, inimicos autem solorum Christianorum"* (Ad Scapulam 1).

IV. Nächstenliebe und Goldene Regel

Die seit dem 16. Jahrhundert so genannte „Goldene Regel" begegnet in negativer und positiver Form als weisheitliche Sittlichkeitsforderung. Sie kommt in der konfuzianischen Literatur, im Buddhismus, im vorchristlichen Griechentum und Judentum sowie im Neuen Testament vor[31]. Im Judentum und Christentum wird diese Regel in Verbindung mit dem

---

[30] Vgl. W. C. v a n U n n i k , Die Motivierung der Feindesliebe in Lukas VI 32—35: Nov Test 8 (1966) 284—300.

[31] N. J. H e i n / J. J e r e m i a s , Artikel: Goldene Regel, in: RGG³ II (1958) 1687—1689.

Gebot der Nächstenliebe bezeugt. Obgleich jedoch Lev 19, 18 positiv die Nächstenliebe fordert, wird die Goldene Regel nicht nur in der positiven Form, sondern auch negativ mit dem Gebot der Nächstenliebe verbunden. In der Mt 7, 12 und Lk 6, 31 zugrunde liegenden Logienquelle judenchristlicher Provenienz jedoch wird diese ethische Regel in der positiven Fassung mit der Forderung der Feindesliebe verknüpft. Diese Verknüpfung ist in der gesamten Religionsgeschichte einzigartig[32].

Die bei uns heute noch sprichwörtlich überlieferte negative Fassung kommt bereits in der konfuzianischen Tradition vor: „Was du nicht willst, daß man es dir tue, das tue auch nicht anderen[33]!" Konfuzius soll betont haben, daß die negative Formel letztlich positiv verwirklicht werden müsse[34]. Im palästinisch-jüdischen Bereich ist die Regel nur negativ bezeugt. Targum Jeruschalmi I übersetzt in Lev 19, 18 die normative Wendung „wie dich selbst" durch die Goldene Regel: „Du sollst deinen Genossen lieben; denn was dir unliebsam ist, sollst du ihm nicht tun!" Den entsprechenden Zusatz hat das Targum auch Lev 19, 34, wo das Gebot auf den Fremdling ausgedehnt wird; hier erläutert die Regel das „wie dich selbst". In der gleichen negativen Fassung steht die Regel im hebräischen Testamentum Naphthali (1, 6). Die berühmte Auskunft des Rabbi Hillel an den Übertrittswilligen nennt als Zusammenfassung des ganzen Gesetzes: „Was dir verhaßt ist, tue nicht deinem Genossen" (b Schabbat 31 a)! Hillel wird die Goldene Regel durch hellenistische Tradition empfangen haben. Er möchte dem Nichtjuden mit ihr das Verständnis der Toraforderung nach Nächstenliebe erläutern. Die Vermittlerrolle des hellenistischen Judentums kann durch Tob 4, 15 und den Aristeasbrief (207) wahrscheinlich gemacht werden.

Im Griechentum kommt die positive Fassung der Regel erstmalig bei Homer vor. In der Odyssee versichert die Nymphe Kalypse dem zu ihr verschlagenen Odysseus, daß sie gegen ihn kein schlimmes Unheil sinne. Sie begründet das mit den Worten: „Sondern ich denke und habe nur das im Sinn, was ich auch für mich selbst erdenken würde, wenn eine solche Not mich träfe" (Od. V 188 f.). Die positive Form ist beachtenswert, wenn auch der Kontext zeigt, daß sie durch die Absicht bedingt ist, mögliche

---

[32] Die Goldene Regel ist nicht — wie D i h l e , Goldene Regel 110, meint — am Bedürfnis, „den sittlichen Gleichgewichtszustand im Faktischen verwirklicht zu sehen", orientiert. Sie fordert keineswegs dazu auf, dem Mitmenschen das zu tun, was man von ihm wiedererwartet (vgl. dazu jedoch Prodikos von Keos, 84 B2 [Xenophon, Mem. II 1, 28]; Rabbi Akiba, b Keth. 72a). Vielmehr soll der Mensch von sich aus tun, was er für wünschenswert erkennt; vgl. S c h ü r - m a n n , Lukasevangelium I 351.

[33] Siehe H e i n , Goldene Regel 1688.

[34] Ebd.; vgl. Isokrates, Demon. 14; Ad Nicocl. 24; Paneg. 81.

Befürchtungen des Odysseus zu zerstreuen. Bei Herodot sagt der Herr-
scher Maiandros, als er die Nachfolge des Polykrates von Samos antritt:
„Wie ihr wißt, hat Polykrates sein Amt und seine ganze Macht in meine
Hände gelegt. Darum könnt ihr mich jetzt zu eurem König machen. Aber
ich will um keinen Preis tun, was ich an meinem Nächsten tadeln muß.
Es gefiel mir nicht, daß Polykrates über Männer, die ihm gleichstanden,
Herr sein wollte" (Hist. II 142).

Es ist nicht erstaunlich, daß das griechisch sprechende Judentum solche
Sätze volkstümlicher Ethik[35] in seine sittliche Unterweisung aufgenommen hat. Der alte Tobias gibt seinem Sohn die Mahnung mit auf den Weg:
„Was du selber nicht gerne hast, tue niemandem an" (Tob 4, 15)! Im Buch
Sirach steht der Spruch: „Was deines Nächsten ist, halte wie das Deine,
und alles, was dir zuwider ist, das merke dir (auch im Verkehr mit
anderen)" (Sir 31, 15, hebr. Text)! Die griechische Übersetzung macht
deutlich, daß an die alttestamentliche Forderung der Nächstenliebe (Lev
19, 18) gedacht ist. Sie wird durch die Goldene Regel interpretiert: „Was
deines Nächsten ist, verstehe von dir selbst her *(ek seautou);* und überlege es bei allem, was du tust" (Sir 34, 15, LXX)! Der Aristeasbrief nennt
als „Lehre der Weisheit" die Regel in einer negativ-positiven Form: „Wie
du wünschest, daß dich kein Übel befalle, sondern daß du an allem
Guten teilhabest, so tue auch gegen deine Untertanen und die Sünder"
(Arist 207)! Hier geht es wie bei der Herodot-Stelle um die Tugend des
Herrschers. Sowohl der griechische Sirach-Text als auch der Aristeasbrief
bleiben bezüglich der Fassung der Regel merkwürdig „neutral". In der
jüdischen Antwort an den ägyptischen König ist — weil vorangestellt —
der negative Aspekt vorherrschend[36].

Gegenüber diesen vorchristlichen Zeugnissen ist die neutestamentliche
Goldene Regel nicht nur wegen ihrer positiven Fassung, sondern auch
wegen ihrer Kontextverbindung mit dem Gebot der Liebe zum Feind,
einzigartig und neuartig. Lukas hat wohl die ursprüngliche Plazierung
der Goldenen Regel besser beibehalten als Matthäus. Sie steht Lk 6, 31
inmitten der Folge von Herrenworten, die von der Feindesliebe handeln
(6, 27—35). Bei Matthäus steht die Regel zusammenfassend am Ende der
Einzelermahnungen der Bergpredigt (Mt 7, 12): „Alles nun, was ihr wollt,
daß es die Menschen euch tun, das sollt auch ihr ihnen tun; denn das ist
das Gesetz und die Propheten" (Mt 7, 12). Die Regel will hier nicht bloß
menschliches Fehlverhalten verhüten oder die Rechte des Einzelmenschen

---

[35] Für die Stoa vgl. Seneca, Ep. 47, 11; 94, 25.43. Die Goldene Regel wird hier
durch die Gleichheit aller Menschen begründet; vgl. D i h l e , Goldene Regel 126
Anm. 1.

[36] Die negative Form wird auch Philon zugeschrieben: Philon, Hypothetica,
bei Eusebius, Praep. ev. 8, 7.

schützen. Sie ruft positiv zum Handeln auf, zu einem Handeln, das den innersten Wünschen des eigenen Herzens konform ist. Man soll dem Mitmenschen gegenüber auf das Gute bedacht sein und ihm Taten der Liebe erweisen (vgl. Gal 6, 10; Röm 12, 9 f.). Der Evangelist Matthäus hat also die Goldene Regel aus der Einzelermahnung zur Feindesliebe herausgenommen und dadurch, daß er sie als Summe der Einzelforderungen deklarierte, dem möglichen Mißverständnis entzogen, es handle sich bei der Forderung der Regel um einen Spezialfall christlicher Moral. Die Regel ist Grundsatz für jegliches Handeln des Menschen. Wenn wir sie in Verbindung sehen mit dem grundlegenden Abschnitt Mt 5, 17—20, der die Einzelforderungen der Bergpredigt einleitet, wird klar: Wer die Goldene Regel erfüllt, lebt die neue und bessere Gerechtigkeit. Mit der Formel „denn das ist das Gesetz und die Propheten" wird Mt 5, 17—20 aufgegriffen. Das heißt: Die Weisungen zwischen den beiden Klammern sind der Inhalt von „Gesetz und Propheten". Sie bestätigen deren bleibende Gültigkeit[37]. Die Liebe ist die Auslegungsnorm des ganzen Gesetzes und der Propheten[38].

Aus der Zeit nach der Tempelzerstörung werden verschiedene Gesetzeslehrer genannt, die die Goldene Regel nun auch im palästinischen Judentum nach der positiven Fassung gelehrt haben sollen. Rabbi Eliezer und Rabbi Jehoschua (um 90) sollen nach Abot de Rabbi Nathan (15 f.) die Goldene Regel durch praktische Beispiele erläutert haben, die neben negativen auch positive Aspekte aufzeigen: Man soll auch auf die Ehre des Nächsten bedacht sein; man soll auch die Familienehre des Mitmenschen achten[39]. Das slavische Henoch-Buch, dessen Grundlage wohl eine griechische Schrift aus der jüdischen Diaspora (um 70) bildete, nennt die Regel — im Abschiedssegen Henochs an seine Kinder — in der positiven Form: „Jetzt nun, meine Kinder, bewahret eure Herzen vor jeder Ungerechtigkeit, welche der Herr haßt. Vielmehr aber vor jeder (Schädigung) einer lebenden Seele, soviel der Herr gemacht hat. Wie der Mensch erbittet seiner eigenen Seele vom Herrn, so soll er tun einer jeden lebenden Seele" (Slav Hen 61, 1)[40]. Nicht zu verkennen ist, daß nach diesem Text die Norm der Haltung zum Nächsten nicht das ist, was man für sich

[37] G. B a r t h , Das Gesetzesverständnis des Evangelisten Matthäus, in: Bornkamm/Barth/Held, Überlieferung und Auslegung im Matthäusevangelium. Neukirchen ⁴1965, 54—154; näherhin 68. Vgl. G. S c h n e i d e r , Botschaft der Bergpredigt, Aschaffenburg 1969, 97 f.

[38] Vgl. Mt 5, 17; 7, 12; 22, 40.

[39] B i l l e r b e c k I 460. Rabbi Akiba hingegen soll nach Abot de R. Nathan 26 die negative Fassung gelehrt haben; vgl. G. D a l m a n , Jesus-Jeschua, Leipzig 1922 (=Darmstadt 1967), 203.

[40] Übersetzung bei N. B o n w e t s c h , Die Bücher der Geheimnisse Henochs. Das sogenannte slavische Henochbuch, Leipzig 1922, 100.

selbst wünscht und was man selbst vom anderen erfahren möchte, sondern das, was man von Gott für die Wohltat am anderen zum Lohn erbittet (vgl. 61, 2 f.).

Die nach-neutestamentliche christliche Literatur hält — im Unterschied zum Neuen Testament — selten an der positiven Fassung fest[41]. Im Zusammenhang mit dem Gebot der Gottes- und Nächstenliebe wird die positive Form von Justin geboten: Jesus hat gesagt, „daß alle Forderungen der Gerechtigkeit und Frömmigkeit mit der Beobachtung zweier Gebote erfüllt werden: Du sollst den Herrn, deinen Gott, lieben aus deinem ganzen Herzen und mit deiner ganzen Kraft und deinen Nächsten wie dich selbst! Denn wer aus ganzem Herzen und mit ganzer Kraft Gott liebt, der ist voll gottesfürchtiger Gesinnung und wird keinen anderen Gott fürchten... Und wer den Nächsten liebt wie sich selbst, der wird auch ihm alles Gute wünschen, das er für sich selbst beansprucht; niemand aber wird sich etwas Böses wünschen" (Dial. 93, 2). Freilich klingt bei Justin der Gedanke an, daß man sich selbst und dem Nächsten (von Gott) Gutes „erbitten" wird (93, 3) und demgemäß von Gott Vergeltung erhofft[42].

V. Gottes Verhalten und Jesu Handeln als Motivation

In der matthäischen Bergpredigt wird die Forderung der Feindesliebe mit dem Verhalten Gottes begründet, der auch böse Menschen nicht von seinen Wohltaten ausschließt: „Ich aber sage euch: Liebet eure Feinde und betet für die, die euch verfolgen, damit ihr Söhne eures Vaters im Himmel seid! Denn er läßt seine Sonne aufgehen über Böse und Gute und läßt regnen über Gerechte und Ungerechte" (Mt 5, 44 f.). Auch der Schlußvers der Antithesen, den Matthäus im Unterschied zu Lukas (und zur Logienquelle) auf die „Vollkommenheit" Gottes bezieht, will von Gott her das sittliche Handeln des Jüngers begründen: „Ihr nun sollt vollkommen sein, wie euer himmlischer Vater vollkommen ist" (5, 48)[43]! Bei

---

[41] Die negative Fassung findet sich: Did 1, 2; Apg 15, 20. 29 nach dem sog. westlichen Text (D); koptisches Thomasevangelium, Logion 6; vgl. Papyrus Oxyrhynchus 654 Nr. 5 (bei H e n n e c k e / S c h n e e m e l c h e r I 65).

[42] Das Pauschalurteil B u l t m a n n s (Geschichte der syn. Tradition 107), die positive Formulierung sei bei Jesus „bloßer Zufall", ist unhaltbar. Daß die Regel — als Einzelwort genommen — „die Moral eines naiven Egoismus" enthalte (ebd.), ist selbst da nicht zutreffend, wo der Gedanke der göttlichen Vergeltung anklingt (Lk 6, 35—38; 1 Klem 13, 2; Justin, Dial. 93, 2 f.). Anders wird man zu urteilen haben, wenn die Regel ein zwischenmenschliches *do ut des* intendiert; vgl. die in Anm. 32 genannten Belege.

[43] Die Forderung ist formal an Lev 19, 2b (o. ä.) angelehnt. Die inhaltliche Komponente (Vollkommensein) ist wohl Dt 18, 13 (LXX) entnommen. Das Stichwort *teleios* (vollkommen) hat Matthäus auch in 19, 21 (gegen Markus) eingefügt.

Lukas war — in Anlehnung an auch im Judentum bezeugte Sätze — von der „Barmherzigkeit" Gottes die Rede (Lk 6, 36)[44]. Vorbild für die „Söhne Gottes" ist nach Lukas die Güte und Freundlichkeit *(chrestos estin)* Gottes gegenüber Undankbaren und Bösen (6, 35)[45].

Die Begründung der Sittlichkeit im Handeln Gottes bzw. die Ausrichtung der sittlichen Forderung am Vorbild Gottes ist keineswegs spezifisch christlich[46]. Für das Judentum sei nur an Lev 19, 2 b erinnert: „Ihr müßt heilig sein, weil ich, Jahwe, euer Gott, heilig bin!" Targum Jeruschalmi I wird zu Lev 22, 28 erläutert: „Wie unser Vater barmherzig ist im Himmel, so sollt ihr auf Erden barmherzig sein[47]!" Doch auch in der Stoa ist der Gedanke von Gottes Güte gegenüber dem Bösen — vergleichbar vor allem mit Mt 5, 45 — bezeugt: „Wenn du die Götter nachahmen willst, erweise auch den Undankbaren Wohltaten; denn auch über den Bösen geht die Sonne auf, und auch den Seeräubern stehen die Meere offen" (Seneca, De benef. IV 26, 1)[48].

Im Lichte von Sir 18, 13 läßt sich gerade die Feindesliebe — im Unterschied zur dem Menschen „natürlichen" Liebe zum „Nächsten" — als Nachahmung Gottes verstehen: „Das Erbarmen des Menschen [richtet sich] auf seinen Nächsten, das Erbarmen des Herrn aber auf alles Fleisch; er weist zurecht, erzieht und belehrt, und führt heim wie ein Hirt seine Herde." Justin kombinierte die matthäische und die lukanische Version, indem er die Eigenschaften Gottes (Barmherzigkeit und Güte) von Lukas, das Aufgehenlassen der Sonne über alle Menschen aber von Matthäus übernahm (Apol. I 15, 13; Dial. 96, 3).

Wenn das vierte Evangelium die Forderung der Bruderliebe in Jesu Liebe fundiert sieht, so haben wir hier wahrscheinlich die tiefste und wohl auch die eigentümlich christliche Begründung der Nächstenliebe vor uns. Darum kann der vierte Evangelist denn auch von einem „neuen Gebot" sprechen: „Ein neues Gebot gebe ich euch, daß ihr einander liebt,

---

[44] Siehe Mekh Ex 15, 2; Sifre Dt 11, 22 (bei Billerbeck I 372); Tg Jer I, Lev 22, 28 (bei Billerbeck II 159).

[45] Nach Marc Aurel, In sem. IX 11, 1, soll man gegenüber Unbelehrbaren nachsichtig sein, denn „auch die Götter sind gegenüber solchen nachsichtig *(eumeneis)*". Gleich freundlich *(chrestoi)* kann auch der Mensch sein!

[46] Siehe etwa A. S c h u l z , Nachfolgen und Nachahmen, München 1962.

[47] Vgl. die in Anm. 44 genannten weiteren Belege; ferner H. J. S c h o e p s , Von der Imitatio Dei zur Nachfolge Christi, in: Aus frühchristlicher Zeit, Tübingen 1950, 286—301.

[48] Siehe auch Marc Aurel, In sem. IX 11, 1; 27, 2 f.

wie ich euch geliebt habe, damit auch ihr einander liebt" (Joh 13, 34)[49]. Die Bruderliebe soll für alle Menschen das Erkennungszeichen dafür sein, „daß ihr meine Jünger seid" (13, 35). Jesus „liebte die Seinen, die in der Welt waren, bis zum Ende" (13, 1). Das spezifisch jesuanische Gebot ist die Nächstenliebe nach der Norm der Liebe Jesu: „Eine größere Liebe hat niemand, als wer sein Leben hingibt für seine Freunde" (15, 13). Formgeschichtlich stehen die johanneischen Abschiedsreden, in denen sich die genannten Worte als „Vermächtnis Jesu" finden, der Tradition der Testamente nahe.

Die Liebe Jesu gegenüber den Menschen, ja seine Haltung auch den Feinden gegenüber, wird in der synoptischen Evangelientradition vielfältig ins Licht gesetzt. Es konnte nicht ausbleiben, daß Jesu Verhalten, die in ihm epiphan gewordene Güte und Menschenfreundlichkeit Gottes (vgl. Tit 3, 4), zum Vorbild für christliches Jüngerverhalten wurde[50]. Damit erhebt sich die Frage, ob die Forderung der Feindesliebe nicht eher aus Jesu Haltung und Handeln als aus einem ausdrücklichen Jesuswort — das wir nur in der Redenquelle nachweisen können — ihre Begründung fand und finden sollte[51]. Johannes hat zwar die Liebe der Jesusjünger untereinander (nicht die Feindesliebe) im Auge, wenn er von Jesu neuem Gebot spricht. Das wird man jedoch nicht als eine Absage an die Forderung der Feindesliebe ansehen dürfen, sondern eher als eine von der johanneischen Theologie her sich ergebende Konzentration werten müssen, die mit dem „Dualismus" von Kosmos und Jüngerschaft zusammenhängt. Gott „hat den Kosmos so sehr geliebt, daß er seinen eingeborenen Sohn dahingab, damit jeder, der an ihn glaubt, nicht verloren gehe, son-

---

[49] Der zweifache Finalsatz drückt zunächst aus, daß Jesu neues Gebot auf die Verwirklichung der Nächstenliebe zielt, die ihre Norm (kathōs) in Jesu Liebe zu den Seinen hat. Jesu Liebe wiederum hatte die Verwirklichung der Nächstenliebe unter den Jüngern zum Ziel und ermöglichte sie somit.

[50] Siehe näherhin Gal 5, 22; 1 Kor 13, 4; Kol 3, 12; Eph 4, 32; 1 Petr 2, 3; ferner Eph 5, 2; 1 Petr 2, 21. Aus den synoptischen Evangelien vgl. Mk 10, 42—45; Mt 5, 42; 25, 31—46; Lk 14, 12—14; dazu W. P e s c h, Das Höchste aber ist die Liebe: Bibel und Kirche 19 (1964) 85—89; R. S c h n a c k e n b u r g, Mitmenschlichkeit im Horizont des Neuen Testaments, in: Die Zeit Jesu (FS f. H. Schlier), Freiburg 1970, 70—92.

[51] M. H e n g e l, Gewalt und Gewaltlosigkeit, Stuttgart 1971, 41, denkt daran, daß „Jesus seine Forderung der Feindesliebe und der Vergebungsbereitschaft im bewußten Gegensatz zu jenem zelotischen Eifer formuliert hat, der in der geistigen Führungsschicht seines Volkes so lebendig war". Es ist jedoch nicht auszuschließen, daß die Formulierung der Forderung wegen des besonderen Interesses der Gruppe, aus der die Logienquelle stammt, auf diese zurückgeht; vgl. dazu P. H o f f m a n n, Studien zur Theologie der Logienquelle, Münster 1972, 332 („antizelotische Tendenz"). Allerdings geht Hoffmann auf das Gebot der Feindesliebe nicht näher ein.

dern ewiges Leben habe" (Joh 3, 16). Daß Gott uns zuerst geliebt und in Christus seine Liebe erwiesen hat (1 Joh 4, 19), begründet denn auch die Liebe des Jüngers und letztlich dessen Christusfreundschaft (Joh 15, 14 f.).

VI. Worin also liegt die Neuheit der christlichen Nächstenliebe?

Nach diesem Durchgang durch die Umwelt des Neuen Testaments und dem Vergleich der betreffenden Aussagen mit dem neutestamentlichen Liebesgebot kann auf die Frage nach dem Unterscheidend-Christlichen geantwortet werden.

1. Die Verbindung von Gottesliebe und Nächstenliebe ist an sich nicht spezifisch christlich. Sie wird bereits im vorchristlichen hellenistischen Judentum bezeugt (Testamente der zwölf Patriarchen, Philon). Damit ist die Sittlichkeit in der Religion verankert; der Glaube hat sich in der Nächstenliebe zu erweisen[52].

2. Die Zurückführung aller sittlichen Verpflichtungen auf eine einzige Grundforderung wird zwar im zeitgenössischen Judentum — gegenüber Außenstehenden (Aristeasbrief, Philon) und Bekehrungswilligen (Hillel) — versucht. Jedoch schließt hierbei das grundlegende Gebot die Gesamtheit der Forderungen keineswegs grundsätzlich ein. Die Einzelgebote werden vielmehr als weitere Forderungen der Tora anschließend genannt; sie werden wohl aus pädagogischen Gründen nicht von vornherein ins Feld geführt.

3. Die Liebe zu allen Menschen ist keine spezifisch christliche Forderung. Selbst das Gebot der Feindesliebe ist insofern kein neues Gebot, als im Judentum die Hilfe gegenüber dem Feind (Spr 25, 21 f.; Philon) und der Verzicht auf Rache (Qumran) gefordert wurden. In der stoischen Ethik hat man die Hilfe, die selbst dem Feind zu leisten ist, mit der Verwandtschaft aller Menschen untereinander begründet (Seneca). Neu ist das Gebot der Feindesliebe in der Jesustradition seinem eigenen überbietenden Anspruch nach, vor allem jedoch, weil es die Gegenseitigkeitsmaxime der Umweltethik durchbricht.

4. Mit der positiven Richtung des Liebesgebots hängt die positive Fassung der Goldenen Regel in der Logienquelle und in den beiden späteren synoptischen Evangelien zusammen. Die positive Goldene Regel ist ein

---

[52] Zu der These, daß die Gottesliebe ausschließlich in der Nächstenliebe bestehe (z. B. B r a u n , Jesus 114—132, 164—167), siehe schon die Kritik bei B u l t m a n n , Jesus 80 f., und neuerdings G. F r i e d r i c h , Was heißt das: Liebe?, Stuttgart 1972, 12.

Novum christlicher Ethik, da in der konkreten Umwelt des Neuen Testaments eine solche Eindeutigkeit der positiven Fassung nicht bezeugt ist; sie kann deswegen gerade das Gebot der Feindesliebe verständlich machen.

5. Entscheidend für den Neuheitscharakter der Nächstenliebe ist im urchristlichen Bereich nicht die Motivation von der Güte und Barmherzigkeit Gottes aus. Vielmehr ist dem vierten Evangelisten — auch von der Religionsgeschichte her — darin zuzustimmen, daß, weil die Gottes- und Nächstenliebe nicht nur gefordert, sondern vor allem in der Tat Jesu motiviert wird, von dem *neuen Gebot Jesu* gesprochen werden kann[53]. Die letztere „Differenz" gegenüber der religiösen Umwelt muß zugleich als das Spezifikum christlicher Ethik überhaupt angesehen werden[54].

---

[53] Vgl. die Verbindung der *imitatio Dei* mit der Forderung, die Liebe Christi nachzuahmen, in Eph 5, 1 f.: „Werdet also Nachahmer Gottes als geliebte Kinder und wandelt in Liebe, wie auch Christus euch geliebt hat und sich für uns hingegeben hat als Gabe und Opfer, für Gott ein Wohlgeruch!" Der Verfasser des Epheserbriefes sieht „im Christusereignis das hervorragendste und zwingendste Beispiel für die geforderte Agape" (J. Gnilka, Der Epheserbrief, Freiburg 1971, 244).

[54] In einem neuen Text der Taufliturgie ist erfreulicherweise die traditionelle Eingangsparänese („Willst du zum Leben eingehen, so halte die Gebote [Gottes- und Nächstenliebe]!") durch das Wort an die Eltern des Täuflings ersetzt: „Es [das Kind] soll Gott und den Nächsten lieben lernen, wie Christus es uns vorgelebt hat" (Die Feier der Kindertaufe, hrsg. vom Bistum Essen, Essen 1972, 1).

9

JESU WORT ÜBER DIE EHESCHEIDUNG
IN DER ÜBERLIEFERUNG DES NEUEN TESTAMENTS

Das Neue Testament entwickelt keine systematische Lehre von der Ehe, sondern es geht auf bestimmte Fragen ein, die sich im Leben der frühesten Kirche in bezug auf die Ehe stellten[1]. Die Kirche bezog sich bei der Lösung von Fragen des Gemeindelebens möglichst auf die Weisung ihres Herrn. Aber es steht fest, daß sie dabei nicht einen gesetzlich fixierten Wortlaut aufgriff, sondern die Worte Jesu auf ihre jeweils modifizierte Situation „anwandte". Darum muß eine theologische Erörterung heutiger Eheprobleme auf diese frühen „Applikationen" der Weisung Jesu achten, die sich nur in einer konsequent traditionsgeschichtlichen Betrachtung der Herrenworte erkennen lassen. Es geht demnach nicht darum, einzig den ursprünglichen Wortlaut eines Herrenwortes über die Ehe zu rekonstruieren. Vielmehr müssen aus der frühen Traditionsgeschichte der betreffenden Herrenworte Kriterien für die heutige „Anwendung" der Weisungen Jesu in der Kirche gewonnen werden.

---

[1] Zum Thema „Ehe im NT" vgl. H. P r e i s k e r , Christentum und Ehe in den ersten drei Jahrhunderten, Berlin 1927; E. S t a u f f e r , γαμέω, γάμος, in: ThW I (1933) 646—655; J.-J. v o n A l l m e n , Maris et femmes d'après S. Paul, Neuchâtel 1951; P. C h a n s o n , Le mariage selon S. Paul, Paris 1954; K. H. R e n g s t o r f , Mann und Frau im Urchristentum, Köln 1954; B. R e i c k e , Neuzeitliche und neutestamentliche Auffassung von Liebe und Ehe: Novum Testamentum 1 (1956) 21—34; H. G r e e v e n , Zu den Aussagen des Neuen Testaments über die Ehe: Ztschr. f. ev. Ethik 1 (1957) 109—125; J. M i c h l , Ehe (III. Im Neuen Testament), in: LThK² III (1959) 677—680; A. O e p k e , Ehe I (Institution), in: RAC IV (1959) 650—666; R. S c h n a c k e n b u r g , Die sittliche Botschaft des Neuen Testaments, München ²1962, 100—109; P. G r e - l o t , Mann und Frau nach der Heiligen Schrift, Mainz 1964; A. I s a k s s o n , Marriage and Ministry in the New Temple. A Study with Special Reference to Mt. 19, 3—12 and 1. Cor. 11, 3—16, Lund 1965; K. H. S c h e l k l e , Ehe und Ehelosigkeit im Neuen Testament, in: Ders., Wort und Schrift, Düsseldorf 1966, 183—198; H. B a l t e n s w e i l e r , Die Ehe im Neuen Testament. Exegetische Untersuchungen über Ehe, Ehelosigkeit und Ehescheidung, Zürich 1967; J. B. B a u e r , Ehe, in: Bibeltheologisches Wörterbuch, hrsg. von J. B. Bauer, Graz ³1967, 234—242; R. P e s c h , Die neutestamentliche Weisung für die Ehe: Bibel und Leben 9 (1968) 208—221; G r e e v e n / R a t z i n g e r / S c h n a c k e n b u r g / W e n d l a n d , Theologie der Ehe, Regensburg/Göttingen 1969 (zitiert als: G r e e v e n / R a t z i n g e r ; darin die Beiträge: H. G r e e v e n , Ehe nach dem Neuen Testament, 37—79; R. S c h n a c k e n b u r g , Die Ehe nach dem Neuen Testament, 9—36); H.-D. W e n d l a n d , Ethik des Neuen Testaments. Eine Einführung, Göttingen 1970, bes. 25 f. 76—80.

1. Die heutige theologische Problematik

„Lassen die neutestamentlichen Schriften nur gelegentlich und sozusagen nebenbei ihre Auffassung von der Ehe erkennen, so gibt es wenigstens einen Aspekt der Ehe, der in der Überlieferung mit vollem Ton und
in seiner prinzipiellen Bedeutung weitergegeben worden ist: die Stellungnahme Jesu zur Ehescheidung."[2] In zwei voneinander unabhängigen Traditionen haben die synoptischen Evangelien Jesu Stellungnahme zur Ehescheidung bezeugt, in einem ursprünglich ungerahmten Einzelspruch (Mt
5, 32 par. Lk 16, 18) und in einem vom Markusevangelium gebotenen
Streitgespräch Jesu mit den Pharisäern, das auch vom Matthäusevangelium geboten wird (Mk 10, 2—12 par. Mt 19, 3—12). Eine dritte Tradition
findet sich im 1. Brief des Paulus an die Gemeinde von Korinth (1 Kor
7, 10 f.). Wenn drei voneinander unabhängige Überlieferungen bezeugen,
daß Jesus sich grundsätzlich gegen die Ehescheidung ausgesprochen hat,
dann werden wir diese Entscheidung Jesu historisch als gesichert betrachten müssen. Es ist aber zu fragen, ob die Modifikationen der verschiedenen
Traditionseinheiten und die verschiedenen Nuancen, die das betreffende
Herrenwort in den heute vorliegenden Kontext-Zusammenhängen besitzt,
aus bestimmten Lagen und Motiven der frühen Kirche erklärt werden
können. Insbesondere stellt sich die Frage, wie die im Matthäusevangelium
an zwei Stellen bezeugten „Ausnahmen" vom grundsätzlichen Verbot der
Scheidung erklärt werden können (Mt 5, 32; 19, 9)[3]. Sie stehen ohne Zwei-

---

[2] G r e e v e n , Ehe nach dem Neuen Testament, 57. Zum Thema „Ehescheidung" sind vor allem die folgenden Arbeiten zu vergleichen: A. O t t ,
Die Auslegung der neutestamentlichen Texte über die Ehescheidung, Münster
1911; J. B o n s i r v e n , Le divorce dans le Nouveau Testament, Tournai/Paris
1948; G. B o r n k a m m , Ehescheidung und Wiederverheiratung im Neuen
Testament, in: Ders., Geschichte und Glaube, 1. Teil, München 1968, 56—59
(erstmalig 1959); J. D u p o n t , Mariage et divorce dans l'Évangile. Matthieu
19, 3—12 et parallèles, Bruges 1959; A. A l b e r t i , Matrimonio e divorzio nella
Bibbia, Milano 1962; T h. V. F l e m i n g , Christ and Divorce: Theol. Studies 24
(1963) 107—120; D a v i d / S c h m a l z (Hrsg.), Wie unauflöslich ist die Ehe?
Eine Dokumentation, Aschaffenburg 1969 (zitiert als: D a v i d / S c h m a l z);
R. N. S o u l e n , Marriage and Divorce. A. Problem in New Testament Interpretation: Interpretation 23 (1969) 439—450; G. T e i c h t w e i e r , Unauflöslichkeit der Ehe?: Theol. d. Gegenwart 12 (1969) 125—135; P. H o f f m a n n ,
Jesu Wort von der Ehescheidung und seine Auslegung in der neutestamentlichen Überlieferung: Concilium 6 (1970) 326—332. U. N e m b a c h , Ehescheidung nach alttestamentlichem und jüdischem Recht: Theol. Ztschr. 26 (1970)
161—171.

[3] Zu den sog. matthäischen „Unzuchtsklauseln", die eine Scheidung im
Falle von „Unzucht" erlauben, vgl. die recht umfangreiche Literatur: A. O t t ,
Die Ehescheidung im Matthäus-Evangelium, Würzburg 1939; K. S t a a b , Die
Unauflöslichkeit der Ehe und die sog. „Ehebruchsklauseln" bei Mt 5, 32 und
19, 9 in: Festschrift für E. Eichmann, Paderborn 1940, 435—452; J. S i c k e n -

fel in Spannung zu Jesu grundsätzlicher Stellungnahme. Kann man angesichts dieser Ausnahme heute folgern, wenn die frühe Kirche in einem bestimmten Fall und in einem bestimmten Bezirk die Scheidung erlaubte, dürfe die Kirche auch heute von der Unauflöslichkeit der Ehe in bestimmten Fällen Ausnahmen gestatten? Die Kirche konzediert doch auch — im Anschluß an 1 Kor 7, 15 — das „Privilegium Paulinum", die Scheidung einer sogenannten Naturehe. Nach dem heutigen Stand der Forschung müssen wir die neutestamentlichen Texte geschichtlich verstehen und dürfen sie nicht einfach eklektisch als „Belegstellen" für legitimes kirchliches Handeln zitieren.

Die Spannung zwischen den sogenannten „Unzuchtsklauseln" im Matthäusevangelium und dem grundsätzlichen Ehescheidungsverbot Jesu kann wahrscheinlich nur traditionsgeschichtlich erklärt werden. Wenn man von der Perikope Mk 10, 2—12 ausgeht, wird man fragen müssen, ob das grundsätzliche Verbot Jesu mit seiner eschatologischen Gottesreichsverkündigung zusammenhänge und darum eine „rigorose" Forderung der Basileia-Ethik darstelle. Eine solche Vermutung kann sich darauf berufen, daß Jesus die Möglichkeit der Ehescheidung als eine Konzession des Mose auf „die Herzenshärte" der Israeliten hin bezeichnet, die dem ursprünglichen Schöpfungswillen Gottes widerspreche (10, 3—9). Von

---

b e r g e r , Die Unzuchtsklausel im Matthäusevangelium: Theol. Quartalschrift 123 (1942) 189—206; A. A l l g e i e r , Die crux interpretum im neutestamentlichen Ehescheidungsverbot. Philologische Untersuchung zu Mt 5, 32 und 19, 9: Angelicum 20 (1943) 128—142; K. S t a a b , Zur Frage der Ehescheidungstexte im Matthäusevangelium: Ztschr. f. kath. Theol. 67 (1943) 36—44; A. F r i d - r i c h s e n , „Excepta fornicationis causa" (Mt 5, 32): Svensk Exegetisk Arsbok 9 (1944) 54—58; U. H o l z m e i s t e r , Die Streitfrage über die Ehescheidungstexte bei Matthäus 5, 32; 19, 9: Biblica 26 (1945) 133—146; T. S c h w e g l e r , De clausulis divortii: Verbum Domini 26 (1948) 214—217; J. S i c k e n b e r g e r , Zwei neue Äußerungen zur Ehebruchsklausel bei Mt: Ztschr. f. d. ntl. Wissenschaft 42 (1949) 202—209; B. V a w t e r , The Divorce Clauses in Mt 5, 32 and 19, 9: Cath. Bibl. Quarterly 16 (1954) 155—167; A. V a c c a r i , De matrimonio et divortio apud Matthaeum: Biblica 36 (1955) 149—151; B. L e e m i n g / R. A. D y s o n , Except it be for Fornication: Scripture 8 (1956) 75—82; J. B. B a u e r , Ehescheidung wegen Ehebruch? Die Ehebruchsklauseln Mt 5, 32 und 19, 9: Bibel und Liturgie 24 (1956/57) 118—121; H. B a l t e n s w e i l e r , Die Ehebruchsklauseln bei Matthäus: Theol. Ztschr. 15 (1959) 340—356; F. H a u c k / S. S c h u l z , πόρνη κτλ., in: ThW VI (1959) 579—595; M. Z e r w i c k , De matrimonio et divortio in Evangelio: Verbum Domini 38 (1960) 193—212; J. B. B a u e r , Die matthäische Ehescheidungsklausel (Mt 5, 32 und 19, 9): Bibel und Liturgie 38 (1964/65) 101—106; D e r s ., De coniugali foedere quid edixerit Matthaeus?: Verbum Domini 44 (1966) 74—78; A. M a h o n e y , A New Look at the Divorce Clauses in Mt 5, 32 and 19, 9: Cath. Bibl. Quarterly 30 (1968) 29—38; J. M o i n g t , Ehescheidung „auf Grund von Unzucht" (Matth 5, 32/19, 9), in: D a v i d / S c h m a l z , 178—222 (erstmalig 1968); A. S a n d , Die Unzuchtsklausel in Mt 5, 31.32 und 19, 3—9: Münch. Theol. Ztschr. 20 (1969) 118—129.

einer solchen Voraussetzung aus wird man dann fragen müssen, ob die matthäische Ausnahme vom Verbot der Ehescheidung die Weisung Jesu nicht wieder kasuistisch als Rechtsbestimmung verstanden wissen will. In diesem Sinn argumentiert etwa Ratzinger, wenn er sagt, „daß Jesu Appellation an das Ursprüngliche gegen das Uralte das Gesetz hinterschreitet und nicht selbst ein Gesetz ist. Der Versuch, diesen übergesetzlichen und überrechtlichen Anruf rechtlich zu fassen, führt bereits in der durch Matthäus repräsentierten Teilkirche dazu, die ‚Herzenshärtigkeit' des Menschen neu ins Recht einzubringen und dementsprechend zu verfahren. Gewiß kann man sagen, daß in den nun neuerdings auftretenden Scheidungsklauseln der Anspruch Jesu, der die Kasuistik zerreißt und hinter sie zurückführt, wieder umgewandelt wird in eine kasuistische Position und daß insofern hier schon wieder etwas vom Ernst des Ursprungs verlorenzugehen droht."[4] Freilich geht diese Argumentation von dem markinischen Streitgespräch aus, das als formgeschichtliche Einheit sicher jünger ist als der ungerahmte und situationslos überlieferte Einzelspruch Mt 5, 32 (par. Lk 16, 18), der der Logienquelle entstammt. Immerhin ist zu bedenken, daß mit der Tatsache der „Parusieverzögerung" die ethische Forderung Jesu eine Umformung und eine Entschärfung erfahren haben kann.

Das Problem der „Unzuchtsklauseln" kann auch nicht lediglich damit als gelöst betrachtet werden, daß man die unzweifelhafte Tatsache betont, Jesus habe die Klauseln nicht selbst ausgesprochen, sie seien eine Interpretation der judenchristlichen Gemeinde des Matthäus oder seine eigene Addition zu dem Herrenwort. Der Dogmatiker mag zwar feststellen: „Wenn man zum Beispiel die Klausel bei Mt 5, 32 ... als Glosse der Gemeindekasuistik deuten kann, dann hat es der Dogmatiker viel leichter, als wenn auch diese Klausel wirklich unmittelbar aus dem Mund Jesu kommend gedacht werden muß."[5] Aber der Dogmatiker wertet doch auch sonst das gesamte Neue Testament als verbindlichen, weil inspirierten Text. Er geht doch auch sonst nicht auf die ipsissima vox Jesu als einzig verbindliche Norm zurück, zumal ureigenste Worte Jesu weithin nur hypothetisch gewonnen werden können. Freilich ist der neutestamentliche Text in seiner „Tiefendimension" zu deuten, die auch — wenn möglich — die ipsissima vox Jesu mit einschließt. Wenn hingegen die im Neuen Testament zu Wort kommende Kirche — auch nur in e i n e r Schrift —

---

[4] J. R a t z i n g e r , Zur Theologie der Ehe, in: G r e e v e n / R a t z i n g e r , 81—115, Zitat: 111 f.

[5] K. R a h n e r , Exegese und Dogmatik, in: Exegese und Dogmatik, Mainz 1962, 25—52, Zitat: 43. Zu Unrecht hält N e m b a c h (a. a. O. 169—171) die Unzuchtsklauseln im Munde Jesu für ursprünglich und setzt außerdem „Unzucht" einfach mit „Ehebruch" gleich.

die Ehescheidungsklausel bezeugt, so wird der Dogmatiker dem zu entnehmen haben, daß die damalige Kirche sich zu einer derartigen Interpretation der Weisung Jesu befugt erachtet hat und eine entsprechende
Ehescheidungspraxis billigte. In diesem Zusammenhang sollte auch nicht
vergessen werden, daß die Kirche im Laufe ihrer Geschichte zwar das
Privilegium Paulinum anerkannte, die mit den matthäischen Klauseln
eröffnete Konzession aber — im Unterschied zur Ostkirche[6] — verwarf.
Rechtshistoriker mögen die Gründe für diese faktischen kirchlichen Ent-
scheidungen erhellen können. Der Neutestamentler wird konstatieren dürfen, daß die im Neuen Testament zu Wort kommende frühe Kirche neben
der paulinischen Konzession auch die matthäische kannte und praktizierte.

Die vorgetragene heutige Problematik, die von anthropologisch-sozio-
logischen sowie von psychologischen Argumenten absieht, kann nur zu
einem Teil durch die neutestamentliche Wissenschaft einer Lösung ent-
gegengeführt werden. Vieles wird dabei von der sachgerechten Arbeits-
methode abhängen, die — wie schon gesagt — die Weisung Jesu im Lichte
der neutestamentlichen Traditionsgeschichte sehen muß.

2. Methodische Vorüberlegung

Eine traditionsgeschichtliche Untersuchung der Weisung Jesu über die
Unauflöslichkeit der Ehe muß von den ältesten erreichbaren Formen dieser Weisung ausgehen. Zuerst ist also zu fragen, wo sich die älteste
Form findet. Es bieten sich — wie wir sahen — drei Formen der Tradition
an. An erster Stelle ist der ungerahmte Spruch zu prüfen; denn die Form
ungerahmter Logien ist traditionsgeschichtlich älter als etwa die Form
des Streitgesprächs, die eine Situationsangabe macht (Mk 10, 2; vgl. 10, 10).
Ungerahmt begegnet der entscheidende Spruch Jesu a) in der Logienquelle
(Mt 5, 32 par. Lk 16, 18); b) in der vormarkinischen Tradition (Mk 10, 11);
c) in der vorpaulinischen Überlieferung (1 Kor 7, 10 f.). Welche von diesen
drei Überlieferungen ist die älteste? Wie ist sie — ohne Kontext — zu
verstehen? Geht diese älteste F o r m auf Jesus zurück? Da die dreifache
Überlieferung jedenfalls berechtigt, den Spruch d e r S a c h e n a c h auf
Jesus zurückzuführen, wird es darauf ankommen, die Tragweite und den
Sinn eines solchen Spruches im Munde Jesu und in seiner Umwelt sowie
im Kontext seiner Botschaft zu verstehen. Erst dann kann die Weisung
Jesu innerhalb der Kontexte gesehen werden, die sich in größeren Quel-
lenzusammenhängen ergeben, der Logienquelle (Q), der markinischen
Streitgesprächsperikope, dem Matthäus- und Lukasevangelium, endlich

---

[6] Vgl. dazu P i e r r e v o n C h e r s o n e s, Ehescheidung in der Theologie
und im Kirchenrecht der orthodoxen Kirche, in: D a v i d / S c h m a l z, 337—351.

auch dem 1. Korintherbrief. Es wird sich zeigen, ob und in welchen Einzel-
fragen die Traditionsgeschichte Hinweise zur Lösung bieten kann.

3. Jesu Weisung für die Ehe

a) Das ursprüngliche Logion in der Logienquelle (Q)

Wenn wir den ursprünglichen Wortlaut des Jesus-Spruches mit der
Zurückweisung der Ehescheidung rekonstruieren wollen, müssen wir sowohl bei Matthäus als auch bei Lukas die redaktionellen Änderungen des
Evangelisten rückgängig machen. Mt 5, 32 lautet: „Jeder seine Frau Entlassende, außer wegen Unzucht, macht, daß von (mit) ihr die Ehe gebrochen wird, und wer eine Entlassene heiratet, bricht die Ehe." Bei dem
Evangelisten sind die Worte „außer wegen Unzucht" als Zufügung gegenüber der lukanischen Parallele (Lk 16, 18) auszumachen. Der bei Lukas in
der zweiten Vershälfte vorhandene erklärende Passus „(eine) von ihrem
Mann (Entlassene)" kann als lukanischer Zusatz erklärt werden. Matthäus
scheint aber seinerseits das wohl ursprüngliche Partizipium „der Heiratende" in der zweiten Vershälfte (so Lukas) aufgelöst und von sich aus
„wer heiratet" geschrieben zu haben. Dann lautet der ursprüngliche Text
in einem strengen Parallelismus: „Jeder seine Frau Entlassende macht,
daß von (mit) ihr die Ehe gebrochen wird, und der eine Entlassene Heiratende bricht die Ehe." Die Gegenprobe kann mit der lukanischen Parallele gemacht werden. Lk 16, 18: „Jeder seine Frau Entlassende und eine
andere Heiratende bricht die Ehe, und der die von ihrem Mann Entlassene Heiratende bricht die Ehe." Lukanische Zusätze sind: „und eine andere Heiratende"[7] sowie „von ihrem Mann". Der Evangelist hat offenbar
die erste Vershälfte außerjüdischen Verhältnissen angepaßt, wenn er nicht
von der Frau spricht, die durch die Entlassung in den Ehebruch getrieben
wird, sondern von dem Ehebruch des Mannes, der durch die eigene Wiederverheiratung endgültig wird. Demgegenüber ist die matthäische Form
besser von jüdischen Voraussetzungen aus zu verstehen. „Da der Mann
seine eigene Ehe nicht brechen kann, besteht seine Schuld in der neuen
Verbindung seiner Frau mit einem anderen Manne, die er durch die ver-
botene Entlassung ermöglicht und deshalb zu verantworten hat. Andererseits bricht er die Ehe eines anderen, wenn er dessen verbotenermaßen
entlassene Frau heiratet."[8] Damit wird — für jüdische Auffassung überzeugend — dargetan, daß sich aus dem Verbot der Ehescheidung die praktische Gleichsetzung von Scheidung und Ehebruch ergibt. Wenn schon die
matthäische Form des Spruches das jüdische Kolorit besser erhalten hat

---

[7] Wohl im Anschluß an Mk 10, 11!
[8] G r e e v e n , Ehe nach dem Neuen Testament, 67.

als die lukanische, so zeigt auch die formale Struktur des Spruches bei Matthäus (unter Berücksichtigung der sekundären Retuschen), daß er ursprünglich ein zweigliedriges Logion mit genauem Parallelismus membrorum darstellt, der noch strenger wird, wenn man ins Aramäische zurückübersetzt; denn im Aramäischen ergeben sich dann Satzteile, die zu einem einzigen Wort verschmelzen:

Jeder-Entlassende seine-Frau veranlaßt-ihren-Ehebruch,
und-der-Heiratende eine-Entlassene begeht-Ehebruch[9].

b) Die (vor-)markinische Fassung des Spruches

In die Perikope Mk 10, 2—12 ist das Logion Jesu über die Ehescheidung (10, 11 f.) sekundär einbezogen. Die Perikope bietet zunächst ein Streitgespräch Jesu mit den Pharisäern über die Erlaubtheit der Ehescheidung (10, 2—9). An dieses Streitgespräch wird redaktionell (vgl. 10, 10) der Spruch Jesu (als Jüngerbelehrung) angeschlossen, weil er sachlich zu dem gleichen Thema gehört, das im Streitgespräch behandelt wurde. Jesus verbietet in beiden Fällen die Ehescheidung. Der hier zu behandelnde Einzelspruch lautet in der Markus-Fassung: „Wer seine Frau entläßt und eine andere heiratet, begeht ihr gegenüber Ehebruch. Und wenn sie ihren Mann entläßt und einen anderen heiratet, begeht sie Ehebruch" (10, 11 f.). Es ist schwer zu sagen, ob erst der Evangelist das Streitgespräch und das Einzellogion miteinander verbunden hat. Erst recht darf man fragen, ob er den Einzelspruch in sich noch einmal bearbeitete[10]. So werden wir im wesentlichen den markinischen Wortlaut zugrunde legen müssen. Jedenfalls wird in diesem Spruch das Wort Jesu schon auf die Situation von heidenchristlichen Gemeinden angewendet, die das griechisch-römische Eherecht kennen[11]. Denn die zweite Hälfte des Spruches (Vers 12) spricht von der Eventualität, daß eine Frau sich von ihrem Mann scheidet. Eine solche Möglichkeit kannte das Judentum nicht. Völlig sinngemäß wird also hier die Weisung Jesu auf einen anderen Rechtsbereich angewendet. In der ersten Spruchhälfte (Vers 11) ist von Scheidung mit anschließender Wiederverheiratung, die vom Mann vollzogen werden, die Rede. Das entspricht dem jüdischen Eherecht. Hatte aber das im vorigen Abschnitt besprochene Herrenwort aus der Logienquelle schon die Entlassung der Frau durch ihren Mann praktisch mit dem Ehebruch gleichgesetzt, so wird hier mit der Scheidung von der Frau ausdrücklich auch die erneute Heirat des Mannes genannt. Erst beide Aktionen zusammen lassen den Mann

---

[9] Vgl. G r e e v e n , a. a. O. 68.
[10] S a n d (a. a. O. 124 Anm. 38) hält z. B. „ihr gegenüber" für einen redaktionellen Zusatz.
[11] Vgl. den Artikel: Recht, in: Lexikon der alten Welt, Zürich 1965, 2516 bis 2560 (2523.2544).

(hier: seiner Frau gegenüber) endgültig einen Ehebrecher sein. Wenn das Logion aus der Redenquelle im zweiten Teil von der Heirat mit einer Geschiedenen sprach, so ist beim entsprechenden Logion des Markusevangeliums im zweiten Teil von der Frau die Rede, die sich scheidet und einen anderen heiratet. Die Entstehung dieses zweiten Teiles erklärt sich wohl daraus, „daß man nicht nur für den Mann, sondern auch für die Frau eine gesetzliche Bestimmung haben wollte"[12]. Auch schon die erste Hälfte des markinischen Spruches zeigt „Spuren des Übergangs in außerjüdische Traditionskreise"[13]. Denn nur dort ist mit der zusätzlichen Wendung „und eine andere heiratet" etwas sachlich Wichtiges ausgesagt. „In der monogamen Eheordnung macht die Wiederverheiratung die Trennung unwiderruflich."[14] Wir werden demzufolge als Ergebnis festhalten dürfen, daß die Form des Spruches, die die Logienquelle enthielt, gegenüber der markinischen Fassung ursprünglich ist.

c) Die Weisung des Herrn nach Paulus

In dem Abschnitt 1 Kor 7, 8—16 erteilt Paulus der Gemeinde von Korinth Weisungen für die Unverheirateten und die Witwen, für die Verheirateten und die in Mischehen Lebenden. Einzig für die Verheirateten hat Paulus ein Herrenwort zur Verfügung: „Den Verheirateten aber gebiete nicht ich, sondern d e r H e r r, daß sich eine Frau vom Mann nicht scheiden soll — hat sie sich aber doch geschieden, soll sie unverheiratet bleiben oder sich mit ihrem Mann versöhnen — und daß ein Mann seine Frau nicht wegschicken soll" (7, 10 f.). Dann richtet sich der Apostel an die in einer (christlich-heidnischen) Mischehe Lebenden; hier spricht er aus eigener Vollmacht: „Den übrigen aber sage i c h, nicht der Herr: Wenn ein Bruder eine ungläubige Frau hat, und diese ist einverstanden, mit ihm zusammenzuleben, soll er sie nicht wegschicken. Und eine Frau, die einen ungläubigen Mann hat, und dieser ist einverstanden, mit ihr zusammenzuleben, soll den Mann nicht wegschicken. Denn der ungläubige Mann ist durch die Frau geheiligt, und die ungläubige Frau ist durch den Bruder geheiligt. Denn sonst sind eure Kinder unrein; nun aber sind sie heilig. Wenn sich aber der Ungläubige scheidet, soll er sich scheiden. In solchen Fällen ist der Bruder oder die Schwester nicht gebunden. Zum Frieden hat euch Gott berufen" (7, 12—15).

---

[12] R. B u l t m a n n, Die Geschichte der synoptischen Tradition, Göttingen ⁵1961, 140. Vgl. S c h n a c k e n b u r g, Die Ehe, 16, der mit Recht betont, Markus gebe mit seinem Verfahren zu erkennen, „daß er das Wort Jesu in einem strikten Sinn, als wirkliches, in den Verhältnissen dieser Welt zu verwirklichendes Gebot Jesu auffaßt".

[13] G r e e v e n, a. a. O. 71.

[14] Ebd.

Man sieht sehr deutlich, daß Paulus zwischen der Weisung Jesu, des Herrn, und seiner eigenen Mahnung klar unterscheidet. Für die Mischehe macht Paulus eine Konzession, die die Scheidung ermöglicht. Im allgemeinen aber gilt die Anordnung des Herrn. Sie ist hier in einer indirekten Weise angeführt. Wahrscheinlich hängt das damit zusammen, daß dem Paulus keine schriftliche Form des Jesus-Spruches zur Verfügung stand. Dennoch gibt der auch hier vorhandene Parallelismus zu erkennen, daß in der vorpaulinischen Tradition die Weisung Jesu in einer geprägten Form überliefert wurde. Zugleich kann man sehen, daß auch hier — entsprechend der markinischen Form des Spruches — heidenchristliche Verhältnisse berücksichtigt werden[15]. Zunächst ist von der Scheidung die Rede, die die Frau vollziehen könnte. Erst dann folgt nach der wohl auf Paulus zurückgehenden Parenthese die Weisung für den Mann. Er soll die Frau nicht entlassen. Wenn später (in den Versen 13. 15) die entsprechenden Verba vertauscht werden[16], kann man darin „ein Indiz der Gleichstellung der Geschlechter" sehen[17]. Wir finden demnach hier die Rücksichtnahme auf griechisch-römisches Eherecht bezeugt. Sowohl der Mann als auch die Frau können die Initiative zur Scheidung ergreifen. Nach dem Gesagten ist die vorpaulinische Fassung des Herrenwortes ebensowenig wie die markinische als ursprünglich anzusehen. Die ältere Form ist die der Logienquelle. Nur sie kann Jesu eigene Formulierung sein.

d) Vom Sinn der Weisung Jesu

Wie ist das Wort Jesu über die Ehescheidung zu verstehen? Wir müssen uns hier streng auf den Wortlaut des oben rekonstruierten Wortes beschränken. Schon der Zusammenhang, in den Q das Logion stellte, ist sekundär und darf daher zur Deutung des ursprünglichen Gehaltes vorerst nicht herangezogen werden. Wenn wir die „Form" des Spruches berücksichtigen, kommen wir zu dem Ergebnis, daß es sich um ein „Gesetzeswort" handelt. Bultmann rechnet zur Gruppe der Gesetzesworte (und Gemeinderegeln) zunächst Worte, „die zum Gesetz oder zur jüdischen Frömmigkeit Stellung nehmen"[18]. Er gibt aber auch formale Kennzeichen dieser Gruppe an, wenn er sagt: „Dann gehört zu den ‚Gesetzesworten' eine Gruppe von Worten, die im Gesetzesstil formuliert ist, d. h. Sätze, die als ersten Teil eine Bedingung (ἐάν, ὅταν, ὃς ἄν, ὅστις oder dgl., statt dessen auch ein Partizipium) und als zweiten Teil einen Imperativ

---

[15] Siehe H. C o n z e l m a n n , Der erste Brief an die Korinther, Göttingen 1969, 145.

[16] Die F r a u soll den Mann nicht w e g s c h i c k e n ; der (ungläubige) M a n n s c h e i d e t s i c h !

[17] C o n z e l m a n n , a. a. O. (145).

[18] B u l t m a n n , a. a. O. 138.

oder eine Aussage (manchmal im Futurum) enthalten, die den Sinn einer gesetzlichen Bestimmung hat. Natürlich sind auch Worte dazuzurechnen, in denen diese Form zwar nicht durchgeführt ist, aber vorschwebt."[19]

An erster Stelle der Beispiele führt B u l t m a n n dann das Logion Jesu über die Ehescheidung an. Er hält die Q-Fassung gegenüber Mk 10, 11 f. für ursprünglich[20]. Wenn wir diese formgeschichtliche Überlegung ernst nehmen, können wir nicht umhin, die ursprüngliche Fassung des Spruches als Gesetzeswort zu verstehen. Kann dann aber diese Form auf Jesus zurückgehen? Kann Jesus eine gesetzliche Weisung für die Ehe gegeben haben? Wir müssen berücksichtigen, daß auch die beiden sekundären Fassungen des Jesus-Wortes bei Markus und bei Paulus dieses gesetzlich verstanden haben[21]. Sie sahen in ihm ein Gebot des Herrn, das im strikten Sinn in dieser Welt zu verwirklichen ist. Sollten diese ältesten Verständnisse Fehlinterpretationen sein? Es spricht doch eher alles dafür, daß die heute von manchen angebotene Auslegung der Weisung Jesu, die diese nicht als Gebot, sondern als ideale Zielvorstellung ("Sollensnorm") verstehen will, eine Fehlinterpretation ist. Moral und Gesetz sind im

---

[19] Ebd. 139.

[20] Ebd. 140. Zur genaueren formgeschichtlichen Einordnung der gesetzlichen Herrenworte hat E. K ä s e m a n n die Arbeit: Sätze heiligen Rechtes im Neuen Testament, New Test. Studies 1 (1954/55) 248—260, vorgelegt. Er anerkennt den Rechtsstil dieser Sätze, erklärt sie aber nicht als Gemeinderecht, sondern will in ihnen prophetisch-eschatologisches Recht erkennen. Mit Bultmann und Käsemann setzt sich nun K. B e r g e r kritisch auseinander: Zu den sogenannten Sätzen heiligen Rechts, New Test. Studies 17 (1970/71) 10—40. B e r g e r erkennt die unausgesprochenen Voraussetzungen bei K ä s e m a n n, daß es sich einerseits um Rechtssätze handle und daß es andererseits bei Jesus und in der frühen Gemeinde keine Gesetzlichkeit und Kasuistik gegeben haben dürfe. Für K ä s e m a n n lag der Ausweg aus diesem Dilemma in der Annahme eines geistgewirkten heiligen Rechts. B e r g e r kommt zu dem Ergebnis: „Nun fällt die Notwendigkeit einer solchen These dahin, wenn man zeigt, daß es sich gar nicht um Rechtssätze handelt. Davon abgesehen hat aber auch die 2. Voraussetzung, die Ausschließung von Kasuistik usw. bei Jesus, nur postulatorischen Charakter" (34). Sätze wie Mt 5, 32 und Mk 10, 11 f. stammten — so argumentiert B e r g e r (28—30) — aus der Paränese. Sie wollten aufklären und belehren, über die wahren Ausmaße des Handelns orientieren. Der Ursprung dieser „Form" liege in der weisheitlichen Literatur. Immerhin muß auch Berger (14 f.) einräumen, daß Mk 10, 11.12 und Mt 5, 32 alttestamentlichen Rechtssätzen der sog. Gesetzeskorpora verwandt zu sein scheinen und daß Lk 16, 18 zeigt, wie ein Satz dieser Art im Zusammenhang mit Sätzen über das Gesetz genannt werden kann. In der Logienquelle zeigt der Satz in kasuistischer Weise die Weitergeltung eines Dekaloggebotes an.

[21] C o n z e l m a n n (a. a. O. 144) betont, das Wort werde bei Paulus „nicht zur kasuistischen Regel, wie die folgenden Anwendungen zeigen". Aber das vorpaulinische Herrenwort hat schon (k a s u i s t i s c h !) den Fall der Frau, die sich scheiden will, aufgenommen.

Judentum jedenfalls eng miteinander verbunden gewesen. Und wir können von daher nicht sagen, die Weisung des Jesus-Wortes in den drei uns überlieferten Fassungen gebe nur eine ethische Norm und Zielvorstellung an. Gerade die konzedierten Ausnahmen (bei Paulus und bei Matthäus) bezeugen indirekt gleichfalls die „gesetzliche" Interpretation. Will man von der Gesetzeskritik Jesu her diese Interpretation in Frage stellen, so wird man sich dabei zwar auf die (rekonstruierte) eschatologische Botschaft Jesu im ganzen berufen können, man wird sich aber des hypothetischen Charakters einer solchen Rekonstruktion bewußt bleiben müssen. Wenn man zum Beispiel die Weisung Jesu für die Ehe als „Interims-Ethik" verstehen wollte, die erst nach dem „Ausbleiben der Parusie" in gesetzliche und gebothafte Anweisung uminterpretiert worden sei, begäbe man sich auf den Weg zweifelhafter Hypothesen.

Inhaltlich besagt das Gesetzeswort, das in der Logienquelle stand, daß jeder, der seine Frau entläßt, ihren Ehebruch veranlaßt. Nach der weniger gut begründeten Auffassung, die sich an Lk 16, 18 anschließt[22], begeht der Mann, der seine Frau entläßt, selber direkt Ehebruch. Damit wird die jüdische Praxis der Ehescheidung absolut verworfen. „Jeder", der die Frau entläßt, macht sie zur Ehebrecherin. Sie wird nach den zeitgenössischen Gegebenheiten einen anderen Mann suchen. Sie gehört aber wesentlich dem Mann an, mit dem sie verheiratet ist. Ein anderer Mann, der die Entlassene heiraten würde, bräche die bestehende Ehe. Jesus hat demzufolge die Ehescheidung absolut verworfen. Gegenüber der jüdischen Kasuistik, die um mögliche Ehescheidungsgründe stritt[23], bedeutet die Stellungnahme Jesu ein klares Nein.

4. Der Kontext in der Logienquelle

Die Spruchfolge der Logienquelle ist im Lukasevangelium besser erhalten als im Evangelium nach Matthäus. Denn letzterer Evangelist hat die in Q vorliegenden Sprüche stärker umgestellt und systematischer geordnet, zum Beispiel auch in eigentlichen Redekompositionen. Lk 16, 16. 17. 18 begegnet nun eine Spruchfolge, die wohl in dieser Reihenfolge schon in Q vorlag. Die beiden ersten Sprüche handeln vom Gesetz. Es wird durch die Verkündigung der Königsherrschaft Gottes abgelöst. Dennoch gilt: Es ist eher möglich, daß Himmel und Erde vergehen, als daß ein Häkchen des Gesetzes wegfällt. Diese Feststellung geht in Q unmittelbar dem Wort über die Ehescheidung voraus. Es steht also in einem

---

[22] Ihr folgt S c h n a c k e n b u r g, Die Ehe, 11. Vgl. B a l t e n s w e i l e r, Die Ehe, 68 f.; H o f f m a n n, Jesu Wort, 326.
[23] Vgl. (S t r a c k /) B i l l e r b e c k, Kommentar zum Neuen Testament aus Talmud und Midrasch. Bd. I, München ²1956, 303—321.

Kontext, der von der Gültigkeit des Gesetzes und seiner Auslegung durch Jesus spricht[24]. Das Wort Jesu über die Unauflöslichkeit der Ehe wird demnach hier als jesuanische Auslegung der Tora verstanden. Es ist Gesetz und überschreitet als Teil der Basileia-Verkündigung zugleich das Gesetz, in dem bekanntlich die Ehescheidung erlaubt wurde (Dt 24, 1—4). Hier wird noch nicht, wie in dem markinischen Streitgespräch, eine sachliche Begründung für die Entscheidung Jesu gegeben. Nicht der Rückgriff auf die Schöpfungsordnung gegenüber dem Gesetz wird als Grund für die Unauflöslichkeit der Ehe genannt. Vielmehr steht in dem Einzelspruch zunächst die Forderung Jesu souverän da. Dennoch wird man vom Kontext her sagen müssen, daß eine Begründung versucht wird. Die Toraverschärfung Jesu wird mit der neuen Zeit der Reich-Gottes-Verkündigung (Vers 16) in Zusammenhang gebracht. Vielleicht dürfen auch die Warnung vor dem Ärgernis (Lk 17, 1—3a) und das Wort über die grenzenlose Vergebungsbereitschaft (17, 3b—4) — in Q unmittelbar auf den Ehescheidungsspruch folgend — als Interpretationshilfe herangezogen werden. **Die Forderung der Unauflöslichkeit kann verwirklicht werden, wenn der Mensch dem Mitmenschen gegenüber zur Vergebung bereit ist.**

5. Die Perikope Mk 10, 2—12

Das Streitgespräch Mk 10, 2—9[25] wird durch die Frage der Pharisäer eingeleitet: „Ist es dem Mann erlaubt, seine Frau zu entlassen?" Das ist merkwürdig, weil für den Juden diese Frage durch Dt 24, 1—4 hinreichend geklärt gewesen ist. Das Judentum hielt sich zur Zeit Jesu an die entsprechende Scheidungspraxis. Die Frage der Pharisäer wird als eine Fangfrage charakterisiert. Auf historischer Ebene könnte das bedeuten, „daß sie schon von seiner anderen Einstellung Kenntnis hatten und ihn herausfordern wollten, der klaren Regelung des mosaischen Gesetzes zu widersprechen"[26]. Will man diese Situation im Leben des irdischen Jesus nicht voraussetzen, so wird man annehmen, sie sei vom christlichen Standpunkt aus fingiert, um der Szene den passenden Rahmen zu geben. Formgeschichtlich wird man sagen müssen, daß der „Sitz im Leben" für dieses Streitgespräch das Interesse der Gemeinde an Jesu Entscheidung und darüber hinaus an ihrer Begründung (und Verteidigung) gegenüber dem

---

[24] Vgl. H. S c h ü r m a n n , „Wer daher eines dieser geringsten Gebote auflöst . . ." — Wo fand Matthäus das Logion Mt 5, 19?: Bibl. Ztschr. 4 (1960) 238—250 (246).

[25] Siehe dazu vor allem B a l t e n s w e i l e r , Die Ehe, 43—77; P e s c h , Die neutestamentliche Weisung; S c h n a c k e n b u r g , Die Ehe, 12—16; G r e e v e n , Ehe nach dem Neuen Testament, 57—66.

[26] S c h n a c k e n b u r g , a. a. O. 13.

Judentum gewesen ist. Schon darum wird man die nicht begründete Entscheidung des vorher behandelten Einzelspruches für ursprünglicher halten dürfen. Erst die Kirche hat sich um eine Begründung dieser Entscheidung aus dem Kontext der Botschaft Jesu bemüht. Jesus antwortet den Pharisäern mit der Gegenfrage: „Was hat euch Mose geboten?" Die Antwort lautet: „Mose hat gestattet, einen Scheidebrief zu schreiben und zu entlassen." Darauf folgt die endgültige Antwort Jesu: „Auf eure Herzenshärte hin schrieb er euch dieses Gebot. Von Anfang der Schöpfung aber da schuf er sie als Mann und Weib. Darum soll der Mann Vater und Mutter verlassen, und die zwei sollen zu einem Fleisch werden. Also sind sie nicht mehr zwei, sondern ein Fleisch. Was also Gott zusammengejocht hat, das soll ein Mensch nicht trennen." Jesus antwortet demnach nicht einfach mit einem Nein auf die Anfangsfrage der Gegner. Das Gespräch geht einen weniger direkten Weg. Die Pharisäer fragen nach einer E r l a u b n i s im Sinne einer gesetzlichen Bestimmung, die eine Handlungsfreiheit einräumt. Jesu Rückfrage aber kommt aus einer anderen Perspektive. Er fragt, was Mose g e b o t e n habe. Das ist die Frage nach Gottes durch Mose vermittelten Willen. Die Frage nach der Erlaubnis geht vom eigensüchtigen Willen des Menschen aus. Die Frage aber nach Gottes Gebot läßt den Menschen in Demut nach Gottes Willen fragen und sich seiner Herrschaft unterstellen. Jesu Antwort an die Pharisäer entschuldigt nicht eine alte Konzession, sondern klagt die gegenwärtige Praxis gegenwärtiger Menschen an. Jesus begründet den Gotteswillen aus dem Rückgriff auf die Genesiserzählung. Zwei Stellen werden hier kombiniert (Gen 1, 27; 2, 24). Jesus folgert, daß Mann und Weib eine unlösliche Einheit bilden sollen, weil Gott sie verbunden hat. Im Tun des Schöpfers offenbart sich der ursprüngliche und eigentliche Wille Gottes.

Wenn wir die Begründung, die hier der Forderung Jesu gegeben ist, mit der andeutenden Begründung in der Logienquelle vergleichen, erkennen wir den Unterschied. Die Logienquelle versucht, Jesu Gebot aus der Basileia-Verkündigung Jesu heraus zu begründen. Sie stellt — in judenchristlichem Raum — das Gebot in den Zusammenhang der eschatologischen Verkündigung. In dem markinischen Streitgespräch hingegen wird die Begründung durch den Rückgriff auf die Schöpfung Gottes gegeben. Ein solches Prinzip, daß das Alte gegenüber dem Anfänglichen zurückzutreten habe, daß — in unserem Fall — das mosaische Gesetz im Vergleich zum Schöpferwillen Gottes nicht den reinen Willen Gottes zum Ausdruck bringe, findet sich analog auch einmal in der Argumentation des Paulus. Gal 3, 15—18 zeigt, daß das später gekommene Gesetz nicht die Verheißung aufheben kann, die Gott dem Abraham gegeben hat. Eine solche Argumentation, die nicht eschatologisch orientiert ist, sondern das Frühere dem Späteren vorzieht, scheint nicht im Judentum beheimatet zu sein[27]. Sie findet sich erstmalig im Neuen Testament. Freilich wird man zu beachten haben, daß der Rückgriff auf die Schöpfung dem in Q bezeugten Begründungszusammenhang mit der eschatologischen Gottesreich-Verkündigung verwandt ist, insofern die Gottesherrschaft als Neue Schöpfung der alten und ursprünglichen Schöpfung Gottes wesentlich korrespondiert.

An das eigentliche Streitgespräch schließt sich mit Mk 10, 10—12 eine Jüngerunterweisung an, die das Ehescheidungsverbot Jesu auf Verhältnisse der heidenchristlichen Gemeinde anwendet[28]. Denn nach griechischem und römischem Eherecht ist auch die Frau zur Ehescheidung berechtigt. Der Evangelist ist demnach der Auffassung, daß das einzigartige und strenge Gebot Jesu in den bestehenden Weltverhältnissen realisiert werden muß. Es kann unter der Voraussetzung erfüllt werden, daß die Herzenshärte, das eigensüchtige Fragen nach Konzessionen, überwunden wird, und daß der Mensch nach dem reinen Willen Gottes, seines Schöpfers, fragt.

6. Der matthäische Kontext mit den Unzuchtsklauseln (Mt 5, 31 f.; 19, 3—12)

Das Matthäusevangelium bietet die Stellungnahme Jesu zur Ehescheidung an zwei Stellen. Die erste der beiden (Mt 5, 31 f.) ist oben schon kurz zur Sprache gekommen. Sie geht auf die Logienquelle zurück, enthält aber nicht nur den ungerahmten Spruch, sondern stellt eine der sogenannten Antithesen der Bergpredigt dar (a). An der zweiten matthäischen Stelle (19, 3—12) folgt der Evangelist seiner Mk-Vorlage[29], obgleich man auf den ersten Blick meinen könnte, das Matthäusevangelium stehe hier der ursprünglichen Situation des Streitgesprächs näher. Matthäus folgt den beiden markinischen Abschnitten mit dem eigentlichen Streitgespräch (19, 3—8 par. Mk 10, 2—9) und dem anschließenden Spruch über die Ehescheidung (19, 9 par. Mk 10, 10—12), fügt dann aber als Sondergut noch den sogenannten Eunuchenspruch an (19, 10—12). Die drei Einheiten hat Matthäus zu einem homogenen Ganzen verarbeitet[30] (b). An beiden Stel-

---

[27] Vgl. H. J. S c h o e p s, Restitutio principii as the Basis for the Nova lex Jesu: Journal of Bibl. Literature 66 (1947) 453—464.

[28] Siehe hierzu auch G. D e l l i n g, Das Logion Mark. X 11 (und seine Abwandlungen) im Neuen Testament: Novum Testamentum 1 (1956) 263—274. E. B a m m e l, Markus 10, 11 f. und das jüdische Eherecht: Ztschr. f. d. ntl. Wissenschaft 61 (1970) 95—101, will zeigen, daß auch wenigstens im hellenistischen Judentum eine Scheidung von seiten der Frau möglich war (Josephus, Ant. XV § 259, und zwei Papyri aus Elephantine). Doch das dürfte auf nichtjüdischen Einfluß zurückzuführen sein.

[29] Siehe J. S c h m i d, Markus und der aramäische Matthäus, in: Synoptische Studien, FS für A. Wikenhauser, München 1953, 148—183 (177—182).

[30] Vgl. H. Z i m m e r m a n n, Μὴ ἐπὶ πορνείᾳ (Mt 19, 9) — ein literarisches Problem. Zur Komposition von Mt 19, 3—12: Catholica 16 (1962) 293—299.

len, die das grundsätzliche Verbot der Ehescheidung durch Jesus bezeugen, fügt das Matthäusevangelium die Unzuchtsklausel ein, wenn auch in einem je verschiedenen Wortlaut. Die umfangreichen Untersuchungen zu diesem Problem[31] haben noch zu keinem eindeutigen Ergebnis geführt. Wir gehen bei der weiteren Erörterung der Problematik davon aus, daß die Klauseln im exklusiven Sinn zu verstehen sind, also eine wirkliche Ausnahme von dem Gebot meinen. Die sogenannte inklusive Deutung, die zum Teil aus apologetischen Gründen früher vielfach vertreten wurde[32] und die den Fall der Unzucht in das Verbot Jesu einbezieht, kann aus sprachlichen Gründen nicht zutreffend sein[33].

a) Die Antithese Mt 5, 31 f.

Unter den sechs Antithesen der matthäischen Bergpredigt ist Mt 5, 31 f. die dritte: „Es ist gesagt worden: Wer seine Frau entläßt, soll ihr den Scheidebrief geben (Dt 24, 1). Ich aber sage euch: Jeder, der seine Frau entläßt, außer im Falle von Unzucht ($\pi\alpha\rho\epsilon\kappa\tau\grave{o}\varsigma$ $\lambda\acute{o}\gamma o\upsilon$ $\pi o\rho\nu\epsilon\acute{\iota}\alpha\varsigma$), der macht sie zur Ehebrecherin, und wer eine (solche) Entlassene heiratet, der begeht Ehebruch." Gegenüber der in Q vorliegenden älteren Fassung des Herrenwortes (vgl. Lk 16, 18) sind vor allem zwei Punkte der matthäischen Version bemerkenswert, die antithetische Einleitung sowie die Klausel „außer im Falle von Unzucht". Gehen die beiden Unterschiede auf die Hand des Evangelisten zurück? Hinsichtlich der antithetischen Einleitung kann mit großer Gewißheit gesagt werden, daß sie auf Matthäus zurückgeht[34]. Nicht die gleiche Sicherheit wird im zweiten Punkt erreicht. Die Tatsache, daß Mt 19, 9 die sachlich gleiche Ausnahme in einer anderen Formulierung bietet ($\mu\grave{\eta}$ $\grave{\epsilon}\pi\grave{\iota}$ $\pi o\rho\nu\epsilon\acute{\iota}\alpha$ „nicht bei Unzucht"), könnte zu der Überzeugung verleiten, daß in der Formulierung der Ausnahmeformel nicht der Evangelist tätig sei, sondern daß sie auf vormatthäische Tradition zurückgehe. Demgegenüber argumentiert Dupont[35], daß die Ausnahmeformel in einem inneren Zusammenhang mit der antithetischen Einleitung stehe, die Dt 24, 1 aufgreift. Aus dem gleichen alttestamentlichen Zusammenhang stamme sachlich auch die Ausnahmeformel. Der Scheidebrief zur Entlassung der Ehefrau wird veranlaßt durch die Tat-

---

[31] Siehe oben Anm. 3.

[32] So etwa von O t t in seinen beiden Monographien. Auch die Deutung, Jesus sehe in seiner Stellungnahme vom Fall der Unzucht überhaupt ab (dazu S a n d , a. a. O. 121. 124 f.), überzeugt nicht; vgl. H a u c k/S c h u l z, a. a. O. 592 Anm. 75.

[33] Siehe D u p o n t , Mariage, 103—106.

[34] Vgl. G. S c h n e i d e r , Botschaft der Bergpredigt, Aschaffenburg 1969, 46—48.

[35] J. D u p o n t, Les Béatitudes, Bd. I, Paris 1969 (Neudruck der 2. Aufl. von 1958), 120 f.

sache, daß der Mann an ihr „etwas Widerwärtiges"[36] findet. Nun ist zwar die matthäische Formulierung παρεκτὸς λόγου πορνείας nicht Übernahme des Septuagintatextes der betreffenden Stelle. Aber die matthäische Formulierung erinnert doch (im Unterschied zu der einfacheren Ausdrucksweise von Mt 19, 9) an Dt 24, 1[37]. Wenn also der Evangelist zusammen mit der antithetischen Einleitung zu dem Herrenwort, die dieses in verschärfenden Gegensatz zu der Tora-Bestimmung setzen will, auch die Klausel einfügte, dann erklärt sich von diesem Verfahren her leicht die abweichende Formulierung von Mt 19, 9. An der späteren Stelle seines Werkes konnte der Evangelist sich einfacher ausdrücken, weil hier der Bezug auf Dt 24, 1 nicht direkt vorliegt. Andererseits zitiert auch Mt 19, 7 (im Anschluß an Mk 10, 4) aus Dt 24, 1. Der Evangelist Matthäus kann durch Mk 10, 4 in Verbindung mit Mk 10, 11 zu der antithetischen Einleitung in Mt 5, 31 veranlaßt worden sein.

Nun ist damit allerdings die Frage nach der Herkunft der Klausel noch nicht gelöst. Freilich wird man auch in dem Fall, daß Matthäus die Klausel von sich aus formulierte und einfügte, nicht annehmen dürfen, daß er sie sachlich — gewissermaßen als Gesetzgeber — neu einführen wollte. Er wird eine bestehende Praxis formulieren. Aber es ist doch ein Unterschied, ob er nur die Praxis s e i n e r kirchlichen Umgebung formulierte oder ob sich diese Praxis in z w e i verschiedenen Traditionsstücken bezeugt findet. Mt 19, 9 findet sich ja innerhalb der markinischen Tradition. Doch hat der Evangelist gerade diesen Mk-Text bearbeitet, und infolgedessen geht 19, 9 die Klausel auf die Hand des Evangelisten zurück. So werden wir im Endeffekt sagen müssen, daß nur ein einziger Traditionsbereich die Ausnahme bezeugt. Gegen die matthäische Autorschaft der Klausel in 5, 32 spricht übrigens die matthäische Tendenz, eine Toraverschärfung durch Jesus festzustellen[38]. Dieser Tendenz widersprechen an sich die Klauseln. Damit ist aber wiederum nur ein Indiz dafür gege-

---

[36] ʻaerwat-dābār wird von LXX mit ἄσχημον πρᾶγμα übersetzt. In neutestamentlicher Zeit stritten die Schulen Hillels und Schammais darüber, ob „etwas Widerwärtiges" jegliche Mißfälligkeit der Frau (Hillel) oder Ehebruch bzw. unzüchtige Handlungen (Schammai) als Ehescheidungsgrund meine. Der Text von Dt 24, 1, der ja über die Ehescheidung selbst nichts bestimmen will, wollte jedenfalls mit der betreffenden Wendung den Ehescheidungsgrund nicht genau festlegen. Vgl. dazu H u b. J u n k e r , Deuteronomium, Würzburg 1952, 70.

[37] Siehe G r e e v e n , Ehe nach dem Neuen Testament, 62: „Was immer mit πορνεία in Mt 19, 9 und 5, 32 gemeint sein mag; es will sicherlich Anspielung auf Dt 24, 1 sein."

[38] Vgl. S a n d , a. a. O. 122.127. Allerdings kann die Klausel tatsächlich eine Toraverschärfung bedeuten, wenn sie im Sinne von B a l t e n s w e i l e r (Die Ehe, 100 f.) interpretiert wird. Gegenüber der jüdischen Proselytenpraxis, die gewisse Inzest-Ehen tolerierte, würde dann bei Matthäus die Scheidung derartiger Ehen rigoros gefordert.

ben, daß die Ausnahme nicht durch den Evangelisten eingeführt worden ist. Ferner ist zu bedenken, daß das „gesetzliche" Verständnis der Weisung Jesu und die Überzeugung von der Erfüllbarkeit der strengen Forderung Jesu bei Matthäus der Klausel keineswegs widersprechen müssen, weil die kasuistische Ausnahme gerade den Grundsatz als erfüllbar erweisen könnte.

Wenn man die Frage nach dem näheren Sinn von „Unzucht" im Zusammenhang der Klausel stellt, wird man zugeben müssen, daß eine eindeutige Definition nicht möglich ist. Der Sinn kann in der matthäischen Gemeinde eindeutig gewesen sein, mußte aber außerhalb dieser Gemeinde und für spätere Leser des Evangeliums unscharf erscheinen. Jedenfalls ist nicht „Ehebruch" ($\mu o\iota\chi\epsilon\acute{\iota}\alpha$) gemeint. Denn der Evangelist unterscheidet „Unzucht" und „Ehebruch"[39]. Richtig ist auf jeden Fall, daß „Unzucht" sich auf ein sexuelles Fehlverhalten in der Ehe bezieht, vielleicht auf Hurerei (Prostitution) im engeren Sinn[40]. Die neuerdings vielfach vertretene Interpretation, die „Unzucht" im Sinne von Apg 15, 28 f. auf im jüdischen Verständnis illegitime Verwandtenehen beziehen will[41], kann auch deswegen nicht überzeugen, weil dann die Klausel etwas Selbstverständliches fordern würde. Allerdings ist diese Deutung nicht unbedingt auszuschließen[42]. Die klassische kirchliche Auslegung, die auf Hieronymus zurückgeht, will die Klausel zwar als wirkliche Ausnahme der Forderung Jesu begreifen, meint aber, die Ausnahme beziehe sich nicht auf eine

---

[39] Siehe Mt 15, 19, wo die beiden Termini nebeneinander stehen. Vgl. auch F. H a u c k, $\mu o\iota\chi\epsilon\acute{\upsilon}\omega$ $\kappa\tau\lambda.$, in: ThW IV (1942) 737—743; G. D e l l i n g, Ehebruch, in: RAC IV (1959) 666—677; H a u c k/S c h u l z, $\pi\acute{o}\rho\nu\eta$ $\kappa\tau\lambda.$, in: ThW VI (1959) 579—595 (591: für die matthäischen Klauseln gilt, daß mit „Unzucht" „außerehelicher Geschlechtsumgang der Frau" gemeint ist).

[40] Vgl. S a n d, a. a. O. 125—127.

[41] So vor allem B a l t e n s w e i l e r, Die Ehe, 92—102, im Gefolge von B o n s i r v e n.

[42] B a l t e n s w e i l e r (Die Ehe, 94—102) kann zeigen, daß im Judentum die Ehe naher Verwandter als „Unzucht" galt (Lev 18). Trat ein Heide, der in solcher Inzest-Ehe lebte, zum Judentum über, so konnte diese Ehe toleriert werden. Der Proselyt ist nach seinem Übertritt „wie ein neugeborenes Kind", so daß auch die Verwandtschaft als nicht mehr bestehend angesehen werden kann. In der jungen Christenheit wurden hingegen nach B a l t e n s w e i l e r solche Verwandtenehen verboten (Aposteldekret) bzw. — falls sie bestanden — nicht geduldet. — Die Schwierigkeit dieser Auslegung liegt vor allem darin, daß das Judentum Inzest-Ehen zwar als Unzucht ansah, sie aber nicht zenut (Unzucht) und auch nicht $\pi o\rho\nu\epsilon\acute{\iota}\alpha$ nannte (siehe B i l l e r b e c k II 729). Wenn wir $\pi o\rho\nu\epsilon\acute{\iota}\alpha$ in Apg 15, 20.29; 21, 25 auf solche Inzest-Ehen beziehen, was sich allgemein durchgesetzt hat, dann ist das dort aus dem Kontext heraus möglich, zumal Lukas in seinem Werk $\pi o\rho\nu\epsilon\acute{\iota}\alpha$ niemals sonst verwendet. Das ist bei Matthäus anders, der in Mt 15, 19 (im Anschluß an Mk 7, 21) $\pi o\rho\nu\epsilon\acute{\iota}\alpha$ eindeutig als m o r a l i s c h e s Vergehen qualifiziert, im Unterschied zu Lukas, der die Mk-Stelle nicht bietet.

wirkliche Scheidung mit der Erlaubnis zur neuen Heirat, sondern auf die „Trennung von Tisch und Bett" im Fall des Ehevergehens eines Partners. Eine solche Interpretation kann sich zwar auf ein entsprechendes Ansinnen des Paulus berufen (1 Kor 7, 11a), entspricht aber nicht dem jüdischen Denkhorizont und der Aussageabsicht der matthäischen Texte.

Zusammenfassend läßt sich sagen[43]: Die Unzuchtsklauseln sind im exklusiven Sinn zu verstehen. Beim Vorliegen von Unzucht wird Ehescheidung mit der Möglichkeit der Wiederverheiratung gestattet. „Unzucht" meint nicht Ehebruch, sondern ein nicht näher definiertes sexuelles Fehlverhalten. Es handelt sich jedoch um ein Fehlverhalten Verheirateter, nicht um ein voreheliches Vergehen[44]. Die Deutung von „Unzucht" auf illegitim Verheiratete ist schwach begründet. Verschiedene Gründe legen nahe, an Prostitution zu denken. „Sitz im Leben" ist für die Klauseln nicht ein Zugeständnis Jesu, sondern die Lage einer judenchristlichen Gemeinde, die Unzucht als Scheidungsgrund gelten ließ.

b) Die Perikope Mt 19, 3—12

Wir können uns in diesem Abschnitt kurz fassen, weil die Problematik von 19,9 mit der gegenüber Mk 10,11 eingefügten Klausel im wesentlichen besprochen ist. Auch den Sondergutabschnitt mit dem Eunuchenspruch (Mt 19,10—12) können wir hier übergehen. Hingegen ist die matthäische Behandlung des Streitgesprächs mit den Pharisäern (19, 3—8) gegenüber der Mk-Vorlage bemerkenswert. Der Evangelist hat das Streitgespräch aus seiner Kenntnis der jüdischen Diskussion um die Ehescheidungsgründe historisch folgerichtiger gestaltet. Die Frage der Pharisäer lautet hier: „Ist es aus irgendeinem Grund erlaubt, seine Frau zu entlassen?"[45] Die Frage setzt voraus, daß über die Scheidungs g r ü n d e disputiert wird. Zugleich aber hat der Evangelist mit dieser Fragestellung die Perikope auf die negative Entscheidung Jesu hin zugespitzt, die überhaupt keine Scheidungsgründe zuläßt. Freilich ist es auch möglich, daß die Frage schon auf die Klausel in Vers 9 abzielt, die wenigstens einen Scheidungsgrund nennt[46]. Der Hauptunterschied zwischen Matthäus und Markus liegt bei der vorliegenden Perikope darin, daß Matthäus das vorgegebene Streitgespräch zu einem schriftgelehrten Disput gemacht hat[47].

---

[43] Vgl. S a n d , a. a. O. 128.

[44] Gegen F r i d r i c h s e n , a. a. O. 55 f., und I s a k s s o n , a. a. O. 135.

[45] Zu dieser Übersetzung siehe B a u e r , De coniugali foedere, 77 Anm. 2; D e r s . , Ehe, 236.

[46] Vgl. dazu B a u e r , Ehe 236 f., der aber die Klausel, wie B o n s i r v e n und B a l t e n s w e i l e r , auf „eine illegitime Ehe" bezieht — eine „scheinbare Ausnahme"!

[47] Siehe S c h n a c k e n b u r g , Die Ehe, 12 Anm. 4.

Auf die Frage der Gegner antwortet Jesus zunächst mit dem Hinweis auf die Schrift, um dann die Folgerung zu ziehen: „Was nun Gott verbunden hat, soll ein Mensch nicht trennen." Erst dann erfolgt der Einwand der Gegner, die sich auf Dt 24, 1 berufen, wo Mose den Scheidebrief „vorschrieb". Jesus erklärt daraufhin das Gegenargument für unerheblich, weil Mose eine „Konzession" gewährte „auf eure Herzenshärte hin". Matthäus hat den feinen Unterschied zwischen Erlaubtheit und Konzession an den Menschen einerseits und Gebot und Forderung Gottes andererseits in der Mk-Perikope offensichtlich nicht gesehen. Aufschlußreich ist, daß der Evangelist einen Abschnitt über die Ehelosigkeit anschließt (19, 10—12). Wo er von der neuen Ordnung der Ehe redet, kommt er auf den besonderen Weg derer zu sprechen, die „es fassen". Auch die neue Ordnung der Ehe stellt höchste Anforderungen an den Menschen (19, 10).

7. Lk 16, 18 und sein Kontext

Wir haben bereits gesehen (siehe oben unter 3a), daß im Lukasevangelium das Logion Jesu über die Ehescheidung wahrscheinlich noch im alten Zusammenhang der Logienquelle steht. Obwohl Lk 16, 18 auch in diesem Zusammenhang ohne Situationsangabe überliefert ist, kann man von der interpretierenden Funktion des Kontextes sprechen. Das die Ehescheidung absolut verwerfende Herrenwort wird in den Zusammenhang der Basileia-Verkündigung Jesu gestellt. Es ist Gesetz und sprengt doch zugleich die alte Gesetzesvorschrift. Dieser Horizont des Einzelspruches ist auch für das lukanische Verständnis zu berücksichtigen. Wahrscheinlich hat der Evangelist Lk 16, 18 als Beispiel dafür verstanden, wie die neue Zeit das alttestamentliche Gesetz nicht aufhebt, sondern verschärfend zur Geltung bringt[48]. Dem „Grundsatzwort" Lk 16, 17 folgt Vers 18 als „Anwendungswort"[49]. Lukas hat — im Unterschied zu Matthäus — das markinische Streitgespräch Jesu mit den Pharisäern über die Ehescheidung nicht übernommen. Was immer dafür die Gründe sein mögen — sicherlich spielt auch die heidenchristliche Lage des Evangelisten und seiner Leser hier eine Rolle. Es besteht kein Interesse mehr an der Diskussion der Spannung zwischen Dt 24, 1—4 und der Entscheidung Jesu.

Wenn wir die lukanischen Änderungen innerhalb des betreffenden Herrenwortes in Augenschein nehmen, so wird man gegenüber dem ursprünglichen Q-Logion beachten müssen, daß die Worte „und heiratend eine andere" einen Zuwachs darstellen. Dieser Zuwachs findet sich entsprechend auch Mk 10, 11 und — davon abhängig — Mt 19, 9. Er hängt

---

[48] So F. H a u c k, Das Evangelium des Lukas, Leipzig 1934, 207.
[49] W. G r u n d m a n n, Das Evangelium nach Lukas, Berlin 1961 (Neudruck 1963), 324.

mit einer anderen Änderung gegenüber der ältesten Fassung zusammen, die darin besteht, daß im ersten Glied des Spruches die Scheidung direkt als Ehebruch bezeichnet wird, ohne daß auf den Anstiftungscharakter dieses Vergehens hingewiesen würde. Ein solches Verfahren „bot sich beim Übergang in die außerjüdische Umwelt nicht nur an, es war unausweichlich, wenn es überhaupt verstanden werden sollte".[50] Durch die Wiederheirat wird die vollzogene Scheidung unwiderruflich. Das gilt für den Bereich, in dem die Monogamie üblich ist. Außerdem sollte man mit Greeven[51] bedenken: „Neben der Unwiderruflichkeit der Scheidung könnte mit der Erwähnung der Wiederheirat noch etwas anderes gemeint sein: Vielleicht wollte man die Möglichkeit nicht verstellt sehen, daß Ehegatten aus ‚geistlichen' Gründen auf eine Weiterführung ihrer Ehe verzichteten. Eine Wiederheirat würde solche Begründung dann als lügnerisch erweisen."

8. Der Kontext von 1 Kor 7, 10 f. 15

Auch hier können wir auf das oben unter 3c Gesagte zurückgreifen. Paulus kennt die Entscheidung Jesu für die Unauflöslichkeit der Ehe aus der heidenchristlichen Tradition. Die Fassung des Herrenwortes (1 Kor 7, 10 f.) setzt auch die Möglichkeit voraus, daß eine Frau sich scheidet. Für den paulinischen Kontext ist beachtlich, daß er — wir haben ein entsprechendes Verfahren schon innerhalb von Mt 19, 3—12 erkennen können — von Ehe und Ehelosigkeit im gleichen Zusammenhang spricht. Des Paulus eigener Wunsch ist, daß alle Menschen wie er selbst ehelos wären. Das Prinzip der paulinischen Argumentation wird 7, 16—24 erkennbar. Jeder soll so „wandeln", wie es ihm der Herr zugeteilt und wie ihn Gott berufen hat. Der Kontext des überlieferten Herrenwortes enthält ferner — wiederum analog zu den Stellen des Matthäusevangeliums — eine Ausnahme vom Herrengebot der Unauflöslichkeit (7, 15)[52]. Für unsere Fragestellung ist von Bedeutung, ob Paulus die Weisung des Herrn und seine eigene Mahnung rechtlich versteht. Davon hängt in gewisser Weise ab, ob von bloßer Trennung der Ehegatten oder von rechtsgültiger Scheidung die Rede ist.

Die in dem Herrenwort begegnenden Verba „sich trennen — entlassen" (μὴ χωρισθῆναι - μὴ ἀφιέναι) sind im Sprachgebrauch der Umwelt die eigentlichen Termini für die Ehescheidung[53]. Von daher besteht also

---

[50] G r e e v e n , Ehe nach dem Neuen Testament, 72.
[51] Ebd. 67 Anm. 53.
[52] Vgl. dazu P. D u l a u , The Pauline Privilege. Is it promulgated in 1 Cor?: Cath. Bibl. Quarterly 13 (1951) 146—152; B a l t e n s w e i l e r , Die Ehe, 191—196; G r e e v e n , a. a. O. 74—77.
[53] Siehe C o n z e l m a n n , Brief an die Korinther, 145 Anm. 17.18.

kein Einwand gegen das Verständnis im rechtlichen Sinn. Dennoch kann man die Frage stellen, ob an eigentliche Rechtsakte gedacht ist. Im griechisch-römischen Recht ist die Scheidung im Grunde Sache der Ehegatten, die keiner behördlichen Genehmigung bedarf, aber Beurkundung verlangt und an gewisse Formen gebunden ist[54]. Wenn Paulus dem schon — als Heiden — geschiedenen Christen sagt, er solle unverheiratet (ἄγαμος) bleiben, so ist das indirekt ein Hinweis darauf, daß jedenfalls Paulus die vollzogene Trennung als Scheidung im eigentlichen Sinn ansieht. Die gleiche Terminologie (ἀφίημι, χωρίζομαι) begegnet nun auch in der Erörterung des Paulus bezüglich der Mischehe. Wenn der heidnisch bleibende Partner sich scheiden will, kann er es tun; der christliche Partner ist „nicht geknechtet" (7, 15). Sobald man an die Weisung von 7, 11a. b denkt, wird man jedenfalls nicht mit Sicherheit sagen dürfen, daß Paulus nach Aufhebung der Mischehe an eine Wiederheirat denkt und diese gestattet[55]. Insofern ergeben sich Schwierigkeiten für den, der das kirchliche Privilegium Paulinum allein aus 1 Kor 7, 15 begründen wollte. In beiden Fällen dringt Paulus auf den Willen der Gatten, die Ehe möglichst zu erhalten: Wer sich schon getrennt hat, soll sich, wenn möglich, mit dem Partner versöhnen (7, 11b)[56]. Auch die Trennung der gemischten Ehe wird als letzter Ausweg angesehen (7, 12—16). Es fällt nicht leicht, den rechtlichen Charakter dieser Weisungen als gesichert zu erweisen.

„Wäre dem nichtchristlichen Ehepartner mit χωριζέσθω lediglich die eigenmächtige Beendigung der häuslichen Gemeinschaft zugebilligt, so hieße das, der Christ solle ihn gehen oder sich von ihm des Hauses verweisen lassen. Die ihm nicht auferlegte δουλεία bestünde dann darin, daß er dem Fortgegangenen nachgehen oder sich um die Wiederaufnahme ins Haus bemühen müßte. Wäre in χωρίζεται dagegen eine rechtsgültige Scheidung zu sehen, so wäre dem Christen die — etwa erforderliche — Zustimmung angeraten, und οὐ δεδούλωται wäre vom aufgehobenen ehelichen Bande zu verstehen, wie Paulus 1 Kor 7, 39 sagen kann ἐλευθέρα ἐστίν (dort freilich erst nach dem Tode des Mannes)."[57]

Weniger zurückhaltend äußert sich Schnackenburg, wenn er zu 1 Kor 7, 10 f. schreibt: „Eine verheiratete Frau darf sich von ihrem Mann nicht trennen, und ein Ehemann darf seine Frau nicht entlassen.

---

[54] Vgl. ebd. (145) mit Anm. 20—22.
[55] Siehe G r e e v e n , a. a. O. 76. Daß eine Wiederverheiratung nicht erwähnt ist, kann mit der Naherwartung der Parusie zusammenhängen; vgl. H o f f - m a n n , Jesu Wort, 330.
[56] „Mag Paulus hier [Vers 11a] generell eine Ausnahme zugestehen, mag er — was wahrscheinlicher ist — nur auf einen Einzelfall Bezug nehmen..., in beiden Fällen modifiziert Paulus in der Auslegung das absolute Gebot, indem er die Situation eines einzelnen einbezieht" (H o f f m a n n , a. a. O. 330).
[57] G r e e v e n , a. a. O. 75 f.

Zugleich aber faßt er [Paulus] den Fall einer äußerlichen Trennung ins
Auge und ordnet an: Wer sich in dieser Weise von seinem Ehegatten
getrennt hat, darf sich nicht wieder verheiraten oder muß zu seinem Ehepartner zurückkehren. In allen diesen Fällen geschieht also eine Konkre-
tisierung des ursprünglichen richtungweisenden Wortes Jesu; es wird als
bindendes Gebot für die Gemeinden verstanden. Die katholische Kirche
kann sich in ihrer Praxis also zum mindesten auf das Verständnis und
die Praxis der Urkirche berufen."[58]

Eine weitere Schwierigkeit sei genannt. Das markinische Streitgespräch
über die Ehescheidung beruft sich auf die Schöpfung und den Schöpferwillen, um die Unauflöslichkeit der Ehe zu begründen. Demnach gelten hier
auch die sogenannten Naturehen als unauflöslich. Wie kann dann Paulus
die Scheidung einer solchen Naturehe gestatten, nachdem ein Ehegatte
gläubig wurde? Auch wenn man Paulus so versteht, daß er eine rechtliche
Scheidung konzedieren will. wird man beachten müssen, daß Paulus das
markinische Streitgespräch nicht kannte. Außerdem ist die Begründung,
die das Streitgespräch bietet, nicht so fest mit der Weisung Jesu verbunden, daß die Weisung nur auf Grund dieser Begründung Geltung hätte.
Das beweisen die ungerahmt überlieferten Fassungen des Herrenwortes
in der vorsynoptischen Tradition.

9. Ergebnisse

Nicht alle Einzelergebnisse der traditionsgeschichtlichen Analyse können hier zusammenfassend genannt werden. Es soll aber im Blick auf die
anfangs genannten Probleme zusammengestellt werden, was aus der Sicht
des Neuen Testaments zur heutigen Problematik der Ehe-Unauflöslichkeit
gesagt werden kann.

a) Der Grundsatz der Unauflöslichkeit der Ehe wird in breitester Tradition der ältesten Kirche als eine Forderung Jesu überliefert.

b) Die aus Mt 5, 32 und Lk 16, 18 rekonstruierte ältere Fassung der
Weisung Jesu ist als ungerahmter Spruch wahrscheinlich die auf Jesus
selbst zurückgehende Form. Demgegenüber ist die in dem markinischen
Streitgespräch (Mk 10, 2—9) erhobene Forderung nach Unauflöslichkeit
— unter anderem auch wegen der dort gebotenen Begründung — wohl als
sekundäre Bildung anzusprechen.

c) Die älteste Fassung der Jesusforderung ist formgeschichtlich ein
Gesetzeswort[59]. Freilich geht der Inhalt dieses Wortes wesentlich hinter

---

[58] S c h n a c k e n b u r g , Die Ehe, 18.
[59] Vgl. H o f f m a n n , a. a. O. 326: „Jesus benutzt in diesen Logien zwar die
Gesetzessprache, ‚verfremdet' sie aber, um die gesetzliche Ebene zu durchstoßen
und die Wirklichkeit der zwischenmenschlichen Beziehung aufzudecken, in der
Gott den Menschen unmittelbar beansprucht."

gesetzlich-kasuistische Erörterungen zurück und meint primär eine — wie wir heute sagen — moralische Forderung, die absolut gilt.

d) Die Traditionsgeschichte der Jesus-Forderung weist Begründungen für das Gebot auf: Mk 10, 2—9 begründet es durch den Rückgriff auf den Schöpferwillen Gottes. Der Kontext der Logienquelle (vgl. Lk 16, 16—18) versteht das Gebot aus dem Zusammenhang der Gottesreichsverkündigung Jesu. Die matthäische Antithese (Mt 5, 31 f.) setzt die Weisung Jesu als Forderung der „besseren Gerechtigkeit" in Gegensatz zur Freigabe der Scheidung bei „den Alten".

e) Die Traditionsgeschichte des Herrenwortes zeigt ferner, daß die Forderung Jesu kasuistisch auf neue Verhältnisse, insbesondere auf den Bereich des griechisch-römischen Eherechts, angewendet wurde. Auch für die Frau gilt, daß sie sich nicht scheiden soll.

f) Die Konzessionen, die gegenüber der absoluten Forderung Jesu im Laufe der frühen Traditionsgeschichte gemacht werden, bezeugen indirekt ein gebothaftes Verständnis des Herrenwortes.

g) Die paulinische „Konzession" bezieht sich auf Probleme, die sich aus der missionarischen Situation ergaben. Eine Frau, die schon geschieden ist, ehe sie zum Glauben kam, darf getrennt bleiben. Wenn von zwei Ehegatten einer gläubig wird, und der ungläubige Partner möchte sich scheiden, so ist der christliche Partner zur Scheidung berechtigt. Wahrscheinlich denkt Paulus jedoch nicht an eine Wiederheirat, die erlaubt wäre.

h) Die matthäischen „Unzuchtsklauseln" hingegen, die ein späteres Stadium der Geschichte und einen judenchristlichen Raum reflektieren[60], erlauben im Falle von „Unzucht" eines Ehepartners offenbar die eigentliche Scheidung (mit der möglichen neuen Heirat).

i) Aus der bei Paulus und im Matthäusevangelium bezeugten Praxis ist zu ersehen, daß der Apostel Paulus und die „matthäische" Gemeinde sich zu „Konzessionen" gegenüber der absoluten Forderung Jesu für bevollmächtigt hielten. Die beiden Fälle zeigen aber — indem sie grundsätzlich an der Forderung Jesu festhalten —, daß die Konzession, die im matthäischen Fall auch als eine eigentlich rechtliche gesehen werden muß, gerade die Funktion hat, der grundsätzlichen Weisung Jesu zu entsprechen und sie aufrecht zu erhalten.

---

[60] Ob man auch hier die Konzession für die „Situation des Anfangs und des Übergangs" machen wollte (vgl. S a n d , a. a. O. 128), ist fraglich.

DER WEG ZUM KREUZ

DAS PROBLEM EINER VORKANONISCHEN PASSIONS-
ERZÄHLUNG

I. Fragestellung

Der Konsens der älteren Formgeschichtler, daß die Leidensgeschichte Jesu das älteste zusammenhängend erzählende Stück
Jesustradition sei, ist neuerdings von verschiedenen Seiten
in Frage gestellt worden. K. L. Schmidt hatte 1918 die Ansicht
vertreten, Jesu Leidensgeschichte sei bald nach seinem Tod fest-
gelegt worden. Während in der übrigen Jesustradition Einzelgeschichten überliefert wurden, sei die Leidensgeschichte «früher
im Zusammenhang fixiert worden»[1]. Daher resultiere in der Passionsdarstellung die große Übereinstimmung zwischen den drei
Synoptikern, «die sich sogar auf den ganz anders gearteten vierten Evangelisten erstreckt»[2]. Wenn man bedenke, daß einzig die
Leidensgeschichte der Evangelien genauere zeitliche und örtliche
Angaben macht, werde ohne weiteres deutlich, daß von vornherein eine fortlaufende Erzählung beabsichtigt war[3].

Demgegenüber wird heute in zunehmendem Maß die Ansicht
vertreten, sowohl die Übereinstimmung der drei Synoptiker untereinander (und mit dem vierten Evangelium) als auch der zusammenhängende Charakter der Erzählung (mit der auffallenden
Chronologie und Topographie) könnten besser von der Voraussetzung aus erklärt werden, daß erst Markus die Passionserzählung aus Einzelstücken geschaffen habe und die übrigen Evangelien (einschließlich des vierten) von der Markus-Passion abhängig seien[4].

---

[1] *K. L. Schmidt*, Die literarische Eigenart der Leidensgeschichte Jesu: Die
christliche Welt 32 (1918) 114–116; näherhin 115.
[2] Ebd. (115).
[3] A. a. O. 114f.
[4] So *J. Schreiber*, Die Markuspassion, Hamburg 1969; *E. Güttgemanns*, Offene
Fragen zur Formgeschichte des Evangeliums (BEvTh 54), München 1970, 226–231;
E. Linnemann, Studien zur Passionsgeschichte (FRLANT 102), Göttingen 1970,
bes. 54–69. – Die neuere Arbeit von *H.-W. Kuhn*, Ältere Sammlungen im
Markusevangelium (StUNT 8), Göttingen 1971, klammert leider die Frage einer
vormarkinischen Passionserzählung aus (vgl. ebd. 12f); *L. Schenke*, Studien zur
markinischen Passionsgeschichte. Tradition und Redaktion in Mk 14, 1–42

Bei der Frage nach einer vorkanonischen Passionserzählung halten sich Argumente und Gegenargumente beinahe das Gleichgewicht. Darum sei im folgenden der Versuch gemacht, die Methode des bisherigen Argumentierens zu bedenken und nach Möglichkeit neue Wege des Vorgehens vorzuschlagen. Daß die Frage den Horizont von Literarkritik und Formgeschichte überschreitet, wird jedem einleuchten, der sich mit der Entstehung des ältesten Evangeliums befaßt. Inwieweit war dem Verfasser des Markusevangeliums die Darstellungsweise schon durch eine Passion Jesu vorgezeichnet? Ist das Urteil M. Kählers, die Evangelien könnten «Passionsgeschichten mit ausführlicher Einleitung» genannt werden[5], nur dann zutreffend, wenn man es auf die heutige Gestalt des Evangeliums bezieht, oder gilt es auch für die Traditions- und Kompositionsgeschichte der Evangelien?

II. Kritische Sichtung der bisherigen Argumente

Im folgenden sollen die Argumente für und gegen eine vorkanonische Passionserzählung nach der Reihenfolge erörtert werden, in der sie seit etwa 50 Jahren vorgebracht worden sind. Wenn wir in diesem Zusammenhang von «Passionserzählung» sprechen, ist damit *mehr* gemeint als eine bloß summarische Aufzählung der Passionsereignisse. Es ist indessen *weniger* gemeint als die Passionsdarstellung des ältesten Evangeliums, die mit Sicherheit redaktionelle Elemente enthält. Die mit «Passionserzählung» bezeichnete hypothetische Erzähleinheit enthält also per definitionem ausgeführte Szenen und verbindet diese miteinander, möglicherweise mit Hilfe eines kontinuierlichen Erzählfadens. Dabei ist der nähere Umfang einer solchen Erzählung zunächst nicht von Belang. Freilich muß auch nach dem Umfang einer derartigen Erzählung und nach ihrem Charakter gefragt werden. Zunächst bleibt offen, wann die zur Diskussion gestellte Passionserzählung schriftlich fixiert worden ist. Wenn wir hier nicht ausdrücklich nach einer vor-*markinischen* Passion fragen, soll das nicht heißen, daß die Frage nach einer vor-*kanonischen* Passionstradition nicht beim Markusevangelium anzusetzen hätte. Es ist jedoch zu be-

(maschinenschriftl. Diss.), Mainz 1970 (erscheint als: Forschg. z. Bibel 4, Würzburg 1972), kommt für den untersuchten Abschnitt zu dem Ergebnis, daß nur Mk 14, 32–42 (Gethsemane) schon vormarkinisch mit einem älteren Passionsbericht (ab 14, 43–46. 50 = Gefangennahme Jesu) verbunden gewesen sein könne (vgl. ebd. 360–362. 464f. 541f. 561).

[5] *M. Kähler*, Der sogenannte historische Jesus und der geschichtliche, biblische Christus (1892), hrsg. von E. Wolf, München ³1961, 60 (Anm.).

achten, daß auch angesichts des dritten und des vierten Evangeliums die Frage nach vor-kanonischer Passionstradition gestellt werden muß.

1. «Fortlaufende Erzählung»

K. L. Schmidt sah die Einzigartigkeit der Leidensgeschichte (Mk 14–15 par) darin, daß sie «der einzige Abschnitt der Evangelien» sei, «der genau zeitliche und örtliche Dinge, ja Tag und Stunde angibt»[6]. Damit würde klar, daß «von vornherein eine fortlaufende Erzählung in der Absicht lag»[7]. Bereits Mk 14, 1 weise den Leser darauf hin, «daß der Bericht zur Katastrophe führen muß»[8]. Dieses Argument hat Schmidt in seiner Habilitationsschrift wiederholt[9]. Hier wies er jedoch auf «wenige Fugen und Nähte» hin, die sich unbeschadet des (fortlaufenden) Gesamtcharakters in der Leidensgeschichte finden[10]. Diese deuten auch für Schmidt auf eine Traditionsgeschichte hin. So ist z. B. die erneute Einführung des Judas als «einer der Zwölf» in Mk 14, 43 nach der ersten Vorstellung des Verräters in 14, 10 ein Hinweis darauf, daß beide Stellen ursprünglich nicht dem gleichen fortlaufenden Bericht angehörten[11]. Indem Schmidt nun aber geneigt ist, neben Mk 14, 10f auch 14, 1f dem Evangelisten zuzuschreiben[12], entfällt 14, 1f für die Annahme eines von vornherein auf Zusammenhang angelegten vormarkinischen Berichts. Es ist darum wenig überzeugend, wenn Schmidt abschließend feststellt: «Die besprochenen Erscheinungen ändern nichts an dem Gesamtcharakter der Leidensgeschichte als eines fortlaufenden chronologischen Berichtes»[13]. Eine Zurückführung «auf verschiedene Traditionsschichten» lasse sich im ganzen nicht vornehmen[14].

6 *Schmidt*, Die literarische Eigenart, 114; vgl. auch *K. H. Schelkle*, Die Passion Jesu in der Verkündigung des Neuen Testaments, Heidelberg 1949, 283f.
7 *Schmidt*, a. a. O. 114f.
8 Ebd. 115. Siehe auch *E. Schweizer*, Das Evangelium nach Markus (NTD 1), Göttingen 1967, 163: «Mit Mk 14, 1f hat wahrscheinlich der älteste Passionsbericht, der noch erreichbar ist, angefangen.»
9 *K. L. Schmidt*, Der Rahmen der Geschichte Jesu (1919), Neudruck Darmstadt 1964, 303f.
10 A. a. O. **306**.
11 A. a. O. 308: Der Evangelist Markus habe 14, 10f «aus der Darstellung der Gefangennahme Jesu entwickelt».
12 Ebd.
13 A. a. O. 309.
14 Ebd. – *Schelkle* (Die Passion Jesu, 284) nimmt einen fast mit Mk identischen vormarkinischen Passionsbericht an, der wegen seiner Einheitlichkeit keine späteren Einfügungen durch den Evangelisten vertragen habe. Eine solche Annahme wird durch das Verfahren des Matthäus und des Lukas widerlegt, die neuen Stoff in den Mk-Bericht einfügten bzw. mit ihm kombinierten.

Auch M. Dibelius betonte die «relative Geschlossenheit» der Leidensgeschichte, aus der man nur die Salbungsgeschichte (Mk 14, 3–9) herauslösen könne [15]. Der Fall, daß eine geschlossene Erzählung in dieser Weise aus der Passionsgeschichte heraustritt, wiederhole sich indessen nicht. «Der Bericht vom Leiden Jesu läuft, so scheint es auf den ersten Blick, in geschlossener Folge vom Todesanschlag der Synedristen bis zum leeren Grab» [16]. Dieser Bericht müsse zwar nicht den Umfang von Mk 14, 1 – 16, 8 gehabt, wohl aber gezeigt haben, «warum der Messias von seinem eigenen Volk ans Kreuz gebracht wurde» [17]. Im Unterschied zu Schmidt hielt Dibelius Mk 14, 1–2. 10–11 für vormarkinisch [18]. Diese Verse forderten eine zusammenhängende Darstellung, zu der allerdings ursprünglich weder die Salbungsgeschichte (14, 3–9), noch die Geschichte vom leeren Grab (16, 1–8) und die Einleitung zum Abendmahlsbericht (14, 12–16) gehörten [19]. Immerhin bleibt auch so eine vormarkinische Leidensgeschichte als zusammenhängende Erzählung [20].

Wenn K. H. Schelkle dem vormarkinischen Passionsbericht einerseits «wohl ziemlich den Umfang unserer heutigen Leidensgeschichte» zuschreibt und andererseits – im Unterschied zu Dibelius und Bultmann – annimmt, daß erst Markus die Leidensgeschichte «schriftlich niedergelegt hat» [21], so muß man doch bedenken, daß die mündliche Weitergabe eines so umfangreichen (und festgefügten) Stückes weniger wahrscheinlich ist als seine frühe schriftliche Fixierung.

Ein Einwand gegen die Hypothese einer ursprünglichen fortlaufenden Passionserzählung größeren Umfangs wäre die von V. Taylor vorgelegte Quellentheorie, falls man die linguistischen Argumente für seine Quellenscheidung anerkennen könnte [22]. Die

---

[15] M. *Dibelius*, Die Formgeschichte des Evangeliums (1919), Tübingen ⁴1961, 178.

[16] Ebd. 179. *Dibelius* denkt jedoch an ursprünglich isolierte Abendmahlsüberlieferung und Verleugnungserzählung (180).

[17] A. a. O. 21.

[18] A. a. O. 180f.

[19] A. a. O. 182.

[20] A. a. O. 184. Vgl. auch R. *Bultmann*, Die Geschichte der synoptischen Tradition (FRLANT 29), Göttingen (¹1921) ⁵1961, 297; ferner F. C. *Grant*, The Gospels. Their Origin and their Growth, London 1959, 78f; F. *Hahn*, Christologische Hoheitstitel. Ihre Geschichte im frühen Christentum (FRLANT 83), Göttingen ³1966, 195 Anm. 1.

[21] *Schelkle*, Die Passion Jesu, 284.

[22] V. *Taylor*, The Gospel according to St. Mark, London 1952 (repr. 1963), 653–664: Eine (römische) Leidensgeschichte (= A) hätte zwar den Umfang von Mk 14, 1–2. 10–11 (12–16). 17–21. 26–31. 43–46 (53. 55–64); 15, 1. 3–5. 15. 21–24. 26. 29–30. 34–37. 39. 42–46 (16, 1–8) gehabt. Doch die semitisierende Quelle B soll im Unterschied zu A keine «Kontinuität» besessen haben (a. a. O. 662): Mk 14, 3–9.

Quellentheorie Taylors, die im übrigen von ihm selbst nur global und mit Einschränkungen vertreten wurde[23], hielt jedoch wenigstens für den Quellenzusammenhang A an einer kontinuierlichen Erzählung fest. Indessen sind die Qualität des Griechischen und das Fehlen von Semitismen «keine Kriterien, die es erlauben, einen literarischen Zusammenhang zu konstatieren»[24]. Solche Merkmale können auch in voneinander unabhängigen Traditionen begegnen. Mit Recht hat D. E. Nineham betont, daß die feststehende Ereignisfolge der Leidensgeschichte im Unterschied zu der losen Verknüpfung der Perikopen im übrigen Evangelienstoff nicht von einer frühen traditionsgeschichtlichen Fixierung her ihre Erklärung finden muß, sondern sich aus einer einfachen Logik ergeben kann: Die Verhaftung erfolgt vor dem Prozeß, der Prozeß vor der Kreuzigung, die Kreuzigung vor der Auferstehung usw.[25].

Einen «Bericht von den Ereignissen der letzten Nacht Jesu» nimmt G. Schille an. Er soll seinen Entstehungsort «in einer Agape am Jahrestag des Berichteten» haben[26]. Dieser Bericht, der Mk 14, 18–72 (ohne das Synedrialverhör) umfaßt habe[27], sei «eine breite Anamnese» gewesen. Ein solcher «Sitz im Leben» könne am besten «die straffe Gliederung, die enge Verklammerung der einzelnen Abschnitte» u. a. m. erklären. Neben diesem Nachtbericht vermutet Schille noch «Grablegenden», die aus einer «frühen Osterfeier (einer Begehung am Grabe Jesu selbst?)» entstanden seien. Schließlich hätte es noch den relativ losen Zusammenhang einer «Karfreitagserinnerung» an das Kreuzesgeschehen (Mk 15, 2–41) gegeben, in dem drei (christliche) Gebetsstunden eine Rolle spielten. Im ganzen ergibt sich nach der vorgetragenen «Arbeitshypothese», daß die Tradition «durch die Begehung» ihre Form erhalten hat. «Die eucharistische Begehung dürfte von Anfang an den Rückblick

---

22–25. 32–42. 47–52. 54. 65. 66–72; 15, 2. 6–14. 16–20. 25. 27. 31–32. 33. 38. 40–41. 47. Vgl. die ähnliche Ansicht bei A. Vanhoye, Structure et théologie des récits de la Passion dans les évangiles synoptiques: NRT 99 (1967) 135–163; näherhin 137.

[23] Taylor, a. a. O. 654. 658. Vgl. auch ebd. 82f, wo Taylor Mk 14, 1–2. 10–11. 17–21. 27–31 unter «Markan Constructions» einreiht.

[24] Linnemann, Studien, 66.

[25] D. E. Nineham, The Order of Events in St. Mark's Gospel, in: Studies in the Gospels (FS für R. H. Lightfoot), Oxford 1955, 223–239; näherhin 231.

[26] G. Schille, Das Leiden des Herrn. Die evangelische Passionstradition und ihr «Sitz im Leben»: ZTK 52 (1955) 161–205; näherhin 199. Vgl. ebd. 180–182.

[27] Vgl. auch J. Gnilka, Die Verhandlungen vor dem Synhedrion und vor Pilatus nach Markus 14, 53 – 15, 5, in: EKK Vorarbeiten 2, Zürich/Neukirchen 1970, 5–21; näherhin 7–9. Gnilka vermutet hinter Mk 14 einen paränetischen Text und hinter Mk 15 eine Anamnese. Nur Mk 14 berufe sich ausdrücklich auf die atl Schrift (vgl. 14, 21. 27. 49). Doch wird man diese Hinweise auf die Schriftgemäßheit mit Schenke (Studien, 261f. 358. 388f) dem Evangelisten zuschreiben können. Sie sind dann kein Grund für eine unterschiedliche Beurteilung der Mk 14 bzw. Mk 15 zugrunde liegenden Traditionen.

und damit ein gewisses historisches Interesse gepflegt haben; kein Wunder, wenn der Passionsbericht als erstes Produkt urchristlicher Erzählungskunst der Begehung und der Anamnese entstammt, eine Zusammenfassung der Ostertraditionen zur ‹lectio continua›»[28]. Ohne auf Einzelheiten der Analysen von Schille einzugehen, kann man sagen, daß Urteile über vormarkinische Zusammenhänge nicht aus Vermutungen über die Entstehungssituation von Traditionen gewonnen werden können, sondern die literarkritisch-redaktionsgeschichtliche Analyse des Textes voraussetzen[29].

Daß die vormarkinische Passion bereits eine «zusammenhängende Darstellung» gewesen sei, betont W. Marxsen[30]. Doch meint er, daß die Passionsgeschichte «dennoch keinen ursprünglich zusammenhängenden Erzählungsfaden bildet, sondern sich aus Einzeltraditionen zusammensetzt»[31].

Will man zu dem Argument «Fortlaufende Erzählung» Stellung nehmen, so sind die chronologischen und topographischen Notizen der Passionsdarstellungen auf den Anteil der Redaktoren hin zu überprüfen. Die Angaben von Mk 14, 1f. 10f erhalten dabei – wie schon die Urteile von Schmidt und Dibelius zeigten – besondere Bedeutung. Die Analysen von L. Schenke zur Mk-Passion haben wohl endgültig den Beweis erbracht, daß die beiden Doppelverse aus Mk 14, die die Salbungserzählung heute einrahmen, der Hand des ältesten Evangelisten entstammen[32]. Im wesentlichen sind für diese Erkenntnis Wortschatz, Stil und theologische Intention der betreffenden Verse ausschlaggebend. Auch die übrigen Perikopen aus Mk 14, 1–42 sind wesentlich erst durch Markus in den heutigen Gesamtzusammenhang gebracht worden[33]. Eine Prüfung der Orts- und Zeitangaben auf ihre Traditionalität ist unerläßliche Voraussetzung für die Beanspruchung dieser Elemente zugunsten einer

---

[28] *Schille*, a. a. O. 199f mit Hinweis auf *Schmidt*, Der Rahmen, 305.

[29] Zur Kritik an der Rekonstruktion des «Nachtberichtes» durch Schille siehe *Linnemann* (Studien, 65). Vgl. ferner die kritischen Bemerkungen bei *H. Conzelmann*, Historie und Theologie in den synoptischen Passionsberichten, in: Conzelmann/Flessemann-van Leer u. a., Zur Bedeutung des Todes Jesu, Gütersloh 1967, 35–53; 39 Anm. 5.

[30] *W. Marxsen*, Einleitung in das Neue Testament, Gütersloh ³1964, 117. 119.

[31] A. a. O. 118. Marxsen will wohl erst den unmittelbar vor Mk liegenden Passionsbericht als eine zusammenhängende Darstellung ansehen.

[32] Siehe *Schenke*, Studien, 12–66. 119–140.

[33] Nach der Untersuchung von *Schenke* sind folgende Einheiten im wesentlichen vormarkinisch: Salbungsgeschichte (Mk 14, 3–8); wunderbare Findung des Passamahlsaales (14, 12aβ. 13–16a als «Jerusalemer Ortslegende»); isoliertes palästinisches Wehe-Logion (14, 21b); hellenistische Abendmahlsanamnese (14, 22–24); Gethsemaneszene (14, 33b–35a. 36–37. 38b. ἀπέχει in 41. 42; in Verbindung mit der Erzählung von der Gefangennahme Jesu 14, 43–46. 50).

vormarkinischen Passionserzählung. Es besteht mindestens der Verdacht, daß das Tagesschema in hohem Maß auf Markus zurück-geht[34].

2. «Sitz im Leben»

K. L. Schmidt wollte den kontinuierlichen Erzählcharakter der Passion aus ihrem frühen «Sitz im Leben» erklären. «Eine Einzel-erzählung aus diesem Ganzen befriedigte weder das Bedürfnis des Erzählers noch das des Liturgen noch das des Apologeten»[35]. Vom Standpunkt des Erzählers aus hätten z. B. der Verrat des Judas, die Vorbereitung des Passamahles und die Verhandlung vor Pila-tus kein rechtes Gewicht[36]. Nur im größeren Zusammenhang sol-len diese Stücke sinnvoll gewesen sein. «Im ganzen Umfang wird man die Leidensgeschichte in einer lectio continua im Gottesdienst vorgelesen haben. Nur als Ganzes konnte sie Antwort auf eine Frage geben, die im ersten Missionszeitalter der christlichen Ge-meinde immer wieder auftauchte: Wie konnte Jesus von dem Volke, das mit seinen Zeichen und Wundern begnadet war, ans Kreuz gebracht werden?»[37]

Für Dibelius lag der Ursprung der Passionserzählung im Kerygma, das eine Darstellung der ganzen Passion («zum minde-sten in Umrissen») erwarten lasse[38]. Dafür berief sich Dibelius auf «alle kerygmatischen Formulierungen», die die Tatsachen der Leidens- und Ostergeschichte erwähnten. Sollte Dibelius dabei an eine summarische Aufreihung – etwa im Sinne von 1 Kor 15, 3–5[39] – gedacht haben, so ist jene Folgerung unzulässig, die sich auf eine Leidensgeschichte bezieht: «So müssen wir die frühe Existenz einer geschlossenen Leidensgeschichte voraussetzen, da

---

34 Zum Tagesschema des Mk siehe *Schenke,* a. a. O. 28f; vgl. auch *J. Schrei-ber,* Theologie des Vertrauens. Eine redaktionsgeschichtliche Untersuchung des Markusevangeliums, Hamburg 1967, 103–126. – Zum Stundenschema siehe *Schreiber,* a. a. O., 91–103.
35 *Schmidt,* Die literarische Eigenart, 115.
36 Für die Stiftung des Herrenmahles und die Kreuzigung Jesu läßt *Schmidt* (115) eine andere Beurteilung gelten.
37 Ebd. (115). Fast wörtlich wiederholt in: *Schmidt,* Der Rahmen, 305.
38 *Dibelius,* Formgeschichte, 179. Zuvor hatte *M. Dibelius* (Herodes und Pilatus: ZNW 16 [1915] 113–126) noch eine andere Auffassung vertreten: Im Unterschied zum übrigen Evv-Stoff, der in der Missionspredigt *nur paradig-matischen Wert* gehabt hätte, sei die Leidensgeschichte zur *Apologie* verwendet worden. Zur Kritik siehe *Schmidt,* Der Rahmen, 304 Anm. 1: Dibelius formu-liere das Problem zu einseitig. Eine ursprünglich apologetische Absicht der Leidensgeschichte nimmt neuerdings an: *C. D. Peddinghaus,* Die Entstehung der Leidensgeschichte (maschinenschriftl. Diss.), Heidelberg 1966: Die Passion sei «in keinem Stadium vorwiegend von ‹historischem Interesse› bestimmt oder insgesamt als Abendmahlsanamnese geformt worden» (I 192).
39 Vgl. *Dibelius,* Formgeschichte, 185.

die Predigt ... einen solchen Text brauchte»[40]. Die vorsynoptische Passion wird bei Dibelius somit nicht aus den synoptischen Texten erschlossen, sondern von einer Kerygma-Theorie aus postuliert.

Gegenüber der Arbeit von G. Bertram, die den Sitz im Leben für die Leidensgeschichte im «Christuskult» sehen wollte[41], hat bereits Bultmann kritisch angemerkt, sie gehe von einem zu wenig präzisen Kult-Begriff aus und differenziere nicht hinreichend zwischen den einzelnen in der Passionsüberlieferung waltenden Motiven[42].

Die Rekonstruktion der vorsynoptischen Passionsüberlieferung kann nicht von formgeschichtlichen Vor-Urteilen über den «Sitz im Leben» ausgehen. Vielmehr ist nach Feststellung der jeweiligen redaktionellen Elemente die verbleibende traditionelle Einheit auf ihre «Form» und ihren «Sitz im Leben» zu befragen. Ergibt sich dabei eine glaubhafte Funktion der rekonstruierten Einheit, so ist damit eine gewisse Bestätigung der wiedergewonnenen Erzähleinheit erreicht. Aus diesem Grund kann man etwa das Dekompositionsergebnis skeptisch beurteilen, wenn es eine Erzählung darstellt, die in einer «Begehung» bzw. Verehrung heiliger Orte[43] oder in der bloßen geschichtlichen Reminiszenz[44] ihren «Sitz» haben soll.

3. Konformität der synoptischen und der johanneischen Akoluthie

Wenn K. L. Schmidt die Übereinstimmung der drei Synoptiker in ihrer Passionsdarstellung anführte[45], so hat eine solche Beweisführung kaum Gewicht. Denn Matthäus und Lukas haben mit Sicherheit die Passion des Markusevangeliums benutzt. Daß allerdings die synoptische Passion mehr als der übrige Stoff mit der Erzählfolge des vierten Evangeliums übereinstimmt[46], ist ein ge-

---

[40] A. a. O. 21; vgl. ebd. 185.

[41] G. Bertram, Die Leidensgeschichte Jesu und der Christuskult (FRLANT 32), Göttingen 1922.

[42] Bultmann, Geschichte der syn Tradition, 303 Anm. 1. Siehe hingegen die Behandlung der betreffenden Motive bei Bultmann (303–308).

[43] Vgl. etwa L. Schenke, Auferstehungsverkündigung und leeres Grab. Eine traditionsgeschichtliche Untersuchung von Mk 16, 1–8 (SBS 33), Stuttgart ²1969; Ders., Studien, 181–194 (zu Mk 14, 13–16a als einer Jerusalemer Ortslegende).

[44] I. Broer, Mk 15, 42–47 par. Eine historisch-kritische Untersuchung (maschinenschriftl. Diss.), Freiburg o. J. (1968/69?), kommt durch Dekomposition zu einem Grablegungsbericht, der Mk 14, 42b. 43a. c. 46a. b. umfaßt habe und eine «Geschichtserzählung» gewesen sei.

[45] Schmidt, Die literarische Eigenart, 115.

[46] Mit Recht hervorgehoben von Schmidt, a. a. O. (115); Ders., Der Rahmen, 305. Siehe ferner Dibelius, Formgeschichte, 179f. Bultmann (Geschichte der syn Tradition, 297) möchte zeigen, daß eine Analyse der johanneischen Leidens-

wichtigeres Argument für eine vorkanonische Passionserzählung.
Denn das Johannesevangelium ist jedenfalls nicht dadurch mit den
Synoptikern «verwandt», daß sein Verfasser eines der drei früheren Evangelien als direkte Vorlage benutzt hätte. Die Frage,
woher die übereinstimmende Perikopenfolge resultiert, kann nicht
unabhängig von der Frage nach einer besonderen vorlukanischen
bzw. vorjohanneischen Leidensgeschichte behandelt werden, die
nicht von Mk abhängig wäre (siehe unter 6.).

Einen ausführlichen Vergleich zwischen dem markinischen und
dem johanneischen Passionsbericht hat J. Jeremias durchgeführt [47].
Die auffallende Konformität der Ereignisabfolge setzt mit der Geschichte vom Einzug in Jerusalem (Mk 11, 1) ein und reicht bis zur
Geschichte vom leeren Grab (16, 1–8). Die Übereinstimmungen
sind jedoch von der Verhaftungsszene an besonders stark (Mk 14,
43–50). Daher kommt Jeremias zu der Ansicht, es habe zunächst
einen *Kurzbericht* der Passion gegeben, der mit der Verhaftung
Jesu einsetzte. Ein späterer *Langbericht* hätte hingegen schon mit
dem Einzug in Jerusalem begonnen und die Tempelreinigung, die
Vollmachtsfrage, das letzte Mahl mit der Verratsansage, die Ver-
leugnungsansage, Gethsemane, die Verhaftung Jesu usw. umfaßt [48]. Am Anfang der Passionstradition stehe das Kerygma von
1 Kor 15, 3b–5. Die letzte Traditionsstufe liege in den kanonischen
Leidensgeschichten vor [49].

So richtig die Voraussetzung von Jeremias sein mag, der vierte
Evangelist habe keines der synoptischen Evangelien als Vorlage
benutzt, so fragwürdig ist es, eine indirekte Abhängigkeit des
Evangelisten von einem Synoptiker prinzipiell auszuschließen.
Die Akoluthieübereinstimmung kann also höchstens in Verbindung mit dem eventuellen Nachweis einer *selbständigen* vorjohanneischen Passion als Argument gelten. Hierbei ist Vorsicht
geboten. Die vorjohanneische Passion darf nicht etwa wieder

---

geschichte einen älteren Passionsbericht zutage bringt. Nach *J. Gnilka,* Jesus
Christus nach frühen Zeugnissen des Glaubens, München 1970, 95, ist «das
überzeugendste Argument» für die Existenz einer «Urpassion» (einsetzend mit
der Verhaftungsgeschichte) der Hinweis darauf, «daß die Ereignisfolge in den
vier evangeliaren Passionsberichten im wesentlichen und sogar bis in Einzelheiten dieselbe ist».

[47] *J. Jeremias,* Die Abendmahlsworte Jesu (1935), Göttingen ⁴1967, 83–90.

[48] Diese Langform der Passion («Typ der großräumigen Passionserzählung»)
will *W. Trilling* offenbar auf den Markusevangelisten zurückführen (Die Passion
Jesu in der Darstellung der synoptischen Evangelien: Lebend. Zeugnis, Heft
1/1966, 28–46; näherhin 29). Vgl. auch *J. Kremer,* Das Ärgernis des Kreuzes. Eine
Hinführung zum Verstehen der Leidensgeschichte, Stuttgart 1969, 7.

[49] Ähnlich *X. Léon-Dufour,* Passion, in: DB Suppl. VI (1960) 1419–1492; hier
1472f; *E. Lohse,* Die Geschichte des Leidens und Sterbens Jesu Christi, Gütersloh 1964, 17–25.

durch die Akoluthieübereinstimmung begründet werden. Weitgehend kann die Ereignisabfolge immerhin aus der Logik des Ablaufs von der Verhaftung Jesu bis zu seinem Tod am Kreuz erklärt werden.

Jeremias hat aber noch einen anderen Befund erörtert [50]. Drei Abschnitte der Mk-Passion fehlen im Zusammenhang des vierten Evangeliums: die Verfluchung des Feigenbaumes mit dem dazu gehörigen Gespräch (Mk 11, 12–14. 20–25), die Streitgesprächsammlung (Kap. 12) samt der Rede des Kapitels 13, ferner die Erzählung von der Passamahlbereitung (14, 12–16). Da diese Stücke sich auf anderem Wege als Einschübe in einen älteren vormarkinischen Erzählzusammenhang erweisen lassen, gilt für Jeremias die Existenz einer alten vorkanonischen Leidensgeschichte als erwiesen.

Die Kritik von Linnemann setzt dabei an, daß Jeremias mit der Behauptung sekundärer Einschübe bereits voraussetze, was zu beweisen wäre, nämlich, daß in Mk 11–16 überhaupt ein alter Überlieferungszusammenhang vorliegt [51]. Tatsächlich wird eine ursprüngliche Abfolge «Königseinzug – Tempelreinigung – Vollmachtsfrage» von Jeremias [52] nicht analytisch am *Text* gewonnen, sondern als historischer Ablauf vermutet [53].

4. «Schweigsamkeit Jesu»

Es gibt Märtyrerakten, in denen sich der Märtyrer ähnlich schweigsam verhält wie der Jesus der Passion. K. L. Schmidt sah in diesem Befund einen Beweis für eine frühzeitige Fixierung der Passionserzählung. Es gelte die Regel, «daß ein Bericht mit wenigen Worten des Märtyrers historisch wertvoller ist als einer mit vielen Worten» [54]. «Ehe die Überlieferung von Jesus Zeit hatte, an den Dingen herumzufeilen, wie das bei dem Stoff außerhalb der Leidensgeschichte geschehen ist», sei der Bericht über das Leiden und Sterben Jesu schon fixiert worden und habe «ohne Schädigung der festgewordenen Gemeindeanschauung nicht mehr abgeändert werden» können [55]. Die geschehene Geschichte selbst sei der frühen Gemeinde Apologie genug gewesen.

---

[50] *Jeremias*, a. a. O. 84–87.   [51] *Linnemann*, Studien, 63f.
[52] Vgl. *Jeremias*, a. a. O. 85.
[53] Vgl. auch *J. Roloff*, Das Kerygma und der irdische Jesus. Historische Motive in den Jesus-Erzählungen der Evangelien, Göttingen 1970, 94.
[54] *Schmidt*, Die literarische Eigenart, 116, unter Berufung auf *U. Wilcken*, Zum alexandrinischen Antisemitismus (Abh. der Kgl. Sächs. Ges. der Wiss., phil.-hist. Kl. 27/1909), der die entsprechende Beobachtung an heidnischen Märtyrerakten gemacht hatte.
[55] *Schmidt*, a. a. O. 116; vgl. *Ders.*, Der Rahmen, 305f.

K. H. Schelkle vermutet, die gattungsgeschichtliche Betrachtung «könnte für die Erforschung der Leidensgeschichte ... wert-
voll werden, insofern ... die Leidensgeschichte als Beispiel und
Sonderfall einer Märtyrerakte verstanden werden kann»[56].

Das Argument der auffallenden «Schweigsamkeit Jesu» im Zusammenhang mit der Gattung der Märtyrerakten ist allerdings nur
dann stichhaltig, wenn es durch literarkritische Textanalysen gestützt werden kann.

Wenn man die Passionserzählung des Mk unter dieser Rücksicht betrachtet, fällt in der Tat auf, daß von der Verhaftungserzählung an Jesus nur viermal das Wort ergreift (14, 48f. 62;
15, 2. 34). Im Vergleich mit der vorausgehenden Darstellung des
Mk ist das auffallend; denn in 14, 1–42 begegnen allein 13 zum
Teil längere Jesus-Worte (14, 6–9. 13–15. 18. 20f. 22. 24f. 27f. 30. 32.
34. 36. 37f. 41f). Allerdings ist auch hier die mögliche Gattung
«Martyrium» nicht zum Ausgangspunkt literarkritischer Analysen
zu machen. Vielmehr müßte die literarische Untersuchung die
hypothetische Passionserzählung als existent erweisen und dann
zusehen, ob sie sich als «Martyrium» verstehen läßt. Tatsächlich
käme dafür nur die sog. Kurzform der Jesuspassion in Frage.
Wenn man von dem Wort Jesu an die Häscher (Mk 14, 48f)[57]
absieht, bleibt außer den Antworten an den Hohenpriester (14, 62)[58]
und an Pilatus (15, 2) tatsächlich nur der Eloi-Ruf des Gekreuzigten
(15, 34 = Ps 22, 2). Es ist zu vermuten, daß eine Rekonstruktion der
vormarkinischen Passionstradition diese als «passio iusti» verstehen lehrt[59]. Jesus spricht nicht nur de facto wenig, sondern
wird ausdrücklich als der vor seinen Widersachern verstummende
Gerechte vorgestellt[60].

5. Ein Gegenargument: «Wesentlich aus Einzelstücken»

Im Unterschied zu Schmidt und Dibelius bezweifelte R. Bultmann, daß die Passionsgeschichte der Synoptiker «ein organisches
Ganzes» sei. Die Darstellung bestehe vielmehr auch hier «wesent-

---

[56] *Schelkle*, Die Passion Jesu, 9f.
[57] Mk 14, 48f kann als von Markus gebildet gelten.
[58] Ob das Synedrialverhör zur ursprünglichen Passion gehörte, ist zweifelhaft. Aber es wird teilweise doch schon vormarkinisch existiert haben; vgl.
meine Arbeit: Gab es eine vorsynoptische Szene «Jesus vor dem Synedrium»?:
NT 12 (1970) 22–39.
[59] Siehe *Gnilka*, Jesus Christus, 99f. 103; *L. Ruppert*, Passio iusti. Eine motiv-
geschichtliche Untersuchung zum Alten Testament und zwischentestamentlichen
Judentum (maschinenschriftl. Habil.-Schrift), Würzburg 1970.
[60] Vgl. Mk 14, 45. 60. 61; 15, 4. 5 mit Ps 37, 12; 38, 14–16; 39, 9f; 109, 2–4.

lich aus Einzelstücken»[61]. Von diesen Einzelstücken seien die meisten unabhängig von einer zusammenhängenden Passionsdarstellung entstanden, z. B. die Salbungsgeschichte, die Verratsansage, der Mahlbericht, die Gethsemane- und die Verleugnungserzählung. Der Zusammenhang, der sich nach der Kombination solcher Erzählungen zu einem Ganzen ergibt, sei «im wesentlichen durch die Natur der Sache gegeben»[62]. Andere Einzelstücke der Passion verdankten ihre Existenz der nachträglichen Ausgestaltung von Einzelmomenten der schon vorhandenen Erzählung, z. B. die Passamahlbereitung, das Synedrialverhör, die Erzählung von Herodes und Pilatus.

Dennoch ist Bultmann der Ansicht, daß der älteste Evangelist nicht erst aus den Einzelstücken einen fortlaufenden Zusammenhang geschaffen habe. Ihm soll vielmehr schon ein zusammenhängender Bericht vorgelegen haben. Die früheste Passionstradition resultiert nach Bultmann aus zwei Wurzeln. Zu einer zusammenhängenden Darstellung erzählender Art (unter Verwendung von Einzelstücken) führte das Kerygma. Daneben bestand – das will Bultmann durch Analyse zeigen – «ein kurzer Bericht geschichtlicher Erinnerung von Jesu Verhaftung, Verurteilung und Hinrichtung»[63]. Bultmann vermutet «einen alten Bericht», «der ganz kurz Verhaftung, Verurteilung durch das Synedrium und Pilatus, Abführung zum Kreuz, Kreuzigung und Tod erzählte»[64]. Dieser Bericht sei durch vorhandene Geschichten und neue Bildungen ausgestaltet worden[65]. Schlägt man in Bultmanns Werk nach, inwiefern die Analyse den «alten Bericht» ergebe, kann man nicht umhin festzustellen, daß dieser eher vorausgesetzt als nachgewiesen wird[66].

R. Schnackenburg[67] nimmt an, daß die Leidensgeschichte innerhalb der synoptischen Überlieferung «der älteste Bericht» sei, «der von Anfang an zusammenhängend dargeboten wurde». Dennoch

---

[61] *Bultmann*, Geschichte der syn Tradition, 297.

[62] Ebd.; vgl. *Nineham*, Order of Events, 231f.

[63] *Bultmann*, a. a. O. 298.

[64] A. a. O. 301f.

[65] Vgl. *Nineham*, a. a. O. 232: «the suggested skeleton outline is not a set of *pericopae* in a fixed order but a general historical outline of events with no *pericopae* attached to it, into which each man could fit such unattached *pericopae* as he could discover.»

[66] Siehe die Kritik bei *Linnemann*, Studien, 55f. Vgl. auch die Bemerkung von M. *Dibelius* (Deutsche Lit. Ztg., 3. Folge, 3 [1932] 1107): «Der von B. angenommene ‹alte Geschichtsbericht› ... hat niemals existiert, denn auch die älteste, dem Markus bereits vorliegende Darstellung hat schon von jenem Glauben aus erzählt.» Ähnliche Kritik bei *Gnilka*, Die Verhandlungen, 6.

[67] R. *Schnackenburg*, Das Evangelium nach Markus, 2. Teil, Düsseldorf 1971, 223.

verrate die Darstellung des Markus einen längeren Traditions-
prozeß, «bei dem manche Stücke erst später in einen ursprünglich
kürzeren Bericht eingefügt wurden». Schnackenburg verweist
dafür auf das Verfahren der späteren Evangelisten Matthäus und
Lukas, «die noch manche anderen Szenen und Einzelzüge hinzu-
bringen». Wir hätten es also «auch bei diesem fortlaufenden Bericht zu einem großen Teil mit Einzelgeschichten zu tun». In den
älteren und kürzeren Bericht seien etwa die Salbungsgeschichte,
die Bereitung des Passamahles, die Barabbas-Szene und die Verspottung des Judenkönigs später eingefügt worden.

Sosehr man dem von Bultmann vermuteten kurzen Bericht der
Passion den Charakter eines Geschichtsberichts wird bestreiten
dürfen, muß man der Ansicht zustimmen, daß vor der Mk-Passion
eine längere Traditionsgeschichte liegt. Inwieweit diese allerdings
als Auffüllung eines Kurzberichts verstanden werden kann, ist
damit noch nicht ausgemacht. Hinsichtlich Mk 14, 1–42 scheint
jedenfalls erst der Evangelist die zusammenhängende Erzählung
geschaffen zu haben[68]. Das kann (und wird vermutlich) bei
Mk 14, 43 – 16, 8 anders gewesen sein, darf aber nicht ohne literarkritische Dekomposition des Stückes als erwiesen gelten.

Solange hierüber nicht Sicherheit erreicht ist, dürfen folgende Voraussetzungen nicht gemacht werden: a) *E. Linnemann* geht davon aus, daß (wie in der
übrigen synoptischen Jesustradition) auch bei der Passionsüberlieferung kein
eigentlich historisches Interesse maßgebend gewesen sei. Diese Auffassung
wird bei der Dekomposition der Mk-Passion durch Linnemann mit ausschlaggebend[69]. b) *J. Roloff* setzt voraus, «daß die Passionsgeschichte selbst, unbeschadet aller kerygmatischer Motive und theologischer Deutungsansätze, die
in sie eingegangen sind, dem Interesse an den geschichtlichen Vorgängen, die
zum Ende Jesu am Kreuz führten, ihre Gestalt verdankt»[70]. Darin aber nehme
die Leidensgeschichte keine Sonderstellung ein. Die Auswirkung auf Roloffs
Analysen ist der Versuch, auch in der übrigen Jesusüberlieferung «historische
Motive» («die Frage nach dem Weg Jesu») auszumachen.

6. Vorlukanische und vorjohanneische Passion

Bultmann hatte ursprünglich die Ansicht vertreten, daß auch
vor den Evangelien nach Lukas und nach Johannes jeweils eine
zusammenhängende und vom Markusevangelium unabhängige
Passionserzählung stehe[71]. Wenn das zutrifft, spricht diese Tatsache dafür, daß es schon früh zu einer zusammenhängenden
Leidensgeschichte gekommen ist, deren Varianten dann in den

---

[68] Vgl. *Schenke*, Studien, passim; siehe oben Anm. 33.
[69] *Linnemann*, Studien, z. B. 69: «Indem wir darauf verzichten, in ihnen einen
Bericht zu suchen, gewinnen die Perikopen ihre Bedeutung als Kerygma zurück
und erweisen sich als Predigttext.»
[70] *Roloff*, Das Kerygma, 51.
[71] Für Lk siehe *Bultmann*, Geschichte der syn Tradition, 290; 292; 293; 302f;
für Joh ebd. 297.

vorkanonischen Erzählzusammenhängen noch greifbar wären. Wer für eine selbständige lukanische Passionsüberlieferung (neben Mk) eintritt[72], muß das nicht im Sinne der Protolukas-Theorie tun, die unter «Protolukas» ein selbständiges Evangelium (neben Mk) versteht[73]. Die Frage einer eigenständigen vorlukanischen Passionstradition ist nicht mit der Ablehnung der Protolukas-Hypothese erledigt.

J. Finegan bestritt, daß die späteren Evangelien neben dem Mk «eine Quelle von selbständigem, historischem Wert» voraussetzen. Für ihn sind Mt und Lk von Mk abhängig, und das vierte Evangelium stützt sich auf die drei Synoptiker. Somit sei Mk unter den Evangelien «der eigentliche Träger der Urtradition der Gemeinde»[74]. Dennoch ist die Passionstradition schon vor Abfassung des Markusevangeliums gewachsen. Hinter ihr soll «ein Untergrund von greifbaren geschichtlichen Tatsachen» liegen[75]. Wer indessen eine früh einsetzende Tradition der Passion zugesteht, wird kaum so kategorisch die Möglichkeit einer eigenen lukanischen und johanneischen Überlieferung (neben Mk) ausschließen dürfen.

Im Anschluß an Finegan gab Bultmann später seine Annahme einer lukanischen Sonderquelle der Passion auf[76]. Im Fall des

---

[72] So z. B. A. M. Perry, The Sources of Luke's Passion-Narrative, Chicago 1920; P. Winter, The Treatment of His Sources by the Third Evangelist in Luke XXI–XXIV: ST 8 (1954/55) 138–172; H. Schürmann, Jesu Abschiedsrede Lk 22, 21–38 (NtlAbh 20, 5), Münster 1957, 139–142; G. Schneider, Verleugnung, Verspottung und Verhör Jesu nach Lukas 22, 54–71 (StANT 22), München 1969, 137–139; D. R. Catchpole, The Trial of Jesus. A Study in the Gospels and Jewish Historiography from 1770 to the Present Day, Leiden 1971, 153–220.

[73] Bezeichnend dafür die englischen Forscher B. H. Streeter, The Four Gospels (1924), London ⁴1930, 222, und V. Taylor, Behind the Third Gospel, Oxford 1926; Ders., The Formation of the Gospel Tradition (1933), London ²1935, 44–59. In Deutschland sind ähnliche Positionen vertreten worden von A. Schlatter, Das Evangelium des Lukas aus seinen Quellen erklärt (1931), Neudruck Stuttgart 1960; Jeremias, Abendmahlsworte, 91–94; F. Rehkopf, Die lukanische Sonderquelle. Ihr Umfang und Sprachgebrauch (WUNT 5), Tübingen 1959, 90. – Zur Widerlegung siehe W. G. Kümmel, Einleitung in das Neue Testament, Heidelberg ³1965, 79–82.

[74] J. Finegan, Die Überlieferung der Leidens- und Auferstehungsgeschichte Jesu (BhZNW 15), Gießen 1934, 110. Vgl. die These bei Finegans Lehrer H. Lietzmann, Der Prozeß Jesu (SAB 1931), in: Ders., Kleine Schriften II, Berlin 1958, 251–263: «Für die Passionsgeschichte besitzen wir nur eine einzige primäre Quelle, das Markusevangelium. Alle übrigen Evangelisten fußen auf ihm, und ihre Varianten und Zusätze können nicht auf originale Sonderüberlieferungen zurückgeführt werden» (251).

[75] Finegan, a. a. O. 111. «Als letzte Quelle des Mc erschließen wir einen knappen, historisch verständlichen, von Augenzeugen erzählten, zuverlässigen Bericht von Abendmahl, Gethsemane, Verrat des Judas, Gefangennahme durch die Juden, Verleugnung des Petrus, Verurteilung durch Pilatus, von der Kreuzigung als ‹Judenkönig› und vom Begräbnis» (ebd.).

[76] R. Bultmann, Die Geschichte der synoptischen Tradition. Ergänzungsheft zur 3. Auflage, Göttingen 1958, 42.

vierten Evangeliums jedoch hielt er daran fest, daß der Verfasser für seine Leidensgeschichte eine schriftliche Quelle benutzt hat, die nicht mit den Synoptikern oder einem von ihnen identisch ist[77].

X. Léon-Dufour wollte durch sorgfältigen Vergleich der Berührungspunkte zwischen den vier Evangelien herausarbeiten, daß die vier kanonischen Leidensgeschichten voneinander unabhängig seien. Es liege den Evangelien nach Mk und Mt ein gemeinsames Dokument, also eine schriftliche Quelle, zugrunde, wohingegen vor den Gemeinsamkeiten zwischen Lk und Joh eine gemeinsame (mündliche) Tradition stehe. Beide Passionsüberlieferungen sollen letztlich auf eine und dieselbe Quelle zurückgehen und «eng benachbarte Editionen» derselben sein[78]. Ohne diese Position im einzelnen zu diskutieren, wird man sie insofern modifizieren müssen, als Mk die wesentliche Quelle der Mt-Passion gewesen ist und auch (wenigstens) eine Quelle der lukanischen Leidensgeschichte darstellt.

Neuerdings scheinen sich die Argumente gegen eine fortlaufende vorlukanische Passion (neben Mk) zu mehren. M. E. können mit Sicherheit nur folgende lukanische Einheiten aus Lk 22 als vorlukanisch und nichtmarkinisch gelten: 22, 19–20a (Anamnese mit Brotwort); 24–26. 28–30 (Rangstreit; Lohn der Nachfolge); 31–32 (Wort an Simon); 35–38 (Zwei Schwerter); 63–64. 66–68 (Verspottung; Verhör)[79]. – Bezüglich einer von den Synoptikern unabhängigen vorjohanneischen Leidensgeschichte

---

[77] R. Bultmann, Das Evangelium des Johannes (KEK 2; 1941), Göttingen
⁵1956, 491; vgl. S. Schulz, Die Stunde der Botschaft. Einführung in die Theologie der vier Evangelisten, Hamburg ²1970, 118; R. E. Brown, The Gospel according to John (XIII–XXI), London 1971, 787–804; näherhin 791. Eine entsprechende Auffassung vertrat schon M. Goguel in seiner Dissertation: «Nous trouvons d'abord quelques traditions anciennes indépendantes du récit synoptique, mais qui peuvent avoir été en contact avec la source du récit de Marc, puis un certain nombre de récits empruntés aux synoptiques mais ayant subi une certaine élaboration avant d'entrer dans le récit johannique, enfin quelques morceaux qui doivent être attribués au rédacteur de l'évangile» (Les sources du récit johannique de la passion, La Roche-sur-Yon 1910, 104). Die Abhandlung von P. Borgen, John and the Synoptics in the Passion Narrative: NTS 5 (1958/59) 246–259, kommt zu dem Ergebnis, daß die Übereinstimmungen zwischen den Synoptikern und Joh verstanden werden können als «similarities between mutually independent traditions dealing with the same subject» (259).

[78] Léon-Dufour, Passion, 1454; vgl. 1473. Siehe ferner Ders., Mt et Mc dans le récit de la Passion: Bib 40 (1959) 684–696.

[79] Zu beachten sind auch Lk 23, 6–16 (Herodes und Pilatus); 27–31 (Klagefrauen); 39–43 (Schächer). Siehe dazu Schürmann, Jesu Abschiedsrede, 140, der allerdings eine vorlukanische (schriftliche) Einheit im Umfang von 22, 15–20a. 24–32. 35–38 für erwiesen hält. Für 22, 63–64. 66–68 siehe Schneider, Verleugnung, 96–118. 138f. Der Versuch von Rehkopf (Die lukanische Sonderquelle), auch Lk 22, 21–23. 47–53 (Verratsansage; Gefangennahme) der Sonderquelle zuzuschreiben, kann nicht überzeugen; siehe H. Schürmann: BZ 5 (1961) 266–286.

scheint sich ebenfalls die Waage nach einer Bestreitung hin zu neigen [80].

7. Passionssummarien

Für die Existenz eines vorkanonischen Kurzberichts der Passion, der mit Jesu Verhaftung eingesetzt haben soll, sprechen nach J. Jeremias alte Summarien, insbesondere die dritte Leidensankündigung im Markusevangelium. Mk 10, 33f lasse «seinen achtgliedrigen Passionsbericht mit der Auslieferung Jesu an die Oberpriester und Schriftgelehrten einsetzen» [81]; auch die übrigen Passionssummarien erwähnten außer dem Verrat Jesu die Verurteilung durch das Synedrium, die Auslieferung an Pilatus, die Verhandlungen vor Pilatus, Verspottung und Geißelung, Kreuzigung und Begräbnis. Weil keines der Summarien mit einem Ereignis beginnt, das vor dem Judasverrat liegt, sieht Jeremias darin einen Beweis für die Existenz des mit der Verhaftung Jesu einsetzenden Kurzberichts der Passion.

Die Frage, ob nicht die Summarien die Kenntnis der markinischen Leidensgeschichte schon voraussetzen oder im Blick auf sie formuliert sind, wird von Jeremias nicht erörtert [82]. Außerdem muß – wenigstens gegenüber dem Beweisgang bei Jeremias – festgehalten werden, daß es auch Summarien gibt, die nicht mit dem Verrat bzw. der Auslieferung Jesu einsetzen [83].

Die mangelnde vollständige Kongruenz der Passionssummarien (Mk 8, 31; 9, 31; 10, 33f) war einer der Gründe, die E. Trocmé dazu veranlaßten, sich die Entstehung des Markusevangeliums so vorzustellen, daß ein die Kapitel 1–13 umfassendes Urevangelium später mit dem unabhängig davon entstandenen Bericht Mk 14–16

---

[80] Vgl. A. Dauer, Die Passionsgeschichte im Johannesevangelium. Eine traditionsgeschichtliche und theologische Untersuchung zu Joh 18, 1 – 19, 30 (StANT 30), München 1972; dazu auch R. Schnackenburg, Das Johannesevangelium, II. Teil (HThK 4, 2), Freiburg 1971, 455 Anm. 2. Siehe ferner F. Hahn, Der Prozeß Jesu nach dem Johannesevangelium, in: EKK Vorarbeiten 2, Zürich/Neukirchen 1970, 23–96.

[81] Jeremias, Abendmahlsworte, 88f. Vgl. Lohse, Geschichte, 20f. 23. Siehe hingegen G. Strecker, Die Leidens- und Auferstehungsvoraussagen im Markusevangelium (Mk 8, 31; 9, 31; 10, 32–34): ZTK 64 (1967) 16–39, näherhin 31 mit Anm. 38, und Schulz, Die Stunde der Botschaft, 116: Mk 10, 33f stammt vom Evangelisten.

[82] Siehe hingegen Linnemann, Studien, 64: «Wahrscheinlich sind die Verse eine markinische Bildung, die der Evangelist im Vorblick auf die von ihm aus Einzeltraditionen komponierte Passionsgeschichte nach der Vorlage Mk. 8, 31 (und 9, 31) geschaffen hat.»

[83] Vgl. Mk 8, 31; Lk 17, 25; 24, 20, also synoptische Summarien, die Jeremias (a. a. O. 88f) selbst anführt!

verbunden worden sei[84]. Diese Auffassung kann jedoch aus mancherlei Gründen nicht überzeugen[85]. Die Summarien können ebensowenig wie 1 Kor 15, 3b–5 die Existenz einer vorkanonischen Passionserzählung gewährleisten.

8. Neue Gegenargumente

a) J. Schreiber

Neben einigen kritischen Ansätzen bei Bultmann[86] meint vor allem J. Schreiber, «Markus selbst sei der ‹älteste Erzähler› der uns heute vorliegenden Leidensgeschichte»[87]. Er habe offensichtlich «sein ganzes Evangelium auf die Passionsgeschichte hin angelegt»; darum ließen sich «womöglich auch im Bereich der Orts- und Zeitangaben Wechselbeziehungen zwischen der Passionsgeschichte und dem übrigen Evangelium aufzeigen, die die Theologie des Markus weiter erhellen»[88].

Diese Annahme, die Schreiber als richtig zu erweisen versucht[89], soll zugleich ausweisen, «daß die historischen Angaben des Markusevangelisten als Ausdruck seiner hellenistischen Eschatologie zu verstehen sind»[90]. Nun wird man zwar bestätigen müssen, daß die «markinische» Funktion der Orts- und Zeitangaben im heutigen Textzusammenhang nicht verkannt werden darf. Damit allein jedoch ist nicht schon gesagt, daß alle diese Daten erst vom Evangelisten stammten und somit eine fortlaufende Leidensgeschichte erst Ergebnis der Komposition durch den Evangelisten wäre. Das gleiche Bedenken ist gegenüber einer weiteren Studie Schreibers anzumelden[91]. Somit ist die folgende Prognose mindestens voreilig geäußert: «Vielen Hypothesen über den historischen Ablauf der Passion Jesu wird die konsequent

---

[84] E. Trocmé, La formation de l'Évangile selon Marc, Paris 1963, 169–205; näherhin 179. Siehe dazu kritisch E. Haenchen, Der Weg Jesu. Eine Erklärung des Markusevangeliums und der kanonischen Parallelen, Berlin 1966, 460f (Anm.); Linnemann, Studien, 66–68.
[85] Vgl. R. Pesch, Naherwartungen. Tradition und Redaktion in Mk 13, Düsseldorf 1968, 38–40.
[86] Siehe oben unter II 5 (mit Anm. 61. 62).
[87] Schreiber, Theologie des Vertrauens (siehe oben Anm. 34), 83f.
[88] Ebd. 84. Schreiber greift Argumente früherer Untersuchungen auf; vgl. J. Schreiber, Der Kreuzigungsbericht des Markusevangeliums. Eine traditionsgeschichtliche Untersuchung von Mk 15, 20b–41 (maschinenschriftl. Diss.), Bonn 1959; Ders., Die Christologie des Markusevangeliums: ZTK 58 (1961) 154–183.
[89] Schreiber, Theologie des Vertrauens, 87–210.
[90] Ebd. 86.
[91] Schreiber, Markuspassion (siehe oben Anm. 4), 54–60. Auch hier verzichtet Schreiber auf eine Verifizierung im einzelnen mit der Bemerkung, das sei «im Rahmen dieser Abhandlung unnötig» (60).

redaktionsgeschichtliche Auslegung der Leidensgeschichten endgültig den Garaus machen»[92]. Gegenüber den Untersuchungen von
Schreiber bleibt ferner kritisch anzumerken, daß sie die Möglichkeit einer nichtmarkinischen Passionsüberlieferung (vor Lk und
vor Joh) kaum erörtern[93].

Trotz mancher Bedenken gegenüber der von Schreiber vor-
genommenen Herausarbeitung von zwei vormarkinischen Kreuzi-
gungsberichten[94] ist zu prüfen, ob nicht die möglicherweise von
Markus weithin zu verantwortende Passionserzählung durch
diesen Evangelisten vom Kreuzigungsbericht aus nach rückwärts
komponiert worden ist, so daß Kählers Urteil[95] zu modifizieren
wäre. Wie Markus von der Kreuzigungserzählung her eine Jesuspassion komponiert hätte, wäre dann auch das übrige Evangelium
auf die Passion hin angelegt beziehungsweise von ihr her entworfen.

b) E. Güttgemanns

Die redaktionsgeschichtliche Evangelienforschung hat den Anteil der Endredaktoren an den Evangelienschriften stark hervorgehoben. Es ist nicht verwunderlich, daß im Zusammenhang damit
der Umfang traditionellen Gutes und vor allem das Ausmaß vor-
kanonischer Sammlungen innerhalb der Evangelien geringer ein-
geschätzt wurde als von der herkömmlichen Formgeschichte.
Diese Verschiebung ließ sich schon bei den Arbeiten Schreibers
in etwa ablesen.

Programmatisch widmet sich E. Güttgemanns diesem Sachver-
halt und seinen Problemen, indem er einen grundsätzlichen Unter-

---

[92] Ebd. 62.
[93] Vgl. ebd. 27 die Behauptung: «Da nun aber Matthäus und Lukas, trotz
allem Stoff, den sie neu aufgenommen haben, in ihren Darstellungen hauptsächlich Variationen der Markuspassion bieten, und da es für Johannes womöglich ähnlich steht, so führen *alle* Wege zur Erforschung der Leidensgeschichte Jesu unübersehbar zur Markuspassion, die somit sozusagen zum
‹Königsweg› dieser Forschung wird.» Siehe indessen auch die Behandlung der
«lukanischen Redaktion» des markinischen Kreuzigungsberichtes (Theologie des
Vertrauens, 57–61).
[94] *Schreiber*, Theologie des Vertrauens, 22–33, findet in Mk 15, 20b–41 zwei
vom Evangelisten zusammengefügte Traditionen, die dieser mit Zusätzen versehen hätte, einen *alten Geschichtsbericht* (15, 20b–22a. 24. 27) und einen *atl-
apokalyptisch geprägten Bericht*: 15, 25. 26. 29a. 32c. 33. 34a. 37. 38. Die Dubletten
jedoch, die *Schreiber* (24f) für seine Quellenscheidung beansprucht (VV. 24.
25; 30a. 31b; 30b. 32ab; 34. 37), gehen nach seiner eigenen Rekonstruktion teilweise auf die Redaktion (15, 22b. 23. 29b–32b. 34b–36. 39–41) zurück. Es bleibt zu
prüfen, ob sich die Wiederholungen nicht mit *Gnilka* (Jesus Christus, 98f; Die
Verhandlungen, 7f) als besonderes Stilelement von Mk 15 erklären lassen, das
den anamnetischen Charakter herstellt und auf den Gemeindegottesdienst als
«Sitz im Leben» weist.
[95] Siehe oben unter I (mit Anm. 5).

schied zwischen mündlicher Überlieferung und literarischer Gestaltung statuiert. «Die herkömmliche und gängige Annahme einer
weitgehenden Identität der traditionsgeschichtlichen Gesetzlichkeit von Mündlichkeit und Schriftlichkeit» sehe sich insbesondere
angesichts der neueren Linguistik und Literaturwissenschaft «der
begründeten Skepsis konfrontiert, ob ihr Denkmodell mehr ist als
eine verdienstvolle, zeitweilig sehr brauchbare Hypothese, die
heute jedoch wegen der starken Gegenargumente nur noch for-
schungsgeschichtliche Relevanz besitzt»[96].

Im Zusammenhang mit dieser Skepsis will Güttgemanns die
Hypothese vormarkinischer redaktioneller Einheiten prüfen[97].
Dabei wird auch die Frage einer vormarkinischen Passionsgeschichte gestellt. Es wird bestritten, daß der Evangelist Markus
Kompositionsprinzipien aufgenommen habe, die in einer ihm bereits vorliegenden Leidensgeschichte wirksam gewesen seien[98].
Die Differenzen der bisherigen formgeschichtlichen Forschung
hinsichtlich der Rekonstruktion einer vormarkinischen Passionsgeschichte werden mit Recht als Indiz für die Unsicherheit bei der
Beschreibung des vorsynoptischen Redaktionsprozesses gewertet[99]. Wenn aber dann die Folgerung gezogen wird, wir sollten
uns «mit der innermarkinischen Strukturanalyse (also der ‹literarischen› Ebene) begnügen»[100], so ist damit natürlich die Nicht-
existenz einer vormarkinischen Leidensgeschichte keineswegs erwiesen[101].

c) E. Linnemann

Die «Studien zur Passionsgeschichte», die E. Linnemann 1970 als
Habilitationsschrift vorlegte, erörtern die Frage, ob dem Markusevangelisten «bereits ein zusammenhängender Passionsbericht

---

96 *Güttgemanns*, Offene Fragen (siehe oben Anm. 4), 252.
97 Ebd. 226–231.
98 Ebd. 227 gegen *Marxsen*, Einleitung, 120. Vgl. hierzu auch *Kuhn*, Ältere
Sammlungen (siehe oben Anm. 4), besonders 10: Es werden zwar vormarkinische
Sammlungen (z. B. Mk 2,1 – 3, 6; 4, 1–34; 10, 1–45; 4, 35 – 6, 52) anerkannt. Jedoch
könnten diese nicht als «Vorstufe zum MkEv» verstanden werden (ebd. 215).
Die Beurteilung der Frage durch Güttgemanns werde «zu undifferenziert vorgetragen» (ebd. 10).
99 *Güttgemanns*, a. a. O. 228.
100 Ebd.
101 Einerseits beschränkt sich *Güttgemanns* (a. a. O. 229) auf die Feststellung,
«ein allmählicher, fortlaufender Redaktionsprozeß» sei «nicht eindeutig zu beobachten». Andererseits äußert er sich, bewußt von der Einzelanalyse ab-
sehend und auf Schreibers Dissertation verweisend, zustimmend zu der These,
die Passionsgeschichte sei als ganze markinische Komposition: «Diese Annahme
scheint auch mir mit den wenigsten Hypothesen auszukommen» (ebd. Anm.
306a).

vorgelegen hat oder nicht»[102]. Diese entscheidende Frage wird ausführlich im Zusammenhang mit der Perikope von der Verhaftung Jesu gestellt und negativ beantwortet[103]. Zu der verneinenden Antwort führen einerseits literarkritische Untersuchungen[104]. Andererseits werden kritische Ausstellungen an der bisherigen Argumentation vorgenommen[105]. Die Autorin kommt zu der Auffassung, keines der Argumente für die Annahme einer vormarkinischen Passionsgeschichte habe sich «als zureichender Grund» für diese Annahme erwiesen. Sie hält deshalb an ihrer These fest, «daß die Passionsgeschichte ein Werk des Markus ist und erst von ihm aus Einzeltraditionen gebildet wurde»[106].

Die Analyse der Verhaftungserzählung ist für die Frage der vormarkinischen Passionsüberlieferung insofern von besonderer Tragweite, als die These vertreten wurde, mit dieser Erzählung habe die älteste zusammenhängende Leidensgeschichte, der sogenannte «Kurzbericht», eingesetzt. Linnemann glaubt, aus dieser Einzelerzählung durch Dekomposition drei Traditionsstücke gewinnen zu können, die von Markus zur heutigen Erzählung vereinigt worden seien[107]. Damit soll zugleich das Kompositionsgesetz der Markuspassion erkannt sein: «Sie ist von Anfang bis Ende aus selbständigen Überlieferungsstücken komponiert»[108]. Daß jedoch der Markusevangelist der *erste* Redaktor einer solchen Synthese gewesen sei, kann auch Linnemann nur vermuten[109]. Die Frage einer

---

[102] *Linnemann*, Studien (siehe oben Anm. 4), 9.
[103] Ebd. 41–69.
[104] Ebd. 44–54.
[105] Ebd. 54–68.
[106] Ebd. 68.
[107] Ebd. 52–54. Markus nahm demzufolge eine Synthese der drei folgenden Einheiten vor: Mk 14, 43b. 48. 49b (biographisches Apophthegma); 14, 1–2. 10–11a. 44–46 (Erzählung vom Judasverrat); 14, 47. 50–52 (fragmentarisch erhaltene Erzählung über die Rolle der Jünger in der Passion); vgl. ebd. 68. 180f. – Die Kritik an dieser These kann von folgenden wenigen Tatsachen ausgehen: 1. Mk 14, 1–2. 10–11a gehören der «Redaktion» des Evangelisten an (siehe *Schenke*, Studien, 141). 2. Der «Sitz im Leben» solcher kleinerer Einheiten wird nicht einsichtig. 3. Es ist mißlich, daß nicht nur die Erzählung über die Rolle der Jünger «fragmentarisch» bleibt, sondern auch – nach Wegfall von 14, 1–2. 10–11 – die vom Judasverrat. 4. Alle von *Linnemann* (a. a. O. 41f) als Ausgangspunkt für die Dekomposition genommenen Unebenheiten ergeben sich aus den VV. 47–52, so daß 14, 43–46 die ursprüngliche Einheit gewesen sein kann, die mit der Verhaftung Jesu schloß, aber auf eine Fortsetzung angelegt war (vgl. V. 44: κρατήσατε αὐτὸν καὶ ἀπάγετε mit V. 46: ἐκράτησαν αὐτόν und V. 53: καὶ ἀπήγαγου τὸν Ἰησοῦν πρὸς τὸν ἀρχιερέα). Vgl. jetzt ferner *Schenke*, a. a. O. 362 Anm. 1, und meine Analyse: Die Verhaftung Jesu. Traditionsgeschichte von Mk 14, 43–52: ZNW 63 (1972), im Druck.
[108] *Linnemann*, a. a. O. 54.
[109] «Ich sehe keinen Anlaß, die Komposition der Passionsgeschichte aus einzelnen Überlieferungsstücken nicht ebenso wie die Gestaltung des übrigen Evangeliums dem Evangelisten Markus zuzuschreiben» (ebd.). Wenn aber erwiesen werden kann, daß dieser Evangelist andere Sammlungen verwendet hat,

vorkanonischen Leidensgeschichte, die auch hinter den Evangelien nach Lukas und nach Johannes stehen könnte, wird nur
unzulänglich erörtert [110]. Schließlich sind die Einzelanalysen und
Dekompositionsversuche wenig überzeugend, insbesondere deswegen, weil sich die Autorin zu wenig mit Wortschatz, Stil und
Theologie des ältesten Evangelisten befaßt hat.

III. Aufgaben

Der kritische Rückblick auf die bisherige Argumentation für
und gegen eine vormarkinische Passionserzählung hat nicht
wenige der vorgebrachten Gründe als unhaltbar erwiesen. Er hat
indessen auch gezeigt, daß die noch zu leistende Forschungsarbeit
zur Passionstradition der Evangelien an die bisher ins Spiel ge-
brachten Gesichtspunkte anknüpfen kann. Deshalb soll im folgenden bei der Skizzierung der anstehenden Aufgaben die Nume-
rierung der Aspekte bzw. Argumente (Teil II) beibehalten werden.

1. Bei der Frage nach einer vorkanonischen *fortlaufenden Passionserzählung* spielen die Orts- und Zeitangaben eine entscheidende Rolle. Innerhalb von Mk 14, 1–42 sind wesentliche Teile
dieser Angaben der Hand des ältesten Evangelisten zuzuschreiben.
Zu fragen ist, ob eine Untersuchung von Mk 14, 43 – 16, 8 das
gleiche Ergebnis bringt. Hier ist besonders die Notiz in Mk 15, 1
auf ihren redaktionellen Anteil hin zu überprüfen [111]. Zur Herausarbeitung des markinischen Anteils an der Topographie und
Chronologie der Jesuspassion wird man sich der zuverlässiger
werdenden Methode und unbestrittener Kriterien bedienen müssen [112]. Selbstverständlich hat eine rein wortstatistische Methode
keine Aussicht, die markinische Redaktion zu erarbeiten, es sei
denn, sie würde zugleich die theologischen Konturen der markinischen Konzeption in Betracht ziehen.

2. Wer nach einer vorkanonischen Passion fragt, wird sich
dessen bewußt sein müssen, daß wir nicht von einem hypotheti-

---

so darf die Verwendung einer schon vorhandenen Komposition der Passionsgeschichte nicht a priori ausgeschlossen werden; vgl. die Arbeit von *Kuhn*
(siehe oben Anm. 4; vgl. Anm. 96).
[110] Vgl. *Linnemann*, a. a. O. 61.
[111] Vgl. *Bultmann*, Geschichte der syn Tradition, 290 (Mk 14, 55–64 als
«sekundäre Ausführung der kurzen Angabe 15, 1»); zur Kritik an Bultmann
siehe *Schneider*, Verleugnung, 30f; *Ders.*, «Jesus vor dem Synedrium» (siehe
Anm. 58), 25–29.
[112] Dazu *R. H. Stein*, The Proper Methodology for Ascertaining a Markan
Redaction History: NT 13 (1971) 181–198.

schen «*Sitz im Leben*» ausgehen können. Es muß vielmehr nach
den Methoden der neueren differenzierten Literarkritik «dekompo-
niert» werden. Was dabei als traditionell erkannt wird, ist auf
seinen «Sitz im Leben» hin zu befragen. Es ist nicht ausgeschlossen, daß dabei auch bisher kaum vermutete Ergebnisse zutage
treten. Es wird sich zeigen müssen, ob die vorkanonische Passion
ein «Geschichtsbericht» gewesen ist und ob sie auch formal den
Perikopencharakter der sonstigen Jesustradition überschreitet [113].

3. Inwieweit die mit den Synoptikern übereinstimmende *johanneische Ereignisabfolge* ein treffendes Argument darstellt, hängt
davon ab, ob das vierte Evangelium von den synoptischen Evangelien unabhängig ist [114]. Eine Kenntnis des Mk und des Lk durch
den Verfasser des vierten Evangeliums muß vor allem dann als
erwiesen gelten, wenn das Johannesevangelium von markinischer
bzw. lukanischer «Redaktion» abhängig ist.

4. Die älteste Passion kann sich möglicherweise als eine Darstellung gemäß dem theologischen Motiv der «passio iusti» erweisen. Sollte sich das herausstellen, so käme diese Darstellung
der Gattung der *Martyrien* nahe. Die Frage der Schriftverwendung
ist in diesem Zusammenhang mit zu bedenken. Wann kam der
Gedanke der Schrifterfüllung in der Passionstradition auf? Darf
man die Überzeugung von der Erfüllung der Schrift so spät ansetzen, wie das neuerdings [115] häufig geschieht? Ist die älteste
Passion nicht doch von Anfang an mehr als ein Märtyrerbericht?

5. Daß die Mk-Passion «*wesentlich aus Einzelstücken*» zu-
sammengewachsen ist, kann mindestens für den ersten Teil von
Mk 14 als gesichert gelten. Ob dies ebenso für Mk 14, 43 – 16, 8
zutrifft, muß noch einer näheren Prüfung unterzogen werden. Es
ist nicht auszuschließen, daß ein aus Einzelperikopen entstandener
«Kurzbericht» schon vormarkinisch zu einer fortlaufenden Passion
wurde, die einige Fugen und Nähte beseitigt hat [116].

6. Ob es eine besondere *vorlukanische Passionsüberlieferung*
(neben Markus) als «fortlaufende» Sonderüberlieferung gab, ist

---

[113] Als «Geschichtsbericht» wird man eher eine fortlaufende Erzählung
ausmachen können als eine Einzelperikope; vgl. oben Anm. 44.
[114] Zum Problem siehe außer den in Anm. 77. 80 genannten Arbeiten auch
J. Blinzler, Johannes und die Synoptiker. Ein Forschungsbericht (SBS 5), Stuttgart 1965.
[115] Siehe vor allem *A. Suhl*, Die Funktion der alttestamentlichen Zitate und
Anspielungen im Markusevangelium, Gütersloh 1965.
[116] Zu beachten ist, daß etwa Lk den Perikopencharakter viel weniger erkennen läßt als Mk; es gab demnach eine Tendenz der Tradition zum «fortlaufenden Bericht» hin.

noch nicht endgültig geklärt. Obgleich eingehende Untersuchungen zu dieser Frage vorliegen, bestehen noch weitgehende Differenzen [117].

7. Die *Passionssummarien* können die vorkanonische Existenz einer Passion*erzählung* nicht sicherstellen. Dennoch sollte geprüft werden, inwiefern eine alte Formel wie 1 Kor 15, 3b–5 die Struktur der Passion präformiert haben könnte [118]. Jedenfalls stehen die dort aufgeführten «Stationen» der Passion sowie die Herausstellung der Heilsbedeutung und Schriftgemäßheit der Ereignisse in einer auffallenden Parallele zu den kanonischen Passionsdarstellungen.

8. Die neuerdings vorgetragene These, daß *erst Markus* die älteste Passionsdarstellung aus Einzelperikopen geschaffen habe, ist recht pauschal und ohne die nötigen Einzelanalysen vertreten worden. Sie stellt zwar eine «einfache» Lösung dar, trägt jedoch den Erfordernissen einer durch differenzierte Wortschatz- und Stiluntersuchungen sowie durch theologische Beurteilungen gestützten These nicht hinreichend Rechnung. Existenz und Umfang einer vorkanonischen Erzählung der Passion Jesu können – falls überhaupt – nur zugleich erwiesen werden.

---

[117] Vgl. die unterschiedliche Beurteilung der lukanischen Verratsansage (*Schürmann*, Jesu Abschiedsrede, 3–21; *Rehkopf*, Die lukanische Sonderquelle, 7–30), der Gethsemane-Perikope (*Linnemann*, Studien, 34–40; *K. G. Kuhn*, Jesus in Gethsemane: EvTh 12 [1952/53] 260–285), der Verhaftungsgeschichte (*K. Romaniuk*, Wegweiser in das Neue Testament, Düsseldorf 1965, 72–74; *Rehkopf*, a. a. O. 31–82) und der Verleugnungserzählung (*Schneider*, Verleugnung, 73–96; *Catchpole*, The Trial, 160–174. 272–274). – Die jeweils zuerst genannten Autoren nehmen lukanische Redaktion der Mk-Vorlage, die zweitgenannten eine Sonderquelle des Lukas an.
[118] Siehe *Jeremias*, Abendmahlsworte, 90; *Lohse*, Geschichte, 17f.

11

DIE VERHAFTUNG JESU.
TRADITIONSGESCHICHTE VON Mk 14,43−52

R. Bultmann und J. Jeremias vertraten übereinstimmend, doch unabhängig voneinander die These, die älteste Passionserzählung habe mit der Gefangennahme Jesu eingesetzt[1]. Diese These ist allerdings nicht am Text der entsprechenden Perikope (Mk 14 43-52) gewonnen worden; sie kann indessen unter bestimmten Voraussetzungen durch einen Vergleich der Perikopenfolge in allen vier Evangelien begründet werden[2]. Auch die häufige Wiederholung der These in den letzten Jahrzehnten kann nicht darüber hinwegtäuschen, daß sie ungesichert bleiben muß, solange sie nicht an Text und Traditionsgeschichte von Mk 14 43-52 überprüft wurde.

Die wenigen Forscher, die sich seit den fünfziger Jahren[3] eingehender mit der Perikope beschäftigten, waren zwar generell der Ansicht, daß Mk 14 43-52 eine Traditionsgeschichte besitze. Sie vollzogen jedoch die Dekomposition methodisch unzulänglich und können darum auch mit ihren Ergebnissen nicht überzeugen. Wird es möglich sein, durch eine differenzierte Literarkritik redaktionelle Elemente von traditionellen Stücken zu scheiden? Kann auf diesem Wege die Überlieferungsgeschichte des heute vorliegenden Textes überzeugend rekonstruiert werden?

---

[1] R. Bultmann, Die Geschichte der synoptischen Tradition (1921), Göttingen ⁵1961, 298. 301f.; J. Jeremias, Die Abendmahlsworte Jesu (1935), Göttingen ⁴1967, 88. 90.

[2] Vgl. Jeremias, a. a. O. 83—88. Die Argumentation auf Grund der übereinstimmenden Akoluthie kann nur unter der Voraussetzung erfolgen, daß das vierte Evangelium von den Synoptikern unabhängig ist; dazu und zu anderen Methodenfragen vgl. meinen Beitrag: Das Problem einer vorkanonischen Passionserzählung: BZ 16 (1972) 222—244.

[3] Der quellenkritische Versuch von E. Hirsch, Frühgeschichte des Evangeliums I: Das Werden des Markusevangeliums (1941), Tübingen ²1951, 158—160. 262f., bleibt hier unberücksichtigt; zur generellen Kritik an Hirschs Methode siehe jetzt M. Lehmann, Synoptische Quellenanalyse und die Frage nach dem historischen Jesus. Kriterien der Jesusforschung, untersucht in Auseinandersetzung mit Emanuel Hirschs Frühgeschichte des Evangeliums, Berlin 1970.

1. Neuere Dekompositionsversuche

In seinem umfangreichen Markus-Kommentar hat V. Taylor die Perikope von der Verhaftung Jesu zwei verschiedenen vor-markinischen Passionsquellen zugeschrieben. Auf die Quelle A werden die Verse 14 43-46 zurückgeführt. Die Verse 47-52 sollen aus einer semitisierenden Quelle B durch den Evangelisten nachgetragen worden sein[4]. Die Unterscheidung zwischen mehr oder weniger semitisierender Sprache kann nun keineswegs die Zugehörigkeit eines Textes zu bestimmten Quellenzusammenhängen sicherstellen. Indessen deutet die Beobachtung, daß mit v. 46 (Inhaftierung Jesu) eigentlich alles erzählt sei[5], wenigstens an, daß Taylor auch nach der Einheitlichkeit der Erzählung gefragt hat. Die einheitliche Erzählung der Verse 43-46 wird einem zusammenhängenden Passionsbericht (A) zugeordnet, der mit Mk 14 1f. 10f. (12-16). 17-21. 26-31 einsetzte, vielleicht in 14 53.55-64 (Synedrialverhör), sicher aber im Pilatusverhör (15 1. 3-5) seine Fortsetzung fand[6]. Die Verse 14 47 (Schwerthieb auf den Knecht des Hohenpriesters), 48-50 (Jesuswort an die Häscher, Jüngerflucht) und 51f. (fliehender Jüngling) werden folgerichtig als Nachträge verstanden[7]. Ob aber diese Verse 47-52 für sich eine Funktion gehabt haben könnten, bleibt offen.

Völlig unzulänglich erscheint der Rekonstruktionsversuch von J. W. Doeve. Seine »traditionsgeschichtliche Untersuchung« der Perikope[8] ist vor allem methodisch zu kritisieren. Was den drei Synoptikern gemeinsam ist, wird als »Urbericht« verstanden[9]. Die Differenzen der drei ersten Evangelien untereinander sind dann erläuternde Ergänzungen dieses Berichts (manchmal auch theologische Unterstreichungen) durch die weitere Tradition[10]. Nun ist an sich nichts dagegen einzuwenden, wenn eine Analyse nicht von vornherein

---

[4] V. Taylor, The Gospel according to St. Mark, London 1952 (Neudruck 1963), 557. 656. 658. Vgl. S. E. Johnson, A Commentary on the Gospel according to St. Mark, London 1960, 237: »Verses 43-46 are written in smooth idiomatic *koine*, ... verses 47-52 appear more Semitic.«

[5] Taylor, a. a. O. 557: »Strictly speaking, the narrative ends at 46, in the statement that they arrested Jesus.« Vgl. E. Lohse, Die Geschichte des Leidens und Sterbens Jesu Christi, Gütersloh 1964, 70; R. Schnackenburg, Das Evangelium nach Markus, Bd. II, Düsseldorf 1971, 264.

[6] Taylor, a. a. O. 658.

[7] Ebd. 557: »separate items of tradition which Mark has appended«; vgl. E. Best, The Temptation and the Passion: The Markan Soteriology, Cambridge 1965, 94.

[8] J. W. Doeve, Die Gefangennahme Jesu in Gethsemane. Eine traditionsgeschichtliche Untersuchung, in: Studia Evangelica, Bd. I, Berlin 1959, 458—480.

[9] Ebd. 465. 475. 478.

[10] Ebd. 478.

auf dem Boden der Zwei-Quellen-Theorie steht. Es ist aber durch
nichts gerechtferitgt, eine dreifache Übereinstimmung als Urbericht
zu deklarieren, zumal dann nicht, wenn man die sachlichen Lücken
einer derart rekonstruierten Erzählung willkürlich aus einem oder aus
zwei der Evangelien ergänzt[11]. Nach Doeve hat der Urbericht etwa
den folgenden Umfang gehabt: 14 43*. 45-49a. (53a). Die Angaben über
die Bewaffnung der Häscher und über ihre Auftraggeber in v. 43b
seien aus v. 48b beziehungsweise v. 49a erschlossene Zufügungen[12]. Auch
die rückblickende Bemerkung des Verses 44 über den Verräter und das
vereinbarte Erkennungszeichen sei aus dem übrigen Bericht (vv. 45f.)
gewonnen[13]. Mit v. 49b soll der Evangelist (wie unabhängig von ihm
Matthäus!) den Gedanken der Schrifterfüllung eingebracht haben[14].
v. 50 erzähle mit der Jüngerflucht »etwas Selbstverständliches«[15]. Der
fliehende Jüngling (vv. 51f.) sei Markus selbst gewesen[16].

Die neueste Untersuchung der Erzählung von der Verhaftung
Jesu stammt von E. Linnemann[17]. Sie geht methodisch richtig von
der Beobachtung aus, daß Mk 14 43-52 erzählerische Inkonsequenzen
beziehungsweise Bruchstellen aufweist[18]. Diese sind Indizien für eine
Traditionsgeschichte des Textes und Ausgangspunkte für eine Quellenscheidung. Linnemann gewinnt nun sehr schnell[19] eine »Lösung« der
Problematik, indem sie drei verschiedene Erzähleinheiten postuliert,
die vom Evangelisten Markus zu einer neuen Einheit komponiert
worden sein sollen. Wir werden auf den Ausgangspunkt dieses De-
kompositionsversuchs noch einmal zurückkommen müssen, haben
aber an der Methode auszusetzen, daß sie sprachlich-stilistische Analysen zur Feststellung markinisch-redaktioneller Elemente übergeht
und auch nicht hinreichend nach der ursprünglichen Funktion der
drei rekonstruierten Stücke (»Sitz im Leben«, Einheitlichkeit) fragt.
Die drei traditionellen Stücke sollen nach Linnemann gewesen sein:

1. Ein biographisches Apophthegma im Umfang von Mk
14 43b. 48. 49b;

---

[11] In dem rekonstruierten »Urbericht« (a. a. O. 461f.) gehen mehrere Züge nicht
auf dreifache Bezeugung zurück.
[12] Doeve, Die Gefangennahme 465.
[13] A. a. O. 465. 467f.
[14] A. a. O. 476.
[15] Ebd.
[16] A. a. O. 476f.
[17] E. Linnemann, Studien zur Passionsgeschichte, Göttingen 1970, 41—69 (»Die
Verhaftung Jesu. Mk. 14, 43—52 — ein Beispiel für die Kompositionstechnik
des Evangelisten Markus in der Passionsgeschichte«).
[18] A. a. O. 41f.
[19] Auf knapp einer Seite (a. a. O. 45f.)!

2. eine **Verhaftungserzählung** mit dem Judasverrat, deren
Grundbestand in den vv. 44-46 zu suchen ist und die ihren Anfang in
Mk 14 1-2. 10-11a gehabt haben soll;
    3. **Fragmente** einer Erzählung vom bewaffneten Widerstand
und der Flucht der Jünger bei der Verhaftung Jesu, erhalten in den
vv. 47. 50. 51f.[20].
    Natürlich ist es mißlich für die Überzeugungskraft einer Rekon-
struktion, wenn bei der Dekomposition Reste bleiben, die man nicht
mehr als sinnvolle Einheit verstehen kann und dann als »Fragmente«
bezeichnen muß.
    Unsere folgende Untersuchung wird von den »Unzulänglichkeiten«
der heute vorliegenden Erzählung im Markusevangelium ausgehen, die
weitgehend auch Linnemann registriert hat. Es wird sich zeigen, daß
sie sämtlich außerhalb der Einheit 14 43-46 liegen und daß somit diese
Einheit die traditionelle Grundlage sein kann, auf der die spätere
Tradition und der Verfasser des Evangeliums weitergebaut haben[21].

2. *Einwände gegen die Einheitlichkeit des Gesamttextes Mk 14 43-52*

Der Text der markinischen Verhaftungserzählung erscheint in
vielen Punkten uneinheitlich. Die zu beobachtenden Inkonsequenzen
sind Indizien für einen traditionsgeschichtlichen Wachstumsprozeß.
    a) Wenn v. 47 »einen der Dabeistehenden« den Schwerthieb ge-
gen den Knecht des Hohenpriesters durchführen läßt, so bleibt der
Schwertbewaffnete zwar merkwürdig unbestimmt und wird nicht als
Jesusjünger gekennzeichnet. Dennoch wird man nicht ohne weiteres
erwarten dürfen, daß er als »einer von den Zwölf« (wie v. 43) oder als
»Jünger« (wie v. 32) bezeichnet werden müßte[22]. Eher kann die Tatsache, daß der Schwertstreich nicht dem Judas gilt, als auffallender
Erzählungszug gewertet werden[23].
    b) Es erfolgt keine Reaktion des Verhaftungskommandos auf den
Schwerthieb. Müßte eine geschlossene Erzählung, die v. 47 enthielt,
nicht die Häscher hier handeln lassen[24]?

---

[20] A. a. O. 46—52; vgl. 179—181.
[21] Gegen den Einwand, bei ihrer Analyse »werde in unzulässiger Weise die Passionsgeschichte des Markusevangeliums atomisiert und der Text willkürlich zurecht-
geschnitten«, erwidert Linnemann (a. a. O. 52), »daß der einzige Anlaß für die
Durchführung der Dekomposition die Schwierigkeiten des vorliegenden Textes
gewesen sind«; »die Annahme, der Text sei entstanden durch verschiedene Erweiterungen eines alten Berichts«, löse den Text nicht weniger in seine Bestandteile
auf. Die markinische »Synthese« der drei vor-markinischen Einheiten kann von
Linnemann nur dadurch plausibel gemacht werden, daß sie in zwei Fällen
annimmt, Markus habe aus seinen Vorlagen Stoff »unterschlagen« (a. a. O. 53).
[22] Linnemann, a. a. O. 41.
[23] Siehe ebd. 46.   [24] Vgl. ebd. 41.

c) In v. 48 reagiert Jesus nicht auf den Schwertstreich. Er spricht nur zu den Häschern[25].

d) αὐτοῖς (v. 48a) läßt nach dem Kontext an die παρεστηκότες (v. 47) als Adressaten des Jesuswortes denken[26].

e) Der Infinitiv συλλαβεῖν με (v. 48b) drückt die Absicht der Truppe aus und erweckt zunächst den Eindruck, Jesus sei noch nicht verhaftet. Sollte das Jesuslogion ursprünglich vor der Angabe über die erfolgte Verhaftung (v. 46) gestanden haben[27]?

f) v. 49a setzt als Adressaten des Vorwurfs Jesu eher die Auftraggeber voraus als die von ihnen ausgesandten Häscher[28]. Ist dieser Teil der Worte Jesu nicht erst aus dem Kontext des Markusevangeliums zu verstehen[29]?

g) Die Angabe über die Flucht »aller« (v. 50) kann grammatisch eventuell auf die Häscher bezogen werden, meint aber sachlich die Flucht der Jünger Jesu. Es bleibt indessen die auffallende Tatsache, daß die Jünger gerade auf das Jesuswort hin fliehen[30].

h) Die Episode vom fliehenden Jüngling (vv. 51f.), der nach der Flucht »aller« noch einen Versuch der Nachfolge (συνηκολούθει[31]) macht, beginnt nach dem betonten ἔφυγον πάντες am Schluß von v. 50 für den Leser überraschend. Im heutigen Kontext wird die Episode als Zusatz empfunden[32], der die Fluchtsituation in einem eindringlichen Bild veranschaulicht[33].

Nach der Aufzählung und Kennzeichnung der Tatsachen, die einer literarischen Einheitlichkeit von Mk 14 43-52 entgegenstehen, sei noch einmal festgehalten, daß sich die Einwände aus dem Stück 14 47-52 ergeben. Der erste Teil der Erzählung, nämlich 14 43-46, läßt sich durchaus als literarische Einheit verstehen[34]. Freilich ist zu beachten, daß diese kleinere Einheit nach beiden Seiten hin mit dem weiteren Kontext der Passionserzählung verknüpft ist. »Und sogleich,

---

[25] Diese Inkonsequenz haben Mt 26 52-54 und Lk 22 51 beseitigt. Vgl. auch E. Haenchen, Der Weg Jesu, Berlin 1966, 502.

[26] Siehe Linnemann, Studien 41.

[27] Vgl. die »Korrektur« Lk 22 52f. 54: Verhaftung nach dem Jesuswort.

[28] Siehe Lk 22 52.

[29] Vgl. Mk 11—12 (11 11. 15. 17f. 27 12 12. 35. 38 13 1).

[30] Vgl. Bultmann, Geschichte 289; Linnemann, Studien 42.

[31] Imperfectum de conatu!

[32] Vgl. E. Lohmeyer, Das Evangelium des Markus, Göttingen ⁴1954, 321.

[33] Siehe etwa J. Schniewind, Das Evangelium nach Markus, Göttingen ⁶1952, 189. G. Bertram, Die Leidensgeschichte Jesu und der Christuskult, Göttingen 1922, 51 Anm. 4, wollte Mk 14 51f. »als volkstümliches Fluchtmotiv« erklären.

[34] Die zwischengeschaltete Bemerkung über das von Judas verabredete Zeichen

während er noch redete (v. 43a)« verbindet mit der Gethsemane-
Perikope. Dem Auftrag des Judas an die Häscher (v. 44c: κρατήσατε
αὐτὸν καὶ ἀπάγετε) entspricht die doppelte Ausführung: ἐκράτησαν
αὐτόν (v. 46) καὶ ἀπήγαγον (v. 53a). Auftraggeber waren an erster
Stelle die Hohenpriester (v. 43b); das Ziel der Erzählung ist erreicht,
indem Jesus zum Hohenpriester abgeführt wird (v. 53a). Sieht man
von der markinisch-redaktionellen Einleitung zu v. 43 ab[35], so erhält
man eine einheitliche Erzählung von der Verhaftung Jesu, die möglicherweise auch ohne den weiteren Erzählungszusammenhang tradiert
worden sein kann.

3. Mk 14 43-46. (53a) als Einheit

Berücksichtigt man die redaktionelle Einleitung zu v. 43 und die
Tatsache, daß der Auftrag, Jesus festzunehmen und wegzuführen
(v. 44c), neben der Feststellung über die »Festnahme« (v. 46) auch die
der »Wegführung« verlangt, wird man den Anfang von v. 53 in die
hypothetische Einheit einbeziehen müssen. Sie wird dann etwa[36]
folgendermaßen gelautet haben:

43a	(Und) Judas tritt auf, einer von den Zwölf,
b	und mit ihm eine Truppe mit Schwertern und Stöcken von den Hohenpriestern und den Schriftgelehrten und den Ältesten her.
44a	Es hatte ihnen aber der Verräter ein Erkennungszeichen gegeben, indem er sagte:
b	Den ich küssen werde, der ist es;
c	nehmt ihn fest und führt ihn sicher weg!
45a	Und er kommt sogleich, tritt an ihn heran und spricht: Rabbi,
b	und küßte ihn;
46	sie aber legten Hand an ihn und nahmen ihn fest.
(53a)	Und sie führten Jesus weg zum Hohenpriester.

Lohmeyer vermutete, daß in den vv. 43-46 vom Standpunkt eines
Erzählers aus dem Gefolge des Judas berichtet werde; denn »nur ein
solcher kann zuletzt von der geheimen Abrede v. 44 wissen«[37]. Einer
solchen Vermutung widerspricht nicht nur die einleitende Angabe
über das »Auftreten« des Judas, die gerade vom Standpunkt der
Umgebung Jesu gemacht ist, sondern auch der Charakter der Erzählung, die nicht Referat eines in die Verabredung Eingeweihten ist.
Bei Lohmeyer haben historische Erwägungen über den Ereignisablauf

---

[35] Die Einleitung (καὶ) παραγίνεται (ὁ) Ἰούδας setzt nicht unbedingt eine vorausgehende Erzählung (mit Situationsangabe) voraus.
[36] Vgl. die Einschränkungen unter 5b.
[37] Lohmeyer, Markus 321.

die Beurteilung der Erzählung unzulässig beeinflußt[38]. Das in v. 44 Berichtete kann der Erzähler durchaus der Kenntnis vom Judaskuß und der auf ihn folgenden Inhaftierung und Wegführung Jesu verdanken. Doch ist auf der Ebene der Erzählung v. 44 unabdingbar. »Offenbar soll hier nur die innere Haltung des Judas in einer bildhaften, schaubaren Aktion dargestellt werden, so wie auch ein Maler z. B. in der äußeren Haltung des Judas beim letzten Mahl seine innere Einstellung abbildet«[39]. v. 44 bildet sogar den inneren Mittelpunkt der Erzähleinheit. Jesus steht dem Verräter und der Verhaftungstruppe gegenüber, ohne Widerstand zu leisten oder etwas zu sagen! Die Einleitung führt die Handelnden ein, Judas und die Truppe. Der Schluß erzählt die Ausführung des Judaskusses und die Verhaftung durch die Truppe. Die Abrundung der Einheit wird ferner dadurch ersichtlich, daß die Auftraggeber, (an erster Stelle) die Hohenpriester (v. 43b), auch am Schluß wieder in den Blick kommen: Ziel der Aktion ist die Verbringung Jesu zum Hohenpriester (v. 53a)[40].

4. Mk 14 47. 48f. 50. 51f. als nachgetragener Stoff?

Wenn man die unter 2. aufgeführten Einwände gegen die Einheitlichkeit des Gesamtkomplexes Mk 14 43-52 als Indizien für ein traditionsgeschichtliches Anwachsen der „Perikope" werten darf, ist zugleich deutlich, daß zur Erklärung dieses Befundes eine Hypothese ausreicht, die die Schwierigkeiten der vv. 47-52 zu erklären vermag. Nachdem sich gezeigt hat, daß 14 43-46 als Einheit begriffen werden kann, ist eine komplizierte Entstehungstheorie, wie sie E. Linnemann vorschlägt, unnötig. Sie muß auch von unserem Wissen über traditionsgeschichtliche Analogien her als unwahrscheinlich angesehen werden. Die zopfartige Ineinander-Verflechtung von drei Einheiten ist weniger wahrscheinlich als die nachtragsweise erfolgende Anreicherung eines vorgegebenen Stückes. Ist aber der Komplex Mk 14 47-52 entsprechend dem Vorschlag Taylors als »Nachtrag« verständlich?

---

[38] Die verfehlte Methode, das historisch Mögliche oder Wahrscheinliche bei der Dekomposition einer Erzählung zum Kriterium zu machen, wandte auch J. Finegan, Die Überlieferung der Leidens- und Auferstehungsgeschichte Jesu, Gießen 1934, an. Der ursprüngliche Bericht soll nach Finegan (71f.) nur die Verse 43*. 46. 50 umfaßt haben. Richtig bemerkt hingegen Bertram, Die Leidensgeschichte 50: »im Mittelpunkt steht die Gemeinheit des Judas, dessen Verräterkuß schon in der Verabredung mit den Häschern erwähnt und so zur stärkeren Hervorhebung doppelt berichtet wird«.

[39] E. Schweizer, Das Evangelium nach Markus, Göttingen 1967, 183. Über die Motivation des Judas reflektiert erst Mt 26 15; vgl. Joh 12 6.

[40] Zu beachten ist auch die gleiche Reihenfolge bei der Erwähnung der Gegner Jesu (am Anfang wie am Schluß): Judas (43a. 45), die Häscher (43b. 46), die Hohenpriester bzw. der Hohepriester (43b. 53a).

a) v. 47 kann dem Bedürfnis Rechnung tragen, daß man vom Verhalten der Jesusjünger erfahren wollte, von denen im ursprünglichen Bericht keine Rede war.

b) Die vv. 48f. scheinen nicht einen Vorwurf des historischen Jesus an die Inhaftierenden festhalten zu wollen, sondern eine Beschuldigung der Christen gegen die jüdischen Autoritäten[41]. Diese haben eine öffentliche Verhaftung Jesu gescheut. Nach v. 49b ist das Geschehen (der Verhaftung oder der Jüngerflucht?) Erfüllung des in der Schrift offenbarten Gotteswillens[42]. Das entspricht der markinischen Gedankenführung anderer Jesusworte: »Denn der Menschensohn geht zwar hin, wie über ihn geschrieben steht; wehe aber jenem Menschen, durch den der Menschensohn ausgeliefert wird . . .« (14 21a. b). »Gekommen ist die Stunde, siehe, ausgeliefert wird der Menschensohn in die Hände der Sünder« (14 41b)[43].

c) v. 50 steht vielleicht in Spannung zu den vv. 51f., sicher aber nicht in vollem Einklang mit der Erzählung von der Petrusverleugnung (14 54. 66-72). Die Vermutung, v. 50 schließe ursprünglich direkt an v. 46 an[44], läßt sich kaum mit der Tatsache vereinbaren, daß in den vv. 43-46 die Jesusjünger nicht erwähnt wurden. v. 50 kann der theologischen Absicht des ältesten Evangelisten seine Existenz verdanken[45].

d) Die Episode vom nackt fliehenden Jüngling hat auffallende verbale Berührungspunkte mit Mk 16 1-8, die freilich noch keine überzeugende Erklärung gefunden haben[46]. Man wird annehmen dürfen, daß die vv. 51f. auf die Hand des Evangelisten zurückgehen.

---

[41] Vgl. Bultmann, Geschichte 289: die Jesusworte klingen »nach Gemeindeapologetik und -dogmatik«.

[42] Der Erfüllungsgedanke setzt hier offenbar noch nicht das Schema »Verheißung und Erfüllung« voraus (gegen A. Suhl, Die Funktion der alttestamentlichen Zitate und Anspielungen im Markusevangelium, Gütersloh 1965, 43f. 65).

[43] Zum markinischen Anteil an den beiden Logien siehe L. Schenke, Studien zur markinischen Passionsgeschichte. Tradition und Redaktion in Mk 14, 1—42, (maschinenschriftliche) Dissertation Mainz 1970, 268—270. 342f. 470f. 539f.

[44] So Schenke, a. a. O. 356—370, besonders 358.

[45] Vgl. das besondere Interesse des Markus am Jüngerunverständnis und Jüngerversagen.

[46] Dazu Johnson, Mark 238 (im Anschluß an J. Knox), und neuerdings A. Vanhoye, La fuite du jeune homme nu (Mc 14, 51—52): Bibl 52 (1971) 401—406: »Il semble que cette épisode . . . constitue, dans la rédaction de Marc, une sorte de préfiguration énigmatique du sort de Jésus« (405). »Comme le jeune homme appréhendé réussit a s'échapper, Jésus, lui aussi, échappera finalement à ses ennemis« (406). Völlig abwegig: J. H. McIndoe, The Young Man at the Tomb: ET 80 (1968/69) 125, mit der These, der Jüngling von Mk 14 51f. und 15 5 sei der Evangelist Markus, weil er die Voraussage Jesu (Mk 14 28) kenne.

Die vorläufige Sichtung des Komplexes Mk 14 47-52 hat die Möglichkeit ergeben, die betreffenden Verse als »Nachtrag« (der Tradition oder des Evangelisten) zu verstehen. Im folgenden muß der Gesamtkomplex der vv. 43-52 von anderen Kriterien her auf das Verhältnis von Tradition und Redaktion überprüft werden. Insbesondere ist dabei von Wortschatz, Stil und Theologie aus zu fragen, welche Elemente dem Evangelisten zuzuschreiben sind.

5. Tradition und Redaktion in Mk 14 43-46

a) Nicht-markinische Elemente (Tradition)

Vers 43

1. παραγίνομαι kommt im ältesten Evangelium nur hier vor, ist indessen bei den Evangelisten nicht ungewöhnlich (Mt hat 3, Lk 8, Act 20, Joh 1—2 Vorkommen). Markus hätte das Verbum an den beiden Stellen 1 4. 9 verwenden können (vgl. Mt 3 1. 13). Somit ist παραγίνεται an unserer Stelle höchst wahrscheinlich traditionell.

2. εἷς τῶν δώδεκα geht an allen synoptischen Stellen auf das Markusevangelium zurück (Mk 14 10. 20. 43). 14 10[47] ist ebenso wie 14 20[48] nach dem Vorbild von 14 43 gebildet, wo Judas vor-markinisch als »einer von den Zwölf« eingeführt wird[49]. Im Kontext von Mk 14 43 hat die Wendung nicht mehr die Funktion, den Verräter bekannt zu machen. Sie soll vielmehr das Ungeheuerliche des Verrats durch einen Mann aus dem engeren Jüngerkreis unterstreichen.

3. ὄχλος hat bei Mk durchweg die Bedeutung »Volksmenge«; nur 14 43 ist »die Schar, die Truppe« gemeint[50]. Das ist ein starkes Indiz für vor-markinische Tradition. Der ὄχλος tritt nicht einfach neben Judas auf, sondern als seine enge Begleitung, der gegenüber der Verräter Weisungsbefugnis besitzt (vgl. v. 44c).

4. Die Bewaffnung der Truppe und ihre Auftraggeber werden durch je eine präpositionale Wendung (mit Genitiv) angegeben. Ins-

---

[47] Vgl. K. L. Schmidt, Der Rahmen der Geschichte Jesu (1919), Neudruck Darmstadt 1964, 308.

[48] Dazu Schenke, Studien 236.

[49] Daß mit Judas ursprünglich eine Symbolfigur für das Judenvolk gemeint sei, vermutete G. Schläger, Die Ungeschichtlichkeit des Verräters Judas: ZNW 15 (1914) 50—59; vgl. M. Plath, Warum hat die urchristliche Gemeinde auf die Überlieferung der Judaserzählungen Wert gelegt?: ZNW 17 (1916) 178—188. Zur Widerlegung siehe D. Haugg, Judas Iskarioth in den neutestamentlichen Berichten, Freiburg 1930, 52—65, und M. Dibelius, Judas und der Judaskuß (1939), in: Botschaft und Geschichte, Bd. I, Tübingen 1953, 272—277, näherhin 274f.

[50] Siehe ThW V 585—587 (R. Meyer). Zur Bedeutung »Schar, Truppe« vgl. ebd. 583, 10—20.

besondere μετά wirkt nach μετ᾽ αὐτοῦ überladen. Dennoch ist die Angabe »mit Schwertern und Stöcken« nicht erst sekundär aus dem Logion 14 48b erschlossen worden. Der Auftrag zur »sicheren Wegführung« Jesu (v. 44c) setzt eine Bewaffnung der Truppe voraus[51]. Daß ihre Auftraggeber (und die des Judas) genannt werden (παρά m. Gen.), entspricht der Logik der Erzählung, die auch von Judas angab, welchem Kreis er eigentlich angehörte. Wahrscheinlich stand indessen in der ältesten Erzählung noch nichts von den »Schriftgelehrten und Ältesten« (vgl. unter b 3.). Die hypothetische älteste (bzw. vor-markinische) Passionserzählung erwähnte als Gegner Jesu vor allem die »Hohenpriester«[52].

Vers 44

5. Mit dem augmentlosen Plusquamperfekt δεδώκει wird zurückblendend berichtet, wie die gemeinsame Aktion des Judas und der Bewaffneten zustande kam und ablaufen sollte. Der Verräter hatte ein Zeichen verabredet, auf das hin Jesus verhaftet werden sollte. Die folgenden Verse berichten über die Ausführung des Zeichens (Judaskuß v. 45) und die Verhaftung (v. 46). In allen drei Teilen der Erzählung ist eine Parallelität der zusammenwirkenden Gegner Jesu gewahrt (v. 43a und b; v. 44a. b und c; vv. 45 und 46).

6. Von Wortschatz und Stil her kann man den v. 44 kaum als »markinisch« bezeichnen, wenngleich man zugeben muß, daß Hapaxlegomena den Text noch nicht als vor-markinisch ausweisen[53]. Wer den Vers als sekundäre Einschaltung verstehen möchte, kann sich dafür zwar auf den unterbrochenen Geschehensablauf berufen. Indessen liegt hier kaum ein eigentlicher »Bericht« vor, sondern eine Erzählung, die vom Mißbrauch des Zeichens der Liebe zum Zeichen des Verräters spricht. Insofern ist v. 44 integrierender Bestandteil der Erzählung.

7. ὁ παραδιδοὺς αὐτόν kann sekundäre Einfügung im Anschluß an 14 42b (ὁ παραδιδούς με) sein[54]. Vielleicht hat ein vor-markinischer

---

[51] Schwerter und Keulen bzw. Stöcke gehörten nach Schabbat 6, 4 neben Bogen, Schild und Spieß zu den nicht gerade seltenen Waffen; siehe Bill. I 995. 996 f.

[52] Vgl. Mk 14 55 15 3. 10. 11. 31.

[53] So σύσσημον (nur hier im NT) und φιλέω (nur hier in Mk; in der Bedeutung »küssen« auch bei Mt und Lk nur — von Mk abhängig — beim Judaskuß).

[54] 14 42 wird von Schenke, Studien 465—469, mit Recht der vor-markinischen Gethsemaneerzählung zugerechnet. Anzeichen für eine sekundäre Einschaltung in v. 44 ist m. E. das nahe auf αὐτόν folgende αὐτοῖς. Siehe hingegen auch W. Popkes, Christus traditus. Eine Untersuchung zum Begriff der Dahingabe im Neuen Testament, Zürich 1967, 178 f., der an eine apokalyptische Redeform »der Auslieferer« denkt.

Redaktor die Wendung von v. 42b auf v. 44a übertragen. Man kann indessen bezweifeln, ob in der Erzählung vom Judaskuß jemals das Stichwort vom παραδιδούς gefehlt hat.

8. Die Verabredung des Judas mit den Häschern hatte das Ziel, die Verhaftung und Wegführung Jesu zu ermöglichen: κρατήσατε αὐτὸν καὶ ἀπάγετε (v. 44c). Die beiden Teile des Aktionszieles, Festnahme und Wegführung, müssen notwendig anschließend berichtet werden (vv. 46. 53a).

9. κρατέω hat im Markusevangelium mit 15 Vorkommen eine auffallende Häufigkeit; es begegnet allein in unserem Zusammenhang an vier Stellen (14 44. 46. 49. 51)[55]. Auf die Festnahme Jesu bezieht sich das Verbum an den Stellen Mk 12 12; 14 1. 44. 46. 49. Mt hat κρατεῖν an den Parallelstellen beibehalten, während Lk es regelmäßig meidet. Von den Mk-Vorkommen stehen 12 12 und 14 1 in einem redaktionellen Zusammenhang. Mk 14 49 steht unter dem Eindruck von 14 44. 46; man darf also vermuten, daß der Evangelist das Verbum aus den beiden letztgenannten Stellen »bezogen« hat.

Vers 45

10. ἐλθὼν εὐθὺς προσελθών ist nach M.-J. Lagrange nicht »sehr elegant« und wirkt dennoch »ausdrucksvoll«[56]. Ob man in dem ἐλθών einen Aramaismus sehen darf, der das Verbum wie ein Hilfszeitwort gebraucht, ist nicht sicher[57].

11. Angesichts der Tatsache, daß das Markusevangelium die Form προσελθών (etwa gegenüber Mt) selten bezeugt (nur 1 31 12 28 14 45[58]) und daß die Erzählung καὶ προσελθὼν αὐτῷ λέγει unbedingt erfordert, wird man ἐλθὼν εὐθύς der Hand des Markus zuschreiben dürfen; vgl. unter b 4.

12. Die Anrede ῥαββί kommt im ältesten Evangelium sonst nur noch 9 5 und 11 21 vor, beide Male als Anrede des Petrus an Jesus. Wenn Mk 14 45 dem Judas diese Anrede in den Mund legt, so kennzeichnet der markinische Zusammenhang den Judas als einen engen Vertrauten Jesu[59]. Das Bewußtsein, eine »jüdische« Anrede vor sich

---

[55] Mt hat 12, Lk 2, Joh 2, Act 4 Vorkommen der Vokabel, das übrige NT weitere 12.

[56] M.-J. Lagrange, Évangile selon Saint Marc, Paris ⁴1929 (Neudruck 1966), 394. Siehe auch die erleichternde Lesart von D Θ 565. 700 pc it.

[57] Siehe M. Black, An Aramaic Approach to the Gospels and Acts, Oxford ³1967, 125; vgl. Lagrange, a. a. O. XCII. 394.

[58] Das pluralische Partizip bei Mk nur: 6 35 10 2. Daß diese Belege teilweise redaktionell sein werden, spricht nicht gegen die hier gegebene Vermutung, προσελθών sei ursprünglich; vgl. auch die Vorkommenszahlen von ἔρχομαι (bzw. προσέρχομαι): Mt 111 (52) Mk 86 (5) Lk 100 (10) Joh 156 (1) Act 54 (10).

[59] Mt 26 25. 49 läßt nur Judas »Rabbi« sagen; die übrigen Jünger reden Jesus mit »Herr« an (26 22). Vgl. auch Mt 23 7f.

zu haben, wird auch Lukas gehabt haben, wenn er »Rabbi« überhaupt vermied beziehungsweise ersetzte. Für die Verankerung der Rabbi-Anrede im ursprünglichen Text unserer Erzählung spricht, daß der ehrfürchtige Kuß gerade unter Rabbinen üblich war[60].

13. καταφιλέω kann den Kuß als besonders zärtlich oder emphatisch kennzeichnen wollen (vgl. Lk 7 38. 45 15 20 Act 20 37)[61]. Außer den lukanischen Vorkommen weist das NT nur noch beim Judaskuß (Mk 14 45 par Mt 26 49) dieses Kompositum auf. Es wird zum Grundbestand der Erzählung gehören.

Vers 46

14. Die Wendung vom „Handanlegen" ist, wie Lohmeyer richtig bemerkte[62], kein Semitismus. Sie ist bei Mk und Mt nur an dieser Stelle bezeugt (vgl. Joh 7 30. 44). Lukas hat diesen Ausdruck häufiger verwendet (Lk 20 19 21 12 Act 4 3 5 18 12 1 21 27; vgl. Lk 22 53).

15. Ist die sachliche Parallele »und nahmen ihn fest« gegenüber »sie legten Hand an ihn« sekundär? Verrät sie die Hand des Markus? Nach Berücksichtigung der Argumente unter 8. und 9. muß auch καὶ ἐκράτησαν αὐτόν ursprünglich sein. Wie bei der Handlung des Judas das Hinzutreten den Kuß vorbereitet, geht bei der Aktion der Häscher das Handanlegen der Festnahme, dem Habhaftwerden voraus.

b) Markinische Elemente (Redaktion)
Vers 43

1. Im NT steht καὶ εὐθύς am Satzanfang, abgesehen von Mt 26 74 (par Mk 14 72), nur an 20 Stellen des Mk: 1 10. 12. 18. 20. 21. 23. 29. 42 2 8 5 29. 30. 42 6 27. 45 8 10 9 15 10 52 14 43. 72 15 1. Diese Einleitungswendung ist also markinisch.

2. ἔτι αὐτοῦ λαλοῦντος nimmt auf 14 41f. Bezug und verklammert das Auftreten des Judas mit der darauf bezüglichen Ansage Jesu. Der

---

[60] Siehe Bill. I 995: »Der Kuß als Ehrenbezeugung war unter den Rabbinen gang und gäbe.« Vgl. Dibelius, Judas 275f., mit Hinweis auf K. M. Hofmann, Philema hagion, Gütersloh 1938. Daß allerdings der Judaskuß — wie Dibelius (a. a. O. 276) meinte — »die übliche Begrüßung des Meisters durch den Jünger« sei, wird von G. Stählin, φιλέω κτλ.: ThW IX 112—169; 140, bestritten. Der Hinweis auf die vorausgehende Anwesenheit des Judas im Abendmahlssaal (Mk 14 17-21) kann indessen nicht die vor-markinische Sinngebung des Judaskusses erhellen.

[61] So z. B. Lohmeyer, Markus 322; Schweizer, Markus 183. Siehe hingegen Stählin (ThW IX 117. 123. 138f. Anm. 240), der zeigt, daß καταφιλέω seit Xenophon in zunehmendem Maß in der Bedeutung »küssen« anstelle von φιλέω bezeugt ist.

[62] Lohmeyer, Markus 322 Anm. 4.

absolute Genitiv geht auf die Hand des Markus zurück (vgl. besonders 5 35[63]) und möchte das Vorherwissen Jesu unterstreichen.

3. »Und den Schriftgelehrten und den Ältesten« kann Zufügung des Evangelisten zu der ursprünglichen Erwähnung der »Hohenpriester« sein. Dafür sprechen zwei Überlegungen. Es finden sich Spuren einer alten Passionserzählung, die nur von den Hohenpriestern als den jüdischen Gegnern Jesu in der Passion weiß (15 10. 11. 31). Zweitens liebt Markus Dreier- (und Zweier-)Gruppierungen zur Bezeichnung der jüdischen Jesusgegner[64].

Zusammenfassend läßt sich sagen, daß zwar die Gethsemaneerzählung schon vor-markinisch mit der Verhaftungserzählung verbunden war[65], daß aber erst der Evangelist die engere Verknüpfung der beiden Perikopen geschaffen hat, die uns heute vorliegt. In der Verhaftungsgeschichte erfüllen sich Jesu frühere Voraussagen: die Verwerfung des Menschensohnes von seiten der Ältesten, der Hohenpriester und der Schriftgelehrten (8 31), die Auslieferung Jesu durch »einen von den Zwölf« (14 18-20), das Nahen des Verräters (14 42)[66]. »Gekommen« ist die Stunde; siehe, ausgeliefert wird der Menschensohn in die Hände der Sünder« (14 41b).

Vers 45

4. ἐλθὼν εὐθύς geht wahrscheinlich auf den Evangelisten zurück (vgl. oben a 11). Die Intention des Markus ist dabei die gleiche wie bei der Einleitung zu v. 43. Die Voraussage Jesu über den Verrat geht unmittelbar in Erfüllung. Zudem greift »und kommend sogleich« nach der »Rückblende« von v. 44 die Situation von v. 43 deutlicher auf als die ursprüngliche Erzählung. Nachdem Judas auf der Szenerie erschienen ist (v. 43: παραγίνεται), kommt er sogleich heran (v. 45: ἐλθὼν εὐθύς) und geht auf Jesus zu, um ihn anzureden (v. 45: προσελθὼν αὐτῷ λέγει).

Die markinischen Änderungen an der überkommenen Verhaftungserzählung beschränkten sich nach dem Gesagten[67] darauf, die Szene des Judaskusses und der Verhaftung enger mit der vorausgehenden

---

[63] Mk 5 35 nimmt nach v. 24 wieder den abgerissenen Erzählfaden auf; insofern ist die Einleitung zu v. 35 redaktionell; vgl. das Verfahren an den Stellen 14 3. 66.

[64] Vgl. die Dreiergruppen Mk 8 31 11 27 14 43. 53 15 1 sowie die Zweiergruppen (Hohepriester und Schriftgelehrte) 10 33 11 18 14 1 15 31; dazu Schenke, Studien 38—42.

[65] Nach Schenke, Studien 462. 464, war diese Erzählung ursprünglich durch die gleiche Ortsangabe mit der Verhaftungsgeschichte verbunden.

[66] Vgl. Schnackenburg, Markus 265.

[67] Die ausdrückliche Nennung des Namens »Jesus« in v. 53a ist nach den vv. 51f. notwendig, geht also ebenfalls auf die Hand des Evangelisten zurück, eventuell auch auf den Redaktor, der den v. 47 anfügte (vgl. unter 6 a).

Gethsemaneperikope zu verbinden und den Kreis der Auftraggeber der Truppe zu erweitern. Beides stand für den Evangelisten im Zusammenhang mit seiner Intention, die Erfüllung der Voraussagen Jesu im Passionsgeschehen zu unterstreichen.

6. Tradition und Redaktion in Mk 14 47-52

a) Der Schwertstreich (v. 47)

Die Erzählung vom Judasverrat hatte ursprünglich weder ein Wort Jesu noch eine Reaktion der Jünger berichtet. Beides jedoch wollte die Tradition berichtet wissen. Daß die Jünger Jesu anwesend gedacht sind, geht aus dem von Judas verabredeten Zeichen (». . . der ist es«) hervor. Von daher war es bei einem Nachtrag über das Jüngerverhalten nicht nötig, ausdrücklich zu sagen: »einer aber von den Jüngern«. Sobald die Verse 43-46 mit der Gethsemanegeschichte verbunden waren, konnte der mit dem Schwert dreinschlagende Mann deutlicher als Jesusjünger erkannt werden. Möglicherweise ist im Zusammenhang mit dieser Perikopenverknüpfung erst der Genitiv τῶν παρεστηκότων hinzugewachsen[68]; doch wird man zu bedenken haben, daß die im Neuen Testament seltene Wendung εἷς (δέ) τις eine nähere Bestimmung (im Gen. plur.) verlangt[69]. Die Vermutung von Lagrange, der Erzähler kenne den Namen des Dreinschlagenden, wolle ihn aber nicht nennen[70], ist ebensowenig überzeugend wie die von S. G. F. Brandon, Markus wolle aus politischer Apologetik die Bewaffnung der Jesusjünger verschweigen[71].

Der Schwertstreich des Jüngers, der nach unserer Erzählung allenfalls ein Befreiungsversuch[72], nicht (wie Lk 22 50) ein Verteidigungsversuch ist, stellt eine fast lächerliche Reaktion dar[73]. Er ist »von vornherein mehr gut gemeint als erfolgversprechend«[74]. Vielleicht darf man aber eine solche leicht ironisierende Sinngebung erst dem

---

[68] παρεστηκότες kommen im NT nur Mk 14 47 15 35 vor. Siehe ferner παρεστηκώς 15 39 (vom Centurio); vgl. παρεστῶτες 14 69. 70 (in der Verleugnungsgeschichte). Da die Wendung τινες τῶν π. in 15 35 unserer Wendung am nächsten steht und vor-markinisch ist, wird auch τῶν π. in 14 47 nicht erst von Markus stammen.

[69] Siehe auch die beiden Vorkommen Lk 22 50 Joh 11 49; vgl. Mk 14 51 in der Lesart von ℜ A W.

[70] Lagrange, Marc 394.

[71] S. G. F. Brandon, The Trial of Jesus of Nazareth, London 1968, 77; vgl. ebd. 85. 186.

[72] So F. Rehkopf, Die lukanische Sonderquelle, Tübingen 1959, 65 f.; siehe aber auch die Äußerung von Taylor, unten Anm. 77.

[73] So Schnackenburg, Markus 264; vgl. Schweizer, Markus 183.

[74] J. Schmid, Das Evangelium nach Markus, Regensburg ³1954, 279.

heutigen Mk-Zusammenhang zuschreiben[75]. Der Schwertstreich wird ursprünglich zur Entlastung der Jünger erzählt worden sein. Wenn das abgeschlagene Ohr als Zeichen der Schande zu bewerten war[76], konnte die Erzählung mit v. 47 zeitweilig einen Abschluß gefunden haben. In diesem Sinne bemerkt Taylor, daß die Intervention des »Dabeistehenden« nicht der Vereitelung der Verhaftung dient. Sie solle vielmehr die Schmach ahnden, die man Jesus angetan hatte[77]. Daß »der Knecht des Hohenpriesters« die Verwundung empfängt, paßt einerseits zu der aus v. 43b gewonnenen Information über die Auftraggeber der Häscher, läßt aber auch von v. 53a aus an den Hohenpriester (singularisch) als Initiator der Verhaftung denken. Jedenfalls mußte die Jüngerintervention, die entschuldigend zu erzählen war, letztlich erfolglos bleiben. So greift einer aus der Umgebung Jesu nach dem Schwert und schlägt (rächend und den Empfänger beschämend) auf den Mann, den man sich wohl als Anführer der Truppe vorzustellen hat[78].

b) Das Wort Jesu (vv. 48f.)

Schon die Einleitung zu v. 48 weist in ihrer Struktur auf den Evangelisten Markus. καὶ ἀποκριθείς + Subjekt + εἶπεν + Adressat im Dativ findet sich im NT nur an folgenden Stellen: Mt 11 4 24 4 Mk 14 48 Lk 1 19. 35 4 8. Zu vergleichen sind auch Mk 9 5 10 51 11 14. 22 12 35 Lk 1 60, wo jeweils eins der genannten Elemente fehlt oder abweichend vorkommt. Insbesondere ist zu beachten, daß auch Mk 9 5 10 51 11 14 12 35 wie an unserer Stelle ἀποκριθείς nicht die Entgegnung auf eine Rede bezeichnet, sondern die Reaktion auf ein Geschehen[79]. Abgesehen davon, daß das vorwurfsvolle Jesuswort an die Verhaf-

---

[75] Unter dem Eindruck des markinischen Kontextes steht offenbar H. Conzelmann mit der Äußerung: »Der Schwertstreich eines Jüngers ist der Versuch, die Passion zu verhindern« (Historie und Theologie in den synoptischen Passionsberichten, in: Conzelmann / Flessemann-van Leer u. a., Zur Bedeutung des Todes Jesu, Gütersloh 1967, 35—53; Zitat 46).

[76] Dazu M. Rostovtzeff, Οὖς δεξιὸν ἀποτέμνειν: ZNW 33 (1934) 196—199; zustimmend Lohmeyer, Markus 322 Anm. 5; vgl. W. Grundmann, Das Evangelium nach Markus, Berlin 1959, 296.

[77] Taylor, Mark 560: » . . . not a question of averting arrest, but of avenging the indignity done to Jesus«.

[78] Vgl. »der Knecht des Königs« im LXX-Text von 1 Βασ 29 3 4 Βασ 5 6; dazu W. Bauer, Griechisch-deutsches Wörterbuch zu den Schriften des Neuen Testaments, Berlin ⁵1958, s. v. δοῦλος 2. (»nach oriental. Brauch v. d. Beamten e. Königs«). Möglicherweise ist der Gebrauch des Artikels Semitismus; vgl. E. Klostermann, Das Markusevangelium, Tübingen ⁵1971, 7. 152.

[79] Vgl. auch Taylor, Mark 63. 560. Siehe hingegen Mt 11 4 24 4 Lk 1 19. 35. 60 4 8.

tungstruppe[80] (und deren Hintermänner) inhaltlich kein Analogon
unter den evangelischen Herrenworten besitzt[81], kann auch vom näheren Inhalt her gezeigt werden, daß es vom Markusevangelisten gebildet wurde. Schon der erste Teil des Logions (v. 48b) nimmt teimino-
logisch auf v. 43b Bezug, indem die Bewaffnung der Häscher wörtlich
rekapituliert wird. ἐξέρχομαι weist auf den Evangelisten[82]. Vers 49a
redet mit πρὸς ὑμᾶς eigentlich diejenigen an, die nach Mk 11—12 mit
Jesus bei seinem Aufenthalt im Tempel disputiert hatten. Das »Lehren
im Tempel (ἐν τῷ ἱερῷ διδάσκων)« greift sichtlich Mk 12 35 auf[83], einen
markinisch-redaktionellen Vers. Auch daß man Jesus im Tempel noch
nicht festnahm, war schon 12 12 ausgesprochen worden. Die Furcht
vor dem Volk stand seinerzeit einer Verhaftung im Wege[84]; aber nun
bietet sich die Gelegenheit der Festnahme. Nachdem eine öffentliche
Festnahme Jesu mit Rücksicht auf das Volk nicht möglich gewesen
war (12 12 14 49a), kommen nun die Häscher im Auftrag der Führer
der Juden bei Nacht, um Jesu habhaft zu werden. Bei seiner L e h r e
im Tempel war es ihnen nicht möglich, Jesus »mit einem W o r t zu
fangen« (12 13); nun kommen die Häscher »mit Schwertern und
Stöcken« und wollen Jesus »wie einen Räuber« verhaften (14 48b)[85].

---

[80] αὐτοῖς müßte sich grammatisch auf die »Dabeistehenden«, d. h. auf die Jünger
beziehen (v. 47), bleibt aber wohl absichtlich unbestimmt, weil nicht nur die Jesus
verhaftende Truppe angesprochen ist.

[81] Siehe Lohmeyer, Markus 323. Vgl. auch K. Romaniuk (F. J. Schierse), Wegweiser in das Neue Testament, Düsseldorf 1965, 69: »Das abschließende Wort
zeigt einen zürnenden, erbitterten, sich über die Hinterlist seiner Feinde bekla-
genden Jesus. Diese schroffen ... Züge ... sind für die Christologie des Markus
charakteristisch (vgl. 1, 41 D. 43; 4, 11f.; 8, 11—13. 33; 9, 19 u. ö.).«

[82] Vorkommenszahlen: Mt 43, Mk 39, Lk 44, Joh 29, Act 29, sonstiges NT 32. Vgl.
Mk 3 21 4 3 (ἐξέρχομαι mit folgendem Infinitiv der Absicht); ferner 3 6, dazu
H.-W. Kuhn, Ältere Sammlungen im Markusevangelium, Göttingen 1971, 222f.
Siehe weiterhin Mk 8 11 im Unterschied zu Mt und Lk.

[83] Siehe dazu Best, Temptation 71f.

[84] Vgl. auch Mk 11 18 14 1f. Der Leser des Markusevangeliums versteht die vor-
wurfsvollen Worte Jesu auf Anhieb; siehe Schnackenburg, Markus 267. Das
Logion setzt nicht — wie G. Minette de Tillesse (Le secret messianique dans
l'évangile de Marc, Paris 1968, 307) meint — häufigere frühere Aufenthalte Jesu
in Jerusalem voraus. P. Winter, On the Trial of Jesus, Berlin 1961, möchte
καθ' ἡμέραν mit »by day« bzw. »tagsüber« wiedergeben (49); sein Hinweis auf
Lk 19 47 und 21 37 (173) kann indessen nicht überzeugen. Nur an der ersten
Stelle steht καθ' ἡμέραν, und an der zweiten ist der Gegensatz zwischen »tagsüber« und »nachts« deutlich ausgesprochen. Vgl. Bauer, Wörterbuch, s. v. ἡμέρα 2.

[85] Daß συλλαβεῖν bei Mk nur hier vorkommt, spricht nicht gegen markinische
Autorschaft; gegenüber dem vorgegebenen Verbum κρατεῖν (14 44c. 46), das
gewichtig am Schluß steht (14 49a), mußte in 14 48b ein anderes Wort Verwendung finden. — Daß mit λῃστής hier ein »guerilla-fighter« gemeint sei, wie

Der elliptische Satz »Aber, damit die Schriften erfüllt werden!
(v. 49b)« bildet den Abschluß des Logions und zugleich die Überleitung
zur Angabe über die allgemeine Jüngerflucht (v. 50). Wenn das Jesuswort den Anschein erweckt, als sei es v o r der Verhaftung gesprochen,
so macht v. 49b deutlich, daß eine Festnahme Jesu nur gelang, weil sie
in der Schrift vorgesehen war. Der allgemeine Hinweis auf die Schriftgemäßheit entspricht dem Verfahren des Evangelisten[86]. Der Hinweis
hat — wenn er im Mk-Kontext gelesen wird — Mk 14 27 im Hintergrund, wo Sach 13 7 zitiert wird[87]. Das Schriftwort hat zwei Teile.
Es sagt, daß »der Hirt geschlagen« und daß »die Herde zerstreut«
wird. Bei der Inhaftierung Jesu geht das Wort der Schrift, das zugleich Voraussage Jesu ist, in Erfüllung. Man verhaftet Jesus, indem
man Hand an ihn legt (14 46; vgl. vv. 48f.). Darauf erfüllt sich auch die
Aussage über die Zerstreuung der Jünger (14 27. 50). Indem Jesus sich
dem Gotteswillen der Schrift unterordnet, wird deutlich, daß letztlich
sein Gehorsam es war (und nicht die Bosheit der Gegner), der sein
Todesschicksal ermöglichte[88].

c) Die Jüngerflucht (v. 50)

Wenn v. 50 in Verbindung mit dem Gedanken der doppelten
Schrifterfüllung (an Jesus und an den Jüngern) gesehen ist[89], erfolgt
die Jüngerflucht nicht unmotiviert auf das Jesuswort[90]. Doch kann
nicht die Jüngerflucht ursprünglich im Anschluß an v. 47 erzählt

---

Winter, On the Trial of Jesus 49, behauptet, ist — gelinde ausgedrückt — willkürlich; vgl. J. Blinzler, Der Prozeß Jesu, Regensburg ⁴1969, 100f. Anm. 84.
Darum ist auch Winters Folgerung unzulässig: »We have in Mc 14 48b. 49 a faint
trace of an early tradition which implied that the arrest of Jesus was undertaken
as a precaution against possible insurrectionist activities« (a. a. O. 50).

[86] Siehe Mk 9 12f. 14 21; vgl. Suhl, Die Funktion 43f. Zur Konstruktion mit ἵνα (in
imperativischem Sinn) vgl. 5 23 10 51 12 19; dazu M. Zerwick, Graecitas biblica,
Rom ⁸1949, Nr. 294; Taylor, Mark 50 (»popular character of Mark's Greek«).

[87] Schenke, Studien 363f. 388f., zeigt, daß Mk 14 27 dem Evangelisten zuzuschreiben
ist und mit 14 50 korrespondiert, hält aber 14 50 für Bestandteil einer vor-markinischen Erzählung.

[88] Vgl. das deutlichere Verfahren, die Freiwilligkeit Jesu herauszustellen, bei Mt
(26 50a) und Lk (22 53). Dazu W. Eltester, »Freund, wozu du gekommen bist«
(Mt. XXVI 50), in: Neotestamentica et Patristica (Festschrift für O. Cullmann),
Leiden 1962, 70—91, im Unterschied zu F. Rehkopf, Mt 26 50: ΕΤΑΙΡΕ, ΕΦ Ο
ΠΑΡΕΙ: ZNW 52 (1961) 109—115; die Auslegung von Eltester (»Freund, es
geschehe, wozu du gekommen bist!«) auch bei Stählin, ThW IX 139 Anm. 241.

[89] Daran scheint auch Schweizer, Markus 182, zu denken.

[90] Gegen Bultmann, Geschichte 289; Linnemann, Studien 42; Schenke, Studien
357f. Schweizer, a. a. O. 182, fragt, ob v. 50 etwa »wegen der Erfüllung von v. 27
direkt neben v. 49b gesetzt« worden sei.

worden sein, so daß die Jünger nach dem Schwertstreich auf den
Knecht des Hohenpriesters Grund hatten, Repressalien zu befürch-
ten? Eine Dekomposition in diesem Sinne scheitert an der Tatsache,
daß die Angabe über eine allgemeine Jüngerflucht nach Wortwahl,
Stil und Theologie dem Evangelisten zuzuschreiben ist.

Die Konstruktion καὶ ἀφέντες [ἀφείς] + Verbum finitum kommt
im NT achtmal vor, davon allein sechsmal bei Mk[91]. Es kommt hinzu,
daß gerade im ältesten Evangelium diese Wendung am Schluß einer
Einheit bezeugt ist[92]. Die Konstruktion begegnet vor allem im Zusammenhang mit dem Ruf Jesu in die Nachfolge[93]. Die Form ἔφυγον
steht im NT — abgesehen von Hebr 11 34 — nur in Abhängigkeit von
drei markinischen Stellen[94]. Mk 10 28 zeigt, daß ἀφιέναι Gegenbegriff
zu ἀκολουθεῖν ist. Statt alles zu verlassen um der Jesusnachfolge willen
(vgl. Mk 1 18. 20), verlassen nun die Jünger Jesus und geben damit
die Nachfolge auf. Auch κρατεῖν kann als Gegenbegriff zu ἀφιέναι
verstanden werden (vgl. Mk 7 8). So steht dem ἐκράτησαν αὐτόν von
14 46 das ἀφέντες αὐτόν von 14 50 gegenüber. Dem von Markus betonten
Jüngerunverständnis entspricht angesichts der Verhaftung Jesu die
völlige Aufkündigung der Jüngernachfolge[95].

d) Der fliehende Jüngling (vv. 51f.)

Die Erzählung vom nackt fliehenden Jüngling ist nach allgemeiner Überzeugung ein Nachtrag zur Verhaftungserzählung. Fraglich
bleibt, ob es sich um ein »Rudiment alter Tradition« handelt[96] oder
um einen vom Evangelisten formulierten Text. Vielleicht darf man
sowohl von einer traditionellen Erzählung als auch von markinischer
Formulierung sprechen[97]. Das seltene Verbum συνακολουθέω wird
(redaktionell) in Mk 5 37 für die Jesusnachfolge der drei bevorzugten
Jünger gebraucht und findet sich im NT sonst nur noch Lk 23 49 in
einem entsprechenden Sinn. Die Episode gehört ohne Zweifel — als

---

[91] Mt 22 22 (par Mk 12 12b); [26 44 (redaktionell)]; Mk 1 18. 20b 4 36 [8 13] 12 12c
14 50.

[92] So neben Mt 22 22 (von Mk abhängig!): Mk 1 18. 20 8 13 12 12c.

[93] Mk 1 18. 20.

[94] Mk 5 14 (par Mt 8 33 Lk 8 34) 14 50 (par Mt 26 56) 16 8.

[95] Vgl. auch Mk 14 27: πάντες σκανδαλισθήσεσθε.

[96] So Bultmann, Geschichte 290. Vgl. ebd. Anm. 1: »Deshalb ist es mir auch
unwahrscheinlich, daß die Szene aus dem Weissagungsbeweis (Am 2, 16) stammt;
das würde doch mindestens Mt verstanden haben.« Die Herleitung der Episode
aus Am 2 16 erwägen Klostermann, Markusevangelium 152f.; Linnemann, Studien 51f.; dagegen äußerten sich Grundmann, Markus 297; Schweizer, Markus
183.

[97] Auffallende verbale Anklänge an Mk 16 5: νεανίσκος, περιβεβλημένος; vgl. σινδών
(14 51. 52 15 46 bis).

Spezialfall — zum Thema der Jüngerflucht, das aber spezifisch markinisch ist. Der Jüngling macht den Versuch der engeren Jesusnachfolge; er möchte über die allgemeine Flucht hinaus bei Jesus bleiben[98].
Doch in der — vielleicht nach Am 2 16[99] und Mk 13 14-16 — eschatologischen Bedrängnis zieht er das nackte Leben der Leidensnachfolge
vor.

7. Traditionsgeschichte

(Zusammenfassung)

Die vorausgehenden Analysen (unter 5./6.) haben Vermutungen
bestätigt, die anfangs (unter 3./4.) von der Struktur der Gesamterzäh-
lung aus geäußert wurden.

Am Anfang der Traditionsgeschichte von Mk 14 43-52 stand eine
einheitliche Erzählung vom Verräterkuß des Judas, die die
Verse 43-46. (53a)* umfaßte. Sie erzählte von der Auslieferung Jesu
an seine Gegner (vor allem die Hohenpriester) durch einen Mann aus
Jesu engerem Jüngerkreis. Ob diese Erzählung allerdings jemals völlig
isoliert überliefert worden ist, bleibt weiterhin fraglich, zumal ihre
formgeschichtliche Einordnung schwerfällt. Zwar dürfen wir nicht
voraussetzen, jede tradierte Erzähleinheit müsse sich in mehreren
formgleichen Belegexemplaren nachweisen lassen. Wir dürfen wohl
auch nicht voraussetzen, jede Erzähleinheit müsse eine eindeutige
kerygmatische oder paränetische Absicht verfolgen. Deshalb sollte
offengelassen werden, inwieweit die Verratsgeschichte von vornherein
am Weg Jesu zum Kreuz interessiert gewesen ist[100]. Den Weg als den des
leidenden Gerechten darzustellen, der vor seinen Gegnern verstummt
und von den Freunden verlassen ist, wird eine Grundtendenz älterer
Passionserzählung gewesen sein[101] und ist als Absicht auch in der
frühen Erzählung 14 43-46 zu erkennen. Diese Erzählung kann jedoch
als selbständige Einheit interpretiert werden, wenn man in ihr eine
paränetische Absicht erkennt: Der Jesusjünger wird gewarnt, das

---

[98] Markus kennt natürlich noch einen ähnlichen Versuch, den des Petrus (14 54);
dieser folgt ἀπὸ μακρόθεν.

[99] Am 2 16 lautet nach dem masoretischen Text: »Auch wer unter den Helden ein
tapferes Herz hat, flieht nackt an jenem Tage, spricht Jahwe.« Der LXX-Text
gibt die Aussage über die Flucht eines Starken nicht her.

[100] Daß auch außerhalb der Passion in der Evangelientradition solche »historische«
Erzählmotivation als Interesse am Weg Jesu vorhanden gewesen ist, möchte
neuerdings nachweisen: J. Roloff, Das Kerygma und der irdische Jesus. Historische Motive in den Jesus-Erzählungen der Evangelien, Göttingen 1970.

[101] Vgl. dazu J. Gnilka, Jesus Christus nach frühen Zeugnissen des Glaubens, München 1970, 99 f., im Anschluß an M. Dibelius, Die Formgeschichte des Evangeliums, Tübingen ⁴1961, z. B. 185. 187 f., der auf die Leidenspsalmen 22 und 69
hingewiesen hatte.

Zeichen des brüderlichen Kusses[102] wie Judas zu mißbrauchen oder zum Mittel des Verrats an Jesus und seiner Sache zu machen. Doch in welcher Situation der Gemeinde konnte eine solche Warnung aktuell sein?

Die Schwierigkeit, einen eindeutigen »Sitz im Leben« für die Erzählung zu bestimmen, hängt indessen mit einer anderen Tatsache zusammen. Die rekonstruierte Einheit der Verse 43-46. (53a)* besitzt nur eine relative Geschlossenheit und weist wenigstens auf eine Fortsetzung der Erzählung hin. Sie fand ihren Fortgang in der Wegführung Jesu zum Hohenpriester (14 53a). Wenn man die entsprechende Bemerkung des Verses 53a noch zu der Verhaftungsgeschichte hinzurechnet — wir glaubten das tun zu sollen —, bleibt dennoch die Erzählung auf Fortsetzung hin angelegt. Sie muß weiter berichten, was »vor dem Hohenpriester« mit Jesus geschah. Damit kommt eine vor-markinische Erzählung »Jesus vor dem Hohenpriester« oder »Jesus vor dem Synedrium« in den Blick[103]. Schließlich ist 14 43-46 auch mit der voraufgehenden Gethsemane-Szene eng verbunden. Abgesehen von den markinisch-redaktionellen Verklammerungen (in den Versteilen 43a. 45a), verbindet eine Ortsangabe (»Gethsemane«, 14 32) beide Perikopen. Dabei kann offenbleiben, ob Jesu Gebetskampf in Gethsemane erst sekundär der Verhaftungsgeschichte vorgeschaltet wurde und ob deswegen die Ortsangabe ursprünglich mit der Verhaftungsgeschichte verbunden war. Die Erzählung vom Judasverrat kann durchaus ohne Orts- und Zeitangabe erzählt worden sein. Sie nennt ja auch nicht ausdrücklich Jesus und die anwesenden Jünger! Die Geschichte vom Judaskuß markiert also vor allem einen Punkt, von dem aus die Erzählung eine Fortsetzung erforderte. Somit können wir die eingangs erwähnte Auffassung von Bultmann und Jeremias[104] nun von der Textanalyse aus bestätigen. Mit der Verhaftungsszene begann eine alte vor-markinische Passionstradition.

Als älterer »Nachtrag« zu dieser Verhaftungserzählung muß der Vers 47 verstanden werden, der vom Schwerthieb eines Jüngers erzählt. Der Vers möchte die Jünger entschuldigen und wahr-

---

[102] Stählin (ThW IX 140) bezweifelt, daß die Jesusjünger, die doch Jesus nicht wie die Schüler dem Rabbi gegenüberstanden, ihren Meister mit einem Kuß zu begrüßen pflegten. Der Mangel an Belegen scheint das zu bestätigen. Wenn wir aber für eine solche Gewohnheit kein neutestamentliches Zeugnis haben, schließt das doch nicht aus, daß unsere Erzählung an den bei Rabbinen üblichen Begrüßungskuß denkt. Wo, wie in den Paulusgemeinden, der liturgische Bruderkuß üblich war (vgl. 1 Thess 5 26 1 Kor 16 20 2 Kor 13 12 Röm 16 16; ferner Act 20 37 1 Petr 5 14), erhielt freilich die Erzählung vom Judaskuß möglicherweise eine neue Beleuchtung.

[103] Vgl. meine Arbeit: Gab es eine vorsynoptische Szene »Jesus vor dem Synedrium«?: NovTest 12 (1970) 22—39.   [104] Siehe oben Anm. 1.

scheinlich auch den Anführer der Verhaftungstruppe brandmarken.
Die Jünger Jesu haben dann nicht allesamt untätig zugesehen. We-
nigstens einer hat dem Knecht des Hohenpriesters[105] die schmähliche
Verwundung beigebracht. Zur markinischen Tendenz, die auf die ältere
Verhaftungsgeschichte zurückgreift und die Jünger nicht nur untätig
sein läßt, sondern sogar ihre Flucht berichtet, paßt der Vers 47 schlecht.
Der Schwertstreich wird im heutigen Kontext zu einer lächerlichen
Aktion der unverständigen Jünger.

Die Darstellung des Evangelisten verbindet die Judas-
geschichte enger mit dem Vorausgehenden. Sie will Jesu Wissen um
die »Stunde« der Auslieferung (14 41f.) und damit auch seine Freiwilligkeit unterstreichen. Der Schwerthieb gehört nun auf die Linie
des mannigfaltigen Jüngerunverständnisses. Die Jünger wollten im
Grunde Jesu Passion verhindern[106]. Wahrscheinlich liegt in dieser
markinischen Unterstreichung der Versuch vor, die Lesergemeinde vor
dem Bild eines Macht ausübenden Christus (θεῖος ἀνήρ) und vor einem
entsprechenden christlichen Selbstverständnis zu warnen. War die
Gemeinde des Markus durch Enttäuschungen (Verfolgungen? Ausbleiben der Parusie?) in eine Krise geraten, in die hinein der Evangelist sein pointiertes Jesusbild stellte[107]? Markus zeichnet einen
Jesus, der gerade in seinem Machtverzicht und seinem gehorsamen
Kreuzestod als »Gottessohn« erkannt wird (15 37. 39). Damit hängt
dann wesentlich die Forderung zur Kreuzesnachfolge an den Jesusjünger zusammen[108]. Im Jüngerversagen, im Judasverrat und in der
Jüngerflucht wird indirekt zur Leidensnachfolge aufgerufen. Das
Jesuswort an die Häscher steht in diesem Zusammenhang. Jesus
ist nicht durch Argumente gegen seine Lehre überwunden worden,
sondern durch äußere Gewalt (vv. 48f.); doch erfüllt sich in seiner
Verhaftung (und damit in der folgenden Passion) der in der Schrift
ausgesprochene Wille Gottes. Wenn v. 49b auf 14 27 zurückblickt, wird
gerade die Festnahme Jesu (des »Hirten«) als gottgewollt verstanden;
die Zerstreuung der »Schafe« war Folge der Verhaftung Jesu[109]. Die

---

[105] Vgl. auch »die Magd« im Haus des Hohenpriesters und die »Dabeistehenden« in
der Verleugnungsgeschichte (14 66-72). Steht demzufolge seit der Bildung von
v. 47 die Verhaftungserzählung in Verbindung mit der Verleugnungsgeschichte?

[106] Vgl. Conzelmann, Historie 46; siehe oben Anm. 75.

[107] So Schenke, Studien 564 (unter Hinweis auf Mk 4 17 10 30 13 9ff. 33ff.). Er denkt
auch an ein »Versiegen der Macht über die Dämonen in der Gemeinde (9, 28f.)«.

[108] Vgl. die markinische Zuordnung der Kreuzesnachfolge des Jüngers zu den
Leidensansagen Jesu, Mk 8 31-33 und 34-38; 9 30-32 und 33-37; 10 32-34 und 35-45.
Dieser Zuordnung entsprechen auch 14 48f. und 14 50. 51f.

[109] Zu beachten ist die Formulierung des Sacharja-Zitats (Sach 13 7) in Mk 14 27b.
Hinter πατάξω steht Gott als Subjekt; σκορπισθήσονται kann danach kein
»theologisches« Passiv sein!

Jüngerflucht (v. 50) ist für Markus nicht nur ein Ausweichen vor der äußeren Gefahr. Sie ist das genaue Gegenteil der Jesusnachfolge[110]. Vielleicht ist es überspitzt, das σκανδαλίζεσθαι der Jünger (14 27a) als »Glaubensabfall« zu bezeichnen[111]. Markus macht jedenfalls auch in zwei anschaulichen Fällen den Leser darauf aufmerksam, daß die Sache der Jüngerflucht ihn angeht. Der fliehende Jüngling (vv. 51f.) zieht das nackte Leben der Nachfolge des zum Kreuz gehenden Christus vor; der bedrängte Petrus »verleugnet« Jesus (14 29-31. 66-72), anstatt — wie Jesus vor dem Hohenpriester in vollem Wissen um die Folgen sein »Bekenntnis« ablegt (14 61-65) — sich zu Jesus zu bekennen[112]. Doch Jesus ruft als der Auferstandene die zerstreuten Jünger wieder zusammen und geht ihnen in einer neuen Nachfolgegemeinschaft voraus (14 27. 28 16 7).

---

[110] Einem Verhafteten, einem »Geschlagenen« nachzufolgen, sehen die Jünger als sinnlos an. Doch gerade so entspricht Jesus dem Willen Gottes und ruft den Jünger in die Nachfolge.

[111] Vgl. hingegen Schenke, Studien 564 u. ö. Zu Mk 6 3 siehe neuerdings E. Gräßer, Jesus in Nazareth (Mc 6 1-6 a). Bemerkungen zur Redaktion und Theologie des Markus, in: Gräßer / Strobel / Tannehill / Eltester, Jesus in Nazareth (BZNW 40), Berlin 1972, 1—37: »Auf keinen Fall meint σκανδαλίζειν nur 'sich vor den Kopf gestoßen fühlen', sondern es meint eine Glaubensverweigerung (ἀπιστία v. 6) von eschatologischem Gewicht« (24). »Durch die redaktionellen Akzente, die Markus mit dem θεῖος ἀνήρ in v. 2 und dem σκανδαλίζειν in v. 3 setzt, ist jedenfalls sichergestellt, daß mit ἀπιστία nicht einfach die Respektlosigkeit gegenüber dem Thaumaturgen Jesus gerügt, sondern eine grundstürzende Heil-losigkeit angesprochen wird« (32f.).

[112] ὁμολογέω und ἀρνέομαι sind Gegenbegriffe: Mt 10 32f. par; Joh 1 20.

12

GAB ES EINE VORSYNOPTISCHE SZENE
"JESU VOR DEM SYNEDRIUM"?

Die seit Jahren in Gang gekommene „redaktionsgeschichtliche"
Evangelienforschung ist aus der formgeschichtlichen Arbeit heraus-
gewachsen. Sie setzt aber auch die literarkritische Analyse des
synoptischen Stoffes voraus. Denn die redaktionelle oder kompositorische Arbeit des jeweiligen „Evangelisten" kann nur auf dem
Hintergrund der von ihm benutzten Quellen beurteilt werden.
Wenn — um zu einem Beispiel zu kommen — heute der synoptischen Erzählung „Jesus vor dem Synedrium" (Mk xiv 55-64 parr.)
bestimmte politisch-apologetische Tendenzen zugeschrieben werden [1]), so wird man fragen müssen, ob die traditionsgeschichtliche
Analyse des synoptischen Stoffes solche Beurteilungen zu stützen
vermag. Wir dürfen dabei von vornherein davon ausgehen, daß
schon im Markusevangelium die betreffende Szene nicht mit
protokollarischer „Neutralität", sondern mit gläubiger „Teilnahme" geboten wird.[2]) Das wird man auch dann voraussetzen
dürfen, wenn die Materialien der Szene dem Evangelisten vorge-

---

[1]) Siehe z.B. P. WINTER, *On the Trial of Jesus*, Berlin 1961, 23-25 (vgl.
die Kritik von K. SCHUBERT, „Die Juden oder die Römer? Der Prozeß Jesu
und sein geschichtlicher Hintergrund", *Wort und Wahrheit* 17 [1962] 701-
710); S. G. F. BRANDON, *Jesus and the Zealots. A Study of the Political
Factor in Primitive Christianity*, Manchester 1967 (vgl. die Besprechung
von K. MÜLLER: BZ NF 13 [1969] 126-129), Kapitel 5: „The Markan Gospel:
an *Apologia ad Christianos Romanos*" (221-282); DERS., *The Trial
of Jesus of Nazareth*, London 1968, Kapitel 4: „The Scandal of the Roman
Cross: Mark's Solution" (81-106). BRANDONS Thesen begegnen im wesentlichen schon in dem früheren Buch: *The Fall of Jerusalem and the Christian
Church. A Study of the Effects of the Jewish Overthrow of A.D. 70 on Christianity*, London 1957, Kapitel 10: „The Markan Reaction to A.D. 70" (185-205).
[2]) Vgl. M. DIBELIUS, *Die Formgeschichte des Evangeliums*, Tübingen
[4]1961, 193: „Was im ältesten Bericht stand... , ist schwer zu sagen; wohl
aber, welches Motiv der Evangelist Markus hervorzuheben wünscht. Es ist
das Motiv, das in seiner Erzählung den Ausschlag gibt: das Bekenntnis
Jesu als Messias."

geben waren. Auch dann, wenn die Szene im ganzen schon dem vormarkinischen Erzählzusammenhang angehört haben sollte, und der Evangelist also von sich aus keinen Beitrag zu ihrer Darstellung geboten hätte, wäre doch noch die Frage zu stellen, welche Funktion die Szene im Gesamtzusammenhang der markinischen Passion und des ganzen Evangeliums besitzt. Die Frage nach der Tradition der Szene würde sich dann aber genauso stellen wie bei der Voraussetzung, daß der Evangelist an der Darstellung selbständigen Anteil hatte. Der Beitrag des Evangelisten und damit dann auch das Ausmaß seiner eigenen Darstellungstendenz ist natürlich erheblich größer, wenn die Szene erst von Markus in den heutigen Erzählzusammenhang eingefügt worden sein sollte, erst recht dann, wenn in diesem Fall der Evangelist (wenigstens teilweise) eine ,,ideale" Szene geschaffen hätte, die nicht auf wirklichen Begebenheiten der Passionsgeschichte Jesu beruht.[1])

I

In seiner Akademie-Abhandlung ,,Der Prozeß Jesu" hat H. LIETZMANN [2]) die markinische Synedrialszene folgendermaßen beurteilt: ,,In die Verleugnungsgeschichte, die mit 14, 54 abbricht und mit 14, 66 weitergeführt wird, ist das Verhör Jesu vor dem Hohenpriester wie ein Fremdkörper hineingesteckt worden, natürlich nicht von einem ,Interpolator', sondern von Markus selbst" (254). Wenn LIETZMANN auch den sekundären Charakter der Verhörszene vor allem mit Hilfe historischer Sachkritik beweisen will, so erscheint bei ihm doch wenigstens ein Argument literarkritischer Art. Daß die Verhörszene in die Verleugnungsgeschichte eingearbeitet erscheint, *kann* ihren sekundären Charakter nahelegen, *muß* es aber nicht. Das literarkritische Argument führt LIETZMANN von Mk xv 1 aus. Obwohl die Nachtsitzung des Synedriums (xiv 55-65) schon die Entscheidung gebracht habe

---

[1]) Nach P. WINTER, ,,Markus 14, 53b.55-64 ein Gebilde des Evangelisten", *ZNW* 53 (1962) 260-263, ist Mk xiv 55-64 ,,nicht als traditionelle Sekundärbildung anzusehen", sondern verdankt ,,seine Entstehung der Initiative des Markusevangelisten" (261). Vgl. DERS., ,,The Marcan Account of Jesus' Trial by the Sanhedrin", *JThSt* 14 (1963) 94-102: Die nächtliche Prozeßszene bei Mk ,,is the evangelist's own literary creation" (99); ,,The story in Mark XIV. 53b, 55-64 reflects a situation that resulted from the revolt in A.D. 66" (102).

[2]) H. LIETZMANN, ,,Der Prozeß Jesu" (*SAB* 1931), abgedruckt in: *Kleine Schriften* II (*TU* 68), Berlin 1958, 251-263.

— Jesus wurde dort wegen Gotteslästerung zum Tode verurteilt (V. 64) — , werde xv 1 von einer neuen Ratssitzung berichtet: „und sofort in der Frühe veranstalteten die Hohenpriester eine Ratssitzung mit den Ältesten und Schriftgelehrten, und das ganze Synedrion ließ Jesus binden und abführen, und sie übergaben ihn dem Pilatus"[1]). Daß der Bericht Mk xiv 55-65 „unhistorisch" sei, ergibt sich für LIETZMANN (254-260) vor allem daraus, daß Jesus nicht (nach jüdischem Recht) gesteinigt, sondern (nach römischem Recht) gekreuzigt worden ist. Die vormarkinische Passion, die in Mk xv 1 noch erhalten sei, kannte „nur eine kurze Beratung des Synedrions in der Morgenfrühe", nicht aber einen nächtlichen Prozeß mit einem jüdischen Todesurteil (260)[2]). Hinter der markinischen Verhörszene steht nach LIETZMANN die „Tendenz der Gemeinde nach Entlastung der Römer" (261), der eine Tendenz zur „Belastung der Juden" (263) entspricht. „Und aus dieser Tendenz ist die Szene jener Nachtverhandlung geschaffen, die dem Synedrion das eigentliche entscheidende Todesurteil zuschiebt" (263)[3]). Die Szene sei nach dem Vorbild der Verhörszene vor Pilatus geschaffen [4]) und biete — genau wie diese — das Nachspiel einer Verspottung des Verurteilten; das Martyrium des Stephanus habe für die „Formulierung der Anklagepunkte und der Schuldigsprechung" augenscheinlich den Stoff geliefert.[5])

---

[1]) So die Übersetzung von LIETZMANN, a.a.O. 254.

[2]) Vgl. H. LIETZMANN, „Bemerkungen zum Prozeß Jesu. I" (*ZNW* 1931), abgedruckt in: *Kleine Schriften* II (siehe S. 23, Anm. 2), 264-268, besonders 264 f.

[3]) Was hier bezüglich der markinischen Tendenz gesagt ist, wurde von den neueren Autoren (WINTER, BRANDON, vgl. oben S. 22, Anm. 1) im Grunde nur wiederholt; siehe auch T. A. BURKILL, „Antisemitism in St. Mark's Gospel," *NovT* 3 (1959) 34-53. Die historisch-sachliche Voraussetzung LIETZMANNS — das Synedrium habe zur Zeit Jesu das volle Recht besessen, „jüdische Religionsverbrecher und Gotteslästerer mit dem Tode zu bestrafen" („Der Prozeß Jesu," 260) — kann inzwischen als widerlegt gelten; siehe G. D. KILPATRICK, *The Trial of Jesus*, London 1953, 18 f; J. BLINZLER, *Der Prozeß Jesu*, Regensburg ³1960, 163-174.

[4]) So schon vorher E. WENDLING, *Die Entstehung des Marcus-Evangeliums*, Tübingen 1908, und neuerdings G. BRAUMANN, „Markus 15, 2-5 und Markus 14, 55-64", *ZNW* 52 (1961) 273-278.

[5]) Letztere Vermutung ließe sich nur unter der Voraussetzung aufrechterhalten, daß die Stephanuserzählung der Apg (in einer vorliterarischen Form) dem Markusevangelisten bekannt gewesen sei. Das aber ist sehr unwahrscheinlich.

Mit LIETZMANN stimmt im wesentlichen R. BULTMANN überein, wenn er schreibt: „Ich halte den ganzen Bericht des Mk [XIV 55-64] für eine sekundäre Ausführung der kurzen Angabe 15, 1" [1]). Als Gründe führt BULTMANN [2]) an: 1. Die Einfügung des Stückes in den geschlossenen Zusammenhang der Petrusgeschichte; 2. das mutmaßliche Fehlen in der Nebenquelle des Lk; 3. die Unwahrscheinlichkeit der Beschaffung der Zeugen und der nächtlichen Verhandlung. Außerdem sei der Bericht in sich nicht einheitlich[3]). Gegenüber LIETZMANN ist zunächst die 2. Begründung neu. Aber BULTMANN hat längst seine ursprüngliche Vermutung zurückgenommen, Lukas habe neben dem Markusevangelium eine weitere Quelle der Passion benutzt[4]). Immerhin ist die Möglichkeit einer lukanischen „Nebenquelle" neuerdings wieder verstärkt in die Diskussion gekommen[5]). Das Bestehen einer solchen Nebenquelle wäre natürlich für die Frage einer vorsynoptischen Tradition der Synedrialszene von größter Bedeutung. Zum 3. Grund, den BULTMANN anführt, macht er selber eine — letztlich LIETZMANNS Verfahren kritisierende — Einschränkung: Aus der Sachkritik dürfen nicht ohne weiteres literarkritische Konsequenzen gezogen werden. „Zunächst muß doch gefragt werden: nicht, was ist als geschichtlich denkbar? sondern: was ist als christliche Gemeindetradition verständlich? und dieser Frage ist die Frage nach dem geschichtlich Möglichen je nach dem einzelnen Fall ein- oder nachzuordnen"[6]). Entscheidend scheint demnach für die Argumentation BULTMANNS die Feststellung zu sein, daß die Synedrialszene in sich uneinheitlich sei und daß die Szene in einen fortlaufenden Erzählzusammenhang eingefügt erscheint. Offenbar steht aber für BULTMANN die kurze Angabe von Mk xv 1 nicht in Spannung zu der ausgeführten Synedrialszene. Die Notiz von xv 1 hält BULTMANN offensichtlich für einen Bestandteil der alten Passions-

---

[1]) R. BULTMANN, *Die Geschichte der synoptischen Tradition* ([2]1931), Göttingen [5]1961, 290.
[2]) Ebd. 290 f.
[3]) Ebd. 291 f.
[4]) Vgl. R. BULTMANN, *Das Evangelium des Johannes* ([1]1941), Göttingen [5]1956, 497 Anm. 1; DERS., *Die Geschichte der synoptischen Tradition. Ergänzungsheft zur 3. Aufl.*, Göttingen 1958, 42 (zu S. 303).
[5]) Vgl. die Arbeiten von H. SCHÜRMANN: *Der Paschamahlbericht Lk 22*, (*7-14*.) *15-18*, Münster 1953; *Der Einsetzungsbericht Lk 22, 19-20*, Münster 1955; *Jesu Abschiedsrede Lk 22, 21-38*, Münster 1957; ferner F. REHKOPF, *Die lukanische Sonderquelle. Ihr Umfang und Sprachgebrauch*, Tübingen 1959.
[6]) BULTMANN, *Geschichte*, 291.

überlieferung, die „ganz kurz Verhaftung, Verurteilung durch das Synedrium und Pilatus, Abführung zum Kreuz, Kreuzigung und Tod erzählte"[1]. Die Frage, ob xv 1 wirklich zu xiv 55-64 in Spannung steht, und wie sich diese gegebenenfalls erklären läßt, muß deutlich gestellt und erörtert werden.

Die Einheitlichkeit der Synedrialszene war schon von J. WELLHAUSEN in der Weise bestritten worden, daß die Versteile 61b,62 als sekundäre Einfügung verstanden wurden[2]. Aber das Einreißen des hohepriesterlichen Gewandes (V. 63) läßt sich doch besser nach erfolgtem Messiasbekenntnis Jesu verstehen, als im Anschluß an Jesu schweigende Antwortverweigerung (V. 61a). Eher wird man BULTMANN folgen dürfen, der die Verse 57-59 für sekundär hält (VV. 57-59 als „Spezialisierung von V. 56"; V. 59 als „matte und sinnlose Wiederaufnahme des Motivs von V. 56")[3]. Dann wäre die Zeugenaussage mit Hilfe des Tempellogions sekundär in eine — immerhin schon vorliegende — Szenerie eingefügt worden, und man könnte jedenfalls diese Einfügung nicht gegen die Auffassung anführen, die Szene habe als ganze (mit Einschluß des Messiasbekenntnisses) vormarkinisch bereits existiert.

Von einer anderen Überlegung aus lassen sich gewichtigere Einwände gegen eine vorsynoptische Verhörszene im Synedrium vorbringen. Schon E. WENDLING [4] und E. NORDEN [5] hatten die Beziehung des Synedrialverhörs zum Pilatusverhör im Anschluß an WELLHAUSEN erörtert. WENDLING hatte das Synedrialverhör für eine Dublette des Pilatusverhörs gehalten; darin folgte ihm neuerdings G. BRAUMANN: „Das Verhör vor Pilatus und das Verhör vor dem Hohenpriester sind zwei Berichte, die bis in die Einzelheiten hinein Entsprechungen aufweisen. Auf Grund dieser Parallelen muß eine Abhängigkeit des einen vom anderen vorliegen, und zwar wird die Pilatus-Verhandlung gegenüber der Hohen-priester-Verhandlung primär sein [6]." Mißlich ist an dieser An-schauung vor allem, daß sie damit rechnen muß, Mk xv 2 sei

---

[1] Ebd. 301 f.
[2] J. WELLHAUSEN, *Das Evangelium Marci*, Berlin 1903, 132.
[3] BULTMANN, *Geschichte*, 291; vgl. DIBELIUS, *Formgeschichte*, 192 f.
[4] Siehe oben S. 24, Anm. 4.
[5] E. NORDEN, *Agnostos Theos. Untersuchungen zur Formengeschichte religiöser Rede* (1913), Neudruck Darmstadt 1956, 194-197. Vgl. WELL-HAUSEN, a.a.O. 136.
[6] BRAUMANN, a.a.O. 278.

ursprünglich auf Mk xv 3-5 gefolgt[1]). Diese Schwierigkeit sah NORDEN. Er trug ihr Rechnung mit der These, daß aus dem Synedrialverhör (wenigstens) das Schweigen Jesu in die Pilatusverhandlung „hinübergenommen" worden sei (Mk xv 4 f)[2]). Er kann der Ansicht, „daß der Pilatusbericht in toto älter, der andere erst nach diesem geformt worden sei", nicht zustimmen[3]).

Wenn also die Frage nach der vorsynoptischen Tradition der Synedrialszene neu gestellt und erörtert werden soll, so müssen die folgenden Komplexe untersucht werden. Steht die Verhörszene in Spannung zu Mk xv 1, so daß von daher ihr sekundärer Charakter vermutet werden kann (II)? Ist die (markinische) Szene in sich uneinheitlich, beziehungsweise welche Stücke können als (gegenüber dem ganzen) sekundär erwiesen werden (III)? Welche benachbarten Erzählungen der Mk-Passion können unter Umständen den sekundären Charakter der Synedrialszene nahelegen? Hier ist neben der Verhörszene vor Pilatus auch die Verleugnungsgeschichte einzubeziehen (IV). Welche Folgerungen lassen sich aus der (von ·Mk doch beträchtlich abweichenden) lukanischen Gestalt der Verhörszene für die vorsynoptische Überlieferung ziehen (V)? Endlich muß auch von der Theologie des Markusevangelisten aus die Frage nach markinischen Darstellungstendenzen in der genannten Szene gestellt werden (VI).

II

Mk xv 1 kann nur dann in Spannung zu der nächtlichen Prozeßszene stehen, wenn es von einer erneuten Synedrialversammlung spricht[4]). Das ist aber nicht der Fall. Denn erstens bedeutet συμβού-λιον ἑτοιμάσαντες hier nicht, daß man am Morgen eine neue Synedriumsversammlung oder -beratung durchführte, sondern, daß man einen Beschluß faßte[5]). Zudem blickt das Partizip ἑτοι-μάσαντες auf die nächtliche Versammlung zurück (Mk xiv 55-65).

---

[1]) So BRAUMANN, a.a.O.; vgl. ebd. 277.
[2]) NORDEN, a.a.O. 196 Anmerkung.
[3]) NORDEN, a.a.O. 197 Anmerkung.
[4]) So etwa M.-J. LAGRANGE, *Évangile selon saint Marc*, Paris [4]1929 (Neudruck 1966), 410 f; A. JAUBERT, „Les séances du sanhédrin et les récits de la passion", *Revue de l'Hist. des Religions* 166 (1964) 143-169; E. SCHWEIZER, *Das Evangelium nach Markus*, Göttingen 1967, 186.
[5]) Siehe W. BAUER, *Griechisch-deutsches Wörterbuch zu den Schriften des NT*, Berlin [5]1958, s.v. συμβούλιον I.

Der Bericht von dieser Versammlung wurde Mk xiv 66-72 durch die Erzählung von der Verleugnung durch Petrus unterbrochen. Nach dem Bericht des Markusevangeliums verlaufen Synedrialprozeß und Petrusverleugnung gleichzeitig. Mit dem Ende der Petrusverleugnung (vgl. den Hahnenschrei) war auch die Versammlung des Hohen Rates zu ihrem Ergebnis, nämlich der Beschlußfassung, gekommen (xv 1). Diese Notiz dürfte sich auf den Vers xiv 64 zurückbeziehen. Die richtige Übersetzung von xv 1 fügt sich ohne Bruch in die Darstellung ein: ,,Und alsbald in der Frühe, *nachdem* die Hohenpriester mit den Ältesten und den Schriftgelehrten und das ganze Synedrium *Beschluß gefaßt hatten*, banden sie Jesus, führten ihn ab und überlieferten ihn an Pilatus'' [1]).

Der genannte Personenkreis stimmt genau mit dem von xiv 53b und xiv 55 überein. Die grammatische Konstruktion von xv 1 erweckt den Eindruck, daß hier nicht das Rudiment einer alten summarischen Erzählung vorliegt, sondern wenigstens einige redaktionelle Wendungen des Evangelisten eingearbeitet wurden[2]). Abgesehen von dem möglicherweise markinischen εὐθὺς πρωΐ sind vor allem die Angabe über die Beschlußfassung und die über den Personenkreis der Synedristen, das heißt die Worte von συμβούλιον bis συνέδριον einschließlich, wahrscheinlich Einfügung in einen vorliegenden Text, der mit dem jetzt asyndetisch anschliessenden δήσαντες einsetzte. Auch wird man kaum annehmen dürfen, daß ursprünglich von einer Fesselung Jesu durch die *Synedristen* berichtet wurde. Im heutigen Zusammenhang läßt sich freilich übersetzen ,,sie *ließen* Jesus binden''[3]). Wenn der in xv 1 genannte Personenkreis präzise mit den Angaben von xiv 53b und xiv 55 übereinstimmt, dann kann der Evangelist grundsätzlich die dortigen Angaben aus xv 1 bezogen haben. Aber das ist sicher nicht der Fall, wenn die Angaben von xv 1 als redaktionell erwiesen werden können:

---

[1]) So C. WEIZSÄCKER, *Das Neue Testament*, Tübingen [10]1912, 89; vgl. J. SCHMID, *Das Evangelium nach Markus*, Regensburg [3]1954, 287; ferner bereits B. WEISS, *Kritisch exegetisches Handbuch über die Evangelien des Markus und Lukas*, Göttingen [7]1885, 224.

[2]) Vgl. dazu E. LOHMEYER, *Das Evangelium des Markus* (1937), Göttingen [4]1954, 334: ,,das umständliche und im Grunde doppelt bezeichnete Subjekt paßt direkt nur zu dem ersten Partizip''; X. LÉON-DUFOUR, ,,Passion (Récits de la)'', in: *DBSuppl.* VI (1960) 1419-1492; 1461.

[3]) Vgl. die Übersetzung von SCHMID, a.a.O. (287).

XIV,53b: (πάντες) οἱ ἀρχιερεῖς καὶ οἱ πρεσβύτεροι καὶ οἱ γραμματεῖς

XIV,55:   οἱ δὲ ἀρχιερεῖς καὶ ὅλον τὸ συνέδριον

XV,1:   οἱ ἀρχιερεῖς μετὰ τῶν πρεσβυτέρων καὶ γραμματέων καὶ ὅλον τὸ συνέδριον

Als markinisch kann einmal die Redewendung von der Beschlußfassung gelten. Markus hat noch nicht den Latinismus, den Matthäus regelmäßig bezeugt[1]). Das zeigt Mk iii 6 (συμβούλιον ἐδίδουν), eine jedenfalls redaktionelle Abschlußbemerkung[2]).¦ Mk xv 1 liest sich wie eine Zusammenfassung der Angaben von xiv 53b und xiv 55. Wir dürfen kaum annehmen, daß die beiden ersten Stellen erst aus einem schon vorliegenden Vers xv 1 gewonnen wurden. Dazu ist xv 1, wo nach der Einzelaufzählung der Gruppen noch einmal „und das ganze Synedrium" angefügt ist, zu unlogisch. Die überladene Aufzählung von xv 1 ergibt sich vielmehr daraus, daß der Evangelist dem Leser die vorgenannten Angaben wieder ins Gedächtnis rufen will. Dann wird auch auf diese Weise deutlich, daß xv 1 auf xiv 55-65 Bezug nimmt. Wenn man noch hinzunimmt, daß auch die Situationsangabe von xiv 66 f zur Einleitung der Verleugnungsgeschichte die Angaben von xiv 54 redaktionell wiederaufnimmt [3]), dann dürfte damit hinreichend gesichert sein, daß erst Markus die Synedrialszene redaktionell in die Verleugnungsgeschichte eingefügt hat. Er hat ihren Inhalt dann nicht aus einem in xv 1 vorhandenen alten Traditionsstück heraus entwickelt. Der Inhalt der Szene ist dann aber umso dringlicher auf seine Tradition hin zu befragen. Ist er eine Bildung des Evangelisten? Hier können zunächst mögliche Indizien aus der eventuellen Uneinheitlichkeit der Darstellung selbst gewonnen werden.

III

Die markinische Verhörszene hat drei Abschnitte: das Zeugenverhör (xiv 55-61a), die Messiasfrage des Hohenpriesters (61b-64) und die Mißhandlung Jesu (65)[4]). In unserem Zusammenhang

---

[1]) Mt xii 14, xxii 15, xxvii 1,7, xxviii 12: συμβούλιον λαμβάνειν.

[2]) Hier auch die Verbindung zweier Gruppen durch μετὰ τῶν ('Ηρῳδιανῶν); vgl. Mk xv 1,31.

[3]) Vgl. xiv 54: ὁ Πέτρος . . . εἰς τὴν αὐλήν . . . θερμαινόμενος mit xiv, 66 f: καὶ ὄντος τοῦ Πέτρου κάτω ἐν τῇ αὐλῇ . . . θερμαινόμενον. Die redaktionelle Wendung mit καὶ ὄντος (Gen. absolutus) begegnet ähnlich auch Mk xiv 3; vgl. viii 1.

[4]) Vgl. LOHMEYER, a.a.O. 326, der allerdings die beiden ersten Absätze anders abgrenzt (55-59,60-64), weil er die VV. 60-64 unter dem Gesichtspunkt

sehen wir von der Behandlung der Mißhandlungsszene ab. Nur soviel kann hier angemerkt werden, daß es Anzeichen für den sekundären Charakter dieser Szene gibt[1]). Doch auch für die wesentlichen Stücke der beiden ersten Teilszenen wurde behauptet, sie seien sekundär in einen vorliegenden Zusammenhang eingefügt worden. Die Ansicht WELLHAUSENS, daß ursprünglich die Versteile 61b,62 (Messiasfrage und Antwort Jesu) gefehlt hätten, ist wohl nicht zu rechtfertigen[2]). Anders steht es mit der BULTMANNschen Auffassung, daß die Zeugenaussage über das Tempellogion Jesu (VV. 57-59) spätere Einfügung in eine Vorlage sei[3]). Die Frage des Hohenpriesters (V. 60) erscheint nach der Feststellung, daß das Zeugenverhör erfolglos geblieben ist (V. 59), als ,,unmotiviert''[4]). Somit erwecken nicht nur die Verse 57-59 den Eindruck späterer Einarbeitung, sondern auch die Versteile 60,61a. Letztere stehen offensichtlich im Dienste der Gottesknecht-Christologie[5]). Trotzdem kann als sicher gelten, daß das Tempellogion selbst alte Tradition darstellt und vom Evangelisten höchstens ad hoc modifiziert worden ist[6]).

Wenn man die einleitenden Verse 55,56 betrachtet, so ist auch hier die Möglichkeit nicht auszuschließen, daß sie redaktionell sind[7]). Vielleicht hat der ursprüngliche und vormarkinische Erzählzusammenhang nur summarisch die Verbringung Jesu zum

---

zusammenfaßt, daß der Hohepriester selbst eingreift. Indessen gehören die Versteile 60,61a thematisch noch zum Zeugenverhör.

[1]) Siehe etwa W. GRUNDMANN, *Das Evangelium nach Markus*, Berlin 1959 (Neudruck 1962), 300: Bei der Mißhandlung taucht erneut die Frage auf, ,,ob diese ihre Stellung im ganzen ursprünglich ist''; vgl. besonders die kritische Beurteilung der Mißhandlungsszene im Synedrium bei WINTER, *Trial*, 100-106.

[2]) Dazu oben S. 26.

[3]) Siehe oben S. 26.

[4]) BULTMANN, *Geschichte*, 291.

[5]) Siehe LOHMEYER,·a.a.O. 330 f. 335; GRUNDMANN, a.a.O. 300 f; vgl. CHR. MAURER, ,,Knecht Gottes und Sohn Gottes im Passionsbericht des Markusevangeliums, *ZThK* 50 (1953) 1-38; 9.

[6]) GRUNDMANN, a.a.O. 300 f, meint: ,,Markus dürfte das bei ihm allein vorkommende ,mit Händen gemacht' als Erläuterung hinzugefügt haben; bestimmt ist diese Erläuterung durch die Fortsetzung des Wortes. Sie kündigt einen neuen Tempel an...''.

[7]) Während V. TAYLOR (*The Gospel according to St. Mark*, London 1952, Neudruck 1963, 565) dazu neigt, V. 55 für den Anfang einer separaten Geschichte zu halten (und nicht für Wiederaufnahme von V. 53), hält GRUNDMANN den V. 55 für eine redaktionelle Einleitung (a.a.O. 300). V. 56 ist sachlich eng mit V. 55 verknüpft und erklärt vor allem die Tatsache, daß man kein Zeugnis fand, das die Todesstrafe hätte rechtfertigen können.

Hohenpriester berichtet (vgl. xiv 53a mit Lk xxii 54 und Joh xviii 13). Dann stammten die Angaben in Mk xiv 53b und xiv 55 vom Evangelisten. Damit wäre die Möglichkeit gegeben, daß die ältere und gegebenenfalls vormarkinische Verhörszene Jesus lediglich dem Hohenpriester gegenüberstellte. Wenigstens kann die Tatsache — wenn auch nicht der Inhalt — eines solchen nächtlichen Verhörs bekannt gewesen sein. Die Antwort Jesu (V. 62b: καὶ ὄψεσθε) setzt jedoch eine über den Hohenpriester hinausgehende Hörerschaft voraus. Sollte die Frage des Hohenpriesters mit der Antwort Jesu (VV. 61b,62) älterer Tradition entstammen — und dafür sprechen die verhüllenden Gottesumschreibungen in Frage und Antwort [1] — , dann wird zu dieser Frage und Antwort auch die Reaktion des Hohenpriesters gehört haben (63a,64a; 63b kann erst in Verbindung mit V. 56 bzw. nach Übernahme von 57-61a aufgenommen worden sein). Der Schlußvers mit den Versteilen 64b.c wird wegen seiner indirekten Formulierung auf die Hand des Evangelisten zurückgehen[2].

Mit einiger Sicherheit kann demnach das Tempellogion aus älterer Tradition stammen; es wäre dann aber möglicherweise erst durch den Evangelisten in die Verhörszene vor dem Hohenpriester eingearbeitet worden. Das entspräche dem Bestreben des Markus, einen regelrechten Prozeß Jesu vor dem Synedrium zu gestalten[3]. Die Angabe über das Zeugenverhör als solches kann im Zusammenhang (vgl. V. 56) älter sein, wenn auch nur in Form einer summarischen Notiz. Vielleicht setzt diese Notiz die Kenntnis jüdischer Gerichtspraxis voraus und kann dann auf palästinische Herkunft oder sogar auf das Geschehen selbst zurückweisen.

---

[1]) Siehe dazu F. HAHN, *Christologische Hoheitstitel. Ihre Geschichte im frühen Christentum*, Göttingen ³ 1966, 181. Nach der Darstellung MAURERS (a.a.O. 24-27), die in Mk xiv 61 „nichts weniger als die Frage nach dem Ebed Jahve" sieht, soll die damit bezeugte Identifikation von *Knecht Gottes* und *Sohn Gottes* durch Sap ii 13-20 belegt sein und könnte demzufolge nur von einem Hellenisten vollzogen worden sein.

[2]) Bei Mk findet sich „die indirekte Redeweise, zumal wenn Nebenpersonen auftreten, besonders gegen den Schluß der Erzählung" (M. ZERWICK, *Untersuchungen zum Markus-Stil*, Rom 1937, 30). Als Beispiele werden (ebd. 30 f) genannt: Mk v 14-20, vi 39,41,46, viii 6,7; ferner vi 27, xiv 11,64, xv 3,11.

[3]) Vgl. neben dem Zeugenverhör auch das formelle Urteil über die Todesschuld. Daß die „Form" eines Prozesses aber nicht eigentlich auf der Ebene des „Historischen" zu beurteilen ist, hat seinerzeit LOHMEYER (a.a.O. 331) hervorgehoben („...eine Verhandlung, in der notwendig das Synhedrium Richter und Gegner gegen den erkorenen Gesandten und Knecht Gottes ist").

Wenn es überhaupt eine vormarkinische Szene des Verhörs vor jüdischen Autoritäten gegeben hat, so spricht vieles dafür, daß dieses Verhör in Frage und Antwort um die Messiasfrage ging und daß dann wenigstens die Feststellung am Ende stand, Jesus habe mit seiner Antwort Blasphemie begangen (VV. 61b,62, 63a,64a).

So einheitlich der Bericht des Markus sich auch heute lesen läßt [1]), — die genannten Beobachtungen und Vermutungen lassen jedenfalls die Wahrscheinlichkeit erkennen, daß der Bericht traditionsgeschichtlich nicht einheitlich ist. Es ist indessen auch nicht wahrscheinlich, daß erst Markus alle Einzelteile des Berichts redaktionell komponiert habe. Es muß mit einer komplizierten Traditionsgeschichte gerechnet werden, deren älteste Bestandteile — das Tempellogion (in irgendeiner Form) und die Messiasfrage (mit der Antwort Jesu) — jedenfalls für sich genommen und voneinander unabhängig längst vorhanden gewesen sind.

IV

Soviel kann aus der bisherigen Erörterung erkannt werden, daß es sich um eine „loosely constructed narrative" handelt[2]). Diese Feststellung führt zu der Frage, ob sich die benachbarten Erzähleinheiten der Petrusverleugnung und des Pilatusverhörs als Vorbilder für eine Komposition der Verhörszene durch den Evangelisten erweisen lassen. Diese Frage sei zuerst für die *Pilatusszene* gestellt. Dabei kann die synoptische Gegenüberstellung von Mk xiv 55-64 und Mk xv 2-5, wie sie sich bei BRAUMANN findet [3]), gute Dienste leisten. Es werden hier als Parallelaussagen nebeneinandergestellt:

Mk xiv 55-59	Mk xv 3	Anschuldigung gegen Jesus
60a	4a	Einleitung zur 1. Frage an Jesus
60b	4b	„Antwortest du nichts...?"
61a	5	Schweigen Jesu
61b, 62	2	2. Frage an Jesus mit bejahender Antwort

Wenn auch die in Mk xv vorliegende Abfolge nicht genau der von Mk xiv entspricht — Mk xv 2 steht am Anfang der

---

[1]) Siehe z.B. die Darstellungen bei KILPATRICK (a.a.O. 15 f) und BLINZLER (a.a.O. 95-174).
[2]) TAYLOR, a.a.O. 563.
[3]) BRAUMANN, a.a.O. 276.

Szene —, so ist doch die Entsprechung frappant. Aber welche Szene kann am ehesten nach dem Vorbild der anderen gestaltet sein? WENDLING hatte das Verhör vor dem Hohenpriester für eine Dublette gegenüber dem Pilatusverhör gehalten[1]). NORDEN hielt xv 2 für primär gegenüber xv 3-5; die Verse 3-5 seien nach Analogie des Synedrialverhörs gebildet[2]). Hingegen werden die Frage und die Antwort des Synedrialverhörs als Bildung nach der Vorlage in xv 2 verstanden[3]). Auch BULTMANN hält xv 3-5 für eine sekundäre Bildung gegenüber xv 2[4]). BRAUMANN rechnet mit zwei parallelen Erzählungen schon in der vormarkinischen Überlieferung[5]). Diese Parallelberichte müssen aber in irgendeiner Weise voneinander abhängig sein. Daß die Pilatusverhandlung erst die Synedrialszene hervorgerufen haben soll, vermutet BRAUMANN offensichtlich aufgrund einer Vorentscheidung: ,,Nicht allein die Römer, sondern darüber hinaus die Juden sollen die Schuld an Jesu Tod tragen"[6]). Es scheint, daß sich hier — vielleicht unbewußt — die Argumentation LIETZMANNs behauptet, nach der nur die Pilatusverhandlung geschichtlich sein könne.

Wir können aber die Traditionsgeschichte der betreffenden Erzählungen nicht von einem historischen a priori aus beurteilen, sondern haben zu fragen, welcher der beiden Szenen in der *Tradition* die Priorität zukomme. Hier spricht einiges für die Pilatusszene. Denn einmal besteht der Verdacht, daß die Synedrialszene erst sekundär in einen vorliegenden Zusammenhang eingeschaltet worden sei[7]). Doch auch die Pilatus*szene* kann sekundär aus der kurzen Angabe von Mk xv 2 entwickelt worden sein. Zu beachten ist ferner, daß noch 1 Tim vi 12 f, wo Christus Jesus als Vorbild des ,,guten Bekenntnisses" genannt wird, nur auf sein Bekenntnis vor Pontius Pilatus verwiesen wird. Aber das setzt keineswegs die Bekanntschaft mit einer ausgeführten Bekenntnis*szene* voraus. Es ist damit zu rechnen, daß die beiden Szenen (Jesus vor dem Synedrium und Jesus vor Pilatus) in ihrer markinischen Form untereinander, d.h. wechselseitig abhängig sind. Diese Dependenz im einzelnen zu erhellen, wird kaum noch möglich sein.

---

[1]) Vgl. oben S. 24 (Anm. 4) und S. 26.
[2]) Siehe oben S. 27.
[3]) NORDEN, a.a.O. 196 f (Anm.).
[4]) BULTMANN, *Geschichte*, 293. 307.
[5]) BRAUMANN, a.a.O. 277 f.
[6]) Ebd. 277.
[7]) Vgl. oben S. 29.

Besser wird es gelingen, die Einflüsse aufzuzeigen, die von der *Verleugnungserzählung* auf die Verhörszene vor dem Synedrium ausgingen. Es ist längst erkannt worden, daß Markus mit den beiden Szenen eine Art Diptychon hergestellt hat: Dem leugnenden Petrus wird der bekennende Christus gegenübergestellt[1]). Weniger zutreffend wäre es, von einer Rahmung der Verhörszene durch die Verleugnungsgeschichte zu sprechen[2]). Schon die einleitenden Verse Mk xiv 53,54 dienen der Absicht, zwei Erzählungen nebeneinanderzustellen, die als gleichzeitig geschehend zu denken sind. Immerhin steht die Szene mit dem Bekenntnis Jesu voran. Das hängt offenbar mit der paränetischen Ausrichtung des Doppelbildes zusammen. Jesus *hat* bereits sein Bekenntnis abgelegt — der Jünger ist gefragt, ob er wie Petrus leugnen wolle oder wie sein Herr bekennen *werde*[3]). Im Zusammenhang mit dieser Gegenüberstellung wird auch das markinische ἐγώ εἰμι (xiv 62) stehen, das sich der markinischen Theorie vom Messiasgeheimnis einfügt[4]). Sobald Jesus sein Geheimnis preisgibt, beginnt sich das wahre Wesen seiner Messianität zu enthüllen, indem die Passion ihren Lauf nimmt. Damit hängt dann auch zusammen, daß auf das Bekenntnis unmittelbar der Schuldspruch (V. 64) und die Mißhandlung (V. 65) folgen.

Wir haben damit zu rechnen, daß die Verse xiv 57-59 gegenüber dem Zusammenhang sekundär sind und daß die Messiasfrage des Hohenpriesters nicht unbedingt ursprünglich mit einem Zeugenverhör verbunden gewesen ist. Sobald wir aber den dreimaligen Verleugnungsgang als Kontrastfolie zu der Synedrialszene erkannt haben, wird erklärlich, inwiefern auch die Verhörszene

---

[1]) Zur „Kombination" zweier Erzähleinheiten im Markusevangelium sind zu vergleichen: Mk iii 22-30 in iii 20-35; v 25-34 in v 21-43; vi 14-29 in vi 6b-31; xi 15-19 in xi 12-25; xiv 3-9 in xiv 1-11.

[2]) Vgl. SCHWEIZER, a.a.O. 185: „Es sieht also so aus, als ob die Verleugnungsgeschichte ziemlich mechanisch noch nachträglich als Rahmen um das Verhör Jesu herumgefügt worden wäre, und man muß wenigstens fragen, ob das nicht erst bei der allerletzten Zusammenstellung des Evangeliums... geschehen ist."

[3]) Im Dienste dieser Gegenüberstellung bekommt dann auch die Messiasfrage des Hohenpriesters mit der Antwort Jesu — inhaltlich eine gedrängte Fülle von christologischen Hoheitsaussagen — ihre besondere Aktualität: Dieses christologische Bekenntnis gilt es für den Jünger abzulegen.

[4]) Vgl. dazu E. LOHSE, „Der Prozeß Jesu Christi", in: *Ecclesia und Respublica* (FS für K. D. Schmidt), Göttingen 1961, 24-39; 39, und W. TRILLING, „Die Passion Jesu in der Darstellung der synoptischen Evangelien" *Lebendiges Zeugnis*, 1966 Heft 1, 28-46; 31 f.

in ihrer markinischen Gestalt einen dreifachen Anstieg besitzt. In der Verleugnungsgeschichte beschuldigt in den beiden ersten Etappen eine Magd den Petrus (xiv 66-70a), auf dem Höhepunkt der Szene wird die Anschuldigung gefährlicher, insofern sie von den Umstehenden (Männern) erhoben wird und bei Petrus Verwünschung und Schwur hervorruft (xiv 70b-71). Auch in der Verhörszene gehören die beiden ersten Etappen zusammen, nachdem xiv 57-59 rezipiert wurde: Nach der summarischen Angabe über die Vielen, die gegen Jesus Zeugnis ablegten (xiv 56), folgt die konkrete Anschuldigung mit Hilfe des Tempelwortes Jesu (xiv 57-59). Auf dem Höhepunkt tritt dann die „gefährlichere" Person des Hohenpriesters gegen Jesus auf (xiv 60-64). Das Bekenntnis Jesu führt unmittelbar zu Verurteilung und Verspottung, während die Verleugnung des Jüngers diesen unbehelligt entkommen läßt. Wenn man diese Entsprechungen innerhalb des markinischen Diptychons berücksichtigt, wird nicht nur die kompositorische Verfahrensweise des Evangelisten deutlich, sondern auch sein übergeordnetes theologisches Interesse. Letzteres besteht nicht zuerst in einer Tendenz zur politischen Entlastung des Römers Pilatus oder zur Belastung der jüdischen Autoritäten, sondern in der Gegenüberstellung von Jesu offenem Bekenntnis und des Petrus feiger Verleugnung, die den Jünger auffordert, Jesus bekennend nachzufolgen. Die Verhörszene hat Momente der Gottesknechtchristologie aufgenommen, die in der alten Kernstelle (xiv 61b,62) nicht enthalten waren. Jesus ist der Christus und Gottessohn in der Weise, daß er zugleich der leidende Ebed-Jahwe ist.

Möglicherweise resultiert die Divergenz zur Pilatusszene — im Synedrialverhör schweigt Jesus zuerst und bekennt endlich offen[1])— daraus, daß in der Synedrialszene das offene Bekenntnis den Skopus darstellt. In der Pilatusszene kann das Schweigen Jesu (xv 5) sekundärer Eintrag des Evangelisten sein.

V

Die lukanische Version der Szene vom Synedriumsverhör (Lk xxii 66-71) hat für unsere Frage nach der Vorgeschichte der entsprechenden markinischen Erzählung nur dann Bedeutung, wenn der dritte Evangelist in dieser Szene nicht nur Redaktion

---

[1]) Vgl. oben S. 26 f.

der Markusvorlage bietet. Indizien für die Auffassung, daß Lukas neben dem Markusevangelium eine weitere Vorlage benutzt habe, sind mehrfach gegeben. Erstens ist die Anordnung der lukanischen Szenen (Reihenfolge: Verleugnung — Verspottung — Verhör) anders als bei Markus (Verhör — Verspottung — Verleugnung). Zweitens geht die lukanische Verhörgeschichte stofflich wesentlich über die Markusvorlage hinaus (besonders Lk xxii 67c,68). Dieses Plus des dritten Evangeliums ist gerade darum aufschlußreich, weil es zum Teil unlukanische Formulierungen aufweist [1]) und weil es sich eng mit Joh x 24 f berührt[2]). Hätte der dritte Evangelist dieses Logion der *mündlichen* Tradition entnommen oder gar *von sich aus* gebildet, so müßte es seinen eigenen Stil aufzeigen. Drittens sind die Berührungspunkte der lukanischen Verhörszene mit der des Matthäusevangeliums zu beachten[3]). Gegenüber Markus fehlt in beiden Fällen das offene Bekenntnis ,,Ich bin es'', das freilich Lukas im Vers 70 indirekt nachträgt. Übereinstimmend haben Matthäus und Lukas gegen Markus εἰ σὺ εἶ ὁ χριστός zur Einleitung der Hohepriesterfrage (Mt xxvi 63; Lk xxii 67). Auch ist zu beachten, daß Lukas gegenüber Markus das Zeugenverhör wegläßt, — sicher nicht, weil er es in der ihm vorliegenden Markusfassung nicht gelesen hätte [4]), sondern mit Absicht.

---

[1]) Als unlukanisch bzw. antilukanisch sind in xxii 67c,68 anzusehen (das zweimalige) ἐάν, das der Evangelist nicht von sich aus schreibt (vgl. R. MORGENTHALER, *Statistik des neutestamentlichen Wortschatzes*, Zürich 1958, 12, 62, 90), und das (zweimalige) emphatische οὐ μή (vgl. SCHÜRMANN, *Paschamahlbericht*, 17 f).

[2]) Lk xxii 67a findet sich wörtlich bei Joh x 24c wieder. Diese Tatsache führte P. WINTER, ,,Luke XXII 66b-71'', *StTh* 9 (1955/56) 112-115, zu der Ansicht, die lukanische Stelle müsse nach Abfassung des Evangeliums im Anschluß an die Joh-Stelle interpoliert sein.

[3]) Hier wird vor allem das lukanische ἀπὸ τοῦ νῦν (Lk xxii 69) mit der matthäischen Entsprechung ἀπ' ἄρτι (Mt xxvi 64) zu erörtern sein. Aus diesem minor agreement schließen auf eine nicht-markinische Tradition N. A. DAHL, ,,Die Passionsgeschichte bei Matthäus'', *NTSt* 2 (1955/56) 17-32; 21,24, und M. BLACK, "The Arrest and Trial of Jesus and the Date of the Last Supper", in: *New Testament Essays* (FS für T. W. MANSON), Manchester 1959, 19-33; 22 f. Die Übereinstimmung wird als je eigene Markus-Redaktion der beiden Evangelisten verstanden von E. GRÄSSER, *Das Problem der Parusieverzögerung in den synoptischen Evangelien und in der Apostelgeschichte*, Berlin ²1960, 176 f, und S. McLOUGHLIN, ,,Les accords mineurs Mt-Lc contre Mc et le problème synoptique. Vers la théorie des deux sources", in: *De Jésus aux Évangiles* (hrsg. von I. de la Potterie), Gembloux/Paris 1967, 17-40; 27.

[4]) Lk xxii 71 blickt mit der Frage ,,Was brauchen wir noch (weiteres) Zeugnis?'' auf das bei Markus gelesene Zeugenverhör zurück; vgl. BULTMANN, *Geschichte*, 292.

Wahrscheinlich kannte die nicht-markinische Sondervorlage kein Zeugenverhör, und so konnte sich der Evangelist zur Weglassung berechtigt halten. Ähnlich kann die Weglassung des Synedrialurteils (Mk xiv 64) durch Lukas beurteilt werden. Zu den Einzelheiten kann ich auf meine Buchveröffentlichung *Verleugnung, Verspottung und Verhör Jesu nach Lukas 22, 54-71* (Studien zum Alten und Neuen Testament XXII, München 1969, insbesondere Teil III.) verweisen. Sie kommt hinsichtlich der Verhörszene zu dem Ergebnis, daß Lk xxii 66-68 im wesentlichen auf einer nichtmarkinischen Vorlage beruht, Lk xxii 69-71 hingegen im ganzen auf die Markusvorlage zurückgeht und aus ihr nachgetragen ist (138 f).

Die genannte Studie kommt ferner zu dem Schluß, daß es für den dritten Evangelisten eine nicht-markinische Vorlage der Passion gegeben habe, die nach der Gefangennahme Jesu zunächst die Verbringung zum Hohenpriester erzählte (Lk xxii 54a), dann die Verspottung anfügte (xxii 63 f) und kurz das Verhör mit der Messiasfrage (im Synedrium, am Morgen; xxii 66-68) bot. In diesen Zusammenhang hat erst Lukas im Anschluß an die Markusvorlage die Verleugnungsgeschichte eingeschaltet. Sie konnte darum nicht an das Verhör angeschlossen werden, weil sie (wegen des Hahnenschreis am Ende; vgl. das Feuer mit den Umstehenden) fest mit dem Ende der Nachtzeit verbunden war. Lukas hat dann auch die Verurteilung Jesu (nach Mk xiv 64) übergangen, obgleich er sonst eine Tendenz zur Belastung der Judenschaft bezeugt. Der Grund für diese Omission kann wiederum in der Quelle gesehen werden, der Lukas in diesem Punkte folgt.

Vergegenwärtigt man sich, daß es neben der vor-markinischen eine weitere vorlukanische Verhörgeschichte gegeben hat, dann können wir eine weitgehende Parallelität dieser beiden Traditionsstücke beobachten. Zunächst sei einmal negativ registriert, daß die Verleugnungsgeschichte in dieser doppelten Tradition nicht vorhanden oder wenigstens nicht mit der Verhörszene verbunden gewesen ist. Außerdem fehlten in dieser Tradition gerade die Elemente, die den heutigen Markusbericht zu einer *Prozeß*geschichte machen: das Zeugenverhör (wenigstens die Verse Mk xiv 57-59) und die redaktionelle Schlußbemerkung über das Todesurteil. Es fehlten aber auch weitgehend die Ebed-Jahwe-Anspielungen (Mk xiv 60 f [Schweigen Jesu]; Mk xiv 65 im Unterschied zu Lk xxii 63 f [Verspottung]) und das offene „Ich bin es" in der

Antwort Jesu (Mk xiv 62). Statt der direkten Antwort Jesu bietet Matthäus (xxvi 64) das vorbehaltlich bejahende σὺ εἶπας und Lukas (xxii 67 f) zunächst eine Antwortverweigerung, dann aber das dem Matthäusevangelium entsprechende ὑμεῖς λέγετε (xxii 70), das mit dem markinischen ἐγώ εἰμι erweitert wird. Nehmen wir diese Beobachtungen zusammen, so wird eine ältere Tradition der Verhörszene sichtbar, die in verschiedener, aber doch wesentlich gleicher Gestalt dem zweiten und dem dritten Evangelisten vorgelegen hat. Sie enthielt schon die Messiasfrage an Jesus und dessen indirekt zustimmende Antwort. Freilich wird man einen solchen kurzen Dialog nicht als eigentliche Szene bezeichnen können, zumal fraglich ist, ob in ihr schon der Hohepriester als Fragesteller hervortrat.

VI

Der Markusevangelist hat demzufolge bei der Komposition seiner Prozeßszene nicht völlig frei gestaltet, sondern sich in den Grundzügen an ein vorliegendes Erzählschema gehalten. Von ihm stammt aber wahrscheinlich die Einfügung der Verleugnungsgeschichte und deren Konfrontation mit der Verhörszene. Im Dienste des paränetisch orientierten Doppelbildes (tapferes Bekenntnis Jesu — feige Verleugnung durch Petrus) ist dann das Zeugenverhör mit dem Tempelwort in die Verhörszene hineingekommen, wenn es auch als möglich erscheint, daß die summarische Angabe über eine Zeugeneinvernahme (vgl. Mk xiv 56) schon vormarkinisch vorhanden war. Von Markus wurde dann aber auch die Verhörszene auf die Nachtzeit verlegt, denn nur so konnte sie als mit der Verleugnung gleichzeitig verlaufend erscheinen. Die Angabe über das Todesurteil will zunächst einmal die unausweichliche Folge des offenen Bekenntnisses Jesu herausstellen und nicht in erster Linie politisch-apologetisch die Judenschaft belasten. Die Ankündigung des über seine irdischen Richter herabkommenden himmlischen Menschensohnrichters kann die deutliche Formulierung mit κατέκριναν in Vers 64 veranlaßt haben. Dadurch, daß die Szene zu einer Prozeßszene hergerichtet wurde, konnte der Gedanke an den wahren und mit Sicherheit kommenden Menschensohnrichter profiliert werden. Die Richter werden ihren Richter finden!

Die vorgelegten Analysen und — das sei betont — Hypothesen werden unseres Erachtens dem literarkritischen und traditionsgeschichtlichen Befund im wesentlichen gerecht. Genauer zu prüfen wäre die vorgelegte Hypothese vor allem an dem Sprachgebrauch, der Kompositionstechnik und den Darstellungstendenzen des Markusevangelisten. Auch die älteren Traditionsstücke des Tempelwortes und des messianischen Bekenntnisses bedürfen einer weiteren Untersuchung, die aber den Rahmen unserer Fragestellung sprengen würde.

13

DAS VERFAHREN GEGEN JESUS IN DER SICHT
DES DRITTEN EVANGELIUMS (Lk 22,54–23,25).
REDAKTIONSKRITIK UND HISTORISCHE RÜCKFRAGE

1. Problematik der Passionsgeschichte nach Lukas

Die historische Rückfrage nach dem Verlauf des Prozesses gegen Jesus richtet sich vornehmlich an die älteste literarische Bezeugung des jüdischen und römischen Verfahrens, wie sie uns Mk 14,53 – 15,15 vorliegt. Das Matthäus-Evangelium folgt in seiner Darstellung des Prozesses (Mt 26,57 – 27,26) weitgehend dem ältesten Evangelium. Beim dritten Evangelium jedoch sind nicht nur „Umstellungen" des Mk-Stoffes zu beobachten[1]; es enthält auch ein beträchtliches Ausmaß von „Sondergut"[2].

Im Hinblick auf die Gesamtthematik unserer Tagung stellt sich vor allem die Frage, ob das Sondergut des Lukas-Evangeliums auf zuverlässiger Überlieferung beruht und ob die Umstellungen gegenüber der Anordnung des Markus-Evangeliums auf zutreffende Informationen zurückgehen.

Wenn man die Entstehung des ältesten Evangeliums rund 40 Jahre nach dem Todesjahr Jesu ansetzen muß, kann man für das dritte Evangelium eine Abfassungszeit annehmen, die rund 50 Jahre nach den Ereignissen liegt. Es fragt sich, ob man um das Jahr 80 n. Chr. auch unabhängig von schriftlichen Quellen oder mündlich fixierten Überlieferungen noch Angaben über den Verlauf des Verfahrens gegen Jesus gewinnen konnte. War Lukas in der Lage, einen historisch plausiblen Hergang jener Ereignisse zu *rekonstruieren*, die zum Kreuzestod Jesu führten? Wenn er – über seine Hauptquelle, das Markus-Evangelium, hinaus – „neue" Angaben zum Prozeß

---

[1] Die Verleugnung durch Petrus (Lk 22,55–62) und die Verspottung Jesu (22,63–65) werden *vor* dem Synedrialverfahren erzählt. Die Anklage der Synedristen vor Pilatus (23,2) erfolgt, *ehe* Jesus von Pilatus befragt wird (23,3).
[2] Neben der detaillierten jüdischen Anklage vor Pilatus (Lk 23,2.5) ist vor allem die Szene „Jesus vor Herodes Antipas" (23,6–12.13–16) zu nennen. Außerdem ist zu beach-

Jesu macht, hängt für unsere historische Fragestellung nahezu alles davon ab, ob er eigene *Quellen* ausschöpfen konnte und in der Lage war, sie durch authentische *Nachrichten* einer Kontrolle zu unterziehen.

2. Zur Forschungslage

Es empfiehlt sich, mit einem Blick auf die Forschung zur Lukas-Passion zu beginnen[3]. Dabei sollen folgende Gegenstände besonders berücksichtigt werden: das Verhör Jesu vor dem Synedrium, das Verfahren vor Pilatus, die jüdische Anklage gegen Jesus vor dem römischen Statthalter und die Szene „Jesus vor Herodes Antipas".

Vorab sei auf Arbeiten hingewiesen, die sich zu der Frage äußern, ob Lukas für seine Darstellung der Passion Jesu neben dem Mk-Evangelium eine durchgehende Sonderquelle der Leidensgeschichte benutzt hat. In meiner Habilitationsschrift von 1968/69 kam ich – ähnlich wie Heinz Schürmann[4] – zu dem Ergebnis, daß es wahrscheinlich „eine nicht-mk Sondervorlage" des Lukas gab, die er neben dem ältesten Evangelium bei der Darstellung der Passion verwendete[5]. Vincent Taylor ging in seiner posthum herausgegebenen Untersuchung (1972) vorwiegend nach wortstatistischer Methode vor. Der britische Neutestamentler blieb in diesem Buch bei der von ihm schon früher vertretenen These einer proto-lukanischen Quel-

---

ten, daß Lukas Mk-Stoff übergeht: das Zeugenverhör vor dem Synedrium (Mk 14,55–61a) und das Urteil über die Todesschuld Jesu (Mk 14,64).
[3] Siehe dazu folgende Arbeiten der letzten 20 Jahre: *Schneider,* Verleugnung; *Catchpole,* The Trial of Jesus; *Taylor,* Passion Narrative; *Schneider,* Die Passion Jesu; *Walaskay,* Trial and Death; *Klein,* Passionstradition; *Schneider,* Evangelium nach Lukas 434–490; *Büchele,* Der Tod Jesu; *R. Pesch – R. Kratz,* Passionsgeschichte, 2 Hefte (So liest man synoptisch 6/7) (Frankfurt 1979/1980); *Untergaßmair,* Kreuzweg; *B. E. Beck,* „Imitatio Christi" and the Lucan Passion Narrative, in: Suffering and Martyrdom. FS G. M. Styler (Cambridge 1981) 28–47; *J. Delorme,* Le procès de Jésus ou la parole risquée (Lc 22,54 – 23,25): RSR 69 (1981) 123–146; *Fitzmyer,* Luke; *Karris,* Luke; *Neyrey,* The Passion; *R. E. Brown,* The Passion According to Luke: Worship 60 (1986) 2–9; *J. B. Tyson,* The Death of Jesus in Luke-Acts (Columbia SC 1986).
[4] *H. Schürmann,* Jesu Abschiedsrede Lk 22,21–38 (NTA 22/5) (Münster 1957 [²1977]) 140: „Man kann nun zwar noch nicht sagen, die Existenz einer vorluk Nicht/Mk-Form einer Passionsgeschichte sei ... schon sicher bewiesen ... Es bedürfte eingehenderer ... Einzeluntersuchungen ähnlicher Art an anderen entscheidenden Bestandteilen der luk Passionsgeschichte; denn erst mehrere übereinstimmende Ergebnisse dieser Art könnten die Existenz einer vorluk Nicht/Mk-Fassung der Passionsgeschichte gewiß machen."
[5] *Schneider,* Verleugnung 137. 143.

lenschrift, zu der auch die Passionsgeschichte gehörte[6]. In Untersuchungen zur Szene der Gefangennahme Jesu (Lk 22,47–53) und zu Lk 23 kam ich 1973 zu der Auffassung[7], daß Lukas in seinem Kapitel 23 keine Nicht-Mk-Quelle der Passion benutzte, sondern die Mk-Passion bearbeitete und mit Sonderüberlieferungen auffüllte. Dies gilt – im Gegensatz zu der Arbeit von Friedrich Rehkopf[8] – entsprechend auch für die Inhaftierungsperikope[9].

Zwei neuere deutschsprachige Lukas-Kommentare rechnen mit einer Sonderquelle der lukanischen Passionsgeschichte: Josef Ernst (1977)[10] und Eduard Schweizer (1982)[11]. Demgegenüber stehen die beiden in englischer Sprache erschienenen Kommentare von I. Howard Marshall (1978)[12] und Joseph A. Fitzmyer (1985)[13] der These einer derartigen Sonderquelle betont reserviert gegenüber. Der Aufsatz Hans Kleins zur lukanisch-johanneischen Passionsüberlieferung rechnet mit einer „Vorlage des lukanischen Passionsberichtes aus seinem Sondergut", die mit der Vorlage der Johannes-Passion von einer „gemeinsamen Grundschicht" abhängig sei[14]. Jedoch wird man eher annehmen dürfen, daß Lukas frühe Formen einer sich entwickelnden johanneischen Passions-Überlieferung kannte[15]. Die historische Rückfrage nach den von Lukas berichteten Ereignissen der Passion Jesu[16] tritt in letzter Zeit sichtlich in den

---

[6] *Taylor,* Passion Narrative 117–140. Siehe dazu meine Rezension in: ThRv 69 (1973) 285 f. – Die Proto-Lukas-Hypothese vertrat *V. Taylor* schon in dem Buch: Behind the Third Gospel (Oxford 1926).

[7] *Schneider,* Die Passion Jesu 32–35. 51–55. 90–143.

[8] Siehe *F. Rehkopf,* Die lukanische Sonderquelle, ihr Umfang und Sprachgebrauch (WUNT 5) (Tübingen 1959).

[9] Vgl. *Schneider,* Evangelium nach Lukas 28. 437. 460–463. 471–490.

[10] *Ernst,* Evangelium nach Lukas 29 f. 573.

[11] *Schweizer,* Evangelium nach Lukas 2. 235–237.

[12] *Marshall,* Luke 31. 785.   [13] *Fitzmyer,* Luke 1365 f.

[14] *Klein,* Passionstradition 156. 185 f.   [15] *Fitzmyer,* Luke 1366.

[16] Die Arbeiten zur historischen Rückfrage nennen im Titel häufig den „Prozeß Jesu". Im einzelnen sind folgende Untersuchungen (in Auswahl) zu nennen: *G. D. Kilpatrick,* The Trial of Jesus (Oxford 1953); *Winter,* On the Trial of Jesus; *E. Lohse,* Die Geschichte des Leidens und Sterbens Jesu Christi (Gütersloh 1964); *S. G. F. Brandon,* The Trial of Jesus of Nazareth (London 1968); *Blinzler,* Der Prozeß Jesu; *W. Trilling,* Fragen zur Geschichtlichkeit Jesu (Düsseldorf ³1969) 130–141; *E. Linnemann,* Studien zur Passionsgeschichte (FRLANT 102) (Göttingen 1970); *Bammel,* The Trial of Jesus; *H. Cohn,* The Trial and Death of Jesus (London 1971); *G. St. Sloyan,* Jesus on Trial. The Development of the Passion Narratives and Their Historical and Ecumenical Implications (Philadelphia 1973); *Pesch,* Markusevangelium, bes. 404–425 (Exkurs); *J. Gnilka,* Das Evangelium nach Markus II (EKK II 2) (Zürich – Neukirchen 1979); *Strobel,* Die Stunde der Wahrheit; *Jesus and the Politics of His Day,* ed. by E. Bammel –

Hintergrund. Dies hängt damit zusammen, daß man der Frage nach den Quellen des lukanischen Sondergutes weithin ausweicht. Man behandelt die lukanische Passionsdarstellung eher in ihrer „Synchronie", nennt diese Methode jedoch häufig „Redaktionsgeschichte"[17]. Die Theologie der Evangelisten als Redaktoren kann jedoch nur auf dem Hintergrund ihrer Quellen erkannt werden. Und nur, wer die Quellenfrage bzw. die Traditionsgeschichte der Evangelientexte erörtert, kann auch in der Frage der Historizität Stellung beziehen.

Wenn wir im folgenden Einzeltexte des Verfahrens gegen Jesus nach Lukas besprechen, so geschieht dies nach einem festen Schema, dessen methodische Berechtigung wohl einleuchtet: a) Verankerung im lukanischen Kontext; b) Verhältnis zum Mk-Evangelium; c) Quellenfrage; d) Frage der Historizität; e) Theologische Akzentsetzung des Evangelisten.

3. Jesus vor dem Synedrium (Lk 22,66–71)[18]

a) Nach der Verhaftung wird Jesus „in das Haus des Hohenpriesters" gebracht (Lk 22,54), wo sich im Hof die Verleugnung durch Petrus (22,55–62) und die Verspottung des Gefangenen durch die Wache (22,63–65) – beide in der zweiten Hälfte der Nacht – abspielen. Erst bei Tagesanbruch versammelt sich „der Ältestenrat des Volkes", und Jesus wird „in ihr Synedrium abgeführt" (22,66)[19]. Im Verhör legt Jesus ein Selbstzeugnis ab, weshalb weitere Zeugnisse überflüssig erscheinen (22,71). Nach dem Ergebnis des Verhörs zieht der Hohe Rat mit dem Gefangenen zu Pilatus, um ihn dort an-

---

C. F. D. Moule (Cambridge 1984). – Siehe auch die rechtsgeschichtlichen Arbeiten von A. *Steinwenter:* Il processo di Gesù: Jus 3 (1952) 471–490; Rezension von J. Blinzler, Der Prozeß Jesu, 2. Aufl.: Jura 7 (1956) 263–266; Bibel und Rechtsgeschichte: JJP 15 (1965) 1–19. Außerdem J. *Blinzler,* Das Synedrium von Jerusalem und die Strafprozeßordnung der Mischna: ZNW 52 (1961) 54–65.

[17] Vgl. *Büchele,* Der Tod Jesu; *Untergaßmair,* Kreuzweg; *Karris,* Luke; *Neyrey,* The Passion.

[18] Spezialliteratur zu dieser Szene (nach Lk): *Tyson,* The Lucan Version; *Schneider,* Verleugnung 105–134; D. R. Catchpole, The Problem of the Historicity of the Sanhedrin Trial, in: Bammel, The Trial of Jesus 47–65; *Schneider,* Jesus vor dem Synedrium: ders., Gab es eine vorsynoptische Szene?; *Catchpole,* The Trial of Jesus, bes. 153–220; *Légasse,* Jésus devant le Sanhédrin, bes. 182–189; *Neyrey,* The Passion 71–76.

[19] Nachdem der Hohe Rat mit τὸ πρεσβυτέριον τοῦ λαοῦ bezeichnet wurde, bezieht sich τὸ συνέδριον αὐτῶν auf den Sitzungsraum; vgl. Apg 4,15.

zuklagen. Die Anklage gipfelt in der Behauptung, Jesus habe sich selbst als Messias bezeichnet (23, 1 f). Dabei wird χριστός durch βασιλεύς interpretiert, um den Statthalter für die Sache Jesu zu interessieren. So ist die Frage des Pilatus: „Bist du der König der Juden?" (Lk 23,3 par. Mk 15,2), die bei Markus unvermittelt erscheint, bei Lukas vorbereitet, und zwar durch den Anklagepunkt „Messias-König".

b) Vergleicht man die lukanische Darstellung mit Mk 14,55–65, jenem Text, den Lukas als Vorlage kannte, so lassen sich folgende Unterschiede feststellen. Nach Lukas findet die Synedriumssitzung nicht zur Nachtzeit statt, sondern am Morgen des Karfreitags. Als Sitzungsort ist nicht das „Haus des Hohenpriesters" vorausgesetzt (vgl. Lk 22,54.66). Bei Lukas fehlen die Zeugenaussagen, die Jesus mit einem gegen den Tempel gerichteten Wort belasten wollen (Mk 14,56–61 a). Jesus wird nach Lukas nicht vom Vorsitzenden des Hohen Rates, dem amtierenden Hohenpriester, befragt, sondern von den Ratsmitgliedern insgesamt zur Antwort aufgefordert (22,67 a diff. Mk 14,61 b). Die Aufforderung zu sagen, ob er der Messias sei, wird von Jesus nicht mit „Ich bin es" beantwortet, sondern mit einem Satz, der die „Zwecklosigkeit" einer Antwort gegenüber dem Rat herausstellt: „Wenn ich es euch sage, so glaubt ihr doch nicht. Wenn ich aber frage, so gebt ihr keine Antwort" (22,67 c.68)[20]. Die Aussage Jesu wird in Vers 69 (im Anschluß an Mk 14,62 b) weitergeführt: Der Messias Jesus ist der Menschensohn, der „von nun an zur Rechten der Kraft Gottes sitzen wird". Daß er „mit den Wolken des Himmels kommen" werde (Mk 14,62 b), übergeht Lukas. Dem Kontext kommt es auf die nach dem Tod Jesu erfolgende himmlische Inthronisation an, wie die Reaktion der Synedristen in Vers 70 a zeigt: Sie erkennen, daß Jesus sich an die Seite Gottes stellt und fragen nach seiner Gottessohnschaft. Hierauf bestätigt Jesus: „Ihr sagt es: Ich bin es" (22,70 b). Nach Lukas folgt keine Geste der Entrüstung oder ein Vorwurf der Lästerung von seiten des Hohenpriesters (wie Mk 14,63.64 a), auch kein Schuldspruch oder eine Mißhandlung Jesu durch die Ratsherren (Mk 14,64 b.c.65). Die Synedristen stellen nur fest, daß Jesu Selbstzeugnis hinreichend ist (Lk 22,71), und zwar für eine Anzeige bei Pilatus.

c) Daß Mk 14,55–65 *eine* Vorlage für die Synedrialszene des dritten Evangeliums ist, wird auch von Vincent Taylor nicht bestritten[21].

---

[20] Vgl. Joh 10,24 f (zu Lk 22,67 c) sowie Lk 20, 1–8.40.44 andererseits (zu 22,68).
[21] *Taylor,* Passion Narrative 80–84.

Möglicherweise hat Lukas neben dem ältesten Evangelium noch eine Sonderüberlieferung ausgeschöpft, vor allem für den Anfang der Szene (Lk 22,66–68)[22]. Nach David R. Catchpole enthielt die Sonderquelle des Lukas unsere Verhör-Szene vollständig[23]. Andererseits meint Rudolf Pesch zeigen zu können, „daß die lk Darstellung *in keinem Fall* als selbständige Quelle neben der vormk Passionsgeschichte für die historische Rückfrage nach dem Prozeß Jesu gelten und ausgewertet werden kann"[24]. Nach Pesch kann die lukanisch-redaktionelle Gestaltung der Verhörszene „auf der Basis der Mk-Vorlage … als gesichert gelten"[25].

Von den neueren Lk-Kommentaren meint der von Josef Ernst, man könne auf die Annahme einer Sonderquelle neben Mk kaum verzichten. Die Erzählung des Lk-Evangeliums könne „nicht als eine redaktionelle Überarbeitung des Mk" verstanden werden, „obwohl sie zweifellos von Mk beeinflußt ist"[26]. Eduard Schweizer meint gar, Lukas verwende hier eine Tradition, die „in vielem ursprünglich" sei[27]. Joseph A. Fitzmyer, der sich gegen die Existenz einer lukanischen Sonderquelle der Passionsgeschichte ausspricht[28], meint dennoch, daß die Verse 66–68 unserer Szene und vielleicht sogar auch die Verse 69–71 auf eine Sonderüberlieferung zurückgehen[29].

Eine ausführliche Erörterung der Einwände, die Pesch gegen meine eigene Vermutung in der Quellenfrage vorbringt, kann hier nicht erfolgen. Es bleibt festzuhalten, daß sich unser Dissens vor allem auf die Herkunft der Verse 67 f erstreckt[30], d. h. auf die Antwortverweigerung Jesu bei der Messiasfrage. Ob diese Antwort Jesu auf Überlieferung beruht oder freier lukanischer Redaktion zuzuschreiben ist, wird weniger für die historische Rückfrage als für die Erörterung der theologischen Akzentsetzung des Lukas von Bedeutung sein.

---

[22] *Schneider,* Verleugnung 137–139; vgl. *ders.,* Jesus vor dem Synedrium 9 f; *ders.,* Gab es eine vorsynoptische Szene? 35–38; *ders.,* Die Passion Jesu 67–72. Auch *Légasse,* Jésus devant le Sanhédrin 182–189, rechnet damit, daß Lukas neben Mk noch andere Quellen bzw. Traditionen ausschöpfte.

[23] *Catchpole,* The Trial of Jesus 153–220.

[24] *Pesch,* Markusevangelium 406.

[25] Ebd. 408.

[26] *Ernst,* Evangelium nach Lukas 618.

[27] *Schweizer,* Evangelium nach Lukas 230.

[28] *Fitzmyer,* Luke 1365 f.

[29] Ebd. 1458.

[30] Siehe *Pesch,* Markusevangelium 408.

d) Vom Standpunkt des Historikers aus wird nicht selten behauptet, eine *Morgensitzung des Synedriums* sei gegenüber der bei Mk berichteten Nachtsitzung wahrscheinlicher[31]. Daß der Hohe Rat nicht zur Nachtzeit, sondern morgens zusammentritt, entspricht dem Bild, das die Apostelgeschichte regelmäßig vorführt[32]. Lukas weiß offensichtlich um eine solche Praxis, und so kann er, an Mk 15,1 anknüpfend[33], von einer morgendlichen Sitzung des Hohen Rates erzählen (Lk 22,66). Mk 15,1 erwähnt indessen nicht eine *Sitzung* am frühen Morgen, sondern eine *Beschlußfassung* (συμβούλιον ποιήσαντες). Vielleicht will Lukas hervorheben, daß das Synedrium „in ordentlicher Sitzung" tagte und somit das Judentum in offizieller Repräsentanz versammelt war. In die gleiche Richtung weist wohl auch die Angabe über das offizielle Sitzungslokal[34]. Zusammenfassend kann man mit Pesch sagen: „Die Morgensitzung des Synedrions in einem vom Haus des Hohenpriesters ... verschiedenen Sitzungslokal ist von Lukas in seiner Mk-Redaktion im Blick auf die Parallelszenen der Apg aufgrund schriftstellerischer historischer Logik konzipiert worden; sie war nicht in einer Sondertradition überliefert."[35]

Wie steht es um die Historizität der *Antwortverweigerung Jesu* nach Lk 22,67f? Nach der Aufforderung der Synedristen, zu sagen, ob er der Messias sei, wendet Jesus zunächst ein: „Wenn ich es euch sage, so glaubt ihr doch nicht" (V.67c). Dann fährt er fort: „Wenn ich aber frage, so gebt ihr keine Antwort" (V.68). Letztere Behauptung bezieht sich zwar, wie Pesch richtig erkannt hat[36], auf Lk 20 zurück. Die Antwort Jesu ist jedoch in ihrem ersten Teil (V.67c), wie Joh 10,24f zeigt, „johanneisch" formuliert[37] und somit wahrscheinlich traditionell. Wenn die erste Behauptung Jesu (V.67c) möglicherweise „traditionell" ist (und nicht auf freie Redaktion des Lukas

---

[31] Siehe z.B. *Tyson*, The Lucan Version 252; *Winter*, On the Trial of Jesus 20–30. Weitere Vertreter nennt *Blinzler*, Der Prozeß Jesu 170f.

[32] Apg 4,3.5; 5,18f.21.27; 22,30.

[33] Siehe *Schneider*, Verleugnung 105–112.

[34] Siehe oben Anm. 19.

[35] *Pesch*, Markusevangelium 408.

[36] Ebd. 408. Pesch verweist auf die Perikope der Vollmachtsfrage Lk 20,1–8, wo zwar die jüdische Aufforderung „Sag es uns!" vorkommt, nicht jedoch das Stichwort πιστεύω. Doch ist 20,1–8 ein „Beleg" für den zweiten Satz Jesu: Die Juden bleiben Jesus eine Antwort schuldig (20,3–7). Siehe auch 20,41–44 (die Gegner wissen auf Jesu Davidssohn-Frage keine Antwort).

[37] Joh 10,24f: „Da umringten ihn die Juden und fragten ihn: Wie lange noch willst du uns hinhalten? Wenn du der Messias bist, sag es uns freimütig! Jesus antwortete ihnen: Ich habe es euch gesagt, doch ihr glaubt nicht (καὶ οὐ πιστεύετε) ..."

zurückgeht), so kann man sie dennoch nicht als für die Situation im Synedrium gesichert ansehen. Im Gegenteil: Sie setzt, wie ihre „Parallele" im vierten Evangelium, voraus, daß die Judenschaft den Christus-Glauben verweigert hat. Gerade dies zu zeigen, ist auch das theologische Anliegen des Lukas in seiner Synedrialszene.

e) Welche theologischen Akzente setzt Lukas in seiner Synedrialszene? Zunächst ist deutlich, daß er einerseits den offiziellen Charakter der Gegenüberstellung unterstreicht: das Judentum, repräsentiert durch den Hohen Rat, steht Jesus ungläubig gegenüber. Jesus bekennt sich zu seiner Messianität und Gottessohnschaft, obwohl er zuvor das Versagen des Petrus (22,54–62) und die Mißhandlung durch die Wachleute (22,63–65) hinnehmen mußte. Er ist es, der hier vor den Juden „Zeugnis ablegt". Auf der anderen Seite ist der prozessuale Charakter der Mk-Darstellung weitgehend beseitigt: kein Zeugenverhör, kein Vorsitzender, kein Schuldspruch!

Die Konzentration auf die Christologie, d.h. auf das Selbstzeugnis Jesu, wird nicht zuletzt auch dadurch erreicht, daß der Vorwurf einer gegen den Tempel gerichteten Drohung entfällt[38]. Die Titel Christus, Menschensohn, Gottessohn stehen im Vordergrund. Während bei Markus „Christus" und „Sohn des Hochgelobten" nebeneinanderstehen (Mk 14,61), werden diese Titel entsprechend lukanischem Verständnis[39] voneinander getrennt. Die sessio a dextris Dei erweist die Gottessohnschaft[40]. Während nach Mk 14,62 das Kommen mit den Wolken des Himmels, also die Parusie des Menschensohnes, Jesus ins Recht setzt, erfolgt seine Rehabilitation nach Lukas[41] in seiner Auferweckung und himmlischen Inthronisation[42].

---

[38] Freilich weiß der Leser von der Tempelaktion Jesu und der auf sie folgenden Frage nach Jesu Vollmacht (Lk 19,45–20,8). Vor Pilatus bringen die Synedristen konkrete Anschuldigungen gegen Jesus vor, von denen aber nur der Messiasanspruch (23,2) im Synedrialverhör zur Sprache kam.

[39] Vgl. Lk 1,32f.35; 4,41; Apg 9,20.22.

[40] Vgl. dazu *Schneider,* Verleugnung 173.

[41] Siehe neben Lk 22,69 auch Apg 2,32–36.

[42] Dazu *Neyrey,* The Passion 73f.

4. Die Verhandlung vor Pilatus (Lk 23,1–25)[43]

a) Der Gesamtkomplex Lk 23,1–25 ist als Einheit zu betrachten, auch wenn wir im Hinblick auf die historische Rückfrage zwei Stücke gesondert behandeln werden: die politische Anklage (23,2.5) und die Szene „Jesus vor Herodes" (23,6–16). Die Einheitlichkeit der Konzeption geht nicht zuletzt daraus hervor, daß die Synedristen laut 23,1 Jesus zu Pilatus bringen und daß dieser laut 23,25 diesen Jesus „ihrem Willen ausliefert". Die Verknüpfung mit dem Vorausgehenden, dem Synedrialverhör, erfolgt beim Vorbringen der Anklage durch den Hohen Rat, indem man den Messiasanspruch Jesu durch die Apposition „ein König" auslegt (23,2). Neuerdings schlägt Jerome Neyrey vor, bei Lukas *vier* Prozesse gegen Jesus zu unterscheiden[44]: einen vor dem Hohen Rat (22,66–71), einen zweiten vor Pilatus (23,1–5), einen dritten vor Herodes (23,6–12) und einen vierten vor der versammelten Judenschaft (23,13–25). Hierbei wird jedoch verkannt, daß die beiden letzten „Verfahren" nur Bestandteile der Verhandlung vor Pilatus sind[45].

b) Die lukanische Darstellung folgt – abgesehen von der Herodes-Episode (23,6–12.13–16 Sondergut)[46] – dem Mk-Aufriß: Anklage und erstes Verhör vor Pilatus (23,1–5 par. Mk 15,1–5), Barabbasszene (23,18–23 par. Mk 15,6–14), Auslieferung Jesu zur

---

[43] Neuere Literatur zu diesem Gesamtkomplex: *J. Blinzler,* Der Entscheid des Pilatus – Exekutionsbefehl oder Todesurteil?: MThZ 5 (1954) 171–184; *J. B. Tyson,* Jesus and Herod Antipas: JBL 79 (1960) 239–246; *Hoehner,* Why did Pilate hand Jesus over to Antipas? 84–90; *ders.,* Herod Antipas 224–250; *Schneider,* Die Passion Jesu 83–93; *Klein,* Passionstradition 156–162. 177–179; *K. Müller,* Jesus vor Herodes. Eine redaktionsgeschichtliche Untersuchung zu Lk 23,6–12, in: Zur Geschichte des Urchristentums, hrsg. von *G. Dautzenberg u. a.* (QD 87) (Freiburg i. Br. 1979) 111–141; *E. Buck,* The Function of the Pericope „Jesus before Herod" in the Passion Narrative of Luke, in: Wort in der Zeit. FS K. H. Rengstorf (Leiden 1980) 165–178; *Schneider,* Die politische Anklage; *M. L. Soards,* Tradition, Composition and Theology in Luke's Account of Jesus before Herod Antipas: Bib. 66 (1985) 344–364.
[44] *Neyrey,* The Passion 71–84. Er möchte in der Apg eine gleiche Vierzahl von Prozessen gegen Paulus erkennen (98).
[45] Vgl. Lk 23,6f.11f (Jesus wird zu Pilatus zurückgeschickt); 23,14 (Pilatus greift die jüdische Anklage von 23,2 wieder auf); 23,15 (Pilatus verweist auf das Urteil, das Herodes sich bilden konnte). – *H. Conzelmann,* Die Mitte der Zeit. Studien zur Theologie des Lukas (BHTh 17) (Tübingen [1954] ⁴1962) 63, will hinter Lk 23,1–25 im Sinne des Evangelisten *drei* Instanzen ausmachen, zwischen denen der Prozeß Jesu verläuft: Pilatus als Prokurator von Judäa, Herodes als König des Klientelstaates Galiläa und der Hohe Rat als „Stadtrat einer freien Stadt" (der Polis Jerusalem). Doch versieht Conzelmann selbst eine solche Vermutung mit Fragezeichen.
[46] Siehe dazu unter 6.

Kreuzigung (23,24f par. Mk 15,15). Wesentliche Unterschiede liegen darin, daß Lukas die Anklage gegen Jesus konkretisiert und die Synedristen als Verleumder erscheinen läßt. Wenn er die Anklagepunkte *vor* Mk 15,2 par. Lk 23,3 nennt, gibt er dem Bericht des Mk-Evangeliums mit der unvermittelten Frage nach dem Königtum Jesu eine plausiblere Ordnung. Statt der Verwunderung des Pilatus über Jesu Schweigen (Mk 15,5) läßt Lukas den Statthalter eine erste Unschuldserklärung zugunsten Jesu abgeben (Lk 23,4). Nach der Herodesszene folgt eine zweite Erklärung über die Schuldlosigkeit Jesu (23,14f). Mit der Bemerkung, Pilatus habe Jesus freilassen wollen (23,16), leitet Lukas zur Barabbasszene über.

Ohne von der herkömmlichen Übung einer Gefangenen-Freilassung zum Festtag zu berichten (vgl. Mk 15,6), erzählt Lukas, daß die Juden den Tod Jesu forderten und im Gegenzug die Freilassung des politischen Mordgesellen Barabbas verlangten (23,18f). Pilatus fragt die Judenschaft „zum dritten Mal: Was hat er denn Böses getan? Ich fand an ihm nichts, was den Tod verdiente" (23,22). Nach Lukas geht es nicht um eine Passa-Amnestie, sondern um den Austausch zweier Gefangener[47]. Die Judenschaft fordert die Freilassung dessen, der an einem Mord beteiligt war (23,19), und – mit Emphase – die Kreuzigung Jesu (23,18.21.23)[48]. Mit dieser Forderung hat sie bei Pilatus Erfolg (23,23.24.25).

Bemerkenswert ist, daß Lukas im Verfahren vor Pilatus andeutungsweise „juristische" Terminologie verwendet: ἀνακρίνω (23,14) und ἐπικρίνω (23,24), das erste Verbum für die amtliche Untersuchung bzw. das Verhör, das zweite für die (richterliche?) Entscheidung.

c) Zur Frage der von Lukas ausgeschöpften Quellen kann – da wir von der politischen Anklage 23,2 und der Herodesszene 23,6–12(13–16) zunächst absehen – nur festgestellt werden, daß Mk 15,1–15 die Grundlage bildet.

d) Damit ist auch schon gesagt, daß Lukas bei der Bearbeitung der Mk-Vorlage allenfalls eigenes Wissen oder historisierende Überlegungen einbrachte. Dies bezieht sich auf die Barabbasszene, bei der Lukas möglicherweise Zweifel an einer Amnestie-*Gewohnheit* anmeldete[49], ferner auf den Versuch, das Verfahren vor Pilatus in ju-

---

[47] Vgl. Apg 3,13–15.

[48] Daß Pilatus Jesus freilassen wollte, wird – ebenso wie die Erklärung über dessen Schuldlosigkeit – dreimal erzählt: Lk 23,16.20.22.

[49] Siehe dazu *Schneider,* Die Passion Jesu 95–98.

ristischer Terminologie zu beschreiben. Trotzdem bleibt die Darstellung des Lukas, will man den näheren rechtlichen Charakter des
römischen Verfahrens gegen Jesus bestimmen, bemerkenswert „offen".

e) Die theologischen Schwerpunkte, die Lk 23,1–25 bestimmen,
sind – abgesehen von 23,2 und 23,6–16 – vor allem in folgendem zu
sehen. Die Initiative gegen Jesus liegt bei der Judenschaft[50], die den
Römer Pilatus in ihr Vorhaben[51] einspannt. Am Ende gibt der Statthalter den Synedristen und dem Volk nach (23,24f). Letztlich
schreibt Lukas die Tötung Jesu den Juden zu, die Römer sind dabei
nur Handlanger[52] (Apg 2,23; 3,13–15).

5. Die politische Anklage vor Pilatus (Lk 23,2.5)

a) Bevor der römische Statthalter Jesus fragt, ob er „der König der
Juden" sei, und Jesus mit „Ich bin es" antwortet (Lk 23,3 par. Mk
15,2), berichtet Lk 23,2 von Anklagepunkten, die die Synedristen
vorbringen.

b) Diese Anklagepunkte sind Sondergut des dritten Evangeliums.
Während Mk 15,3 von einer Anklage der Oberpriester erst *nach* der
Königsfrage des Pilatus berichtet und offenbar voraussetzt, daß der
Königsanspruch schon vorher von der Priesterschaft genannt worden war[53], ordnet Lukas den Bericht so, daß die Anklagen erhoben
werden, ehe Pilatus nach dem Königsanspruch fragen kann. Nach
dem Ergebnis des Synedrialverhörs und nach der Vorlage Mk 15,2f
sollte man eigentlich erwarten, daß Lukas bei den Anklagen den Königsanspruch an die Spitze stellt. Doch will Lukas mit den Anklagen
auf die Frage des Pilatus hinlenken. So erscheint der Messias-Kö-
nig-Anspruch an letzter Stelle, und Pilatus kann ihn unmittelbar aufgreifen.

c) Die Quellenfrage ist für Lk 23,2 mit großer Gewißheit so zu beantworten, daß die Anklagepunkte weder einer Überlieferung entstammen noch auf Nachrichten zurückgehen. Die Anklage ist

---

[50] Folgende Gruppierungen werden genannt: 23,1: das ganze Synedrium (vgl. näherhin 22,66: Oberpriester und Schriftgelehrte); 23,4: Oberpriester und Volksscharen;
23,10: Oberpriester und Schriftgelehrte (vor Herodes); 23,13: Oberpriester, Archonten
und das Volk (diese Gruppierung handelt auch 23,18.21.23 [mit der Forderung, Jesus
zu kreuzigen]).

[51] Vgl. die Absicht der Oberpriester und Schriftgelehrten Lk 22,2.

[52] Siehe Apg 2,23: διὰ χειρὸς ἀνόμων ... ἀνείλατε.

[53] Mit πολλά Mk 15,3 wird angedeutet, daß die Anklage mehrere Punkte erwähnte.

vielmehr vom Evangelisten aus seiner Mk-Vorlage „erschlossen"[54]. Wahrscheinlich sind die drei erwähnten Punkte so zu verstehen, daß der erste (Volksverführung) durch die beiden folgenden spezifiziert wird (Verweigerung der Kaisersteuer, Messiasanspruch)[55]. Man kann indessen auch überlegen, ob Volksaufwiegelung und Aufforderung zum Steuer-Boykott als Vergehen gegen den römischen Kaiser verstanden sind und beide Delikte aus dem messianischen Königsanspruch abgeleitet werden. Der Vorwurf der Volksaufwiegelung stützt sich materiell auf Angaben wie Lk 19,48; 20,6.19.26; 22,2[56], wo von der Sympathie des Volkes für Jesus die Rede ist. In Wirklichkeit war nicht Jesus ein Volksaufwiegler, sondern die jüdische Führerschaft hat die Massen aufgewiegelt, wie Lk 23,18 f.21.25 andeuten[57]. Der Vorwurf, Jesus habe zur Verweigerung der Kaisersteuer aufgefordert, muß nach Lk 20,20–26 (Mk 12,13–17) gleichfalls als Verleumdung gelten. Bei dem Messiasanspruch können sich die Ratsmitglieder zwar auf das Bekenntnis Jesu im Synedrium berufen. Indem sie aber „Messias" durch βασιλεύς erläutern, suggerieren sie vor Pilatus einen politischen Königsanspruch[58]. Der Leser des dritten Evangeliums kann den verleumderischen Charakter der jüdischen Anklage durchschauen.

d) Wie weit kommt Lukas mit den konkreten Anklagepunkten der historischen Wahrheit nahe? Sicher trifft er mit dem Königsanspruch Jesu das Bindeglied, das die im Synedrium zur Sprache gekommene „Messianität" mit dem später erwähnten Verurteilungsgrund „König der Juden" (Lk 23,38 par. Mk 15,26)[59] verknüpft.

---

[54] Siehe *Schneider*, Die politische Anklage 183: „Lk 23,2 beruht nach den vorgelegten Analysen auf dem Material des Mk, das Lukas rekonstruierend zu einer konkreten Anklage der Juden vor Pilatus redigiert hat." Vgl. *Pesch*, Markusevangelium 408 („Material der Jerusalemer Auseinandersetzungen"). – *Marshall*, Luke 852, möchte hingegen Lk 23,2 einer Quelle oder „Überlieferungen" zuschreiben. *Ernst*, Evangelium nach Lukas 621, meint: „Für die Existenz einer Sonderquelle spricht nicht nur der wortstatistische Befund …, sondern auch die nur geringfügig unterbrochene Sondergutabfolge im weiteren Kontext. Beachtung verdienen zudem die Berührungen mit Joh 18,29–38."
[55] *Schneider*, a.a.O. 177 f. Volksaufwiegelung, Volksverhetzung und Abspenstigmachen des Volkes sind die entscheidenden Vorwürfe: Lk 23,2.5.14.
[56] Abhängig von Mk 11,18.32; 12,12; 14,2.
[57] Siehe auch Apg 13,50; 14,19; 17,5–8.13; 18,12–17; 21,27 f.
[58] Zur „markinischen" Grundlage der Anklage und zur redaktionellen Zusammenstellung durch Lukas siehe näherhin *Schneider*, Die politische Anklage 178–182. Vgl. *ders.*, Die Passion Jesu 91–93.
[59] Siehe die grundlegende Arbeit von *N. A. Dahl*, Der gekreuzigte Messias, in: Der historische Jesus und der kerygmatische Christus, hrsg. von *H. Ristow – K. Matthiae* (Berlin ³1964) 149–169.

Lukas unterstellt jedoch bei dem Anklagepunkt „Messias-König"
eine böswillige Verdrehung des wahren Sachverhalts: Jesu Messiasanspruch wird von ihm selbst im Sinne des himmlisch inthronisierten Menschensohnes und des Sohnes Gottes präzisiert (22, 69 f), von
der Judenschaft aber, um Pilatus gegen Jesus einzunehmen, poli-
tisch und anti-römisch[60] interpretiert. Doch Pilatus tritt nicht in
diese Falle; er findet keine Schuld an Jesus (23, 4). – Kann Lukas
auch mit dem Vorwurf, Jesus verführe das Volk, jenem Anklagepunkt, der dreimal herausgestellt wird[61], den historischen Sachver-
halt getroffen haben, wie neuere Untersuchungen vermuten[62]?
Nach August Strobel verrät Lk 23, 2 „ohne Zweifel ein äußerst präzi-
ses Wissen über das jüdische Anklagemoment und das jüdische Urteil". Er stützt diese Auffassung jedoch auf die „Annahme einer
Sonderquelle"[63], was sich als unzutreffend erweist. In jedem Fall
aber ist bezüglich des Anklagepunktes „Volksverführer" folgendes
zu bedenken: War der Vorwurf, ein Volksverführer (oder falscher
Prophet) zu sein, möglicherweise bereits im Synedrium erhoben
worden[64], so interessiert vor Pilatus der Aspekt des „Aufwieglers"[65],
der der Besatzungsmacht gefährlich werden konnte. Falls sich die
Baraita des Babylonischen Talmuds (bSanh 43a) auf Jesus von Nazaret bezieht[66], erhob das Judentum gegen ihn folgende Vorwürfe:

---

[60] Vgl. Apg 17, 7; Joh 19, 12.

[61] Lukas erwähnt den Punkt dreimal, mit wechselnden Ausdrücken: 23, 2 διαστρέφω,
23, 5 ἀνασείω (vgl. Mk 15, 11: die Priesterschaft wiegelt die Massen auf!), 23, 14 ἀπο-
στρέφω.

[62] *Blinzler,* Der Prozeß Jesu 278; *Schneider,* Die politische Anklage 183.

[63] *Strobel,* Die Stunde der Wahrheit 97 Anm. 6. Zur Anklage als „Verführer bzw. Auf-
wiegler des Volkes" siehe ebd. 81–92.

[64] Siehe die gesetzlichen Vorschriften von Dtn 13, 1–11; ferner die Tempelrolle von
Qumran 54, 5–55, 1: *J. Maier,* Die Tempelrolle vom Toten Meer (UTB 829) (München
– Basel 1978) 55 f.

[65] διαστρέφω „abwendig machen" ist Lk 23, 2 wohl im Sinne von „abbringen (von der
Regierung)" zu verstehen; siehe *Ernst,* Evangelium nach Lukas 620. 622. Schon *Blinzler,* Der Prozeß Jesu 187, betonte: „Die bei Pilatus erhobene Anklage [Lk 23, 2.5] meint
nicht Verführung im religiösen Sinn, nicht Verführung zur Abgötterei, sondern Volksaufwiegelung im politischen Sinn; und das von den Hierarchen für Jesus gebrauchte
Schimpfwort ‚Betrüger' [Mt 27, 63] hat keine erkennbare Beziehung zum Prozeß Jesu
(ebenso nicht Jo 7, 12.47)."

[66] Siehe *J. Maier,* Jesus von Nazareth in der talmudischen Überlieferung (EdF 82)
(Darmstadt 1978) 225: „Kontext und literarischer Charakter lassen es schon als äußerst
zweifelhaft erscheinen, daß in diesem Text irgendeine Reminiszenz an den Prozeß
Jesu enthalten ist." Und: „Sofern dieser Text historische Reminiszenzen enthält, beziehen sie sich aller Wahrscheinlichkeit nicht auf Jesus Christus" (226).

er habe Zauberei getrieben sowie Israel verführt und abtrünnig gemacht[67].

In der neueren Diskussion spielt die frühe jüdische Jesuspolemik mit ihrem Vorwurf, Jesus sei ein Volksverführer gewesen und aufgrund dieses Deliktes (gemäß den Anweisungen von Dtn 13) hingerichtet worden, eine besondere Rolle[68]. Man verweist zur Rechtssituation des Judentums der Zeitenwende neuerdings gern auf die Tempelrolle von Qumran[69], wo in den Kolumnen 54–56 Bestimmungen des Deuteronomiums aufgegriffen werden[70]. In einer Vorlesung von 1985 behauptet Peter Stuhlmacher, die jüdischen Gegner Jesu hätten auf die Frage nach dem Grund für Jesu Hinrichtung geantwortet: „Dieser Mann mußte sterben, weil nach dem Gesetz des Mose ein religiöser Verführer und Falschprophet aus der Mitte des Volkes Israel ausgetilgt werden muß!"[71] In einer Fußnote zu dieser These beruft sich Stuhlmacher auf August Strobel. Dieser habe gezeigt, „daß der ... gegenüber Jesus geäußerte Vorwurf, er sei ein ... Verführer gewesen, auf dem Hintergrund von Dtn 13; 17,12 und 18,20 (und der frühjüdischen, von diesen Texten ausgehenden Rechtstradition) zu sehen ist und den historischen Grund für Verhaftung und Verurteilung Jesu durch das Synhedrium darstellt"[72]. Er fügt hinzu: „Die markinische Passionsdarstellung verdient unter diesen Umständen viel mehr historisches Vertrauen, als ihr bislang erwiesen wurde."[73]

Im Blick auf diese Behauptungen Stuhlmachers ist zunächst zu sa-

---

[67] Gegenüber Maier hält z. B. O. *Betz* daran fest, daß sich die Talmud-Baraita bSanh 43 a auf Jesus von Nazaret bezieht: Probleme des Prozesses Jesu 565–647, näherhin 570–580. *Strobel,* Die Stunde der Wahrheit 91 Anm. 244, sagt zur These Maiers (siehe oben Anm. 66): „Diese Folgerung geht fehl."

[68] Siehe z. B. *Strobel,* a. a. O. 81–94, und *Betz,* a. a. O. 577–580; ferner *D. Hill,* Jesus before the Sanhedrin – On What Charge?: IrBSt 7 (1985) 174–186. – Als Vorläufer kann *E. Stauffer* (Jesus. Gestalt und Geschichte [Bern 1957] 79–81.96 f) angesehen werden. Zu weiteren und älteren Vertretern der These, Jesus sei vom Hohen Rat als Verführer und falscher Prophet verurteilt worden, siehe *Blinzler,* Der Prozeß Jesu 186–188.

[69] So *Strobel,* a. a. O. 83 f; *Betz,* a. a. O. 606–608.

[70] Tempelrolle 54,8–18 Verführung durch den Propheten oder Traumdeuter (Dtn 13,1–5); 54,19–55,1 Verführung durch sonstige Einzelpersonen (Dtn 13,6–11); 55,2–14 Verführung der Bewohner einer Stadt (Dtn 13,12–18); 55,15–21 Verführung zu Götzendienst (Dtn 17,2–5); col. 56 Von der Autorität des höchsten Gerichts unter dem Hohenpriester (vgl. Dtn 17,8–13).

[71] *P. Stuhlmacher,* Warum mußte Jesus sterben?, näherhin 275. Er verweist dazu auf Dtn 13; 17,1–7; 18,20.

[72] Ebd. 275 Anm. 6.

[73] Ebd., mit Verweis auf *Strobel,* Die Stunde der Wahrheit 4.

gen, daß Strobel in seinem Buch „Die Stunde der Wahrheit" einen wirklichen Beweis für seine These schuldig blieb. Und es ist außerdem festzuhalten: Nicht die markinische Passionsdarstellung erweckt den Eindruck, Jesus sei als Volksverführer angeklagt und verurteilt worden, sondern die jüdische Jesuspolemik gegen Ende des 1. Jahrhunderts sowie die Spiegelung dieser Polemik (oder sollte man lieber sagen: Apologetik?) in den nach-mk Evangelienschriften [74].

Jesus wird an folgenden Stellen als Verführer bezeichnet (zwar nicht direkt im Zusammenhang seines Prozesses, aber doch stets von seinen jüdischen Gegnern): Mt 27,63f; Lk 23,2.5.14; Joh 7,12.47. Auch Justin berichtet um die Mitte des 2. Jahrhunderts von solchen jüdischen Vorwürfen gegenüber Jesus: Dialog 17,1 und 108,2. Solche Vorwürfe begegnen uns ferner im christlich überarbeiteten Testament des Levi (16,3), in den Thomasakten (48; 96; 102; 106f) und in Jesusnachrichten des Babylonischen Talmuds (bSanh 43 a) [75]. Es ist – wie Graham N. Stanton mit Recht sagt – bemerkenswert, daß die neutestamentlichen Stellen, die sich auf den Vorwurf der Volksverführung beziehen, „in Zusammenhängen stehen, wo die Hände der Evangelisten Matthäus, Lukas und Johannes ziemlich sicher ausgemacht werden können" [76]. Dieser Umstand legt die Vermutung nahe, daß die entsprechende jüdische Polemik etwa im Jahrzehnt nach dem Jahre 70 aufkam [77]. Als das Judentum die Jesusgläubigen als Häretiker betrachtete und aus dem Synagogenverband auszuschließen begann, suchte man die jüdische Position zu begründen, indem man Jesus als Verführer und Falschpropheten bezeichnete. So glaubte man die im Synedrium betriebene Todesstrafe rechtfertigen zu können.

---

[74] Siehe dazu *Stanton,* Aspects. – Wie *Strobel,* Die Stunde der Wahrheit 92–94, geht auch *Betz,* Probleme des Prozesses Jesu 636f, bei seiner Argumentation von Mk 14,53–65 aus. Beide Autoren versuchen, die Feststellung des Synedriums, Jesus sei der *Blasphemie* überführt (Mk 14,64), mit der von Dtn 13,7.11 ausgehenden Rechtstradition über die Bestrafung des *Verführers (mesit)* in Verbindung zu bringen. Schon *Blinzler,* Der Prozeß Jesu 186–197, setzte sich mit einer ähnlichen Argumentationsweise auseinander.

[75] Siehe auch Lk 23,2 im Text des Marcion: Jesus zerstöre (καταλύω) das Gesetz und die Propheten (vgl. Mt 5,17); ferner eine Stelle im Apokryphon des Johannes (Pap. Berol. 8502) aus dem 5. Jh. *(Hennecke – Schneemelcher* I 235).

[76] *Stanton,* a.a.O. 380.

[77] Ebd. – *Stanton* verweist in diesem Zusammenhang auch auf die Birkat ha-Minim, die etwa 85 n.Chr. in die synagogale Liturgie (18-Bitten-Gebetet) Eingang fand (a.a.O. 379f). Vgl. *W. Horbury,* The Benediction of the *Minim* and Early Jewish-Christian Controversy: JThS 33 (1982) 19–61.

e) Der theologische Schwerpunkt der lukanischen Darstellung liegt bei den Anklagen vor Pilatus vor allem darauf, daß die Judenschaft als böswillig und verleumderisch handelnd charakterisiert wird. Auch auf die Feststellung des Statthalters hin, er habe an Jesus keine Schuld finden können (23,4), beharren die Juden auf der Behauptung, Jesus wiegele das Volk auf, und zwar landauf, landab (23,5). Sie werfen Jesus eben das vor, was die Oberpriester laut Mk 15,11 selbst tun. Dem Evangelisten ist weiterhin wichtig, daß der oberste römische Beamte öffentlich (vor den Oberpriestern und den Volksscharen) die Schuldlosigkeit Jesu deklarierte (23,4).

6. Jesus vor Herodes (Lk 23,6–16)

a) Die Herodesszene wird von Lukas geschickt dadurch vorbereitet, daß er die Juden bei dem Vorwurf, Jesus wiegele durch seine Lehre das Volk im ganzen Judenland auf, hinzufügen läßt: „angefangen von Galiläa bis hierher" (23,5). So erfährt Pilatus, daß Jesus aus Galiläa stammt, „aus dem Herrschaftsgebiet des Herodes (Antipas)". Da sich Herodes an den Festtagen in Jerusalem aufhält, schickt der Statthalter Jesus zu ihm (23,6 f). Herodes freut sich, Jesus endlich einmal zu sehen. Er hofft, von ihm „ein Zeichen zu sehen", und stellt ihm Fragen. Doch Jesus würdigt ihn keiner Antwort (VV. 8 f). Die Oberpriester und Schriftgelehrten bringen auch hier ihre Anklagen gegen Jesus vor, offenbar ohne Erfolg (V. 10). Herodes und seine Soldaten verspotten Jesus, und dann wird er zu Pilatus zurückgeschickt (V. 11). Nach der Zwischenbemerkung, daß an diesem Tag Herodes und Pilatus Freunde wurden (V. 12), zeigt sich dann 23,13–16, welche Funktion die Herodes-Episode im Gesamt der Erzählung besitzt: Sie beweist erneut die Schuldlosigkeit Jesu (VV. 14 f). Die beiden „politischen" Instanzen, der römischen Statthalter und der Landesherr Jesu, fanden, daß die jüdischen Anklagen [78] jeder Grundlage entbehren.

b) Obgleich die Szene „Jesus vor Herodes" Sondergut des dritten Evangeliums ist, bestehen möglicherweise Beziehungen zur Mk-Passion. Da man mit einem starken Anteil des Evangelisten an dieser Szene rechnen muß, mindestens die Komposition betreffend, stellt sich die Frage, ob Lukas nicht an drei Stellen des Textes vom Mk-Evangelium abhängig ist. Lk 23,9b kann auf Mk 15,4 zurückgreifen:

---

[78] Lk 23,14: οὐδὲν … ὧν κατηγορεῖτε κατ' αὐτοῦ.

Jesus verweigert (vor Herodes bzw. vor Pilatus) die Antwort. 23, 10 kann durch Mk 15,3 inspiriert sein: Die Priester bringen ihre Anklage vor (vor Herodes bzw. vor Pilatus). Am ehesten wird man vermuten dürfen, daß Lukas die Verspottung Jesu durch die römischen Soldaten (Mk 15, 16–20a) in die Herodesszene (23, 11) verlegt hat [79].

c) Die Auffassung, Lukas habe für die Herodesszene eine Quelle besessen [80], wird sich schwerlich behaupten können. Gegen sie spricht einerseits die deutlich redaktionelle Einbettung der Szene (23, 5–7.13–16), andererseits der wenig zusammenhängende und eher aufzählende Duktus der Szene selbst (23, 8 f.10.11.12). Lukas kann allenfalls eine legendäre oder anekdotische Notiz über die Beteiligung des Herodes am Prozeß Jesu gekannt haben [81]. Der Evangelist hat sie vielleicht – unter Verwendung anderer Herodesnachrichten [82] und der oben (unter b) erwähnten Mk-Texte – zu einer Szene gestaltet [83].

d) Bei der Frage nach der Historizität der Herodesszene wird man unumwunden einräumen müssen, daß sie im ganzen negativ zu beantworten ist. Dabei kann auf der anderen Seite angenommen werden, daß es im Verlauf des Verfahrens gegen Jesus zu einer Begegnung des Angeklagten mit dem Tetrarchen Antipas gekommen ist. Doch hat diese für den Ablauf des Verfahrens keine besondere Rolle gespielt.

Bei denjenigen Forschern, die der Szene von Lk 23, 6–16 ein höheres Maß an Geschichtlichkeit zuschreiben wollten, ist immer wieder erörtert worden: Warum wurde Jesus von Pilatus zu Herodes geschickt? [84] Letztlich können wir diese Frage nicht beantworten. Auch für die Erzählebene des lukanischen Werkes kann das Urteil Fitzmyers gelten: „In the Lucan passion narrative this scene is actually a

---

[79] Vgl. *Pesch*, Markusevangelium 409.
[80] Siehe z. B. *Blinzler*, Der Prozeß Jesu 284–300; *Hoehner*, Why did Pilate hand Jesus over to Antipas? 84; *ders.*, Herod Antipas 224–250. *Ernst*, Evangelium nach Lukas 624, bleibt unentschieden, ähnlich *Fitzmyer*, Luke 1478–1480.
[81] Vgl. neben Apg 4,27 f auch EvPt I 1 f; syrische Didaskalie 21. Dazu *Blinzler*, a.a.O. 297 f.
[82] Vgl. Lk 9,7–9; 13,31.
[83] *Pesch*, Markusevangelium 409.
[84] Vgl. *Hoehner*, Why did Pilate hand Jesus over to Antipas? 88–90; siehe indessen auch (referierend): *Walaskay*, Trial and Death 87–90. Mögliche Antworten: 1. Pilatus wollte den unangenehmen Fall loswerden *(A. Plummer, J. Blinzler)*. 2. Er wollte sich mit Herodes aussöhnen wegen des an Galiläern angerichteten Blutbades *(E. Stauffer, A. N. Sherwin-White)*. 3. Er war von Gesetzes wegen *(forum domicilii)* dazu verpflichtet *(Th. Mommsen)*.

minor one. It has no significance for the understanding of Jesus' person or fate." [85]

e) Die theologische Hauptabsicht des Lukas ist es, mit der Herodesszene einen zweiten prominenten Zeugen für die Schuldlosigkeit Jesu zu benennen. Das geht aus dem Fazit der Begebenheit hervor, wie es Pilatus laut Lk 23, 14 f zieht. Ob Lukas dabei den deuteronomischen Grundsatz von der „Aussage von zwei oder drei Zeugen" (Dtn 19, 15) im Auge hat [86], kann offen bleiben. Mit der Bemerkung, Herodes und Pilatus seien Freunde geworden (V. 12), kann Lukas die friedenschaffende Wirkung des Heilswirkens und der Passion Jesu andeuten wollen [87]. Im Blick auf den Prozeß des Paulus, von dem die Apostelgeschichte berichtet, kann man die Parallelen hervorheben, die darin bestehen, daß auch er vor dem Synedrium, vor dem römischen Statthalter und vor einem herodianischen König steht [88]. Hat Lukas gar die Begegnung Jesu mit Herodes deshalb erzählt, weil er in seiner Überlieferung die Szene „Paulus vor Agrippa" (Apg 26) vorfand? [89] Doch wird man für Apg 25, 13 – 26, 32 gleichfalls sagen müssen, „daß der ganze Abschnitt eine freie Komposition des Lukas ist" [90].

7. Ergebnisse

Die lukanische Darstellung des *Verhörs Jesu im Synedrium* verdankt ihre Konzentration auf die „christologische" Frage keiner älteren Quelle. Vielmehr hat Lukas hier die entsprechende Szene des Mk-Evangeliums gekürzt und neugestaltet. Auch der Morgentermin der Ratssitzung beruht nicht auf einer selbständigen Information des Evangelisten.

Bei der *Verhandlung vor Pilatus* folgt Lukas ebenfalls der Mk-Vorlage; freilich bringt er vor allem mit Lk 23, 2 und 23, 6–16 Sondergut

---

[85] *Fitzmyer,* Luke 1480. Für die Ebene der vorausgesetzten geschichtlichen Situation urteilt sogar *Blinzler,* Der Prozeß Jesu 293, daß die Herodesepisode „für das Prozeßergebnis von keinerlei Bedeutung war".

[86] *Fitzmyer,* a. a. O. (1480), mit Hinweis auf *W. Grundmann,* Das Evangelium nach Lukas (ThHK 3) (Berlin 1963) 424.

[87] Vgl. *Fitzmyer,* Luke 1480.

[88] *Walaskay,* Trial and Death 88 f; *Radl,* Paulus und Jesus 177–202; *Neyrey,* The Passion 98–107.

[89] So erwogen von *Walaskay,* a. a. O. 89.

[90] *Radl,* Paulus und Jesus 197. Siehe auch ebd. 201 f.

ein. Bei der Barabbasszene scheint der Evangelist als „Historiker" gegenüber einer Amnestie-Gewohnheit Zweifel anzumelden.

Die dreifache (bzw. zweifache) *politische Anklage,* die von den Juden gegen Jesus vorgebracht wird (23,2), beruht ebenfalls nicht auf einer Sonderquelle, sondern ist von Lukas aufgrund des Mk-Stoffes „rekonstruiert" worden. Auch dies entspricht dem Anliegen des Historikers, der mit der Herausstellung der jüdischen Verleumdungen einerseits und der dreimaligen Feststellung der Schuldlosigkeit Jesu durch Pilatus andererseits einem aktuellen (apologetischen) Anliegen seiner Zeit entsprechen will. Historisch zutreffend wird der Vorwurf, Jesus habe das Volk „verführen" wollen, kaum sein. Denn er wird hier anti-römisch interpretiert und vor dem römischen Statthalter erhoben.

Die Szene *„Jesus vor Antipas"* (23,6–16) ist – historisch gesehen – kaum tragfähig. Selbst für die Darstellungsabsicht des Evangelisten hat sie nur dienende Funktion. Sie steht im Dienste der politischen Entlastung Jesu durch Pilatus.

Im ganzen zeigte sich, daß Lukas als „Historiker" arbeitet, daß er rekonstruiert und plausibel erzählen will. Es wurde jedoch auch deutlich (jeweils unter e), daß er als Historiker aktuelle, vor allem theologische Ziele verfolgt.

Literaturverzeichnis

Bammel, E. (ed.), The Trial of Jesus. Cambridge Studies in Honour of C. F. D. Moule (SBT II 13) (London 1970).

Betz, O., Probleme des Prozesses Jesu: ANRW II 25,1 (1982) 565–647.

Blinzler, J., Der Prozeß Jesu (Regensburg ⁴1969).

Büchele, A., Der Tod Jesu im Lukas-Evangelium. Eine redaktionsgeschichtliche Untersuchung zu Lk 23 (FTS 26) (Frankfurt 1978).

Catchpole, D.R., The Trial of Jesus. A Study in the Gospels and Jewish Historiography from 1770 to the Present Day (StPB 19) (Leiden 1971).

Ernst, J., Das Evangelium nach Lukas (RNT) (Regensburg 1977).

Fitzmyer, J. A., The Gospel According to Luke (X–XXIV) (AncB 28 A) (Garden City NY 1985).

Hoehner, H. W., Herod Antipas (MSSNTS 17) (Cambridge 1972).

–, Why did Pilate hand Jesus over to Antipas?, in: *Bammel,* The Trial of Jesus 84–90.

Karris, R. J., Luke: Artist and Theologian. Luke's Passion Account as Literature (New York 1985).

Klein, H., Die lukanisch-johanneische Passionstradition: ZNW 67 (1976) 155–186.

Légasse, S., Jésus devant le Sanhédrin: RTL 5 (1974) 170–197.

Marshall, I. H., The Gospel of Luke (New Intern. Greek Testament Comm.) (Exeter 1978).

Neyrey, J., The Passion According to Luke. A Redaction Study of Luke's Soteriology (New York 1985).

Pesch R., Das Markusevangelium II (HThK II 2) (Freiburg i. Br. 1977).

Radl, W., Paulus und Jesus im lukanischen Doppelwerk (EHS.T 49) (Bern–Frankfurt 1975).

Schneider, G., Die politische Anklage gegen Jesus (Lk 23,2), in: *ders.*, Lukas, Theologe der Heilsgeschichte. Aufsätze zum lukanischen Doppelwerk (BBB 59) (Königstein–Bonn 1985) 173–183.

–, Das Evangelium nach Lukas (ÖTK 3/1–2) (Gütersloh–Würzburg 1977 [²1984]).

–, Jesus vor dem Synedrium: BiLe 11 (1970) 1–15.

–, Die Passion Jesu nach den drei älteren Evangelien (BiH 11) (München 1973).

–, Gab es eine vorsynoptische Szene „Jesus vor dem Synedrium"?: NT 12 (1970) 22–39.

–, Verleugnung, Verspottung und Verhör Jesu nach Lukas 22,54–71. Studien zur lukanischen Darstellung der Passion (STANT 22) (München 1969).

Schweizer, E., Das Evangelium nach Lukas (NTD 3) (Göttingen 1982).

Stanton, G. N., Aspects of Early Christian-Jewish Polemic and Apologetic: NTS 31 (1985) 377–392.

Strobel, A., Die Stunde der Wahrheit. Untersuchungen zum Strafverfahren gegen Jesus (WUNT 21) (Tübingen 1980).

Stuhlmacher, P., Warum mußte Jesus sterben?: Theologische Beiträge 16 (1985) 273–285.

Taylor, V., The Passion Narrative of St. Luke. A Critical and Historical Investigation (MSSNTS 19) (Cambridge 1972).

Tyson, J. B., The Lucan Version of the Trial of Jesus: NT 3 (1959) 249–258.

Untergaßmair, F. G., Kreuzweg und Kreuzigung Jesu. Ein Beitrag zur lukanischen Redaktionsgeschichte und zur Frage nach der lukanischen „Kreuzestheologie" (PaThSt 10) (Paderborn 1980).

Walaskay, P. W., The Trial and Death of Jesus in the Gospel of Luke: JBL 94 (1975) 81–93.

Winter, P., On the Trial of Jesus (SJ 1) (Berlin 1961 [²1974]).

14
DIE THEOLOGISCHE SICHT DES TODES JESU IN DEN KREUZIGUNGSBERICHTEN DER EVANGELIEN

1. Crucifixus etiam pro nobis

Das Verständnis des Heilswerkes Jesu Christi ist in der christlichen Überlieferung schon sehr früh mit der Deutung des Kreuzestodes verbunden worden[1]. Diese Tatsache ist freilich nicht so selbstverständlich, wie es uns Heutigen scheinen mag. „Denn das Wort vom Kreuz ist denen, die verlorengehen, eine Torheit; uns aber, die wir gerettet werden, ist es eine Kraft Gottes" (1 Kor 1, 18). Paulus ist sich dessen durchaus noch bewußt, was wir heute meist übersehen: Die Weisheit der Welt vermag im Kreuzesgeschehen kein Heilsereignis zu sehen. Ein als Verbrecher am Kreuz Hingerichteter kann nur dann als Heilbringer erkannt werden, wenn man die „Torheit" der christlichen Predigt anzunehmen bereit ist. „Denn während Juden Zeichen fordern und Griechen nach Weisheit fragen, predigen wir Christus, den gekreuzigten, für Juden ein Ärgernis, für Heiden aber eine Torheit, für die Berufenen selbst aber, sowohl Juden als Griechen, Christus als Gottes Kraft und Gottes Weisheit" (1, 22—24).

Im Neuen Testament gibt es „Modelle", die das Heilswerk Christi nicht exklusiv an den Kreuzestod gebunden sehen. Im lukanischen Werk wird dem Gekommensein Jesu als solchem Heilsbedeutung zugeschrieben. Simeon, der das Jesuskind auf seinen Armen hält, kann bereits dankbar sagen: „Meine Augen haben dein Heil gesehen" (Lk 2, 30). Jesus selbst sagt nach seiner Einkehr bei Zachäus: „Heute ist diesem Haus Heil widerfahren...; denn der Menschensohn ist gekommen, um das Verlorene zu suchen und zu retten" (19, 9 f). Der vierte Evangelist sieht das Heil wesentlich in der Inkarnation des ewigen Logos grundgelegt, der uns die Offenbarung brachte

---

[1] Siehe dazu neuerdings G. Delling, Der Kreuzestod Jesu in der urchristlichen Verkündigung, Göttingen 1972; H.-W. Kuhn, Jesus als Gekreuzigter in der frühchristlichen Verkündigung bis zur Mitte des 2. Jahrhunderts, in: ZThK 72 (1975) 1—46; K. Kertelge (Hg.), Der Tod Jesu. Deutungen im Neuen Testament (Qu. Disp. 74), Freiburg 1976; O. Knoch, Zur Diskussion um die Heilsbedeutung des Todes Jesu, in: ThPQ 124 (1976) 3—14; M.-L. Gubler, Die frühesten Deutungen des Todes Jesu (Orbis Bibl. et Orientalis 15), Fribourg/Göttingen 1977.

(Joh 1, 14—18). Ein anderes „Modell" sieht das Ärgernis des Kreuzestodes Jesu Christi dadurch „aufgehoben", daß Gott es in der Auferweckung gewissermaßen korrigierte (vgl. Mk 8, 31; 9, 31; 10, 33 f; Apg 2, 22—24; 3, 14 f; 4, 10; 10, 39 f). Diesem Verkündigungsschema folgen weitgehend die Passionsdarstellungen der vier Evangelien, insofern sie als Gesamtkomposition im Osterbericht ihren Abschluß finden[2].

Eine der ältesten Aussagen über das Erlösungswerk Jesu Christi ist die über die Sühnewirkung des Todes Jesu. Sie findet sich in den Abendmahlsworten Jesu und ist im Lichte von Jes 53, 10—12 zu lesen, wo vom leidenden Knecht Jahwes gesagt ist, daß er für die Sünden der Vielen sein Leben gab. Das Blut Jesu wurde „für die Vielen vergossen" (Mk 14, 24). Mt 26, 28 fügt hinzu: „zur Vergebung der Sünden". 1 Kor 11, 24 bezeugt den Sühnegedanken beim Brotwort: „Dies ist mein Leib für euch." Lk 22, 19. 20 endlich hat die „Für-euch"-Wendung zugleich beim Brotwort und beim Kelchwort Jesu. In diesem Zusammenhang ist ferner das Logion Mk 10, 45 zu erwähnen, das vom Menschensohn sagt, er sei nicht gekommen, sich bedienen zu lassen, „sondern zu dienen und sein Leben hinzugeben als Lösegeld für die Vielen". Dieses Logion steht im ältesten Evangelium bedeutungsvoll vor dem Einzug Jesu in Jerusalem. Es liest sich fast wie eine deutende Überschrift zur folgenden Leidensgeschichte.

Wahrscheinlich darf man die Sühnedeutung des Todes Jesu auf den geschichtlichen Jesus, auf seine Abendmahlsworte zurückführen. In den auch sonst in der frühchristlichen Überlieferung nachzuweisenden Aussagen über das Sterben Christi oder seine Selbsthingabe „für uns" (vgl. Röm 4, 25; 5, 6—8; 8, 32; 1 Kor 15, 3; 2 Kor 5, 14 f; Gal 1, 4) wird der Tod Jesu als das grundlegende und entscheidende Heilsgeschehen gekennzeichnet, auf das wir Menschen angewiesen sind. Sie bezeugen das Bemühen des frühesten Christentums, den Tod Jesu als Ausdruck des Heilshandelns Gottes zu deuten[3]. Nach dem Modell der jüdischen Sühneanschauung war es möglich, den Tod Jesu positiv zu deuten als einen Tod zur Sühne für unsere Sünden.

Der Tod Jesu wird dabei nicht einfach im Sinne des zeitgenössischen Judentums als ein Martyrium gesehen, bei dem der sterbende Gerechte mit Sühneintention in den Tod geht. Vielmehr ist er ein von Gott selbst eingeleitetes Sühnegeschehen, bei dem Gott die Sühne bereitstellt, deren wir Sünder bedürfen. Das jüdische Vorstellungsschema von einer Gott zu erstattenden Ersatzleistung wird also in entscheidender Weise in Frage gestellt (Röm 3, 25). Die Sühne gilt ferner „den Vielen", sie kommt nicht nur den eigenen Volksgenossen zugute[4].

Angesichts der grundlegenden Tragweite der Sühneaussage ist es nun auffallend, daß die Passionserzählungen der Evangelien — abgesehen von den Abendmahlstexten[5] — den Sühnegedanken nicht bezeugen, auch dort nicht, wo sie den Kreuzestod Jesu berichten. Deshalb beansprucht die Frage erhöhte Aufmerksamkeit, ob und in welcher

---

[2] Vgl. Phil 2, 5—11. Nach diesem vor-paulinischen Christuslied beantwortete Gott die Selbsterniedrigung Christi, die im Tod ihren Tiefpunkt erreichte, mit der unvergleichlichen „Erhöhung".

[3] Vgl. A. Vögtle, Der verkündigende und verkündigte Jesus „Christus", in: J. Sauer (Hg.), Wer ist Jesus Christus?, Freiburg 1977, 27—91: „Da Jesus im Wissen seiner Jünger mit seinem Tod für die von ihm proklamierte und gelebte Botschaft von dem dem Sünder zuvorkommenden, absolut heilswilligen Vater-Gott eingestanden war, konnte der Heilssinn dieses Sterbens nicht anders denn als von Gott initiierter sündentilgender Akt erkannt und verstanden werden. Auch im Falle der erst nachösterlichen Erkenntnis des Heilssinns des Sterbens Jesu besteht kein Grund, deren Offenbarungsqualität zu bezweifeln" (78).

[4] K. Kertelge, Das Verständnis des Todes Jesu bei Paulus, in: ders., Der Tod Jesu 114—136, näherhin 118—120.

[5] Diese sind traditionsgeschichtlich wohl nicht von Anfang an mit der Passionserzählung verbunden gewesen. Die gegenteilige Auffassung (Mk 14, 22—25 als Bestandteil der ältesten Passionserzählung) vertritt R. Pesch, Das Abendmahl und Jesu Todesverständnis, in: Kertelge, Der Tod Jesu, 137—187.

Weise die vier „Evangelisten" den Tod Jesu als Heilsgeschehen erzählen. Bei der Beantwortung dieser Frage werden unterschiedliche Aspekte und Nuancen der vier Evangelien in den Blick kommen. Die unterschiedliche theologische Sicht der Evangelien kann dabei an konkreten Vergleichstexten erkannt werden[6]. Die vier Texte über den Kreuzestod Jesu miteinander zu vergleichen, ist nicht nur vom gemeinsamen Erzählgegenstand her berechtigt. Der Vergleich wird deswegen theologisch belangvoll, weil hier nicht vier Augenzeugen nach ihrer subjektiven Sicht unterschiedlich akzentuierten, sondern weil diese Erzähler überkommene Texte im Hinblick auf ihre Leser bewußt neugestalteten[7].

2. Mk 15, 33—39: Der Tod Jesu ist „kosmische" Wende

Hinter dem markinischen Kreuzigungsbericht steht die älteste Erzählung von der Kreuzigung und dem Tod Jesu[8]. Die uns heute vorliegende Kreuzigungserzählung geht auf einen vor-markinischen Bericht zurück, der sich indessen kaum mehr rekonstruieren läßt. Die verschiedenen neueren Versuche, den hinter Mk 15, 20 b—41 stehenden „Urbericht" oder gar mehrere zugrunde liegende Quellen zurückzugewinnen, sind untereinander so widerspruchsvoll, daß man am liebsten auf einen solchen Rekonstruktionsversuch verzichten möchte. Von fünf verschiedenen Forschern werden übereinstimmend nur die Verse 15, 22 a. 24 a (37) dem ältesten Bericht zugeschrieben[9].

---

[6] Die Kreuzigung bzw. der Kreuzestod Jesu wird nach den unterschiedlichen Darstellungen der Evangelisten behandelt von *H.-W. Bartsch*, Die Bedeutung des Sterbens Jesu nach den Synoptikern, in: ThZ 20 (1964) 87—102; *W. Trilling*, Der Tod Jesu, Ende der alten Weltzeit (Mk 15, 33—41) in: *ders.*, Christusverkündigung in den synoptischen Evangelien. Beispiele gattungsmäßiger Auslegung (Biblische Handbibliothek 4), München 1969, 191—211; *J. Lange*, Zur Ausgestaltung der Szene vom Sterben Jesu in den synoptischen Evangelien, in: Biblische Randbemerkungen. Schülerfestschrift für R. Schnackenburg, Würzburg 1974, 40—55; *H.-R. Weber*, Kreuz. Überlieferung und Deutung der Kreuzigung Jesu im neutestamentlichen Kulturraum (Themen der Theologie, Ergänzungsband), Stuttgart 1975.

[7] Zur Theologie der kanonischen Passionserzählungen sind vor allem folgende Untersuchungen zu berücksichtigen: *K. H. Schelkle*, Die Passion Jesu in der Verkündigung des Neuen Testaments. Ein Beitrag zur Formgeschichte und zur Theologie des Neuen Testaments, Heidelberg 1949; *J. Schmid*, Die Darstellung der Passion Jesu in den Evangelien, in: Geist und Leben 27 (1954) 6—15; *X. Léon-Dufour*, Passion (Récits de la), in: Dictionnaire de la Bible, Suppl VI (1960) 1419—1492; *P. Benoit*, Passion et Résurrection du Seigneur (Lire la Bible 6), Paris 1966; *W. Trilling*, Die Passion Jesu in der Darstellung der synoptischen Evangelien, in: Lebendiges Zeugnis 1/1966, 28—46; *H. Conzelmann*, Historie und Theologie in den synoptischen Passionsberichten, in: Zur Bedeutung des Todes Jesu, hg. von F. Viering, Gütersloh 1967, 35—53; *A. Vanhoye*, Structure et théologie des récits de la Passion dans les évangiles synoptiques, in: NRTh 99 (1967) 135—163; *G. Schneider*, Die Passion Jesu nach den drei älteren Evangelien (Biblische Handbibliothek 11), München 1973; *G. S. Sloyan*, Jesus on Trial. The Development of the Passion Narratives and Their Historical and Ecumenical Implications, Philadelphia 1973; *F. Bovon*, Les derniers jours de Jésus. Textes et événements, Neuchâtel 1974; *H. Cousin*, Le prophète assassiné. Histoire des textes évangéliques de la Passion, Paris 1976. — Zur historischen Rückfrage nach dem Verlauf des Prozesses und der Passion Jesu seien genannt: *P. Winter*, On the Trial of Jesus (Studia Judaica 1), Berlin 1961 ([2]1974); *E. Lohse*, Die Geschichte des Leidens und Sterbens Jesu Christi, Gütersloh 1964; *J. Blinzler*, Der Prozeß Jesu, Regensburg [4]1969.

[8] Zur Theologie der Mk-Passion siehe neuerdings *L. Schenke*, Studien zur markinischen Passionsgeschichte (FzB 4), Würzburg 1971; *ders.*, Der gekreuzigte Christus (SBS 69), Stuttgart 1974; *D. Dormeyer*, Die Passion Jesu als Verhaltensmodell (NTA NF 11), Münster 1974; *W. Schenk*, Der Passionsbericht nach Markus, Gütersloh 1974; *H. Schlier*, Die Markuspassion (Kriterien 32), Einsiedeln 1974; *W. H. Kelber* (Hg.), The Passion in Mark. Studies on Mark 14—16, Philadelphia 1976.

[9] *R. Bultmann*, Die Geschichte der synoptischen Tradition (FRLANT 29), Göttingen [5]1961. 294—296; *J. Finegan*, Die Überlieferung der Leidens- und Auferstehungsgeschichte Jesu (BZNW 15), Gießen 1934, 75—78; *V. Taylor*, The Gospel according to St. Mark, London

Doch geht es nicht an, dem Urbericht nur die vordergründigen Fakten der Verbringung Jesu nach Golgotha, der Kreuzigung und des· Todes Jesu zuzuweisen. Denn der Urbericht wird wenigstens *eine* Deutung des Todes Jesu enthalten haben. Bei der heutigen Forschungslage wird man mit E. Schweizer und R. Schnackenburg[10] von einer detaillierten Rekonstruktion des vor-markinischen Berichts absehen und sich auf die Interpretation des Mk-Textes und seines Kontextes beschränken. Der Kreuzigungsbericht erzählt zunächst die Kreuzigung (15, 20 b—27) und die dreifache Lästerung des Gekreuzigten (29—32). Den Höhepunkt bildet der Abschnitt über den Tod Jesu, dem wir uns nun zuwenden (33—39). Auf ihn folgt als Ausklang die Erwähnung der galiläischen Frauen, die „von ferne zuschauten" (40—41).

> Mk 15, 33—39
> *33 Und als die sechste Stunde anbrach, kam eine Finsternis über das ganze Land bis zur neunten Stunde. 34 Und zur neunten Stunde rief Jesus mit lauter Stimme: Eloi, Eloi, lema sabachthani? Das heißt übersetzt: Mein Gott, mein Gott, warum hast du mich verlassen?*
> *35 Und einige von den Dabeistehenden, die das hörten, sagten: Siehe, er ruft den Elija! 36 Da lief einer hin, füllte einen Schwamm mit Essig, steckte ihn auf ein Rohr und gab ihm zu trinken, indem er sprach: Laßt, wir wollen sehen, ob Elija kommt, ihn herabzunehmen!*
> *37 Jesus aber stieß einen lauten Schrei aus und verschied. 38 Und der Vorhang des Tempels riß entzwei von oben bis unten. 39 Als aber der Hauptmann, der ihm gegenüber dabeistand, sah, daß er so verschied, sprach er: Wahrhaftig, dieser Mensch war Gottes Sohn.*

Dem Kreuzestod Jesu geht eine Finsternis voraus, die sich am hellen Mittag ereignet (V. 33). Dieses kosmische Zeichen erinnert an die Finsternis vor der Weltschöpfung und deutet zugleich auf den erwarteten Weltuntergang (Mk 13, 24 f). Es ist, als hätte nun Gott sein Schöpfungswort zurückgezogen. Einer solchen Deutung entspricht nicht nur der im Vers 34 folgende Ruf des sterbenden Gekreuzigten, der sich von Gott verlassen weiß. Zu ihr paßt auch die gesamte Passionsdarstellung des Markus. Jesus ist von allen verlassen und wendet sich mit dem fragenden Ruf des verfolgten Gerechten aus Psalm 22, 2 an seinen Gott. Angesichts der kommenden Passion waren die Jünger allesamt geflohen. Petrus hatte Jesus verleugnet. Auch das Volk forderte schließlich seine Kreuzigung. Das Mißverständnis der Anwesenden, Jesus rufe Elija als Nothelfer herbei (VV. 35 f), unterstreicht, daß niemand Jesus zu Hilfe kam. Jesus stirbt offensichtlich in völliger Verlassenheit. Daß Gott dennoch zu ihm stand, daß er seinen Sohn nicht dem Tod überließ, offenbart erst der Ostermorgen.

Als unmittelbare Auswirkung des Todes Jesu nennt der Text das Zerreißen des Tempelvorhangs. Seine verhüllende und den Zugang zum Allerheiligsten „reservierende" Funktion ist zu Ende. Der Riß „von oben bis unten" — also von Gott her vollzogen — bedeutet das Ende der bisherigen Kultordnung. Die zweite Wirkung des Kreuzestodes ist positiv. Der heidnische Hauptmann bekennt seinen Glauben zu Jesus als dem Sohn Gottes. Vers 39 sagt ausdrücklich, daß *die Weise* des Sterbens Jesu das Bekenntnis veranlaßte. Diese Angabe bezieht sich auf Vers 37, wo der „laute Schrei" Jesu erwähnt ist, unter dem er starb. Somit dürfte dieser ungewöhnliche Schrei als Siegesruf verstanden sein, so daß Jesus im Sterben Sieger blieb. Der Zugang der

---

1952 (Neudruck 1963), 651; J. *Schreiber*, Theologie des Vertrauens. Eine redaktionsgeschichtliche Untersuchung des Markusevangeliums, Hamburg 1967, 32; E. *Linnemann*, Studien zur Passionsgeschichte (FRLANT 102), Göttingen 1970, 158. 182.
[10] E. *Schweizer*, Das Evangelium nach Markus (NTD 1), Göttingen 1967, 198—209; R. *Schnackenburg*, Das Evangelium nach Markus, 2. Teil (Geistliche Schriftlesung 2/2), Düsseldorf 1971, 299—315.

Heiden zu Gott ist durch den Tod Jesu eröffnet. Der römische Centurio steht stellvertretend für die Heidenwelt. Wenn es richtig ist, daß die vorausgehende Finsternis den Rückfall in die chaotischen Zustände vor der Schöpfung symbolisiert, dann ist der Glaube an den Sohn Gottes, der sich nun allen Menschen eröffnet, die jenseits des Todes Jesu beginnende Neuschöpfung[11].

Der erst jenseits des Kreuzestodes Jesu ermöglichte christologische Glaube schließt seinem Wesen nach das „Paradox" des Kreuzes mit ein. Im Kreuz erfolgt die entscheidende Offenbarung von Gott her. Der Auferstandene ist der Gekreuzigte (16, 6). Dieser Aussage dient letztlich die gesamte Komposition des ältesten Evangeliums, das in mehrfacher Hinsicht auf die Passion hin gestaltet ist[12]. Dabei stellen die Offenbarungsworte über Jesus als den Gottessohn entscheidende Markierungspunkte dar[13]. Was von Gott her das wahre Wesen Jesu ist, seine Gottessohnschaft, wird erst nach dem Kreuzestod den Menschen recht erkennbar. Jesu Gottessohnschaft wäre ohne die Dahingabe in den Kreuzestod in ihrem wahren Wesen verkannt.

3. Mt 27, 45—54: Der Tod Jesu läßt die endzeitliche Auferstehung der Toten beginnen

Die matthäische Darstellung des Kreuzestodes Jesu schließt sich eng an die Vorlage Mk 15, 33—39 an, wie dies im ganzen von der Mt-Passion gesagt werden kann[14]. Lediglich der Schluß von Vers 51 und die Verse 52. 53 gehen über die Mk-Darstellung hinaus und sind Sondergut, das der Evangelist zur Verdeutlichung eingeschaltet hat[15]. Die betreffenden Verse schließen an die Aussage über das Zerreißen des Tempelvorhangs an:

Mt 27, 51—53
51 Und siehe: der Vorhang des Tempels zerriß von oben bis unten entzwei, und die Erde bebte und die Felsen spalteten sich, 52 die Gräber öffneten sich und viele Leiber der entschlafenen Heiligen standen auf; 53 und sie kamen heraus aus den Gräbern und gingen nach seiner Auferstehung hinein in die heilige Stadt und erschienen vielen.

Der Evangelist hat die Auswirkung des Todes Jesu mit verschiedenen apokalyptischen Motiven gezeichnet. Mit der Aufforderung „Und siehe!" macht er auf die Bedeutsamkeit der folgenden Geschehnisse aufmerksam (V. 51 a). Wie Markus sieht er im Kreuzestod ein endzeitliches und ein die ganze Welt betreffendes Ereignis. Das Zerreißen des Tempelvorhangs wird von einem Erdbeben begleitet, bei dem sich die Felsen spalten (V. 51). Das Beben führt zur Öffnung der Gräber. Diese wiederum findet ihr Ziel in der Auferstehung vieler „entschlafener Heiliger" (V. 52). Das Kreuz eröffnet somit grundsätzlich die endzeitlich erwartete Totenauferweckung. Freilich weiß der Evangelist, daß Jesus der erste der Auferstandenen ist. Deshalb nimmt er die kühne Aussage wenigstens in ihrem Zeitbezug zurück und sagt, daß die Auferstandenen erst „nach seiner Auferstehung" in Jerusalem erschienen seien (V. 53). Doch bleibt die „realistische" Angabe[16] über die am Karfreitag Auferweckten ein

---

[11] Nach Gal 6, 14 f hat mit dem Kreuz Christi das Gesetz sein Ende gefunden und die Neue Schöpfung begonnen.
[12] Siehe dazu *Schneider*, Die Passion Jesu 156 f.
[13] Vgl. Mk 1, 11 als Wort an Jesus, 9, 7 an Petrus, Jakobus und Johannes, 14, 62 als Selbstbekenntnis Jesu vor dem Hohen Rat.
[14] Zur Passionserzählung nach Mt siehe N. A. *Dahl*, Die Passionsgeschichte bei Matthäus, in: NTS 2 (1955/56) 17—32; W. *Trilling*, Der Passionsbericht nach Matthäus, in: Am Tisch des Wortes 9 (Stuttgart 1966) 33—44; D. P. *Senior*, The Passion Narrative According to Matthew (Bibliotheca EThL 39), Löwen 1975.
[15] Vgl. ähnliche Erweiterungen gegenüber der Vorlage: Mt 27, 19. 24—25; 28, 2—4.
[16] „Und sie kamen heraus aus den Gräbern", „sie gingen in die heilige Stadt und erschienen vielen".

Problem. In der römisch-hellenistischen Literatur wird verschiedentlich berichtet, beim Tod bedeutender Männer habe es Sonnenfinsternisse, Erdbeben und Erscheinungen Verstorbener gegeben[17]. Doch ist Mt 27, 51—53 eher aus der Motivwelt der frühjüdischen Apokalyptik zu verstehen.

Es kommt dem Evangelisten darauf an, daß nach dem Kreuzestod nicht nur Jesus selbst auferweckt wurde, sondern auch für die „Heiligen" die Auferweckung Wirklichkeit wurde. Gott ist auch im Tod seines Sohnes mit seiner Allmacht gegenwärtig. Die hoheitliche Macht Jesu, der den Vater um zwölf Legionen Engel bitten (26, 53), den Tempel zerstören und aufbauen könnte (26, 61), tritt offenbar nur zurück, weil der Sohn Gottes auf ihre Ausübung verzichtet. Der Hauptmann und — so sagt 27, 54 über Mk 15, 39 hinaus — die Soldaten, die mit ihm zur Bewachung Jesu aufgeboten waren, werden durch das Beben mit Furcht erfüllt. Aus dieser Furcht heraus bekennen sie: „Wahrhaftig, Gottes Sohn war dieser." Mit der erfahrbaren Gegenwart Gottes in seinem Sohn, der bis in den Tod gehorsam war und auf seine Macht verzichtete, beginnt der Glaube und das Christusbekenntnis. Daß es bei Heiden beginnt, ist eine Herausforderung an das Gottesvolk Israel, das seinen Messias verworfen hatte (27, 25).

Matthäus verbindet den Tod Jesu enger mit dessen Auferstehung als Markus. Das wird daraus ersichtlich, daß die kosmischen Zeichen bei beiden Ereignissen auftreten (27, 51 b—53; 28, 2—4). Der Tod Jesu ist zugleich mit der Auferweckung Anfang einer neuen Welt, in der die Toten auferweckt werden. Eine eindeutige Markierung der heilsgeschichtlichen Ablösung Israels fehlt in der Mt-Passion. Die Auferweckung Jesu bringt seine himmlische Machteinsetzung und die Jüngerschaft für alle Völker (28, 18—20). Damit wird der „kirchliche" Horizont der matthäischen Darstellung sichtbar: Alle Völker, auch die Heiden, sind in die Jesusjüngerschaft gerufen.

4. Lk 23, 44—48: Der leidende Jesus ist Wegbereiter und Vorbild

Auch der Evangelist Lukas hat die Todesszene seiner Vorlage Mk 15, 33—39 umgestaltet[18]. Die Angabe über den Tempelvorhang zieht er zu der über die Finsternis bis zur neunten Stunde (V. 45). Vielleicht sieht er in diesen Ereignissen jene vom Propheten Joel angekündigten (3, 3 f) „Wunder am Himmel" und „auf Erden". Sie sind hier Begleitzeichen des Todes Jesu. Statt des Verlassenheitsrufes aus Ps 22 bietet Lukas ein gottergebenes Sterbegebet Jesu[19]. Dabei stellt er dem Gebetswort aus Ps 31, 6 die Vater-Anrede voran: „Vater, in deine Hände empfehle ich meinen Geist" (V. 46 b). Mit einem entsprechenden Gebet läßt Lukas den Märtyrer Stephanus in den Tod gehen (Apg 7, 59). Dieser richtet indessen sein Gebet an Jesus: „Herr Jesus, nimm meinen Geist auf!" Jesus ist somit als das Vorbild für den Jünger dargestellt. Eine Gemeinde, die das Alte Testament als Hinweis auf das Christusgeschehen las, konnte ohne Bedenken dem sterbenden Jesus ein anderes Psalmwort in den Mund legen. Für den dritten Evangelisten steht die paränetische Funktion der Leidensgeschichte Jesu im Vordergrund. Jesus geht den Seinen den Leidensweg in die Herrlichkeit voraus (24, 26; vgl. Apg 14, 22). Der Hauptmann preist Gott, nachdem er das

---

[17] Dazu *Lange*, Zur Ausgestaltung der Szene vom Sterben Jesu 42 f.
[18] Zur Theologie der Lk-Passion siehe H. *Conzelmann*, Die Mitte der Zeit (BHTh 17), Tübingen [4]1962, 66—86. 186—188; J. *Blinzler*, Passionsgeschehen und Passionsbericht des Lukasevangeliums, in: Bibel und Kirche 24 (1969) 1—4; G. *Schneider*, Verleugnung, Verspottung und Verhör Jesu nach Lukas 22, 54—71. Studien zur lukanischen Darstellung der Passion (StANT 22), München 1969; F. *Schütz*, Der leidende Christus (BWANT 89), Stuttgart 1969, bes. 42—112; A. *Stöger*, Eigenart und Botschaft der lukanischen Passionsgeschichte, in: Bibel und Kirche 24 (1969) 4—8; V. *Taylor*, The Passion Narrative of St. Luke (SNTS Monograph Series 19), Cambridge 1972.
[19] Weil Lukas den Eloi-Ruf Jesu tilgte, mußte er auch das Mißverständnis, Jesus habe nach Elija gerufen, übergehen.

ergebene Sterben des Gekreuzigten erlebt hatte (V. 47 a); er bekennt: „Wahrhaftig, dieser Mensch war ein Gerechter" (V. 47 b). Er erkennt, daß Jesus unschuldig zum Kreuzestod verurteilt wurde. Nicht nur der Hauptmann kam zu dieser für den Glauben grundlegenden Erkenntnis, die den Kreuzestod Jesu als einen fatalen Irrtum erscheinen läßt. Auch das Volk, das zu diesem „Schauspiel" zusammengekommen war, sah die Begleitumstände des Todes Jesu „und schlug an die Brust" (V. 48). Diese Angabe, die in der Vorlage des Evangelisten keine Grundlage hat, folgt dem Stil der Märtyrerberichte und zeigt, daß der in den Tod gehende Blutzeuge noch im Sterben die Menschen seiner Umgebung bekehrt[20]. Das Volk, dessen reuige Teilnahme am Geschick Jesu eindringlich hervorgehoben wird, bildet jene Gemeinde im voraus ab, die sich als Kirche zu Jesus bekennt.

Lukas spricht in seinem Evangelium von der *täglichen* Kreuzesnachfolge, zu der der Jünger aufgerufen ist (9, 23). Ein Jünger soll wie Simon von Kyrene Jesus das Kreuz *nachtragen* (23, 26). Jesus hat als „Anführer und Retter" (Apg 5, 31) diesen Heilsweg gebahnt und ist ihn uns vorausgegangen[21]. Wie die Volksmenge der Passionserzählung (Lk 23, 48) soll der Leser die Passion Jesu meditierend bedenken und dadurch zu Reue und Buße bewegt werden.

5. Joh 19, 28—30: Das Kreuz Jesu stellt die „Vollendung" des Heilswerkes dar

Die knappe, aber bedeutungsvoll gestraffte johanneische Szene des Sterbens Jesu hat mit der der Synoptiker nicht viel gemeinsam[22]. Sie steht unter dem Gedanken der Vollendung: Das Verbum „beenden, vollenden, zum Abschluß bringen" begegnet dreimal. Gemeinsam mit den drei synoptischen Evangelien bezeugt Johannes ein letztes Wort Jesu vor dem Sterben; zusammen mit Mk/Mt berichtet er von der Reichung des Essigs.

> *Joh 19, 28—30*
> 28 Darauf sagte Jesus — wissend, daß nun alles vollbracht war —, damit die Schrift vollendet würde: Mich dürstet. 29 Ein Gefäß voll Essig stand da. Sie steckten nun einen mit Essig gefüllten Schwamm auf einen Hysopstengel und hielten ihn an seinen Mund. 30 Als Jesus nun den Essig genommen hatte, sprach er: Es ist vollbracht; und er neigte das Haupt und gab den Geist auf.

Vermutlich hat der vierte Evangelist, ohne von den Synoptikern direkt abhängig zu sein, Elemente der früheren Passionserzählungen aufgegriffen. Dennoch liegt seiner

---

[20] Vgl. Lk 22, 51; 23, 43.

[21] Der auf den Tod Jesu bezogene Sühnegedanke tritt im lukanischen Werk deutlich zurück. Vgl. *A. George*, Le sens de la mort de Jésus pour Luc, in: RB 80 (1973), 186—217; *G. Schneider*, Das Evangelium nach Lukas (Ökumenischer Taschenbuch-Kommentar 3/1—2), Gütersloh/Würzburg 1977, 447—449.

[22] Zur Passionsdarstellung des vierten Evangeliums sind neuerdings zu vergleichen: *J. Riaud*, La gloire et la royauté de Jésus dans la passion selon saint Jean, in: Bible et Vie Chrétienne 56 (1964) 28—44; *K. H. Schelkle*, Die Leidensgeschichte nach Johannes (erstm. 1965), in: Wort und Schrift, Düsseldorf 1966, 76—80; *E. Haenchen*, Historie und Geschichte in den johanneischen Passionsberichten, in: Zur Bedeutung des Todes Jesu, hg. von *E. Viering*, Gütersloh 1967, 55—78; *G. Richter*, Die Deutung des Kreuzestodes Jesu in der Leidensgeschichte des Johannesevangeliums, in: Bibel und Leben 9 (1968) 21—36; *A. Dauer*, Die Passionsgeschichte im Johannesevangelium (StANT 30), München 1972; *T. J. Forestell*, The Word of the Cross. Salvation as Revelation in the Fourth Gospel (Anal. Bibl. 57), Rom 1974; *U. B. Müller*, Die Bedeutung des Kreuzestodes Jesu im Johannesevangelium, in: Kerygma und Dogma 21 (1975) 49—71; *P. von der Osten-Sacken*, Leistung und Grenze der johanneischen Kreuzestheologie, in: EvTh 36 (1976) 154—176.

Passionserzählung „eine durchaus selbständige Überlieferung" zugrunde[23]. Eine wichtige Abweichung zwischen Johannes und den Synoptikern liegt darin, daß nach seiner Passion Jesus nicht am Passa-Fest selbst stirbt, sondern am Rüsttag des Festes, zu der Zeit, da man auf dem Tempelplatz die Osterlämmer schlachtete[24]. Trotzdem wird man nicht mit Sicherheit behaupten dürfen, der vierte Evangelist wolle Jesus als das geopferte Passa-Lamm des Neuen Bundes verstanden wissen[25].

Das Wort Jesu „Mich dürstet" war ursprünglich nur mit dem Hinweis auf die Schrifterfüllung (vgl. Ps 22, 16; 69, 22) verbunden. Der Evangelist unterstrich mit dem von ihm eingeschalteten Partizipialsatz zweierlei: das souveräne Wissen Jesu und die Auffassung, daß mit seinem Sterben „alles" vollendet sei, das gesamte Heilswerk[26]. Das letzte Wort des Sterbenden „Es ist vollbracht" greift den letzteren Gedanken wieder auf. Das Werk des Vaters ist Jesus mit seinem Tod ganz ausgeführt, und er darf zum Vater zurückkehren. Die Liebe Jesu „bis zum Ende" (13, 1) war in der Fußwaschung dargestellt und bezieht sich auf die Hingabe Jesu in den Tod[27]. Jesus hat sein Werk im Gehorsam vollendet. Nun wird ihn der Vater verherrlichen, wie er den Vater verherrlichte (17, 1. 5). Auf dem Höhepunkt der ganzen Passionsgeschichte legt der Evangelist dem Sterbenden ein Wort in den Mund, das den sieghaften Offenbarer Gottes in dem Wissen zeigt, sein Werk vollendet zu haben.

Joh 3, 14 f hatte schon die Heilsbedeutung des Kreuzes ausgesprochen. Der Menschensohn mußte „erhöht werden, damit jeder, der glaubt, in ihm ewiges Leben habe". Der Vergleich mit der von Mose erhöhten Schlange (Num 21, 9) unterstreicht die lebensvermittelnde Kraft des Kreuzestodes und den hinter diesem stehenden heilsgeschichtlichen Ratschluß Gottes. Vom Kreuz geht das Heil für die Vielen aus. Gott hat „die Welt so sehr geliebt, daß er seinen einzigerzeugten Sohn dahingab, damit jeder, der an ihn glaubt, nicht verlorengehe, sondern ewiges Leben habe" (3, 16)[28].

6. Nos autem gloriari oportet in cruce — Rückblick und Ausblick

Die Erzählung von der Kreuzigung Jesu ist von den vier Evangelienverfassern unterschiedlich neugestaltet worden. Sie sind dabei allerdings grundlegend von überlieferten Texten ausgegangen. Diese haben sie nach den Bedürfnissen ihrer Gemeinden, nach ihren eigenen Abfassungsabsichten und theologischen Voraussetzungen neu erzählt. Deshalb dürfen die Unterschiede in ihren Passionsdarstellungen weder bei der historischen Rekonstruktion noch bei der theologischen Interpretation harmonisierend miteinander verrechnet beziehungsweise vermischt werden.

Die Unterschiede der vier Evangelien können für die Verkündigung fruchtbar gemacht werden. Sollte es zutreffen — und vieles spricht dafür —, daß der Sühne-

---

[23] *Dauer*, Die Passionsgeschichte im Johannesevangelium 336. Zur Traditionsgeschichte von Joh 19, 28—30 siehe ebd. 201—226. *Dauer* schreibt 19, 28—30 im wesentlichen der vorjohanneischen Erzählung zu; nur der mit „wissend" eingeleitete Satz und das Wort „Es ist vollbracht" stammen vom Evangelisten (216). Die vor-johanneische Vorlage zu „19, 28—30 „setzt die Synoptiker voraus" (226).

[24] Joh 18, 28. 39; 19, 14.

[25] *Weber*, Kreuz 201 f, hat selbst gegenüber Joh 19, 36 f Bedenken, das Schriftzitat auf Jesus als Passa-Lamm oder „Lamm Gottes" (Joh 1, 29. 36) zu beziehen.

[26] Vgl. Joh 18, 4 (am Anfang der Passion). *Dauer*, Die Passionsgeschichte im Johannesevangelium 203, beobachtet: „Das Wirken Jesu steht in Joh unter dem Gedanken, daß er das Werk (4, 34) oder die Werke (5, 36) des Vaters erfüllt (τελειοῦν). Im Angesicht des Todes, im ,hohepriesterlichen Gebet', hatte er seinem Vater versichert, sein Werk erfüllt zu haben (17, 4), und ihn um Verherrlichung gebeten (17, 5)."

[27] Siehe *J. Beutler*, Die Heilsbedeutung des Todes Jesu im Johannesevangelium nach Joh 13, 1—2, in *Kertelge*, Der Tod Jesu, 188—204.

[28] Vgl. 1 Joh 4, 9 f als „Kommentar" zu Joh 3, 16, und zwar in Verbindung mit dem Sühnegedanken.

gedanke von den Menschen unserer Gegenwart schwer vollziehbar ist, dann können „Modelle", die den Tod Jesu auf andere Weise in seiner Heilsbedeutung herausstellen, eine Hilfe für den Glauben bedeuten. Die verschieden akzentuierten und unterschiedlich konzipierten Berichte über die Kreuzigung Jesu zeigen uns, wie wenig eine psychologisch verstehenwollende oder nachvollziehend Mitleid schenkende Haltung des Lesers den Passionsdarstellungen der Evangelien angemessen ist. Die Szene der Kreuzigung Jesu ist in den Evangelien nicht anders als der gekreuzigte Christus bei Paulus jene neue Botschaft, die den Glaubenden „Gottes Kraft und Gottes Weisheit" offenbar macht (1 Kor 1, 21—31). So kann der Apostel sich des Kreuzes „rühmen", weil durch das Kreuz Jesu Christi für ihn die Welt und er für die Welt „gekreuzigt ist" (Gal 6, 14).

JESUS, DER CHRISTUS

15

DIE DAVIDSSOHNFRAGE (Mk 12,35–37)

Die Perikope des Markusevangeliums, die sich mit der Frage befaßt, ob der Messias Davids Sohn sei, gibt verschiedene Probleme auf. Im Vordergrund steht heute wieder die Frage, ob Jesus nach dem Text des Markusevangeliums bzw. nach einer dort vorliegenden Überlieferung die Davidssohnschaft des Christus abgelehnt habe [1]. Gelegentlich ist die Anschauung vertreten worden, Jesus habe deswegen die Titulatur "Davidssohn" für sich abgelehnt, weil er sich nicht mit den politischen Aspirationen identifizieren wollte, die das zeitgenössische Judentum vornehmlich mit diesem Davidssohn-Messias verband [2]. So führt die Problematik der Perikope auch in den Bereich der Fragen um eine mögliche politisch-revolutionäre Aktivität Jesu und seines Jüngerkreises, die zur Zeit (wieder) erörtert werden. Ehe die Perikope Mk 12,35-37 [3] unter traditionsgeschichtlichem Aspekt

---

[1] Die These von der Zurückweisung des Davidssohn-Prädikats durch Mk 12,35-37 ist sehr entschieden von W. WREDE, "Jesus als Davidssohn", in: *Vorträge und Studien* (Tübingen 1907) 147-177; 170f, vertreten worden. Sie begegnet zuletzt bei Chr. BURGER, *Jesus als Davidssohn. Eine traditionsgeschichtliche Untersuchung* (Göttingen 1970) 52-59.

[2] Vgl. neuerdings F. MUSSNER, "Christologische Homologese und evangelische Vita Jesu", in: SCHLIER–MUSSNER–RICKEN–WELTE, *Zur Frühgeschichte der Christologie* (Freiburg 1970) 59-73; 62: "Sohn Davids" konnte "sehr leicht im Sinne einer politischen Messianologie verstanden werden".

[3] Die Abgrenzung der Perikope in der *Synopsis quattuor evangeliorum*, ed. K. ALAND (Stuttgart 1964) 388 (= Nr. 283), ist insofern irreführend, als Mk 12,37b schon zum folgenden Abschnitt gerechnet wird. Das läßt sich jedoch von Mk her nicht rechtfertigen, geht vielmehr auf die Einteilung des Lk (20,41-44.45-47) zurück. Mk 12,37b ist hingegen ein typisch markinischer Perikopen*schluß* (vgl. 6,20) und Mk 12,38a (καί... ἔλεγεν) ist *Einleitungs*wendung (vgl. 4,2; 9,31; 11,17; 12,35). Vgl. E. SCHWEIZER, *Das Evangelium nach Markus* (Göttingen 1967) 147.

behandelt wird, sollte man sich die Auslegung dieses Abschnitts in den letzten 50 Jahren, d.h. seit dem Aufkommen der formgeschichtlichen Evangelienforschung, vergegenwärtigen.

I. Mk 12,35-37
in der Diskussion der vergangenen Jahrzehnte

K. L. Schmidt (¹) bezeichnete die Perikope Mk 12,35-37 als Streitgespräch. Er hielt sie im ganzen für vormarkinisch, meinte sogar die Einleitungswendung mit der topographischen Notiz "im Tempel" der Tradition zuschreiben zu können. Der Evangelist habe die "von Haus aus selbständige Einzelperikope" als Jerusalem-Geschichte entsprechend eingeordnet. Darüber hinaus glaubte Schmidt damit rechnen zu können, daß die traditionelle Perikope ihrerseits in einem früheren Stadium ohne Ortsangabe erzählt worden ist. Man habe später "dieses bedeutungsvolle Wort Jesu an bedeutungsvoller Stätte" lokalisieren wollen. — Demgegenüber wird zu fragen sein, ob die Lokalisierung der Perikope nicht doch auf den Evangelisten zurückgeht; ferner, ob man den hier vorliegenden "Monolog" als Streitgespräch bezeichnen sollte.

M. Dibelius (²) weist mit Recht darauf hin, daß erst bei Matthäus (22,41-46) aus der Mk-Vorlage ein "Gespräch" geworden ist (260). Er behauptet außerdem, daß erst Markus "dem überlieferten Wort seinen biographischen Rahmen gegeben" habe; dann bleibt als vorsynoptische Tradition nur ein Spruch Jesu, "der als Beispiel der Kritik Jesu an der Schriftgelehrsamkeit überliefert war" (261). Der Evangelist wolle mit dieser Perikope kaum "eine christologische Theorie" verkündigen; er deute jedenfalls nichts dergleichen an. Im letzteren Punkt, der Frage nach dem Sinn der vorliegenden Perikope, wird man die Zurückhaltung von Dibelius zu überprüfen haben.

R. Bultmann (³) bestätigt zunächst die Feststellung, daß Mk 12,35-37 nicht die Form der "Debatte" vorliege (54) (⁴). Es handelt

---

(¹) *Der Rahmen der Geschichte Jesu* (1919) (Neudruck Darmstadt 1964) 289.

(²) *Die Formgeschichte des Evangeliums* (1919) (Tübingen ⁴1961) 260f.

(³) *Die Geschichte der synoptischen Tradition* (1921) (Göttingen ⁵1961).

(⁴) Dennoch spricht BULTMANN (*Geschichte*, 157) von einem "Debattewort", das wohl als Wort des Auferstandenen überliefert werde (ebd. 160) und eine christliche Bildung darstelle (ebd. 162). Mk 12,37b wird von BULTMANN (a.a.O. 357) als Einleitung zu 12,38-40 gerechnet.

sich um eine "Gemeindebildung" (145); denn "der Nachweis, daß der Messias nicht als Davidsohn gelten dürfte", konnte schwerlich für Jesus Bedeutung haben (145). Die Perikope wird also als Zurückweisung der Davidssohn-Messianologie verstanden. Indessen deute der Text darauf hin, daß ihm ein Gegensatz zur Davidssohnprädikation vorschwebt, möglicherweise der "Menschensohn"; "die Hoffnung auf einen politischen Messias würde dann durch die Erwartung eines himmlischen Messias bestritten" (ebd.). Versteht man das Wort so, dann könne es von Jesus stammen, der dann allerdings "nicht mit Bezug auf sich selbst" so gesprochen habe. Ein weiteres Argument gegen die Echtheit des Wortes führt Bultmann aus der Tatsache, daß Paulus "das Dogma der Davidsohnschaft Jesu" voraussetzt (¹) und daß daher diese Überzeugung in der Gemeinde schon früh zur Herrschaft gekommen sein muß (145f). Wenn das aber der Fall ist, so muß angenommen werden, daß Jesus die Davidssohnschaft des Messias nicht bestritten hat. Sonst hätte ein solches "Dogma" nicht entstehen können. Andererseits ist aber wegen der Differenz zu Paulus erwiesen, daß Mk 12,35-37 (mit der Ablehnung der Davidssohnschaft) Gemeindebildung ist, "die freilich nur die Anschauung eines begrenzten Kreises zum Ausdruck bringt" (146). Nimmt man an, dieses Wort stamme aus einer Schicht der Urgemeinde, so vertrete es einen Gegensatz des Menschensohnglaubens zur Davidssohnhoffnung oder wolle einfach den Vorwurf entkräften, daß sich Jesu davidische Abstammung nicht nachweisen ließ. Stammt es jedoch aus der hellenistischen Gemeinde, so könne es dem Nachweis dienen, "daß Jesus mehr sei als Davids Sohn, nämlich Gottes Sohn" (ebd.) (²). — Abgesehen davon, daß Bultmann nicht in der Lage ist, den "Sitz im Leben" eindeutig zu bestimmen (³), wird man kritisch anmerken, daß gerade der ursprüngliche Sinn des Wortes, wie ihn Bultmann

---

(¹) BULTMANN scheint an Röm 1,3f zu denken.

(²) Vgl. 146 Anm. 1: "aus den Kreisen eines schriftgelehrten Judenchristentums der hellenistischen Sphäre ... wie der Barnabasbrief" (vgl. *Barn* 12,10). Markus habe "vielleicht gar keine bestimmte Interpretation des Wortes gehabt, sondern es nur unter die Streitgespräche eingereiht als Beispiel dafür, wie Jesus die Schriftgelehrten widerlegt". Dagegen spricht, daß der Evangelist an den drei Stellen Mk 10,47f; 11,10; 12,35-37 auf die Davidssohnschaft bzw. Davidsherrschaft Bezug nimmt und an ihr Interesse zeigt.

(³) Vgl. auch R. BULTMANN, *Theologie des Neuen Testaments* (Tübingen ²1954) 28f.

nach zwei Seiten hin in Betracht zieht, nicht schlechthin als Ablehnung der Davidssohnschaft Jesu gekennzeichnet werden muß. Ist das aber zutreffend, dann entfallen von hier aus die Argumente gegen die Echtheit, sofern sie von Röm 1,3f geführt werden: Genauso wie Mk 12,35-37 die Überzeugung "eines begrenzten Kreises" darstellen mag, kann das auch bei der vorpaulinischen Formel von Röm 1,3f der Fall sein.

Die formgeschichtliche Erörterung der Perikope hatte zunächst nur erkennen lassen, daß es sich nicht um ein Streitgespräch handeln könne (¹). Sie hatte aber noch kein positives Ergebnis gebracht. Im Jahr 1951 sind zwei Arbeiten erschienen, die in positiver Hinsicht zu verschiedenen Ansichten kamen. D. Daube (²) sieht in Mk 12,35b-37a eine "Haggada-Frage" nach der Art, in der jüdische Schriftgelehrsamkeit die Vereinbarkeit zweier Schriftstellen konstatierte, die auf den ersten Blick einander widersprechen. Auf der anderen Seite wollte R. P. Gagg (³) nun doch wieder in den Versen 35-37 ein abgekürztes "Streitgespräch" sehen, das in die Situation des historischen Jesus gehöre, aber erst in der christlichen Tradition die heutige Form erhielt, weil man die Vorfrage der Gegner Jesu wegließ.

Daube kam zu seiner Auffassung aufgrund von *Nidda* 69b-71a. An dieser Stelle des Babylonischen Talmud legen Alexandriner dem Rabbi Jehoschua ben Chananja, einem führenden Rabbi der Generation nach der Tempelzerstörung, zwölf Fragen vor. Je drei davon behandeln Fragen von vier verschiedenen Typen. Diese vier Typen finden sich nun auch in der markinischen Folge Mk 12,13-37 (Steuerfrage, Auferstehungsfrage, Frage nach dem obersten Gebot, Davidssohnfrage). Da die Einzelperikopen nicht auf die gleiche historische Situation zurückgehen, wird man voraussetzen dürfen, daß ein Redaktor die Zusammenstellung nach dem vierfachen Schema rab-

---

(¹) Im Gegensatz zu M. ALBERTZ, *Die synoptischen Streitgespräche* (Berlin 1921) 26.

(²) "Four Types of Question", *JTS* 2 (1951) 45-48; vgl. DERS., *The New Testament and Rabbinic Judaism* (London 1956) 158-169. Zustimmend: J. JEREMIAS, *Jesu Verheißung für die Völker* (Stuttgart 1956) 45, der allerdings damit für die Echtheit des Wortes im Munde Jesu plädiert. Vgl. DERS., *Neutestamentliche Theologie*, I (Gütersloh 1971) 247. Ähnlich W. GRUNDMANN, *Das Evangelium nach Markus* (Berlin 1959) 253f.

(³) "Jesus und die Davidssohnfrage. Zur Exegese von Markus 12,35-37", *TZ* 7 (1951) 18-30.

binischer Fragen vollzogen hat. Eventuell kann auch der Evangelist
diese Zuordnung geschaffen haben (¹). Wenn auch im Falle von Mk
12,35-37 nicht eigentlich zwei Schriftstellen miteinander konkurrieren,
so kann man doch feststellen, daß auf den ersten Blick die Schriftstelle Ps 110,1 der (aus der Schrift erschlossenen und als selbstverständlich vorausgesetzten) Davidssohnschaft des Messias zu widersprechen scheint. Das Ziel solcher Haggada-Fragen ist nun nicht,
die eine Schriftstelle gegen die andere auszuspielen, sondern zu zeigen,
daß unter einem jeweils anderen Gesichtspunkt gesprochen wird
und somit beide Schriftstellen recht haben (²). Gagg betont, daß
Mk 12,35b-37a auf den historischen Jesus zurückgehe. Er will das
auf doppeltem Wege beweisen. Zum ersten sei von der frühen Tradition die vorausgehende Frage der Jesusgegner ("Du lehrst doch auch,
daß der Messias Davids Sohn ist?") weggelassen worden (26f.29);
ursprünglich handle es sich deshalb um ein eigentliches Streitgespräch (³). Doch dagegen ist zu bemerken, daß die Annahme einer
ursprünglich vorausgehenden Anfrage (25) willkürlich ist. Von der
Voraussetzung des Typus der Haggada-Frage erübrigt sich zudem
eine solche Rekonstruktion, die offenbar primär der leichteren formgeschichtlichen Einordnung dient. Zweitens meint Gagg, im Munde
Jesu seien "die Bezeichnungen κύριος und υἱὸς Δαυίδ... in keiner
Weise theologisch gefüllte Begriffe" (24). Die "theologische Füllung
der Begriffe" sei erst das Werk der alten und neuen Exegeten (ebd.;
vgl. 29f). Jesu Ziel sei einfach "der Abbruch der Diskussion" gewesen
(27); er habe "seine persönliche Meinung über sich selbst" nie preis-
gegeben (26). Daher liefere unser Text "keinen Beitrag zur Theologie
des Neuen Testaments" (28). Es bedeutet indessen reine Willkür,
Jesus hier eine Vexierfrage stellen zu lassen (⁴).

(¹) Dieses Schema kann sogar "griechischen" Ursprungs sein; vgl.
DAUBE, "Four Types", 48; *The New Testament*, 161-163.
(²) DAUBE, "Four Types", 48: "both are right in different contexts;
say, the Messiah is David's son up to a certain moment in history, but
his Lord from then, or — this would mean that we have before us an
adumbration of Rom. 1,3f. — he is David's son according to the flesh,
but his Lord according to the spirit".
(³) Vgl. auch J. SCHMID, *Das Evangelium nach Markus* (Regensburg
³1954) 231: "Vielleicht liegt hier ursprünglich ein Streitgespräch vor,
von dem die Überlieferung nur das entscheidende Wort Jesu aufbe-
wahrt hat".
(⁴) Dazu R. BULTMANN, *Ergänzungsheft* zu: *Die Geschichte der
synoptischen Tradition* (Göttingen 1958) 21: "Höchst unglaubwürdig!".

Hatte Gagg wenigstens eine Neuinterpretation des für authentisch-
jesuanisch gehaltenen Wortes durch die Tradition ins Auge gefaßt,
so haben zwei wichtige Markus-Kommentare das Herrenwort einfachhin dem historischen Jesus zusprechen wollen, ohne einen Anteil
der christlichen Überlieferung anzunehmen. E. Lohmeyer (¹) wollte
in Mk 12,35-37 den polemischen Schriftbeweis Jesu dafür sehen, daß
der Messias nicht — wie die Schriftgelehrten meinten — Davidide
sein würde, sondern ein transzendenter "Herr", nämlich der Menschensohn. Nach den Worten der Schrift ist der Messias Davids Herr, nach
der These der Schriftgelehrten aber sein Sohn. Beides zusammen
ist nicht möglich; demnach ist die Meinung der Schriftgelehrten falsch.
Hinter dem Angriff Jesu steht "der Gegensatz eines geschichtlichen
Messias zu dem eines transzendenten 'Herrn' " (Markus, 263). Jesus
spricht aber nach der Auslegung Lohmeyers nicht von sich selbst,
sondern von einem Anderen; "noch ist dunkel, woher Der stammt
und wer Der ist, von dem David als 'meinem Herrn' redet" (ebd.).
Der Markus-Kommentar von V. Taylor (²) möchte die Perikope
wegen des Inhalts und wegen sprachlicher Indizien aus palästinischer
Tradition herleiten, sieht sie aber zugleich in Zusammenhang mit
dem (markinischen) "Messiasgeheimnis". Jesus bestreite in dem
Traditionsstück keineswegs die davidische Abstammung des Messias,
weil er das gegen das klare Zeugnis der Schrift nicht hätte wagen
können. Schon in diesem Punkt werden christliche Tradition und
jesuanische Situation miteinander vermengt. Dann aber gibt es
keine Möglichkeit zu behaupten, daß Jesus um seine nicht-davidische
Herkunft wußte. Er hielt sich demnach für einen Davididen. Das
soll nun wiederum durch alte christliche Tradition "bestätigt" werden
(491) (³). Wenn Jesus sich im Sinne von Mk 12,35-37 geäußert hat,
so wollte er damit nicht die davidische Herkunft des Messias bestreiten,

---

(¹) *Das Evangelium des Markus* (1937) (Göttingen ⁴1954) 261-263.
Vgl. auch E. LOHMEYER, *Gottesknecht und Davidsohn* (erstm. 1945)
(Göttingen ²1953) 83f: Davidssohn ist "jüngerer Sproß" der beiden älteren
Anschauungen vom Gottesknecht und vom Menschensohn.
    (²) *The Gospel according to St Mark* (1952) (Neudruck London 1963)
490-493.
    (³) Mit Hinweis auf Röm 1,3; 2 Tim 2,8; Mt 1,1-17; Lk 3,23-38;
ferner auf den Titel Davidssohn (Mk 10,47f u.ö.). Die Begründung der
Echtheit erfolgt später (*St Mark*, 493) vor allem durch den Hinweis
auf den "allusive character" (bzw. "allusive manner") der vorliegenden
Äußerung Jesu.

sondern andeuten, daß "eine viel höhere Ansicht über dessen Abkunft notwendig sei", weil David ihn "Herr" nennt (492) [1]. Jesu Sohnschaft ist nicht bloß eine Sache menschlicher Abstammung (493). — Sowohl Lohmeyer wie Taylor geben zu, daß an unserer Stelle der Septuagintatext von Ps 110 zitiert wird. Das braucht freilich nicht auf eine spätere "Gemeindebildung" hinzuweisen, ist aber doch näher zu erörtern.

In den fünfziger Jahren erschienen die Jesus-Bücher von G. Bornkamm [2] und E. Stauffer [3]. Bornkamm geht vom Sinn der Worte in Mk 12,35-37 aus und meint, es gehe hier um die Bestreitung des Titels Davidssohn für den Messias. Es frage sich jedoch, ob ein solches Verständnis den Anschauungen der Evangelien und der Urgemeinde, für die die Davidssohnschaft des Messias außer Zweifel steht, angemessen sei. Darum sei eher das *Verhältnis* von Davidssohnschaft und Herrsein die Pointe des Wortes. Dann aber ist der Davidssohntitel "nicht mehr im genuin jüdischen Sinn als Hoheitstitel für den Messias gebraucht, sondern sein späterer christlicher Sinn vorausgesetzt" [4]. Im Gegensatz zu dieser These, die in der Perikope die Reflexionen der christlichen Gemeinde bezeugt sieht, hat Stauffer — freilich ohne auf Mk 12,35-37 einzugehen [5] — behauptet: "Wenn die Männer des Neuen Testamentes von der davidischen Abstammung [Jesu] sprechen, so meinen sie das im Sinne einer geschichtlichen Feststellung, die sie historisch verantworten können" (21). Von einem unumstößlichen jüdischen Glaubenssatz über die davidische Abstammung des Messias könne keine Rede sein; auch Jesus lege gar keinen Wert auf seine Davidssohnschaft.

---

[1] Dabei verweist TAYLOR auf J. SCHNIEWIND (*Das Evangelium nach Markus* [Göttingen 6 1952] 163), der den Messias hier als ein überweltliches Wesen begriffen und sogar u.U. die Präexistenz angedeutet sieht. Letztere Ansicht geht TAYLOR zu weit; "but certainly a secret of Jesus concerning Himself is implied" (a.a.O.). Vgl. ferner G. H. BOOBYER "Mark XII.35-37 and the Preexistence of Jesus in Mark", *ET* 51 (1939-1940) 393f.

[2] *Jesus von Nazareth* (Stuttgart 1956); zum Folgenden ebd. 206.

[3] *Jesus. Gestalt und Geschichte* (Bern 1957).

[4] Die Abkunft von David bezeichnet den Messias "im Stande seiner Menschlichkeit und Niedrigkeit im Gegensatz zu seiner Erhöhung und Herrschaft" (a.a.O.); vgl. Röm 1,3; 2 Tim 2,8; IGNATIUS, *Eph* 18,2; 20,2; *Trall* 9,1; *Smyrn* 1,1.

[5] Vgl. hingegen *Jesus. Gestalt und Geschichte*, 85: Die Szenen Mk 12,13ff. werden als historischer Ablauf verstanden.

Damit ergibt sich für Stauffer, daß "die davidische Abstammung
Jesu historisch feststehen" dürfte (22) (¹). W. Michaelis (²) folgt
in der Auslegung von Mk 12,35-37 im wesentlichen der dargelegten
Auffassung von Bornkamm (324f), steht jedoch in der Beurteilung
der Historizität der davidischen Abstammung in der Nähe von Stauffer
(330) (³). Obgleich es denkbar wäre, daß Jesus die Davidssohnschaft
des Messias habe bestreiten wollen, käme eine solche Deutung nicht
in Frage. Denn Jesus sei nun einmal, "wofür entscheidend Röm.
1,3 ins Gewicht fällt", tatsächlich Davidide gewesen (325). Das
überlieferte Wort gehe (gegen Bultmann und Bornkamm) auf Jesus
selbst zurück; denn Mk 10,47f mit seinen Parallelen und "die entsprechenden anderen Aussagen" könnten "nicht allesamt Gemeindebil-
dungen sein" (326). Somit müßten sie einen historischen Kern enthalten. Da Michaelis zwar im ganzen traditionsgeschichtlich an das
Problem herangeht, dann aber doch wieder (wie Stauffer) spätere und
frühere Aussagen des Neuen Testaments auf eine Ebene stellt, kann
seine Beweisführung nicht überzeugen. Auch die von Michaelis auf-
gestellte Behauptung, "Sohn Davids" habe als messianischer Titel
"die unerläßliche Voraussetzung" der davidischen Abstammung des
Trägers, ist an sich nicht glaubhafter als die von ihm (323) als "miß-
verständlich und schief" abgelehnte Formulierung Bultmanns (⁴),
"Sohn Davids" habe "primär ja nicht einen genealogischen Sinn",
sondern sei eben Titel, "ein Titel des Königs, wenn auch dann genealogische Spekulationen daran angeknüpft wurden".

In seinem Buch *Die Christologie des Neuen Testaments* hat
O. Cullmann die Davidssohnfrage behandelt (⁵). Den "Schlüssel"

(¹) Dazu die anachronistische Betonung, daß Jesus demgemäß Jude
war und daß Joseph "aus einer armen, aber ahnenstolzen Familie" kam,
"die seit Jahrhunderten, wohl schon seit 1000 Jahren mit besonderem
Ernst über der Reinerhaltung ihres Blutes gewacht hatte".

(²) W. MICHAELIS, "Die Davidssohnschaft Jesu als historisches und
kerygmatisches Problem", in: RISTOW–MATTHIAE (Hrsg.), *Der historische
Jesus und der kerygmatische Christus* (1960) (Berlin ³1964) 317-330.

(³) MICHAELIS verweist übrigens mit STAUFFER (*Jesus*, 21f) auf
die Überlieferung bei EUSEBIUS (*HE* III, 20, 1-6; 32, 3) über das Schicksal zweier Großneffen Jesu unter Domitian, die als Davididen denunziert
worden waren, und über das Ende seines Vetters Simeon unter Trajan,
der als "Davidide und Christ" zum Tode verurteilt wurde.

(⁴) R. BULTMANN, in: *Glauben und Verstehen*, II (Tübingen 1952) 249.

(⁵) *Die Christologie des Neuen Testaments* (Tübingen 1957) bes.
132-134.

zur Deutung will er Mk 3,33 finden (87; vgl. 133f). Es handelt sich
um ein echtes Jesuswort, das offenbar schon die Evangelisten nicht
mehr recht zu deuten wußten; sie haben die Auskunft Jesu nicht
als Leugnung seiner Davidssohnschaft verstanden (132). "Was Jesus
verneint, ist nicht unbedingt seine Herkunft aus davidischem Geschlecht, sondern die von den Juden behauptete christologische
Bedeutung, die dieser Abstammung im Blick auf das von ihm zu
vollbringende Erlösungswerk zukommen soll" (ebd.). Jesus bediene
sich "der Beweismethode seiner Zeit" (ebd.). Soviel ist sicher, daß
er "hier die Meinung bekämpft, als käme es beim Messias auf die
fleischliche Abstammung an" (133). Für diese Auslegung (im Sinne
des "Darauf-Ankommens") beruft sich Cullmann (133f) auf das
Wort Jesu beim Auftreten seiner Verwandten: "Wer sind meine
Mutter und meine Brüder?... Wer den Willen Gottes tut, der ist
mir Bruder und Schwester und Mutter" (Mk 3,33.35). Cullmann
ist indessen vorsichtig genug, nur von einer *möglichen* Deutung im
genannten Sinn zu sprechen. Es besteht "die Möglichkeit, daß Jesus
auch in Mk. 12,35ff. jeden *christologischen* Wert der Davidsohnschaft
bestreiten kann, ohne damit unter allen Umständen die Tatsache
seiner davidischen Herkunft selber abstreiten zu müssen" (134).
Auf jeden Fall habe Jesus die mit dem Davidssohntitel verbundenen
"Gedanken eines *politischen* Königtums energisch zurückgewiesen"
(ebd.). Damit nun gibt Cullmann zu erkennen, daß er nicht damit
rechnet, Jesu Sendungsbewußtsein habe sich aus der Kenntnis seiner
davidischen Abstammung entwickelt (ebd.) (¹).

Ausdrücklicher als Cullmann behandeln zwei Arbeiten aus
dem Jahre 1962 die markinische Davidssohnperikope: B. van Iersel (²)
und E. Lövestam (³). Lövestam argumentiert wie Taylor gegen eine
Bestreitung der Davidssohnschaft durch Jesus mit der Behauptung:
"Sie zu leugnen würde... eine Auflehnung gegen die Worte und
Voraussagen der Schrift bedeuten" (73) (⁴). Unter Hinweis auf die
Charakterisierung der Davidssohnfrage als Haggada-Frage durch

---

(¹) Gegen A. E. J. RAWLINSON, *The New Testament Doctrine of
Christ* (London ³1949) 42, Anm. 3.
(²) "Fils de David et Fils de Dieu", in: *La Venue du Messie* (Recherches Bibliques VI; Brügge 1962) 113-132; bes. 121-123; vgl. DERS.,
"Der Sohn" in den synoptischen Jesusworten (Leiden 1961) 171-173.
(³) "Die Davidssohnfrage", *Svensk Exegetisk Årsbok* 27 (1962) 72-82.
(⁴) Erst 81, Anm. 28, wird TAYLOR zitiert, der ebenfalls den "al-
lusiven Charakter" des Jesuswortes für seine Echtheit in Anspruch nahm.

Daube fragt Lövestam dann, wie nach dem vorliegenden Text die Relation von "Davids Sohn" und "Davids Herr" zu verstehen sei. Mit Hilfe von Apg 2,29-35; 13,23-39 und Hebr 1,5-13 kommt er zu dem Ergebnis, daß in den genannten Texten "sowohl die Davidssohnschaft von Jesus Messias wie seine Erhabenheit gemäß Ps. 110,1... im Blickfeld" stehe (78). Es wird betont, daß er mehr ist als David und daß er im Gegensatz zu diesem in die himmlische Welt erhöht wurde bzw. höher steht als die Engel. "Als Sohn Gottes, nach der Auferstehung und Erhöhung Gottes Sohn in Kraft mit Sitz zur Rechten Gottes in der himmlischen Welt, ist Jesus Erfüller der Verheissung an David" (79). In dieser Perspektive, die unausgesprochen auf Röm 1,3f zurückgeht, "hat man allem Anschein nach die Davidssohnfrage zu sehen und zu verstehen" (ebd.). Der Beitrag van Iersels bringt einen wesentlichen neuen Gesichtspunkt in die Diskussion. Der Titel "Sohn Davids" sei von der davidischen Herkunft zu unterscheiden. Er begegnet erstmalig *PsSal* 17,21-25, während er in der alttestamentlichen Überlieferung fehlt. Merkwürdigerweise fehlt in dem jüdischen Text aber der Hinweis auf die Nathanweissagung und die Gottessohnschaft des Messias. Wohl tritt dieser als König Israels auf, der das Volk von den gottlosen und heidnischen Herrschern befreien wird. Im Neuen Testament wird Jesus als Gottes Sohn mit seiner davidischen Herkunft in Verbindung gebracht (Röm 1,3f), jedoch fehlt in diesem Kontext der eigentliche Titel "Sohn Davids" (Fils de David, 115) (¹). Demzufolge bestand eine Verbindung zwischen der Erwartung, daß der Messias von David abstamme, und der Überzeugung, daß er von Gott als sein Sohn angesehen würde. Diese Verknüpfung scheint in den vorchristlichen Texten und an den synoptischen Stellen, die Jesus als "Sohn Davids" titulieren, verloren gegangen zu sein. Wo diese Verbindung dann wieder in der Gemeinde-Christologie aufgenommen wird, tritt "Sohn Gottes" hervor und "Sohn Davids" verschwindet. Mk 12,35-37 soll wegen des "vagen und unbestimmten Charakters" (²) wahrscheinlich die ureigensten Worte Jesu wiedergeben (121). Die verschiedenen bis dahin vorgetragenen Deutungsversuche des Wortes gingen von der Tatsache aus, daß es sich hier um die *Abstammung* des Messias (oder

(¹) Vgl. auch IGNATIUS, *Eph* 20,2; *Smyrn* 1,1; JUSTIN, *Dial* 43,1; 45,3. Nur *Barn* 12,10f stehen beide *Titel* nebeneinander; dabei wird "Sohn Davids" als "Irrtum der Sünder" zurückgewiesen.
(²) Vgl. schon TAYLOR und LÖVESTAM.

Jesu selbst) handle. Demgegenüber gebe es "une solution beaucoup
plus simple" (122). Es handle sich nämlich gar nicht um die Frage
der Abstammung des Messias. Wenn die Psalmen Salomos vermutlich
aus pharisäischen Kreisen stammen und wenn unser Jesuswort sich
auf pharisäische Messianologie bezieht, dann muß beachtet werden,
daß dort "Sohn Davids" mehr besagen will als das bloße Faktum
davidischer Herkunft und Abstammung. Wenn also Jesus auch
— nach einer "einmütigen Tradition" — "aus dem Stamm Davids
geboren ist", so brauchte er dennoch nicht den Titel "Sohn Davids"
zu akzeptieren, weil dieser Titel sich auf "Funktion und Mission"
des Messias bezieht (ebd.). So kommt van Iersel zu dem sachlich an
Cullmann erinnernden Ergebnis, Jesu habe eben die politischen Aspekte
der jüdischen Messiaserwartung (Vertreibung der heidnischen Ok-
kupanten, Wiederherstellung des Königtums Davids) zurückgewiesen
(122f). Wenn das Neue Testament an anderen Stellen den Titel "Sohn
Davids" positiv aufgreift (¹), dann geschehe das in Traditionen, die
sich an "liturgische Gebetssprache" anlehnten (123; vgl. 116-120).
Mit der kurzen Erörterung des vorchristlichen Gebrauchs von "Sohn
Davids" und der Unterscheidung zwischen dem Titel und der bloßen
davidischen Abstammung hat van Iersel darauf aufmerksam gemacht,
wie wenig es statthaft ist, in allgemeinen Worten von einer jüdischen
Messiasdogmatik zu sprechen, auf die dann das Neue Testament
in dem einen oder anderen Sinn Bezug nehme. Merkwürdig erscheint
indessen, daß van Iersel die "bloße Herkunft von David" im eigentlich
historisch-biologischen Sinn einer Genealogie versteht. E. Lohse
hat den alttestamentlich-jüdischen Hintergrund der Davidssohnschaft
des Messias untersucht. Doch hat er dabei die Beobachtungen van
Iersels nicht aufgegriffen (²). Unbedingt sollte man vom Alten Testament her einmal prüfen, wieweit in der Messianologie vom davidischen
Herrscher (und vor allem beim Titel "Sohn Davids", der in *PsSal*
17,21 zum ersten Mal begegnet) (³) die physische Abstammung von

---

(¹) Beispielsweise im Ruf von hilfesuchenden Kranken gegenüber
Jesus (z.B. Mk 10,46-52: der Blinde von Jericho)!
(²) E. LOHSE, "Der König aus Davids Geschlecht. Bemerkungen
zur messianischen Erwartung der Synagoge", in: *Abraham unser Vater*
(Festschrift für O. Michel; Leiden 1963) 337-345; vgl. DERS., υἱὸς Δαυίδ,
in: *TWNT* VIII (1969), 482-492.
(³) LOHSE, "Der König", 339. Der Titel wurde von den Rabbinen
"durchgehend als Messiasbezeichnung gebraucht ... ohne einer näheren
Bestimmung zu bedürfen" (ebd. 341; vgl. [STRACK-]BILLERBECK, I, 525).

David impliziert ist (¹), zumal in der messianischen Erwartung das "Reich" gegenüber der Person des Messias in den Vordergrund trat (²).

Einer eingehenden Untersuchung unterzieht F. Hahn (³) den Titel "Sohn Davids". Er hält an der "tatsächlichen Herkunft Jesu aus Davids Geschlecht" fest, glaubt aber, im Bereich der hellenistisch-judenchristlichen Gemeinde "durch die sog. Zweistufenchristologie" einen entscheidenden Schritt zur Ausbildung einer selbständigen Davidssohn-Christologie feststellen zu können: Die Davidssohnschaft wird als eine vorläufige Hoheitsstufe angesehen (278) (⁴). Mk 12,35-37a wird an drei verschiedenen Stellen des Buches behandelt (⁵). Richtig wird von Hahn erkannt, daß die Wendung "lehrend im Tempel" (V. 35; vgl. 14,49) dem Evangelisten zuzuschreiben ist (⁶); im übrigen soll die Perikope der Tradition entstammen (113). Die Davidssohn-prädikation sei "aus ihrer herkömmlichen Gleichsetzung mit dem Messiastitel gelöst und dieser stattdessen mit 'Kyrios' gleichgesetzt". Bei "Messias" und "Kyrios" handle es sich um den zur Rechten Gottes inthronisierten Herrscher, für den (vgl. Ps 110,1b) die endgültige Unterwerfung der Feinde noch bevorsteht (ebd.) (⁷). Damit könne das Traditionsstück nicht der palästinischen Gemeinde entstammen und erst recht nicht eine authentische Äußerung Jesu wiedergeben (113f). Insbesondere aus der Hahnschen Voraussetzung, die Erhöhungs-

---

(¹) Vgl. dazu schon LOHSE, "Der König", 341: "Da der Messias als zweiter David erscheinen sollte, wurde als sein Name bisweilen auch einfach der Davids genannt". Siehe *Chag* 14a; *Meg* 17b *Baraita*; ferner BILLERBECK, I, 65; II, 337.

(²) So mit Recht LOHSE, "Der König", 343f.

(³) *Christologische Hoheitstitel. Ihre Geschichte im frühen Christentum* (1963) (Göttingen ³1966) § 4 (= 242-279).

(⁴) Vgl. 242-250 (Die "Stammbäume" in Mt 1 und Lk 3 werden in der palästinischen Gemeinde lokalisiert). Zur Ausbildung der Zweistu-fenchristologie und zu Röm 1,3f siehe neben HAHN (*Hoheitstitel*, 251-259) vor allem E. SCHWEIZER, "Röm 1,3f. und der Gegensatz von Fleisch und Geist vor und bei Paulus" (erstm. 1955), in: *Neotestamentica* (Zürich 1963) 180-189.

(⁵) *Hoheitstitel*, § 2 (113-115); § 3 (191); § 4 (259-262).

(⁶) Vgl. auch H. RIESENFELD, "Tradition und Redaktion im Markus-evangelium", in: *Neutestamentliche Studien* (Festschrift für R. Bultmann; Berlin 1954) 157-164; 161f.

(⁷) Siehe die gleiche Auffassung bei R. H. FULLER, *The Foundations of New Testament Christology* (1965 = London 1969) 188.

christologie könne nicht palästinisch-christlich sein (¹), wird auf einen hellenistisch-judenchristlichen Traditionskreis geschlossen. Hier wäre der Davidssohntitel von der himmlischen Messiaswürde Jesu abgelöst worden und kennzeichne nur noch eine vorläufige, das Erdenwirken Jesu betreffende Hoheitsstufe (114f) (²). Es ist darum nach Ansicht Hahns (259f) weder zutreffend, daß in der Perikope die Davidssohnschaft Jesu überhaupt abgelehnt werde (gegen Wrede), noch daß bloß deren politisch-nationales Verständnis bestritten wird (gegen Cullmann). Die drei christologischen Titel (Davidssohn, Christus, Kyrios) werden hier in einem spezifisch christlichen Verständnis vorausgesetzt. Eine ausgezeichnete Parallele sei Röm 1,3f und somit sei die in der Perikope nicht genannte (aber implizierte) Antwort "im Sinne jener Zweistufenchristologie zu geben" (261) (³).

Gegen eine voreilige Parallelisierung von Mk 12,35-37 und Röm 1,3f wendet sich mit Recht A. Suhl (⁴). Die fragliche Perikope bestreite eher nur *negativ* die Davidssohnschaft des Messias, als daß sie *positiv* um den Nachweis eines "Mehr" (gegenüber der nur sarkischen Abstammung von David) bemüht sei. Wenn hier im Schema Niedrigkeit/Erhöhung gedacht sei, müßte die Frage doch wohl lauten: "Ist der Messias Davids Sohn, wie kann er dann sein Herr sein?" (91) (⁵). So aber lautet die Frage erst bei Matthäus. Dementsprechend kommt Suhl zu dem Schluß, im Rahmen des Markusevangeliums werde die Davidssohnfrage eindeutig negativ beantwortet, während man die vormarkinische Überlieferung schwerlich wiedergewinnen könne (93)(⁶).

(¹) Zu dieser Voraussetzung Hahns siehe die kritischen Bemerkungen bei Ph. VIELHAUER, "Ein Weg zur neutestamentlichen Christologie? Prüfung der Thesen Ferdinand Hahns", in: *Aufsätze zum Neuen Testament* (München 1965) 141-198; W. THÜSING, "Erhöhungsvorstellung und Parusieerwartung in der ältesten nachösterlichen Christologie", *BZ* 11 (1967) 95-108. 205-222; 12 (1968) 54-80.223-240; als Monographie: (Stuttgart o.J. [1970]).

(²) FULLER geht (wie HAHN) von der These aus, die Zweistufenchristologie resultiere aus der Parusieverzögerung (*Foundations*, 244f).

(³) In ähnlichem Sinn äußern sich E. SCHWEIZER, *Das Evangelium nach Markus* (Göttingen 1967) 147, und J. GNILKA, *Jesus Christus nach frühen Zeugnissen des Glaubens* (München 1970) 73 mit Anm. 24.

(⁴) *Die Funktion der alttestamentlichen Zitate und Anspielungen im Markusevangelium* (Gütersloh 1965) 91.

(⁵) Unter Hinweis auf G. BORNKAMM (in: *Überlieferung und Auslegung im Matthäusevangelium* [Neukirchen ⁴1965] 30, Anm. 1).

(⁶) Mk 10,47f begegnet der Titel "Davidssohn" im Munde des blinden Bartimaios; er werde aber im V. 51 durch ῥαββουνί "ersetzt". Vgl. ferner *Die Funktion*, 94.

Der wahre christologische Titel sei nach Markus eben der des "Gottessohnes". Das Zitat aus Ps 110 habe nicht die Funktion eines Beweises, es diene vielmehr "nur der Abwehr von möglichen Einwänden" (94) (¹). Der amerikanische Jesuit J. Fitzmyer (²) hat sich — unter ausführlicher Darlegung der alttestamentlichen und jüdischen "Vorgeschichte" (³) — auch mit der neutestamentlichen Davidssohnfrage befaßt. In der Traditionsgeschichte des Alten Testaments bis hin nach Qumran kommen verschlungene Wege mit mancherlei Transpositionen in den Blick, die jedoch für die Auslegung der neutestamentlichen Perikope kaum ausgewertet werden. Freilich weist Fitzmyer (wie vor ihm Taylor und Lövestam) eine Bestreitung der Davidssohnschaft des Messias durch Jesus zurück, indem er es für undenkbar hält, Jesus habe die Absicht haben können, "einen wohlbegründeten Glauben an den davidischen Ursprung des Messias anzugreifen" (784). Hätte Jesus den davidischen Ursprung des Messias geleugnet, "würde das dann nicht noch irgendeine andere Spur hinterlassen haben, da doch das Neue Testament Jesus so sehr als den zeichnet, der das Alte Testament erfüllt hat?" (785). Immerhin rechnet Fitzmyer mit einer Umprägung der (Haggada-)Frage Jesu durch die Evangelisten (785f).

G. Minette de Tillesse (⁴) stellt Mk 12,35-37 in den Zusammenhang der markinischen Theologie. Das ist sicherlich notwendig, weil erst vom markinischen Sinn der Perikope auf ein früheres Traditionsstadium zurückgefragt werden kann. In der vorliegenden Perikope soll sich die Kontroverse über die Steuerfrage (12,13-17) in gewisser

---

(¹) G. Friedrich, "Beobachtungen zur messianischen Hohepriestererwartung in den Synoptikern", *ZTK* 53 (1956) 265-311 (286-289), sieht in der Davidssohnfrage die volkstümliche Davidssohn-Erwartung abgelehnt, jedoch nicht zugunsten des "Gottessohnes", sondern des messianischen Hohenpriesters; denn das Zitat in Mk 12,37 lasse an Ps 110,4 denken (Priestertum des Melchisedek). Dagegen mit Recht H. Braun, *Qumran und das Neue Testament* (Tübingen 1966) I, 72f.

(²) "Die Davidssohn-Überlieferung und Mt 22,41-46 (und die Parallelstellen)", *Concilium* 2 (1966) 780-786.

(³) Im Anschluß an S. Amsler, *David, Roi et Messie* (Neuchâtel 1963); R. A. Carlson, *David, the Chosen King* (Stockholm 1964). Vgl. auch L. Rost, *Die Überlieferung von der Thronnachfolge Davids* (Stuttgart 1926); A. G. Hebert, *The Throne of David* (1941) (London ⁷1956); J. Coppens, *Le messianisme royal* (Paris 1968); G. Ruggieri, *Il figlio di Dio Davidico* (Rom 1968) 1-74.

(⁴) *Le secret messianique dans l'évangile de Marc* (Paris 1968) 156f.

Weise fortsetzen: Das Reich des Messias beeinträchtigt nicht das Imperium des Kaisers, weil es sich auf anderer Ebene ereignet. Ebenso verlängert ("prolonge") das messianische Königreich das Königtum Davids, allerdings, indem dieses transzendiert wird (¹). Die Perikope stehe in Beziehung zum sog. "Messiasgeheimnis" (vgl. schon Taylor), insofern Jesus an keiner anderen Stelle des ältesten Evangeliums so klar und direkt von seiner Sendung rede und sich dennoch nicht explizit mit dem Messias identifiziere (²). Die starke Verankerung des Textes im markinischen Kontext läßt aber, sobald man einmal die Davidssohnfrage als Frage der hellenistischen Kirche versteht, weiter fragen, inwieweit die Perikope einen vormarkinischen Text aufgreift. Der vorliegende Text wird als Apophthegma klassifiziert, das eine "conception simpliste du Messie" zurückweise (331). Der Messias ist nicht *nur* Davidssohn, sondern *zudem* sein Herr. Seine Rolle besteht nicht darin, auf Erden das Reich Davids oder "die Hegemonie Israels" zu restaurieren, sondern er wird ein gänzlich anderes Königreich gründen, dessen Thron zur Rechten Gottes steht (331f) (³).

Die bisher ausführlichste Untersuchung zur neutestamentlichen Davidssohn-Christologie ist die Dissertation von Chr. Burger (⁴). Sie versteht sich insbesondere als Auseinandersetzung mit den Thesen von Hahn (15). Mk 12,35-37 werden zwei Abschnitte gewidmet (52-59. 64-70). Burger schließt sich im wesentlichen den Thesen von Wrede an. "Das Streitgespräch... mutet in der Art der Schriftbenutzung zwar ausgesprochen jüdisch an, sein ursprünglicher Sinn aber ist Polemik gegen das Postulat der Davidssohnschaft des Messias. Die Überlieferung scheint demnach aus einer Gemeinde zu stammen, die von ihrem Herrn nicht zu sagen wußte, er sei ein Nachkomme Davids gewesen" (71). 12,37a ist eine rhetorische Frage, die eine negative Antwort verlangt (56) (⁵). Die Streitfrage wurde nicht schon

(¹) Auch MINETTE DE TILLESSE (*Le secret*, 156) sieht hier eine Parallele zu Röm 1,3f.

(²) Siehe auch Mk 8,27-33; dazu *Le secret*, 332f ("Korrekturen" des Messiasbegriffs auch Mk 12,13-17.18-27); vgl. ferner SH. E. JOHNSON, "The Davidic-Royal Motif in the Gospels", *JBL* 87 (1968) 136-150; bes. 136.

(³) Unter Hinweis auf LOHMEYER, TAYLOR, CULLMANN und E. HAENCHEN, *Der Weg Jesu* (Berlin 1966) 415-417.

(⁴) *Jesus als Davidssohn. Eine traditionsgeschichtliche Untersuchung* (Göttingen 1970).

(⁵) Dabei beruft sich BURGER u.a. auf HAENCHEN, *Der Weg Jesu*, 416.

von Jesus, sondern erst von einer christlichen Gemeinde aufgeworfen, die Jesus nicht für einen Davididen hielt. "Um ihn dennoch als Messias behaupten zu können, mußte sie das jüdische Postulat der davidischen Abkunft des Messias bestreiten. Ps 110 bot ihr dazu die Handhabe" (57). Daß auch der älteste Evangelist die Antwort Jesu negativ verstanden habe, möchte Burger nicht einfachhin mit Suhl annehmen (58f). Für den Evangelisten soll nach Burger "der Sinn des Stückes nicht mehr in der Ablehnung des Prädikats, sondern nur noch in seiner Überbietung liegen" (64) (¹). Die folgende Passionsgeschichte und das ganze Evangelium sollen deutlich machen, in welche Richtung nach Markus die Überbietung der Davidssohnwürde geht: Jesus ist der Sohn Gottes (65f).

Die neueste Stellungnahme zur Davidssohnschaft Jesu stammt von A. Vögtle (²). Jesus sei wahrscheinlich im galiläischen Nazareth geboren worden (7). Bethlehem sei erst im Rahmen der Davidssohn-Christologie als Geburtsort erschlossen worden. Es fehle jeder Hinweis, "daß der Jesus des öffentlichen Wirkens davidische Abstammung beanspruchte"; wäre das Davidssohngespräch (Mk 12,35-37) ursprünglich, was höchst unwahrscheinlich ist (³), "so hätte Jesus die messianologische Relevanz der Abstammung von David sogar bewußt negiert" (8). Besonders aufschlußreich ist in der Argumentation Vögtles ein doppelter Hinweis: a) Aus der Zeit nach Jesus kennen wir den Fall des messianischen Prätendenten Bar Kochba /(† 135 n. Chr.), der durch den Glauben seiner jüdischen Anhänger *nachträglich* als "der Sohn Davids" legitimiert worden ist; b) Einmalig wäre hin-

---

(¹) Vgl. auch T. A. BURKILL, "Strain on the Secret. An Examination of Mark 11,1 – 13,37", *ZNW* 51 (1960) 31-46; 33f mit Anm. 8. Siehe ferner H. CONZELMANN, *Grundriß der Theologie des Neuen Testaments* (München 1967) 93.

(²) "Jesus von Nazareth", in: *Ökumenische Kirchengeschichte*, hrsg. von KOTTJE–MOELLER, Bd. I (Mainz–München 1970) 3-24.

(³) An anderer Stelle nannte A. VÖGTLE die Perikope einen "als Schulgespräch stilisierte(n) Schriftbeweis" (*Bibeltheologisches Wörterbuch*, hrsg. von J. B. BAUER, [Graz ³1967] 781). Ähnlich hat sich E. LOHSE (*TWNT* VIII, 488) geäußert: "Die christliche Gemeinde, die sich zu Jesus als dem Christus, in dem die Schriften erfüllt sind, bekannte, mußte klären, wie sich die messianische Bezeichnung υἱὸς Δαυίδ zum Hoheitstitel κύριος verhält. Die Diskussionen, die über diese Frage geführt worden sind, haben ihren literarischen Niederschlag in der Perikope Mk 12,35-37 Par gefunden".

gegen im Zeitalter Jesu der Fall, daß eine Familie *im voraus* als davidisch gegolten hätte (8f).

II. Traditionsgeschichtliche Analyse von Mk 12,35-37

Auf dem Hintergrund des heutigen Forschungsstandes soll nun eine neue Analyse der Davidssohn-Perikope vorgenommen werden. Dabei steht die Frage nach dem Verhältnis von Tradition und Redaktion im Vordergrund.

1. *Formgeschichte und Tradition*

Die formgeschichtliche Einordnung der Mk-Perikope bereitete bisher einige Schwierigkeiten. Es dürfte aber erwiesen sein, daß es sich nicht um ein eigentliches Streitgespräch handelt. Erst Matthäus hat die Mk-Perikope zu einer Art Streitgespräch umgestaltet, indem er die Pharisäer von Jesus befragt werden läßt (Mt 22,41). Er hat eine Antwort der Pharisäer konstruiert (V. 42) und die verlegene Reaktion der Gesprächspartner angefügt (V. 46, nach dem Vorbild von Mk 12,34b). Im Zusammenhang des Mk-Evangeliums liegt hingegen nur die Frage Jesu vor, die durch eine Situationsangabe am Anfang und eine Bemerkung über die positive Reaktion der Volksmenge am Ende gerahmt wurde. Da diese Rahmung auf die Hand des Evangelisten zurückgeht (¹), bleibt als traditionelle Einheit nur die eigentliche Davidssohnfrage Mk 12,35b-37a. Wenn Daube diese Frage als Haggada-Frage charakterisieren konnte, so war er dazu nicht auf Grund der isoliert betrachteten Frage in der Lage, sondern nur wegen des Zusammenhangs von vier aufeinander folgenden Frage-Typen in der Gruppierung Mk 12,13-17.18-27.28-34.35-37. Mit Recht hat Daube bereits die Vermutung ausgedrückt, daß diese Zusammenstellung auf den Evangelisten zurückgehen könne. Zwei Fakten bestätigen diese Vermutung. Erstens stammt die Einleitung zur Davidssohnfrage (12,37a) von Markus, und auch die übrigen Rah-

---

(¹) Zur Einleitungswendung "und antwortend sagte Jesus" siehe Mk 3,33; 8,29; 9,5.19; 10,24; 11,22; 15,2.12. Zu der Einschaltung "lehrend im Tempel" vgl. HAHN, *Christologische Hoheitstitel*, 113; ferner RIESEN-FELD, "Tradition und Redaktion", 161f. Zu 12,37b siehe 6,20.

mungen sind mehr oder weniger deutlich markinischen Ursprungs (¹). Zweitens scheint die Zusammenstellung von vier Frage-Typen nach dem von Daube beigebrachten Beleg aus *b Nidda* 69b-71a ihren Sitz im Leben in der Auseinandersetzung mit Hellenisten zu haben, vielleicht auch in Diskussionen innerhalb des griechisch sprechenden Judentums. Damit wäre die Wahrscheinlichkeit nicht mehr groß, daß schon Jesus die Davidssohnfrage als Haggada-Frage gestellt habe. Jedenfalls kann auf der anderen Seite festgestellt werden, daß Markus die Frage im Sinn einer Haggada-Frage verstanden hat. Seine Zusammenordnung von vier Frage-Typen gehört in die hellenistische Umwelt. Er interpretiert Jesu Frage nicht in dem Sinn, daß die Davidssohnschaft des Christus zurückgewiesen wird (²). Vielmehr wird die Vereinbarkeit des christologischen Prädikats "Sohn Davids" mit Ps 110,1 konstatiert. Wenn also als vormarkinisches Traditionsstück nur noch die Verse 12,35b-37a bleiben, stellen sich zwei Fragen. Wie ist die isoliert betrachtete Frage zu interpretieren, näherhin: Weist sie die Davidssohnschaft des Messias zurück? Zweitens stellt sich das Problem, welchen "Sitz im Leben" man für diese Frage vermuten kann; ferner, ob sie im Munde Jesu vorstellbar ist.

a) Interpretation von Mk 12,35b-37a

Die einleitende Frage V. 35b setzt voraus, daß bei den "Schriftgelehrten" die Aussage bezeugt ist, der Messias sei "ein Sohn Davids". Wenn Mt 22,41f diese Auffassung näherhin den "Pharisäern" zuschreibt, dann korrespondiert diese Zuweisung auffallend mit *PsSal* 17,21, also mit einem vorchristlichen Text aus pharisäischen Kreisen. Hier betet der Psalmist: "Sieh (her), Herr, und erwecke ihnen als ihren König einen Sohn Davids!" Nach der Erfahrung, die man mit dem (nichtdavidischen) Hasmonäerhaus gemacht hatte, nach dem ungesetzlichen Regiment und dem Niedergang dieser Dynastie, erhofft das pharisäische Judentum den messianischen König, entsprechend der eidlichen Zusage Gottes (*PsSal* 17,4), als einen Davididen. Wie Mk 12,35b steht "Sohn Davids" ohne Artikel. Es scheint also

(¹) Mk 12,13.17c.18.27b.28a.34(c). Damit ist die Vermutung von ALBERTZ (*Die synoptischen Streitgespräche*, 173) und W. MARXSEN (*Einleitung in das Neue Testament* [Gütersloh ³1964] 121), Markus habe den Komplex 11,27–12,37 schon vorgefunden, zurückzuweisen.
(²) Das geht vor allem aus Mk 10,47.48 hervor.

noch kein Titel "der Sohn Davids" vorausgesetzt zu sein. Die Frage von Mk 12,35b setzt aber wohl voraus, daß man gegenüber Jesus bzw. gegenüber den Christen von jüdischer Seite als Gegenargument gegen einen (messianischen) Anspruch auf Jesu Herkunft verwiesen hat. Wie Mk kennt auch das vierte Evangelium keine Geburt Jesu in Bethlehem, der Stadt Davids. Nach Joh 7,42 sagen etliche Juden, daß der Christus "aus dem Samen Davids und aus Bethlehem kommt, dem Dorfe, wo David war". Diese Schriftinterpretation (vgl. Mich 5,2) wird gegen die "prophetische" und "messianische" Deutung des Anspruchs Jesu angeführt (Joh 7,40f). Man weiß, daß Jesus aus Nazareth in Galiläa kommt (7,41.52; vgl. 1,45f), bestreitet aber, daß der "Messias" bzw. ein "Prophet" von dort komme. Das vierte Evangelium verweist nun in dieser Auseinandersetzung nicht auf eine davidische Abstammung Jesu oder auf eine Geburt in Bethlehem. Vielmehr stellt Nikodemus der Tora-Auslegung der "Oberen" und der "Pharisäer" den Hinweis auf Jesu Worte und Taten entgegen (7,47-51). Darin erweist sich Jesu Messianität!

Die zu untersuchende Frage bei Mk widerspricht der Davidssohn-Messianologie, die auf die Abstammung und Herkunft des Messias abhebt, mit der Zitation von Ps 110,1. Der Psalm wird als von David gesprochen verstanden. David hat "im heiligen Geist", d. h. prophetisch und gültig, den künftigen Heilskönig als den "Herrn" Davids bezeichnet. Ihn wird Gott zu seiner Rechten inthronisieren, ihm wird er endlich die Feinde zu Füßen legen. Aus dieser Schriftstelle geht demzufolge hervor, daß David den Messias "Herr" nannte. Somit kann man im Blick auf die einleitende Frage zusammenfassen: "Und woher [auf Grund welcher Argumentation] ist er sein Sohn?" (¹).

Für die Interpretation des vormarkinischen Stückes bleibt nun freilich zu fragen, ob es schon als Haggada-Frage ausgelegt werden kann, so daß die Davidssohnschaft des Messias nicht abgelehnt, sondern relativiert würde. Es ist möglich, daß man einfach die Vereinbarkeit der davidischen Messiaserwartung ("Sohn Davids") mit

---

(¹) πόθεν wird von W. BAUER, *Wörterbuch*, s.v., 3, durch "aus welchem Grund? wieso? inwiefern?" wiedergegeben. Das ist für den heutigen (markinischen) Textzusammenhang sicherlich die zutreffende Übersetzung; vgl. HAHN, *Christologische Hoheitstitel*, 261 ("in welchem Sinn, unter welchem Gesichtspunkt"). Sobald man aber den vormarkinischen Zusammenhang erfragt, wird die häufigere und ursprünglich zutreffende Übersetzung "aus welcher Quelle stammend? durch wen herbeigeführt, erzeugt, gegeben?" richtig sein (vgl. Mk 6,2; BAUER, *Wörterbuch*, s.v., 2).

dem Text von Ps 110 ("Davids Herr") behaupten wollte. Doch ist demgegenüber folgendes zu bedenken.

a. Es gab nach Ausweis von Joh 7,40-52 den (pharisäischen) Einwand gegen den Christusglauben, Jesus sei kein Davidide. Diesem Einwand wurde jedenfalls nicht in allen christlichen Kreisen eine davidische Abstammung und eine Geburt in Bethlehem entgegengehalten ([1]).

b. Mk 12,35b-37a kann letztlich nur im Zusammenhang von 12,13-37 als Haggada-Frage erwiesen werden, muß jedoch als selbständige Einheit nicht so verstanden sein. Wenn es zutrifft, daß das Judentum zur Zeit Jesu den Ps 110 nicht messianisch deutete ([2]), bestand kein von der Schrift her gegebenes Problem, das mit Hilfe einer Haggada-Frage zu lösen gewesen wäre.

c. Gegen eine Auslegung im ablehnenden Sinn muß nicht die Tatsache sprechen, daß es zur Zeit Jesu in Palästina offensichtlich — wie vor allem die Qumrantexte bezeugen — eine verbreitete davidische Messianologie gegeben hat ([3]). Denn diese Erwartung hebt keineswegs überall auf einen "Sohn Davids" im genealogischen Sinn ab. Allerdings ist das Interesse an der Abstammung in pharisäischen Kreisen vorhanden gewesen, insbesondere auf Grund der Erfahrungen mit der nicht-davidischen Hasmonäerherrschaft ([4]). Wenn die frühe

---

([1]) Vgl. auch *Barn* 12,10f, eine Stelle, die vielleicht eine selbständige Tradition bietet (BURGER, *Jesus als Davidssohn*, 57).

([2]) Vgl. HAHN, *Christologische Hoheitstitel*, 127 Anm. 1 (gegen BILLERBECK IV, 452-465, der vermutete, die jüdische Theologie habe absichtlich gegenüber den Christen diese messianische Auslegung unterdrückt [bes. 458-460]).

([3]) Vgl. die Argumentation von TAYLOR, LÖVESTAM und FITZMYER.

([4]) Siehe dazu meine Arbeit "Zur Vorgeschichte des christologischen Prädikats 'Sohn Davids' ", *Trierer Theologische Zeitschrift* 80 (1971) 247-253. Im Alten Testament kommt "Sohn Davids" ausschließlich und "Söhne Davids" fast immer im Zusammenhang mit Söhnen der ersten Generation vor (11 mal); "Söhne Davids" bezieht sich nur 3 mal auf spätere Nachkommen Davids (2 Chr 13,8; 23,3; Esr 8, 2). Der genealogische Aspekt steht dann im messianologischen Gebrauch (*PsSal* 17,21) im Vordergrund, wenn auch die national-politische Komponente mit enthalten ist. Vgl. dazu die Formulierung bei A. DESCAMPS, "Le messianisme royal dans le Nouveau Testament", in: *L'attente du Messie* (Recherches Bibliques; Brügge ²1958) 57-84; 64: Die Pharisäer betrachteten den Messias als "Sohn Davids"; "à leurs yeux cette foi implique certainement l'idée d'une descendance par le sang, et le Roi-Messie restaurera en même temps la religion et l'indépendance nationale".

urchristliche Gemeinde sich wie Jesus gerade mit pharisäischen Kreisen auseinandersetzen mußte, so konnte sie sich sehr wohl von der pharisäischen Erwartung eines davidischen Messias im genealogischen Sinn distanzieren.

Als Fazit kann also nicht völlig eindeutig entschieden werden, ob in Mk 12,35b-37a die Davidssohnschaft des Messias bestritten oder nur relativiert wird. Im wahrscheinlicheren Falle der Bestreitung bezieht sich die Negation auf ein einseitig-genealogisches Verständnis von "Sohn Davids", nicht jedoch vordringlich auf eine politisch-nationale Messiaserwartung.

b) "Sitz im Leben"

Für die Frage nach dem "Sitz im Leben" ist bemerkenswert, daß sich Mk 12,35b-37a von sich aus nicht als Jesuswort zu erkennen gibt. Es wird — auf den ersten Blick — theoretisch und ohne Rücksicht auf Jesu Messianität über den Messias gehandelt. Dabei ist der Hintergrund des Problems auf der jüdischen Seite die Forderung, der Messias müsse Davids Sohn sein. Auf der dagegen argumentierenden Seite scheint es hingegen nicht auf die Feststellung anzukommen, der Messias sei "*Davids* Herr", sondern darauf, daß schon David den Messias prophetisch "Herr" nannte (V. 37). Davids Prophetie (vgl. "im heiligen Geist", V. 36) bestätigt somit das christliche Bekenntnis zu Jesus als dem κύριος ([1]). Hat man das einmal erkannt, so ist als "Sitz im Leben" der Gemeinde folgende Situation zu erkennen. Gegenüber einer auf pharisäischer Messiaserwartung beruhenden, vielleicht schon griechisch formulierten antichristlichen Polemik, der Messias müsse "Sohn Davids" sein, behauptet die (hellenistisch-judenchristliche) Argumentation, daß schon David als inspirierter Sprecher jenes Christusprädikat gebrauchte, das im christlichen Bekenntnis dominiert: Jesus ist κύριος. Das Herr-Sein des erhöhten Jesus wird auch Apg 2,32-36 mit Ps 110,1 in Verbindung gebracht. Auf Grund des Psalmverses kann man folgern: "Mit Sicherheit erkenne nun das ganze Haus Israel, daß Gott ihn zum Herrn und Christus gemacht hat, diesen Jesus, den ihr gekreuzigt habt" (V. 36).

([1]) Nicht zutreffend scheint mir zu sein, daß im Hintergrund das christologische Prädikat "Sohn Gottes" (oder "Menschensohn") stehe. Denn die Alternative lautet "Sohn" oder "Herr".

Hat aber nicht schon Jesus selbst in dieser Weise argumentiert? Taylor und Minette de Tillesse sahen in der theoretisch-distanzierten Behandlung der Frage einen Hinweis darauf, daß sie im Zusammenhang mit dem "Messiasgeheimnis" zu betrachten sei(1), erweckten aber dabei den Eindruck, daß diese Weise der Argumentation zum historischen Jesus gehöre. Dabei ist richtig gesehen, daß Jesus selbst kaum in direkter Weise eines der christologischen Prädikate auf sich bezogen haben wird. Er redet ja auch in der dritten Person vom "Menschensohn" (2). Sobald man jedoch den oben dargelegten und als zutreffend vermuteten "Sitz im Leben" bedenkt und die Tatsache hinzunimmt, daß die vorliegende Beweisführung auf dem LXX-Text von Ps 110(109),1 basiert, wird die Zuweisung an Jesus selbst höchst fragwürdig. Freilich kann man auch auf Grund des masoretischen Textes dafür argumentieren, daß David den Messias als "mein Herr (ʾadoni)" titulierte. Doch wir haben keinen Anhaltspunkt dafür, daß man im palästinischen Judenchristentum ein derartiges Christusprädikat kannte (3). Im zeitgenössischen Judentum ist Ps 110 nicht messianisch verstanden worden (4). Hingegen ist dieser Psalm wohl deswegen eine der meistzitierten und christologisch applizierten Schriftstellen des Neuen Testaments, weil man in ihm die "eschatologische" Dimension des Jetzt-schon und des Noch-nicht vorausgesagt fand: Jesus ist in der Auferweckung und Erhöhung schon als Herr zur Rechten Gottes in die Machtposition eingesetzt (5); doch die eschatologische Vollendung mit der Unterwerfung aller Feinde unter seine Herrschaft (6) steht noch aus. Auch diese Unterscheidung, die die Ereignisse der Inthronisation und der Unterwerfung der Feinde auseinanderzieht, läßt sich dem LXX-Text leichter entnehmen als dem hebräischen Urtext (7).

---

(1) MINETTE DE TILLESSE, Le secret, 157, sagt, daß Jesus an keiner anderen Stelle des Mk so klar und direkt von seiner Mission rede und sich dennoch nicht explizit mit diesem Messias identifiziere.

(2) Vgl. auch die Vermutungen bei BULTMANN und LOHMEYER.

(3) Wohl findet sich das aramäische marana-tha; vgl. 1 Kor 16,22; Apk 22,20.

(4) Siehe [STRACK-]BILLERBECK, IV, 452-465.

(5) Mk 14,62 parr.; 16,19; Apg 2,34f; Eph 1,20; Kol 3,1; Hebr 1,3.13; 8,1; 12,2.

(6) 1 Kor 15,25; Hebr 10,13.

(7) Vgl. ἕως ἂν θῶ (Mk 12,36c im Anschluß an LXX); dazu W. BAUER, Wörterbuch, s.v. ἕως, IIb: "um zu bez., daß der Eintritt d. Ereignisses v. Umständen abhängig ist". Siehe dagegen zum hebräischen

2. Redaktion des Markus

Wenn man nach dem Anteil des Evangelisten an der heutigen Gestalt von Mk 12,35-37 fragt, sind zwei Aspekte zu unterscheiden. Der Evangelist hat die traditionelle Davidssohnfrage in einen redaktionellen Rahmen gestellt. Er hat ferner die Perikope in einen größeren Darstellungszusammenhang gebracht.

a) Der "Rahmen"

Die Davidssohnfrage ist als schriftgelehrtes Debattewort zunächst wohl ohne Zuweisung an Jesus überliefert worden. Jedenfalls wird sie erst durch die Einleitung (Mk 12,35a) eindeutig zum Jesuslogion. Wenn man ἀποκριθείς als wirkliches Antworten Jesu versteht, kann nach Markus gemeint sein, daß Jesu Zuhörer noch immer "einer von den Schriftgelehrten" (12,28.32) und die zuvor genannten jüdischen Gruppen (Pharisäer und Herodianer 12,13; Sadduzäer 12,18) sind ([1]). Doch auch die Volksmenge ist als Zuhörerschaft vorausgesetzt (12,37b). Vermutlich ist aber ἀποκριθείς hier formelhaft([2]) und meint das neue Anheben der Rede. Dann ist "die Menge" als eigentliches Auditorium vorausgesetzt. Während bei den vorausgehenden Fragen Jesu Gegner das Problem vorbringen, geht bei der Davidssohnfrage Jesus selber "zum Angriff vor" ([3]). Daß Jesus die Frage "im Tempel lehrend" ausspricht, entspricht zunächst der markinischen Situation (11,11.15.27). Jesu Ziel beim Einzug in Jerusalem war offensichtlich der Tempel, und dieses Bild korrespondiert mit der Akklamation von 11,9f, in der die Begleiter des Einzuges rufen: "Gepriesen das Reich unseres Vaters David, das da kommt!" Die Verbindung dieses Rufes mit der Angabe "und er ging nach Jerusalem hinein

---

Text H.-J. KRAUS, *Psalmen* (Neukirchen ³1966) 757: Der König soll "erkennen und erleben, daß Jahwe seine Feinde zum Schemel seiner Füße macht". Freilich bezieht sich ʿad in Ps 110,1 wohl auf den kommenden "Tag des Zornes" (V. 5).

([1]) Mk 11,27 nennt die Oberpriester, die Schriftgelehrten und die Ältesten; vgl. 11,18.

([2]) Siehe W. BAUER, *Wörterbuch*, s.v. ἀποκρίνομαι, 2; vgl. Mk 9,5; 10,51; 11,14.

([3]) Nach 12,34c hat Jesus seine Gegner zum Schweigen gebracht. Sie wagen es nicht mehr, ihn zu befragen.

in den Tempel" (11,10.11a) stammt vom Evangelisten. Dasselbe ist an unserer Stelle 12,35a.b der Fall. Die *Davidssohnfrage* gehört offenbar der Sache nach in den *Tempel*! Wenn man die "Sohn-Davids"–Akklamation des blinden Bartimaios (10,47.48), die Jesus auf seinem Weg nach Jerusalem entgegengebracht wird (¹), der Hand des Evangelisten zuschreiben kann (²), ergibt sich, daß auch hier die Davidssohnschaft im entsprechenden Horizont begegnet. Daß Markus die davidische Christologie auf seine Kapitel 10, 11 und 12 konzentriert, liegt auf der gleichen Linie.

Fragt man nach der engeren sachlichen Verbindung von Davidssohn und Tempel, so wird in Rechnung zu stellen sein, daß der historische David den Tempel bauen wollte. Ein "Sohn Davids", Salomo, ist der Erbauer des Tempels. Jesus will einen neuen, "nicht mit Händen gemachten Tempel" erbauen (14,58). Doch wird "Sohn Davids" von Markus mit anderen Gehalten verbunden. Der Blinde bittet den irdischen Jesus, den Mann aus Nazareth (10,47), als den "Sohn Davids" um Erbarmen. Dann schließt er sich dem Zug der Jünger an. Auf diesem Zug ertönt vor dem Betreten der Stadt und des Tempels der Ruf: "Gepriesen das Reich unseres Vaters David, das da kommt!" Aus der erfolgten Heilung des Blinden kann die Jüngerschar schließen, daß, weil Jesus wirklich der Sohn Davids ist, das "Reich Davids" anbrechen wird, und zwar zu dem Zeitpunkt, da Jesus Jerusalem betritt. Die folgenden Ereignisse und Auseinandersetzungen geben allerdings zu erkennen, daß dieses "Reich", das Jesus bringt, das transzendente "Reich Gottes" ist. Als Sohn Davids hat Jesus den Kranken geheilt. Das entspricht ebensowenig der traditionellen Erwartung wie die Tatsache, daß ein "Nazarener" der davidische Messias sein kann. Als Sohn Davids reinigt Jesus den Tempel. Er soll "Haus des Gebetes" sein. Jesus *lehrt* im Tempel. Auch das hängt in keiner Weise mit dem Bild des davidischen Messias zusammen. Die Disputationen mit den Gegnern Jesu zeigen ein Zweifaches. Einmal bringen sie die Polarisierung zwischen den jüdischen Autoritäten und dem Volk. Die einen werden zum Schweigen gebracht, die anderen hören Jesus mit Freude (12,34c.37b; vgl. 11,18; 12,12). Damit hängt zusammen, daß Jesus die "Reichs"-Vorstellung

(¹) Der geheilte Bartimaios folgt Jesus auf dem Weg, ist also auch beim Einzug Jesu an der Akklamation beteiligt; vgl. auch das Verbum κράζω, das sowohl Mk 10,47 als auch 11,9 die Akklamation beschreibt.
(²) Von BURGER, *Jesus als Davidssohn*, 59-63, für wahrscheinlich gehalten.

der Gegner mindestens korrigiert. Jesu Herrschaft konkurriert nicht
mit dem Anspruch des Kaisers (12,13-17), die Totenauferstehung
bringt ein Leben in neuen Dimensionen (12,18-27), der wahre Kult
und die eigentliche Gesetzeserfüllung besteht in der ungeteilten Gottes-
und Nächstenliebe (12,28-34). Wer das verstanden hat, ist "nicht
weit vom Reich Gottes" (12,34). In diesen Zusammenhang stellt
offenbar Markus auch die Davidssohnfrage.

b) Mk 12,35-37 im weiteren Kontext

Der Evangelist Markus hat gemäß Mk 10,47.48 das christologische
Prädikat "Sohn Davids" als legitim angesehen. Das besagt aber
nicht, daß er es schlechthin gelten läßt. Vielmehr versteht er es in
einem anderen Sinn als die Schriftgelehrten. Wir wissen zwar nicht,
ob auch Markus wußte, daß die pharisäische Erwartung mit "Sohn
Davids" gerade die Herkunft des Messias kennzeichnen wollte (¹).
Aber die Tatsache, daß der Blinde gerade den Mann aus *Nazareth*
so anredet, kann darauf hinweisen. Markus widerspricht dann dieser
Erwartung, indem er gerade den Nazarener so tituliert werden läßt.
Für Markus ist Jesus der κύριος. Wenn überhaupt das υἱός-Prä-
dikat Jesus zukommt, dann ist nach Markus Jesus vor allem der
"Sohn Gottes". Die Sohn-Gottes–Prädikation ist durch die Nathanweissagung (2 Sam 7,14) und durch Ps 2,7 eng mit der Davidssohn-
verheißung verbunden. Gott inthronisiert den Davididen und "adoptiert" ihn als seinen Sohn. In diesem Horizont der messianischen
Inthronisation ist die alte Formel Röm 1,3f zu sehen (²). Jesus ist
"dem Fleische nach" der Davidide. Damit aber ist er für die Inthronisation zur Rechten Gottes disponiert. In der Auferweckung aus
den Toten wurde Jesus (in der Sphäre des Geistes) (³) zum Sohn
Gottes. Aber schon Paulus hat die Gottessohnschaft mit dem irdischen
Jesus verbunden (⁴). So auch Markus. Jesus wird schon bei der Taufe

---

(¹) Die vormarkinische christliche Tradition, die das Prädikat
zurückweist, wußte das noch!

(²) Siehe J. BLANK, *Paulus und Jesus*. Eine theologische Grundlegung (München 1968) 250-255.

(³) Siehe SCHWEIZER, "Röm. 1,3f.", 187.

(⁴) Paulus umklammert allerdings beide messianischen Hoheitsstufen
mit dem "Sohn Gottes"; vgl. περὶ τοῦ υἱοῦ αὐτοῦ (Röm 1,3). Auch die
Wendung ἐν δυνάμει hinter "Sohn Gottes" (1,4) will wohl ausdrücken,
daß Jesus schon vor der Auferstehung (in einem vorläufigen Sinn) "Sohn
Gottes" war.

als Sohn Gottes "adoptiert", bei der Verklärung "proklamiert" und erhält gewissermaßen die entsprechende "Akklamation" nach dem Kreuzestod (Mk 1,11; 9,7; 15,39) (¹). "Sohn Davids" wird nach Markus offensichtlich durch "Sohn Gottes" überboten. Der Kranke heilende und im Tempel lehrende Jesus, der Sohn Davids, ist noch nicht die eigentliche und charakteristische "messianische" Gestalt. Erst der am Kreuz gestorbene und zur Rechten Gottes erhöhte Jesus (Mk 14,62) kann als der messianische Herr und inthronisierte Sohn Gottes erkannt werden. Nur von der Passion und dem Tod her wird er recht verstanden.

Damit ist indirekt auch der mit "Sohn Davids" verbundene politisch-nationale Aspekt durchbrochen. Der gekreuzigte Sohn Gottes entspricht nicht dem davidischen Messiaskönig, der nach der Machtergreifung die nationalen Feinde unterwirft (*PsSal* 17,21-25). Er mußte den Juden ein "Ärgernis" sein (1 Kor 1,23). Da Jesu Inthronisation als himmlische Machteinsetzung in seinem Sterben erfolgt, ist Jesus nur in der irdischen Phase seines Wirkens mit "Sohn Davids" zu kennzeichnen. Ihn als "Sohn Gottes" zu *hören*, ist die Aufgabe der Jünger (Mk 9,7). Das Volk, das Jesus "freudig hörte" (12,37b), ist Vorbild der hörenden Jüngergemeinde. Diese bekennt sich mit Freude zu Jesus als dem erbarmungsvollen "Sohn Davids", der zum Sohn Gottes und zum Herrn erhöht worden ist.

(¹) Vgl. Ph. VIELHAUER, "Erwägungen zur Christologie des Markusevangeliums" (erstmalig 1964), in: *Aufsätze zum Neuen Testament* (München 1965) 199-214; hier 212-214. Die drei Markierungspunkte des Mk sind auch dann durch den Titel "Sohn Gottes" deutlich, wenn man nicht mit VIELHAUER an ein Inthronisations-Ritual denkt, das dem Evangelisten bei der Komposition seines Werkes vorgeschwebt hätte; vgl. SCHWEIZER, *Das Evangelium nach Markus*, 207f.

16
PRÄEXISTENZ CHRISTI.
DER URSPRUNG EINER NEUTESTAMENTLICHEN
VORSTELLUNG UND DAS PROBLEM IHRER AUSLEGUNG

Die Hermeneutik der christologischen Präexistenzsätze ist, wenngleich die Präexistenz-Christologie nicht den Ausgangspunkt der christologischen Reflexion im Neuen Testament bildet, eine dringende Aufgabe. Denn diese Sätze haben das kirchliche Credo von Nikaia und damit die dogmatische Tradition entscheidend bestimmt: „Et in unum Dominum nostrum Iesum Christum Filium Dei, natum ex Patre unigenitum . . ., per quem omnia facta sunt, quae in caelo et in terra, qui propter nostram salutem descendit, incarnatus est et homo factus est, et resurrexit tertia die, et ascendit in caelos, venturus iudicare vivos et mortuos."[1] Hier werden Geburt aus dem Vater, Schöpfungsmittlerschaft, Abstieg (κατελθόντα) und Inkarnation (σαρκωθέντα), Auferstehung und Himmelfahrt (ἀνελθόντα) sowie das Kommen (ἐρχόμενον) zur Parusie auf eine Linie gebracht. Der heilsgeschichtliche Bogen wird nicht nur bis zur künftigen Parusie hin ausgezogen, sondern auch bis zur ewigen Geburt aus dem Vater zurückgespannt. Die prägende Kraft solcher Aussagen für Lehrtradition und Glaubensbewußtsein liegt auf der Hand. Doch wird man sagen dürfen, daß eine Neuinterpretation von der Schrift her notwendig ist. Im Neuen Testament, das an keiner Stelle christologische Einzelaussagen in der genannten Weise homogen anordnet und zusammenfaßt[2], stehen sogar einige dieser Christologumena in Konkurrenz miteinander[3].

---

[1] Lateinische Übersetzung des Hilarius von Poitiers nach D 125 (ebd. auch der griechische Text).

[2] Siehe indessen das Symbolum von Konstantinopel (D 150), das bei der Geburt aus dem Vater die Worte πρὸ πάντων τῶν αἰώνων anfügt und somit das „Vor" auf die Äonen bezieht. In Nikaia war also die Prä-Existenz noch nicht explizit in das Symbolum aufgenommen, wohl hingegen die Schöpfungsmittlerschaft (δι' οὗ τὰ πάντα ἐγένετο, D 125). Die Inkarnation wird in dem späteren Symbolum durch den Zusatz ἐκ πνεύματος ἁγίου καὶ Μαρίας τῆς παρθένου interpretiert. – Der neue deutsche ökumenische Text des großen Symbolum vermeidet das Wort vom „Abstieg" und bietet die Wendung: „vom Himmel *gekommen*".

[3] Die geistgewirkte Empfängnis und Geburt Jesu wird nicht mit der Präexistenz zusammengebracht. Der Hymnus Phil 2,6–11 nennt wohl Kenose und Erhöhung, nicht aber die Aufer-

I

P. Althaus hat die Problematik der Präexistenz-Vorstellung für die Dogmatik benannt: „Da die P[räexistenz] eine in der vor- und außerchristlichen Religionswelt verbreitete Aussage ist, muß gefragt werden, ob und
inwiefern der Gehalt des Glaubens an Jesus zur Aufnahme des P[rä-
existenz]-Gedankens führt und ob er ein angemessener und verbindlicher
Ausdruck ist oder ein zeitgebundener, für uns überholter mythologischer
Satz."[4] Die Frage der Verbindlichkeit steht und fällt nun keineswegs mit
der nichtgegebenen beziehungsweise belegten Übernahme von Vorstellungen, die nicht originär christlich sind. Die rechte Auslegung hängt
vor allem davon ab, welche Ansätze zu der ausdrücklichen christologischen
Präexistenz-Aussage führten. In diesem Sinne kennzeichnet P. Schoonenberg die Aufgabe: „Wir müssen ... das theologische und lehramtliche
Wort vom Sohn als göttlicher transzendenter und präexistenter Person in
jenen Zusammenhang zurückversetzen, in dem es ursprünglich stand, und
entsprechend dem interpretieren, was es in jenem Zusammenhang sagen
wollte."[5] Es muß indessen gefragt werden, ob die neutestamentlichen
Aussagen über die Präexistenz Christi völlig gleichen Sinn und gleich-
artige Voraussetzungen haben.

Im ersten Band seines Kommentars zum vierten Evangelium hat
R. Schnackenburg den Präexistenz-Gedanken behandelt[6]. Für das hellenistische Christentum vor Johannes schließt er die Möglichkeit nicht aus,
daß durch Aufnahme des gnostischen Erlösermythos die Präexistenz-Vorstellung angebahnt wurde, fügt jedoch sogleich hinzu: „Aber nach der
erkennbaren Entwicklung der Christologie kann und muß man fragen,

weckung. Die Erhöhungs-Christologie setzt nicht die himmlische Präexistenz und den Abstieg
zur Erde voraus.

[4] *Wilckens, U.-Althaus, P.* : Präexistenz Christi, in: RGG³ V Sp. 491–493; Zitat: Sp. 492. Daß
es sich um mythologische Redeweise handle, wurde insbesondere von *R. Bultmann* betont:
In den heidenchristlichen Gemeinden wurde Jesus „im metaphysischen Sinn als Gottessohn
verstanden", „als ein großes, präexistentes himmlisches Wesen, das um unserer Erlösung
willen Mensch wurde, das Leiden auf sich nahm, hin bis zum Kreuz. Solche Vorstellungen
sind offensichtlich mythologisch, sie waren ja auch weit verbreitet unter den Mythologien
der Juden und der Heiden und wurden dann auf die geschichtliche Person Jesu übertragen.
Besonders die Vorstellung des präexistenten Gottessohnes, der in menschlicher Verkleidung
in die Welt herabsteigt, um die Menschheit zu erlösen, ist Teil einer gnostischen Erlösungs-
lehre, und niemand würde zögern, diese Lehre ‚mythologisch' zu nennen" (Glauben und Verstehen. Bd. IV [Tübingen 1965] S. 145).

[5] *Schoonenberg, P.* : Ein Gott der Menschen (Zürich 1969) S. 85.

[6] *Schnackenburg, R.* : Das Johannesevangelium. 1. Teil (Freiburg i. Br. ²1973) S.290–302
(Exkurs).

ob die an Christus glaubende Gemeinde nicht auf andere Weise zu ihren Präexistenz-Aussagen über Christus gelangt ist."[7] Die alte „Erhöhungs-Christologie" (vgl. Apg 2,36; 5,31; 13,33) werde noch im vorpaulinischen Hymnus Phil 2,6–11 festgehalten, der dem himmlischen Kyrios göttliche Würde zuspricht. So liege es näher, daß man „im weiteren Nachdenken" Christus auch die Präexistenz zuerkannte[8]. Im Anschluß an E. Schweizer[9] wird vermutet, daß man – im Schema Erniedrigung-Erhöhung denkend – dem Stand der Erniedrigung „schon ein Verweilen in göttlicher Herrlichkeit" voranstellte[10]. An anderer Stelle weist Schnackenburg auf die Bedeutung hin, die der kosmischen Betrachtung der Erlöserrolle Christi für die Entstehung der Präexistenz-Vorstellung zukommt[11]. Deutlicher als in Phil 2,6–11 verbinde sich diese mit der jüdisch-hellenistischen Weisheitsspekulation in Hebr 1,3 und im johanneischen Prolog. Auch Schweizer sieht in der vorchristlichen Weisheitsspekulation eine Hauptwurzel für die schon vorpaulinische Vorstellung von der Präexistenz Christi[12].

Wer der Frage nach dem Ursprung der Präexistenz-Vorstellung nachgehen will[13], hat vornehmlich die beiden Topoi zu prüfen, die vorpaulinisch noch unverbunden begegnen, die Aussage von der Schöpfungsmittlerschaft Christi (1 Kor 8,6) und das Christuslied, das beschreibend die Erniedrigung und Erhöhung Christi besingt (Phil 2,6–11)[14].

---

[7] *Schnackenburg*, Johannesevangelium S. 302.   [8] Ebd.

[9] Vgl. *Schweizer, E.*: Erniedrigung und Erhöhung bei Jesus und seinen Nachfolgern (Zürich ²1962) S. 99–102. 174–176.   [10] *Schnackenburg*, Johannesevangelium S. 302.

[11] *Schnackenburg, R.*: Christologie des Neuen Testamentes, in: Mysterium Salutis, hrsg. von *J. Feiner-M. Löhrer*. Bd. III/1 (Einsiedeln 1970) S. 227–388; näherhin 246.

[12] Siehe *Schweizer, E.*: Zur Herkunft der Präexistenzvorstellung bei Paulus (1959), in: Neotestamentica (Zürich 1963) S. 105–109. Vgl. weiterhin zur Sophia-Christologie: *Windisch, H.*: Die göttliche Weisheit der Juden und die paulinische Christologie, in: Neutestamentliche Studien für G. Heinrici (Leipzig 1914) S. 220–234; *Feuillet, A.*: Jésus et la Sagesse divine d'après les Évangiles Synoptiques: RB 62 (1955) S. 161–196; *Wilckens, U.*: Weisheit und Torheit (Tübingen 1959) S. 197–213; *Wilckens, U.-Fohrer, G.*: σοφία κτλ.: ThW VII S. 465–529; *Feuillet, A.*: Le Christ Sagesse de Dieu d'après les épîtres Pauliniennes (Paris 1966); *Christ, F.*: Jesus Sophia. Die Sophia-Christologie bei den Synoptikern (Zürich 1970); *Smith, D. W.*: Wisdom Christology in the Synoptic Gospels (Rom 1970); *Hamerton-Kelly, R. G.*: Pre-existence, Wisdom, and the Son of Man (Cambridge 1973).

[13] Zur christologischen Präexistenz-Vorstellung sind außer den genannten Arbeiten von Schnackenburg und Schweizer neuerdings zu nennen: *Macquarrie, J.*: The Pre-existence of Jesus Christ: ExpT 77 (1965/66) S. 199–202; *Craddock, F. B.*: The Pre-existence of Christ in the New Testament (Nashville 1968); *Benoit, P.*: Préexistence et Incarnation: RB 77 (1970) S. 5–29.

[14] Eine Verbindung beider Vorstellungen läßt sich hingegen Kol 1,16f; Hebr 1,2f.10–12 und Jo 1,1–3.10 (vielleicht auch Apk 3,14) erkennen. Soweit sich die johanneischen Präexistenz-

II

Die wohl älteste christologische Schöpfungsmittler-Aussage findet sich *1 Kor 8,6* in einer vorpaulinischen Formel[15]. Wie ist die Funktion des δι' οὗ τὰ πάντα im Zusammenhang zu beurteilen? Setzt diese Aussage bereits die Vorstellung der Präexistenz voraus? Um das christologische Glied der Formel mit der zweifachen Mittlerrolle des εἷς κύριος recht zu verstehen, wird es dienlich sein, auf die Dreierformel in Röm 11,36 zu verweisen. Dort ist zwischen die auf Gott bezogenen Wendungen ἐξ αὐτοῦ und εἰς αὐτόν (τὰ πάντα) ein Glied δι' αὐτοῦ eingefügt. Es handelt sich um eine – wohl stoisch vermittelte – „All-Formel" oder „Anfang--Mitte-Ende-Formel"[16], wie wir sie ähnlich bei Marc Aurel bezeugt finden[17]. Das mittlere Glied bezieht sich dann auf die Welterhaltung beziehungsweise – biblisch verstanden – auf die gegenwärtige Weltwirksamkeit Gottes. Das διά-Glied ist nun in 1 Kor 8,6 christologisch interpretiert und aus dem ersten Bekenntnissatz, der sich auf Gott bezieht, gewissermaßen ausgegliedert[18]. Das Mittlerwirken Christi wird zwar prinzipiell als

Aussagen außerhalb des Prologs finden, bezeugen sie kaum ein Interesse an der Schöpfungsmittlerrolle Christi; siehe Jo 1,30; 6,62; 8,14.58; 17,5.24.

[15] Zur Schöpfungsmittler-Vorstellung und zu 1 Kor 8,6 siehe: *Koch, G.:* Jesus Christus – Schöpfer der Welt: ZThK 56 (1959) S. 83–109; *Jervell, J.:* Imago Dei (Göttingen 1960) S. 218–226; *Hegermann, H.:* Die Vorstellung vom Schöpfungsmittler im hellenistischen Judentum und Urchristentum (Berlin 1961); *Kramer, W.:* Christos Kyrios Gottessohn (Zürich 1963) S. 91–95; *Thüsing, W.:* Per Christum in Deum (Münster 1965) S. 225–232; *Feuillet,* Le Christ Sagesse de Dieu S. 59–85; *Langkammer, H.:* Der Ursprung des Glaubens an Christus den Schöpfungsmittler: Studii Biblici Franciscani Liber Annuus 18 (1968) S. 55–93; *Conzelmann, H.:* Der erste Brief an die Korinther (Göttingen 1969) S. 170–172; *Langkammer, H.:* Literarische und theologische Einzelstücke in 1 Kor VIII 6: NTS 17 (1970/71) S. 193–197; *Gibbs, J. G.:* Creation and Redemption. A Study in Pauline Theology (Leiden 1971); *ders.:* Pauline Cosmic Christology and Ecological Crisis: JBL 90 (1971) S. 466–479; *Wengst, K.:* Christologische Formeln und Lieder des Urchristentums (Gütersloh 1972) S. 136–141.

[16] Siehe *Hommel, H.:* Schöpfer und Erhalter (Berlin 1956) S. 99–107.132–137; vgl. vor allem auch *Norden, E.:* Agnostos Theos. Untersuchungen zur Formengeschichte religiöser Rede (Berlin-Leipzig 1913) S. 240–254; *Peterson, E.:* ΕΙΣ ΘΕΟΣ. Epigraphische, formgeschichtliche und religionsgeschichtliche Untersuchungen (Göttingen 1926) S. 254–256; *Bornkamm, G.:* Der Lobpreis Gottes. Röm 11,33–36 (zuerst 1951), in: Das Ende des Gesetzes. Paulusstudien (Gesammelte Aufsätze. Bd. I) (München ⁵1966) S. 70–75.

[17] Marc Aurel redet die „Natur" an: ἐκ σοῦ πάντα, ἐν σοὶ πάντα, εἰς σὲ πάντα (In semet ipsum IV 23); vgl. *Norden,* Agnostos Theos. S. 240f. Siehe ferner *Lietzmann, H.:* An die Römer (Tübingen ⁵1971) S. 107 (mit verschiedenen Belegstellen).

[18] So auch *Langkammer,* Einzelstücke S. 194f. Das ἐν-Glied der stoischen Formel wäre dann in Röm 11,36 und 1 Kor 8,6 durch die διά-Wendung ersetzt oder verdrängt worden. Damit kann sich eine Sinnverschiebung, die vom pantheistischen Immanenz-Denken wegführt, anzeigen. Die Nähe der beiden Präpositionen zueinander zeigt sich Kol 1,16a („*in ihm wurde*

von Gott ausgehend verstanden, erhält aber in dem zweiten Bekenntnis-satz eigenständige Bedeutung[19]. Daß das ἡμεῖς δι' αὐτοῦ sich auf die soteriologische Mittlerschaft des „einen Herrn, Jesus Christus," bezieht, ist unbestritten. Es redet von der in der „Mitte" (zwischen anfänglicher Schöpfung und Weltvollendung) sich ereignenden Neuschöpfung Gottes durch Christus, die das ἡμεῖς der christlichen Gemeinde begründet. Ist aber dann das δι' αὐτοῦ τὰ πάντα nicht ebenfalls auf die *gegenwärtige* Schöp-fungsmittler-Tätigkeit des Kyrios zu beziehen und nicht (allein oder primär) auf die Vermittlung der *creatio originalis?* Wenn τὰ πάντα nicht auf die Urschöpfung zu beziehen ist, kann man an dieser Stelle kaum den Prä-existenz-Gedanken vorausgesetzt finden[20].

Ein soteriologisches Verständnis der beiden All-Wendungen in der For-mel vertritt W. Thüsing. Er kommt zu dieser Interpretation allerdings dadurch, daß er sie aus der Sicht des Paulus auslegt, wie er die ganze Formel durch Paulus geschaffen sein läßt[21]. Demgegenüber will H. Lang-kammer nur die beiden Wir-Glieder dem Apostel zuschreiben. Paulus sei somit der erste gewesen, der eine vorhandene kosmologisch gemeinte Formel soteriologisch ergänzte und hierbei protologische Aussagen zur Interpretation des Heilsgeschehens verwendete[22]. Dabei ist offensichtlich,

---

das All geschaffen") und 1,16d („das All ist *durch* ihn und auf ihn hin geschaffen"). Eine proto-logische Schöpfungsmittler-Aussage über die göttliche Weisheit wird von der Septuaginta entweder durch den instrumentalen Dativ (Spr 3,19) oder durch ἐν (Jer 10,2; 28[51],15) wiedergegeben. Kol 1,16 unterscheidet die ἐν-Wendung von der διά-Aussage auch durch die Verwendung von ἐκτίσθη einerseits und ἔκτισται andererseits. Wahrscheinlich wird auf diese Weise angezeigt, daß die ἐν-Wendung protologisch eingeengt verstanden sein soll, wäh-rend die διά-Aussage mit der Perfektform auch das gegenwärtige Universum betont als durch Christus vermittelte Schöpfung kennzeichnet; vgl. *Lohse, E.* : Die Briefe an die Kolosser und an Philemon (Göttingen 1968) S. 88.

[19] *Langkammer*, Einzelstücke S. 196f, meint allerdings, daß zunächst nur das kosmologische Glied δι' οὗ τὰ πάντα gebildet wurde und erst durch Paulus der soteriologische Zusatz καὶ ἡμεῖς δι' αὐτοῦ. Dagegen spricht der Parallelismus der ganzen Formel mit der chiastischen Anordnung der präpositionalen Wendungen.

[20] Unter Berufung auf 1 Kor 8,6 meint etwa *O. Kuss* : „*schon vor der Existenz der Welt* hat Gott ,durch Christus' gehandelt, durch den präexistenten Christus hat er ja die Welt geschaffen" (Der Römerbrief. 1. Lieferung [Regensburg 1957] S. 215). Ähnlich *Conzelmann*, Brief an die Korinther S. 172: „Jesus ist ... der Mittler der Schöpfung. Seine Präexistenz ist also vor-ausgesetzt." Hingegen schreibt *Thüsing*, Per Christum in Deum S. 229, zum christologischen „durch ihn das All": „Es darf wohl sicher nicht auf eine Schöpfungsmittlerschaft eingeengt werden." Gemeint ist näherhin: ... auf eine Mittlerschaft bei der Ur-Schöpfung. Vgl. ebd.: „Zur Bildung dieser Wendung wird primär die paulinische Überzeugung von der Mittlerschaft Christi an der *neuen* Schöpfung beigetragen haben."

[21] *Thüsing*, Per Christum in Deum S. 225–230.

[22] *Langkammer*, Einzelstücke S. 196f.

daß die Zuordnung von „aus Gott" und „auf Gott hin" die stoisch-
pantheistische Immanenz durchbricht und den Anfang sowie das Ziel aller
Dinge ins Auge faßt. Insofern liegt es nahe, auch das christologische
„durch ihn das All" protologisch zu verstehen. Man kann dabei auf jene
Ansätze der Weisheitsspekulation verweisen, die bereits Präexistenz-Aussagen mit der Vorstellung von der Schöpfungsmittlerschaft verbinden[23].
Jedoch geschah dies niemals unter Verwendung der Präposition διά. Diese
kommt vielmehr durch die vorauszusetzende christliche Verwendung von
διά für die Heilsmittlerschaft Christi in den Blick[24]. Sie eröffnete die Möglichkeit, das διά der Dreierformel (Röm 11,36) aus der „*theo*logischen"
Aussage herauszunehmen und der „christologischen" zuzuordnen (1 Kor
8,6)[25]. Damit ist die Genesis der christologischen Zeile erklärt. Erst von
dem soteriologischen „durch Christus" her konnte das auf die Schöpfung
bezogene διά gefunden werden. Sobald man einmal die Gesamtstruktur
der Formel in Betracht zieht, wird klar, daß sie nicht primär (rückblickend
bzw. vorausschauend) nach dem Schöpfer und Ziel des Alls und der
Gemeinde fragt, sondern sagen will, woher, wodurch und woraufhin das
jetzt vorfindliche All und die Gemeinde der Christusgläubigen sich zu
verstehen haben. „Die ganze Schöpfung ist Gottes Werk"[26], und alles
Heil ist durch Christus vermittelt. Es geht in der Formel um die Begründung dessen, daß nur *ein* Gott und *ein* Kyrios ist.

Beachtet man dies, so kann der Verweis auf die Schöpfungsmittler-
Funktion der göttlichen Weisheit nicht schon die protologische Sinngebung des christologischen „durch ihn das All" gewährleisten. Denn gerade
die Weisheits-Aussagen des alttestamentlich-jüdischen Bereichs beschränken die Mittlerrolle der göttlichen σοφία nicht auf deren Wirken am
Anfang, sondern sie beziehen gerade auch die heilsgeschichtliche Mittlerschaft ein[27]. Legt man die vorpaulinische Formel in sich aus (nicht von
ihrer Vorgeschichte und auch nicht von Paulus her), so wird man sagen
müssen: Sie sieht die ganze Schöpfung als Gottes Werk und schreibt dem
Kyrios Jesus Christus die ausschließliche Vermittlung des ganzen von

---

[23] Siehe Job 28,1–27; Spr 8,22–31; Sir 1,1–9; 24,3–9; Bar 3,15–38; Weish 7,12.21–26; vgl.
aethHen 84,2f; dazu *Christ*, Jesus Sophia (vgl. Anm. 12) S. 13–60.158–163; *v. Rad, G.*: Weisheit in Israel (Neukirchen 1970) S. 189–228.
[24] Siehe dazu den Exkurs „Durch Christus" bei *Kuss*, Römerbrief S. 213–218; ferner *Thüsing*,
Per Christum in Deum S. 164–225; *Langkammer*, Der Ursprung S. 89–92.
[25] Die Tatsachen, daß das soteriologische „durch Christus" bei Paulus profiliert erscheint
und daß es sonst nicht vorpaulinisch bezeugt ist, können allein nicht dafür ausschlaggebend
sein, die entsprechende Wendung auch in unserer Formel auf Paulus zurückzuführen.
[26] So *B. Reicke* im Hinblick auf 1 Kor 8,6: ThW V S. 892.
[27] Siehe Spr 3,19 im Kontext; Sir 24,3–22; Weish 8,5; 9,2 in Verbindung mit 9,18; 10–19.

Gott kommenden Heils zu. Daß sie dabei auch an die Vermittlung der *creatio originalis* denke, läßt sich nicht zwingend beweisen. Dennoch ist die Vorstellung von einem diese Urschöpfung vermittelnden präexistenten Schöpfungsmittler wenigstens impliziert. Eine Schöpfungsmittler-Aussage dieser Art war offen für eine Konzentration auf die Vermittlung der anfänglichen Schöpfung und damit für eine Verknüpfung mit Präexistenz-Aussagen. Schließlich ist auch für die späteren Entfaltungsstadien zu berücksichtigen, daß ein Interesse an einem zeitlichen *Prae* der Existenz schon deshalb nicht ursprünglich sein wird[28], weil die durch die Schöpfungsmittlerschaft gegebene universale und kosmische Herrscherstellung Christi jeweils im Vordergrund steht.

III

Nahezu einmütig ist das Urteil der heutigen Forschung, daß in dem vorpaulinischen Christushymnus *Phil 2,6–11*[29] die Präexistenz Christi vor-

---

[28] Das Prae (πρό) in bezug auf einen Zeitpunkt wird ausdrücklich nur Jo 17,5.24 („vor Grundlegung der Welt"; vgl. 1,1 „im Anfang") sowie Jo 1,30 (vor Johannes dem Täufer); 8,58 (vor Abraham) hervorgehoben. Kol 1,17 (πρὸ πάντων) folgt auf die – hier eindeutig protologische – Schöpfungsmittler-Aussage in V. 16, tendiert aber neben der sicherlich vorhandenen zeitlichen Komponente auf die Vorrangstellung Christi hin (V. 18: das Haupt des Leibes). Ähnlich sind die ἀρχή-Aussagen Kol 1,18 und Apk 3,14 nachdrücklich auf den *Rang* bezogen. – Die Zeugung Christi aus Gott πρὸ πάντων τῶν αἰώνων des Nicaeno-Constantinopolitanum (D 150; vgl. die Definition von Chalkedon D 301) ist auch im Symbolum Apostolicum des Kyrill von Jerusalem (D 41) bezeugt; sie wird zusammen mit der Schöpfungsmittlerschaft und der wahren Gottheit Christi genannt. Das Neue Testament kennzeichnet mit πρό eine Präexistenz *idealer Art* : 1 Kor 2,7 (πρὸ τῶν αἰώνων vorherbestimmte Weisheit); Eph 1,4 (Erwählung der Christen πρὸ καταβολῆς κόσμου); 1 Petr 1,20 (Christus, vorhererkannt πρὸ καταβολῆς κόσμου). Die *reale* Präexistenz Christi „vor den/allen Äonen" (vgl. Ign Magn 6,1) hat ihre neutestamentliche Grundlage u.a. in den „johanneischen" Formulierungen Jo 17,5.24 (πρὸ τοῦ τὸν κόσμον εἶναι bzw. πρὸ καταβολῆς κόσμου), vielleicht auch in der christologisch verstandenen Aussage 1 Kor 2,7 (vgl. 1,24).

[29] Die Literatur zu Phil 2,6–11 ist bis etwa 1965 bibliographisch erfaßt bei *Martin, R. P.*: Carmen Christi. Philippians II.5–11 in Recent Interpretation and in the Setting of Early Christian Worship (Cambridge 1967). Seither sind ferner erschienen *Harvey, J.*: A New Look at the Christ Hymn in Philippians 2,6–11: ExpT 76 (1964/65) S. 337–339; *Hammerich, L. L.*: An Ancient Misunderstanding (Phil 2,6 ‚robbery') (Kopenhagen 1966); *Conzelmann, H.*: Grundriß der Theologie des Neuen Testaments (München 1967) S. 97–99; *Deichgräber, R.*: Gotteshymnus und Christushymnus in der frühen Christenheit (Göttingen 1967) S. 118–133; *Robinson, J. M.*: Kerygma und historischer Jesus (Zürich ²1967) S. 116–119.242f; *Talbert, Ch. H.*: The Problem of Pre-existence in Philippians 2,6–11: JBL 86 (1967) S. 141–153; *Furness, J. M.*: Behind the Philippian Hymn: ExpT 79 (1967/68) S. 178–182; *Gnilka, J.*: Der Philipperbrief (Freiburg i. Br. 1968) S. 111–147; *Bornkamm, G.*: Zum Verständnis des Christus-Hymnus Phil 2,6–11, in: Gesammelte Aufsätze. Bd. II (München ³1970) S. 177–187 und Nachtrag S. 253; *Gam-*

ausgesetzt und bereits über eine Entscheidung des Präexistenten reflektiert wird³⁰. Trotzdem sind neuerdings Einwände gegen das verbreitete Verständnis der Vv. 6–8 gemacht worden, die auch die Frage der Präexistenz tangieren. Ch. H. Talbert grenzt die beiden ersten Strophen entsprechend dem Vorschlag von J. Jeremias ab (6–7a.7b–8a), versteht sie jedoch als zwei Dreizeiler, die sich durch einen Parallelismus in jeder Zeile entsprechen³¹. Entscheidend wird dabei die weitere Beobachtung, daß die beiden Strophen nicht wie die dritte und vierte (Vv. 9–11) durch eine Partikel (ἵνα) verbunden werden. Damit sei deutlich, daß die beiden Strophen nicht zwei aufeinanderfolgende Stufen beschreiben und daher keine sachliche Parallelität zwischen ἑαυτὸν ἐκένωσεν, μορφὴν δούλου λαβών und ἐν ὁμοιώματι ἀνθρώπων γενόμενος besteht. Somit entfalle auch der Anhaltspunkt für eine Präexistenz-Aussage³².

Gegenüber dieser Argumentation ist folgendes zu bedenken. Obwohl die Parallelität der beiden ersten Strophen offenkundig ist, kann dennoch nicht von einem synthetischen Parallelismus der jeweiligen ersten Zeilen gesprochen werden. Talbert möchte nachweisen, daß die erste Strophe Christus als den Zweiten Adam³³, die zweite ihn jedoch als einen Adams-Sohn³⁴ ansehe. Den Schlüssel zu der Synonymität soll das von Jes 53,12 her interpretierte ἑαυτὸν ἐκένωσεν bilden, das sich auf die Lebenshingabe des Irdischen beziehe³⁵. Nun ist aber gerade dieser Auslegung, die auf

---

ber, K.: Der Christus-Hymnus im Philipperbrief in liturgiegeschichtlicher Sicht: Bibl 51 (1970) S. 369–376; *Gibbs, J. G.*: The Relation between Creation and Redemption according to Phil II 5–11: NovT 12 (1970) S. 270–283; *Moule, C. F. D.*: Further Reflexions on Philippians 2,5–11, in: Apostolic History and the Gospel (FS für F. F. Bruce) (Exeter 1970) S. 264–276; *Schnackenburg*, Christologie S. 309–322; *Grelot, P.*: La traduction et l'interprétation de Ph 2,6–7: NRTh 93 (1971) S. 897–922.1009–1026; *Sanders, J. T.*: The New Testament Christological Hymns (Cambridge 1971) S. 58–74; *Carmignac, J.*: L'importance de la place d'une négation: ΟΥΧ ΑΡΠΑΓΜΟΝ ΗΓΗΣΑΤΟ (Philippiens II.6): NTS 18 (1971/72) S. 131–166; *Wengst*, Christologische Formeln und Lieder S. 144–156.

³⁰ *Gnilka*, Philipperbrief S. 146f, faßt zusammen: „Sehr wahrscheinlich haben wir hier die älteste ntl. Aussage von der Präexistenz Christi vor uns."

³¹ *Talbert*, The Problem S. 146–148; vgl. *Jeremias, J.*: Zu Philipper 2,7: ἑαυτὸν ἐκένωσεν (1963), in: Abba (Göttingen 1966) S. 308–313, der in den Vv. 6–8 zwei Vierzeiler sieht. Der letzte Stichos in V. 8 („bis zum Kreuzestod") wird von beiden Autoren als paulinisch angesehen.

³² *Talbert*, The Problem S. 148. Sowohl ἐταπείνωσεν als auch ἐκένωσεν werden auf dem Hintergrund von Jes 53 gesehen: „Both refer to the servant's surrender or life" (S. 153). Damit ist der Weg für das abschließende Urteil geebnet: Auch die erste Strophe ist (wie die zweite) „a statement not about the pre-existence of Jesus but about his earthly life" (ebd.).

³³ Vgl. *Talbert*, The Problem S. 151, mit Hinweis auf Gen 3,4.

³⁴ Unter Hinweis auf Gen 5,1–3 (*Talbert*, The Problem S. 150).

³⁵ *Talbert*, The Problem S. 152.

J. Jeremias zurückgeht, verschiedentlich widersprochen worden[36]. Wenn man mit Talbert eine Entsprechung zwischen ἑαυτὸν ἐκένωσεν und ἐταπείνωσεν ἑαυτόν sieht, so besagt das nicht, daß hier die *gleiche* Tat Christi gemeint ist; es *kann* auch an gleich*artige* Taten gedacht sein, die aufeinander folgten. Daß insgesamt eine Abfolge im Blickpunkt steht, ergibt sich wenigstens aus der Gesamtstruktur des Hymnus, der von V. 9 an auch eine von Gott her kommende doppelte und gleich*sinnige* Aktion an Christus erwähnt[37].

C.F.D. Moule vertrat neuerdings die These, das Nacheinander meine letztlich eine Gleichzeitigkeit. Er möchte eine „statische" Interpretation vorlegen: „Essentially, it is all at one time and on one level; there is no ultimate question of descent or ascent, of loss or compensation; because what is *styled* kenosis is, itself, the height of plerosis: the most divine thing is to give rather than to get."[38] Das Abstieg-Aufstieg-Schema dürfe nicht buchstäblich genommen werden. Die Erniedrigung sei in ihrem wahren Wesen die Erhöhung[39]. Diese Auslegung geht wesentlich von einer an sich zutreffenden Beobachtung zu der Wendung οὐχ ἁρπαγμὸν ἡγήσατο aus. ἁρπαγμός wird mit den außerbiblischen Belegstellen als *raptus*, „snatching", „acquisitiveness", als Akt des Bedachtseins auf Vorteil und Gewinn verstanden[40]. Die Wendung spreche in unserem Kontext von einer Entscheidung des Irdischen, durch die er auf ein Handeln zu seinem Vorteil verzichtete und die Rechtlosigkeit eines Sklaven wählte[41]. Diese Auslegung ist nur dann möglich, wenn man bei der zweiten Strophe ignoriert, daß sie gerade das Menschsein als Existenz in Sklavengestalt versteht. Bei der μορφὴ δούλου ist ebensowenig wie bei der μορφὴ θεοῦ der spezifisch hellenistische Vorstellungshintergrund zu übersehen[42]. Freilich muß zugegeben werden, daß die gnostisierende Terminologie nur in der ersten Strophe begegnet. Sie dient als Hintergrund für die ältere und verbreitete christologische Erhöhungsaussage, die wiederum die Erniedrigung (im gehorsam übernommenen Todesschicksal) auf ihre Heilsbedeu-

---

[36] Vgl. *Jeremias*, Zu Philipper 2,7 S. 309f. Zur Widerlegung siehe nur *Bornkamm*, Zum Verständnis des Christus-Hymnus S. 180.253; *Deichgräber*, Gotteshymnus S. 123f.

[37] Siehe die Verba finita der freiwilligen Christustat (ἐκένωσεν - ἐταπείνωσεν) und die der Gottestat an Christus (ὑπερύψωσεν - ἐχαρίσατο).

[38] *Moule*, Further Reflexions S. 273.

[39] A.a.O. S. 274.

[40] A.a.O. S. 266–268.271–276. Siehe auch *W. Foerster*, in: ThW I S. 472.

[41] *Moule*, Further Reflexions S. 268f.

[42] Diese Erkenntnis wird vor allem *E. Käsemann* verdankt: Kritische Analyse von Phil 2,5–11 (1950), in: Exegetische Versuche und Besinnungen. Bd. I (Göttingen ⁴1965) S. 51–95, näherhin S. 65–74. Siehe ferner *Gnilka*, Der Philipperbrief S. 112–122.145f.

tung hin auslegt. Insofern also die erste Strophe den Gedanken an eine vor der Menschwerdung geschehene Tat Christi impliziert, bringt sie auch dessen Präexistenz ins Spiel. Sie ist indessen nicht an einer Schöpfungsmittlerschaft oder gar an einer Präexistenz *vor aller Schöpfung* interessiert. Sie wird an den traditionellen Satz von der Menschwerdung Christi (vgl. ἐν ὁμοιώματι ἀνθρώπων γενόμενος mit Gal 4,4: γενόμενον ἐκ γυναικός, γενόμενον ὑπὸ νόμον) anknüpfen, der vor allem an die Gottgesandtheit Christi dachte[43]. Inwiefern die Verse 6.7a an die Weisheitsspekulation anknüpfen[44], bleibt unklar; denn das „Sein in Gottes Gestalt" ist hier etwas anderes als das „Bild-Gottes Sein" der göttlichen Weisheit (Weish 7,25f).

Die neuere Argumentation von J. Carmignac, der die Negation in der Wendung οὐχ ἁρπαγμὸν ἡγήσατο auf das Nomen beziehen will, ist zwar begrenzt schlüssig, kann aber doch nicht übersehen, daß dem οὐχ das folgende ἀλλά entgegengesetzt ist. Nur wenn man wie Carmignac den Gedanken ausgesprochen findet, Jesus habe, obgleich er „in Gottes Gestalt" existierte und dieses „Gott-Gleichsein" als rechtmäßig („Nicht-Usurpation") ansah, dennoch die Knechtsgestalt gewählt[45], wird man die erste Strophe des Hymnus auf den irdischen Jesus beziehen können[46]. Die gedankliche Struktur der Strophe ist jedoch unbestreitbar so, daß nur die erste Zeile konzessiven Sinn hat. Bezeichnend ist für die Schwierigkeit des von Carmignac angenommenen Gedankens, daß er für die Kenosis-Aussage in V. 7a einen plusquamperfektischen Sinn erwägen muß[47].

Der Hymnus übernimmt also nicht einen gnostischen Erlösermythos mit dem Abstieg-Aufstieg-Schema. Die Präexistenz Christi wird vielmehr als Hintergrund der geschichtlichen Todeserniedrigung gesehen und hat keine selbständige Bedeutung[48]. Ausgangspunkt der im Hymnus vertretenen Christologie ist die Erhöhungsaussage, die deutlich die kosmische

---

[43] Daß die „Sendungsformel" (Gal 4,4) noch kein Präexistenzbewußtsein voraussetzen muß, zeigt der biblische Ausdruck von der Sendung der Propheten (vgl. Mk 12,4–6); dazu *Blank, J.*: Paulus und Jesus (München 1968) S. 267.

[44] Siehe *Georgi, D.*: Der vorpaulinische Hymnus Phil 2,6–11, in: Zeit und Geschichte (FS für R. Bultmann) (Tübingen 1964) S. 263–293, näherhin S. 276f, der eine Entsprechung zu Phil 2,6a in der Syzygie und Symbiose der Weisheit mit Gott sieht (Weish 8,3f; 9,4.9f).

[45] *Carmignac*, L'importance S. 165.

[46] So erwogen von *Carmignac*, L'importance S. 161.

[47] *Carmignac*, L'importance S. 161.

[48] „Die Präexistenz des Christus ist ... nur der Hintergrund, vor dem die Inkarnation sich abhebt; nicht die drei Seinsweisen sind Inhalt des Liedes, sondern die Erniedrigung des Präexistenten und seine Erhöhung zum Kyrios" (*Strecker, G.*: Redaktion und Tradition im Christushymnus Phil 2,6–11: ZNW 55 [1964] S. 63–78; Zitat S. 70).

Herrschaft des Kyrios zum Ziel hat (Vv. 10 f)[49]. Diese Herrscherstellung wird indessen nicht von der Präexistenz her begründet, im Unterschied zu Kol 1,15–20[50]. Sie hat ihren Grund vielmehr in der Erhöhung durch Gott und der himmlischen Machteinsetzung, die wiederum als Antwort Gottes auf Christi Selbsterniedrigung verstanden sind. Die Erniedrigungstat des „Gehorsams bis zum Tod" ist grundgelegt in der Kenosis dessen, der „in Gottes Gestalt" existierte.

IV

Ließ sich weder 1 Kor 8,6 noch Phil 2,6–11 eine auch nur relativ selbständige Präexistenz-Vorstellung oder gar -Aussage finden, so wird man dennoch die beiden (frühen) Texte als Vorläufer einer ausdrücklicheren Präexistenz-Christologie ansehen müssen, insofern sie zwei wichtige Wurzeln derselben aufzeigen: die Schöpfungsmittler-Funktion und die Vorstellung vom Abstieg Christi in der Menschwerdung.

Die beiden noch unabhängig voneinander auftretenden Ansätze sind als genuin christologische „Hintergrund"-Aussagen zu begreifen. Das gilt auch dann, wenn die Schöpfungsmittlerschaft als Vorstellung durch die „Weisheit" des hellenistischen Judentums vermittelt sein mag[51] und die erste Strophe des Philipper-Hymnus bestimmte Vorstellungen und Termini des synkretistischen Hellenismus verwendet.

Es bleibt noch, in kurzen Zügen die eigentlichen Präexistenz-Texte aufzuzeigen, die ein fortgeschrittenes Stadium repräsentieren, auch wenn sie nicht auf eine einförmige Entwicklungslinie zu bringen sind. Als Fortentwicklung von 1 Kor 8,6 ist der zweistrophige Hymnus *Kol 1,15–20* anzusehen, der ganz von der Gegenüberstellung von Schöpfung und Erlösung geprägt ist. Die Schöpfungsmittler-Christologie bestimmt ihn

---

[49] Vgl. *Schnackenburg*, Christologie S. 246: „Hier könnte es scheinen, daß man durch das Nachdenken über die Knechtsgestalt des auf Erden weilenden Christus (zweite Strophe) auf den Präexistenzgedanken kam. In Wirklichkeit aber ist der ganze Hymnus genetisch vom Ende her zu verstehen: Die Erhöhung öffnete den Blick für die ‚vorübergehende' irdische Existenzweise und wendete ihn weiter zurück zur Präexistenz und die seit je bestehende göttliche Seinsweise Christi."

[50] *Jervell*, Imago Dei, der überhaupt das „In-Gottes-Gestalt-Sein" mit „Bild-Gottes" von Gen 1,26 f in Zusammenhang bringt (S. 202–209. 227–231), meint indessen, ἐν μορφῇ θεοῦ bedeute, „daß Christus Weltherrscher ist" (S. 231). Zur Begründung verweist er auf 2 Kor 4,4. M.E. haben sich dabei die zutreffenden Beobachtungen zu Kol 1,15–20 (S. 198–203. 218–226) unzulässig auf die Beurteilung von Phil 2,6–8 ausgewirkt.

[51] Betont von *Feuillet*, Le Christ Sagesse de Dieu S. 59–85, der allerdings die Formel 1 Kor 8,6 vom *paulinischen* Kontext aus interpretiert.

entscheidend[52]. Der „Erstgeborene vor aller Schöpfung"[53] ist derselbe,
den die zweite Strophe „Erstgeborenen aus den Toten" nennt. Wie immer
man die interpretierenden Zusätze des Briefverfassers bestimmt, jedenfalls
zielt die zweite Strophe auf die Allversöhnung[54]. In diesem Zusammenhang
hat die Schöpfungsmittlerschaft mit der ursprünglichen Vorrangstellung
des Erlösers ihre grundlegende Funktion. Er soll „in allem πρωτεύων
werden" (V. 18c). Die Prädikationen am Anfang der Schöpfungsstrophe
(Bild Gottes, Erstgeborener) wurden bereits in der hellenistisch-jüdischen
Theologie auf das schöpferische Wirken Gottes in die Welt hinein bezogen[55]. Immerhin ist festzuhalten, daß der Hymnus – im Unterschied zu
Phil 2 – nicht von einem Abstieg oder einer Entsendung des Erlösers
spricht. Es geht offenbar um die Betonung, daß der Christus, der nach
der zweiten Strophe die Allversöhnung vermittelt, gerade der Schöpfungsmittler ist.

In anderer Weise stellt *Hebr 1,2b–4* die Schöpfungsmittlerrolle des
„Sohnes" heraus (V. 2c; vgl. 1,10[56]) und scheint sie mit der göttlichen
Einsetzung „zum Erben von allem" (V. 2b) begründen zu wollen. Der
Einsetzung zum Erben entspricht in V. 4 die Erbschaft des unvergleichlichen „Namens", die der Erhöhte antritt. Da der Anteil des Briefverfassers
gerade an den beiden Versen 2 und 4 in Rechnung zu stellen ist, kann
man die implizierte Präexistenz und die Schöpfungsmittlerschaft nicht
einem vorgegebenen Hymnus zuweisen[57]. Immerhin bleibt V. 3 als hym-
nisches Bekenntnis. V. 3a.b gehört geprägter Tradition an, während man
für V. 3c Einflüsse des Autors ad Hebraeos annehmen kann[58]. Der
καθαρισμός, den der Sohn bewirkte und nach dessen Vollzug „er sich

---

[52] *Hegermann*, Die Vorstellung vom Schöpfungsmittler S. 111.

[53] Daß so zu übersetzen ist, betont *Schweizer, E.*: Kolosser 1,15–20, in: Evangelisch-Katholischer Kommentar zum Neuen Testament. Vorarbeiten 1 (Zürich-Neukirchen 1969) S. 7–31;
näherhin S. 13.

[54] *Schweizer*, Kolosser 1,15–20 S. 10, stimmt mit *Lohse*, Kolosser S. 82, wenigstens darin überein,
daß τῆς ἐκκλησίας (V. 18a) und διὰ τοῦ αἵματος τοῦ σταυροῦ αὐτοῦ (V. 20b) nicht zum
vorgegebenen Lied gehörten. Die „Allversöhnung" (V. 20a) wird von beiden Autoren für
ursprünglich gehalten.

[55] Vgl. *Schweizer*, Kolosser 1,15–20 S. 10–15.

[56] Ps 102,26 wird auf den Sohn bezogen; ihm wird die Erschaffung von Erde und Himmel
als dem *Schöpfer* zugeschrieben!

[57] Vgl. *Gräßer, E.*: Hebräer 1,1–4. Ein exegetischer Versuch, in: Evangelisch-Katholischer
Kommentar zum Neuen Testament. Vorarbeiten 3 (Zürich-Neukirchen 1971) S. 55–91; näherhin S. 61–67.

[58] *Gräßer*, Hebräer 1,1–4 S. 65–67. Siehe auch *Langkammer, H.*: Problemy literackie i gene-
tyczne w Hbr 1,1–4: Roczniki Teologiczno-Kanoniczne 16 (1969) S. 77–112, der keinen Grund
anerkennt, Hebr 1,3 als ein vorgegebenes Christuslied zu betrachten.

zur Rechten der Majestät in den Höhen gesetzt hat", wird nicht auf die Gemeinde („uns") bezogen, sondern offenbar auf die Welt[59]. Geprägte Tradition liegt in den Prädikationen „Abglanz seiner Herrlichkeit und Abbild seiner Wirklichkeit" (V. 3a) vor, mit denen die Welterhaltung durch das mächtige Wort des Sohnes (V. 3b) verbunden wird. Die beiden vorgegebenen Prädikationen hat der Autor des Briefes im Sinne der Weisheitsspekulation[60] in V. 2c sachgemäß durch die Schöpfungsmittlerfunktion verdeutlicht[61]. Weil der Sohn die *creatio originalis* vermittelt hat, ist er von vornherein Erbe und tritt mit der Erhöhung seine Erbschaft an (V. 4). Wenn auch eine Abfolge Schöpfungsmittlerschaft – Welterhaltung – Erlösungstat – himmlische Inthronisation (über die Engel) erkennbar wird, so fehlt doch das Phil 2 vorhandene Schema Erniedrigung-Erhöhung[62].

Problematischer wird die Beurteilung von *Jo 1,1-18*, wenn es gilt, Tradition und Redaktion zu scheiden. Schon der vorgegebene Logos-Hymnus scheint einerseits die Präexistenz mit der exklusiven Schöpfungsmittlerschaft[63] des Logos (Vv. 1.3.10) verbunden zu haben. Andererseits spricht er nicht von der nach der Inkarnation erfolgten Erhöhung. Außerdem ist nicht unbestritten, daß die „Fleischwerdung" (V. 14) schon zum vorjohanneischen Lied gehört[64]. Insofern bleibt auch hier fraglich, ob die Präexistenz als neben der Schöpfungsmittlerschaft selbständige Aussage schon vorjohanneisch intendiert und auf ein Abstieg-Aufstieg-Schema bezogen war[65].

---

[59] *Gräßer*, Hebräer 1,1-4 S. 67.

[60] *Hegermann*, Die Vorstellung vom Schöpfungsmittler S. 111, verweist zutreffend auf Weish 7,26 und die philonische Auslegung der Eikon-Funktion des Logos.

[61] So erklärt sich die auf den ersten Blick „unlogische" Abfolge in V. 2b.c, die *A. Vanhoye*: Situation du Christ (Paris 1969) S. 61f, auffallend findet.

[62] Die Namensverleihung (Hebr 1,4f) erinnert an Phil 2,9f; im Hintergrund stehen Ps 2,7f (Hebr 1,5) und Ps 110,1f (Hebr 1,13).

[63] Die Betonung der ausschließlichen Mittlerschaft des Logos deutet auf eine polemische Absicht hin; vgl. *Mußner, F.*: Die Schöpfung in Christus, in: Mysterium Salutis, hrsg. von *J. Feiner-M. Löhrer*. Bd. II (Einsiedeln 1967) S. 455-461, näherhin S. 458.

[64] Vgl. etwa die neuere Bestreitung durch *Richter, G.*: Die Fleischwerdung des Logos im Johannesevangelium: NovT 13 (1971) S. 81-126. Im Unterschied zu R. Bultmann, E. Käsemann und R. Schnackenburg, die an einen vom Verfasser des Evangeliums bearbeiteten Hymnus denken, hat *W. Eltester* Jo 1,1-18 ganz dem Evangelisten zuschreiben wollen: Der Logos und sein Prophet, in: Apophoreta (FS für E. Haenchen) (Berlin 1964) S. 109-134; vgl. dazu *Richter*, Die Fleischwerdung S. 98-100.

[65] Daß der Endredaktor des vierten Evangeliums sie als wichtigen, gerade auch auf die Erhöhung bezogenen Topos betrachtet, geht aus Jo 1,15.18.30; 6,62; 8,14; 17,5 hervor.

V

Als Fazit soll festgehalten werden, daß die Präexistenz-Christologie der
frühen Bekenntnisse und Lieder verschiedenartige Ansätze erkennen läßt.
Sie kann darum nicht einförmig ausgelegt werden. Führend sind bei der
Entfaltung genuin christliche Impulse, vor allem die Schöpfungsmittlerschaft als Interpretament der als Neuschöpfung verstandenen Erlösungstat,
die Christus vermittelte. Die universale kosmische Herrschaft des Erhöhten
wird häufig als in der Schöpfungsmittlerschaft des Präexistenten begründet
gesehen. Das ist die Konsequenz einer im hellenistischen Christentum
notwendigen kosmischen Soteriologie, die die Herrschaft des himmlischen
Kyrios über alle Mächte und Gewalten nicht *allein* in Tod und Auferweckung Christi begründet sieht, sondern *auch* in dessen Schöpferwirken
am Anfang[66]. Im paulinischen und johanneischen Stadium der Entfaltung
ist bei aller Integration der verschiedenartigen Ansätze die jeweilige Be-
sonderheit der Aussagen nicht zu übersehen. Als „Katalysator" der Integration kann die hellenistisch-jüdische Sophia-Logos-Spekulation gelten.
Das hat E. Schweizer[67] für die paulinische Theologie dargelegt. Für die
johanneische Konzeption jedoch wird man mit R. Schnackenburg[68] einen
Einfluß des gnostischen Mythos nicht ausschließen dürfen.

---

[66] So im Prinzip richtig *Fuller, R. H.*: The Foundations of New Testament Christology
(London ²1969) S. 245–247.
[67] *Schweizer*, Zur Herkunft der Präexistenzvorstellung bei Paulus (oben Anm. 12).
[68] *Schnackenburg*, Johannesevangelium S. 300–302.

17
CHRISTOLOGISCHE PRÄEXISTENZAUSSAGEN
IM NEUEN TESTAMENT

I

Um die Auslegung der christologischen Präexistenzaussagen des Neuen Testaments bemühen sich verständlicherweise nicht nur Exegeten [1], sondern auch Systematiker der Theologie [2]. Zuweilen gewinnt man den Eindruck, daß diese Versuche allzusehr im Bann des heute gebräuchlichen Fachterminus »Präexistenz« stehen und weniger den Kontext der entsprechenden biblischen Aussagen berücksichtigen. Infolgedessen werden diese Aussagen — so verschieden sie nach Form und Inhalt sind — häufig *einseitig* auf das vorweltliche »Existieren« des Christus bezogen oder *einförmig* interpretiert.

Eine neuere Darstellung meint konstatieren zu können: »Das Präexistenz- und Sendungsmotiv soll zum Ausdruck bringen, daß die Person und das Schicksal Jesu nicht im Zusammenhang innerweltlichen Geschehens ihren Ursprung haben, daß darin vielmehr auf innerweltlich unableitbare Weise Gott selbst gehandelt hat.« [3] Die Präexistenzaussagen des Neuen Testaments brächten »im Grunde in neuer und vertiefter Weise den eschatologischen Charakter von Person und Werk Jesu von Nazareth zum Ausdruck« [4]. Wer die Formulierungen R. Bultmanns im Gedächtnis hat, merkt

[1] Siehe z. B. F. B. Craddock, The Pre-existence of Christ in the New Testament. Nashville 1968; P. Benoit, Préexistence et Incarnation. In: RB 77 (1970), S. 5—29; R. G. Hamerton-Kelly, Pre-existence, Wisdom, and the Son of Man. A Study of the Idea of Pre-existence in the New Testament (SNTS Monograph Series 21). Cambridge 1973. — Umfassendere Arbeiten zur Christologie des Neuen Testaments, die den Präexistenzaussagen besondere Beachtung schenken, liegen vor von O. Cullmann, Die Christologie des Neuen Testaments. Tübingen 1957 ([5]1975), bes. S. 253—323; E. Schweizer, Jesus Christus im vielfältigen Zeugnis des Neuen Testaments (Siebenstern-Taschenbuch 126). München/Hamburg (1968) [2]1970, bes. S. 68—92; R. Schnackenburg, Christologie des Neuen Testamentes. In: Mysterium Salutis, hrsg. von J. Feiner und M. Löhrer, Bd. III/1: Das Christusereignis. Einsiedeln/Zürich 1970, S. 227—388, bes. S. 309—350; K. H. Schelkle, Theologie des Neuen Testaments II. Gott war in Christus. Düsseldorf 1973, S. 186—191.
[2] Siehe beispielsweise W. Pannenberg, Grundzüge der Christologie. Gütersloh 1964, bes. S. 150—169; W. Breuning, Jesus Christus der Erlöser (Unser Glaube 4). Mainz 1968, bes. S. 117—124; P. Schoonenberg, Ein Gott der Menschen. Zürich/Einsiedeln 1969, bes. S. 79 bis 96; D. Wiederkehr, Entwurf einer systematischen Christologie. In: Mysterium Salutis III/1 (siehe Anm. 1), S. 477—648, bes. S. 534—540, 630—633; W. Kasper, Jesus der Christus. Mainz 1974, bes. S. 191—230; H. Küng, Christ sein. München/Zürich 1974, S. 426—440; E. Schillebeeckx, Jesus. Die Geschichte von einem Lebenden. Freiburg/Basel 1975, bes. S. 380—383, 482—505.
[3] W. Kasper, Jesus der Christus, S. 205.
[4] Ebd., S. 206 f. Trotz dieser verkürzenden Feststellungen liegt bei W. Kasper (a. a. O., S. 203—221) einer der beachtenswertesten Versuche vor, die Präexistenzaussagen in den

unschwer, daß diese Thesen sich wörtlich an seine Deutung der Präexistenzaussagen anlehnen [5].

II

Es soll keineswegs bestritten werden, daß eine derartig einförmige Auslegung wesentliche Aspekte des Präexistenzgedankens zutreffend herausstellt. Einförmige Interpretationen des Präexistenzgedankens lagen längst hinsichtlich des rabbinischen Satzes über die Präexistenz von sieben Dingen [6] vor. Hier ist die Sachlage anders als bei den christologischen Aussagen des Neuen Testaments, die die Präexistenz nur im Dienste eines übergeordneten Gedankens erwähnen. Der rabbinische Satz hingegen macht eine isolierte und selbständige Präexistenzaussage. P. Billerbeck deutete den schriftgelehrten Satz, soweit er sich auf den Namen des Messias bezieht, so, daß er »den Messias zu einem wesentlichen Bestandteil des ewigen und deshalb unabänderlichen Weltplanes Gottes« mache und «die Zuversicht Israels zu seinen messianischen Hoffnungen stärken« solle [7]. Nach P. Volz wird den sieben vor der Weltschöpfung geschaffenen Gütern »mit der Bestimmung der Vorzeitlichkeit ... der Charakter des Zeitlosen und des Unvergänglichen angeheftet« [8].

Die neutestamentlichen Texte zur Präexistenz Christi sind demgegenüber nach Form und Aussage zu mannigfaltig, als daß sie allein auf den innerweltlich nicht ableitbaren Charakter des Christusgeschehens gedeutet werden dürften. Die Präexistenz Christi kommt vornehmlich in hymnischen Texten vor (Phil 2, 6–11; Kol 1, 15–20; 1 Tim 3, 16; Joh 1, 1–16). Sie wird meistens nicht auf den Zeitpunkt der Weltschöpfung [9], sondern

vom Neuen Testament her sachgemäßen (wie der Autor immer wieder betont: soteriologischen) Zusammenhang zu stellen.
[5] Siehe R. Bultmann, Theologie des Neuen Testaments. Tübingen ²1954, S. 299 (⁵1965, S. 304). Ebenfalls an Bultmann anknüpfend schreibt H. Conzelmann, Grundriß der Theologie des Neuen Testaments. München 1967, S. 223: »Der Präexistenzgedanke umschreibt also den Horizont des Glaubens: Er kommt von außen und überragt die Welt. Die Erlösung ist nicht ein Tatbestand in der Welt, sondern ist Bestimmung des Weltseins selbst.« Ebd., S. 224 f.: »Präexistenz bedeutet also: Das Heil ist durch Gottes Wundertat gestiftet, das Wort bedeutet die Aktualisierung des zuvorkommenden Heilsgeschehens, bezeichnet also das objektive Prae der Tat Gottes zu meinem Glauben.«
[6] Siehe bPes 54a Baraita: »Sieben Dinge wurden vor der Weltschöpfung erschaffen, und zwar: die Tora, die Buße, der Edengarten, der Gehinnom, der Thron der Herrlichkeit, der Tempel und der Name des Messias.« Die gleiche Aussage findet sich auch bNed 39b; Midrasch Spr 8,9 (30a); PirqeREl 3; vgl. weiterhin Gen rabba 1 (2b); Midrasch Ps 93 § 3 (207b).
[7] H. L. Strack/P. Billerbeck, Kommentar zum Neuen Testament aus Talmud und Midrasch II. München (1924) ²1956, S. 335.
[8] P. Volz, Die Eschatologie der jüdischen Gemeinde im neutestamentlichen Zeitalter. Tübingen 1934, S. 114.
[9] Das *Prae* bezieht sich vor allem da auf die *creatio originalis*, wo zugleich von der Schöpfungsmittlerschaft Christi die Rede ist: 1 Kor 8,6; Kol 1,15 f.; Hebr 1,2 f.; Joh 1,1–3.

auf den der Menschwerdung Christi [10] bezogen. Die christologischen Präexistenzaussagen haben im Neuen Testament stets dienenden Charakter
und stellen nirgends den Skopus des Textes dar.

III

Die ältesten Zeugnisse für die christologische Präexistenzvorstellung finden
sich in den Paulusbriefen. Jedoch liegt ihnen fast ausnahmslos ältere Tradition zugrunde. Schon in ihr wird deutlich, daß »Präexistenz Christi« von
sehr unterschiedlichen Prämissen aus verstanden ist und aus mehreren Wurzeln hergeleitet wurde.

a) Paulus versteht die traditionelle Aussage von der Sendung des Sohnes
(Gal 4, 4 f.; Röm 8, 3 f.) eindeutig unter der Voraussetzung, daß der Sohn
Gottes schon vor seiner Menschwerdung existierte (Röm 1, 3 f.). Die Aussage folgt einem vorpaulinischen Verkündigungsschema, das auch Joh 3,
16 f. und 1 Joh 4, 9 zutage tritt [11]. Es muß vorpaulinisch noch nicht den
Präexistenzgedanken impliziert haben, wird aber Gal 4, 4 f. sicher in dessen Horizont verwendet. Nicht auszuschließen ist, daß dieses Schema an
Aussagen über die eschatologische Sendung des Sohnes (vgl. Mk 12, 6) anknüpft [12]. Bei Paulus scheint die hermeneutische Funktion der Sendungs-
aussage darin zu liegen, »daß sie es erlaubt, die Bedeutung auch des irdischen Jesus in die umfassende christologisch-soteriologische Aussage einzubeziehen« [13].

b) Jesus Christus wird als die Weisheit Gottes verstanden, die schon vor
der Menschwerdung heilsgeschichtlich wirksam war [14]. 1 Kor 10, 4 deutet
den Felsen, aus dem die Israeliten beim Wüstenzug tranken, auf den prä-

---

[10] Siehe vor allem die echten Paulusbriefe, in denen einzig die vorpaulinische Formel 1
Kor 8,6, die den Präexistenzgedanken nur implizit enthält, auf die Existenz vor der
Schöpfung abhebt. Die übrigen paulinischen Texte sprechen strenggenommen von einer
Existenz vor der Menschwerdung; vgl. Röm 1,3 f.; 1 Kor 2,7; 10,4; 2 Kor 8,9; Gal 4,4;
Phil 2,6–11.

[11] F. Mußner, Der Galaterbrief (HThK 9). Freiburg 1974, S. 271–273.

[12] Vgl. F. Hahn, Christologische Hoheitstitel. Ihre Geschichte im frühen Christentum
(FRLANT 83). Göttingen ³1966, S. 315–317; J. Blank, Die Sendung des Sohnes. Zur
christologischen Bedeutung des Gleichnisses von den bösen Winzern Mk 12,1–12. In:
Neues Testament und Kirche (Festschrift f. R. Schnackenburg). Freiburg 1974, S. 11–41.

[13] J. Blank, Paulus und Jesus. Eine theologische Grundlegung (StANT 18). München 1968,
S. 267.

[14] Siehe H. Windisch, Die göttliche Weisheit der Juden und die paulinische Christologie.
In: Neutestamentliche Studien (Festschrift f. G. H. Heinrici). Leipzig 1914, S. 220–234;
L. Cerfaux, Le Christ dans la théologie de saint Paul (Lectio Divina 6). Paris ²1954, S. 189
bis 208; E. Schweizer, Zur Herkunft der Präexistenzvorstellung bei Paulus (erstm. 1959).
In: Neotestamentica. Zürich 1963, S. 105–109; U. Wilckens, Weisheit und Torheit. Eine
exegetisch-religionsgeschichtliche Untersuchung zu 1. Kor. 1 und 2 (BHTh 26). Tübingen
1959, S. 197–213; A. Feuillet, Le Christ Sagesse de Dieu d'après les épîtres Pauliniennes.
Paris 1966.

existenten Christus, während jüdische Tradition ihn auf die präexistente Weisheit Gottes bezog[15]. 1 Kor 2, 7 f. spricht von der verborgenen Weisheit Gottes, »die Gott von Ewigkeit her zu unserer Herrlichkeit vorherbestimmt hat« und die offenbar mit dem »Herrn der Herrlichkeit« identisch ist[16]. Auch in der Überlieferung der Logienquelle tritt Jesus nicht nur als Sprecher und Träger der göttlichen Weisheit, sondern als die Weisheit selbst auf[17]. Möglich ist, daß schon Jesus selbst sich als *Sophia* verstand[18]. Wenn gemäß 1 Kor 1, 30 »Christus Jesus uns zur Weisheit gemacht worden ist«, so ist *er*, nicht mehr die Weisheit-Tora, das Mittel »zur Gerechtigkeit, zur Heiligung und zur Erlösung«. Er erfüllt »im Grunde alle Heilsfunktionen, die der fromme Jude der Weisheit-Tora zuschrieb«[19]. Hinter diesem Bruch mit dem jüdischen Glauben an den Heilsweg durch das Gesetz »stand ein bis ins letzte folgerichtiges christologisches Denken«[20]. Gottes Weisheit wird nicht mehr durch das Gesetz vom Sinai erschlossen, sondern durch den am Kreuz hingerichteten Jesus.

c) Die Präexistenz ist auch da vorausgesetzt, wo der Weg Jesu nach dem Schema des Abstiegs zur Erde und der Erhöhung zum Himmel beschrieben wird (Phil 2, 6—11). Dem vorpaulinischen Hymnus aus dem Brief an die Philipper liegt kaum, wie R. Bultmann meinte[21], ein gnostischer Erlösermythus zugrunde[22], sondern er ist aus einem die alte Erhöhungschristologie repräsentierenden Text entstanden. Dieser sprach von der Erniedrigung Jesu, die Gott durch die Erhöhung zum Kyrios beantwortete (2, 8—11). Die Erniedrigungsaussage (2,8) wurde nach rückwärts erweitert, indem

---

[15] Philo, Leg. alleg. II 86; Det. pot. 115—118. Vgl. Weish 10,17.

[16] U. Wilckens, in: ThWNT VII, S. 520. Anders H. Conzelmann, Der erste Brief an die Korinther (KEK 5). Göttingen 1969, S. 79—81, der die Identifikation Jesu mit der Weisheit bestreitet; siehe indessen 1 Kor 1,24.30.

[17] Siehe Lk 7,31—35; 10,21 f.; 11,49—51; 13,34 f., jeweils par. Mt; ferner Mt 11,28—30; vgl. dazu F. Christ, Jesus Sophia. Die Sophia-Christologie bei den Synoptikern (AThANT 57). Zürich 1970; siehe ferner: D. W. Smith, Wisdom Christology in the Synoptic Gospels. Rom 1970; M. J. Suggs, Wisdom, Christology, and Law in Matthew's Gospel. Cambridge (Mass.) 1970.

[18] F. Christ, Jesus Sophia, S. 154. M. Hengel, Der Sohn Gottes. Die Entstehung der Christologie und die jüdisch-hellenistische Religionsgeschichte. Tübingen 1975, S. 116, meint: »Die Verbindung zwischen Jesus und der Weisheit war dabei durch die Verkündigung des Irdischen vorbereitet, die ja von der Form her durchaus weisheitlichen Charakter besaß.«

[19] M. Hengel, Der Sohn Gottes, S. 116.

[20] Ebd.

[21] R. Bultmann, Theologie des Neuen Testaments, S. 174—176 ([5]1965, S. 178—180); ders., Glauben und Verstehen IV. Tübingen 1965, S. 145. Siehe auch E. Käsemann, Kritische Analyse von Phil. 2,5—11 (erstm. 1950). In: Exegetische Versuche und Besinnungen I. Göttingen [4]1965, S. 51—95.

[22] Siehe C. Colpe, Die religionsgeschichtliche Schule. Darstellung und Kritik ihres Bildes vom gnostischen Erlösermythus (FRLANT 78). Göttingen 1961, S. 171—193; Ch. H. Talbert, The Myth of a Descending-Ascending Redeemer in Mediterranean Antiquity. In: NTS 22 (1975/76), S. 418—440.

man auf die Kenosis des Präexistenten verwies (2, 6 f.)²³. Die Erhöhungsaussage zielt auf die kosmische Herrschaft des Kyrios (2, 10 f.), und diese
Herrschaft wird (im Unterschied zu Kol 1, 15—20) nicht von der Präexistenz her begründet. Dadurch, daß Paulus in das vorgegebene Lied das
Wort vom »Kreuz« einfügte, ließ er einen letzten Grund für den Gehorsam Jesu bis zum Kreuzestod in der Selbstentäußerung des Präexistenten
sichtbar werden²⁴.

d) Paulus setzt schließlich auch da die Präexistenz Christi voraus, wo er —
mit einer alten Glaubensformel — von der Schöpfungsmittlerschaft des
»einen Herrn Jesus Christus« spricht (1 Kor 8, 6)²⁵. Die Formel bekennt
von Christus: »durch ihn das All und wir durch ihn«. Das zweite »durch
ihn« bezieht sich auf die Heilsmittlerschaft Christi, der die Gemeinde ihre
Existenz verdankt. Die Gemeinde ist als Ergebnis einer neuen Schöpfungstat verstanden. Die Erschaffung des Alls, die *creatio originalis,* wird im
ersten »durch ihn« der Schöpfungsmittlerschaft Christi zugeschrieben. Ähnlich hatte das Judentum zuvor von der Schöpfungsmittlerschaft der präexistenten göttlichen Weisheit gesprochen²⁶. Da jedoch in diesem Zusammenhang niemals die Präposition »durch« *(dia)* begegnet, kann man erkennen, daß die Schöpfungsmittlerschaft Christi aus der als Neue Schöpfung
verstandenen Erlösungstat erschlossen wurde. Denn für diese steht besonders häufig das soteriologische »durch ihn«²⁷. Die Formel sieht die ganze
Schöpfung als Werk des einen Gottes an, das in ihm auch sein Ziel hat. Zugleich betont sie die ausschließliche Heilsmittlerschaft des einen Christus
und sieht diese in der Schöpfungsmittlerschaft des Präexistenten begründet.
Die christologische Schöpfungsmittleraussage will den eschatologischen Charakter des Heilswerks Christi und zugleich dessen kosmische Tragweite
herausstellen. In späteren Texten, die sich auf Christus als den Schöpfungsmittler beziehen, wird die Präexistenz ausdrücklich ausgesagt. Sie kann
deutlich machen, daß Christus selbst nicht geschaffen ist, sondern vor aller
Schöpfung existierte²⁸.

---

²³ R. Schnackenburg, Christologie des Neuen Testamentes, S. 246; G. Schneider, Präexistenz Christi. Der Ursprung einer neutestamentlichen Vorstellung und das Problem
ihrer Auslegung. In: Neues Testament und Kirche (Festschrift f. R. Schnackenburg). Freiburg 1974, S. 399—412, näherhin 405—409 (mit Angaben über neuere Literatur).
²⁴ 2 Kor 8,9 bezeugt die gleiche Vorstellung und läßt gleichzeitig ihren soteriologischen
Horizont erkennen: Der Herr Jesus Christus ist, »obwohl er reich war, *um euretwillen* arm
geworden, damit *ihr* durch seine Armut *reich* würdet«.
²⁵ Zu dieser Formel siehe G. Schneider, Präexistenz Christi, S. 402—405 (mit Literatur-
angaben); neuerdings R. Kerst, 1 Kor 8,6 — ein vorpaulinisches Taufbekenntnis? In: ZNW
66 (1975), S. 130—139, der die Titelfrage positiv beantworten möchte.
²⁶ Ijob 28,1—27; Spr 8,22—31; Sir 1,1—9; 24,3—9; Bar 3,15—38; Weish 7,12.21—26.
²⁷ Siehe dazu O. Kuß, Der Römerbrief, 1. Lieferung. Regensburg 1957, S. 213—218.
²⁸ Kol 1,15 f.; Hebr 1,2 f.; Joh 1,1—3; siehe indessen auch Apk 3,14: Christus ist »der
Anfang der Schöpfung Gottes«. Vgl. ferner Hermas sim. IX 12,2 f.; 14,5 f.

IV

Die aus dem Bereich der Paulusbriefe stammenden Texte zeigen kein spekulatives Interesse an der Präexistenz Christi und bezeugen diese meist
nur implizit. Das vierte Evangelium hingegen, dessen Präexistenzaussagen
innerhalb des Neuen Testaments einen Höhepunkt darstellen, redet mehrfach ausdrücklich von der Existenz des Logos-Christus vor seiner Menschwerdung. Auch da, wo es nicht von der Präexistenz vor der Weltschöpfung
spricht (Joh 1, 30; 3, 16 f.; 6, 62; 8, 14.58), ist diese dennoch der Sache
nach vorausgesetzt, wie Joh 1, 1—3 und 17, 5.24 zeigen. Das Johannesevangelium ist an dem Schema »Abstieg-Aufstieg« interessiert (3, 13; 6,
62). Natürlich greift auch Johannes Präexistenzaussagen der christologischen Tradition auf, doch dürften nicht wenige dieser Sätze auf sein eigenes
theologisches Konto zu setzen sein [29]. Grundlegend für die johanneische
Präexistenz-Christologie ist der Logos-Hymnus (1, 1—16), dessen Vorgeschichte immer noch umstritten ist [30].

Im heutigen Kontext spricht der Hymnus von der Fleischwerdung des
göttlichen Logos in Jesus Christus. Wahrscheinlich hatte schon das vorjohanneische Logoslied diesen Hauptgedanken. Man kann insofern von einem »Inkarnationslied« reden [31]. Die Phil 2, 6—11 und 1 Tim 3, 16 bezeugte Erhöhungsaussage fehlt. Gerade darum eignet sich das Lied als Prolog zur Evangelienschrift, die das irdische Wirken des inkarnierten Logos
erzählen will und dieses in seiner Erhöhung abgeschlossen sieht. »Niemand
ist in den Himmel hinaufgestiegen außer dem, der aus dem Himmel her-
abgestiegen ist, der Menschensohn, der im Himmel ist« (Joh 1, 13). Der
Menschensohn ist dahin aufgestiegen, »wo er zuvor war« (6, 62). Gemäß
der ersten Strophe des Logosliedes (1, 1—3) war der Logos uranfänglich
bei Gott. Er nahm aktiv an der Schöpfung teil. Der Ton liegt darauf, daß
alle Schöpfungswerke ohne Ausnahme dem Logos ihr Dasein verdanken.
Eine entsprechende Ausschließlichkeit der Mittlerschaft des Logos betonen
auch die Verse 1, 17 f., die wahrscheinlich vom Evangelisten angefügt sind.

---

[29] So, unter Hinweis auf Joh 6,62; 8,14.58; 17,5.24, R. Schnackenburg, Das Johannes-
evangelium I (HThK 4/1). Freiburg 1965 (³1972), S. 302.
[30] Siehe dazu R. Schnackenburg, a. a. O., S. 197—269. Wichtigere spätere Arbeiten zum
Johannes-Prolog: W. Eltester, Der Logos und sein Prophet. Fragen zur heutigen Erklärung
des johanneischen Prologs. In: Apophoreta (Festschrift f. E. Haenchen). Berlin 1964,
S. 109—134; Ch. Demke, Der sogenannte Logos-Hymnus im johanneischen Prolog. In:
ZNW 58 (1967), S. 45—68; J. Jeremias, Der Prolog des Johannesevangeliums (Calwer
Hefte 88). Stuttgart 1967; A. Feuillet, Le prologue du quatrième évangile. Brügge 1968;
K. Wengst, Christologische Formeln und Lieder des Urchristentums (StNT 7). Gütersloh
1972, S. 200—208; H. Zimmermann, Christushymnus und johanneischer Prolog. In: Neues
Testament und Kirche (Festschrift f. R. Schnackenburg). Freiburg 1974, S. 249—265.
[31] So K. Wengst, a. a. O., S. 195, der Ignatius, Eph. 19,2 f., ebenso einordnet, dennoch
aber nur unter Vorbehalt von einer Gattung »Inkarnationslieder« sprechen möchte.

Sie zielen auf die alleinige geschichtliche Offenbarung durch den Gottessohn-Logos. Der Aufweis seiner göttlichen Herkunft unterstreicht, daß Jesus Christus der einzige Offenbarer und Lebensbringer ist. Sein Offenbarerwirken will der Evangelist in seinem Buch darstellen. So erhält der Hymnus seine Prolog-Funktion. Wahrscheinlich sah der Logos-Hymnus ursprünglich das Wirken des göttlichen Logos, der göttlichen Weisheit bzw. der Tora, als Vorstufe der in Jesus erfolgten Inkarnation an. Der Evangelist macht hingegen deutlich, daß Jesus Christus nicht einfach Kulmination eines solchen vor-inkarnatorischen Logos-Wirkens ist. Denn »das Gesetz wurde durch Mose gegeben, die Gnade und die Wahrheit ist durch Jesus Christus gekommen« (1, 17) [32]. Christus ist der einzige Offenbarer Gottes (1, 18).

V

Neben dem vorpaulinischen Christuslied Phil 2, 6—11 und dem johanneischen Logoshymnus bezeugen drei weitere neutestamentliche Lieder oder Liedfragmente die Präexistenz Christi. Es handelt sich um das strukturell Phil 2, 6—11 nahestehende kleine Lied 1 Tim 3, 16, ferner um Kol 1, 15—20 und Hebr 1, 2 f. Der zweistrophige Hymnus des Kolosserbriefes und das Liedfragment des Hebräerbriefes sind — ähnlich wie Joh 1, 1—3 — wesentlich vom Schöpfungsmittler-Motiv bestimmt [33].

a) Der Hymnus 1 Tim 3, 16 [34] spannt das Christusereignis zwischen die Sätze »Er wurde offenbart im Fleisch« und »er wurde hinaufgenommen in Herrlichkeit«. Es ist also die Präexistenz dessen vorausgesetzt, der bei der Menschwerdung offenbart wurde. Das Wirken des Irdischen wird mit keinem Wort erwähnt. Schon von der zweiten Zeile an wird das Osterereignis gepriesen: »gerecht erklärt im Geist, erschienen den Engeln ... hinaufgenommen in Herrlichkeit«. Zwischen diese Sätze aber ist eingeschoben: »verkündigt unter den Völkern, geglaubt in der Welt«. Damit ist die

---

[32] Zu beachten ist, daß »durch Mose« und »durch Jesus Christus« in V. 17 dem schöpfungsmittlerischen »durch ihn (ist alles geschaffen)« in V. 3 (vgl. V. 10) entspricht. — In ähnlicher Weise wie Joh 1,17 f. argumentiert Eph 4,8—10. Möglicherweise deutet dort die Erwähnung der Katabasis an, daß Christus Mose und jeden anderen Mittler wesentlich überragt. Mose mußte erst auf den Berg steigen, um das Gesetz zu empfangen; Christus kam von oben. Siehe dazu näherhin J. Gnilka, Der Epheserbrief (HThK 10/2). Freiburg 1971, S. 206—210.
[33] K. Wengst, Christologische Formeln und Lieder des Urchristentums, S. 166—180, bezeichnet sie gattungsmäßig als »Schöpfungsmittler-Inthronisations-Lieder«.
[34] Siehe dazu neuerdings W. Stenger, Der Christushymnus 1 Tim 3,16. In: »Trierer Theologische Zeitschrift« 78 (1969), S. 33—48; R. H. Gundry, The Form, Meaning and Background of the Hymn Quoted in 1 Timothy 3,16. In: Apostolic History and the Gospel (Festschrift f. F. F. Bruce). Exeter 1970, S. 203—222; K. Wengst, a. a. O., S. 156—160.

Völkermission als Teil des Siegeszugs des erhöhten Christus interpretiert [35]. Ist also im Fehlen der Angabe über das Erdenwirken Christi die Gefahr eines mythologischen Verständnisses durchaus gegeben, so zeigt die auf die Mission und den Glauben bezogene Doppelzeile, daß das Christusgeschehen nicht im Sinn einer geschichtslosen, sich immer wieder vollziehenden Zuneigung und Offenbarung Gottes verstanden werden darf [36]. Der Ansatz des Liedes beim präexistenten Christus will im heutigen Text implizit die Weltherrschaft Christi begründen. Sie hat nicht nur in der Inthronisation Christi durch Gott ihren Grund, sondern bereits in seiner Präexistenz [37]. Die Weltherrschaft wird nicht nur »verkündigt unter den Völkern«, sondern auch »geglaubt im Kosmos«.

b) Das Christuslied Kol 1, 15—20 [38] lebt wie die kurze Formel 1 Kor 8, 6 von der Dimension Schöpfung-Erlösung. Diese kommt hier in zwei einander korrespondierenden Strophen zum Ausdruck. Die erste Strophe (Verse 15—18a) spricht von Christus, dem Sohn Gottes, als dem »Erstgeborenen der ganzen Schöpfung«. Dem steht in der zweiten (Verse 18b—20) der »Erstgeborene aus den Toten« gegenüber. Während im ersten Fall von der Schöpfungsmittlerrolle Christi gesprochen und seine Präexistenz bezeugt ist, redet die zweite Strophe von Christus als dem Anfang der Neuen Schöpfung. In ihm beginnt die eschatologische Auferstehung der Toten. Gott hat in ihm das All mit sich versöhnt und durch ihn Frieden geschaffen. Das Werk Christi hat kosmische Tragweite. Es versöhnt das All mit Gott und bringt es zum Frieden (V. 20). Das All ist indessen durch die Schöpfungsmittlerschaft des Sohnes Gottes von vornherein auf die Neuschöpfung des Kosmos hin angelegt, der in Christus, durch ihn und auf ihn hin geschaffen ist, ja in ihm seinen Bestand hat (Verse 16 f.). Wenn der Hymnus auf Christus Prädikationen anwendet, die das hellenistische Judentum auf die göttliche Weisheit bezog [39], so geschieht das hier nicht in einem polemischen Sinn. Die Erwähnung des »Erstgeborenen aus den Toten« gibt dem Lied seinen geschichtlichen Bezug auf Jesus. Demgegenüber sind die anderen Elemente der »Vergeschichtlichung« des Liedes eher vom

---

[35] E. Schweizer, Jesus Christus, S. 82.
[36] Vgl. E. Schweizer, a. a. O., S. 90. — Wahrscheinlich ist außerdem in der Aussage von der »Gerechterklärung im Geist« der Bezug auf den geschichtlichen Jesus, nämlich auf den Kreuzestod, indirekt gegeben.
[37] Dieser Gedankengang entspricht dem von Phil 2, 6—11.
[38] Dazu die Monographien von H. Hegermann, Die Vorstellung vom Schöpfungsmittler im hellenistischen Judentum und Urchristentum (TU 82). Berlin 1961, S. 88—202, H. J. Gabathuler, Jesus Christus, Haupt der Kirche — Haupt der Welt (AThANT 45). Zürich 1965 (Forschungsgeschichte), und N. Kehl, Der Christushymnus im Kolosserbrief. Stuttgart 1967. Siehe ferner die späteren Beiträge von E. Schweizer und R. Schnackenburg. In: EKK Vorarbeiten I. Zürich 1969, S. 7—31, 33—50, und P. Benoit, L'hymne christologique de Col 1,15—20. In: Christianitiy, Judaism and Other Greco-Roman Cults (Festschrift f. M. Smith). Leiden 1975, I, S. 226—263.
[39] »Bild Gottes«, »Erstgeborener aller Schöpfung«, »Anfang«.

Verfasser des Briefes interpoliert worden: die Erläuterung, daß mit dem Leib »die Kirche« gemeint sei (V. 18a), und die Ergänzung, daß der Friede gestiftet wurde »durch das Blut seines Kreuzes« (V. 20b) [40]. Präexistenz und Schöpfungsmittlerschaft stehen im Dienste einer kosmischen Soteriologie. Weil Christus der ausschließliche Schöpfungsmittler ist, konnte er die Allversöhnung vermitteln. Die Herrschaft des himmlischen Kyrios über alle Mächte und Gewalten ist nicht allein in Tod und Auferstehung Christi begründet, sondern auch in dessen Schöpferwirken am Anfang.

c) Auch Hebr 1, 2 f. [41] spricht von der Schöpfungsmittlerrolle des »Sohnes« und scheint diese mit der Einsetzung »zum Erben von allem« begründen zu wollen. Der vorausgehenden Einsetzung zum Erben entspricht in Vers 4 der Antritt der Erbschaft des unvergleichlichen »Namens« durch den Erhöhten. Die Schöpfungsmittleraussage wird ergänzt durch: »Er ist Abglanz der Herrlichkeit (Gottes) und Ebenbild seines Wesens, trägt das All durch sein machtvolles Wort« (V. 3a.b). Als solcher »hat er sich zur Rechten der Majestät in den Höhen gesetzt, nachdem er Reinigung von den Sünden vollbracht hatte« (V. 3c). Die »Reinigung«, die der Sohn bewirkte und nach deren Vollzug er sein himmlisches Erbe antrat, ist als Reinigung der Welt, nicht der Gemeinde, verstanden [42]. Der Sohn spielte auch auf Erden eine »kosmische« Rolle, wie er schon seit der Weltschöpfung als Welterhalter (V. 3b) fungierte. Weil er die Erste Schöpfung vermittelte, ist er der Erbe und tritt mit der Erhöhung die Erbschaft an. Gegenüber dem Hymnus des Philipperbriefes fällt auf, daß die Erhöhung hier nicht als Gottes Tat begriffen ist, die auf die Selbsterniedrigung folgt, sondern aktivisch von einer Selbstinthronisation des Sohnes gesprochen wird. Diese Formulierung entspricht dem Gedanken, daß der Sohn mit seiner Machtergreifung schließlich nur ein Recht wahrnehme, das ihm von Anfang an zukam (V. 2b). Der Hebräerbrief sieht im »Sohn« (1, 2.5) das wahre Ebenbild Gottes. Er ist universaler Schöpfungsmittler, Welterhalter, Welterlöser und Weltherrscher. Dabei wird die Erlösung, entsprechend der kultischen Theologie des Autors *ad Hebraeos*, als »Reinigung von den Sünden«, nicht jedoch, wie es der Schöpfungsmittleraussage ursprünglich eigen war, als Neue Schöpfung verstanden.

VI

So unterschiedlich die christologischen Präexistenzaussagen des Neuen Testaments auch sein mögen, sie weisen eine dreifache Gemeinsamkeit forma-

---

[40] So E. Lohse, Die Briefe an die Kolosser und an Philemon (KEK 9/2). Göttingen 1968, S. 79 f.
[41] Siehe dazu aus der jüngeren Literatur: A. Vanhoye, Situation du Christ. Hébreux 1—2 (Lectio Divina 58). Paris 1969, S. 9—117; E. Gräßer, Hebräer 1,1—4. Ein exegetischer Versuch. In: EKK Vorarbeiten III. Zürich 1971, S. 55—91.
[42] E. Gräßer, a. a. O., S. 67.

ler Art auf. Die Präexistenz Christi ist Hintergrundaussage und nicht Zielpunkt einer theologischen Argumentation. Ferner begegnet der Präexistenzgedanke fast ausschließlich in hymnischen Texten. Letztere Tatsache hängt eng mit einem dritten Befund zusammen. Die christologischen Präexistenztexte sind in ihrem hymnischen Charakter als Lobpreis des Christusgeschehens auch insofern »enthusiastisch« [43], als sie die Parusie weitgehend unerwähnt lassen. Von Paulus bis zum vierten Evangelium besteht ein Gefälle von der Naherwartung der Parusie zur Gegenwartseschatologie und zugleich ein wachsendes spekulatives Interesse an der Präexistenz Christi.

Was diese Beobachtungen zusammen mit der jeweiligen spezifischen Sachaussage der Präexistenztexte für eine systematische Christologie bedeuten, soll an dieser Stelle nicht ausgeführt werden. Soviel jedoch sei gesagt, daß bei aller Kritik an einer »Christologie von oben« [44] gerade die hymnischen Präexistenztexte in ihrem besonderen Rang gewertet werden sollten. Sie hatten ihren ursprünglichen »Sitz im Leben« in der Liturgie der Urkirche. Die neutestamentlichen Verfasser zitieren sie als geistgewirktes Wort [45], um sie lehrhaft oder paränetisch zu verwenden. Für sie hatten diese Hymnen »die Dignität eines heiligen Textes« [46].

---

[43] Zum »enthusiastischen« Charakter der Hymnen siehe J. Kroll, Die christliche Hymnodik bis zu Klemens von Alexandreia. Braunsberg 1921/22, Darmstadt ²1968, S. 3—12. Vgl. ferner R. Deichgräber, Gotteshymnus und Christushymnus in der frühen Christenheit (StUNT 5). Göttingen 1967, S. 197—214; J. T. Sanders, The New Testament Christological Hymns (SNTS Monograph Series 15). Cambridge 1971, S. 1—5.
[44] Vgl. etwa E. Schweizer, Jesus Christus, S. 91 f.; ferner die oben (Anm. 2) genannten Arbeiten von P. Schoonenberg, H. Küng und E. Schillebeeckx.
[45] Kol 3,16; Eph 5,19; vgl. 1 Kor 14,26; Apk 5,9 f.
[46] Dazu näherhin R. Deichgräber, Gotteshymnus und Christushymnus in der frühen Christenheit, S. 188—196; Zitat ebd., S. 188.

18

"NEUSCHÖPFUNG" IN CHRISTUS.
ZUR AUSLEGUNG EINER BIBLISCHEN LEITIDEE

I. Die Frage der sachgemäßen Auslegung

Am Anfang unserer Bibel steht die Schöpfungserzählung mit dem eindringlichen Satz „Im Anfang schuf Gott den Himmel und die Erde" (Gn 1, 1). Das letzte Buch der christlichen Bibel, die Johannesapokalypse, spricht zum Schluß von der Ablösung der alten Schöpfung durch die neue Welt Gottes: „Und ich sah einen neuen Himmel und eine neue Erde; denn der erste Himmel und die erste Erde sind verschwunden, und das Meer ist nicht mehr" (Apk 21, 1). Es ist kein Zufall, daß die Aussage von der Erschaffung der Welt und des Menschen „im Anfang", also die *creatio originalis*, mit der Neuschöpfung Gottes „am Ende", der *creatio nova*, korrespondiert. Schon der priesterliche Schöpfungsbericht scheint eine präsentische „Eschatologie" hinsichtlich der Schöpfung zu vertreten[1]. Sicher aber blicken die Neuschöpfungsansagen der Schrift auf die Schöpfungsaussage zurück. Die Tatsache, daß in der Bibel alle anderen Bücher und Erzählungen, alle Weisungen und Preisungen, zwischen Schöpfung und Neuschöpfung gestellt erscheinen, hat grundsätzliche Bedeutung.

Schon die griechische Bibel des Alten Testaments, die Septuaginta, hat im Unterschied zum palästinischen Bibelkanon die prophetischen Bücher an den Schluß der Sammlung gestellt. Dieser Anordnung der Schriften liegt offenbar das Prinzip zugrunde, daß zuerst von der Vergangenheit gesprochen wird („Geschichtsbücher"), dann die im besonderen Sinn als „Lehrbücher" für die Gegenwart aufgefaßten poetischen und didaktischen Schriften folgen und die der Zukunft zugewandten „prophetischen" Bücher den Schluß bilden. Dabei steht dann das apokalyptische Danielbuch am Ende des Kanons. Diesem Verfahren folgt auch das Neue Testament, wenn es auf die Evangelien und die Apostelgeschichte (als „geschichtliche" Bücher) die „lehrhaften" Briefe folgen läßt und mit dem „prophetischen" Buch der Apokalypse schließt. Die Möglichkeit, den biblischen Kanon so zu ordnen, war wohl wesentlich schon mit der Tatsache gegeben, daß man den

---

[1] *Hans-Joachim Kraus*, Schöpfung und Weltvollendung: Evangelische Theologie 24 (1964) 462-485; hier S. 469.

Kern des Alten Testaments, die Tora („Gesetz", Pentateuch, 5 Bücher Mose), mit der Urgeschichte beginnen ließ. Diese Urgeschichte (Gn 1-11) wurde, was ihrem eigentlichen Sinn nicht entsprach, vielfach als „Geschichte" gedeutet in dem gleichen Sinn wie etwa aus eigenem Erleben berichtete Partien wirklicher Geschichtsschreibung innerhalb der Schrift. Die Schöpfungserzählungen der Schrift sind aber „protologisch" zu interpretieren; das heißt, sie reden von den Grundlagen der Welt und des Menschen. Sie sagen nicht, wie es dabei zuging, als die Welt und der Mensch entstanden, sondern sie sagen dem Menschen, wer er eigentlich ist und welche Aufgabe ihm innerhalb der Welt zukommt[2].

Daß man inzwischen innerhalb der Theologie gelernt hat, protologische Aussagen sachgemäßer zu interpretieren, weiß jeder, der ein wenig die Auslegungsgeschichte der biblischen Schöpfungsaussagen in den letzten Jahrzehnten verfolgt hat. Ähnliches kann man nun auch hinsichtlich der „eschatologischen" Aussagen der Schrift erwarten. Aussagen über die „letzten Dinge", die wir auf den ersten Blick als Aussagen über die künftige Geschichte der Welt und der Menschheit verstehen wollen, sind nicht ohne weiteres damit richtig ausgelegt. Insbesondere können wir jenen Sektor erschatologischer Aussagen nur schwer sachgemäß interpretieren, den man mit Apokalyptik bezeichnet hat. Die Apokalyptik redet von künftigen Dingen in der Weise, daß sie bei Gott schon gegenwärtig, für uns aber noch verborgen sind. So spricht auch Apk 21, 1 nicht davon, daß Gott die neue Welt erst *schaffen* wird, sondern davon, daß er dem Seher (und Schreiber des Buches) Einblick in die *bei ihm schon bestehende* und darum in ihrer Gewißheit unbestreitbare neue Welt verlieh. Die Apokalyptik hat nämlich, weil sie in Verfolgungs- und Bedrängnissituationen der Gemeinde hineinspricht, immer die Absicht, das gläubige Volk Gottes in der Zuversicht zu bestärken, daß die Sache Gottes in der Welt zum endlichen Sieg kommen wird. Der Seher darf darum einen Blick in die verborgene Welt tun, die in Gottes Plan schon realisiert erscheint. Damit dürfte meines Erachtens hinreichend deutlich sein, daß apokalyptische Aussagen nicht im Sinne eines Ereignis-„Fahrplanes" gedeutet werden dürfen. Schon die sich offensichtlich in vielen Einzelzügen unterscheidenden und widersprechenden Bilder der Apokalyptik können den gleichen Hinweis geben. Hier werden ebensowenig wie in den Schöpfungsaussagen der Bibel referierende „Berichte" gegeben. Auch eine Auskunft, die in protologischen und eschatologischen Aussagen das Produkt visionärer Schau sehen wollte, träfe das Wesen dieser Aussagen nicht, sofern man einfach die Vision das ersetzen läßt, was in der Geschichtsschreibung die Erfahrung von Generationen an Fakten bietet. Man kann indessen sehr wohl die Protologie und die Eschatologie der Bibel auf „prophetische" Erfahrungen zurückführen.

---

[2] Siehe dazu *Gerhard Schneider*, Der Herr, unser Gott. Zur biblischen Gottesverkündigung, Stuttgart 1965, S. 12-16. Vgl. jetzt auch *Ernst Haag*, Der Mensch am Anfang. Die alttestamentliche Paradiesvorstellung nach Gn 2-3, Trier 1970.

Noch aus einem weiteren Grund ist uns dringend aufgegeben, die biblischen Aussagen von der *creatio originalis* und der *creatio nova* mit Bedacht zu interpretieren. Wir müssen — auch das ist eine unveräußerliche Erkenntnis der neueren biblischen Hermeneutik — einen Text immer in seinem Kontext lesen. Wir müssen nach der Funktion der Schöpfungsaussagen innerhalb der Schrift fragen. Nun finden sich die ausdrücklicheren Schöpfungsaussagen im Alten Testament erst relativ spät. Sie stehen vor allem in der sogenannten Priesterschrift (z. B. Gn 1), in Deuterojesaja (Jes 40-55) und Tritojesaja (Jes 56-66) sowie in einigen Psalmen (z. B. Ps 8. 19. 24. 33. 89. 104. 148). Der Glaube an Jahwe als den Herrn der Geschichte ist in Israel älter und hat auch später seine zentrale Bedeutung bewahrt. Aber es ist doch merkwürdig, daß der Glaube an Jahwe, der auch in der „Natur", in Himmel und Erde, in Himmelskörpern und Meer, in Pflanzen- und Tierwelt seinen Herrschaftsbereich hat, nicht früher ausdrücklich zur Sprache kommt. Vielleicht hängt das mit dem Umstand zusammen, daß in Kanaan die religiöse Umwelt manche Schöpfungsmythen erzählte, denen gegenüber Israel sich offenbar reserviert verhalten hat. Gerhard von Rad meinte: „Wahrscheinlich lag der Grund nur darin, daß Israel verhältnismäßig lange gebraucht hat, den tatsächlich vorhandenen Schöpfungsglauben mit der Überlieferung von dem eigentlichen, d. h. den geschichtlichen Heilstaten Jahwes theologisch ins rechte Verhältnis zu ·bringen³."

Wenn man nach dem „theologischen Ort" des Zeugnisses von der Schöpfung im Alten Testament fragt, so wird man mit von Rad vor allem auf Deuterojesaja verweisen⁴. Hier wird ausdrücklich von Jahwe als dem Schöpfer gesprochen. Indessen sind die hymnischen Prädikationen des Schöpfers keineswegs um ihrer selbst willen gemacht, sondern sie dienen — und das ist jeweils der Hauptsatz — einer soteriologischen Aussage, d. h. einer auf das *Heils*-Wirken Jahwes bezogenen Angabe (Jes 42, 5 f; 43, 1). Der Hinweis auf den Schöpfergott kann das Vertrauen in Jahwes Heilshandeln stärken, weil der hier redende Prophet in der Schöpfung selbst ein Heilsereignis sieht. Umgekehrt kann er aber dann auch das Heilswirken dieses Gottes als eine neue Schöpfungstat bezeichnen (Jes 43, 19; vgl. 48, 6 f). In Kürze erwartet der unbekannte Prophet der Exilszeit die Neuschöpfung der Welt, und zwar von dem Gott, der „der Erste und der Letzte" ist (Jes 44, 6; 48, 12). „Sein erstes Schöpfungswalten wird in der Letztzeit verwirklicht. Die Geschichte Israels

---

³ *Gerhard v. Rad*, Theologie des Alten Testaments, Bd. I, München 1957, S. 140.
⁴ Siehe *v. Rad*, aaO., S. 140-142. Freilich bleibt zu bedenken, was *Claus Westermann*, Zum hermeneutischen Problem des Redens von Schöpfer und Schöpfung: Theologische Literaturzeitung 92 (1967) 243-246, hervorhebt: „Die spezifisch biblische Bedeutung des Redens von Schöpfer und Schöpfung ist jeweils allein aus seinem besonderen biblischen Zusammenhang zu erheben. Im Alten Testament begegnet es in der Hauptsache in den drei großen Zusammenhängen des Gotteslobes, des Geschichtsberichtes (J und P) und der Weisheit" (Sp. 246). Im Zusammenhang unseres Themas jedoch ist *Deuterojesaja* unbedingt als Ausgangspunkt zu wählen.

und der Völker war umschlossen von dem Einen Gott, dessen Ziel in der Erneuerung und Vollendung der Welt jetzt erreicht und erfüllt wird⁵."

Es ist zu vermuten, daß auch der priesterlichen und der jahwistischen Schöpfungs-
geschichte (Gn 1, 1-2, 4a; 2, 4b-25) ein derartiges soteriologisches Verständnis
der Schöpfungstat Gottes zugrunde liegt. Denn wenn hier der Beginn der Heilsgeschichte über die Berufung Abrahams hinaus auf die Schöpfungstat verschoben
wird, so war das nur möglich, „weil eben auch die Schöpfung als ein Heilswerk
Jahwes verstanden wurde"⁶. Diese auf breiter Basis vertretene soteriologische
Funktion des Schöpfungsglaubens läßt uns erkennen, daß wir die Schöpfungsaussagen der Schrift auf jeden Fall nicht absolut und isoliert zu betrachten haben.
Sie müssen in ihrem Zusammenhang gesehen, d. h. auf das von Gott am Menschen gewirkte Heil bezogen werden.

II. Neuschöpfung des Menschen

Wenn die Schöpfungsaussagen schon im Alten Testament soteriologisch gerichtet
sind, so haben sie einen besonderen Bezug zum Menschen, insofern sie sein Heil
als   von Gott heraufgeführtes Wunder beschreiben. Die neueren monographi-
schen Untersuchungen zur neutestamentlichen Neuschöpfungsidee konzentrieren
sich auf die paulinische Theologie⁷. Denn nur bei Paulus kommt an zwei Stellen
(Gal 6, 15; 2 Kor 5, 17) ausdrücklich der Begriff „neue Schöpfung" vor. Besonders
an der zweiten Stelle ist man geneigt, κτίσις mit „Geschöpf"⁸ zu übersetzen; denn
auf jeden Fall ist hier der einzelne, insofern er durch die Taufe neugeschaffen wird,
als καινὴ κτίσις bezeichnet. Am Schluß des Galaterbriefes hingegen wird man nicht
umhinkönnen, in der „neuen Schöpfung" eine kosmologische Kategorie zu
sehen⁹; denn der Vers 6, 14 lautet: „Von mir aber sei es ferne, mich zu rühmen,
als nur des Kreuzes unseres Herrn Jesus Christus, durch das mir die Welt (κόσμος)
gekreuzigt ist und ich der Welt (κόσμος)." Dieser Satz wird dann durch Vers 15
begründet: „Denn weder Beschnittenheit ist etwas noch Unbeschnittenheit, sondern neue Schöpfung." Aber es ist doch sicher auch zu beachten, daß die neue

---

⁵ *Kraus*, aaO., S. 473.
⁶ *v. Rad*, aaO., S. 143.
⁷ *Gerhard Schneider*, ΚΑΙΝΗ ΚΤΙΣΙΣ. Die Idee der Neuschöpfung beim Apostel Paulus und
ihr religionsgeschichtlicher Hintergrund, Trier 1958; *Louis H. Taylor*, The New Creation.
A Study of the Pauline Doctrines of Creation, Innocence, Sin, and Redemption, New York
1958; *Heinz Schwantes*, Schöpfung der Endzeit. Ein Beitrag zum Verständnis der Auferweckung bei Paulus, Stuttgart 1963; *Bernard Rey*, Créés dans le Christ Jésus. La création
nouvelle selon saint Paul, Paris 1966. Vgl. auch *Peter Stuhlmacher*, Erwägungen zum onto-
logischen Charakter der καινὴ κτίσις bei Paulus: Evangelische Theologie 27 (1967) 1-35.
⁸ Siehe *Walter Bauer*, Griechisch-deutsches Wörterbuch zu den Schriften des Neuen Testaments und der übrigen urchristlichen Literatur, Berlin ⁵1958, Stichwort κτίσις (Sp. 901).
⁹ Vgl. *Stuhlmacher*, aaO., S. 8: „Neue Schöpfung" ist bei Paulus „kein exklusiv anthropolo-
gisches Phänomen".

Schöpfung hier den beiden Menschheitssektoren der Juden (Beschneidung) und der Heiden (Unbeschnittenheit) gegenübergestellt und insofern *menschheitlich* bezogen ist. Aufschlußreich für unsere Frage ist auch, daß Paulus zwar (in Röm 8) auf die Endvollendung der Schöpfung zu sprechen kommt, aber in diesem Zusammenhang (und auch sonst) nicht von einem neuen Himmel und einer neuen Erde redet. „Neuer Himmel und neue Erde" sind seit Jes 65, 17 (66, 22) die apokalyptischen Termini, die von der Neuschöpfung der *Welt* reden. Sie kommen auch im Neuen Testament vor, besonders — und das ist bezeichnend — in der Apokalypse (Apk 21, 1; vgl. 2 Petr 3, 13).

Für die sachgerechte Interpretation der biblischen Neuschöpfungsidee ist die Tatsache von ausschlaggebender Tragweite, daß der Ursprung des Neuschöpfungsgedankens in der Bundestheologie des Propheten Jeremia liegt. Hier ist Neuschöpfung zugleich soteriologisch und anthropologisch verstanden. Diese Erwartung einer Neuschöpfung des Menschen wird auch von Ezechiel — wohl im Anschluß an Jeremia — vertreten.

Die älteste prophetische Stelle, die von Neuschöpfung redet, Jer 31, 21 f, muß im Zusammenhang der Aussage vom „neuen Bund" (Jer 31, 31-34) gesehen werden. Beide Stellen stehen nicht nur innerhalb des die beiden Kapitel Jer 30. 31 umfassenden Büchleins, das die Heilszukunft schildert. Es ist vielmehr auch damit zu rechnen, daß sie ursprünglich unmittelbar aufeinander folgten[10]. Dann wäre hier der „neue Bund" ausdrücklich als „Schöpfung" Gottes charakterisiert. Zudem wäre, sobald man einmal den eschatologischen Sinn der Zusage vom „neuen Bund" anerkennt, hier die eschatologische Neuschöpfung ausgesprochen. Die beiden genannten Stellen sind darum in ihrem Zusammenhang zu prüfen.

Jer 31, 21 f enthält eine Aufforderung zur Heimkehr, die an die Verbannten gerichtet ist. In einem nach Form und Inhalt gesonderten Spruch fordert der Prophet die „Jungfrau Israel" auf, ihre Rückkehr energisch in Angriff zu nehmen (Vers 21). Dann fragt er sehr eindringlich: „Wie lange noch sträubst du dich, abtrünnige Tochter? Denn Jahwe *schafft Neues* im Lande: Das Weib umwirbt den Mann" (Vers 22). Der Prophet will den Widerwillen und das Zögern der Verbannten mit dem Hinweis auf die Neuschöpfung beseitigen: Jahwe schafft Neues im Lande. Damit ist die Erneuerung der Liebe des Volkes zu Gott gemeint. Sie ist entweder selber eine Tat der Neuschöpfung oder deren Folge. Jedenfalls bewirkt die neue Schöpfungstat eine innere Wandlung des Volkes, die so radikal sein wird, daß man sie nur mit dem Schöpfungs-Zeitwort *bara* kennzeichnen kann. Auch 31, 31 f steht mit der angekündigten Neuschöpfung in sachlicher Verbindung: „Siehe, es kommen Tage, spricht Jahwe, da schließe ich mit dem Hause Israel (und mit dem Hause Juda) einen *neuen Bund*, nicht einen Bund, wie ich ihn mit ihren Vätern

---

[10] *Wilhelm Rudolph*, Jeremia, Tübingen 1947, S. 169.

schloß zu der Zeit, da ich sie bei der Hand nahm, sie aus dem Lande Ägypten herauszuführen; denn sie haben meinen Bund gebrochen, ich aber habe sie verworfen, spricht Jahwe." Die beiden folgenden Verse zeigen dann den „Inhalt" des Neuen Bundes an, der in einer Neuschöpfung des menschlichen Herzens seinen Grund besitzt: „Nein, das ist der Bund, den ich nach jenen Tagen mit dem Hause Israel schließen will, spricht Jahwe: Ich werde mein Gesetz in ihr Inneres legen und es ihnen ins Herz schreiben; ich werde ihr Gott sein, und sie werden mein Volk sein. Da wird keiner mehr den anderen, keiner seinen Bruder belehren und sprechen: ,Erkennet Jahwe!', sondern sie werden mich alle erkennen, klein und groß, spricht Jahwe; denn ich werde ihre Schuld verzeihen und ihrer Sünden nimmermehr gedenken" (31, 33 f). Hier wird sichtbar, warum der Prophet mit dem Hinweis auf Jahwes neues Schöpfungswerk das Volk zur Rückkehr bewegen kann (vgl. Verse 21 f). Der Schöpfungsakt, der die innere Erneuerung herbeiführt, schafft zugleich die Voraussetzung der äußeren Sicherheit. Eine unverbrüchliche Treue des Volkes wird möglich sein, weil Jahwe sein Gesetz „in ihr Inneres legen und es ihnen ins Herz schreiben" wird. Kenntnis und Erfüllung des Gesetzes fallen in eins zusammen. Zu der grundlegenden inneren Wandlung gehört, daß Gott die Schuld des Volkes vergibt und die Sünden vergessen will. So kann eine neue Lebensbeziehung zu Gott beginnen. Die Neuschöpfungsaussage des Jeremia lebt später in zweifacher Weise wieder auf. Ezechiel spricht ausdrücklich von dem „neuen Herz", das Jahwe schaffen wird (Ez 36, 26). In der Nähe wiederum zu Ezechiel steht Ps 51, 12. Der Verfasser dieses Psalms bezeichnet das, was bei Ezechiel verheißen wird, ausdrücklich als eine *Schöpfung*stat (vgl. das Schöpfungszeitwort *bara*): „*Schaffe* mir, o Gott, ein reines Herz, und bringe in meine Brust neuen, beständigen Geist!"

Während Jeremia und Ezechiel von einer Neuschöpfung des Menschen in seiner inneren Existenzmitte sprachen, hat der unbekannte Prophet der Exilszeit, den wir Deuterojesaja nennen, der Neuschöpfungsidee eine kosmische Wendung gegeben: „Gedenket nicht mehr der früheren Dinge, und des Vergangenen achtet nicht! Siehe, nun *schaffe ich Neues*; schon sproßt es, gewahrt ihr es nicht? Ja ich lege durch die Wüste einen Weg und Ströme durch die Einöde. Mich werden ehren die Tiere des Feldes, Schakale und Strauße; denn ich schaffe in der Wüste Wasser und Ströme in der Einöde, damit ich tränke mein erwähltes Volk, das Volk, das ich mir gebildet habe. Meinen Ruhm werden sie verkünden" (Jes 43, 18-21). Was Deuterojesaja vorbereitete, wird am Ende von Tritojesaja noch umfassender und schon fast in apokalyptischer Weise konzipiert: Gott wird „einen neuen Himmel und eine neue Erde" schaffen (Jes 65, 17; 66, 22). Aufgrund dieser letzteren Formulierungen hat dann die Apokalyptik weitergearbeitet. In ihrem Traditionsstrom wurde später der Terminus „Neue Schöpfung" gebildet. Am Anfang des „astronomischen Buches" im äthiopischen Henochbuch (Kapitel 72-82), also an exponierter Stelle, steht zum ersten Mal (2. Jahrhundert v. Chr.) „die neue Schöpfung". Der Terminus kommt außer im äthiopischen Henochbuch (72, 1) auch im Jubiläenbuch (1, 29; 4, 26) und in der Sektenrolle von Qumran (1 QS IV 25) vor. Wenn Paulus ihn verwendet, so hat er ihn sicherlich als Terminus übernommen, aber dennoch nicht die in der apokalyptischen Tradition gegebene eindeutig kosmologische Sinngebung bewahrt. Eher steht Paulus der älteren prophetischen Neuschöpfungsidee nahe, die auch bei den Rabbinen im Vordergrund stand. Die schriftgelehrte jüdische Tradition, die ja überhaupt kosmologische Spekulationen weithin mied, hat den Terminus Neue Schöpfung aufgegriffen. Sie redete vor allem in zwei Fällen von einer Neuschöpfung: wenn den Israeliten Sünden vergeben werden und wenn der Heide zum Judentum übertritt [11]. In beiden Fällen bezieht sich der Vergleich mit einer Neuschöpfung weniger auf den Akt, der den neuen Zustand herbeiführt, als auf die entstandene neue Lage selbst. Der Ausdruck ist auf den Menschen bezogen.

Bei Paulus hängt die Neuschöpfungsidee eng mit seiner Rechtfertigungslehre zusammen. Neuschöpfung wird durch den heiligen Geist vollzogen und bedeutet zugleich Sündenvergebung. Darin steht dem paulinischen Neuschöpfungsgedanken auch Jo 20, 22 f nahe (vgl. Jo 3, 3-7). Schließlich kann die Neuschöpfungsstelle Jak 1, 18 für das Neue Testament in Betracht gezogen werden. An allen genannten Stellen ist Neuschöpfung auf den Menschen bezogen, dem das Christus-Heil vermittelt wurde. Wie sehr die anthropologisch-soteriologische Sinngebung der Neuen Schöpfung im Vordergrund steht, wird noch deutlicher werden, wenn wir uns nun der kosmologisch-apokalyptischen Prägung des Gedankens zuwenden.

III. Neuschöpfung der Welt

Wenn die Propheten eine erneuerte Menschheit erwarteten, so deshalb, weil sie die Erfahrung gemacht hatten, daß der Mensch vor Gott sündhaft und treulos ist. Darum sagt Jeremia vom Neuen Bund, daß Gott die Schuld des Volkes vergeben und die Sünden vergessen wolle (Jer 31, 34). So kann ein neues Leben mit Gott beginnen. Ezechiel sagt, daß die Menschen, die das neue Herz und den neuen Geist empfangen sollen, von Jahwe gereinigt werden (Ez 36, 25 f). Das steinerne Herz wird in ein Herz von Fleisch verwandelt, der innere Mensch wird neu geschaffen. Ist also die Neuschöpfung Rückkehr zu einem früheren Zustand der Sündlosigkeit? Wir denken leicht daran, weil wir vor diese prophetischen Ansagen die „Urgeschichte" von Gn 1-11 stellen und von daher an einen paradiesischen Urzustand denken. Die Propheten denken aber kaum an einen früheren

---

[11] Dazu *Gerhard Schneider*, Neuschöpfung oder Wiederkehr?, Düsseldorf 1961, S. 46-51; vgl. *Rey*, aaO., S. 25-29; *Stuhlmacher*, aaO., S. 14-16.

sündlosen Zustand der Menschheit, sondern haben den empirischen Menschen, den Sünder, im Auge. Er wird — so sagen sie im Namen Gottes — einst von der Sünde befreit und neu geschaffen werden. Hier wird die Sünde, das heißt der Ungehorsam des Menschen gegenüber dem Willen des Bundesgottes, als das tiefste Unheil des Menschen gesehen. Die Ansage der Neuschöpfung zeigt dem Menschen, daß Gott die heile, von der Sünde freie Menschheit nicht nur will, sondern auch verwirklichen wird.

Wie aber sind die Aussagen über eine künftige Neuschöpfung des Kosmos zu interpretieren? In der nachexilischen Zeit hat Tritojesaja (Jes 56-66) seine Naherwartung des Endheils so formuliert: „Denn siehe, ich *schaffe* einen neuen Himmel und eine neue Erde, und man wird des Vergangenen nicht mehr gedenken, noch wird es jemandem in den Sinn kommen. Vielmehr — jauchzen und jubeln wird man auf ewig über das, was ich schaffe" (Jes 65, 17 f). Der neue Kosmos wird vor Gott „Bestand haben" (66, 22). Doch auch hier geht es letztlich um die neue Menschheit, um Erfüllung des menschlichen Daseins, um Segen und Heil. Wir dürfen uns nicht daran stoßen, daß diese neue Welt in den Versen 65, 18b-19. 21-22 für unsere Begriffe recht realistisch-irdisch geschildert wird. Das hier entworfene Bild konzentriert sich auf Jerusalem. Klage und Geschrei verstummen, niemand bedroht mehr den Ackerbau und die Wohnstätten. Einzig der Begriff „schaffen (*bara*)" zeigt die einmalig-wunderbare Weise göttlichen Hervorbringens an. Die neue Welt ist der Rahmen für die im inneren Wesen erneuerte Menschheit. „Die Wandlung der Welt wird als eine Begleiterscheinung des eschatologischen Erlösungs- und Heilswirkens Jahwes an seinem Volke gesehen[12]." Hans-Joachim Kraus setzt ein Fragezeichen hinsichtlich der Welt-Bezogenheit der Neuschöpfungsansage: „Nun fragt es sich allerdings, ob es richtig ist, unter dem Thema ,Schöpfung und Weltvollendung' die Aufmerksamkeit so beharrlich auf die Wandlung des Weltverständnisses zu richten[13]." Kraus wendet sich daraufhin Jeremia und Ezechiel zu, um zu schließen: „Die Kraft des Neuen aber ist der Geist, mit dem Jahwe einen gehorsamen Wandel im Menschen bewirkt. Dies ist das Zielbild des Menschen in der prophetischen Schau der Schöpfungserneuerung, die unter dem Zeichen des ,neuen Bundes' steht[14]." Wir dürfen also für Tritojesaja sagen, daß die Neuschöpfungsansage keine primär kosmologische Aussage beinhaltet, sondern der soteriologisch-anthropologischen Verheißung dient.

In der eigentlichen Apokalyptik, die im Alten Testament in den späteren Teilen des Jesajabuches und im Buch Daniel zu Wort kommt, wird von einer völligen eschatologischen Wandlung der Weltgestalt gesprochen. Der Himmel wird zusammengerollt wie eine Buchrolle (Jes 34, 4). Das Neue bricht unter Gericht und

[12] *Kraus,* aaO., S. 476.
[13] Ebd.
[14] *Kraus,* aaO., S. 477.

Schrecken an. Doch Gott „wird vernichten den Tod für immer. Und es wird ab-
wischen der Herr Jahwe die Tränen von allen Gesichtern und die Schmach seines
Volkes entfernen von der ganzen Erde" (Jes 25, 8). Hier wird nicht nur — wie
Jes 65, 20 — eine Steigerung des Lebensalters als Sinnerfüllung menschlichen
Daseins erhofft, sondern die Überwindung des Todes in der Totenauferstehung:
„Deine Toten werden auferstehen, erwachen und jubeln die Bewohner des Stau-
bes" (Jes 26, 19). — Im Buch Daniel wird das Reich Gottes als eine einzig durch
Gottes Aktivität hereinbrechende Größe erwartet, die der widergöttlichen, chaoti-
schen Welt ein Ende setzt (Dan 7, 1-27). Der neue Weltzustand wird jedoch von
dem Apokalyptiker „nur sehr am Rande in seinen konkreten Auswirkungen geschildert"[15]. Dabei tritt wiederum die Auferstehungshoffnung hervor (Dan 12, 2).
Die Hoffnung, daß in der neuen Welt der Tod überwunden sein werde, ist auch
in den Psalmen Salomos (3, 12) bezeugt.

Nun kommen die Verstehensschwierigkeiten in starkem Maße auf uns zu. „Ist
die hochproblematische ,Entwicklung', die sich vor unseren Augen vollzog, nicht
der Inbegriff einer zunehmenden ,Mythologisierung'? Mehr und mehr wird das
Weltliche, Geschichtliche und Geographische abgestreift und zurückgelassen. Auf
vielfache Weise nimmt das eschatologisch bestimmte ,Transzendieren' seinen
Lauf, sprengt die Grenzen des Diesseitigen und des Todes und strebt hinaus in
ein beinahe glossolalisches Reden über die Herrlichkeit des neuen Äons[16]." Auf
welches Prinzip gehen die mythologischen Bilder zurück?

Bei der Beantwortung dieser Frage wird zu beachten sein, daß die Apokalyptik
zwar auch eine eschatologische Naherwartung vertritt, die erwarteten Ereignisse
aber so stark transzendiert erscheinen, daß ihr Eintreffen einem Einbruch von
oben, aus der Welt Gottes, gleicht. Die neue Welt hängt gewissermaßen über der
Gegenwart, so daß ihr Eintreffen jederzeit in Form eines Niederstürzens sich vollziehen kann. Je mehr aber die neue Welt als transzendent begriffen wird, um
so weniger kann ihre absolute Andersartigkeit in den innergeschichtlichen Kategorien der Darstellung beschrieben werden.

Ohne daß wir heute schon behaupten könnten, wir wären imstande, die apokalyptischen Bilder und Aussagen völlig zutreffend zu interpretieren, wird man doch
negativ sagen dürfen, daß eine streng existentiale Interpretation des apokalyptischen Geschichtsbildes von den zwei Äonen für Paulus nicht zutreffend sein
kann. Rudolf Bultmann hat in seiner Abhandlung „Das Verständnis der Ge-

---

[15] *Kraus*, aaO., S. 480.
[16] Ebd., S. 481. Zur Apokalyptik können folgende Werke als Orientierungshilfe dienen: *Harold H. Rowley*, Apokalyptik. Ihre Form und Bedeutung zur biblischen Zeit, Einsiedeln 1965; *Josef Schreiner*, Alttestamentlich-jüdische Apokalyptik. Eine Einführung, München 1969. Zur Geschichte der Apokalyptik-Forschung vgl. vor allem *Johann M. Schmidt*, Die jüdische Apokalyptik. Die Geschichte ihrer Erforschung von den Anfängen bis zu den Textfunden von Qumran, Neukirchen 1969.

schichte im Griechentum und im Christentum" die Ansicht geäußert: „Für den Glauben, der in Jesu Kommen das entscheidende Ereignis sieht, ist das Ende der Geschichte schon Gegenwart. Und wenn der Glaube auch noch in der Hoffnung lebt, so gehört der Glaubende doch schon zur neuen Welt; er ist schon ‚gerecht-fertigt' und hat die Gabe der Endzeit, den Geist, schon empfangen. *Nicht die Weltgeschichte und nicht die Geschichte des Volkes ist das Entscheidende, sondern die Geschichte des Einzelnen,* der zum Glauben gerufen ist, und der im Glauben schon teilhat am neuen Leben, weil er befreit ist von seinem alten Leben, seinem alten Ich . . . Der Sinn der Geschichte erfüllt sich nicht erst am Ende der Zeit, son-dern jeweils jetzt im Leben des Menschen, wenn er die in Jesus Christus erschie-nene Gnade Gottes ergreift und dadurch zum neuen Menschen wird. ‚Wenn einer in Christus ist, so ist er ein neues Geschöpf. Das Alte ging dahin; siehe, Neues ist geworden' (2 Kor 5, 17) [17]."

Kraus nennt kritisierend die Ansicht Bultmanns „modern-pietistisch"; sie schließe „die Horizonte der Hoffnung, die das Alte Testament für die ganze Schöpfung geöffnet hat" [18]. Für die paulinische Theologie wird man auf Röm 8 verweisen müssen, wo Paulus von der Endvollendung der Schöpfung redet [19], diesen Kontext aber in den Dienst der noch ausstehenden Gleichgestaltung der Christen mit dem Bilde des Sohnes Gottes in der Totenauferstehung (Röm 8, 29) stellt. Eine neuere kritische Auseinandersetzung mit Bultmanns Existenztheologie kommt zu dem folgenden Ergebnis: „Man wird sich der übersichtlich-einfachen und einheitlichen Schau des christlichen Glaubens, wie sie in der Theologie R. Bultmanns entwickelt wird, kaum entziehen können. Das gilt zumal von der Eschatologie: alle eschato-logischen Aussagen, alle ‚Letzten Dinge' und zumal die ‚Auferstehung der Toten' werden verstanden als Aussagen über die sich in Glaube und Liebe verwirk-lichende, gegenwärtige und doch zugleich je unabgeschlossen nach vorne wei-sende radikale Offenheit der Existenz auf Gott hin. Aber da, wo die Größe und Eindringlichkeit der Bultmannschen Theologie liegt, ist auch wohl ihre Schwäche:

---

[17] *Rudolf Bultmann*, Das Verständnis der Geschichte im Griechentum und im Christentum, in: Glauben und Verstehen. Gesammelte Aufsätze von R. Bultmann, Bd. IV, Tübingen 1965, S. 91-103; hier S. 101. Die Hervorhebungen gehen nicht auf Bultmann zurück.

[18] *Kraus*, aaO., S. 484.

[19] Vgl. *Hans Lietzmann*, An die Römer, Tübingen ⁴1933, zu Röm 8, 19: „Es ist eine eigen-artige Wendung des alten apokalyptischen Gedankens, daß im messianischen Zeitalter ein neuer Himmel und eine neue Erde sein wird." *Anton Vögtle* (Röm 8, 19-22: Eine schöp-fungstheologische oder anthropologisch-soteriologische Aussage?, in: Mélanges Bibliques, Festschrift für Béda Rigaux, Gembloux 1970, S. 351-366) betont mit Recht: „Obwohl die VV. 19-21 von der Gesamtheit des den Menschen umgebenden Kosmos reden, und V. 22 dazu noch die (außerchristliche) Menschheit einschließt, dürfte der Apostel nicht über das Schick-sal der Schöpfung in Vergangenheit, Gegenwart und Zukunft belehren wollen... Er beruft sich auf allgemein bekanntes und anerkanntes Wissen, nicht um dieses als solches zu ver-künden und zum Gegenstand seiner Belehrung zu machen" (S. 365). Siehe ferner die Aus-führungen *Vögtles* in seinem wichtigen Buch: Das Neue Testament und die Zukunft des Kosmos, Düsseldorf 1970, S. 183-208.

Einfachheit und Vereinfachung liegen dicht beieinander[20]." Freilich neigt auch dieser Kritiker Bultmanns angesichts der Frage, ob sich die paulinische Neuschöpfungsaussage auch „auf die Welt in ihrer kosmischen Dinghaftigkeit" oder „nur auf die vollendete Menschenwelt" beziehe, andeutungsweise zu einer anthropologischen Reduktion „ursprünglich kosmologischer Aussagen"[21]. Er meint — im Anschluß an Schwantes[22] —, daß 2 Kor 5, 17, wo von καινὴ κτίσις gesprochen wird, „die kosmologische Form der Aussage nur als Chiffre verwendet"[23].
Hier liegt ein Mißverständnis über den historischen Werdegang des Neuschöpfungsgedankens vor. Sein Ursprung liegt eben nicht in einer kosmologischen Spekulation, und es trifft darum nicht zu, daß etwa der Rabbinismus erst eine *anthropologische Reduktion* des Gedankens durchführte. Vielmehr ist der Ursprung (Jeremia, Ezechiel) durchaus anthropologisch-soteriologisch. Er steht in Verbindung mit dem Bundesgedanken. Erst in Deuterojesaja und Tritojesaja vollzieht sich eine *kosmologische Expansion* des Gedankens, indem „der neue Himmel und die neue Erde" als Rahmen der neuen Menschheit verstanden werden. Auch da liegt eine alte biblische Vorstellung, ja eine wichtige theologische Aussage zugrunde. *Die Schöpfung ist für den Menschen da,* so daß Gn 1 den Menschen als Krone der Schöpfung und Gn 2 ihn als Mitte der Schöpfung versteht. Gott hat dem Menschen eine Umwelt und eine Mitwelt zugedacht. Das gilt auch für die neue, durch Gottes Geist im Herzen erneuerte Menschheit. Ihr *muß* eine neue Welt entsprechen, die von Gott heraufgeführt wird. Mensch und Welt sind solidarisch einander verbunden[24]. So stürzte die Welt mit dem Menschen nach dem Sündenfall ins Verderben (Gn 3, 17-19), das Heil des Menschen hat auch die Vollendung der Schöpfung zur Folge (Röm 8, 20-22)[25]. Schon Ez 36, 28-30 zeigt die kosmischen Folgen der Menschheitserneuerung. Umgekehrt lassen auch die „kosmologisch-apokalyptischen" Bilder von Jes 65, 17 und 66, 22 (vgl. Apk 21, 1) deutlich erkennen, daß die neue Welt im Dienst der neuen Menschheit stehen wird[26]. „Neuer Himmel und neue Erde" bleiben auch im Neuen Testament

---

[20] *Gisbert Greshake,* Auferstehung der Toten. Ein Beitrag zur gegenwärtigen theologischen Diskussion über die Zukunft der Geschichte, Essen 1969, S. 125 f. Die Arbeit setzt sich auch mit der Offenbarungstheologie Karl Barths und der Theologie der Hoffnung bei Jürgen Moltmann auseinander.
[21] *Greshake,* aaO., S. 273 mit Anmerkung 61.
[22] *Schwantes,* aaO., S. 30.
[23] *Greshake,* aaO., S. 274 (Anmerkung 61); vgl. S. 293, Anmerkung 19. Siehe auch *Stuhlmacher* (aaO., S. 20): „Der kosmisch-heilsgeschichtliche Horizont verblaßt, der Begriff καινὴ κτίσις verengt sich zur anthropologischen Chiffre."
[24] Das hat *Oscar Cullmann* gut herausgestellt: Die Schöpfung im Neuen Testament, in: Ex Auditu Verbi (Festschrift für G. C. Berkouwer), Kampen 1965, S. 56-72; siehe besonders das Kapitel 1 mit der Überschrift: „Solidarität zwischen Mensch und Schöpfung im Neuen Testament".
[25] Siehe Schneider, ΚΑΙΝΗ ΚΤΙΣΙΣ, S. 40-47.
[26] Vgl. dazu Jes 65, 13-16. 18 f; 66, 22 („Denn wie der neue Himmel und die neue Erde, die ich schaffen will, vor mir Bestand haben werden..., so wird *euer Geschlecht und euer Name* bestehen bleiben"); Apk 21, 2 f.

der Kennzeichnung der noch ausstehenden künftigen neuen Schöpfung und Welt-vollendung vorbehalten. Da, wo von der schon angebrochenen Neuen Schöpfung gesprochen werden soll, gebraucht das Neue Testament das vornehmlich anthro-pologisch oder auf das Volk Gottes bezogene Stichwort von der Neuen Schöp-fung (Gal 6, 15; 2 Kor 5, 17; vgl. Eph 2, 10. 15; Kol 3, 10; Jak 1, 18). Gottes Heilsschaffen hat da eingesetzt, wo das Unheil seinen Weg begann: beim Menschen.

IV. Neuschöpfung im Zentrum der paulinischen Theologie

Der grundlegende Charakter der Neuschöpfungsidee läßt sich in keinem biblischen Kontext so einsichtig darstellen wie in der paulinischen Theologie. Hier kann diese Theologie einmal im weiteren Sinn, d. h. unter Einschluß der sogenannten deuteropaulinischen Schriften (Eph, Kol), verstanden werden.

Paulus rückt den Neuschöpfungsgedanken ins Zentrum seiner Theologie. Er ver-wendet ihn im Zusammenhang mit der *Predigt vom Kreuz.* Diese ist nicht bloß Kunde vom Tod Jesu, sondern sie umfaßt auch die Auferstehung. Dadurch stellt sie die Heilsbedeutung des Messiastodes heraus. In diesem Verständnis ist sie Mittelpunkt des paulinischen Evangeliums (2 Kor 5, 15; 13, 4; Röm 8, 34). Der Kreuzestod bringt die Vernichtung des alten Kosmos (Gal 6, 12-15). Durch das Kreuz Christi ist aber auch der alte Mensch gekreuzigt (6, 14). Das Kreuz be-deutet den Tod „aller" (2 Kor 5, 14). Der Tod, von dem hier gesprochen wird, ist die Vernichtung des gegen Gott gerichteten alten Menschen. Nach diesem Tod darf es nur noch ein Leben geben, das dem Erlöser gilt, nicht mehr dem eigenen Ich (2 Kor 5, 15). Der stellvertretende Sühnetod Christi hat, da der Gestorbene auch der Auferstandene ist, die Folge, „daß, wenn jemand in Christus ist, er ein neues Geschöpf ist" (Vers 17a). „In Christus" ist hier im spezifisch paulinischen Sinn von Lebens- und Schicksalsgemeinschaft mit dem Auferstandenen gemeint. Die Einverleibung in Christus ereignet sich bei der Taufe. Da die Taufe nach christlichem und insbesondere auch paulinischem Verständnis den Geist verleiht (vgl. Röm 6, 3 mit 1 Kor 12, 13 und Röm 8, 10 f), muß „neues Geschöpf" an der genannten Stelle „das Eingestiftetsein in den Bereich des Geistes meinen"[27]. „In Christus" ist der Mensch gestorben und auferstanden. Er ist ein neues Geschöpf. Da gilt: „Das Alte ist vorübergegangen. Siehe, Neues ist geworden!" (2 Kor 5, 17b). Die alte Welt des Todes und der Sünde mußte vergehen, ehe die neue Schöpfung anbrechen konnte. Am Kreuz wurde die Menschheit befreit von den Unheilsmächten Sünde, Tod und Gesetz (vgl. Gal 3, 13). Auch das Fleisch, jene

---

[27] *Stuhlmacher,* aaO., S. 28. Nicht zuletzt darum steht für *Stuhlmacher* völlig zu Recht der *ontologische Charakter* der Neuschöpfung fest; vgl. ebd., S. 2 (Rechtfertigung ist nach Paulus eine „ontische Wandlung") und S. 35.

Sphäre, deren sich die Sünde bemächtigt, ist gekreuzigt (Gal 5, 24; vgl. Röm 6, 6).
— Der Epheserbrief (2, 15 f) sagt, es sei Zweck des Christustodes, „die zwei zu
einem neuen Menschen zu schaffen" und „die beiden mit Gott zu versöhnen durch
das Kreuz". Die Versöhnung der Menschheit ist hier neben die Neuschöpfung
gestellt. Christus ist der Friedens-Schöpfer: „Er hat die beiden zu einem gemacht
und die in einer Mauer bestehende Scheidewand beseitigt, die Feindschaft, in
seinem Fleisch das Gesetz mit seinen Geboten und Vorschriften zunichte gemacht"
(2, 14b. c. 15a). Das Friedenswerk des Christen dient einem doppelten Zweck.
Es intendiert die Neuschöpfung des Menschen und seine Versöhnung mit Gott
(2, 15b. 16). Durch das Kreuz Christi ist alles vernichtet, was einer Neuschöpfung
entgegenstand.
Daß die Neuschöpfungsidee auch hinter der paulinischen *Taufauffassung* (2 Kor
5, 17; Eph 2, 10) steht, bedarf keiner ausführlichen Erwähnung. Der Mensch erhält in der Taufe ein neues Leben (Röm 6, 4). Lebensverleihung aber ist ein
Schöpfungsakt erster Ordnung (vgl. Röm 4, 17). So wie Christus als der Auferstandene die Neue Schöpfung einleitet, wird der Mensch durch die Gottestat
der Taufe in Christus zum Neuen Geschöpf. Er erhält ein neues Leben (Kol 2,
· 11-13; Eph 4, 22-24). Damit hängt die Existenz *„in Christus"* sachlich zusammen,
die in der Taufe zustande kommt (Gal 3, 27 f). Sie ist Einverleibtsein in die Auf-
erstehungsexistenz Christi und macht insofern zum Neuen Geschöpf (2 Kor 5,17). —
Die paulinische *Adam-Christus-Parallele* (1 Kor 15; Röm 5) sieht in Adam, dem
ersten Menschen, den Bringer des Todes für die Menschheit. In Christus aber,
dem Erstling der neuen Schöpfung, wird das Leben beschafft (1 Kor 15, 20-22).
Er ist darum der „letzte Adam", der erste Mensch der endzeitlichen Neuen Schöpfung, er ist „lebenschaffender Geist" (1 Kor 15, 45). Christus ist nicht nur
Schöpfungsvermittler der ersten Schöpfung, sondern er vermittelt auch die Neue
Schöpfung, die christliche Gemeinde: *„Wir* sind durch ihn" (1 Kor 8, 6; vgl. Kol 1,
15-20). — Weil der Neuschöpfungsgedanke die Adam-Christus-Parallele ermöglichte, rief er bei Paulus auch die *Bild-Gottes-Theologie* hervor. Nach Gn 1, 27 ist
der Mensch Gottes Bild. Das deutet Paulus christologisch: Christus ist in einem
absoluten Sinn Gottes Bild (2 Kor 4, 4). Die neue Menschheit empfängt von
Christus eine neue Gottesebenbildlichkeit (1 Kor 15, 49; 2 Kor 3, 18; Röm 8, 29;
Kol 3, 10). Die Neuschöpfung des Menschen bringt nach Kol 3, 11 eine neue
Menschheit hervor, in der alle bisherigen Unterschiede für das Heil belanglos
geworden sind[28]. Indem die Menschheit *neu* wird, kommt sie zugleich zu ihrer
ursprünglichen *Einheit* zurück (vgl. Gal 3, 27 f).
Von der Neuschöpfung in Christus kann Paulus freilich nicht reden, ohne das
entsprechende *Ethos* zu fordern, den Wandel in einem neuen Leben (Röm 6, 4. 6;

---

[28] Siehe *Rudolf Schnackenburg*, Der neue Mensch — Mitte christlichen Weltverständnisses
(Kol 3, 9-11), in: Weltverständnis im Glauben, hrsg. von J. B. Metz, Mainz 1965, S. 184-202.

vgl. Kol 3, 10; Eph 2, 10; 4, 24). Desgleichen spricht Paulus deutlich genug aus, daß mit der Tauf-Neuschöpfung noch nicht die *Endvollendung* angebrochen ist; diese bringt die völlige Gleichgestaltung mit Christus in der Totenerweckung und die Neugestaltung der übrigen Schöpfung (Röm 8). Wie jede Eschatologie schließt auch die des Paulus bestimmte kosmologische Vorstellungen ein. Aber Paulus kennt keine eigentlichen Spekulationen über das Ende der außermenschlichen Schöpfung. Er redet von der Zukunft der Schöpfung, weil die Leiden der Gegenwart die angebrochene Neue Schöpfung in Frage zu stellen scheinen (Röm 8, 17 f. 23). Indem Paulus diese Leiden als eschatologische Drangsal im Sinne der Apokalyptik versteht, sind sie ihm Anzeichen des baldigen Anbruchs der Vollendung.

V. „Die Zukunft hat schon begonnen"

Dieser Satz kann auf die biblische Neuschöpfungsidee angewendet werden. Die heutige Menschheit müht sich um eine planvolle Zukunftsgestaltung; sie will mit Hilfe einer wissenschaftlichen Futurologie in die Lage der Zukunftsplanung versetzt werden. Kann daran auch die gläubige Christenheit teilhaben? Sie ist doch „das pilgernde Volk Gottes, das einer absoluten Zukunft, die Gott selbst ist, entgegenwandert" [29]. Sie kann doch wohl nicht das Ziel ihrer radikalen Hoffnung selbst herstellen. Dennoch sind nach Karl Rahner „der Mut und die Hoffnung gegenüber innerweltlichen Aufgaben auch für sie und ihre eschatologische Hoffnung die notwendige Vermittlung zu ihrer Hoffnung und Erwartung der absoluten Zukunft, die Gott ist". Rahner fährt fort: „Und darum hat für die Kirche in dieser profanen Situation auch schon eine neue innerweltliche Zukunft begonnen."

Wenn man einmal die Unterscheidung zwischen „Hoffnung gegenüber innerweltlichen Aufgaben" und „Hoffnung und Erwartung der absoluten Zukunft, die Gott ist", teilt, so muß man zugeben, daß die in der Bibel begründete absolute Hoffnung innerweltliche Planungen der Christen weithin gelähmt und nicht ausschließlich beflügelt hat. Können wir darum nicht, um die „irdischen" Ziele und Planungen stärker zu aktivieren, auf die alttestamentlichen Erwartungen zurückgreifen und die späteren transzendent-eschatologischen Hoffnungen „abbauen"? Wir müssen uns hier konsequent auf den Standpunkt der neutestamentlichen Offenbarung stellen, die ohne Zweifel mit ihrer futurischen Eschatologie die Vollendung der Menschheit und des Kosmos ausschließlich von Gottes Schöpferwirken erwartet. Wenn aber das Neue Testament zugleich — und in einer unaufhebbaren Spannung dazu — eine präsentische Eschatologie vertritt, die sich in der

---

[29] *Karl Rahner*, Die Zukunft hat schon begonnen, auch für die Kirche. Gedanken eines Theologen über Futurologie: Publik Nr. 1/1970 (2. Januar 1970), S. 15; ebd. auch die folgenden Zitate; vgl. Handbuch der Pastoraltheologie, Bd. 4, Freiburg 1969, S. 744-759.

Neuschöpfung des Menschen realisiert, so werden wir aus diesem Glauben die unerhörte Chance zum Handeln und zur Weltgestaltung ableiten müssen, die uns durch Gottes Neuschöpfung in Christus gegeben ist.

Ferner ist zu beachten, daß die biblische Neuschöpfungsvorstellung nichts zu tun hat mit der in religionsgeschichtlichen Parallelen bekundeten Wiederkehr-Erwartung, die das Heil von der Rückkehr zu früheren Stadien erhofft. Im Alten Testament haben wir zwar (als Reaktion auf eine enttäuschte Naherwartung?) die skeptische Versuchung, den Weltlauf als Kreislauf zu verstehen. Kohelet sagt resignierend: „Was gewesen ist, wird wieder sein, und was geschehen ist, wieder geschehen: es gibt *nichts Neues* unter der Sonne. Oder ist etwas, von dem man sagen möchte: Siehe, dies hier ist ein Neues —? Längst schon ist es dagewesen, in den Zeiten, die vor uns gewesen sind" (Koh 1, 9 f). Kohelet hat wohl zu Recht die Unmöglichkeit erkannt, „innerweltlich" eine Weltvollendung zu realisieren. Die Apokalyptik erkennt nach solch bitterer Erfahrung, daß die Neue Welt einzig „von oben" verwirklicht werden wird.

Die biblische Erwartung ist konsequent auf die Zukunft Gottes hin ausgerichtet. Das Schema „Urzeit = Endzeit" ist im Grund unbiblisch[30]. Der Gedanke der Wiederkehr steht mit dem der Neuschöpfung allerdings insofern in Beziehung, als Christus der Letzte Adam ist, der den ersten Adam nicht nur überbietet, sondern auch das „Leben"[31] in einem unvergleichlich höheren Maße „wieder"-bringt, als es der erste Mensch einst besessen hat[32]. Das bedeutet für den konkreten Lebensvollzug des Menschen, daß er nicht auf vergangene Zustände gerichtet sein darf, sondern offen sein muß auf ungeahnte Möglichkeiten hin, die Gottes Heilswille eröffnet. Dem Planen des Menschen ist zwar nicht nur die nächste Zukunft des Morgen aufgegeben, aber der Mensch kann auch nicht die letzte Endgestalt dieser Welt planen. Diese ist vielmehr, ebenso wie das dem Menschen zugekommene Dasein, der unbedingten Verfügung Gottes vorbehalten. Für die endgültige Errichtung der Gottesherrschaft gibt es keine vom Menschen zu vollbringende Bedingung, weder moralischer noch physischer Art. Aber die in Christus erneuerte Menschheit, die Kirche Christi, ist der in der Welt begründete Anfang der Neuen Schöpfung, in der alle Menschen zur gott-gewollten Einheit finden können. Um die Ankunft der Gottesherrschaft kann der Mensch, auch der Christ, nur betend rufen: Dein Reich komme! Die Taufe kann einer sich ebensowenig selber spenden, wie er den Glauben durch Besinnung erringt. Beides muß der Mensch *empfangen*. Das ist Zeichen dafür, daß Gott hier der Neu-Schaffende und Handelnde ist, der Glauben, Geist und Leben schenkt. In der Kraft solcher Schöpfungsgaben ist der Christ als Neues Geschöpf zur Weltgestaltung gerufen.

---

[30] Vgl. *Roy A. Harrisville*, The Concept of Newness in the New Testament: Journal of Biblical Literature 74 (1955) 69-79; hier S. 73.
[31] Vgl. 1 Kor 15, 45; Röm 5, 12. 14. 18. 21.
[32] *Schneider*, Neuschöpfung oder Wiederkehr?, S. 92. ·

QUELLENNACHWEIS

1. Bisher unveröffentliche Vorlesung beim XXV. Simposio de Teología Trinitaria in der Universidad Pontificia Salamanca am 10. Oktober 1990.
2. Unter dem Titel: Das Vaterunser – oratio dominica et judaica?, in: Weisheit Gottes – Weisheit der Welt (FS für J. Kardinal Ratzinger), St. Ottilien 1987, I 405–417.
3. A cause de l'Evangile (FS für J. Dupont) (Lectio Divina 123), Paris 1985, 57–90.
4. Studien zum Text und zur Ethik des Neuen Testaments (FS für H. Greeven) (BZNW 47), Berlin 1986, 344–373.
5. ZNW 61 (1970) 183–209.
6. Neufassung des Aufsatzes: "Nachfolge Jesu" heute?, in: G. Schneider, Anfragen an das Neue Testament, Essen 1971, 132–146.
7. Neues Testament und Ethik (FS für R. Schnackenburg), Freiburg 1989, 71–83.
8. TrThZ 82 (1973) 257–275.
9. TrThZ 80 (1971) 65–87.
10. BZ 16 (1972) 222–244.
11. ZNW 63 (1972) 188–209.
12. NT 12 (1970) 22–39.
13. Der Prozeß gegen Jesus. Historische Rückfrage und theologische Deutung, hrsg. von K. Kertelge (Quaestiones Disputatae 112), Freiburg 1988, 111–130.
14. ThPrQ 126 (1978) 14–22.
15. Biblica 53 (1972) 65–90.
16. Neues Testament und Kirche (FS für R. Schnackenburg), Freiburg 1974, 399–412.
17. IKZ Communio 6 (1977) 21–30.
18. Unter dem Titel: Neuschöpfung des Menschen und der Welt. Zur Auslegung einer grundlegenden biblischen Aussage, in: Lebendiges Zeugnis (Paderborn), Heft 1/1971, 47–61.

Die verwendeten Abkürzungen sind verständlicherweise nicht einheitlich. Sie lassen sich jedoch mit Hilfe der gebräuchlichen theologischen Lexika (LThK, RGG, TRE) und der Wörterbücher zum Neuen Testament (EWNT, ThWNT) leicht entschlüsseln.

LITERATUR – NACHTRÄGE

Zu Nr. 4. Die Bitte um das Kommen des Geistes (1986)

Nachtrag:
Zu dem Festschrift-Beitrag über die Sonder-Lesart des lukanischen Vaterunsers liegen briefliche Äußerungen zweier Kollegen vor. Jacques Dupont (Löwen) argumentiert *gegen* den lukanischen Charakter der Lesart; Heinrich Greeven (Bochum), dem der Beitrag gewidmet war, spricht sich eher *zugunsten* der lukanischen Echtheit der Lesart aus.

J. Dupont am 26.12.1986:
"Sur un point, j'aurais envie d'être plus explicite que vous. Vous notez bien, en finale [siehe S. 368], que la demande de la venue de l'Esprit en vue de purifier ne correspond pas à la conception théologique de Luc. Il y a là précisément quelque chose qui me paraît intéressant et qui se manifeste surtout en Ac 15,8–9: pour Luc, l'Esprit ne peut venir que là où le coeur a été purifié *au préalable*, en sorte que la venue de l'Esprit est une preuve que la purification avait déjà été effectuée. Il me semble qu'il y a là une manière de voir assez caractéristique (je n'entendrais pas autrement Ac 2,38)?"

H. Greeven am 5.5.1987:
"Ihre Darstellung ist so wohlabgewogen und allen Seiten gerecht werdend, daß sie bei mir einen von Ihnen sicherlich nicht beabsichtigten Effekt erzielt hat: Ich überlege ernstlich, ob ich in einer etwa noch erlebten 14. Aufl. der Synopse nicht die Geistbitte in meinen Lk-Text aufnehmen muß. Ich habe gar nicht gewußt oder wenigstens nicht hinreichend ermessen, wieviele gute Gründe ich dazu schon in der 13. Aufl. gehabt hätte."

Jean Magne sieht den Ursprungsort der Geistbitte im Gebet Johannes' des Täufers: J. Magne, La réception de la variante "Vienne ton Esprit saint sur nous et qu'il nous purifie" (Lc 11,2) et l'origine des épiclèses, du baptême et du "Notre Père": Ephemerides Liturg. 102 (1988) 81–196. Gekürzte Fassung: La variante du Pater de Lc 11,2: Laval Théologique et Philosophique 44 (1988) 369–374.

Zu Nr. 5. Das Bildwort von der Lampe (1970)

Literaturnachtrag:

J. Dupont, La lampe sur le lampadaire dans l'évangile de saint Luc (VIII, 16; XI, 33), in: Au service de la parole de Dieu (FS A.-M. Charue), Gembloux 1969, 43–59.
F. Hahn, Die Worte vom Licht Lk 11,33–36, in: Orientierung an Jesus (FS J. Schmid), Freiburg 1973, 107–138.
E. Delebecque, La lampe et l'oeil (11,33–36), in: ders., Études grecques sur l'Evangile de Luc, Paris 1976, 85–88.
H.-J. Klauck, Allegorie und Allegorese in synoptischen Gleichnistexten (NTA NF 13), Münster 1978, 227–235.
V. Fusco, Parole e Regno. Le sezione delle parabole (Mc. 4,1–34) nella prospettiva Marciana (Aloisiana 13), Brescia 1980, 99–104. 278–304.

R. Laufen, Die Doppelüberlieferungen der Logienquelle und des Markusevangeliums (BBB 54), Königstein/Bonn 1980, 165–173. 463–469.
G. Schneider, λυχνία, in: EWNT II (1981) 905f.
Ders., λύχνος, in: EWNT II (1981) 905–909.
M.G. Steinhauser, Doppelbildworte in den synoptischen Evangelien (FzB 44), Würzburg 1981, 384–404.
J. Wanke, "Bezugs- und Kommentarworte" in den synoptischen Evangelien (EThSt 44), Leipzig 1981, 61–66. 92–96.
J. Dupont, La transmission des paroles de Jésus sur la lampe et la mesure dans Marc 4,21–25 et dans la tradition Q, in: Logia, hrsg. von J. Delobel (BEThL 59), Löwen 1982, 201–236.
J.-W. Taeger, Der Mensch und sein Heil (StNT 14), Gütersloh 1982, 85–89.

Zu Nr. 8. Neuheit der christlichen Nächstenliebe (1973)

Literaturnachtrag

A. Nissen, Gott und der Nächste im antiken Judentum (WUNT 15), Tübingen 1974.
R.H. Fuller, Das Doppelgebot der Liebe. Ein Testfall für die Echtheitskriterien der Worte Jesu, in: Jesus Christus in Historie und Theologie (FS H. Conzelmann), Tübingen 1975, 317–329.
G. Schneider, ἀγάπη κτλ., in: EWNT I (1980) 19–29.
J. Becker, Feindesliebe – Nächstenliebe – Bruderliebe. Exegetische Betrachtungen als Anfrage an ein ethisches Problemfeld: ZEE 25 (1981) 5–18.
P. Hoffmann, Tradition und Situation. Zur "Verbindlichkeit" des Gebots der Feindesliebe, in: Ethik im Neuen Testament, hrsg. von K. Kertelge (QD 102), Freiburg 1984, 50–118.
K. Kertelge, Das Doppelgebot der Liebe im Markusevangelium, in: A cause de l'Evangile (FS für J. Dupont) (Lectio Divina 123), Paris 1985, 303–322.
J. Sauer, Traditionsgeschichtliche Erwägungen zu den synoptischen und paulinischen Aussagen über Feindesliebe und Wiedervergeltungsverzicht: ZNW 76 (1985) 1–28.
O. Wischmeyer, Das Gebot der Nächstenliebe bei Paulus: BZ 30 (1986) 161–187.
S. Légasse, "Et qui est mon prochain?", Paris 1989.

Zu Nr. 9. Jesu Wort über die Ehescheidung (1971)

Literaturnachtrag:

H. Crouzel, L'église primitive face au divorce, Paris 1971.
Ders., Le texte patristique de Matthieu V. 32 et XIX. 9: NTS 19 (1972/73) 98–119.
F. Henrich/V. Eid (Hrsg.), Ehe und Ehescheidung. Diskussionen unter Christen, München 1972.
B. Malina, Does *porneia* mean Fornication?: NT 14 (1972) 10–17.
L. Sabourin, The Divorce Clauses (Mt 5,32; 19,9): BTB 2 (1972) 80–86.
R. Schnackenburg, Ehe nach der Weisung Jesu und dem Verständnis der Urkirche, in: Henrich/Eid, Ehe und Ehescheidung (s.o.) 11–34.
G. Lohfink, Jesus und die Ehescheidung. Zur Gattung und Sprachintention von Mt 5,32, in: Biblische Randbemerkungen (FS R. Schnackenburg), Würzburg 1974, 207–217.
K. Niederwimmer, Askese und Mysterium. Über Ehe, Ehescheidung und Eheverzicht

in den Anfängen des christlichen Glaubens (FRLANT 113), Göttingen 1975, 13–24.

H. Crouzel, Divorce et remariage dans l'église primitive: NRTh 98 (1976) 871–917.

J.A. Fitzmyer, Matthean Divorce Texts and Some New Palestinian Evidence: TS 37 (1976) 197–226.

A. Tosato, Il matrimonio nel Giudaismo Antico e nel Nuovo Testamento, Rom 1976.

E. Lövestam, Die funktionale Bedeutung der synoptischen Jesusworte über Ehescheidung und Wiederheirat, in: Theologie aus dem Norden, hrsg. von A. Fuchs, Linz 1977, 19–28.

B. Vawter, Divorce and the New Testament: CBQ 39 (1977) 528–542.

A.-L. Descamps, Les textes évangéliques sur le mariage: RTL 9 (1978) 259–286; 11 (1980) 5–50.

J.A. Fitzmyer, Divorce among First-Century Palestinian Jews: Eretz-Israel 14 (1978) 103*–110*.

A. Vargas-Machuca, Divorcio e indisolubilidad del matrimonio en la Sagrada Escritura: EstB 39 (1981) 19–61.

C. Marucci, Parole di Gesù sul divorzio (Aloisiana 16), Brescia 1982.

E. Schweizer, Scheidungsrecht der jüdischen Frau? Weibliche Jünger Jesu?: EvTh 42 (1982) 293–300.

P. Dacquino, Storia del matrimonio cristiano alla luce della bibbia, Leumann-Turin 1984.

R. Neudecker, Wie steht es heute mit den Worten Jesu zur Ehescheidung?: Gr. 65 (1984) 719–724.

W. Trilling, Zum Thema: Ehe und Ehescheidung im Neuen Testament: ThGl 74 (1984) 390–406.

T. Stramare, Matteo divorzista? Studio su Mt 5,32 e 19,9 (Studi Biblici 76), Brescia 1986.

A.M. Dubarle, Les textes évangéliques sur le mariage et le divorce, in: La vie de la Parole (FS P. Grelot), Paris 1987, 333–344.

Zu Nr. 10. Vorkanonische Passionserzählung (1972)

Literaturnachtrag:

V. Taylor, The Passion Narrative of St Luke. A Critical and Historical Investigation (MSSNTS 19), Cambridge 1972.

J.R. Donahue, Are You the Christ? The Trial Narrative in the Gospel of Mark (SBLDS 10), Missoula Mont. 1973.

G. Schneider, Die Passion Jesu nach den drei älteren Evangelien (BiH 11), München 1973.

G. St. Sloyan, Jesus on Trial. The Development of the Passion Narratives and Their Historical and Ecumenical Implications, Philadelphia 1973.

D. Dormeyer, Die Passion Jesu als Verhaltensmodell. Literarische und theologische Analyse der Traditions- und Redaktionsgeschichte der Markuspassion (NTA NF 11), Münster 1974.

R. Pesch, Die Überlieferung der Passion Jesu, in: Rückfrage nach Jesus, hrsg. von K. Kertelge (QD 63), Freiburg 1974, 148–173.

W. Schenk, Der Passionsbericht nach Markus. Untersuchungen zur Überlieferungsgeschichte der Passionstraditionen, Gütersloh 1974.

L. Schenke, Der gekreuzigte Christus. Versuch einer literarkritischen und traditionsgeschichtlichen Bestimmung der vormarkinischen Passionsgeschichte (SBS 69), Stuttgart 1974.

H. Cousin, Le prophète assassiné. Histoire des textes évangéliques de la Passion, Paris 1976.

W.H. Kelber (Hrsg.), The Passion in Mark. Studies on Mark 14–16, Philadelphia 1976.

H. Klein, Die lukanisch-johanneische Passionstradition: ZNW 67 (1976) 155–186.

L. Marin, Semiotik der Passionsgeschichte. Die Zeichensprache der Ortsangaben und Personennamen (BEvTh 70), München 1976.

R. Pesch, Das Markusevangelium, 2 Bde (HThK II 1–2), Freiburg 1976 (^{3}1980) und 1977 (^{2}1980), näherhin I 65. 67; II 1–27.

J. Gnilka, Das Evangelium nach Markus, Bd. II (EKK II 2), Zürich/Neukirchen 1979, 216–350, bes. 348–350.

R. Pesch, Das Evangelium der Urgemeinde. Wiederhergestellt und erläutert (Herderbücherei 748), Freiburg 1979.

R. Pesch/R. Kratz, Passionsgeschichte, 2 Hefte (So liest man synoptisch 6/7), Frankfurt 1979. 1980.

J. Ernst, Die Passionserzählung des Markus und die Aporien der Forschung: ThGl 70 (1980) 160–180.

G.W.E. Nickelsburg, The Genre and Function of the Markan Passion Narrative: HThR 73 (1980) 153–184.

J. Ernst, Das Evangelium nach Markus (RNT), Regensburg 1981, bes. 394–397 (vormk Passionserzählung).

G. Lohfink, Der letzte Tag Jesu. Die Ereignisse der Passion, Freiburg 1981.

T.A. Mohr, Markus- und Johannespassion. Redaktions- und traditionsgeschichtliche Untersuchung der Markinischen und Johanneischen Passionstradition (AThANT 70), Zürich 1982.

E. Trocmé, The Passion as Liturgy. A Study in the Origin of the Passion Narratives in the Four Gospels, London 1983.

A. Vanhoye u.a., La Passione secondo i quattro Vangeli (Universale teologica 5), Brescia 1983.

W. Schenk, Der derzeitige Stand der Auslegung der Passionsgeschichte: Der Evangelische Erzieher 36 (1984) 527–543.

D. Senior, The Passion of Jesus in the Gospel of Mark (The Passion Series 2), Wilmington Del. 1984.

J.-N. Aletti, Mort de Jésus et théorie du récit: RSR 73 (1985) 147–160.

P. Beauchamp, Narrativité biblique du récit de la Passion: RSR 73 (1985) 39–59.

R.J. Karris, Luke: Artist and Theologian. Luke's Passion Account as Literature, New York 1985.

J. Neyrey, The Passion According to Luke. A Redaction Study of Luke's Soteriology, New York 1985.

I. de la Potterie, La Passion de Jésus selon l'Evangile de Jean (Lire la Bible 73), Paris 1986.

D. Lührmann, Das Markusevangelium (HNT 3), Tübingen 1987, bes. 227–231.

M.L. Soards, The Passion According to Luke: The Special Material of Luke 22 (JSNT Suppl. 14), Sheffield 1987.

J.B. Green, The Death of Jesus. Tradition and Interpretation in the Passion Narrative (WUNT II 33), Tübingen 1988.

Zu Nr. 11. Die Verhaftung Jesu (1972)

Literaturnachtrag:

A. Vanhoye, La fuite du jeune homme nu (Mc 14,51–52): Bib. 52 (1971) 401–406.

W. Schrage, Okuli. Markus 14,43–52: Göttinger Predigtmeditationen 27 (1973) 157–166.
R. Scroggs/K.I. Groff, Baptism in Mark: Dying and Rising with Christ: JBL 92 (1973) 531–548.
R. Pesch, Das Markusevangelium, Bd. II (HThK II 2), Freiburg 1977, 397–404.
H. Fleddermann, The Flight of a Naked Young Man (Mark 14,51–52): CBQ 41 (1979) 412–418.
F. Neirynck, La fuite du jeune homme en Mc 14,51–52: EThL 55 (1979) 43–66.
E.L. Schnellbächer, Das Rätsel des νεανίσκος bei Markus: ZNW 73 (1982) 127–135.

Siehe auch die Nachträge zu Nr. 10.

Zu Nr. 12. Jesus vor dem Synedrium (1970)

Literaturnachtrag:

J. Gnilka, Die Verhandlungen vor dem Synhedrion und vor Pilatus nach Markus 14,53 – 15,5: EKK Vorarbeiten II (1970) 5–21.
The Trial of Jesus. Cambridge Studies in honour of C.F.D. Moule, ed. by E. Bammel, London 1970.
P. Benoit, Procès, passion et mort de Jésus: RB 78 (1971) 131–143.
D.R. Catchpole, The Trial of Jesus (StPB 18), Leiden 1971.
H. Cohn, The Trial and Death of Jesus, London 1971 (New York 1977).
P. Valentin, Les comparutions de Jésus devant le Sanhérdin RSR 59 (1971) 230–236.
J.R. Donahue, Are You the Christ? The Trial Narrative in the Gospel of Mark (SBLDS 10), Missoula MT 1973.
K. Schubert, Kritik der Bibelkritik. Dargestellt an Hand des Markusberichtes vom Verhör Jesu vor dem Synedrion: WuW 27 (1972) 421–434.
S. Légasse, Jésus devant le Sanhédrin: RTL 5 (1974) 170–197.
M. Herranz Marco, El proceso ante el Sanhedrín y el Ministerio Público de Jesús: EstB 34 (1975) 83–111.
G. Theißen, Die Tempelweissagung Jesu. Prophetie im Spannungsfeld von Stadt und Land: ThZ 32 (1976) 144–158.
D. Juel, Messiah and Temple. The Trial of Jesus in the Gospel of Mark (SBLDS 31), Missoula MT 1977.
A. Strobel, Die Stunde der Wahrheit. Untersuchungen zum Strafverfahren gegen Jesus (WUNT 21), Tübingen 1980.
D. Lührmann, Markus 14,55–64: Christologie und Zerstörung des Tempels im Markusevangelium: NTS 27 (1980/81) 457–474.
O. Betz, Probleme des Prozesses Jesu, in: ANRW II 25,1 (Berlin 1982) 565–647.
R. Kempthorne, Anti-Christian Tendency in Pre-Marcan Traditions of the Sanhedrin Trial: StEv VII (Berlin 1982) 283–285.
A. Vögtle, Das markinische Verständnis der Tempelworte, in: Die Mitte des Neuen Testaments (FS E. Schweizer), Göttingen 1983, 362–383.
J.A. Fitzmyer, The Gospel According to Luke (X–XXIV) (AncB 28A), Garden City NY 1985, 1452–1471.
Ch. Paulus, Einige Bemerkungen zum Prozeß Jesu bei den Synoptikern I: ZSRG.R 102 (1985) 437–445.
M.A. Beavis, The Trial before the Sanhedrin (Mark 14,53–65): Reader Response and Greco-Roman Readers: CBQ 49 (1987) 581–596.

Siehe auch die Nachträge zu Nr. 10.

Zu Nr. 14. Die theologische Sicht des Todes Jesu (1978)

Literaturnachtrag:

R. Aguirre, El Reino de Dios y la muerte de Jesús en el evangelio de Mateo: EE 54 (1979) 363–382.
F.G. Untergaßmair, Kreuzweg und Kreuzigung Jesu (PaThSt 10), Paderborn 1980.
H.L. Chronis, The Torn Veil: Cultus and Christology in Mark 15,37–39: JBL 101 (1982) 97–114.
Ch. Burchard, Markus 15,34: ZNW 74 (1983) 1–11.
M.-A. Chevallier, La fondation de ''l'Eglise'' dans le quatrième évangile: Jn 19,25–30: ETR 58 (1983) 343–353.
V. Fusco, La morte del Messia (Lc. 23,26–49), in: Gesù e la sua morte (Atti della XXVII settimana biblica), Brescia 1984, 51–73.
F.J. Matera, The Death of Jesus according to Luke: A Question of Sources: CBQ 47 (1985) 469–485.
Neyrey, The Passion According to Luke (1985; siehe unter 10) 129–155. 210–213.
R.J. Karris, Luke 23,47 and the Lucan View of Jesus' Death: JBL 105 (1986) 65–74.
J. Schreiber, Der Kreuzigungsbericht des Markusevangeliums Mk 15,20b–41 (BZNW 48), Berlin 1986.
D.D. Sylva, The Temple Curtain and Jesus' Death in the Gospel of Luke: JBL 105 (1986) 239–250.
J.B. Tyson, The Death of Jesus in Luke-Acts, Columbia SC 1986.
H.M. Jackson, The Death of Jesus in Mark and the Miracle from the Cross: NTS 33 (1987) 16–37.
S. Motyer, The Rending of the Veil: A Markan Pentecost?: NTS 33 (1987) 155–157.

Zu Nr. 15. Die Davidssohnfrage (1972)

Literaturnachtrag:

O. Walker, The Origin of the Son of Man Concept as Applied to Jesus: JBL 91 (1972) 482–490.
J. Dupont, ''Assis à la droite de Dieu''. L'interprétation du Ps 110,1 dans le Nouveau Testament, in: Resurrexit, hrsg. von E. Dhanis, Rom 1974, 340–422, bes. 404–416.
E. Lövestam, Jésus Fils de David chez les Synoptiques: StTh 28 (1974) 97–109.
F. Neugebauer, Die Davidssohnfrage (Mark. XII. 35–37 parr.) und der Menschensohn: NTS 21 (1974/75) 81–108.
J.A. Fitzmyer, Der semitische Hintergrund des neutestamentlichen Kyriostitels, in: Jesus Christus in Historie und Theologie (FS H. Conzelmann), Tübingen 1975, 267–298.
J.D. Kingsbury, The Title ''Son of David'' in Matthew's Gospel: JBL 95 (1976) 591–602.
B. Chilton, Jesus *ben David*: Reflections on the *Davidssohnfrage*: JStNT 14 (1982) 88–112.
F. Hahn, υἱός 6. ''Davidssohn'', in: EWNT III (1983) 935–937.
U. Luz, Das Evangelium nach Matthäus (Mt 8–17) (EKK I/2), Zürich/Neukirchen 1990, 59–61 (Exkurs: Davidssohn im Matthäusevangelium).

Zu Nr. 16. Präexistenz Christi (1974)

Literaturnachtrag:

Siehe den Nachtrag zu Nr. 17, ferner (zu Phil 2):

M. Hengel, Der Sohn Gottes. Die Entstehung der Christologie und die jüdisch-hellenistische Religionsgeschichte, Tübingen 1975.

M.D. Hooker, Philippians 2,6–11, in: Jesus und Paulus (FS W.G. Kümmel), Göttingen 1975, 151–164.

O. Hofius, Der Christushymnus Philipper 2,6–11 (WUNT 17), Tübingen 1976.

J. Murphy-O'Connor, Christological Anthropology in Phil., II, 6–11: RB 83 (1976) 25–50.

Ch.J. Robbins, Rhetorical Structure of Philippians 2,6–11: CBQ 42 (1980) 73–82.

E. Schweizer, Die Christologie von Phil 2,6–11 und Q: ThZ 41 (1985) 258–263.

N.T. Wright, ἁρπαγμός and the Meaning of Philippians 2,5–11: JThS 37 (1986) 321–352.

H. Binder, Erwägungen zu Phil 2,6–7b: ZNW 78 (1987) 230–243.

M. Rissi, Der Christushymnus in Phil 2,6–11, in: ANRW II 25,4 (Berlin 1987) 3314–3326.

C.A. Wanamaker, Philippians 2,6–11: Son of God or Adamic Christology?: NTS 33 (1987) 179–193.

J.A. Fitzmyer, The Aramaic Background of Philippians 2,6–11: CBQ 50 (1988) 470–483.

U.B. Müller, Der Christushymnus Phil 2,6–11: ZNW 79 (1988) 17–44.

Zu Nr. 17. Christologische Präexistenzaussagen (1977)

Literaturnachtrag:

C.F.D. Moule, The Origin of Christology, Cambridge 1977.

J. Breuss, Präexistenz und Jungfrauengeburt als Zeugnis: Diakonia 9 (1978) 365–375.

A. Grillmeier, Jesus der Christus im Glauben der Kirche, Bd. I. Von der Apostolischen Zeit bis zum Konzil von Chalcedon (451), Freiburg 1979.

H. Merklein, Zur Entstehung der urchristlichen Aussage vom präexistenten Sohn Gottes, in: Zur Geschichte des Urchristentums, hrsg. von Dautzenberg/Merklein/Müller (QD 87), Freiburg 1979, 33–62.

J.A. Fitzmyer, Nouveau Testament et christologie. Questions actuelles: NRTh 103 (1981) 18–47. 187–208.

R. Riesner, Präexistenz und Jungfrauengeburt: ThBeitr. 12 (1981) 177–187.

G. Schimanowski, Präexistenz und Christologie. Untersuchungen zur Präexistenz von Weisheit und Messias in der jüdischen Tradition, (Evang.-theol.) Diss. Tübingen 1981.

P. Benoit, Préexistence et incarnation (erstm. 1970), in: ders., Exégèse et théologie, Tome IV, Paris 1982, 11–61 (mit Nachträgen: 42–61).

F. Hahn, Die Schöpfungsmittlerschaft Christi bei Paulus und in den Deuteropaulinen, in: Parola e Spirito. Studi in onore di S. Cipriani, Brescia 1982, I 661–678.

A. Ziegenaus, Die Präexistenz Christi als Maßstab des christlichen Zeugnisses angesichts der Verneinung Gottes: MThZ 33 (1982) 83–98.

G. Schimanowski, Weisheit und Messias. Die jüdischen Voraussetzungen der urchristlichen Präexistenzchristologie (WUNT II 17), Tübingen 1985.

J. Habermann, Präexistenzaussagen im Neuen Testament (EHS XXIII 362), Frankfurt/New York 1990.

Zu Nr. 18. "Neuschöpfung" in Christus (1971)

Literaturnachtrag:

J. Reumann, Creation and New Creation. The Past, Present, and Future of God's Creative Activity, Minneapolis 1973.

K. Stock, Creatio nova – creatio ex nihilo. Bemerkungen zum Problem einer eschatologischen Schöpfungslehre: EvTh 36 (1976) 202–216.

H.F. Weiß, Schöpfung in Christus. Zur Frage der christologischen Begründung der Schöpfungstheologie im Neuen Testament: ZdZ 31 (1977) 431–437.

G. Baumbach, Die Schöpfung in der Theologie des Paulus: Kairos 21 (1979) 196–205.

H.J. Hoover, The Concept of New Creation in the Letters of Paul, Diss. University of Iowa 1979.

P. Bonnard, Création et nouvelle création selon le Nouveau Testament (1959), in: ders., Anamnesis, Genf/Lausanne 1980, 71–80.

J. Baumgarten, καινός κτλ., in: EWNT II (1981) 563–571.

G. Petzke, κτίζω κτλ., in: EWNT II (1981) 803–808.

A.J.D. Aymer, Paul's Understanding of 'kaine ktisis': Continuity and Discontinuity in Pauline Eschatology, Diss. Drew University 1983.

M. Neary, Creation and Pauline Soteriology: IThQ 50 (1983/84) 1–34.

U. Mell, Neue Schöpfung. Eine traditionsgeschichtliche und exegetische Studie zu einem soteriologischen Grundsatz paulinischer Theologie (BZNW 56), Berlin 1989.

BIBELSTELLEN-REGISTER (AUSWAHL)

ALTES TESTAMENT

Gen
1,1	357
1,27	369
3,17–19	367

Lev
19,2	183
19,18	169, 171, 175, 179

Num
21,9	303

Dtn
6,4	171
24,1–4	198

2 Sam
7,14	30, 35, 331

Tob
4,15	180

Ps
2,7	331
22,2	299
22,16	303
31,6	301
51,12	362
69,22	303
110,1	311, 316, 322, 325f, 327, 328

Spr
25,21f	174, 178, 185

Sir
4,10	
18,13	176, 183
28,3–12	66
31,15	175
34,15	175, 180

Jes
42,5f	359
43,1	359
43,18–21	362
43,19	359
65,17	361, 364, 367
66,22	361, 364, 367

Jer
31,21f	361
31,31–34	361
31,31f	361
31,33f	70, 362

Ez
36,20–24	70
36,25–27	94
36,25f	79, 363
36,26f	70
36,28–30	367

Dan
7,1–27	365
12,2	365

NEUES TESTAMENT

Mt
3,16f	37
5,15	116–142 (132–136)
5,16	17
5,31f	200–204
5,32	190, 192f, 200f.
5,38–48	161
5,43f	169, 178
5,44f	162, 165f, 169, 182
5,45	14f, 16
5,48	10, 16, 162, 169, 182
6,1	17
6,4	17
6,7f	41, 74–76
6,6	17
6,8	17.81

6,9–13	39–51, 52–85	14,36	9f, 16, 43
6,9	13f, 16, 65–69, 81	14,43–52	236–257
6,13	71–74, 84	14,43–46	241f, 244–249
6,14f	66, 74–76, 84	14,47–52	242–244, 249–254
6,14		14,53–15,15	276
6,18	17	14,55–64	258–275
6,26	15	15,1	233, 259–262,
6,32	13, 16		263–265
7,1f	167	15,33–39	298–300
7,11	14, 16		
7,12	167, 169, 180	*Lk*	
8,19–22	144–147	2,49	20.f
10,20	17	6,27–36	161, 165–167, 177
10,29	15f.	6,31	167, 169, 180
11,25–27	10–12, 24	6,35	14f, 162, 163f, 169, 183
11,25	11f, 16	6,36	10, 16, 162, 164, 167
11,26	11f, 16	8,16	116–142 (136–139)
11,27	12, 27, 36	9,57–62	144–147
12,50	17	10,21f	10–12
13,43	17	10,21	11f, 16
15,13	17	10,22	12
16,17	17, 18f.	10,25–28	168
16,27		10,29–37	169, 177
18,10	17, 19	11,2–4	39–51, 54–69
18,14	16	11,2	13f, 16
18,19	17,19f.	11,2 v.l.	86–115
19,3–12	200f, 204f.	11,13	14, 16, 65–69, 90f,
20,23	17		93, 95, 96, 107,
22,34–40	168		108, 109–111
22,41–46	323	11,33	116–142 (136–139)
23,9	17	12,6	15f.
26,1–28,10	213–235	12,24	15
26,29	17, 24	12,30f	43
26,39	25, 27	12,30	13, 16
26,42	17, 25, 27, 83	15,7	16
26,53	17	16,18	190, 192f, 197, 205f
27,45–54	300f.	22,1–24,12	213–235
28,19	17, 36, 37	22,29	21
		22,42	70
Mk		22,54–23,25	276–295
1,16–20	148f.	22,66–71	271–274, 279–283
2,14	147f.	22,66–68	281
3,13–19	151	22,69–71	281
4,21	116–142 (128–132)	23,1–25	284–286
8,38	8	23,2	286–291
10,2–12	189, 193f, 198–200	23,5	286–291
10,11f	193, 196	23,6–16	284, 291–293
10,33f	228	23,34	21
11,25	9, 16, 44, 65–67	23,44–48	301f.
12,28–34	168	23,46	21f.
12,35–37	307–332	24,49	22, 37
13,32	8, 16, 36		
14,1–16,8	213–235	*Joh*	
		1,1–18	345

Joh

1,1–16	352
1,1–3	26, 352
1,14	26
1,18	26
3,14f	303
3,16f	303, 349, 352
3,35f	26f.
4,34	26, 27
5,19–26	26
5,30	26, 27
5,37	26
6,38	26, 27
6,40	26, 27
6,44	26
7,40f	325
7,42	325
7,47–51	325
8,16	26
8,18	26
10,15	26
10,30	26, 27
12,25	152
12,26	152
12,27	26
12,28	26
12,49	26
13,1	26, 169, 184, 303
13,34	169, 184
14,2	26, 27
14,12	26
14,16f	37
14,24	26
14,28	26
15,26	37
16,7–15	37
16,10	26
16,27	26
16,28	26
17,1	26, 27
17,11	26
17,13	26
18,1–19,30	213–235
18,11	26
19,28–30	302f.
20,17	26

Apg

1,4	28, 37
1,6–8	96, 108, 111–113
2,32–36	327
2,33	28, 37
15,8f	96, 103

19,2f	93
21,14	70

Röm

1,3f	349
1,7	31
6,3–8	153
6,3f	314
6,4	30, 369
8,3f	349
8,17	153
8,20–22	367
8,29	366, 369
11,36	34, 338
13,8–10	169, 174
15,6	30f.
15,30	38

1 Kor

1,3	31, 37
1,30	350
2,7f	350
7,10f	191, 194f, 206–208
7,15	189, 206–208
8,6	32, 33, 34, 37, 336–339, 351
10,4	349
12,4–6	38
15,3–5	219, 221, 235
15,24	33
15,28	33, 34
15,45	369

2 Kor

1,2	31
1,3	30, 37
5,17	360, 366, 367, 368
11,31	30, 31
13,13	38

Gal

1,3	31
1,4	31
3,27f	369
4,4–6	37
4,4f	349
4,4	342
4,6	30
5,14	169, 174
6,15	360, 368
6,16	36

Eph

1,2	33, 35
1,3	30, 34
1,17	34
2,10	368, 369
2,18	30, 34
3,14	34
4,6	34
4,22–24	369
5,18–20	35
6,23	35

Phil

1,2	31, 34
2,6–11	32, 33, 335, 339–343, 350f.
2,11	37
4,20	31

Kol

1,2	33
1,3	30, 33, 34
1,12	30, 34
1,15–20	343f, 351, 354f.
2,11–13	369
3,14	174
3,17	35

1 Thess

1,1	32
1,3	31, 32
3,11	31
3,13	31, 34

2 Thess

1,2	33, 34
2,13	38
2,16	34

1 Tim

1,2	33, 36
1,5	174
3,16	352, 353f.
6,12f	269

2 Tim

1,2	33, 36

Tit

1,4	34
3,4–6	38

Phlm

3	31

Hebr

1,2–4	344f.
1,2f	355
1,5	35
2,3f	38

Jak

1,18	363, 368
2,8	174

1 Petr

1,2	38
1,3	30, 32, 34, 35
2,21	153

2 Petr

3,13	361

1 Joh

1,3	36
2,8–11	108
4,9	349
4,13f	38

2 Joh

3	36

Jud

2	36
20f	38

Apk (Offb)

1,6	36
2,18	28, 36
2,28	36
3,5	28, 36
3,21	28, 36
14,1	36
21,1	357, 358, 361

AUTOREN-REGISTER

Abrahams, I. 158
Aguirre, R. 378
Aland, K. 307
Alberti, A. 188
Albertz, M. 310, 324
Aletti, J.-N. 376
Allgeier, A. 189
von Allmen, J.-J. 187
Ambrozic, A.M. 129
Amsler, S. 320
Andrieu, M. 102
Audet, J.P. 58
Aymer, A.J.D. 380

von Baer, H. 93, 113
Baltensweiler, H. 187, 189, 197, 198, 202, 203, 206
Balz, H. 110
Bammel, E. 144, 200, 278, 294, 377
Barth, G. 181
Bartsch, H.-W. 298
Bauer, J.B 187, 189, 204
Bauer, W. 118, 122, 124, 125, 126, 137, 138, 250, 251, 263, 325, 328, 329, 360
Baumbach, G. 380
Baumgarten, G. 380
Baus, K. 101
Beauchamp, P. 376
Beavis, M.A. 377
Beck, B.E. 277
Becker, J. 104, 170, 374
Ben Chorin, Sch. 169
Benoit, P. 298, 335, 347, 354, 377, 379
Berger, K. 168, 172, 196
Bertram, G. 220, 240, 242
Best, E. 149, 237, 251
Betz, H.D. 74, 144, 147
Betz, O. 289, 290, 294, 377
Beutler, J. 303
Beyer, K. 67
Bieder, W. 144
Biguzzi, G. 65
Billerbeck, P. (Bill.) 39, 44, 47, 57, 58, 74, 106, 121, 127, 158, 159, 160, 164, 166, 172, 174, 175, 176, 181, 183, 197, 203, 245, 247, 317, 326, 328, 348

Binder, H. 379
Black, M. 118, 119, 246, 272
Blank, J. 331, 342, 349
Blass, F. 86, 88, 113
Blass/Debrunner 7, 63, 73, 120, 138, 163
Blinzler, J. 234, 252, 260, 268, 278, 279, 282, 284, 288, 289, 290, 292, 293, 294, 298, 301
Böhl, F. 158
Bonnard, P. 380
Bonsirven, J. 188, 203, 204
Bonwetsch, N. 181
Boobyer, G.H. 313
Borgen, P. 227
Bornhäuser, K. 135
Bornkamm, G. 43, 76, 77, 168, 171, 172, 188, 313, 319, 336, 339, 341
Bover, J.M. 129
Bovon, F. 298
Bracht, W. 149
Bragança, J.O. 102
Brandon, S.G.F. 249, 258, 260, 278
Braumann, G. 260, 262, 263, 268, 269
Braun, H. 169, 185, 320
Breuning, W. 347
Breuss, J. 379
Breytenbach, C. 149
Brocke, M. 158
Brocke/Petuchowski/Strolz 39, 45, 51, 53
Broer, I. 220
Brown, R.E. 227, 277
Brox, N. 3
Buber, M. 156, 158, 159
Buck, E. 284
Büchele, A. 277, 279, 294
Bultmann, R. 43, 60, 120, 125, 161, 169, 177, 182, 185, 194, 195, 196, 216, 220, 224, 225, 226, 227, 233, 236, 240, 243, 252, 253, 261, 262, 266, 269, 272, 298, 308, 309, 311, 314, 334, 348, 350, 366
Burchard, Ch. 378
Burger, Ch. 307, 321, 322, 326, 330
Burkill, T.A. 260, 322
Burney, C.F. 133

Carlson, R.A.   320
Carmignac, J.   39, 47, 48, 53, 59, 71,
    74, 97, 101, 113, 340, 342
Catchpole, D.R.   67, 68, 110, 226, 235,
    277, 279, 281, 294, 377
Cerfaux, L.   349
Chanson, P.   187
Chase, F.H.   86, 87, 88, 101, 102, 113
von Chersones, P.   191
Chevallier, M.-A.   378
Chilton, B.   378
Christ, F.   335, 338, 350
Chronis, H.L.   378
Cohn, H.   278, 377
Colpe, C.   350
Conzelmann, H.   96, 111, 195, 196,
    206, 207, 218, 250, 256, 284, 298, 301,
    322, 336, 337, 339, 348, 350
Coppens, J.   168, 320
Court, J.-M.   58
Cousin, H.   298, 376
Coutts, J.   128
Craddock, F.B.   335, 347
Creed, J.M.   93, 113, 138
Crouzel, H.   374, 375
Cullmann, O.   314, 315, 347, 367

Dacquino, P.   375
Dahl, N.A.   272, 287, 300
Dalman, G.   39, 45, 71, 118, 124, 127,
    181
Danker, F.W.   99, 113
Daube, D.   310, 311
Dauer, A.   228, 302, 303
David/Schmalz   188
Degenhardt, H.-J.   111
Deichgräber, R.   339, 341, 356
Deissler, A.   49
Delebecque, E.   373
Delling, G.   200, 203, 296
Delorme, J.   277
Demke, Ch.   352
Descamps, A.   326, 375
Dibelius, M.   71, 82, 83, 216, 219, 220,
    224, 244, 247, 254, 258, 308
Dihle, A.   169, 179, 180
Dirlmeier, F.   156
Doeve, J.W.   237, 238
Donahue, J.R.   375, 377
Dormeyer, D.   298, 375
Dubarle, A.M.   375
Dulau, P.   206
Dupont, J.   52, 53, 59, 65, 66, 67, 74,

75, 136, 161, 162, 164, 188, 201, 373,
    374, 378
Dupont/Bonnard   53, 82
Dupont-Sommer, A.   122, 123
Dunn, J.D.G.   95, 113

Elbogen, I.   44, 45, 57, 58, 106
Eltester, W.   252, 345, 352
Ernst, J.   99, 113, 149, 168, 278, 281,
    287, 288, 292, 294, 376
Essame, W.G.   128

Fennema, D.A.   25
Feuillet, A.   335, 336, 343, 349, 352
Fiebig, P.   39, 47, 73, 74, 93, 113
Finegan, J.   226, 242, 298
Fitzmyer, J.A.   9, 12, 40, 41, 42, 43,
    47, 50, 149, 277, 278, 281, 292, 293,
    294, 320, 375, 377, 378, 379
Fleddermann, H.   377
Fleming, Th.V.   188
Flusser, D.   169
Foerster, W.   341
Forestell, T.J.   302
de Fraine, J.   96, 97, 113
Frankemölle, H.   24, 56, 60, 65, 69, 81,
    149
Freudenberger, R.   87, 89, 98, 99, 107,
    113
Frey, J.-B.   44
Fridrichsen, A.   189, 204
Friedrich, G.   185, 320
Fuller, R.H.   318, 346, 374
Furness, J.M.   339
Furnish, V.P.   169
Fusco, V.   373, 378

Gabathuler, H.J.   354
Gagg, R.P.   310
Gamber, K.   339, 340
George, A.   95, 113, 302
Georgi, D.   342
Gerhardsson, B.   53
Gibbs, J.G.   336, 340
Giesen, H.   69
Glover, R.   58
Gnilka, J.   11, 97, 113, 128, 129, 130,
    132, 186, 217, 221, 223, 224, 230, 254,
    278, 319, 339, 340, 341, 353, 376, 377
Goguel, M.   227
Goldschmidt, L.   127
Goulder, M.D.   52, 56
Graef, H.C.   103

Gräßer, E. 87, 95, 96, 98, 108, 111, 113, 257, 272, 344, 345, 355
Grant, F.C. 216
Green, J.B. 376
Greeven, H. 87, 93, 94, 99, 110, 113, 187, 188, 192, 193, 194, 198, 202, 206, 207, 373
Greeven/Ratzinger u.a. 187
Grelot, P. 187, 340
Greshake, G. 367
Grillmeier, A. 379
Grimm, W. 10
Gruben, G. 118
Grundmann, W. 25, 97, 113, 121, 133, 134, 136, 137, 205, 250, 253, 266, 293, 310
Gubler, M.-L. 296
Guelich, R.A. 76, 77
Güttgemanns, E. 213, 231
Guillaumont/Puech u.a. 139, 140
· Gundry, R.H. 353

Haag, E. 358
Habermann, J. 379
Haenchen, E. 128, 139, 229, 240, 302, 321
Hahn, F. 27, 147, 149, 216, 228, 267, 318, 319, 323, 325, 326, 349, 373, 378, 379
Hahn/Strobel/Schweizer 144
Hamerton-Kelly, R.G. 335, 347
Hammerich, L.L. 339
von Harnack, A. 86, 87, 88, 89, 90, 99, 101, 103, 107, 113, 114, 168, 170
Harner, Ph.B. 53, 56
Harrisville, R.A. 371
Harvey, J. 339
Hauck, F. 93, 94, 114, 203, 205
Hauck/Schulz 189, 201, 203
Haugg, D. 244
Hebert, A.G. 320
Hegermann, H. 336, 344, 345, 354
Hein/Jeremias 178, 179
Heitmann, A. 156, 161
Helfmeyer, F.H. 158
Hengel, M. 144, 145, 146, 147, 184, 350, 379
Hennecke/Schneemelcher 182, 290
Henrich/Eid 374
Hensler, J. 92, 114
Herranz Marco, M. 377
Hill, D. 289
Hirsch, E. 236

Hoehner, H.W. 284, 292, 294
Hönnicke, G. 91, 114
Hoffmann, P. 10, 165, 166, 167, 184, 188, 197, 207, 208, 374
Hofius, O. 379
Hofmann, K.M. 247
Holtz, T. 32
Holzmeister, U. 189
Hommel, H. 336
Hooker, M.D. 379
Hoover, H.J. 380
Horbury, W. 290
Hoskier, H.C. 86, 114
Huby, J. 128

van Iersel, B.M.F. 10, 315, 316, 317
Isaksson, A. 187, 204
Iserloh, E. 143

Jackson, H.M. 378
Jaubert, A. 263
Jeremias, J. 5, 8, 9, 10, 39, 41, 42, 43, 44, 46, 47, 48, 50, 53, 54, 55, 58, 63, 66, 71, 73, 80, 98, 106, 111, 114, 116, 117, 118, 119, 121, 122, 124, 125, 126, 127, 133, 169, 173, 221, 222, 226, 228, 235, 236, 310, 340, 341, 352
Jervell, J. 336, 343
Johnson, S.E. 237, 243, 321
Juel, D. 377
Jülicher, A. 116, 117, 118, 119, 121, 122, 124, 125, 130, 138
Jungmann, J.A. 40, 105
Junker, H. 202

Kähler, M. 214
Käsemann, E. 196, 341, 350
Karris, R.J. 277, 279, 294, 376, 378
Kasper, W. 347
Kehl, N. 354
Kelber, W.H. 298, 376
Kempthorne, R. 377
Kerst, R. 351
Kertelge, K. 296, 297, 374
Kilpatrick, G.D. 260, 268, 278
Kilunen, J. 149
Kingsbury, J.D. 149, 378
Klauck, H.-J. 373
Klein, G. 90, 91, 104, 114
Klein, H. 277, 278, 284, 294, 376
Klostermann, E. 93, 114, 250, 253
Knoch, O. 296
Knox, W.L. 95, 114

Koch, G.   336
Köster, H.   58
Kosmala, H.   156, 158
Kramer, W.   30, 31, 32, 336
Kraus, H.-J.   329, 357, 360, 364, 365, 366
Krause, C.   118
Kremer, J.   221
Kretschmar, G.   105
Kretzer, A.   72
Kroll, J.   356
Kümmel, W.G.   136, 226
Küng, H.   347, 356
Kuhn, H.-W.   43, 213, 231, 233, 251, 296
Kuhn, K.G.   39, 235
Kuss, O.   337, 338, 351

Lagrange, M.-J.   93, 114, 131, 246, 249, 263
Lambert, W.G.   174
Lampe, G.W.H.   95, 114
Lange, J.   20, 298, 301
Langkammer, H.   336, 337, 338, 344
Larsson, E.   145, 153, 161
Laufen, R.   374
de Lavalette, H.   37
Leaney, A.R.C.   53, 87, 89, 96, 114
Leeming/Dyson   189
Légasse, S.   10, 279, 281, 294, 374, 377
Lehmann, M.   236
Leipoldt, J.   139, 140
Leisegang, H.   92, 114
Léon-Dufour, X.   221, 227, 264, 298
Lichtenberger, H.   74
Liddell/Scott   118, 122, 137
Lietzmann, H.   226, 259, 260, 336, 366
Linnemann, E.   213, 217, 218, 222, 224, 225, 228, 229, 231, 232, 233, 238, 239, 240, 252, 253, 278, 299
Lövestam, E.   315, 316, 375, 378
Lohfink, G.   70, 374, 376
Lohmeyer, E.   53, 54, 94, 95, 103, 114, 129, 240, 241, 247, 251, 264, 265, 266, 267, 312
Lohmeyer/Schmauch   132, 133, 134
Lohse, E.   221, 228, 235, 237, 270, 278, 298, 317, 318, 322, 337, 344, 355
Loisy, A.   92, 114, 125, 138
Lührmann, D.   52, 161, 162, 165, 166, 177, 376, 377
Luz, U.   40, 41, 42, 43, 45, 46, 48, 50, 51, 82, 149, 165, 166, 378

Macquarrie, J.   335
Magne, J.   373
Mahoney, A.   189
Maier, F.W.   168, 169, 170
Maier, J.   288
Malina, B.   374
Manns, F.   161
Marchel, W.   59, 66
Marin, L.   376
Marmorstein, A.   158
Marshall, I.H.   89, 99, 114, 278, 287, 294
Martin, R.P.   339
Marucci, C.   375
Marxsen, W.   128, 218, 231, 324
Matera, F.J.   378
Maurer, Ch.   266, 267
McIndoe, J.H.   243
McLoughlin, S.   272
van der Meer, F.   105
Mell, U.   380
Merk, O.   112
Merki, H.   156, 157, 158, 161
Merklein, H.   44, 70, 112, 144, 161, 162, 165, 166, 379
Metzger, B.M.   68, 89, 99, 114
Meyer, R.   244
Michaelis, W.   124, 156, 158, 314
Michl, J.   187
Minette de Tillesse, G.   128, 129, 251, 320, 321, 328
Miranda, J.P.   25
Mohr, T.A.   376
Moingt, J.   189
Montefiore, H.W.   139
Moore, G.F.   158
Morgenthaler, R.   138, 272
Motyer, S.   378
Moule, C.F.D.   340, 341, 379
Moulton/Milligan   118
Müller, Ch.   42, 61
Müller, K.   258, 284
Müller, U.B.   302, 379
Murphy-O'Connor, J.   379
Mußner, F.   39, 42, 49, 50, 307, 345, 349

Neary, M.   380
Neirynck, F.   377
Nembach, U.   188, 190
Nestle/Aland   4, 46
Neudecker, R.   375
Neugebauer, F.   378

Neyrey, J. 277, 279, 283, 284, 293, 295, 376, 378
Nickelsburg, G.W.E. 376
Niederwimmer, K. 374
Nineham, D.E. 217, 224
Nissen, A. 374
Norden, E. 262, 263, 269, 336

Oepke, A. 187
von der Osten-Sacken, P. 302
Ott, A. 188, 201
Ott, W. 87, 97, 98, 114

Pannenberg, W. 347
Paslack, H.E. 90, 114
Paulsen, H. 154
Paulus, Ch. 377
Peddinghaus, C.D. 219
Perrin, N. 67
Perry, A.M. 226
Pesch, R. 8, 9, 66, 76, 104, 187, 198, 229, 278, 281, 282, 287, 292, 295, 297, 375, 376, 377
Pesch/Kratz 277, 376
Pesch, W. 184
Peterson, E. 156, 336
Petzke, G. 380
Piper, R.A. 109
Plath, M. 244
Plummer, A. 93, 114, 138
Polag, A. 55, 67, 68
Pollard, T.E. 25
Popkes, W. 245
de la Potterie, I. 26, 376
Preisker, H. 169, 187

von Rad, G. 338, 359, 360
Radermacher, L. 131
Radl, W. 293, 295
Rahner, K. 190, 370
Ratzinger, J. 190
Rawlinson, A.E.J. 315
Rehkopf, F. 226, 227, 235, 249, 252, 261, 278
Reicke, B. 187, 338
Rengstorf, K.H. 97, 114, 187
Reploh, K.-G. 151
Reumann, J. 380
Rey, B. 360, 363
Resch, A. 86, 87, 114
Riaud, J. 302
Richter, G. 302, 345
Riesenfeld, H. 318, 323
Riesner, R. 379

Rissi, M. 379
Robbins, Ch.J. 379
Robinson, J.M. 339
Roloff, J. 222, 225, 254
Romaniuk, K. 235, 251
Rordorf/Tuilier 58
Rost, L. 320
Rostovtzeff, M. 250
Rowley, H.H. 365
Rudolph, W. 361
Ruggieri, G. 320
Ruppert, L. 223

Sabbe, M. 10
Sabourin, L. 374
Sabugal, S. 53, 56, 72, 75, 77, 78, 82
Samain, P. 95, 114
Sand, A. 24, 69, 189, 193, 201, 202, 203, 204, 209
Sanders, J.T. 340, 356
Sauer, J. 165, 166, 374
Schelbert, G. 43
Schelkle, K.H. 38, 187, 215, 216, 223, 298, 302, 347
Schenk, W. 298, 375, 376
Schenke, L. 213, 217, 218, 219, 220, 225, 243, 244, 245, 248, 252, 256, 257, 298, 375
Schierse, F.J. 251
Schille, G. 217, 218
Schillebeeckx, E. 347, 356
Schimanowski, G. 379
Schläger, G. 244
Schlatter, A. 226
Schlier, H. 298
Schlier/Mußner u.a. 307
Schlosser, J. 7, 8, 9, 10, 11, 12, 13, 14, 15, 16, 17, 18, 19, 20, 21, 45
Schmid, J. 82, 95, 114, 133, 136, 137, 200, 249, 264, 298, 311
Schmidt, J.M. 365
Schmidt, K.L. 213, 215, 218, 219, 220, 222, 244, 308
Schmithals, W. 99, 114
Schnackenburg, R. 25, 26, 35, 72, 128, 129, 132, 133, 144, 152, 153, 154, 155, 161, 162, 164, 168, 169, 170, 184, 187, 194, 197, 198, 204, 208, 224, 228, 237, 248, 249, 251, 299, 334, 335, 340, 343, 346, 347, 351, 352, 354, 369, 374
Schneider, G. 14, 15, 21, 71, 111, 112, 144, 149, 181, 201, 223, 226, 227, 232, 233, 235, 255, 277, 278, 279, 281, 282,

283, 284, 285, 287, 288, 295, 298, 300, 301, 302, 326, 351, 358, 360, 363, 367, 371, 374, 375
Schneider, J.   121, 130
Schnellbächer, E.L.   377
Schniewind, J.   134, 240, 313
Schoeps, H.J.   158, 159, 161, 183, 200
Schoonenberg, P.   334, 347, 356
Schrage, W.   133, 139, 140, 141, 144, 377
Schreiber, J.   213, 219, 229, 230, 299, 378
Schreiner, J.   365
Schrenk, G.   60, 66
Schubert, K.   258, 377
Schürer, E.   90, 114
Schürmann, H.   10, 13, 14, 39, 41, 42, 43, 44, 45, 48, 49, 50, 53, 56, 61, 63, 67, 70, 71, 78, 82, 83, 98, 106, 110, 114, 120, 161, 162, 163, 164, 165, 169, 179, 198, 226, 227, 235, 261, 272, 277
Schütz, F.   301
Schulz, A.   144, 147, 152, 153, 156, 158, 161, 183
Schulz, S.   10, 11, 15, 16, 53, 60, 63, 80, 109, 110, 227, 228
Schwantes, H.   360
Schwegler, Th.   189
Schweizer, E.   56, 105, 121, 124, 126, 128, 152, 215, 242, 247, 249, 252, 253, 263, 270, 278, 281, 295, 299, 307, 318, 319, 331, 332, 335, 344, 346, 347, 349, 354, 356, 375, 379
Scrivener, F.H.A.   86, 114
Scroggs/Groff   377
Senior, D.P.   300, 376
Sickenberger, J.   188, 189
Sloyan, G.St.   278, 298, 375
Smalley, St.   95, 115
Smith, A.H.   122
Smith, D.W.   335, 350
Soards, M.L.   284, 376
von Soden, H.   90, 91, 92, 101, 103, 104, 107, 115
Söding, Th.   149
Soulen, R.N.   188
Spitta, F.   90, 107, 115
Staab, K.   188, 189
Stählin, G.   247, 252, 255
Staerk, W..   43, 44, 47, 57
Stanton, G.N.   56, 290, 295
Stauffer, E.   187, 289, 313, 314
Stein, R.H.   233

Steinhauser, M.G.   374
Steinwenter, A.   279
Stenger, W.   353
Stock, K.   380
Stöger, A.   301
Strack/Billerbeck (siehe: Billerbeck)
Stramare, T.   375
Strecker, G.   50, 52, 53, 56, 60, 72, 161, 162, 228, 342
Streeter, B.H.   89, 93, 115, 226
Strobel, A.   151, 278, 288, 289, 290, 295, 377
Stuhlmacher, P.   289, 295, 360, 363, 367, 368
Suggs, M.J.   350
Suhl, A.   234, 243, 252, 319, 320
Sylva, D.D.   378

Taeger, J.-W.   374
Talbert, Ch.H.   339, 340, 350
Taylor, L.H.   360
Taylor, V.   124, 128, 131, 216, 217, 226, 237, 249, 250, 266, 268, 277, 278, 280, 295, 298, 301, 312, 313, 315, 316, 375
Teichtweier, G.   188
Theißen, G.   144, 149, 377
Thüsing, W.   32, 72, 319, 336, 337, 338
van Tilborg, S.   56
Tillmann, F.   143, 144
Tosato, A.   375
Treu, K.   156
Trilling, W.   32, 34, 69, 73, 78, 79, 84, 135, 221, 270, 278, 298, 300, 375
Trocmé, E.   229, 376
Tuckett, C.M.   52
Tyson, J.B.   277, 279, 282, 284, 295, 378

van Unnik, W.C.   178
Untergaßmair, F.G.   277, 279, 295, 378

Vaccari, A.   189
Valentin, P.   377
Vanhoye, A.   217, 243, 298, 345, 355, 376
Vanhoye u.a.   376
Vargas-Machuca, A.   375
Vawter, B.   189, 375
Vielhauer, Ph.   58, 94, 115, 319, 332
Vögtle, A.   18, 19, 39, 41, 42, 46, 47, 48, 49, 53, 55, 56, 61, 71, 74, 79, 80,

83, 98, 106, 115, 297, 322, 323, 366, 377
Vogels, H.J.   95, 115
Vokes, F.E.   58
Volz, P.   348

Walaskay, P.W.   292, 293, 295
Walker, O.   378
Walker, W.O., Jr.   53
Wanamaker, C.A.   379
Wanke, J.   10, 12, 374
Weber, H.-R.   298, 303
Weiss, B.   264
Weiß, H.F.   380
Weiss, J.   92, 115
Weizsäcker, C.   264
Wellhausen, J.   90, 115, 262
Wendland, H.-D.   187
Wendling, E.   260
Wengst, K.   58, 336, 340, 352, 353
Westermann, C.   359

Wettstein, J.J.   39
Wiederkehr, D.   347
Wikenhauser, A.   153
Wikenhauser/Schmid   109
Wilcken, U.   222
Wilckens, U.   30, 33, 335, 349, 350
Wilckens/Althaus   334
Wilckens/Fohrer   335
Windisch, H.   335, 349
Winter, P.   226, 251, 252, 258, 259, 260, 266, 272, 278, 282, 295, 298
Wischmeyer, O.   374
Wrede, W.   129, 307
Wright, N.T.   379

Zahn, Th.   87, 91, 92, 107, 115
Zeller, D.   15, 16, 66, 165, 166, 167
Zerwick, M.   120, 128, 130, 132, 189, 252, 267
Ziegenaus, A.   379
Zimmermann, H.   137, 200, 352

SUPPLEMENTS TO NOVUM TESTAMENTUM

ISSN 0167-9732

2. STROBEL, A. *Untersuchungen zum eschatologischen Verzögerungsproblem auf Grund der spätjüdische-urchristlichen Geschichte von Habakuk 2,2 ff.* 1961. ISBN 90 04 01582 5

6. *Neotestamentica et Patristica.* Eine Freundesgabe Herrn Professor Dr. Oscar Cullmann zu seinem 60. Geburtstag überreicht. 1962. ISBN 90 04 01586 8

8. DE MARCO, A.A. *The Tomb of Saint Peter.* A Representative and Annotated Bibliography of the Excavations. 1964. ISBN 90 04 01588 4

10. BORGEN, P. *Bread from Heaven.* An Exegetical Study of the Concept of Manna in the Gospel of John and the Writings of Philo. Photomech. Reprint of the first (1965) edition. 1981. ISBN 90 04 06419 2

13. MOORE, A.L. *The Parousia in the New Testament.* 1966. ISBN 90 04 01593 0

15. QUISPEL, G. *Makarius, das Thomasevangelium und das Lied von der Perle.* 1967. ISBN 90 04 01595 7

16. PFITZNER, V.C. *Paul and the Agon Motif.* 1967. ISBN 90 04 01596 5

17. BELLINZONI, A. *The Sayings of Jesus in the Writings of Justin Martyr.* 1967. ISBN 90 04 01597 3

18. GUNDRY, R.H. *The Use of the Old Testament in St. Matthew's Gospel.* With Special Reference to the Messianic Hope. Reprint of the first (1967) edition. 1975. ISBN 90 04 04278 4

19. SEVENSTER, J.N. *Do You Know Greek?* How Much Greek Could the First Jewish Christians Have Known? 1968. ISBN 90 04 03090 5

20. BUCHANAN, G.W. *The Consequences of the Covenant.* 1970. ISBN 90 04 01600 7

21. KLIJN, A.F.J. *A Survey of the Researches into the Western Text of the Gospels and Acts.* Part 2: 1949-1969. 1969. ISBN 90 04 01601 5

22. GABOURY, A. *La structure des Évangiles synoptiques.* La structure-type à l'origine des synoptiques. 1970. ISBN 90 04 01602 3

23. GASTON, L. *No Stone on Another.* Studies in the Significance of the Fall of Jerusalem in the Synoptic Gospels. 1970. ISBN 90 04 01603 1

24. *Studies in John.* Presented to Professor Dr. J.N. Sevenster on the Occasion of His Seventieth Birthday. 1970. ISBN 90 04 03091 3

25. STORY, C.I.K. *The Nature of Truth in 'The Gospel of Truth', and in the Writings of Justin Martyr.* A Study of the Pattern of Orthodoxy in the Middle of the Second Christian Century. 1970. ISBN 90 04 01605 8

26. GIBBS, J.G. *Creation and Redemption.* A Study in Pauline Theology. 1971. ISBN 90 04 01606 6

27. MUSSIES, G. *The Morphology of Koine Greek As Used in the Apocalypse of St. John.* A Study in Bilingualism. 1971. ISBN 90 04 02656 8

28. AUNE, D.E. *The Cultic Setting of Realized Eschatology in Early Christianity.* 1972. ISBN 90 04 03341 6

29. UNNIK, W.C. VAN. *Sparsa Collecta.* The Collected Essays of W.C. van Unnik Part 1. Evangelia, Paulina, Acta. 1973. ISBN 90 04 03660 1

30. UNNIK, W.C. VAN. *Sparsa Collecta.* The Collected Essays of W.C. van Unnik Part 2. I Peter, Canon, Corpus Hellenisticum, Generalia. 1980. ISBN 90 04 06261 0

31. UNNIK, W.C. VAN. *Sparsa Collecta.* The Collected Essays of W.C. van Unnik Part 3. Patristica, Gnostica, Liturgica. 1983. ISBN 90 04 06262 9

33. AUNE, D.E. (ed.) *Studies in New Testament and Early Christian Literature.* Essays in Honor of Allen P. Wikgren. 1972. ISBN 90 04 03504 4
34. HAGNER, D.A. *The Use of the Old and New Testaments in Clement of Rome.* 1973. ISBN 90 04 03636 9
35. GUNTHER, J.J. *St. Paul's Opponents and Their Background.* A Study of Apocalyptic and Jewish Sectarian Teachings. 1973. ISBN 90 04 03738 1
36. KLIJN, A.F.J. & G.J. REININK (eds.) *Patristic Evidence for Jewish-Christian Sects.* 1973. ISBN 90 04 03763 2
37. REILING, J. *Hermas and Christian Prophecy.* A Study of The Eleventh Mandate. 1973. ISBN 90 04 03771 3
38. DONFRIED, K.P. *The Setting of Second Clement in Early Christianity.* 1974. ISBN 90 04 03895 7
39. ROON, A. VAN. *The Authenticity of Ephesians.* 1974. ISBN 90 04 03971 6
40. KEMMLER, D.W. *Faith and Human Reason.* A Study of Paul's Method of Preaching as Illustrated by 1-2 Thessalonians and Acts 17, 2-4. 1975. ISBN 90 04 04209 1
42. PANCARO, S. *The Law in the Fourth Gospel.* The Torah and the Gospel, Moses and Jesus, Judaism and Christianity According to John. 1975. ISBN 90 04 04309 8
43. CLAVIER, H. *Les variétés de la pensée biblique et le problème de son unité.* Esquisse d'une théologie de la Bible sur les textes originaux et dans leur contexte historique. 1976. ISBN 90 04 04465 5
44. ELLIOTT, J.K.E. (ed.) *Studies in New Testament Language and Text.* Essays in Honour of George D. Kilpatrick on the Occasion of His Sixty-Fifth Birthday. 1976. ISBN 90 04 04386 1
45. PANAGOPOULOS, J. (ed.) *Prophetic Vocation in the New Testament and Today.* 1977. ISBN 90 04 04923 1
46. KLIJN, A.F.J. *Seth in Jewish, Christian and Gnostic Literature.* 1977. ISBN 90 04 05245 3
47. BAARDA, T., A.F.J. KLIJN & W.C. VAN UNNIK (eds.) *Miscellanea Neotestamentica.* I. Studia ad Novum Testamentum Praesertim Pertinentia a Sociis Sodalicii Batavi c.n. Studiosorum Novi Testamenti Conventus Anno MCMLXXVI Quintum Lustrum Feliciter Complentis Suscepta. 1978. ISBN 90 04 05685 8
48. BAARDA, T., A.F.J. KLIJN & W.C. VAN UNNIK (eds.) *Miscellanea Neotestamentica.* II. 1978. ISBN 90 04 05686 6
49. O'BRIEN, P.T. *Introductory Thanksgivings in the Letters of Paul.* 1977. ISBN 90 04 05265 8
50. BOUSSET, D.W. *Religionsgeschichtliche Studien.* Aufsätze zur Religionsgeschichte des hellenistischen Zeitalters. Hrsg. von A.F. Verheule. 1979. ISBN 90 04 05845 1
51. COOK, M.J. *Mark's Treatment of the Jewish Leaders.* 1978. ISBN 90 04 05785 4
52. GARLAND, D.E. *The Intention of Matthew 23.* 1979. ISBN 90 04 05912 1
53. MOXNES, H. *Theology in Conflict.* Studies in Paul's Understanding of God in Romans. 1980. ISBN 90 04 06140 1
55. MENKEN, M.J.J. *Numerical Litarary Techniques in John.* The Fourth Evangelist's Use of Numbers of Words and Syllables. 1985. ISBN 90 04 07427 9
56. SKARSAUNE, O. *The Proof From Prophecy.* A Study in Justin Martyr's Proof-Text Tradition: Text-type, Provenance, Theological Profile. 1987. ISBN 90 04 07468 6
59. WILKINS, M.J. *The Concept of Disciple in Matthew's Gospel, as Reflected in the Use of the Term "Mathetes".* 1988. ISBN 90 04 08689 7
60. MILLER, E.L. *Salvation-History in the Prologue of John.* The Significance of John 1:3-4. 1989. ISBN 90 04 08692 7
61. THIELMAN, F. *From Plight to Solution.* A Jewish Framework for Understanding Paul's View of the Law in Galatians and Romans. 1989. ISBN 90 04 09176 9

64. STERLING, G.E. *Historiography and Self-Definition*. Josephos, Luke-Acts and Apologetic Historiography. 1991. ISBN 90 04 09501 2
65. BOTHA, J.E. *Jesus and the Samaritan Woman*. A Speech Act Reading of John 4:1-42. 1991. ISBN 90 04 09505 5
66. KUCK, D.W. *Judgment and Community Conflict*. Paul's Use of Apocalyptic Judgment Language in 1 Corinthians 3:5-4:5. 1992. ISBN 90 04 09510 1
67. SCHNEIDER, G. *Jesusüberlieferung und Christologie*. Neutestamentliche Aufsätze 1970-1990. 1992. ISBN 90 04 09555 1